XIN XINGSHISUSONGFA

TIAOWENJINGJIE YU ANLISHIYONG

孙 谦 / 主编

李寿伟 高景峰 李文胜 / 副主编

新刑事诉讼法
条文精解与案例适用

中国检察出版社

图书在版编目（CIP）数据

新刑事诉讼法条文精解与案例适用/孙谦主编. —
北京：中国检察出版社，2012.9
ISBN 978 - 7 - 5102 - 0725 - 9

Ⅰ.①新…　Ⅱ.①孙…　Ⅲ.①刑事诉讼法 - 法律解释
- 中国②刑事诉讼法 - 案例 - 中国　Ⅳ.①D925.205

中国版本图书馆 CIP 数据核字（2012）第 206143 号

新刑事诉讼法条文精解与案例适用

孙　谦　主编　　李寿伟　高景峰　李文胜　副主编

出版发行：	中国检察出版社
责任编辑：	史朝霞　侯书钊　杜英琴
社　　址：	北京市石景山区鲁谷东街 5 号（100040）
网　　址：	中国检察出版社（www.zgjccbs.com）
电　　话：	(010)68630384(编辑)　68650015(发行)　68636518(门市)
经　　销：	新华书店
印　　刷：	北京嘉实印刷有限公司
开　　本：	710mm×1000mm　16 开
印　　张：	39 印张
字　　数：	645 千字
版　　次：	2012 年 10 月第一版　2013 年 6 月第二次印刷
书　　号：	ISBN 978 - 7 - 5102 - 0725 - 9
定　　价：	85.00 元

前　言

　　《中华人民共和国刑事诉讼法》制定于 1979 年，1996 年进行过一次重大的修改。应当说，1996 年的修改，是我国民主与法治建设的一大进步，对于推动我国刑事诉讼制度的科学化、民主化具有极为重要的意义。随着我国经济社会的不断发展，社会主义法治理论研究、司法体制和工作机制改革的不断深入，以及我们对司法规律的认识的不断深化，人们对这部法律的缺陷与不足有了越来越多、越来越理性的认识，特别是有的规定已经不能完全适应新形势、新情况下打击犯罪、保障人权的需要。为此，再次修改刑事诉讼法，已成为立法和司法以及社会各界的共识。

　　近年来，一些全国人大代表和社会各界陆续提出了很多修改完善刑事诉讼法的意见和建议。中央关于深化司法体制和工作机制改革的意见也就进一步完善刑事诉讼制度提出了具体明确的要求。从 2001 年开始，全国人大法制工作委员就开始着手研究刑事诉讼证据立法的有关问题。2003 年，全国人大常委会就把刑事诉讼法的修改列入了十届人大五年立法规划。随后，全国人大有关部门就开始进行刑事诉讼法修改的研究论证工作。研究工作秉持中国特色社会主义法治理念，坚持实事求是，从国情出发，认真总结司法实践经验，循序渐进地推进我国刑事诉讼制度的完善；坚持尊重和保障人权的基本原则，坚持分工负责、互相配合、互相制约的原则，完善刑事诉讼中各司法机关的权力配置，更好地适应诉讼活动的需要；坚持贯彻宽严相济的刑事政策，惩罚犯罪与保障人权并重，既注意及时、准确地惩罚犯罪，维护公民、社会和国家利益，又注意对刑事诉讼参与人包括犯罪嫌疑人、被告人合法权利的保护。

2012 年 3 月 14 日，十一届全国人大五次会议审议通过了《关于修改〈中华人民共和国刑事诉讼法〉的决定》，完成了对我国刑事诉讼法的第二次修改。本次修改旨在完善证据制度、完善强制措施、完善辩护制度、完善侦查措施、完善审判程序、完善执行规定，并针对未成年人犯罪案件等特定案件和一些特殊情况，规定了特别的程序，增加一编"特别程序"。修改后的刑事诉讼法由原来的 225 条增加到 290 条。此次刑事诉讼法修改，以制约权力、保障人权为导向，对我国的刑事司法制度进行了重大改革，是对十多年来刑事司法工作实践经验的总结和升华，进一步完善了我国的刑事司法制度，是办理刑事案件的基本法律依据，其对公安机关、人民法院、人民检察院以及刑事辩护律师办理刑事案件将产生重大而深远的影响。

为全面掌握修改后的刑事诉讼法的立法宗旨、基本原则和核心制度，全面、彻底、完整、准确地实施该法，并通过该法的有效实施，提高公安司法机关办理刑事案件的水平，切实保护广大公民、法人或者其他组织的合法权益，我们组织全国人大法工委直接参与刑事诉讼法修改工作的同志和长期从事司法实践的同志，共同从立法、执法及理论三个方面，对刑事诉讼法进行了全面的剖析和解读，阐释了法条的准确含义，并选取近两年来全国各地实际发生的典型案例，通过以案说法，具体分析并提示了修改后的刑事诉讼法在司法实践中可能存在的问题及对策。我们期望这种通过案例来解读条文的做法，会对司法人员理解好、适用好新刑事诉讼法有所帮助。

编　者

2012. 9. 15

目　　录

第一部分
新刑事诉讼法导读

2012 年 3 月 14 日，第十一届全国人民代表大会第五次会议审议通过了《关于修改〈中华人民共和国刑事诉讼法〉的决定》（以下简称《决定》），这是继 1996 年 3 月 17 日第八届全国人民代表大会第四次会议通过的《关于修改〈中华人民共和国刑事诉讼法〉的决定》后，第二次对《中华人民共和国刑事诉讼法》（以下简称刑事诉讼法）进行修正。1996 年 3 月 17 日第八届全国人大第四次会议第一次修正，1997 年 1 月 1 日起实施的刑事诉讼法，应当说是我国刑事诉讼制度发展中的一个里程碑。十五年来的司法实践表明，1996 年修改的刑事诉讼法，对于提高打击犯罪和保障人权水平，促进社会主义法治进步起到了积极作用。1996 年刑事诉讼法施行的十五年，也是我国经济迅速发展，社会快速进步，各方面情况包括各种社会矛盾形势、犯罪形势以及打击犯罪的能力均发生显著变化的十五年。也正因为如此，1996 年修改的刑事诉讼法的一些规定，与司法实践之间逐渐出现了一些不相适应、不相协调的地方。同时，随着司法体制和工作机制改革工作的不断深入，社会各界对我国刑事诉讼制度和规律的认识不断深化，人民群众对刑事司法公正也不断提出新要求，这些都对刑事诉讼法的再修改提出了迫切要求。这次刑事诉讼法的修改，从 2000 年起就开始酝酿，后经过多年的研究论证，特别是近年来与刑事诉讼有关的司法改革文件的出台与实施，更加促进了社会各界包括立法机关、司法机关、法学研究机构对相关问题达成了更加广泛的共识，共同推动了《决定》的顺利通过。这次对刑事诉讼法的再次修订，是以国家立法的形式对十几年来司法体制和工作机制改革的成果肯定、固定和升华，对于尊重和保障人权，依法打击犯罪，优化司法职权配置，加强对司法权的规范、监督和制约，实现司法公正、司法效果和司法效率的有机统一，均具有十分重要的法律意义和现实意义。

一、刑事诉讼法修改的背景和动因

1996 年第一次修订的刑事诉讼法，充分吸收了现代程序法治的理念，借鉴了国外刑事诉讼制度的经验和做法，确立了人民法院、人民检察院依法独立行使职权的原则，汲取了无罪推定原则的基本精神，明确了检察机关对刑事诉讼的法律监督职责，转换了诉讼模式，赋予了当事人更多的程序参与权。应当说，1996 年刑事诉讼法的修改，基本上是成功的，对于强化人权保障，推动我国法治建设，依法打击和惩治犯罪起到了极为重要的推动和规范作用，是我国民主与法制建设的一个重大进步，对于刑事诉讼制度的民主化、科学化具有重要的推动作用。例如，明确司法机关的职权划分，完善职能管辖制度，取消人民检察院的免予起诉权；加强诉讼中的人权保障，明确在人民法院作出有罪判决之前，对任何人都不得确定为有罪，将律师介入刑事诉讼的时间从审判阶段提前至犯罪嫌疑人被侦查机关第一次讯问后或采取强制措施之日起，适当降低逮捕条件；解决司法实践中庭前审查实体化，先入为主、先定后审，改革庭前审查制度，充分发挥法庭审理的功能和作用，适当吸收当事人主义的因素，增强庭审控辩双方的对抗性；加强对诉讼活动的监督，明确人民检察院依法对刑事诉讼活动进行监督的原则等。因此，这次刑事诉讼法的修改是一次全面的修改，也是一次成功的修订，对于推动我国刑事司法制度的完善和发展，具有重要的意义，在我国法制建设进程中具有里程碑意义。

1996 年刑事诉讼法修订后，在实施十五年的时间里，我国的政治、经济、社会快速发展，人民群众的法治意识、法律诉求不断增强，人民群众对公平、公正的渴望也越来越强烈。同时，我国的司法体制和工作机制改革也在不断深入，人们对司法规律的认识不断深化，司法理念日臻进步，所有这些均成为推动刑事诉讼法再修改的重要动因。这主要表现为：

第一，法治建设理论的创新、丰富和发展，对刑事司法规律的进一步深刻认识和把握，为刑事诉讼法的再修改奠定了坚实的理论基础。依法治国，建设社会主义法治国家，于 1999 年修改《宪法》时正式作为我国的基本方略，这标志着我们党和国家执政治国理念的深刻转变；2003 年全面启动的司法体制和工作机制改革，从制度上优化司法职权配置，保证人民法院、人民检察院依法独立公正行使审判权和检察权；2004 年修改《宪法》时将"国家尊重和保障人权"作为原则庄严地载入《宪法》，落实《宪法》的规定，要求法治建设必须坚持以人为本、尊重和保障人权、维护公民合法权益；2006 年以胡锦涛同志为总书记的党中央提出社会主义法治理念的重大命题和以依法治国、执法为民、公平正义、服务大局、党的领导为核心的社会主义法治理念体系，科学地回答了"建设什么样的社会主义法治国家，怎样建设社会主义法治国家"的重大理论和实践问题，这是对中国共产党的执政规律和社会主义法治建设规律的深刻认识和把握，也是对马克思主义法律思想的丰富和发展，是我国法治建设的指导思想。2007 年党的十七大提出牢固树立社会主义法治理念，使国家生活的各个方面法治化，弘扬法治精神，在全社会形成自觉学法、用法、守法的氛围，并且提出科学立法、民主立法，提高立法质量和水平，深化司法体制和工作机制改革，优化司法职权配置、规范司法行为、加强对司法权行使的监督，建设公正、权威、高效的社会主义司法制度。这些都为刑事诉讼法的再修改奠定了坚实的政治理论基础，指明了根本方向。

　　同时，这些年来，我们对刑事司法活动的特点和规律有了更进一步的认识和把握。比如，刑事诉讼活动的根本任务是惩罚犯罪和保障人权的有机统一；在现代社会，程序法是否完备并得到严格的执行是衡量一个国家法制文明、司法公正、诉讼民主、人权保障水平的重要标志；正义不仅应当实现，而且应当以看得见的方式实现。随着法治的进步，应当高度重视完善程序法治，程序法不仅要保障实体公正的实现，同时要规制和约束公权力的行使，为其设置边界和底线，防止权力的滥用和扩张，克服执法者的随意性；程序正义要赋予当事人充分的权利并提供权利被侵犯时的救济途径，有效地保障人权；程序的设计和构建要尽量具体、严密、细致，具有刚性和可操作性；程序违法要有相应的后果，有权力就有责任。刑事诉讼法的修改要立足于我国处在并将长期处在中国特色社会主义初级阶段的国情，符合司法实际，不能超越现实，也不能简单照抄照搬国外的做法；要不断深化和完善司法公开，让司法权在阳光下运行；按照权力制约的原理，加强对各项刑事司法权的内外监督机制，注重权力的分解，规范和约束自由裁量权的行使等。对这些规律的深化认识和把握为刑事诉讼法的再修改确立了应当遵循的基本原则和思路。

　　第二，中国特色社会主义法律体系的基本形成，为刑事诉讼法的再修改提供了自我完善的内在动力。改革开放三十多年来，在中国共产党的正确领导下，经过各方面坚持不懈的共同努力，我国立法工作取得了举世瞩目的成就，到2010年，已经形成了中国特色社会主义法律体系。社会实践是法律的基础，实践没有止境，法律体系也必然要与时俱进、不断创新，保持发展、动态、开放的品格，而不能是静止、封闭、固定的。刑事诉讼法是中国特色社会主义法律体系中重要的、起支架作用的基本法律之一，它制定于改革开放之初、法制建设刚刚起步之时的1979年，1979年的立法指导思想是宜粗不宜细，所以，1979年制定的刑事诉讼法只是建立了刑事诉讼法律制度的基本原则、主要的程序制度。虽然1996年进行过比较全面的修改，但是限于当时的条件和认识水平，作为程序法仍然显得比较原则、粗疏。在实践中，一些问题由于法律没有规定而存在不同认识，有的不得不由公安、司法机关制定操作规则或司法解释加以补充，一定程度上影响了法律的严肃性和权威性。同时，法律的完善不可能一劳永逸，毕其功于一役。中国特色社会主义法律体系形成后，适应经济社会发展和社会主义民主法制的需要，继续加强立法工作，其中的一个重要方面就是把修改完善已有的法律摆在更加突出的位置。在这样的背景下，酝酿已久的刑事诉讼法的修改就自然而然地再次提上立法日程。

第三，十五年的司法实践为刑事诉讼法再修改提供了充分的实践基础。刑事诉讼法的一些原有规定经过十多年的实践检验，其存在不足、不尽完善的地方逐渐显现出来，需要进行修改、调整和补充。有的规定出发点是好的，但程序制度并不符合中国国情，实践中也难以操作，形同虚设，需要重新审视并修改。例如，关于庭前审查程序，1996 年修改时，许多人认为，原来的庭前审查实体化导致法庭审理走过场，先定后审，没有发挥庭审的中心作用与功能，存在比较浓厚的职权主义色彩，庭审缺乏对抗性，也不利于保护被告人的辩护权。为了与增强庭审的对抗性相适应，将合议庭的庭前实质审查改为程序审查，规定法庭经审查，对于起诉书中有明确的指控犯罪事实，附有证据目录、证人名单和主要证据复印件及照片的，就应当开庭。但在实践中，对什么是主要证据，检察院和法院之间认识不一致，法官在庭前没有阅读全部案卷材料，对整个案情了解不够，再加上对于一些重大复杂案件，案卷材料繁多，复印主要证据需浪费大量物力财力，律师到法院阅卷也无法看到完整的案卷和所有的证据材料，无法有效地提出辩护意见。这一规定实际上并没有落实，实践中的广泛做法是法官向检察机关借阅全部卷宗材料。所以此次刑事诉讼法的修改将这一规定取消，恢复 1979 年刑事诉讼法的规定，即起诉时随案移送全部案卷材料和证据。有些立法规定本身是正确的，但是由于不具体、不完备，配套性、保障性制度欠缺，也流于一纸空文。例如，1996 年刑事诉讼法尽管对于证人、鉴定人出庭作证并接受质证作出原则性规定，但是对哪些情况必须出庭作证、不作证的法律责任及处罚、强制出庭作证、证人的补偿等相关事项和配套制度都未能作出规定，实际执行中证人、鉴定人到庭作证率极低，使立法初衷难以实现。再如，对于二审审理形式，1996 年修改刑事诉讼法虽然明确了以开庭审理为原则，以不开庭审理为例外，但是实践中还存在具体范围不清晰，相当数量的案件未开庭审理的问题。因此，需要在此基础上作进一步细化的规定，以增强可操作性。

第四，近年来司法改革和法学研究的成果为刑事诉讼法的再修改提供了立法基础。生动、丰富、鲜活的司法实践永远是立法取之不尽、用之不竭的源头活水。近些年，面对新形势、新挑战，各级人民法院、人民检察院、公安机关和广大政法干警特别是基层政法机关和政法干警，以改革创新、开拓进取的精神，围绕着立足本职，服务大局，推进社会矛盾化解、社会管理创新、公正廉洁执法三项重点工作，解放思想，积极探索，开展了大量有益的尝试、可贵的探索，不断进行机制和制度的创新，积累了许多经验，经过总结、完善、先行试点，然后进行全面推行，已经在司法解释中上升到制度的层面，取得了良好的法律效果和社会效果，为立法的完善奠定了坚实的实践基础。

2008 年，中共中央转发了《中央政法委关于深化司法体制和工作机制改革若干问题的意见》，这是新一轮司法改革的指导性、纲领性文件。文件从优化司法职权配置、贯彻宽严相济的刑事政策、加强政法队伍建设、加强政法经费保障四个方面规定了 60 项改革任务。其中许多内容属于需要通过刑事诉讼法来予以落实。该意见明确要求完善逮捕条件，完善监视居住、取保候审的适用条件和执行方式，适当延长拘传时间，改革和完善审查逮捕制度；完善刑事诉讼证据制度，明确证据审查和采信规则以及不同诉讼程序的证明标准等，完善非法证据排除制度，明确非法证据的范围、证明责任、审查程序和救济途径等，完善证人、鉴定人出庭制度和保护制度，明确侦查人员出庭作证的范围和程序；建立和完善刑事司法与行政执法有效衔接机制；完善法律援助制度；改革完善律师制度；明确技术侦查、秘密侦查的使用主体、适用范围、审批程序以及取得证据的法律地位；建立诉讼当事人对侦查机关采取搜查、查封、扣押、冻结等措施不服，提请检察机关或上级检察机关进行监督的制度；扩大简易程序的适用范围，完善刑事诉讼二审程序，改革和完善发回重审制度，适当延长包括死刑案件在内的重大、疑难、复杂案件的审理期限，完善死刑复核的法律程序；改革和完善人民检察院对刑罚执行的法律监督制度，完善暂予监外执行的法律规定，建立检察机关同步监督制度；推进社区矫正立法；按照教育为主、惩罚为辅的原则，探索处理未成年人犯罪的司法制度，有条件建立未成年人轻罪犯罪记录消灭制度，明确其条件、期限、程序和法律后果；设立附条件不起诉制度，对刑事自诉案件及其他轻微刑事案件，探索建立刑事和解制度，并明确其范围和效力等。

为了解决执法司法尺度不一，"同案不同判、同命不同判"的问题，统一法律适用标准，规范刑罚裁量权，增强量刑的公开性，实现量刑均衡，维护司法公正，最高人民法院经过深入调研论证，广泛征求各方意见，制定了《人民法院量刑指导意见（试行）》。与之配套，最高人民检察院下发了《人民检察院开展量刑建议工作的指导意见（试行）》等文件，并与最高人民法院、公安部、国家安全部、司法部联合制定下发了《关于规范量刑程序若干问题的意见（试行）》。这项量刑规范化的改革举措，将量刑纳入法庭审理程序，充分发挥法庭调查、法庭辩论的庭审功能，确保量刑事实查明在法庭，量刑轻重辩论在法庭，裁判说理在法庭，定罪与量刑并重，实体公正与程序公正并重，使量刑这一活动由法官唱"独角戏"变成各方共同参与，工作有效衔接，从"神秘、模糊"的内心活动变成阳光下运行的规范行为，从而使量刑过程更加公开，量刑结果更加公正，量刑效果更加突出，刑事案件的上诉率、抗诉率、上访申诉率明显下降，当庭认罪率、退赃退赔率、服判息诉率明显提升。这一成功的改革举措也为在刑事诉讼法修改中将量刑纳入法庭审理程序提供了实证依据。2010年6月，最高人民法院、最高人民检察院、公安部、国家安全部、司法部联合下发的《关于办理死刑案件审查判断证据若干问题的规定》和《关于办理刑事案件排除非法证据若干问题的规定》，总结了我国刑事司法的经验，初步构建了我国刑事证据规则体系，也为社会各方面广泛关注的完善我国刑事诉讼立法中的证据制度提供了范式、模块和素材。

第五，现有刑事诉讼法的规定不能完全适应新形势下打击犯罪和保障人权的双重需要。从打击犯罪来说，在社会转型时期，矛盾多发，刑事犯罪呈上升趋势，并且日益表现出智能化、隐秘性、有组织化、跨区域性和流动性的特点，特别是严重刑事犯罪，如危害国家安全犯罪、恐怖活动犯罪、黑社会性质犯罪、严重贪污贿赂犯罪等，危害党的执政地位，危害国家政权稳定和长治久安，危害人民群众的根本利益，维护国家安全、社会稳定依然面临严峻的形势。因此，必须保持对严重犯罪的高压态势。而目前，我们的刑事司法体系有效控制和惩治犯罪的能力还有待提升，打击严重犯罪的程序还不健全和完备。如强制措施中有的已不适应新形势的需要，约束、禁止内容不具体，效果不好，有的不适应案件的情况或者案件办理的需要，可适用性差；有关证据种类的规定不全面，电子数据等新的证据形式没有包括在内；侦查机关手段不足，在科学技术高度发达的今天，没有对技术侦查措施作出明确规定，对于给付毒品等违禁品或者财物的犯罪，没有明确控制下交付等《联合国反腐败公约》规定的措施；行政执法与刑事司法之间脱节，存在对涉嫌构成犯罪的不依法移送、受理、立案，没有形成打击犯罪的合力；对于犯罪嫌疑人、被告人逃跑或者死亡的，由于我国没有建立缺席审判制度，对于其违法所得的财产缺乏明确的法律依据进行追缴，使国家财产遭受重大损失，犯罪人在经济上占到便宜；一些已经被判刑的罪犯没有依法服刑，受到应有的惩处，存在违法减刑、假释、暂予监外执行问题，损害了刑罚的严肃性和威慑力等。为有效应对犯罪形势的新变化，亟须完善法律规定，完善侦查手段，健全程序，严密法网，强化对犯罪的有效控制和惩治。从保障人权方面来说，1996 年刑事诉讼法在这方面有了巨大的进步，如明确规定未经人民法院依法作出判决，对任何人都不得确定为有罪；将律师介入刑事诉讼的时间由原来的审判阶段提前到侦查阶段；将被害人的地位明确为当事人，赋予被害人申请回避和提出自诉、申请抗诉权等。但是，随着时代的进步，我国人权事业的发展，司法民主的扩大，需要与时俱进。特别是 2004 年，我国宪法修正案明确规定了国家尊重和保障人权的原则。不断提高刑事司法中司法文明和人权保障水平，既是进一步落实宪法规定的要求，也是完善刑事诉讼制度的必然，同时也是履行我国加入的国际人权公约的承诺的要求，符合世界法制发展的潮流。以下方面如遏制刑讯逼供等非法取证行为，规定不得强迫自证其罪原则，建立健全非法证据排除制度；进一步深化司法公开，提高刑事司法工作的公开性和透明度；尊重诉讼当事人的主体地位，完善当事人和辩护人、诉讼代理人的知情权、参与权、申请权、辩护权、申诉权、获得法律帮助权、畅通权利救济渠道等，亟须以与时俱进的精神通过刑事诉讼法的修订来予以实现。

二、刑事诉讼法修改的指导思想

对于刑事诉讼法的修改，社会各方面都很关注，能否成功修改，关键在于坚持什么样的指导思想。例如，对于司法权力的分配、职能的行使、相互间的关系、权利的救济、程序的设定、模式的选择等，都涉及修改法律的指导思想。对此问题，不同的指导思想、价值取向，直接决定修改的思路和制度设计。确立正确的指导思想，才能使法律的修改沿着正确的方向前进。这是修改刑事诉讼法的灵魂和精髓，是支配刑事诉讼法修改、制度模式构建的决定性因素。因此，把握刑事诉讼法修改的指导思想，是深入学习、深刻领会修改后的刑事诉讼法的精神实质和内容的一把钥匙，是在涉及面广、众多复杂的修改内容中把握清晰的思路，条分缕析，准确理解和掌握，从而正确执行刑事诉讼法的基础。

此次修改刑事诉讼法，总的指导思想是：秉持中国特色社会主义法治理念，坚持实事求是，从国情出发，认真总结司法实践经验，循序渐进地推进我国刑事诉讼制度的完善；坚持分工负责、互相配合、互相制约的原则，完善刑事诉讼中各司法机关的权力配置，更好地适应诉讼活动的需要；坚持贯彻宽严相济的刑事政策，惩罚犯罪与保障人权并重，既注意及时、准确地惩罚犯罪，维护公民、社会和国家利益，又注意对刑事诉讼参与人包括犯罪嫌疑人、被告人合法权利的保护。这一指导思想体现在修改刑事诉讼法所把握的基本原则和价值取向中，主要包括以下几个方面：

（一）优化司法职权配置

优化司法职权配置，顾名思义，是指按照公权力行使的特点和司法权的运行规律，科学、合理地分配司法职能，明确各项司法职权的内涵、属性、定位，赋予相应的手段，清晰划定其边界，科学确定相互之间的关系，既要做到职能完善，运行机制顺畅，反应灵敏，组织架构和职能行使有效匹配，又要防止其滥用，恣意妄为，建立权利对权力、权力对权力、内外上下的监督制约机制，实现司法公正。

根据上述价值取向，司法职权配置优化不是单纯增加、强化职权，无序地扩权，盲目地膨胀，而是合理布局，科学耦合，该增强的增强，该限制的限制，该分离的分离，该变更的变更，建立具有中国特色、有序、充满活力、机能健全、运转灵敏畅通的刑事司法职权配置格局。

总体上看，经过1996年刑事诉讼法的修订，我国司法职权的配置和分工是科学的、合理的，在此框架范围内，需要适应新的形势需要进一步地完善和调整。例如，在刑罚执行体制上，传统的管制、缓刑、假释、暂予监外执行等的执行由基层公安机关负责，由于公安派出所的主要任务是维护社会治安，在监外执行方面的力量和精力有限，造成脱管、漏管、不服管现象不同程度存在。为了贯彻宽严相济的刑事政策，需要积极推动我国刑罚执行制度的改革和完善，适当扩大非监禁刑的适用，对那些不需要、不适宜监禁或者继续监禁的罪犯有针对性地实施社会化的矫正，放到社会上、家庭中把他们管教好、改造好，为此，中央批准从2003年开始进行社区矫正试点，实行党委政府统一领导，司法行政部门牵头组织，相关部门协调配合，司法所具体实施，社会力量广泛参与的社区矫正领导体制和工作机制。以促进社区服刑人员顺利回归社会为出发点，以提高社区服刑人员的改造质量、预防和减少重新犯罪为最终目的，在加强对社区服刑人员依法监督管理的同时，实施有针对性的教育矫治，开展社会适应性帮困扶助。这一改革进展顺利，取得了良好效果，2009年中央批准在全国试行社区矫正工作，目前社区矫正法正在起草过程中。为了适应这一变化，在非监禁刑的执行主体和职权配置上，就需要根据实际情况，在刑事诉讼法中明确社区矫正机构负责执行原由公安机关承担的非监禁刑执行的主体地位。又如，在侦查权的配置上，检察机关作为法定的侦查机关之一，负责对职务犯罪进行侦查，自然应当具有与其他侦查机关一样完整的侦查权能和手段，这是履行职责的必然要求。因此，刑事诉讼法的修订明确了人民检察院对于重大的贪污、贿赂犯罪案件以及利用职权实施的严重侵犯公民人身权利的重大犯罪案件，根据侦查犯罪的需要，经过严格的批准手续，可以采取技术侦查措施。但是，考虑到技术侦查措施的严肃性与敏感性，需要实行严格的集中管理与使用，同时侦查机关需要集约使用资源，减少司法成本投入，不宜由检察机关自行执行，所以又规定，由检察机关按照规定交有关机关执行。再如，检察机关是公诉机关，也是诉讼监督机关，证明提起公诉的案件中证据的合法性是检察机关当然的职责，因此，新刑事诉讼法对此作了明确规定。但是要证明侦查取证活动的合法性，仅靠检察机关是难以完全承担的，因为侦查机关和侦查人员比检察机关更为清楚是否在侦查活动中存在违法收集证据的行为。从相互配合的角度，从侦查与公诉具有方向的同一性考虑，需要侦查机关协助检察机关承担证明责任。鉴于此，修改后的刑事诉讼法又增加规定，在审查起诉过程中，人民检察院认为存在刑事诉讼法规定的以非法方法收集证据情形的，可以要求公安机关对证据收集的合法性作出说明；在法庭审理阶段，现有证据材料不能证明证据收集的合法性的，人民检察院可以提请人民法院通知有关侦查人员或者其他人员出庭说明情况。在此次刑事诉讼法修改中，考虑到公诉权是独立的权能，虽然恢复了1979年刑事诉讼法关于向法院移送全部案卷材料和证据的规定，但并没有采纳对于在庭前审查认为事实不清、证据不足的驳回起诉的建议。这是因为，起诉权（包括不起诉权、撤回起诉权、抗诉权等）与审判权有着各自的内涵，相互间独立，起诉是审判的前提，为审判提供犯罪事实和对象，同时，审判权又对公诉权进行制约，检验判定公诉的罪名是否成立。庭前审查只能是程序性的，符合开庭审理的程序要件即应开庭，未经审判，不得对公诉是否成立作出实质性的决定，驳回起诉不符合一般诉讼理论及我国检察权理论，不利于被告人的人权保障，容易导致庭前审查实质化、先入为主，造成诉讼拖延、互相推诿。再如，在侦查权和检察权的相互关系上，侦查权独立行使，检察机关除了通过审查批准逮捕、审查起诉对侦查的成果进行检验外，还要对侦查活动进行法律监督。但是监督不是指挥，更不是替代，不能形成检警一体化、侦诉一体化，否则监督者丧失自己独立的地位，对侦查的监督就难以有权威和公信力。为清晰界定各项不同司法权能的界限，防止角色混同，在刑事诉讼法修改中，没有将检察机关提前介入侦查活动引导侦查取证明确写入立法。再如，在此次修改中扩大简易程序的适用范围，但是立法上将1996年刑事诉讼法规定的简易程序审理公诉案件检察机关可以不派员出席法庭，修改为凡是适用简易程序审理公诉案件检察机关都要派员出庭公诉。表面上看，对检察机关来说，并没有达到简易程序减少人力、物力投入的目的，在检察机关公诉力量紧张的情况下，要求检察人员一律出庭，会增加检察机关的工作压力，但是立法上考虑，从厘清职责分工、科学配置职能的角度看，出庭公诉是检察机关的基本职责和任务，同时检察机关还负有诉讼监督的职能。从体现检察职能的角度，公诉人应当出席法庭，且公诉人不出庭由法院工作人员代为宣读起诉书也不严肃，检察机关履行职能缺位，法院却越位代行了公诉权。所以，修改后的刑事诉讼法规定，适用简易程序审理的公诉案件，人民检察院应当派员出庭。

（二）惩罚犯罪与保障人权的有机统一和动态平衡

刑事诉讼活动是为了揭露、证实、惩罚犯罪，维护社会稳定和秩序，因此，为了有效地同犯罪作斗争，应当根据实际需要赋予司法机关应有的职权、手段，保证其能够及时地发现犯罪事实和犯罪嫌疑人。同时，侦查、起诉、审判作为带有国家强制力的公权力，它们的运行必然给公民、法人或者其他组织的权利带来影响，为了保障人权，又必须对各项权力进行规制。整个刑事诉讼法的修改都贯穿着坚持有效惩治犯罪与有力保障人权有机统一的原则。既要增加诉讼手段，完善诉讼程序，提高突破案件、收集固定证据、发现和缉获犯罪嫌疑人的能力，又要推进诉讼文明、诉讼民主，提高保障人权的水平，使两者在更高的层次上达到新的动态平衡。例如，适当延长拘传时间，是实践中反映突出的问题和强烈的要求，目的是为了对尚达不到拘留、逮捕条件的犯罪嫌疑人能够通过强制到案进行讯问突破案件，初步核实事实和固定证据。办案实际表明，在现有的12小时内突破案件的很少，不得不采取其他方法甚至采取变相侵犯犯罪嫌疑人人权的方法。因此，为适应司法实践的需要，本次刑事诉讼法的修改延长了拘传的期限。但是拘传不具有羁押的性质，侦查办案不能把突破案件的主要或者唯一的途径寄托在拘传讯问上，我国1996年刑事诉讼法修改时把 1979 年刑事诉讼法规定的拘传时间从 24 小时修改为 12 小时，并且规定不得以连续拘传的方式变相羁押犯罪嫌疑人，如果超过 24 小时，就是人权保障的一种倒退，有损我国的法治形象。综合考虑两方面的因素，新刑事诉讼法第 117 条增加规定："案情特别重大、复杂需要采取拘留、逮捕措施的，传唤、拘传的时间不得超过二十四小时。传唤、拘传犯罪嫌疑人，应当保证犯罪嫌疑人的饮食和必要的休息时间。"为了保证侦查犯罪的需要，此次修改增加规定了侦查机关根据侦查犯罪的需要，追捕被通缉或者批准、决定逮捕的在逃的犯罪嫌疑人、被告人经过批准，可以采取追捕所必需的技术侦查措施，或者由有关人员隐匿身份实施侦查措施，这是适应新的形势，在法律上赋予侦查机关的有效手段。但是由于技术侦查措施和秘密侦查的采取涉及对公民个人隐私、通信自由等基本权利的影响，此次修改不仅对适用技术侦查措施的案件范围确定为严重犯罪案件，同时明确要求必须经过严格的审批程序，按照批准的措施种类、适用对象和期限，由专门的机关来执行。获取的材料只能用于对犯罪的侦查、起诉和审判，不得用于其他用途。对于知悉的国家秘密、商业秘密和个人隐私，应当保密；对于获取与案件无关的材料，应当及时销毁等。可以看出，技术侦查法律制度的构建，也是全面考量了惩治犯罪和保障人权两个方面的因素和要求。又如，为了进一步保障犯罪嫌疑人的人权，保障律师充分行使辩护权，此次修改将 1996 年刑事诉讼法规定的涉及国家秘密的案件犯罪嫌疑人聘请律师，应当经侦查机关批准；律师会见在押的犯罪嫌疑人，侦查机关根据案件情况和需要可以派员在场；涉及国家秘密的案件，律师会见在押的犯罪嫌疑人应当经侦查机关批准的规定予以修改。规定犯罪嫌疑人聘请律师不需要经过批准，律师凭"三证"就可以会见，侦查机关不再派员在场。新的规定吸收了律师法的内容，是我国司法领域人权事业发展的重要内容，但是考虑到危害国家安全犯罪、恐怖活动犯罪、特别重大贿赂犯罪涉及国家的安全、政权的稳定等核心利益，如果不加任何限制，律师随时可以会见，会损害案件的顺利查办和侦破，影响打击这些特别严重的犯罪，因此规定对上述三类犯罪，在侦查阶段辩护律师会见在押的犯罪嫌疑人，应当经侦查机关许可。这体现了国家的根本利益至上的价值取向。同时，新刑事诉讼法规定了辩护律师对在执业活动中知悉的委托人的有关情况和信息，有权予以保密。但是这种职业特权不能对抗国家和社会公共利益，辩护律师作为一个公民也负有维护国家利益的责任，对于将要或者正在实施的新犯罪，辩护律师也有履行一个公民应尽义务的责任。据此，修改后的刑事诉讼法同时又规定，辩护律师在执业活动中知悉委托人或者其他人准备或者正在实施危害国家安全、公共安全以及严重危害他人人身安全的犯罪的，应当及时向司法机关报告。从对这一问题的法律规定来看，也体现了惩治犯罪与保障人权的有机统一和平衡。

（三）司法公正与司法效率相统一

公正是司法永恒的价值追求和与生俱来的内在品格，是司法权威和公信力的源泉所在。程序公正，一方面，是为了保证实体公正的实现，即为了准确查明案件事实，正确适用法律，做到事实清楚，证据确实充分，适用法律正确，有罪的人受到应有的惩罚。另一方面，程序公正又具有独特价值功能和作用，即为了规范各项司法权力的行使，防止滥用而侵犯当事人和其他诉讼参与人的权利，为当事人和其他诉讼参与人提供权利救济渠道，对司法权进行有效的监督制约。由于司法活动是在一定的时间和空间内进行，国家的司法资源也是有限的。在当代，随着刑事案件数量的不断上升，刑事司法体系面临着巨大的压力，提高诉讼效率，以尽可能小的司法资源和成本投入取得最大限度的司法效益，也是现代司法追求的重要价值。"迟来的正义为非正义"正是说明了这个道理。如何实现公正与效率的最佳平衡和结合，也是这次刑事诉讼法修改所要面对和处理的一对矛盾。

由于刑事司法活动的使命是实现国家的刑罚权，涉及对公民的人身自由、财产乃至生命权的限制甚至剥夺，为正确行使司法权，必须以公正为本，兼顾效率，坚持司法公正与司法效率的有机统一。为了更好地实现和彰显司法公正，在此次刑事诉讼法的修改中，进行了许多的制度设计和创新。例如，将律师在侦查阶段接受委托为犯罪嫌疑人提供法律帮助的身份界定为辩护人，规定犯罪嫌疑人在被侦查机关第一次讯问或者采取强制措施之日起，有权委托辩护人。将辩护人的职责由过去强调从实体上针对指控"根据事实和法律，提出犯罪嫌疑人、被告人无罪、罪轻或者减轻、免除其刑事责任的材料和意见"，增加了"维护犯罪嫌疑人、被告人的诉讼权利和其他合法权益"的内容。为了有效遏制刑讯逼供等非法取证行为，建立了比较完善的非法证据排除机制。针对实践中存在的证人、鉴定人出庭率偏低，直接原则、言词原则得不到真正落实，法庭质证无法实现的情况，增加规定了证人、鉴定人、人民警察应当出庭作证的情形，并且规定，证人无正当理由不出庭作证，人民法院可以强制证人出庭作证，情节严重的，经院长批准还可以处 10 日以下拘留。鉴定人拒不出庭作证的，鉴定意见不得作为定案的根据。对于审理期限，立法上宜根据案件的不同情况作不同的规定。考虑到此次修改扩大了简易程序的适用范围，其他案件属于重大、疑难、复杂的，审判是决定被告人是否构成犯罪和判处刑罚的关键环节，不宜因审理期限而影响案件质量，对于可能判处死刑或者附带民事诉讼的案件以及其他重大、疑难、复杂的案件有条件的延长审限是可以的，符合实际需要，因此，此次修改对这些案件的一、二审期限分别作了适当延长。这也说明了立法上权衡公正与效率并重，以公正优先的导向。针对1996年刑事诉讼法对二审开庭审理的情形规定不明确，实践中相当一部分案件二审不开庭审理，使审判公开的原则大打折扣的情况，此次修改明确规定，对于被告人、自诉人及其法定代理人对第一审认定的事实、证据提出异议，可能影响定罪量刑的上诉案件，被告人被判处死刑的上诉案件，人民检察院抗诉的案件以及其他应当开庭审理的案件，第二审人民法院都应当组成合议庭，开庭审理。针对实践中存在的二审法院以事实不清为名发回重审，行变相加重刑罚之实的情况，此次修改明确规定，第二审人民法院发回原审人民法院重新审判的案件，除了有新的犯罪事实，人民检察院补充起诉的以外，原审人民法院也不得加重被告人的刑罚。对提起审判监督程序的条件，增加规定：对于违反法律规定的诉讼程序，可能影响公正审判的，人民法院也应当重新审判。鉴于实践中比较普遍存在由于认识原因、业绩考核、责任追究等原因，上级人民法院指令下级人民法院再审的案件，原下级人民法院维持原判的比例比较高，损害了实事求是、有错必纠原则的贯彻，《决定》规定，指令再审的案件，原则上应当指令原审人民法院以外的下级人民法院审理；由原审人民法院审理更为适宜的，也可以指令原审人民法院审理。再如，死刑复核程序是特别程序，对于正确适用死刑，统一死刑适用标准，慎杀、少杀、防止错杀具有十分重要的作用。但是，过去这一程序主要是封闭性、行政化的内部程序，法律上对于是否讯问被告人没有作规定，辩护律师、检察机关也不能介入，影响了这一程序的公信力。本次修改，进一步贯彻审判公开的原则，明确规定，最高人民法院复核死刑案件，可以讯问被告人，辩护律师提出要求的，应当听取辩护律师的意见，最高人民检察院依法对死刑复核程序进行监督。这些补充规定，完善了程序机制，体现了司法正义。

在提高刑事司法效率方面，针对刑事案件数量持续上升，司法资源有限的情况，同时考虑到案件繁简程度不一，应当有针对性地实行繁简分流，合理配置司法资源。此次刑事诉讼法的修改扩大了简易程序的适用范围，将原来限定在依法可能判处3年以下有期徒刑、拘役、管制、单处罚金的公诉案件，扩大到基层人民法院管辖的所有案件，即只要符合条件的都可以适用简易程序。由于简易程序的特点，这一修改大大提高了简易程序的适用范围，提高了审理效率，节省了司法资源，使司法机关有可能腾出更多人力和精力用于处理重大、复杂、疑难案件。考虑到在法律适用上人人平等的原则，同时，这些年来我国基层法院法官队伍的素质也有明显提高，对于外国人犯罪的刑事案件的管辖由过去中级人民法院作为第一审改为由基层人民法院作为第一审。当事人达成和解的刑事案件的专门程序的确立，也有利于对轻微刑事案件及时处理，提高司法效率。

（四）贯彻宽严相济的刑事政策

宽严相济的刑事政策，是我们党的一项重要刑事政策。在构建社会主义和谐社会的大背景下，充分发挥司法的功能作用，体现该严则严，当宽则宽，宽严相济，罚当其罪。对于严厉打击严重刑事犯罪，维护社会和谐稳定，有效化解社会矛盾，化消极因素为积极因素，有着重要作用。中央关于深化司法体制和工作机制改革的部署，把贯彻宽严相济刑事政策作为其中的一个重要内容。贯彻宽严相济的刑事政策不仅仅需要体现在刑事实体法关于定罪量刑的规定上，作为规范诉讼程序的刑事诉讼法也要充分体现这一要求。

此次修改，在体现从严的方面，建立行政执法与刑事司法相衔接的制度，规定行政机关在行政执法和查办案件过程中收集的物证、书证、视听资料、电子数据等证据材料，在刑事诉讼中可以作为证据使用。突出打击重点，健全了打击严重犯罪的法律程序，完善了维护国家安全和打击恐怖活动犯罪、黑社会性质的犯罪的诉讼制度。例如，规定危害国家安全犯罪、恐怖活动犯罪案件侦查期间，辩护律师会见在押的犯罪嫌疑人需经侦查机关许可；根据案件情况，在其住处监视居住可能有碍侦查的，经批准可以在指定的居所执行，执行时可以对犯罪嫌疑人、被告人采取电子监控、通信监控等措施。拘留后通知其家属可能有碍侦查的，可以不把拘留的原因和羁押的处所通知其家属，在有碍侦查的情形消失后，应当立即通知其家属。此外，明确规定，对有证据证明有犯罪事实，可能判处徒刑以上刑罚的犯罪嫌疑人、被告人，采取取保候审仍可能实施新的犯罪的，有危害国家安全、公共安全或者社会秩序的现实危险的，以及有证据证明有犯罪事实，可能判处10年有期徒刑以上刑罚的等，应当予以逮捕。对于严重危害社会的犯罪案件，根据侦查犯罪的需要，可以采取技术侦查措施。有重大社会影响的案件或者其他不适宜适用简易程序的案件，不适用简易程序。为了从经济上剥夺犯罪分子实施犯罪的条件，根据我国签署加入的联合国《打击跨国有组织犯罪公约》、《联合国反腐败公约》的要求，结合我国的国情，专门设立了犯罪嫌疑人、被告人逃匿、死亡案件违法所得的没收程序。

在体现从宽的方面，与《中华人民共和国刑法修正案（八）》（以下简称《刑法修正案（八）》）规定如实供述自己所犯罪行，可以从轻处罚的规定相适应，修改后刑事诉讼法中增加规定，侦查人员在讯问犯罪嫌疑人时，应当告知犯罪嫌疑人如实供述自己的罪行可以从宽处理的法律规定。对于符合逮捕条件，系生活不能自理的人的唯一扶养人的犯罪嫌疑人、被告人可以监视居住。对于被判处无期徒刑的罪犯系怀孕或者正在哺乳自己婴儿的妇女的，可以暂予监外执行，以体现人文关怀。为了体现对未成年人犯罪教育、感化、挽救的方针和教育为主、惩罚为辅的原则，专章规定了未成年人刑事案件诉讼程序，建立了附条件不起诉制度和被判处 5 年有期徒刑以下刑罚的，对相关犯罪记录封存制度。确立了轻微刑事案件当事人达成和解协议的从宽处理制度。其中公安机关可以向人民检察院提出从宽处理的建议。人民检察院可以向人民法院提出从宽处理的建议；对于犯罪情节轻微，不需要判处刑罚的，可以作出不起诉决定；人民法院可以依法对被告从宽处罚。与《刑法修正案（八）》规定相衔接，确立社区矫正制度，规定对于被判处管制、宣告缓刑、假释或者暂予监外执行的罪犯，依法实行社区矫正，由社区矫正机构负责执行。

（五）立足中国国情与吸收借鉴人类法治文明成果相统一

一个国家法律的制定和修改，其生命力来源于司法实践。此次刑事诉讼法的修改立足于我国仍处于并将长期处于社会主义初期阶段的基本国情和阶段性特征，既认真研究和吸收借鉴人类法治文明的有益成果，又不照抄照搬外国的司法制度和司法体制，既与时俱进，又不超越现阶段实际提出过高要求，以解决中国司法实践中的实际问题为出发点。例如，在新刑事诉讼法中，增加规定了"不得强迫任何人证实自己有罪"。这一规定，与严禁刑讯逼供和以威胁、引诱、欺骗以及其他方法收集证据的要求相适应，也是许多国家刑事诉讼法典规定的原则，我国已经批准的《儿童权利公约》和已经签署的《公民权利和政治权利国际公约》要求缔约国对此原则作出规定。一些学者和律师建议进一步规定犯罪嫌疑人、被告人的沉默权，取消对于侦查人员的讯问犯罪嫌疑人应当如实回答的规定。考虑到目前我国侦查机关工作人员的素质和执法办案水平还不是很高，科技装备水平总体上比较差，侦查手段不足，犯罪嫌疑人的供述和辩解在定案证据中占有很大比例，以及打击犯罪维护社会秩序的需要，对在我国刑事诉讼法中规定沉默权尚需慎重研究，目前不具备条件。此次修订，并没有照抄照搬其他国家的一些做法，赋予犯罪嫌疑人以沉默权。再如，对于非法证据排除制度中非法取得的物证、书证的效力，各国法律规定并不一致，美国有"毒树之果"的规则，但是大多数国家由司法机关根据具体情况斟酌决定。在刑事诉讼法修改中，有一种意见认为，只要非法取得的物证、书证严重影响司法公正的，就不得作为指控犯罪和定案的依据，以维护程序的公正性。经过反复研究认为，物证、书证具有客观性、唯一性、不可替代性，不能重复取得，取证手段的非法性一定程度上并不影响该物证、书证与案件事实的联系，不能因为取证程序的瑕疵而否定其证明力，不能因为惩罚违法取证行为而导致案件中缺乏应有的物证、书证，造成对犯罪的放纵，不能因为追求程序公正而丧失实体公正。因此，对此修改沿用最高人民法院、最高人民检察院、公安部、国家安全部、司法部联合下发的《关于办理刑事案件排除非法证据若干问题的规定》的规定，明确收集物证、书证不符合法定程序，可能严重影响司法公正的，应当予以补证或者作出合理解释；不能补证或者作出合理解释的，对该证据应当予以排除。

（六）推进刑事诉讼的科学化、民主化

立法的科学化、民主化是社会主义法治建设的必然要求，是法律权威、生命力和公信力的基础之所在。刑事诉讼的科学性体现在法律的内容完整、各个程序之间协调一致、没有明显的"硬伤"，程序规定把握和体现司法的内在规律和特点，程序周密，可操作性强。这次刑事诉讼法的修改在科学性方面有了很大进步。

首先，结构体系更加完整，内容更为齐全、丰富。本次修改，专门增加了"特别程序"一编，规定了"未成年人刑事案件诉讼程序"、"当事人和解的公诉案件诉讼程序"、"犯罪嫌疑人、被告人逃匿、死亡案件违法所得的没收程序"、"依法不负刑事责任的精神病人的强制医疗程序"四章，解决了长期以来司法实践对此无法可依的问题，顺应了司法实践需要，符合国际立法惯例，也使长期以来法学界的研究成果在立法上得到体现。

其次，解决了过去立法过于原则、粗疏，不能满足司法实践需要的问题。

例如，证据是刑事诉讼的核心问题，"诉讼的艺术无非是证据的艺术"。但是1979年刑事诉讼法"证据"一章只有区区7个条文，1996年修订时对此也没有过多涉及。而这些年来出现的错案相当一部分问题的症结出现在证据的收集、认定上，包括以刑讯逼供等非法手段获取证据。此次修改总结了司法实践的经验，吸收2010年最高人民法院、最高人民检察院、公安部、国家安全部、司法部联合下发的《关于办理刑事案件排除非法证据若干问题的规定》以及《关于办理死刑案件审查判断证据若干问题的规定》的相关内容，对证据制度作了完善规定，使这一章的条文数增加到16条，科学界定了证据的定义，适应新的形势，完善了证据种类的规定，明确了举证责任的承担主体，规定了不得强迫自证其罪的原则，将证据确实、充分的证明标准具体化，确立了非法言词证据和实物证据排除的不同尺度，明确了证据合法性的证明主体，排除非法证据的启动及程序，证人、鉴定人、被害人的保护，证人的补偿等，从而构建了比较完整的证据制度。

再次，对于1996年刑事诉讼法疏漏而未作规定、司法实践长期于法无据处理的，此次修订进行了补充。例如，对于法定不起诉的条件，1979年刑事诉讼法和1996年修订的刑事诉讼法都只规定了6种情形，但是司法实践中存在的对于经审查没有犯罪事实的，作出何种决定，一直不明确，此次修改为，"犯罪嫌疑人没有犯罪事实，或者有本法第十五条规定情形之一的，人民检察院应当作出不起诉决定"。再如，随着经济的发展，财产的表现形态越来越多样化，除了传统的存款、汇款外，还包括债券、股票、基金份额等，因此，对财产查询、冻结的对象就应当包括上述种类形态，此次刑事诉讼法修改就进一步完善了这些标的。

最后，增强了程序制度规则的刚性和可执行力。程序是为司法权力的运行和诉讼活动的推进设定规则，如果不具有一定的刚性和约束力，要求不明确，违反程序要求没有相应的程序后果，就会松懈废弛，失去应有的权威。此次修改刑事诉讼法，总结吸取了过去实践中规定不到位以致不能有效执行的教训，注重设定相应的配套规定或者保障手段。例如，针对实践中存在的在拘传犯罪嫌疑人时利用法律规定不明确的空子，采取变相连续拘传的方式侵害犯罪嫌疑人的权利的问题，增加规定：传唤、拘传犯罪嫌疑人，应当保证犯罪嫌疑人的饮食和必要的休息。再如，为了防止拘留后以种种理由、借口迟延不送押，规避看守所的管理和监督而进行讯问，堵塞刑讯逼供的漏洞，明确补充规定：拘留后，应当立即将被拘留人送看守所羁押，至迟不超过 24 小时。对于人民检察院进行羁押必要性审查后提出的建议释放或者变更强制措施建议，《决定》规定，有关机关应当在10 日以内将处理情况通知人民检察院，以明确人民检察院建议的效力。

在推进刑事诉讼民主化方面，此次刑事诉讼法修改适应我国政治民主和人权保障事业的发展，顺应世界法治发展的趋势，迈出了可喜的步伐，取得了明显的进步。诉讼的民主性体现在以下几个方面：

第一，深入推进了诉讼的公开化和透明度。充分尊重诉讼参与人的诉讼主体地位，切实保障诉讼参与人的知情权、参与权和表达权。在审查逮捕阶段，规定人民检察院审查批准逮捕，可以询问证人等诉讼参与人，听取辩护律师的意见；辩护律师提出要求的，应当听取辩护律师的意见。在侦查阶段，由辩护律师只能向侦查机关了解犯罪嫌疑人涉嫌的罪名，修改为可以向侦查机关了解犯罪嫌疑人涉嫌的罪名和案件有关情况，提出意见。在案件侦查终结前，辩护律师提出要求的，侦查机关应当听取辩护律师的意见，并记录在案；辩护律师提出书面意见的，应当附卷。在审查起诉阶段，由 1996 年刑事诉讼法规定的辩护律师只能查阅、摘抄、复制本案的诉讼文书、技术性鉴定材料，修改为可以查阅、摘抄、复制本案的案卷材料。审判是刑事诉讼的中心环节，为了保证公开审判切实得到贯彻执行，加强法庭质证，补充规定了强制证人出庭作证制度和拒不作证的处罚措施；在立法上明确将量刑事实调查和量刑辩论纳入法庭审理程序。法院作出判决后，判决书在送达当事人和提起公诉的人民检察院时，增加规定判决书应当同时抄送辩护人、诉讼代理人。人民法院对于犯罪嫌疑人、被告人逃匿、死亡的案件，对其财产经审理不能认定是违法所得的，应当解除查封、扣押、冻结措施；对于作出没收的裁定，犯罪嫌疑人、被告人的近亲属和其他利害关系人或者人民检察院可以提出上诉；没收犯罪嫌疑人、被告人财产确有错误的，应当依法返还、赔偿。

第二，完善了当事人和其他诉讼参与人的诉讼权利，强化了对行使权利的保障，健全了权利被侵害时的救济渠道。例如，规定犯罪嫌疑人、被告人及其近亲属向法律援助机构提出申请，对于符合条件的，法律援助机构应当指派律师为其提供辩护；犯罪嫌疑人、被告人是尚未完全丧失辨认或者控制自己行为能力的精神病人，没有委托辩护人的，人民法院、人民检察院和公安机关应当通知法律援助机构指派律师为其提供辩护；辩护律师会见犯罪嫌疑人、被告人时不被监听；辩护人涉嫌犯罪时，应当由办理辩护人承办案件的侦查机关以外的侦查机关办理；辩护人、诉讼代理人认为其依法行使诉讼权利受到公安机关、人民检察院、人民法院及其工作人员阻碍的，有权向同级或者上一级人民检察院申诉或者控告；有碍侦查的情形消失后，应当立即通知被拘留人的家属；指定居所监视居住的期限应当折抵刑期；人民法院、人民检察院和公安机关收到变更强制措施的申请后，应当在 3 日内作出决定，不同意变更强制措施的，应当告知申请人，并说明不同意的理由；当事人、辩护人、诉讼代理人、利害关系人对于司法机关及其工作人员侵犯合法权益的行为，有权向该机关申诉或者控告，对处理不服的，可以向人民检察院申诉。在诉讼中止制度中明确规定，被告人患有严重疾病，无法出庭的，致使案件在较长时间内无法继续审理的，可以中止审理。针对实践中突出存在的对查封、扣押、冻结财产不依法移送、处理和返还，侵犯当事人和利害关系人的财产权利的问题，增加规定，查封、扣押、冻结的财物及其孳息要制作清单，随案移送；人民法院作出的判决，应当对查封、扣押、冻结的财物及其孳息作出处理；人民法院作出的判决生效后，有关机关应当根据判决对被查封、扣押、冻结的财物及其孳息进行处理，以严密规定，完善制度，堵塞漏洞，防止办案中的利益驱动。

（七）加强对刑事司法权的监督制约

任何权力都必须受到监督，刑事司法权力也是如此。司法改革的一个重要内容和重点就是加强对司法权的监督制约，以防止权力的滥用。为此，此次刑事诉讼法的修订充分体现了这一原则，在制度、程序构建和设计上都完善了对各项权力的监督。特别是进一步加强了作为法律监督机关的人民检察院对刑事诉讼活动的法律监督。这方面的规定主要包括如下内容：一是辩护人、诉讼代理人认为公安机关、人民检察院、人民法院及其工作人员阻碍其依法行使诉讼权利的，有权向同级或者上级人民检察院申诉或者控告；人民检察院对申诉或者控告应当及时进行审查，情况属实的，通知有关机关予以纠正。二是人民检察院接到报案、控告、举报或者发现侦查人员以非法方法收集证据的，应当进行调查核实；对于确有以非法方法收集证据情形的，应当提出纠正意见；构成犯罪的，依法追究刑事责任。三是人民检察院对指定居所监视居住的决定和执行是否合法实行监督。四是犯罪嫌疑人、被告人被逮捕后，人民检察院仍应当对羁押的必要性进行审查；对于不需要继续羁押的，应当建议予以释放或者变更强制措施。五是当事人、辩护人、诉讼代理人、利害关系人对于司法机关及其工作人员采取强制措施法定期限届满，不予释放、解除或者变更的，对与案件无关的财物采取查封、扣押、冻结措施的，或者贪污、挪用、私分、调换、违反规定使用查封、扣押、冻结的财物的等，有权向该机关申诉；对有关机关的处理不服的，可以向同级人民检察院申诉；人民检察院直接受理的案件，可以向上级人民检察院申诉。人民检察院对申诉应当及时进行审查，情况属实的，通知有关机关予以纠正。六是在复核死刑案件过程中，最高人民检察院可以向最高人民法院提出意见；最高人民法院应当将死刑复核结果通报最高人民检察院。七是监狱、看守所提出暂予监外执行的书面意见的，应当将书面意见的副本抄送人民检察院，人民检察院可以向决定或者批准机关提出书面意见；执行机关提出减刑、假释建议的，应当将建议书副本抄送人民检察院，人民检察院可以向人民法院提出书面意见，从而建立刑罚执行变更同步监督制度。八是人民检察院对强制医疗的决定和执行实行监督等。这些关于完善人民检察院对刑事诉讼活动实行监督的范围、程序、手段、效力的规定，是我国刑事立法的重大进步，也是对中国特色社会主义检察制度的丰富和发展，对于促进司法公正，保障人权有着重要的作用。

除此之外，这次刑事诉讼法修改还在机制的构建上着力对司法权进行制约，防止不作为或者乱作为，及时纠正错误。例如，此次修改规定辩护人涉嫌犯罪的，应当由办理辩护人所承办案件的侦查机关以外的侦查机关办理。这样可以避免原侦查机关可能存在的偏见或者对律师的报复。为了防止附条件不起诉的滥用，规定人民检察院作出附条件不起诉决定前，应当听取公安机关、被害人的意见，对于人民检察院作出的附条件不起诉决定，公安机关有权要求复议、提请复核，被害人有权提出申诉，未成年犯罪嫌疑人及其法定代理人对人民检察院决定附条件不起诉有异议的，人民检察院应当作出起诉的决定。又如，二审法院对上诉、抗诉案件进行审理后，原判决事实不清或者证据不足，裁定撤销原判，发回原审人民法院重新审理的，增加规定：原审人民法院重新审判作出判决后，被告人提出上诉或者人民检察院提出抗诉的，第二审人民法院应当依法作出判决或者裁定，不得再发回原审人民法院重新审判。这意味着二审人民法院只能发回重审一次，以解决上级法院不敢承担责任，回避矛盾，当判不判，导致案件久拖不决的问题。

（八）既改革创新，又审慎稳步推进

此次刑事诉讼法修改体现了继承与创新的有机统一，既坚持中国特色社会主义司法制度，坚持人民司法的基本理念、基本原则、基本经验和多年来被司法实践证明是成熟的、有效的、科学的刑事诉讼制度，又以与时俱进、开拓创新的精神，不僵化、不停滞，适应新的形势、新的任务，根据实践的发展和人民群众司法需求的提高，有所创新、有所发展，特别是努力把近年来司法改革的成果通过立法的形式固定下来，规定了不少新的程序、新的制度，丰富、健全和完善了我国的刑事诉讼法律制度。如规定专门的未成年人刑事案件诉讼程序、刑事和解诉讼程序、强制医疗程序，增加技术侦查措施的规定等。

　　但是由于成文法典通常要滞后于司法实际，同时，法律的规定主要是将一定的实践经验、成熟做法上升到立法加以固化和肯定，又由于其稳定性的特点，决定了法律的超前性是极其有限的，因此，对于符合基本理念和价值取向的一些新的制度和程序，由于尚不成熟，或者认识还不深入、不完全一致，难以一开始就全面展开，立法的规定又表现出一定的谨慎和克制，条件和程序设定十分严格，以保证稳步实施。例如，对于附条件不起诉制度，在适用范围上，《决定》规定只限于未成年人犯罪案件，且严格限定为涉嫌刑法分则第四章、第五章、第六章规定的犯罪，可能判处 1 年有期徒刑以下刑罚，符合起诉条件，但有悔罪表现的。尽管立法过程中，有相当意见认为，附条件不起诉符合宽严相济的刑事政策的要求，有利于化解矛盾，服务构建社会主义和谐社会，且现行刑法中法定刑为 1 年以下的案件微乎其微，司法实践中不好把握，限制了这一制度作用的发挥，但是鉴于对此还有不同的认识——担心起诉裁量权被滥用，损害国家刑罚制度的严肃性，因此仍然维持这一规定，并在程序上设置了在作出决定之前，应当听取公安机关、被害人的意见，作出决定后，公安机关可以要求复议、提请复核，被害人可以申诉、被告人异议等多重制约措施。再如，对于当事人达成和解的公诉案件，立法上考虑为了有利于化解矛盾纠纷，根据需要和已有的司法实践经验，需要适当扩大和解程序的适用范围，将部分公诉案件纳入和解程序。但同时又考虑到公诉案件的国家追诉性和刑罚的严肃性，为防止出现以钱买刑、拿钱就可以不判刑、刑罚有利于富人等新的不公正现象，将其条件限定为因民间纠纷引起，涉嫌侵犯人身权利民主权利、侵犯财产犯罪，可能判处 3 年有期徒刑以下刑罚的故意犯罪，以及除渎职罪以外的可能判处 7 年有期徒刑以下刑罚的过失犯罪案件。又如，对于简易程序，此次修改尽管将其范围扩大到基层法院管辖的符合条件的所有案件，但是在审判组织上，并没有单纯从简化程序、优化人力资源配置出发一律采取独任审理的方式，而是考虑到可能判处 3 年有期徒刑以上刑罚的案件是性质比较严重的犯罪，不能完全由一个法官个人说了算，宜采取合议庭集体行使职权的方式。因此规定，对于可能判处 3 年有期徒刑以下刑罚的，可以组成合议庭进行审判，也可以由审判员一人独任审判；对可能判处超过 3 年有期徒刑的，应当组成合议庭进行审判。诸如上述制度的立法考量，反映出此次修改对于一些新的程序制度构建，是反复考虑各方面的意见，权衡各种利弊，对于符合基本价值取向，但是缺乏足够经验的，稳中求进，审慎推进，积累经验后再循序渐进，不断完善，防止出现新的不平衡。

三、刑事诉讼法修改的主要过程

本次刑事诉讼法的修改经历了较长时间的酝酿，两次纳入全国人大常委会的五年立法规划，反复研究论证，广泛深入听取各方面的意见，理论界做了大量、比较充分的研究，形成了不少研究成果，实践中积极探索，积累了比较丰富的经验，可谓是"十年磨一剑"。

（一）十届全国人大期间刑事诉讼法的修改研究工作

1996 年八届全国人大四次会议对 1979 年刑事诉讼法作了修改，进一步完善了我国的刑事诉讼制度。随着我国民主法制建设的进步和发展，各方面都十分关注刑事诉讼法的执行问题，对刑事诉讼法又提出了一些需要修改完善的问题；司法实践中也积累了一些经验，需要认真总结；部分全国人大代表也提出了不少修改刑事诉讼法的议案和建议；我国已经批准和正在研究批准的有关国际条约中也涉及一些刑事诉讼方面的问题，需要研究如何衔接。全国人大常委会法制工作委员会一直对修改刑事诉讼法的有关问题进行研究，多次召开公、检、法、司、国家安全、全国律协等部门、单位和专家学者参加的座谈会，到一些地方进行调研，了解情况，听取意见。其中分别于 2001 年 11 月和 2002 年 6 月两次组织了刑事证据立法讨论，2003 年全国人大常委会将刑事诉讼法的修改列入十届人大五年立法规划后，法工委于当年 10 月 15 日召开了刑事诉讼法修改座谈会，此后又于 2004 年 10 月召开第二次座谈会。2004 年宪法修正案增加"国家尊重和保障人权"的规定和中央提出构建社会主义和谐社会的目标后，社会上更加关注刑事诉讼法的修改。中央关于司法体制和工作机制改革的初步意见对进一步修改完善刑事诉讼法提出了要求。2006 年年底，全国人大常委会法工委又组织了第三次修改座谈会，并提出了刑事诉讼法修改方案的征求意见稿，就初步意见与全国人大内务司法委员会、最高人民法院、最高人民检察院等部门在工作层面上进行了沟通。征求意见稿考虑的修改工作总的原则是坚持正确的政治方向和社会主义法治理念，充分体现党的刑事政策，落实中央关于司法体制和工作机制改革的有关要求；坚持从实际出发；坚持正确处理打击犯罪和保障公民合法权利的关系；坚持进一步强化监督制约，通过程序公正促进实体公正。征求意见稿拟修改的主要问题包括：进一步完善证据制度，防止刑讯逼供，确立不得强迫任何人证实自己有罪原则；进一步完善辩护制度，保障当事人的诉讼权利；进一步完善不起诉制度，更好地体现宽严相济的刑事政策；进一步完善审判程序，促进审判公正，提高审判质量；进一步完善未成年人案件诉讼程序，强化对未成年犯罪嫌疑人、被告人合法权益的保护；以及进一步完善强制措施，减少不必要的羁押，进一步完善刑罚执行制度，总结社区矫正试点经验，提高刑罚改造效果等。鉴于对一些问题有关方面认识尚不能达成一致，需要进一步深入研究，刑事诉讼法修正案草案如期提交全国人大常委会进行审议的条件尚不成熟，因此，十届全国人大未能完成修改刑事诉讼法的立法任务。

（二）十一届全国人大期间刑事诉讼法的修改研究和审议情况

2008 年，中共中央转发了中央政法委《关于深化司法体制和工作机制改革若干问题的意见》，提出了进一步修改完善刑事诉讼制度的有关要求，全国人大常委会再次将刑事诉讼法的修改列入五年立法规划和 2011 年的立法工作计划，在上届研究工作的基础上，全力以赴，抓紧工作，力争做到摸清基本情况，找准主要问题，改革方案切实可行。2009 年年初，全国人大常委会法工委起草了《关于共同做好司法体制和工作机制改革有关事项调研工作的意见》，将中央分工方案中确定由全国人大常委会法工委牵头的改革任务逐项提出具体需要研究的要求，请各协办单位结合本部门工作职责进行调研，提出意见和建议。各协办单位积极配合，在经过深入调研后向法工委分别提出修改刑事诉讼法的意见和建议。

在整理汇总并认真研究全国人大代表提出的有关修改刑事诉讼法的议案、建议，社会各方面关注的问题，以及各协办单位意见、建议的基础上，确定重点专题，会同中央政法部门先后到北京、湖北、浙江、广东、海南、河南等地进行调研，直接听取一线办案部门的意见和建议。2010 年年底到 2011 年年初，全国人大法工委提出了修改刑事诉讼法涉及的七个问题，分三次召开座谈会，在工作层面听取中央政法各部门有关工作机构和专家学者、律师的意见。2011 年 4 月，法工委负责同志在杭州与最高人民法院、最高人民检察院、公安部、司法部和国家安全部的主管领导就修改初步方案逐项进行研究，就修改的多数问题达成共识。5 月，会同中央政法各部门分别在广东、天津、河北等地召开全国法院、检察院、司法行政系统基层一线的同志、部分全国人大代表和律师代表、部分专家学者的座谈会，进一步听取意见。在此基础上，对于法工委牵头的 13 项改革项目提出了初步修改方案；对于其他单位牵头的改革项目中需要通过刑事诉讼法落实的，也一并提出了初步方案。7 月下旬，法工委在吸收各有关方面意见的基础上，起草了《中华人民共和国刑事诉讼法修改方案》(7 月 26 日征求意见稿)，送中央各政法机关再次征求意见。2011 年 8 月 24 日至 26 日，《中华人民共和国刑事诉讼法修正案（草案）》（以下简称《草案》）提交十一届全国人大常委会第二十二次会议进行了首次审议。《草案》共 99 条，就完善证据制度、完善强制措施、完善辩护制度、完善侦查措施、完善审判程序、完善执行规定、规定特别程序七个主要方面作了规定。经过审议，考虑到这次刑事诉讼法修改涉及面比较大，补充修改的条文比较多，并增加了新的编、章、节，决定经过全国人大常委会审议并进一步修改完善后，由常委会提请全国人民代表大会审议通过。会后，法工委将《草案》印发各省（区、市）、中央有关部门和法学教学研究单位征求意见。根据全国人大常委会立法程序的要求，会后还将《草案》在中国人大网站全文向社会公布，广泛征求意见。《草案》受到社会各方面的广泛关注，从 8 月 30 日到 9 月 30 日一个月内网上收到对草案的修改意见和建议 8 万多条。从意见内容来看，《草案》得到比较普遍的肯定，认为刑事诉讼法的修改适应国家民主与法制建设和司法实践的要求，符合中央深化司法体制和工作机制的精神，总体上赞成《草案》的修改思路和内容，同时，对《草案》条文提出了具体的修改意见。全国人大法律委员会、法工委还到一些地方进行调研，听取意见。2011 年 11 月 2 日至 3 日，全国人大常委会法工委再次召开刑事诉讼法修改座谈会，就中央政法委和中央政法机关对刑事诉讼法修改提出的意见和建议涉及的 15 个问题进行了研讨沟通。11 月 18 日，由全国人大法律委员会、法工委联合召集中央各政法机关、有关专家学者召开会议，再次对刑事诉讼法修正案草案的修改完善进行研究并交换意见。随后，根据各方面提出的修改完善刑事诉讼法修正案草案的意见逐条进行了研究，并反复与相关部门沟通协商。全国人大法律委员会对草案进行了认真审议。2011 年 12 月 26 日，十一届全国人大常委会第二十四次会议审议了由全国人大法律委员会提交的《中华人民共和国刑事诉讼法修正案

（草案）（二次审议稿）》（以下简称"二读稿"）。"二读稿"共106条，根据草案"二读稿"重新编排的法典达290条。在审议过程中，普遍认为，草案吸收了常委会组成人员的审议意见和各方面意见，经过修改，趋于成熟。社会各方面也予以充分肯定。"二读稿"经过进一步修改后，提请十一届全国人民代表大会第五次会议审议通过。2012年3月14日，第十一届全国人民代表大会第五次会议高票通过了《关于修改〈中华人民共和国刑事诉讼法〉的决定》。

　　这次刑事诉讼法的修改，是中央深化司法体制和工作机制改革部署的重要内容，是我国民主法治建设进程中的一件大事，是完善中国特色社会主义法律体系的重要步骤，是对十多年来刑事司法工作实践经验的总结和升华，是办理刑事案件的法律依据，其对公安司法工作的影响重大而深远。特别是对于公安司法机关和每一个司法人员的执法活动将产生广泛和深刻的影响。这次刑事诉讼法修改内容丰富、涉及面广，比较好地体现了中央关于司法体制和工作机制改革的部署和要求，体现了惩罚犯罪与保障人权的有机统一，公正与效率的有机统一，法律效果、政治效果和社会效果的有机统一。

第二部分

刑事诉讼法新修条文精解与案例适用

一、① 将第二条修改为："中华人民共和国刑事诉讼法的任务，是保证准确、及时地查明犯罪事实，正确应用法律，惩罚犯罪分子，保障无罪的人不受刑事追究，教育公民自觉遵守法律，积极同犯罪行为作斗争，维护社会主义法制，尊重和保障人权，保护公民的人身权利、财产权利、民主权利和其他权利，保障社会主义建设事业的顺利进行。"

【精解】

本条是对1996年刑事诉讼法第2条关于刑事诉讼法的任务规定的修改。

1996年刑事诉讼法第2条规定："中华人民共和国刑事诉讼法的任务，是保证准确、及时地查明犯罪事实，正确应用法律，惩罚犯罪分子，保障无罪的人不受刑事追究，教育公民自觉遵守法律，积极同犯罪行为作斗争，以维护社会主义法制，保护公民的人身权利、财产权利、民主权利和其他权利，保障社会主义建设事业的顺利进行。"

《决定》在本条中增加了"尊重和保障人权"的规定。新刑事诉讼法第2条规定的刑事诉讼法的任务可分为三方面来理解：

一是保证准确、及时地查明犯罪事实，正确应用法律，惩罚犯罪分子，保障无罪的人不受刑事追究。刑事诉讼的首要任务就是对于发现的犯罪行为或者犯罪嫌疑人，人民法院、人民检察院和公安机关依照法律程序收集、调取证据，查出犯罪嫌疑人，查清犯罪事实。刑事诉讼法就是规定哪些机关、哪些人有权进行调查取证工作，以及调查取证时应遵循的原则，从程序上规定如何讯问犯罪嫌疑人、询问证人，以及如何进行勘验、检查、扣押物证、书证等，以实现准确、及时地查清犯罪事实。准确、及时地查明犯罪事实是正确应用法律，惩罚犯罪，保障无罪的人不受刑事追究的前提和重要基础。其中的"准确"、"及时"都很重要，但"准确"是核心，即对犯罪的事实认定应准确，对实施犯罪行为的人要查准，不能把事实认定错了，冤枉了好人。如果搞错了，再及时也是没有意义的，及时应当建立在准确的基础上。但及时也很重要，如果时间拖得很长，时过境迁，就很难收集证据，不利于查清犯罪事实。保证"正确应用法律，惩罚犯罪分子，保障无罪的人不受刑事追究"，是在查明犯罪事实的基础上得以实现的刑事诉讼法的基本任务。正确应用法律是指依照刑事诉

---

① 本条在目录中以"决定第一条"表示，下仿此。

讼法的规定在查清犯罪事实的基础上，正确适用刑法和其他法律对犯罪分子定罪判刑，使其受到应有的惩罚。能否做到正确应用法律，除了要保证准确无误地查明犯罪事实以外，还要设置和遵循保证公正司法的具体诉讼程序，如审查批准逮捕、审查起诉、审判程序、审判监督程序等。只有严格依照刑事诉讼程序办案，保证程序公正，才能做到不枉不纵，保证刑法的正确执行，有效地惩罚犯罪，保护公民的合法权益，保障无罪的人不受追究。保障无罪的人不受追究，是刑事诉讼法保护公民合法权利的重要体现，与正确应用法律，惩罚犯罪，是一个问题的两个方面。如果不能保障无罪的人不受刑事追究，就谈不上正确应用法律，也不能准确地惩罚犯罪。因此，公检法机关在追究犯罪时，必须对保障无罪的人不受追究予以高度重视。

二是教育公民自觉遵守法律，积极同犯罪行为作斗争。刑事诉讼法的这个任务主要是通过立案、侦查、提起公诉和审判活动来实现的。通过这些刑事诉讼活动使公民认识到什么是犯罪、犯罪的危害性以及应负的法律责任，从而增强公民的法制观念，提高守法以及同犯罪行为作斗争的自觉性，以达到预防和减少犯罪的目的。

三是维护社会主义法制，尊重和保障人权，保护公民的人身权利、财产权利、民主权利和其他权利，保障社会主义建设事业的顺利进行。这是刑事诉讼法的根本任务，或者说是总任务。这一根本任务是在"保证准确、及时地查明犯罪事实，正确应用法律，惩罚犯罪分子，保障无罪的人不受刑事追究，教育公民自觉遵守法律，积极同犯罪行为作斗争"的基础上得以实现和完成的。也可以说，保证准确、及时地查明犯罪事实，正确应用法律，惩罚犯罪分子，保障无罪的人不受刑事追究，是为了维护社会主义法制，尊重和保障人权，保护公民的人身权利、财产权利、民主权利和其他权利，保障社会主义建设事业的顺利进行。这一总任务鲜明地体现了我国刑事诉讼法的社会主义特征，既是刑事诉讼法立法和修改的出发点和落脚点，也是对刑事诉讼法执法的总要求。

【引导案例】二审改判无罪　人权就是"护身符"

被告人周某原系某市工商银行会计，2000年4月27日，周某利用职务之便一次性挪用公款3万元，用于支付其丈夫恶性肿瘤的手术费。同年6月初，工商银行开始进行账目清查，得知案发后周某积极退赃，将挪用的公款如数还清。6月25日，某区检察机关对周某以挪用公款罪向某区人民法院提起公诉。

一审法院经过审理判处周某有期徒刑4年，并告知周某如不服一审判决可以在收到判决书次日起10日内向市中级人民法院提出上诉。宣判后，周某经过咨询辩护律师得知，挪用公款归个人使用没有超过3个月即已全部退还，不应构成犯罪，遂在收到判决书后的第5日提出上诉。市中级人民法院依法组成合议庭审理了此案，依法改判周某无罪，告知此判决为终审判决，并对周某立即释放。

【分析】

此案例中，周某从一审被判有罪到二审被判无罪，充分体现了刑事诉讼法尊重和保护人权的本质特征。

尊重和保障人权是我国宪法确立的一项重要原则，体现了社会主义制度的本质要求。刑事诉讼法是一部直接关系公民权益和基本权利的法律，决定公民的生命、财产、自由等基本权利。因此，刑事诉讼法在程序设置和具体规定中都贯彻了这一宪法原则。新刑事诉讼法在总则中明确写入"尊重和保障人权"，是此次修法的一大亮点。据此，在刑事诉讼过程中，惩罚犯罪与尊重和保障人权具有同等重要的意义，不能顾此失彼。

本案中，周某涉嫌挪用公款罪，检察机关、一审法院相继启动职务犯罪侦查权、起诉权和审判权，体现了刑事诉讼法惩罚犯罪、保证刑法实施的功能和作用。一审判决之后法院主动对周某履行上诉权告知义务，充分保障周某的辩护权，二审法院依法审判后改判周某无罪并将其立即释放等，充分体现了刑事诉讼法尊重和保障人权的宗旨和原则。可以说，正是因为刑事诉讼法对人权的充分尊重和保障，周某才得以从有罪改判为无罪，终获清白。

二、将第十四条第一款修改为："人民法院、人民检察院和公安机关应当保障犯罪嫌疑人、被告人和其他诉讼参与人依法享有的辩护权和其他诉讼权利。"

删去第二款。

【精解】

本条是对1996年刑事诉讼法第14条关于保障诉讼参与人诉讼权利原则规定的修改。

1996年刑事诉讼法第14条规定："人民法院、人民检察院和公安机关应当保障诉讼参与人依法享有的诉讼权利。对于不满十八岁的未成年人犯罪的案件，在讯问和审判时，可以通知犯罪嫌疑人、被告人的法定代理人到场。诉讼参与人对于审判人员、检察人员和侦查人员侵犯公民诉讼权利和人身侮辱的行为，有权提出控告。"

《决定》通过本条对1996年刑事诉讼法第14条作了两处修改：一是在诉讼参与人和诉讼权利的规定中明确写出犯罪嫌疑人、被告人和其他诉讼参与人的辩护权和其他诉讼权利；二是将原第2款关于保障犯罪的未成年人的诉讼权利的规定移至第五编特别程序中。

同时，这次修改刑事诉讼法，在第五编特别程序中专门规定了未成年人刑事案件诉讼程序一章，将原来散见于本法中有关未成年人刑事案件的相关程序规定，统一到这一章中并作出明确规定，因此在这里就删去了原条文第2款的规定。

新刑事诉讼法第14条规定："人民法院、人民检察院和公安机关应当保障犯罪嫌疑人、被告人和其他诉讼参与人依法享有的辩护权和其他诉讼权利。诉讼参与人对于审判人员、检察人员和侦查人员侵犯公民诉讼权利和人身侮辱的行为，有权提出控告。"第14条分为2款。

第1款是关于人民法院、人民检察院和公安机关在刑事诉讼活动中，应当保障犯罪嫌疑人、被告人和其他诉讼参与人依法享有的辩护权和其他诉讼权利的规定。诉讼参与人是指当事人、法定代理人、诉讼代理人、辩护人、证人、鉴定人和翻译人员。由于诉讼参与人在刑事诉讼活动中，参与诉讼的目的和要求以及所处的诉讼地位不同，他们依法享有的诉讼权利也各不相同。如犯罪嫌疑人、被告人参加诉讼是为了维护自己的合法权益，案件的处理与其有直接的利害关系。因此法律赋予他较为广泛的权利，如申请回避、辩护、拒绝回答与本案无关的问题、阅读侦查讯问笔录、庭审笔录、在法庭的最后陈述权、上诉权，等等。辩护律师参加诉讼，目的是为犯罪嫌疑人、被告人提供法律帮助。这次修改刑事诉讼法，将犯罪嫌疑人委托辩护人的权利，从原来的检察院起诉阶段，提前到了侦查阶段，就是为了更好地保障犯罪嫌疑人的辩护权。为了保障犯罪嫌疑人的合法权益，辩护律师在侦查期间可以为犯罪嫌疑人提供法律帮助；代理申诉、控告；申请变更强制措施；向侦查机关了解犯罪嫌疑人涉嫌的罪名和案件的有关情况，提出意见。辩护律师自人民检察院对案件审查起诉之日起，可以查阅、摘抄、复制本案的案卷材料；辩护律师可以同在押的犯罪嫌疑人、被告人会见和通信；辩护律师经证人或者其他有关单位和个人同意，可以向他们收集与本案有关的材料；经人民检察院或者人民法院许可，并且经被害人或者其近亲属、被害人提供的证人的同意，可以向他们收集与本案有关的材料；提出犯罪嫌疑人、被告人无罪、罪轻或者减轻、免除其刑事责任的材料和意见等。证人参加诉讼是履行作证义务，法律只赋予其与作证义务相应的权利，如认为因在诉讼中作证，其本人或者近亲属的人身安全面临危险的，可以向人民法院、人民检察院、公安机关请求予以保护等。对于不同的诉讼参与人依法享有的各项诉讼权利，人民法院、人民检察院和公安机关在刑事诉讼中，应当切实予以保障，这是公检法三机关应尽的义务，不得以任何借口进行限制或者剥夺。

第 2 款是关于诉讼参与人在什么情况下有权提出控告的规定。诉讼参与人对于审判人员、检察人员和侦查人员以限制、剥夺等形式侵犯公民依法享有的诉讼权利和对其进行人身侮辱的行为，有权提出控告。对于控告，任何人不得阻止。如果查证属实，应当严肃处理，构成犯罪的，应当依法追究其刑事责任。

【引导案例】未成年人拒绝指定辩护　法院仍应保障其辩护权

某市人民法院受理陈某盗窃案后，因陈某系未成年人，故依法指定律师孙某为其辩护人。在开庭审理时，陈某以刚知道自己的父亲与孙某的姐姐在一个单位且向来关系不好为由，拒绝孙某为其辩护，同时提出不需要辩护人为自己辩护。

【分析】

刑事诉讼法第 14 条明确规定，人民法院、人民检察院和公安机关应当保障犯罪嫌疑人、被告人和其他诉讼参与人依法享有的辩护权和其他诉讼权利。辩护权是犯罪嫌疑人、被告人最重要也是最基本的诉讼权利，特别是在犯罪嫌疑人、被告人与公安司法机关关于辩护权保障问题上的认识和态度相左时，公安司法机关应当怎样有效保障这一权利。刑事诉讼法虽未作进一步规定，但根据最高人民法院《关于执行〈中华人民共和国刑事诉讼法〉若干问题的解释》（以下简称《刑诉法解释》）第 36 条、第 38 条规定，被告人开庭审理时是未成年人，坚持自己行使辩护权，拒绝人民法院为其指定的辩护人为其辩护的，如有正当理由，人民法院应当准许，但被告人必须另行委托辩护人或由法院为其另行指定辩护人。

因此，本案中，法院应当准许陈某拒绝孙某继续辩护，但同时应当要求陈某另外委托辩护人或者为陈某另行指定辩护人。

三、将第二十条修改为："中级人民法院管辖下列第一审刑事案件：

"（一）危害国家安全、恐怖活动案件；

"（二）可能判处无期徒刑、死刑的案件。"

【精解】

本条是对 1996 年刑事诉讼法第 20 条关于中级人民法院第一审刑事案件管辖范围规定的修改。

1996 年刑事诉讼法第 20 条规定："中级人民法院管辖下列第一审刑事案件：（一）反革命案件、危害国家安全案件；（二）可能判处无期徒刑、死刑的普通刑事案件；（三）外国人犯罪的刑事案件。"

《决定》通过本条对 1996 年刑事诉讼法第 20 条作了三处修改：一是删去第一项中关于"反革命案件"的规定；二是增加了"恐怖活动案件"的规定；三是删去"外国人犯罪的刑事案件"的规定。

根据新刑事诉讼法第 20 条的规定，中级人民法院管辖的刑事案件有以下两类：

（1）危害国家安全、恐怖活动案件。这里所规定的"危害国家安全"案件，主要是指《刑法》分则第一章规定的危害国家安全罪。"恐怖活动案件"，根据全国人大常委会《关于加强反恐怖工作有关问题的决定》第 2 条的规定，是指以制造社会恐慌、危害公共安全或者胁迫国家机关、国际组织为目的，采取暴力、破坏、恐吓等手段，造成或者意图造成人员伤亡、重大财产损失、公共设施损坏、社会秩序混乱等严重社会危害的行为，以及煽动、资助或者以其他方式协助实施上述活动，构成犯罪的刑事案件。

（2）可能判处无期徒刑、死刑的案件。这类案件是指除危害国家安全案件和恐怖活动案件以外，依照我国刑法规定，可能判处无期徒刑或者死刑的刑事案件。上述案件，都是性质比较严重，案情重大或者影响较大，处罚较重的刑事案件，在审理时需要更加慎重，确保办案质量，因此，刑事诉讼法列举这两类案件由中级人民法院进行第一审。

这里规定的中级人民法院，是指在省、自治区内按地区设立的中级人民法院，在直辖市内设立的中级人民法院，省、自治区辖市的中级人民法院和自治州中级人民法院。

【引导案例1】加大反恐力度　恐怖活动案件一律由中级人民法院进行第一审

2012年4月6日新华社消息，为进一步打击"东突"恐怖势力，在掌握"东伊运"恐怖活动组织部分成员确凿犯罪证据的基础上，经国家反恐怖工作领导机构依法认定，公安部4月5日发布公告，公布下列6人为恐怖活动人员，同时决定对其资金及其他资产依法予以冻结：①努尔麦麦提·麦麦提敏；②阿布都克尤木·库尔班；③帕如哈·吐尔逊；④吐送江·艾比布拉；⑤努尔麦麦提·热西提；⑥麦麦提依明·努尔麦麦提。此次公布的6名恐怖活动人员均系"东伊运"恐怖活动组织的骨干成员，均曾参与组织、策划和实施了针对中国境内外目标的各种恐怖活动。其中，有的领导恐怖活动组织实施各种暴力恐怖活动；有的组织恐怖训练，制定恐怖袭击计划并下达行动指令；有的招募成员，筹集恐怖活动经费，积极开展制爆活动；有的在互联网上大肆宣扬暴力恐怖思想，煽动暴力恐怖活动。

【分析】

此次新刑事诉讼法将恐怖活动案件纳入中级人民法院的审判管辖范围，进一步加大了对恐怖活动案件的办案力度。本案例中，有关国家政府及其执法部门发现此次公布的6名恐怖活动人员的，应当立即依法拘捕并移交中国公安机关，6名恐怖活动分子涉嫌的恐怖活动将由中级人民法院依法受理审判。

刑事诉讼法对恐怖活动案件管辖进行修改，适应了我国近年来有关立法、司法解释和加入的国际法律文件的新规定和新要求。这些主要依据包括：《刑法》及《刑法修正案（三）》，《中华人民共和国国家安全法》（以下简称《国家安全法》）及其实施细则，全国人民代表大会常务委员会《关于加强反恐怖工作有关问题的决定》，中国加入的联合国《制止恐怖主义爆炸的国际公约》、《制止向恐怖主义提供资助的国际公约》等一系列反恐怖国际公约以及联合国安理会通过的第1267号、1373号、1456号、1624号等反恐决议。

当前恐怖活动组织仍在不断通过多种渠道进行宣传、煽动，企图实施恐怖破坏活动，是中国面临的最直接、最现实的安全威胁。此次修改刑事诉讼法，提高案件审级，依法严厉打击各种形式的恐怖犯罪活动，有助于努力遏制恐怖威胁，确保国家安全和人民群众生命财产安全。

【引导案例2】外国人在中国杀人　由中级人民法院进行第一审

2010年9月15日中安在线报道，9月14日上午9时，（安徽）蚌埠市中级人民法院公开宣判一起外国人杀人案，杀害同居中国籍女友的奥地利人柯瑞维（Krivic Guenther）被判处无期徒刑，并赔偿受害人亲属各项损失共37万余元。一审宣判后，柯瑞维表示服判，不上诉。

2005年11月，柯瑞维受奥地利奥特斯总公司的指派，从奥地利来到中国上海，在奥特斯（中国）有限公司工作，不久结识了1974年出生的中国籍女性陈某并同居。2010年1月，柯瑞维与奥特斯（中国）有限公司解除工作合约后，和陈某从上海来到蚌埠，租住在蚌埠市一小区。后两人商定在蚌埠市君临天下小区购买住宅，陈某支付了首期购房款。柯瑞维承诺自己愿意交付所有购房款，后因各种原因未能按约交付，两人为此发生矛盾。2010年3月2日上午10时许，两人因房款事宜再次发生争执，陈某打电话向其父亲哭诉后，坐在卧室床上与柯瑞维继续争吵。柯瑞维激怒之下，猛力扼住陈某的颈部，并用胸部压住陈某的口鼻，致陈某机械性窒息死亡。当天16时30分，陈某的父亲从淮南赶到蚌埠陈某租房处敲门无人应答，因担心女儿遇害，遂报警。蚌埠警方接警后赶到现场，请开锁技师打开房门，见陈某已横尸于卧室床上。民警通过英文翻译与将自己反锁在书房内的柯瑞维对话，当柯瑞维承认是自己杀害了陈某后，民警强行开门，将柯瑞维抓获。

【分析】

无论根据修改前还是修改后的刑事诉讼法，本案外国人柯瑞维在中国杀人一案，都应该由中级人民法院进行第一审。

对此次新刑事诉讼法第20条关于外国人犯罪案件的审判管辖所作的修改，应当全面、准确理解。一方面，外国人涉嫌犯罪的案件与中国人涉嫌犯罪的案件在管辖上不再有审级上的区别对待。也就是说，对于外国人犯罪案件，修改前的刑事诉讼法规定一律由中级人民法院进行第一审，此次新刑事诉讼法废除了此项规定。另一方面，外国人犯罪案件中，如果外国人涉嫌危害国家安全、恐怖活动犯罪，或者可能被判处无期徒刑、死刑，则应当依法由中级人民法院进行第一审。因此，本案中，外国人柯瑞维在中国杀人一案，由于可能被判处无期徒刑以上刑罚，故案件应当由蚌埠市中级人民法院进行第一审。

随着改革开放和经济社会的发展，一方面，我国面临的犯罪情况发生了较大变化，另一方面，基层人民法院的审判能力进一步加强。此次修改刑事诉讼法时，根据惩处犯罪的需要和审判工作的实际情况，就外国人犯罪案件对中级人民法院和基层人民法院的管辖分工作出适当调整，是适时和必要的。

【引导案例3】外国朋友保管财物起贪心　公民可直接向基层法院起诉

中东地区某国的公民莫瑞多干来我国四川地区旅游，在旅游过程中，认识了我国一女子金某，由于双方很投缘，因此彼此都很信任对方。后来，金某因出差，便将价值人民币10万元的财物交由莫瑞多干来保管，3个月后，当金某向莫瑞多干索要财物的时候，莫瑞多干却拒不归还。

【分析】

本案例反映的是对外国人涉嫌犯罪的自诉案件的立案管辖问题。根据新刑事诉讼法第20条的规定，本案应当由犯罪地的基层人民法院审判管辖。另外，由于侵占案系自诉案件，金某应当向人民法院直接起诉。如果金某向公安机关或者人民检察院报案，公安机关或者人民检察院应当接受，之后按刑事诉讼法规定的权限范围和有关规定，将案件移送人民法院。

在我国享有外交特权和豁免权的人主要有以下几种：（1）外国派驻中国的外交代表、大使、公使、代办和外交职员以及他们的亲属；（2）外国派来中国参加国家会议的代表；（3）外国为各种目的来中国的高级官员；（4）途经或暂时留在中国的各国驻第三国的外交官；（5）其他按照国际惯例应当享受外交豁免权的人员。可见，本案中，虽然莫瑞多干是外国人，但他并不享有外交特权和豁免权，所以应当按照刑事诉讼法规定的程序对其进行追诉。当然，在诉讼程序中，莫瑞多干应享有与我国公民同样的待遇，即享有同样的诉讼权利，履行同样的诉讼义务。

四、将第三十一条修改为："本章关于回避的规定适用于书记员、翻译人员和鉴定人。

"辩护人、诉讼代理人可以依照本章的规定要求回避、申请复议。"

【精解】

本条是对1996年刑事诉讼法第31条关于书记员、翻译人员和鉴定人适用有关回避规定的修改。

1996年刑事诉讼法第31条规定："本法第二十八条、第二十九条、第三十条的规定也适用于书记员、翻译人员和鉴定人。"

《决定》通过本条对 1996 年刑事诉讼法第 31 条作了两处修改：一是将原来的规定作了文字修改；二是增加规定辩护人、诉讼代理人可以依照本章的规定要求回避、申请复议。

新刑事诉讼法第 31 条分为 2 款。

第 1 款规定，书记员、翻译人员和鉴定人也要依法实行回避制度。主要是考虑这三种工作都关系案件的正确处理，实行回避制度有利于维护司法公正，防止在办案过程中出现徇私舞弊的现象。其中，规定的"书记员、翻译人员"，是指在侦查、检察、审判工作中担任记录和翻译工作的人员。"鉴定人"，是指为了查明案件情况，需要解决案件中某些专门性问题的时候，侦查机关、检察机关、审判机关指派或者聘请进行鉴定工作的有专门知识的人。本章关于回避的规定适用于书记员、翻译人员和鉴定人，就是规定书记员、翻译人员和鉴定人对于有本法第 28 条规定情形之一的，也应当自行回避，当事人及其法定代理人也有权要求他们回避。书记员、翻译人员、鉴定人不得接受当事人及其委托的人的请客送礼，不得违反规定会见当事人及其委托的人。如果书记员、翻译人员、鉴定人有上述违反法律规定行为的，依法追究法律责任，当事人及其法定代理人有权要求他们回避。关于自行回避和要求回避的申请的决定程序和申请复议程序依照本法第 30 条的规定进行。实际执行中，翻译人员、鉴定人可能是侦查、检察、审判机关聘请的人，而不属于上述机关的工作人员，但对这些人的回避应当由聘请他们的机关决定。

第 2 款规定，辩护人、诉讼代理人可以依照本章的规定要求回避、申请复议。这里规定的"辩护人"，是指在整个刑事诉讼过程中给犯罪嫌疑人、被告人提供法律帮助的人。根据本法第 32 条的规定，律师、人民团体或者犯罪嫌疑人、被告人所在的单位推荐的人和犯罪嫌疑人、被告人的监护人、亲友都可以被委托为辩护人。"诉讼代理人"，主要是指根据本法第 44 条规定的，公诉案件的被害人及其法定代理人或者近亲属、自诉案件的自诉人及其法定代理人委托代为参加诉讼的人和附带民事诉讼的当事人及其法定代理人委托代为参加诉讼的人。"可以依照本章的规定要求回避、申请复议"，是指辩护人、诉讼代理人可以依照本章关于回避的各项规定，在诉讼的各个阶段要求有关司法人员回避，根据本法第 30 条第 3 款的规定，对于驳回申请回避的决定，还可以申请复议一次。

【引导案例】律师的公诉人回避申请　于法无据被驳回

2010 年 7 月 7 日新华网消息，2007 年 1 月 24 日，海口市琼山区人民法院以玩忽职守罪分别判处李国和等 3 人缓刑。2007 年 4 月 17 日，二审裁定维持原判。根据最高人民法院《指令再审决定书》，2010 年 5 月 26 日，东方市公安局原局长李国和案在海南省高级人民法院再审。

李国和的辩护律师认为，在办理李国和等 3 人的案件中，王昌泽既是公诉人，又是案件侦查人员，同时还处在证人的位置，程序违法。理由是：（1）海口市琼山区人民法院刑事判决书（2006）琼山刑初字第 229 号显示，在审理李国和等 3 人的案件中，琼山区人民检察院徐伟、王昌泽、罗昭霞出庭支持公诉。（2）刑事卷宗显示，王昌泽、罗昭霞作为询问人共同询问了文瑞强等 21 名证人。审查起诉卷记载，两人共同讯问了被告人李国和等 3 人。（3）琼山区人民检察院将媒体发表的"警察枪击无辜青年，吴邦国批示讨回公道"作为证据提交法庭，而公诉人王昌泽正是本文作者之一。因此，王昌泽已经成为本案证人。律师认为，案件公诉人王昌泽应当自行回避。

为了解公诉人同时是案件侦查人员是否违反相关规定，2010 年 6 月 23 日，《中国青年报》记者前往海口市琼山区人民检察院采访。

【分析】

本案发生在刑事诉讼法修改前，李国和的辩护律师如果想在案件审判过程中向法庭提出关于案件公诉人的回避申请，则只能通过案件当事人也就是李国和本人提出，而不能自行提出。同理，该辩护律师如对驳回申请不服，也只能通过案件当事人李国和本人提出复议申请。

新刑事诉讼法关于回避的规定中，相比较 1996 年刑事诉讼法而言，仅作出一处修改，即规定"辩护人、诉讼代理人可以依照本章规定要求回避、申请复议"。据此，回避申请的范围不再仅仅局限于当事人及其法定代理人，犯罪嫌疑人或被告人的辩护人，公诉案件的被害人及其法定代理人或者近亲属、自诉案件的自诉人及其法定代理人委托代为参加诉讼的人和附带民事诉讼的当事人及其法定代理人委托代为参加诉讼的人，如果发现刑事诉讼过程中的审判人员、检察人员、侦查人员、书记员、翻译人员和鉴定人存在法定的回避事由，有权申请其回避，如果回避申请被驳回，还有权申请复议一次。新刑事诉讼法赋予辩护人独立的回避申请权和复议申请权，进一步加强了对当事人诉讼权利的保障力度。

　　本案中，被告人李国和的辩护律师发表的回避意见提出了两个法律问题：一是公诉人曾经担任同一案件侦查人员，是否应当回避？对此，1996年刑事诉讼法并无相应规定。1996年刑事诉讼法关于回避的理由主要包括三种：①回避对象与案件或案件当事人之间存在利害关系或具有影响公正处理案件的其他关系；②回避对象在案件办理过程中存在诉讼角色冲突；③回避对象存在违反廉洁办案要求的行为。其中，回避对象在刑事诉讼过程中存在诉讼角色冲突，是指曾经担任过案件的证人、鉴定人、辩护人、诉讼代理人的，不得担任案件的审判人员、检察人员、侦查人员、书记员、翻译人员。可见，曾经担任过案件侦查人员的公诉人，并不存在法律规定上的诉讼角色冲突。二是公诉人曾经撰写的文章被作为证据提交法庭，公诉人是否应当作为证人而回避？事实上，一方面，本案公诉人王昌泽在媒体发表的"警察枪击无辜青年，吴邦国批示讨回公道"一文并不是刑事诉讼法所规定的证明案件真实情况的书证，因此，琼山区人民检察院将该文作为证据提交法庭的做法并不妥当，法院不能将其作为定案的根据；另一方面，公诉人王昌泽不符合案件证人的基本条件，因为他并不是案件真实情况的见证人或证明人，其所撰写发表的文章也完全不同于证人证言。所以，即使本案发生在新刑事诉讼法实施之后，李国和辩护律师的上述回避申请也注定会被驳回。

　　五、将第三十三条修改为："犯罪嫌疑人自被侦查机关第一次讯问或者采取强制措施之日起，有权委托辩护人；在侦查期间，只能委托律师作为辩护人。被告人有权随时委托辩护人。

　　"侦查机关在第一次讯问犯罪嫌疑人或者对犯罪嫌疑人采取强制措施的时候，应当告知犯罪嫌疑人有权委托辩护人。人民检察院自收到移送审查起诉的案件材料之日起三日以内，应当告知犯罪嫌疑人有权委托辩护人。人民法院自受理案件之日起三日以内，应当告知被告人有权委托辩护人。犯罪嫌疑人、被告人在押期间要求委托辩护人的，人民法院、人民检察院和公安机关应当及时转达其要求。

　　"犯罪嫌疑人、被告人在押的，也可以由其监护人、近亲属代为委托辩护人。

　　"辩护人接受犯罪嫌疑人、被告人委托后，应当及时告知办理案件的机关。"

【精解】

本条是对1996年刑事诉讼法第33条关于犯罪嫌疑人、被告人委托辩护人的程序规定的修改。

1996年刑事诉讼法第33条规定："公诉案件自案件移送审查起诉之日起，犯罪嫌疑人有权委托辩护人。自诉案件的被告人有权随时委托辩护人。人民检察院自收到移送审查起诉的案件材料之日起三日以内，应当告知犯罪嫌疑人有权委托辩护人。人民法院自受理自诉案件之日起三日以内，应当告知被告人有权委托辩护人。"

《决定》通过本条对1996年刑事诉讼法第33条作了四处修改：一是明确犯罪嫌疑人在侦查阶段可以委托辩护人，并相应修改告知犯罪嫌疑人、被告人有权委托辩护人的规定。二是增加转达犯罪嫌疑人、被告人委托辩护人要求的规定。三是增加监护人、近亲属代为委托辩护人的规定。四是增加辩护人接受委托后及时告知办案机关的规定。

新刑事诉讼法第33条分为4款。

第1款是关于犯罪嫌疑人、被告人何时有权委托辩护人的规定。本款共规定了两种情况：

（1）犯罪嫌疑人自被侦查机关第一次讯问或者采取强制措施之日起，有权委托辩护人；在侦查期间，只能委托律师作为辩护人。本款规定的"侦查机关"，包括公安机关、人民检察院以及其他依照刑事诉讼法的规定行使侦查权的机关。"第一次讯问"，是指立案后的第一次讯问。侦查机关根据已掌握的事实材料，认为有犯罪事实需要追究刑事责任，决定立案的，可以对犯罪嫌疑人进行讯问。从被第一次讯问之日起，犯罪嫌疑人在任何时候都有权委托辩护人。"采取强制措施"，是指采取各种强制措施，包括拘传、取保候审、监视居住、拘留和逮捕。从被采取强制措施之日起，犯罪嫌疑人在任何时候都有权委托辩护人。这样规定，主要是考虑，对于犯罪嫌疑人来说，被侦查机关第一次讯问或者采取强制措施，是其进入刑事诉讼的开始。从这时起，犯罪嫌疑人就有权委托辩护人。但根据本款规定，犯罪嫌疑人在侦查阶段和审查起诉阶段，可以委托作为辩护人的人员范围有所不同。在侦查期间，犯罪嫌疑人只能委托律师作为辩护人。律师是依法取得律师执业证书，接受委托或者指定，为当事人提供法律服务的执业人员。律师执业，要接受司法行政机关的监督和指导。由于在侦查期间，对案件的专门调查工作正在进行当中，将委托辩护人的人员范围限于律师比较稳妥。这样规定，既能满足犯罪嫌疑人适当地获得法律帮助的要求，也不致妨碍侦查活动的依法有序进行。在审查起诉期间，犯罪嫌疑人则依照新刑事诉讼法第32条的规定，既可以委托律师作为辩护人，也可以委托人民团体或者犯罪嫌疑人所在单位推荐的人、犯罪嫌疑人的监护人、亲友作为辩护人。

（2）被告人有权随时委托辩护人。这里所规定的"被告人"，既包括公诉案件的被告人，也包括自诉案件的被告人。"有权随时委托辩护人"，是指在人民法院受理刑事案件后，被告人在审判阶段随时有权委托辩护人。

第2款是关于侦查机关、人民检察院、人民法院应当告知犯罪嫌疑人、被告人有权委托辩护人和及时转达委托辩护人要求的规定。本款规定了两层意思：一是侦查机关在第一次讯问犯罪嫌疑人或者对犯罪嫌疑人采取强制措施的时候，应当告知犯罪嫌疑人有权委托辩护人。人民检察院自收到移送审查起诉的案件材料之日起3日以内，应当告知犯罪嫌疑人有权委托辩护人。人民法院自受理案件之日起3日以内，应当告知被告人有权委托辩护人。这一规定是侦查机关、人民检察院和人民法院的法定义务，也是保护犯罪嫌疑人、被告人辩护权的重要内容。这里规定的"三日以内"，是人民检察院、人民法院告知犯罪嫌疑人、被告人有权委托辩护人的法定期间。"受理案件"，既包括人民法院受理公诉案件，也包括受理自诉案件。人民检察院收到移送审查起诉的案件材料和人民法院受理案件后，应当及时安排在3日以内告知犯罪嫌疑人、被告人有权委托辩护人。需要注意的是，侦查机关、人民检察院和人民法院在对犯罪嫌疑人、被告人进行告知时，如果发现犯罪嫌疑人、被告人符合本法第34条规定的条件的，应当及时通知法律援助机构指派律师为其提供辩护。二是犯罪嫌疑人、被告人在押期间要求委托辩护人的，人民法院、人民检察院和公安机关应当及时转达其要求。这里所规定的"在押期间"，是指犯罪嫌疑人、被告人被依法拘留或者逮捕后被羁押的期间。犯罪嫌疑人、被告人在押期间要求委托辩护人的，不论是在人民法院、人民检察院和公安机关告知其有权委托辩护人时提出的，还是在其他时间提出的，人民法院、人民检察院和公安机关应当及时向犯罪嫌疑人、被告人的监护人、近亲属、其想委托的人或者有关律师事务所、律师协会等转达其要求。

第 3 款是关于犯罪嫌疑人、被告人在押的，也可以由其监护人、近亲属代为委托辩护人的规定。本款规定适用于犯罪嫌疑人、被告人在押的情形，即犯罪嫌疑人、被告人被依法拘留或者逮捕后被羁押的情形。这里所规定的"监护人"，是指对未成年人、精神病人的人身、财产以及其他合法权益承担监督、保护职责的人，如未成年人的父母、精神病人的配偶等。"近亲属"，依照本法第 106 条第 6 项的规定，是指夫、妻、父、母、子、女、同胞兄弟姊妹。根据本款规定，监护人、近亲属代为委托辩护人的，侦查机关、人民检察院、人民法院应当允许，不得阻碍其代为委托辩护人。

第 4 款是关于辩护人接受犯罪嫌疑人、被告人的委托后，应当及时告知办理案件的机关的规定。这里所规定的"告知"，是指辩护人在接受委托后，将接受委托的有关情况告知办案机关，提交有关委托手续。"办理案件的机关"，是指辩护人接受委托时办理该案件的侦查机关、人民检察院或者人民法院。侦查机关、人民检察院和人民法院收到有关委托手续后，应当记录在案并随案移送。犯罪嫌疑人、被告人另行委托辩护人的，新接受委托的辩护人也应当依照本款规定将接受委托的情况告知办案机关。

【引导案例】犯罪嫌疑人首次被讯问　辩护律师可提供法律帮助

县公安局接到苗某报案，称家中被盗，失窃现金人民币 5 万余元。经查，方某有重大嫌疑。方某被公安机关拘留当日，律师李某接受方某之夫的委托，以辩护人的身份介入诉讼。

【分析】

新刑事诉讼法对辩护律师介入刑事诉讼的时间作了较大改动，不仅规定犯罪嫌疑人在被侦查机关第一次讯问或者采取强制措施之日起可以聘请律师，而且明确规定律师进入刑事诉讼的法律身份为辩护人。

据此，律师进入刑事诉讼的最早阶段为侦查阶段，且必须是在犯罪嫌疑人被侦查机关第一次讯问或者采取强制措施之日起。此时，律师可以辩护人的身份为犯罪嫌疑人提供法律帮助，代理申诉、控告，申请变更强制措施，向侦查机关了解犯罪嫌疑人涉嫌的罪名和案件有关情况，并提出意见。

新刑事诉讼法以告知权的形式，对犯罪嫌疑人在侦查阶段获得律师辩护的合法权益进行保障。侦查机关在第一次讯问犯罪嫌疑人或者对犯罪嫌疑人采取强制措施时，不仅应当告知其有权委托辩护人，而且对在押犯罪嫌疑人的相关要求要及时进行转达。

六、将第三十四条修改为："犯罪嫌疑人、被告人因经济困难或者其他原因没有委托辩护人的，本人及其近亲属可以向法律援助机构提出申请。对符合法律援助条件的，法律援助机构应当指派律师为其提供辩护。

"犯罪嫌疑人、被告人是盲、聋、哑人，或者是尚未完全丧失辨认或者控制自己行为能力的精神病人，没有委托辩护人的，人民法院、人民检察院和公安机关应当通知法律援助机构指派律师为其提供辩护。

"犯罪嫌疑人、被告人可能被判处无期徒刑、死刑，没有委托辩护人的，人民法院、人民检察院和公安机关应当通知法律援助机构指派律师为其提供辩护。"

【精解】

本条是对 1996 年刑事诉讼法第 34 条关于刑事法律援助规定的修改。

1996 年刑事诉讼法第 34 条规定："公诉人出庭公诉的案件，被告人因经济困难或者其他原因没有委托辩护人的，人民法院可以指定承担法律援助义务的律师为其提供辩护。被告人是盲、聋、哑或者未成年人而没有委托辩护人的，人民法院应当指定承担法律援助义务的律师为其提供辩护。被告人可能被判处死刑而没有委托辩护人的，人民法院应当指定承担法律援助义务的律师为其提供辩护。"

《决定》通过本条对 1996 年刑事诉讼法作了三处修改：一是适当扩大法律援助在刑事诉讼中的适用范围；二是适当调整了法律援助的办理程序；三是将未成年人刑事案件的法律援助移至特别程序中未成年人刑事案件诉讼程序中加以规定。

新刑事诉讼法第 34 条分为 3 款。

第 1 款是关于因经济困难或者其他原因申请法律援助的规定。这里所说的"法律援助"，是指由国家、社会来承担对犯罪嫌疑人、被告人在法律上的帮助，当他们需要辩护人，而由于种种原因未委托辩护人时，如果符合法律援助条件，则无偿地为其提供律师的帮助。本款规定删去了"公诉人出庭公诉的案件"这一适用条件。这是因为，这次修改刑事诉讼法，明确规定公诉案件中公诉人都应当出庭支持公诉；同时，对于自诉案件，如果被告人因经济困难或者其他原因没有委托辩护人，向法律援助机构提出申请并符合法律援助条件的，也应当为其提供法律援助。本款规定包括以下几个方面的内容：①本款的适用范围是犯罪嫌疑人、被告人因经济困难或者其他原因没有委托辩护人的情形。即犯罪嫌疑人、被告人因经济上的原因，请不起律师，或者因经济困难以外的其他原因，如无人替他担任辩护人等，因此未委托辩护人。这一规定体现了国家对于经济困难的人的法律援助，任何犯罪嫌疑人、被告人都享有委托辩护人的权利，该权利不应因其贫困而被放弃。需要注意的是，可以委托辩护人而自动放弃这一权利的，不属于本款规定可以提供法律援助的范围。②本款规定的申请法律援助的主体是"本人及其近亲属"。这里所规定的"本人"，是指因经济困难或者其他原因没有委托辩护人的犯罪嫌疑人、被告人本人。"近亲属"，依照本法第106条第6项的规定，是指该犯罪嫌疑人、被告人的夫、妻、父、母、子、女、同胞兄弟姊妹。③本款规定的法律援助申请的受理和审查机构是法律援助机构，即直辖市、设区的市或者县级人民政府司法行政部门根据需要确定的，负责受理、审查法律援助申请，指派或者安排人员为符合法律援助条件的公民提供法律援助的机构。④对符合法律援助条件的，法律援助机构应当指派律师提供辩护。根据这一规定，犯罪嫌疑人、被告人及其近亲属根据本款规定向法律援助机构提出申请的，法律援助机构应当受理并进行审查，对符合法律援助条件的，应当指派律师为其提供辩护。这是法律援助机构的法定义务。

第2款是关于对犯罪嫌疑人、被告人是盲、聋、哑或者是尚未完全丧失辨认或者控制自己行为能力的精神病人，没有委托辩护人的，应当为其提供法律援助的规定。本款的规定既适用于公诉案件，也适用于自诉案件。其中"盲"是指双目失明，"聋"是指两耳失聪。"尚未完全丧失辨认或者控制自己行为能力的精神病人"，依照《刑法》第18条的规定，这些人犯罪的，应当负刑事责任，但是可以从轻或者减轻处罚。规定对上述犯罪嫌疑人、被告人提供法律援助，主要是考虑，犯罪嫌疑人、被告人是盲、聋、哑或者是尚未完全丧失辨认或者控制自己行为能力的精神病人的，因其生理上的缺陷，可能会造成其法律知识的欠缺和对外界事物认识的偏差，而且在庭审中对证据的识别甚至辩护都存在障碍，因而应当有辩护律师维护他的合法权利。本款规定适用于侦查、审查起诉和审判阶段，义务主体包括人民法院、人民检察院、公安机关和法律援助机构。对于犯罪嫌疑人、被告人是盲、聋、哑或者是尚未完全丧失辨认或者控制自己行为能力的精神病人，没有委托辩护人的，在侦查、审查起诉和审判阶段，公安机关、人民检察院和人民法院都应当通知法律援助机构，由法律援助机构指派律师为其提供辩护。

第 3 款是关于犯罪嫌疑人、被告人可能被判处无期徒刑、死刑，没有委托辩护人的，应当为其提供法律援助的规定。死刑是刑罚中最重的刑罚，我国历来主张适用死刑要慎重，因为人死不能复生，判决一旦生效执行，即使发现错误也难以挽回。无期徒刑也是很重的刑罚，会在很长时间内剥夺罪犯的人身自由。所以在刑事诉讼过程中，必须保证让这些犯罪嫌疑人、被告人充分行使辩护权。这是对重刑犯的辩护权的特殊保护，同时也体现了立足现阶段国情循序渐进的原则。这里所规定的"可能被判处死刑"，既包括可能被判处死刑立即执行，也包括可能被判处死刑缓期执行。需要指出的是，这里规定的是"可能"被判处无期徒刑、死刑，是人民法院、人民检察院和公安机关根据案件的事实和证据情况得出的一种可能性的判断，而不是定论。对于在刑事诉讼过程中一旦发现根据案情犯罪嫌疑人、被告人可能被判处无期徒刑、死刑，未委托辩护人的，就应当立即依照本款规定为犯罪嫌疑人、被告人提供法律援助。本款规定适用于侦查、审查起诉和审判阶段，义务主体包括人民法院、人民检察院、公安机关和法律援助机构。对于犯罪嫌疑人、被告人可能被判处无期徒刑、死刑，没有委托辩护人的，在侦查、审查起诉和审判阶段，公安机关、人民检察院和人民法院都应当通知法律援助机构，由法律援助机构指派律师为其提供辩护。

【引导案例】杀人者患精神分裂症　法院应当为其指定辩护

新华社消息，2010 年 12 月 29 日，成都中级人民法院以故意杀人罪依法判处被告人陈柯宇无期徒刑、剥夺政治权利终身。

2010 年 4 月 7 日晚，被告人陈柯宇在校外购买了水果和一把水果刀回到寝室，因怀疑室友王某不满其回寝室，即持刀猛刺其右颈部一刀，后王某因失血性休克死亡。陈作案后主动拨打"110"报称其杀人。经司法精神病学鉴定，陈柯宇患精神分裂症，对其作案行为具有限制责任能力。

法院审判认为，陈柯宇持刀捅刺被害人要害部位致其死亡，已构成故意杀人罪。陈柯宇系限制责任能力的精神病人，其主动报案并投案、归案后能够如实供述，系初犯、有自首情节，依法可对其从轻处罚，法院遂依法作出上述判决。

【分析】

选择本案例，旨在进一步认识新刑事诉讼法关于指定辩护对象的重大变化。

根据 1996 年刑事诉讼法，本案被告人陈柯宇不属于法律规定的应当给予指定辩护的人员。1996 年刑事诉讼法第 34 条及最高人民法院《刑诉法解释》第 36 条、第 37 条规定，发生指定辩护的法定情形包括：①被告人是盲、聋、哑人；或者是开庭审理时不满十八周岁的未成年人；或者是可能被判处死刑的人。这三种情形下，人民法院应当为被告人指定辩护律师。②公诉人出庭支持公诉的案件，被告人因经济困难或者其他原因，而没有委托辩护人。如被告人符合当地政府规定的经济困难标准的；或者本人确无经济来源，其家庭经济状况无法查明的；或者本人确无经济来源，其家属经多次劝说仍不愿为其承担辩护律师费用的；或者共同犯罪案件中，其他被告人已委托辩护人的；或者被告人具有外国国籍的；或者案件有重大社会影响的；或者人民法院认为起诉意见和移送的案件证据材料可能影响正确定罪量刑的，人民法院可以指定辩护律师为其辩护。显然，本案被告人不属于上述任何一种情况，因此案件不产生法院的指定辩护义务。

但是，根据新刑事诉讼法第 34 条的规定，本案被告人陈柯宇是法律规定的指定辩护对象。因为，新刑事诉讼法在废除酌定指定辩护的基础上，对强制指定辩护对象作了扩充，将尚未完全丧失辨认或者控制自己行为能力的精神病犯罪嫌疑人、被告人和可能被判处无期徒刑的犯罪嫌疑人、被告人纳入强制辩护对象。本案中，被告人陈柯宇经司法精神病学鉴定，患精神分裂症，对其作案行为具有限制责任能力，系限制责任能力的精神病人，法院应当为其指定承担法律援助义务的律师为其辩护。

七、将第三十五条修改为："辩护人的责任是根据事实和法律，提出犯罪嫌疑人、被告人无罪、罪轻或者减轻、免除其刑事责任的材料和意见，维护犯罪嫌疑人、被告人的诉讼权利和其他合法权益。"

【精解】

本条是对 1996 年刑事诉讼法第 35 条关于辩护人的责任规定的修改。

1996 年刑事诉讼法第 35 条规定："辩护人的责任是根据事实和法律，提出证明犯罪嫌疑人、被告人无罪、罪轻或者减轻、免除其刑事责任的材料和意见，维护犯罪嫌疑人、被告人的合法权益。"

《决定》通过本条对1996年刑事诉讼法第35条作了两处修改：一是删去了辩护人提出"证明"犯罪嫌疑人、被告人无罪等的材料和意见的规定中的"证明"。二是将犯罪嫌疑人、被告人的"合法权益"修改为"诉讼权利和其他合法权益"。

新刑事诉讼法第35条从三个方面规定了辩护人的责任：

(1)辩护人维护犯罪嫌疑人、被告人的合法权益应当根据事实和法律。"根据事实和法律"，是指要实事求是，以案件的实际情况和法律的规定作为辩护的依据。这是辩护人为犯罪嫌疑人、被告人进行辩护，维护其合法权益的行为准则和根据。

(2)辩护人通过提出犯罪嫌疑人、被告人无罪、罪轻或者减轻、免除其刑事责任的材料和意见，来维护犯罪嫌疑人、被告人的合法权益。这是辩护人进行的主要工作，也是辩护人维护犯罪嫌疑人、被告人合法权益的正确途径。"提出犯罪嫌疑人、被告人无罪、罪轻或者减轻、免除其刑事责任的材料和意见"，是指辩护人经过了解案情和对案件进行调查，提出犯罪嫌疑人、被告人没有犯罪行为、其行为不构成犯罪或者虽然构成犯罪但罪行较轻的材料，提出对于犯罪嫌疑人应当依照刑法判决无罪、从轻处罚、减轻处罚或者免除处罚的理由和证据，如被告人属于未成年人、有自首、立功表现等，并根据掌握的事实、证据，依据法律规定发表辩护意见。

(3)辩护人辩护的目的是维护犯罪嫌疑人、被告人的诉讼权利和其他合法权益。这是辩护人的职责所在，是法律赋予辩护人的义务。"诉讼权利"是指刑事诉讼法和其他法律规定的，犯罪嫌疑人、被告人在刑事诉讼中享有的程序性的权利，如使用本民族语言文字进行诉讼的权利，申请回避的权利，拒绝回答与本案无关的问题的权利，申请变更强制措施的权利，申请通知新的证人到庭的权利，进行法庭辩论和最后陈述的权利，上诉的权利等。明确辩护人维护犯罪嫌疑人、被告人诉讼权利的责任，有利于更好地保障和促进辩护人依法履行辩护职责，保护犯罪嫌疑人、被告人的合法权益，维护司法公正。辩护人应当积极维护犯罪嫌疑人、被告人的诉讼权利和其他合法权益，发现有办案机关侵犯犯罪嫌疑人、被告人的诉讼权利和其他合法权益的情形时，应当依法提出意见或者代理申诉、控告。

需要说明的是，本条规定的辩护人的"责任"，是从辩护人的职责或者执业要求角度，主要是相对于其委托人或法律援助对象而规定的。根据刑事诉讼法的有关规定，公诉案件中被告人有罪的证明责任由人民检察院承担。因此，只要人民检察院或者自诉人提出的被告人有罪的证据不能达到确实、充分的程度，依法就不能认定被告人有罪。辩护人在诉讼中的工作，主要是对犯罪指控和人民检察院、自诉人的举证进行辩解和反驳，并不承担犯罪嫌疑人、被告人无罪的举证责任。

八、增加一条，作为第三十六条："辩护律师在侦查期间可以为犯罪嫌疑人提供法律帮助；代理申诉、控告；申请变更强制措施；向侦查机关了解犯罪嫌疑人涉嫌的罪名和案件有关情况，提出意见。"

【精解】

本条在刑事诉讼法中增加规定了辩护律师在侦查期间的职责和权限。

本条从以下四个方面规定了辩护律师在侦查期间的职责：

（1）辩护律师在侦查期间可以为犯罪嫌疑人提供法律帮助。这里规定的"辩护律师"，是指犯罪嫌疑人自被侦查机关第一次讯问或者采取强制措施之日起委托作为辩护人的律师。根据本法第 33 条第 1 款的规定，犯罪嫌疑人在侦查期间，只能委托律师作为辩护人。因此，本条规定的主体仅限于辩护律师。辩护律师在侦查期间的第一项职责是"为犯罪嫌疑人提供法律帮助"。这里所规定的法律帮助，是指为犯罪嫌疑人提供法律咨询或者其他犯罪嫌疑人需要的法律帮助。其中提供法律咨询，主要是指帮助犯罪嫌疑人了解有关法律规定，向犯罪嫌疑人解释有关法律问题。提供法律帮助不限于回答犯罪嫌疑人提出的法律问题，对与犯罪嫌疑人有关的法律事务，不论其是否向辩护律师提出，辩护律师都有责任提供帮助，如对犯罪嫌疑人进行法制教育，教育犯罪嫌疑人如实供述，争取得到从轻处理，介绍有关刑事政策和法律规定，让其了解有关法律责任规定，讲解有关法律程序，告知其享有的各项诉讼权利等。

（2）辩护律师可以代理申诉、控告。辩护律师在侦查期间的第二项职责是"代理申诉、控告"。这里所规定的"代理申诉、控告"，主要是指代理犯罪嫌疑人对侦查人员及其他有关人员侵犯犯罪嫌疑人合法权利的行为等提出申诉、控告。代理申诉、控告是以犯罪嫌疑人的名义代为行使申诉、控告的权利，而不是律师本身的权利。因此，辩护律师代理申诉、控告，须经犯罪嫌疑人的委托。需要注意的是，本条是关于辩护律师在侦查期间的职责规定。根据本法第

35 条关于辩护人"维护犯罪嫌疑人、被告人的诉讼权利和其他合法权益"的责任的规定，辩护人在其他诉讼阶段也可以代理犯罪嫌疑人、被告人行使申诉、控告的权利。

（3）辩护律师可以申请变更强制措施。辩护律师在侦查期间的第三项职责是"申请变更强制措施"，即犯罪嫌疑人被采取强制措施的，辩护律师可以为其向有关司法机关申请予以变更。如犯罪嫌疑人被拘留、逮捕的，辩护律师可以申请将拘留、逮捕变更为取保候审、监视居住，犯罪嫌疑人被监视居住的，辩护律师可以申请将监视居住变更为取保候审等。申请变更强制措施，辩护律师可以以自己的名义进行，不需要经犯罪嫌疑人的委托。需要注意的是，本条是关于辩护律师在侦查期间的职责规定。根据本法第 95 条的规定，辩护人在其他诉讼阶段，也有权申请变更强制措施。同时，辩护律师在侦查期间申请变更强制措施的，人民法院、人民检察院和公安机关收到申请后，应当在 3 日以内作出决定；不同意变更强制措施的，应当告知申请人，并说明不同意的理由。

（4）辩护律师可以向侦查机关了解犯罪嫌疑人涉嫌的罪名和案件有关情况，提出意见。辩护律师在侦查期间的第四项职责是"向侦查机关了解犯罪嫌疑人涉嫌的罪名和案件有关情况，提出意见"。这里所规定的"了解犯罪嫌疑人涉嫌的罪名"，是指向侦查机关了解犯罪嫌疑人有何种犯罪嫌疑，即侦查机关立案侦查的罪名，侦查机关应当告知。"了解案件有关情况"，主要是指向侦查机关了解案件的性质、案情的轻重以及对案件侦查的有关情况，包括有关证据情况等。在不影响侦查顺利进行的前提下，侦查机关应当尽量向辩护律师告知案件的有关情况。"提出意见"，主要是指依照本法第 159 条的规定，辩护律师在案件侦查终结前，有权要求侦查机关听取其意见，或者向侦查机关提出书面意见。提出意见既包括对案件事实和证据提出意见，也包括对侦查活动是否合法等提出意见。辩护律师提出要求的，侦查机关应当听取其意见，并记录在案。辩护律师提出书面意见的，应当附卷。

九、将原第三十六条改为二条，作为第三十七条、第三十八条，修改为：

"第三十七条　辩护律师可以同在押的犯罪嫌疑人、被告人会见和通信。其他辩护人经人民法院、人民检察院许可，也可以同在押的犯罪嫌疑人、被告人会见和通信。

"辩护律师持律师执业证书、律师事务所证明和委托书或者法律援助公函要求会见在押的犯罪嫌疑人、被告人的，看守所应当及时安排会见，至迟不得超过四十八小时。

"危害国家安全犯罪、恐怖活动犯罪、特别重大贿赂犯罪案件，在侦查期间辩护律师会见在押的犯罪嫌疑人，应当经侦查机关许可。上述案件，侦查机关应当事先通知看守所。

"辩护律师会见在押的犯罪嫌疑人、被告人，可以了解案件有关情况，提供法律咨询等；自案件移送审查起诉之日起，可以向犯罪嫌疑人、被告人核实有关证据。辩护律师会见犯罪嫌疑人、被告人时不被监听。

"辩护律师同被监视居住的犯罪嫌疑人、被告人会见、通信，适用第一款、第三款、第四款的规定。

"第三十八条 辩护律师自人民检察院对案件审查起诉之日起，可以查阅、摘抄、复制本案的案卷材料。其他辩护人经人民法院、人民检察院许可，也可以查阅、摘抄、复制上述材料。"

本条对 1996 年刑事诉讼法第 36 条关于辩护人会见和阅卷的规定作了修改，规定为第 37 条、第 38 条。分别精解如下：

1. 第三十七条 辩护律师可以同在押的犯罪嫌疑人、被告人会见和通信。其他辩护人经人民法院、人民检察院许可，也可以同在押的犯罪嫌疑人、被告人会见和通信。

辩护律师持律师执业证书、律师事务所证明和委托书或者法律援助公函要求会见在押的犯罪嫌疑人、被告人的，看守所应当及时安排会见，至迟不得超过四十八小时。

危害国家安全犯罪、恐怖活动犯罪、特别重大贿赂犯罪案件，在侦查期间辩护律师会见在押的犯罪嫌疑人，应当经侦查机关许可。上述案件，侦查机关应当事先通知看守所。

辩护律师会见在押的犯罪嫌疑人、被告人，可以了解案件有关情况，提供法律咨询等；自案件移送审查起诉之日起，可以向犯罪嫌疑人、被告人核实有关证据。辩护律师会见犯罪嫌疑人、被告人时不被监听。

辩护律师同被监视居住的犯罪嫌疑人、被告人会见、通信，适用第一款、第三款、第四款的规定。

【精解1】

本条是关于辩护人同在押的犯罪嫌疑人、被告人会见和通信的规定。本条分为5款。

第1款是关于辩护律师和其他辩护人同在押的犯罪嫌疑人、被告人会见和通信的一般性规定。根据本款规定，辩护律师可以同在押的犯罪嫌疑人、被告人会见和通信。其他辩护人经人民法院、人民检察院许可，也可以同在押的犯罪嫌疑人、被告人会见和通信。规定辩护人可以与在押的犯罪嫌疑人、被告人会见和通信，其目的是为了方便辩护人听取犯罪嫌疑人对案件情况的介绍，了解有关案件情况，听取犯罪嫌疑人对案件应当如何辩护的意见，同时，辩护人也可以对犯罪嫌疑人提供法律咨询和进行法制教育等。根据本款规定，辩护律师与其他辩护人在行使这些权利时有一点明确的区别，就是辩护律师接受犯罪嫌疑人、被告人的委托后，除本条第4款规定的危害国家安全犯罪、恐怖活动犯罪、特别重大贿赂犯罪，辩护律师在侦查期间会见在押的犯罪嫌疑人需经侦查机关许可外，对于其他犯罪案件和在审查起诉、审判阶段，辩护律师同在押的犯罪嫌疑人、被告人会见和通信均不需要经过许可，而其他辩护人同在押的犯罪嫌疑人、被告人会见和通信则需要经过人民法院、人民检察院的许可。具体来说，其他辩护人在审查起诉阶段同在押的犯罪嫌疑人会见和通信，应当经人民检察院许可；在审判阶段同在押的被告人会见和通信，应当经人民法院许可。如此区分，主要是考虑根据律师法的规定，律师是依法取得律师执业证书，接受委托或者指定，为当事人提供法律服务的执业人员，接受司法行政部门的监督、指导，且一般与本案无其他利害关系，而其他辩护人则可能是犯罪嫌疑人的监护人、近亲属，是否能同在押的犯罪嫌疑人、被告人会见和通信，需要由人民法院、人民检察院根据案情和辩护人的情况决定。许可与否的标准，一般来讲主要是看案件的情况，对于案件中同案犯都已归案，证据清楚、确实，犯罪嫌疑人也供认不讳的，应当让其他辩护人行使上述权利。只有对于让辩护人会见犯罪嫌疑人可能造成串供或者其他同案犯逃跑等情况的，才有必要限制，但这种限制不是都一律禁止，也可以是推迟会见、通信的时间。只要对诉讼程序的正常进行没有妨碍的，人民法院、人民检察院就应当予以许可。

第2款是关于辩护律师同在押的犯罪嫌疑人、被告人会见的要求和安排程序的规定。关于这一程序，本款共规定了三个方面的内容：

（1）辩护律师会见在押的犯罪嫌疑人、被告人，应当向看守所提出会见的要求。看守所是专门的刑事羁押机关，负责羁押被拘留、逮捕的犯罪嫌疑人、被告人。

（2）辩护律师要求会见的，应当办理相应的会见手续，出示有关证件，主要是律师执业证书、律师事务所证明和委托书或者法律援助公函。其中对于当事人委托的辩护律师，需要出示"委托书"，即犯罪嫌疑人、被告人或者其监护人、近亲属出具的委托律师作为辩护人的委托文件；对于法律援助机构指派的辩护律师，需要出示由法律援助机构出具的"法律援助公函"。

（3）看守所应当及时安排会见，至迟不得超过48小时。一般来说，辩护律师提出会见要求后，除了因侦查人员正在讯问、没有会见场所等特殊情况外，看守所应当立即安排会见，不得故意拖延安排，而且不论在哪种情况下，都应当在48小时以内安排。

第3款是关于特定案件辩护律师会见在押的犯罪嫌疑人需经侦查机关许可的规定。本款规定的辩护律师会见需经侦查机关许可的案件包括三类：

（1）危害国家安全犯罪。主要是指刑法分则第一章规定的危害国家安全罪和刑法分则其他章节中规定的危害国家安全的犯罪，如泄露国家重要秘密的犯罪等。

（2）恐怖活动犯罪。根据全国人大常委会《关于加强反恐怖工作有关问题的决定》第2条的规定，是指以制造社会恐慌、危害公共安全或者胁迫国家机关、国际组织为目的，采取暴力、破坏、恐吓等手段，造成或者意图造成人员伤亡、重大财产损失、公共设施损坏、社会秩序混乱等严重社会危害的行为，以及煽动、资助或者以其他方式协助实施上述活动，构成犯罪的行为。包括组织、领导和参加恐怖活动组织罪，资助恐怖活动罪，投放虚假危险物质罪，编造、故意传播虚假恐怖信息罪，以及以制造社会恐慌、危害公共安全或者胁迫国家机关、国际组织为目的而实施的放火、爆炸、投放危险物质、破坏交通工具、破坏电力设备、劫持航空器等恐怖活动犯罪。

（3）特别重大贿赂犯罪。是指国家工作人员犯刑法分则第八章贪污贿赂罪中规定的特别重大的贿赂犯罪。需要注意的是，不是所有的贿赂犯罪，辩护律师会见在押的犯罪嫌疑人，都需经侦查机关许可。至于哪些犯罪属于"特别重大"的，可通过司法解释具体界定。根据本款规定，对于上述案件，在侦查期间辩护律师会见在押的犯罪嫌疑人，应当经侦查机关许可。侦查机关应当根据案情和侦查工作的进展情况，对辩护律师提出的会见要求，既可以立即许可会见，也可以经过一段时间后再许可会见，在特殊情况下也可以不许可会见。本款还同时规定，上述案件，侦查机关应当事先通知看守所。这样规定，主要是因为看守所不是负责案件侦查的部门，对于案件是否属于上述三类犯罪案件不一定清楚。根据这一规定，侦查机关在拘留、逮捕上述三类案件的犯罪嫌疑人后，应当在送交看守所羁押的同时将这一情况通知看守所，在侦查过程中发现犯罪嫌疑人还涉嫌上述三类案件时，也应当及时通知看守所。看守所接到通知后，对于上述三类案件，在辩护律师要求会见时，如果辩护律师没有得到侦查机关的许可，看守所不得安排会见。

第 4 款是关于辩护律师同在押的犯罪嫌疑人、被告人会见时的职责及会见不被监听的规定。关于辩护律师在会见时的职责，根据本款规定，辩护律师在会见在押的犯罪嫌疑人、被告人时可以行使以下职责：

（1）了解案件有关情况。主要是听取犯罪嫌疑人、被告人对案件的陈述和辩解，判断其案件的性质和情节，从而确定辩护意见的主要方向。

（2）提供法律咨询。主要是指帮助犯罪嫌疑人了解有关法律规定，向犯罪嫌疑人解释有关法律问题，让其了解有关法律责任规定，讲解有关法律程序，告知其享有的各项诉讼权利等。

（3）提供其他适当的法律帮助。如了解犯罪嫌疑人、被告人是否有其诉讼权利和其他合法权益受到侵害的情形，是否需要代理申诉、控告，以及对犯罪嫌疑人进行法制教育，教育犯罪嫌疑人如实供述，争取得到从轻处理等。

（4）自案件移送审查起诉之日起，可以向犯罪嫌疑人、被告人核实有关证据。新刑事诉讼法第 38 条规定，辩护律师自人民检察院对案件审查起诉之日起，可以查阅、摘抄、复制本案的案卷材料。为了更好地准备辩护，包括向人民检察院提出辩护意见和在法庭上行使辩护职能，进行质证等，辩护律师均需要对其查阅、摘抄、复制的有关证据材料及自行调查收集的有关证据材料向犯罪嫌疑人、被告人进行核实，以确定证据材料的可靠性。之所以规定辩护律师从审查起诉阶段才可以向犯罪嫌疑人、被告人核实有关证据，主要是考虑这时案件已经侦查终结，案件事实已经查清，主要证据已经固定，辩护律师核实证据不致影响侦查活动的正常进行。除了辩护律师在会见时的职责以外，本款还吸收修订后的《律师法》第 33 条的规定，明确辩护律师会见犯罪嫌疑人、被告人时不被监听。这样规定主要是考虑，如果侦查机关在律师会见时可以听到其谈话内容，就会使犯罪嫌疑人、被告人顾虑重重，不敢对律师讲案件的真实情况。为保障辩护权的充分行使，应当使辩护律师与犯罪嫌疑人、被告人之间的谈话在保密的状态下进行，其谈话内容不能为第三方知悉。根据本款规定，辩护律师会见犯罪嫌疑人、被告人时不被监听，包括有关机关不得派员在场，不得通过任何方式监听律师会见时的谈话内容，也不得对律师会见进行秘密录音。需要注意的是，本款规定并不禁止有关机关基于安全上的考虑，对律师会见犯罪嫌疑人、被告人的过程进行必要的监视，但这种监视不能影响律师与犯罪嫌疑人、被告人谈话内容的保密性。

第 5 款是关于辩护律师同被监视居住的犯罪嫌疑人、被告人会见和通信的规定。1996 年刑事诉讼法只对辩护律师会见在押的犯罪嫌疑人、被告人作了规定，对于未被羁押的犯罪嫌疑人、被告人，由于其人身自由未受到限制，辩护律师可以随时与其会见。这次修改刑事诉讼法，适当调整了监视居住措施的定位，对监视居住的监督管理更加严格，如第 75 条规定，被监视居住的犯罪嫌疑人、被告人未经执行机关批准不得会见他人或者通信；第 76 条规定，执行机关在侦查期间，可以对被监视居住的犯罪嫌疑人的通信进行监控。因此，有必要对辩护律师如何同被监视居住的犯罪嫌疑人、被告人会见和通信作出明确规定。根据本款规定，辩护律师同被监视居住的犯罪嫌疑人、被告人会见、通信，适用第 1 款、第 3 款、第 4 款的规定。也就是说，辩护律师可以同被监视居住的犯罪嫌疑人、被告人会见和通信；除危害国家安全犯罪、恐怖活动犯罪、特别重大贿赂犯罪案件，在侦查期间辩护律师会见被监视居住的犯罪嫌疑人，应当经侦查机关许可以外，辩护律师会见被监视居住的犯罪嫌疑人、被告人不需经有关机关许可或者批准；辩护律师会见被监视居住的犯罪嫌疑人、被告人，可以了解有关案件情况，提供法律咨询等；自案件移送审查起诉之日起，可以向犯罪嫌疑人、被告人核实有关证据。辩护律师会见被监视居住的犯罪嫌疑人、被告人时不被监听。

2. 第三十八条 辩护律师自人民检察院对案件审查起诉之日起，可以查阅、摘抄、复制本案的案卷材料。其他辩护人经人民法院、人民检察院许可，也可以查阅、摘抄、复制上述材料。

【精解 2】

本条是关于辩护人阅卷的规定。

本条从以下四个方面对辩护人阅卷的权利作了规定：①辩护人有权阅卷的

起始时间是人民检察院对案件审查起诉之日。即辩护人在审查起诉和审判阶段均有权阅卷。②辩护人阅卷的具体方法包括查阅、摘抄、复制。③辩护人阅卷的范围是本案的案卷材料。即侦查机关移送人民检察院和人民检察院移送人民法院的案卷中的各种材料，包括其中的证明犯罪嫌疑人、被告人是否有罪、犯罪情节轻重的所有证据材料、诉讼文书等。④其他辩护人经人民法院、人民检察院许可，也可以查阅、摘抄、复制本案的案卷材料。具体来说，其他辩护人阅卷，在审查起诉阶段应当经人民检察院许可，在审判阶段应当经人民法院许可。对辩护律师和其他辩护人作不同的规定，主要是考虑根据律师法的规定，律师是依法取得律师执业证书，接受委托或者指定，为当事人提供法律服务的执业人员，接受司法行政部门的监督、指导，且一般与本案无其他利害关系，而其他辩护人则可能是犯罪嫌疑人的监护人、近亲属，是否能查阅、摘抄、复制本案的案卷材料，需要由人民法院、人民检察院根据案情和辩护人的情况决定。许可与否的标准，一般来讲主要是看案件的情况，对于案件中同案犯都已归案，证据清楚、确实，犯罪嫌疑人也供认不讳的，应当让其他辩护人行使上述权利。只有对于让辩护人阅卷可能造成串供或者其他妨碍诉讼的情况的，才有必要限制，但这种限制不是都一律禁止，也可以是推迟阅卷的时间。只要对诉讼程序的正常进行没有妨碍，人民法院、人民检察院就应当予以许可。

【引导案例】方某行窃法院院长　辩护律师会见权不得受阻

方某潜入某县人民法院一办公室窃取现金、数码相机、皮带等物，折合人民币共计56500元。3月20日，方某被公安机关抓获归案，并被依法逮捕。经查，方某盗窃现场系该县人民法院院长办公室，所盗钱物系院长所有。在本案侦查过程中，方某聘请律师杨某和李某为其提供法律帮助。为了解案件情况，杨某和李某到县公安局看守所要求会见方某。县公安局以案件涉及法院院长、侦查过程需要保密为由拒绝了杨某和李某的要求。县公安局将案件侦查终结移送县人民检察院审查起诉后，辩护律师杨某和李某要求会见方某，县人民检察院以杨某和李某未事先获得许可为由而拒绝其会见要求。

【分析】

选择本案，旨在进一步阐明两个问题，一是辩护律师在案件侦查阶段有权行使辩护权；二是不得违反刑事诉讼法的规定随意限制辩护律师的会见权。

本案中，根据新刑事诉讼法第36条、37条规定，犯罪嫌疑人方某被逮捕后，有权委托律师作为辩护人为其提供法律帮助，受委托的律师可以代理申诉、控告，有权向侦查机关申请对方某变更强制措施，或者向侦查机关了解方某涉嫌的罪名和案件有关情况，还可以持律师执业证书、律师事务所证明和委托书，前往羁押方某的看守所会见方某。对于辩护律师杨某和李某提出的会见要求，因方某涉嫌的犯罪不属于危害国家安全犯罪、恐怖活动犯罪或特别重大贿赂犯罪案件，所以辩护律师的会见要求无须获得公安机关许可，羁押方某的看守所应当及时安排会见，至迟不得超过48小时。因此，本案公安机关以案件涉及法院院长、侦查过程需要保密为由拒绝了杨某和李某的会见要求，是不符合刑事诉讼法规定的。

另外，根据新刑事诉讼法第37条第1款和第4款的规定，辩护律师自人民检察院对案件审查起诉之日起，无须事先获得人民检察院许可，即可以同在押的犯罪嫌疑人会见。因此，本案中，辩护律师杨某和李某要求会见方某，人民检察院以杨某和李某未事先获得许可为由而拒绝其会见要求的做法，也是于法无据的。

对县公安局和县检察院阻止会见的情况，辩护律师杨某和李某可以依照新刑事诉讼法第47条，向县人民检察院或者犯罪嫌疑人方某所在的市人民检察院控告。县人民检察院或市人民检察院应当及时进行审查，并及时采取纠正措施，保障辩护律师依法行使辩护权。

十、增加二条，作为第三十九条、第四十条：

"第三十九条 辩护人认为在侦查、审查起诉期间公安机关、人民检察院收集的证明犯罪嫌疑人、被告人无罪或者罪轻的证据材料未提交的，有权申请人民检察院、人民法院调取。

"第四十条 辩护人收集的有关犯罪嫌疑人不在犯罪现场、未达到刑事责任年龄、属于依法不负刑事责任的精神病人的证据，应当及时告知公安机关、人民检察院。"

《决定》第10条在刑事诉讼法中增加第39条、第40条，共两条，对辩护人申请调取无罪或者罪轻证据和辩护人将有关无罪证据告知公安机关、人民检察院作了规定。分别精解如下：

1. 第三十九条 辩护人认为在侦查、审查起诉期间公安机关、人民检察院收集的证明犯罪嫌疑人、被告人无罪或者罪轻的证据材料未提交的，有权申请人民检察院、人民法院调取。

【精解 1】

本条是关于辩护人申请调取无罪或者罪轻证据的规定。

根据本条规定，辩护人认为在侦查、审查起诉期间公安机关、人民检察院收集的证明犯罪嫌疑人、被告人无罪或者罪轻的证据材料未提交的，有权申请人民检察院、人民法院调取。本条共规定了两种情形：

（1）辩护人认为在侦查期间公安机关收集的证明犯罪嫌疑人、被告人无罪或者罪轻的证据材料未提交的，有权申请人民检察院向公安机关调取。这里所规定的"无罪或者罪轻的证据材料"，既包括某个单独的可能证明犯罪嫌疑人无罪或者罪轻的证据，也包括某些相矛盾的证据材料中可能证明犯罪嫌疑人无罪或者罪轻的证据。例如，一个案件中有多个目击证人，有的目击证人的证言是证明犯罪嫌疑人有罪或者罪重的，有的目击证人的证言是证明犯罪嫌疑人无罪或者罪轻的。再如，一个证人前后提供过多次证言，有的证言是证明犯罪嫌疑人有罪或者罪重的，有的证言是证明犯罪嫌疑人无罪或者罪轻的。这里所规定的"未提交"，是指公安机关因为未采信或者其他原因，没有将证明犯罪嫌疑人无罪或者罪轻的证据放在案卷中并随案移送到人民检察院。

（2）辩护人在审判阶段认为在审查起诉期间人民检察院收集的证明被告人无罪或者罪轻的证据材料未提交的，有权申请人民法院向人民检察院调取。人民检察院在审查起诉过程中，对于案件需要补充侦查的，可以退回公安机关补充侦查，也可以自行侦查。这里所规定的"人民检察院收集"，主要是指人民检察院在自行侦查过程中收集证据的情形。这里所规定的"未提交"，是指人民检察院没有将自行收集的证明犯罪嫌疑人、被告人无罪或者罪轻的证据放在案卷中并随案移送到人民法院。在执行中需要注意的是，根据刑事诉讼法的有关规定，审判人员、检察人员、侦查人员必须依照法定程序，收集能够证实犯罪嫌疑人、被告人有罪或者无罪、犯罪情节轻重的各种证据。对于与案件有关的全部证据，均应当全面、客观地放在案卷中并随案移送，以供下一个诉讼环节对这些证据再进行查证或者审查，在起诉意见书、起诉书或者判决中有时还要对一些不采信的重要证据材料作出说明。同时，对于辩护人申请调取无罪或者罪轻的证据材料的，收到申请的人民法院或者人民检察院应当充分考虑辩护人的要求，尊重辩护人的权利，对于可能存在辩护人申请调取证据的情形，影响案件处理的，应当予以调取；对于辩护人提出的申请没有根据或者与认定案件确实没有关联，决定不予调取的，应当向辩护人说明理由。人民法院、人民检察院决定调取有关证据材料的，收集证据的人民检察院、公安机关应当予以配合，不能以种种理由拒绝提供。

【引导案例】辩护人要慧眼识珠　善于发现侦查中的无罪证据材料

覃某与兰某因缺钱，便产生共谋劫取钱财的歹念。1999 年 2 月 10 日晚，覃某与兰某在河池市东江街会面后，覃某回家携带一根方形木棒与兰某走到河池市东江镇东江村下五尾路口，兰某回家取得一把甩刀和一把虎头形铜柄单刃尖刀，并将甩刀递给覃某，两人窜往东江镇"东棉坳"（东江棉纺织厂下坡坳处）的坡路段伺机对过往行人行抢。晚 12 时许，河池市东江中学教师覃志某驾驶一辆二轮摩托车带其女友回校途经此地时，覃某即举起木棒朝覃志某的前额猛击一棒。覃志某倒地，其女友跳下车来，摩托车倒在路上。覃志某刚爬起来，兰某持铜柄单刃刀朝覃志某的身上乱捅数刀。覃志某的女友跑到山下路边石灰厂值班室打电话报案。覃志某被打倒在路边的水沟里，兰某继续朝覃志某两大腿连捅数刀，覃某用木棒敲打，覃志某在被打过程中边呼救边反抗。兰某仍乱捅覃志某的双臂，覃志某抓住刀口，奋力拼抢，刀刃和刀柄分开。兰某拿住刀柄讲："虎，我的刀被抢了。"覃某扔下木棒抽出甩刀朝覃志某的身上乱捅，兰某乘机抢回刀刃。覃志某倒在水沟里无法动弹后，两人即对覃志某搜身，其中兰某搜得现金 110 元，覃某搜得一台日本产秀和牌数字 BP 机（价值 590 元）。当有一辆小四轮农用运输车经过时，两人即到山边躲藏起来。见有车灯，覃志某挣扎着爬上公路，伸手拦车呼救，但小四轮未停。两人又冲到覃志某身边，覃某拿起木棒朝覃志某头部连击 3 棒，最后木棒打到地上折为两节。两人认为覃志某已经死亡，就将其抬起丢下路边陡坡。覃志某滚下陡坡几米后被小树卡住。两人怕覃志某不死下去查看。两人摸黑下去找了一下不见人，又害怕公安接警后赶来，便匆匆逃离现场。途中兰某将抢得的赃款分给覃某 55 元，BP 机则被覃某占有，二人在订立攻守同盟后才各自回家。覃志某在公安机关和东江中学教师赶到现场后被送往医院抢救治疗。

1999 年 6 月 23 日、10 月 22 日，河池地区中级人民法院经两次公开开庭审理，于同年 12 月 29 日以抢劫罪判处覃某死刑缓期二年执行，剥夺政治权利终身，并处罚金 1500 元；以故意杀人罪判处覃某有期徒刑 15 年，剥夺政治权利5年；数罪并罚，决定执行死刑缓期二年执行，剥夺政治权利终身，并处罚金1500元。兰某犯抢劫罪，判处无期徒刑，剥夺政治权利终身，并处罚金1000元；犯故意杀人罪，判处有期徒刑10年，剥夺政治权利2年；数罪并罚，决定执行无期徒刑，剥夺政治权利终身，并处罚金1000元。一审判决后，覃某提出上诉。2000年6月27日自治区高级人民法院（2000）桂刑复字第145号刑事裁定书裁定：驳回上诉，维持原判。终审裁定后，覃某继续申诉。

2001年7月7日，本案真凶牙某到河池市公安局东江派出所投案自首，后自治区高级人民法院于2003年6月9日，将案件发回河池市中级人民法院重新审判。2003年6月23日，河池市中级人民法院重新公开开庭审判，并于同月29日判决宣告覃某、兰某无罪。2003年11月2日，广西壮族自治区高级人民法院决定赔偿覃某97798元，赔偿兰某78425元。

【分析】
反思这起案件诉讼过程中存在的问题，总结沉痛教训时，不难发现，案件侦查过程中收集证据不全面、不客观，只重视收集有罪证据，忽视无罪证据的收集，是导致案件办理时一错再错的重要原因。例如，在犯罪嫌疑人覃某作出有罪供述后，公安机关办案人员于1999年3月4日带覃某去指认作案现场，但覃某指认案发地点错误。对这一重大疑点，办案人员认为覃某故意错指地点，未将这一情况记录、拍照或录像。又如，覃某在其供述中称将其抢劫所得的一台BP机卖给王某。经查，王某否认这一事实。对此，公安机关办案人员未制作笔录附卷。还有，在现场勘查时发现有一只皮鞋是42码，经查不是被害人所穿的，而覃某、兰某所穿的鞋分别为38、39码，这只鞋子是谁的，是否与本案有关，公安机关未调查核实，也未将这一证据向检察机关移送（真凶投案后交代了自己所穿的一只42码皮鞋丢在了现场）等。

有鉴于此，新刑事诉讼法新增第39条规定，赋予辩护人特别的"火眼金睛"监督权：一旦发现侦查、审查起诉期间公安机关、人民检察院收集的证明犯罪嫌疑人、被告人无罪或者罪轻的证据材料未提交的，有权申请人民检察院、人民法院调取。这一规定既是对辩护人有效行使辩护权的强力保障条款，同时也对辩护人的专业素质提出了更高的要求。例如，在上述案件中，对公安机关在侦查过程中发现或收集的无罪证据，公安机关并未在意或者没有依法向人民检察院提供的，辩护人要通过积极有效行使其在侦查阶段的会见、了解情况等辩护权，及时发现这些无罪的证据，并依法向人民检察院提供线索或证据。如果辩护人能够真正承担和发挥这样的作用，类似上述覃某、兰某冤案的情形再次发生的概率就会小得多了。

2. 第四十条　辩护人收集的有关犯罪嫌疑人不在犯罪现场、未达到刑事责任年龄、属于依法不负刑事责任的精神病人的证据，应当及时告知公安机关、人民检察院。

【精解2】

本条是关于辩护人将有关无罪证据告知公安机关、人民检察院的规定。

根据本条规定，辩护人收集的有关犯罪嫌疑人不在犯罪现场、未达到刑事责任年龄、属于依法不负刑事责任的精神病人的证据，应当及时告知公安机关、人民检察院。这里所规定的"辩护人收集"，包括犯罪嫌疑人及其近亲属或者其他人向辩护人提供的有关证据材料，以及辩护人依照本法第41条规定向有关单位和个人收集的证据材料。"犯罪嫌疑人不在犯罪现场"，是指当犯罪行为发生时，有证据证明犯罪嫌疑人在犯罪现场以外的其他地方，从而不可能在犯罪现场实施犯罪行为。在这种情况下，如果侦查机关将犯罪嫌疑人在犯罪现场实施犯罪行为作为侦查方向，则很有可能形成错案，犯罪分子是另有其人。"未达到刑事责任年龄"，是指对于故意杀人、故意伤害致人重伤或者死亡、强奸、抢劫、贩卖毒品、放火、爆炸、投毒罪案件，有证据证明犯罪嫌疑人不满14周岁，对于其他犯罪案件，有证据证明犯罪嫌疑人不满16周岁，根据《刑法》第17条的有关规定，在这种情况下，犯罪嫌疑人是不负刑事责任的，公安机关应当撤销案件，已移送审查起诉的，人民检察院应当作出不起诉的决定。"属于依法不负刑事责任的精神病人"，是指经过鉴定证明，犯罪嫌疑人是在不能辨认或者不能控制自己行为的时候造成危害结果的。根据《刑法》第18条的有关规定，在这种情况下，犯罪嫌疑人也不负刑事责任。需要注意的是，根据《刑法》第18条的规定，精神病人造成危害结果依法不负刑事责任的，在必要的时候，由政府强制医疗。这次修改刑事诉讼法，增加规定了依法不负刑事责任的精神病人的强制医疗程序。因此，对于犯罪嫌疑人属于不负刑事责任的精神病人的，如果符合强制医疗条件，公安机关在撤销刑事案件的同时，应当写出强制医疗意见书，移送人民检察院。人民检察院发现符合强制医疗条件的，应当向人民法院提出强制医疗的申请，由人民法院作出是否强制医疗的决定。这里规定的"及时告知"，是指辩护人收集到上述三类证据的，应当尽快将有关情况告知办理案件的公安机关、人民检察院，也可以直接将有关证据交给公安机关、人民检察院。从本条关于"犯罪嫌疑人"和"公安机关、人民检察院"的表述上看，本条主要适用于辩护人在侦查阶段和审查起诉阶段收集到上述三类证据的情形。对于辩护人在审判阶段收集到上述三类证据的，根据刑事诉讼法关于审判程序的规定，辩护人可以直接在法庭上出示，也可以申请人民法院通知有关证人出庭或者调取有关证据。

【引导案例】精神病人"被杀人"　公安民警被追责

2009年4月16日，在河南尉氏县贾鲁河上游小陈段，当地村民发现河面上漂浮着一个化肥袋，散发着恶臭。村民将化肥袋弄到河边，打开发现里面是一具喉咙被割断的无名男尸，尸体上捆绑着两块石头。经查，死者为流浪多年的杞县沙沃乡农民王保国。

2009年12月，刘卫中在村支书的陪同下到专案组投案自首。刘卫中投案自首时，其家属指出刘卫中有精神病。尉氏县公安局将其送开封市精神病医院进行司法鉴定，结论是刘卫中是精神病人，无刑事责任能力，遂将其释放，并宣布结案。

据2010年5月19日《新京报》报道，因在命案侦破中"弄虚作假、谎报战绩"，尉氏县公安局局长郑伟和副局长宋伟民被免职，郑伟被调离公安机关，其余5名涉案警察也受到了处理。

【分析】

本案是一起纯粹的人为恶搞案件，精神病人刘卫中冲抵了一回杀人嫌犯后被释放，当地公安民警"命案已破"的谎话不攻自破。选择此案，不仅仅是为了警示精神病人由于其特殊的生理、心理弱势而需要在刑事诉讼中受到特别关注，更重要的是要强调辩护人在其中的责任。

根据新刑事诉讼法第40条的规定，辩护人在收集证据过程中，发现犯罪嫌疑人属于依法不负刑事责任的精神病人的，应当依法及时告知公安机关或人民检察院。这一规定有助于公安机关和人民检察院及时纠正办案偏差，或者及时终止案件，防止诉讼成本的无效支出。从另一方面来看，这一规定还对辩护人公开无罪证据时间提出了要求。也就是说，辩护人一旦收集到有关犯罪嫌人属于依法不负刑事责任的精神病人的证据，应当及时告知公安机关或人民检察院，而不能等到案件进入下一诉讼环节甚至审判阶段时，才公开此类证据。

十一、将第三十八条改为第四十二条，修改为："辩护人或者其他任何人，不得帮助犯罪嫌疑人、被告人隐匿、毁灭、伪造证据或者串供，不得威胁、引诱证人作伪证以及进行其他干扰司法机关诉讼活动的行为。

"违反前款规定的，应当依法追究法律责任，辩护人涉嫌犯罪的，应当由办理辩护人所承办案件的侦查机关以外的侦查机关办理。辩护人是律师的，应当及时通知其所在的律师事务所或者所属的律师协会。"

【精解】

本条是对 1996 年刑事诉讼法第 38 条关于辩护人在刑事诉讼中禁止的行为及其法律责任的规定的修改。

1996 年刑事诉讼法第 38 条规定："辩护律师和其他辩护人，不得帮助犯罪嫌疑人、被告人隐匿、毁灭、伪造证据或者串供，不得威胁、引诱证人改变证言或者作伪证以及进行其他干扰司法机关诉讼活动的行为。违反前款规定的，应当依法追究法律责任。"

《决定》通过本条对 1996 年刑事诉讼法第 38 条作了三处修改：一是将义务主体修改为"辩护人或者其他任何人"；二是删去了不得威胁、引诱证人改变证言的规定；三是增加规定了追究辩护人刑事责任程序的特别规定。

新刑事诉讼法第 42 条分为 2 款。

第 1 款是关于辩护人或者其他任何人不得妨害作证和进行其他干扰司法机关诉讼活动的行为的禁止性规定。参与刑事诉讼或与刑事诉讼有关系的辩护人和其他人，如果违反法律规定、职业道德，帮助被告人隐匿、毁灭、伪造证据或者串供，干扰证人作证等，将会影响司法机关对证据的收集、审查判断和对案件的公正处理，该款对这些行为作出了禁止性规定。该款规定的义务主体是"辩护人或者其他任何人"，包括辩护律师和其他辩护人，以及其他任何参与刑事诉讼或者和刑事诉讼有关系的人。该款规定共禁止了六种行为：①帮助犯罪嫌疑人、被告人隐匿证据。是指帮助犯罪嫌疑人、被告人将司法机关尚未掌握的证据隐藏起来。②帮助犯罪嫌疑人、被告人毁灭证据。"毁灭"是指将证据烧毁、涂抹、砸碎、撕碎、抛弃或者使用其他方法让其灭失或者不能再作为证据使用。③帮助犯罪嫌疑人、被告人伪造证据。是指帮助犯罪嫌疑人、被告人制作虚假的物证、书证等，如补开假的单据、证明、涂改账目，甚至伪造是他人犯罪的物证、书证等。④帮助犯罪嫌疑人、被告人串供。是指帮助犯罪嫌疑人、被告人与同案人或者证人建立"攻守同盟"，串通统一口径应对办案机关侦查。⑤威胁、引诱证人作伪证。是指采取以暴力或者其他方式胁迫、以利益引诱等手段指使证人提供虚假证言，包括让了解案件情况的人不按照事实真相作证，以及让不了解案件情况的人提供虚假的证言。⑥其他干扰司法机关诉讼活动的行为。是指其他影响司法机关诉讼活动正常进行，影响案件公正处理的行为。如利用权力给办案人员施加压力，威胁自诉人撤回自诉等。

第2款是对违反第1款规定的行为追究法律责任和追究辩护人伪证罪特别程序的规定。该款首先规定，对违反第1款规定的行为，即进行六种被禁止的活动的行为，应当追究法律责任。主要包括两方面内容：一是对于构成伪证罪等犯罪的行为，依法追究刑事责任；二是对于尚不够刑事处罚的，应依照有关法律的规定追究行政责任，如依照律师法的有关规定取消律师执业资格，依照治安管理处罚法的有关规定给予治安管理处罚等。该款对于追究辩护人伪证罪的特别规定有两个方面：

（1）关于案件管辖，该款规定辩护人涉嫌犯罪的，应当由办理辩护人所承办案件的侦查机关以外的侦查机关办理。这里所说的"辩护人涉嫌犯罪"，是指辩护人在履行辩护职责的过程中涉嫌有第1款规定的行为构成犯罪，而不包括辩护人涉嫌其他犯罪。"辩护人所承办案件的侦查机关以外的侦查机关办理"，是指侦查辩护人所承办案件的侦查机关，不能再侦查辩护人涉嫌犯罪的案件，应当由异地的侦查机关进行侦查。具体来说，如果辩护人涉嫌有第1款规定的行为可能构成《刑法》第306条规定的辩护人妨害作证罪的，则由异地的公安机关进行侦查；可能构成行贿或者其他犯罪的，则由异地的人民检察院或者其他侦查机关办理。具体由哪一个侦查机关进行侦查，应当由上级侦查机关依照有关规定指定。这样的规定，有利于防止侦查机关滥用辩护人妨害作证罪的规定，随意对辩护人立案侦查和采取强制措施，使辩护人能更加放心大胆地依法履行辩护职责，维护犯罪嫌疑人、被告人的合法权益。

（2）追究辩护律师刑事责任的，应当及时通知其所在的律师事务所或者所属的律师协会。这一规定只适用于被追究的辩护人是律师的情况。通知的主体是办理辩护律师犯罪案件的机关。通知的时间是在启动追究辩护律师刑事责任的程序之后"及时"通知。通知的对象是辩护律师所在的律师事务所或者所属的律师协会。这样规定，有利于被追究刑事责任的辩护律师维护其合法权益，也便于有关律师事务所或律师协会了解其律师的涉案情况。

【引导案例】重庆警方侦查律师李庄遗漏罪行　移送检方审查起诉

2010 年 2 月 9 日，李庄因犯辩护人伪造证据、妨害作证罪被重庆市第一中级人民法院二审判处有期徒刑 1 年 6 个月。李庄案宣判后，重庆司法机关接到多起举报，要求追究李庄在代理刑事案件中的违法犯罪行为。目前李庄的遗漏罪行已经公安机关侦查终结，移送重庆市江北区人民检察院审查起诉。

据公诉机关指控，2008 年 6 月 26 日，上海市徐汇区人民检察院以孟英犯挪用资金罪向上海市徐汇区人民法院提起公诉，指控孟英在担任上海金汤城沐浴有限公司法定代表人期间，将徐丽军交给金汤城公司的人民币 100 万元投资款中的 50 万元存入自己的银行账户，用于归还个人贷款。李庄担任孟英的一审辩护人。为帮助孟英开脱罪责，2008 年 7 月，李庄以帮助证人徐丽军索回在金汤城公司投资款为名，引诱、教唆徐丽军违背客观事实改变证言，将其在金汤城公司投资款改变为自己提供给孟英的个人借款。2008 年 7 月 30 日，上海市徐汇区人民法院开庭审理孟英挪用资金案，法院根据李庄的申请通知徐丽军出庭作证。徐丽军按照李庄的授意向法庭进行了虚假陈述。

庭审过程中，人大代表、政协委员、律师协会成员以及来自全国各地的媒体记者共计一百余人旁听了庭审。

此案开庭后，重庆市江北区人民检察院决定申请撤回起诉。重庆市江北区人民法院裁定准许重庆市江北区人民检察院撤回起诉。

【分析】

本案中，北京律师李庄涉嫌妨害作证罪的事实发生在上海市，负责侦办此案的侦查机关系重庆警方，人大代表、政协委员、律师协会成员等到现场旁听庭审过程，案件最终以检察机关申请撤诉、法院准许撤诉而告终结。透过此案，不难发现，对辩护人尤其是辩护律师涉嫌犯罪进行法律追究时，社会公众的关注程度要远远大于其他刑事案件。这表明，针对辩护人因其履职中的不当行为受到法律追究时，司法过程应当有别于其他犯罪，应当在诉讼程序上作出特别规定，使诉讼公开、公正，以更为直接的方式展示在公众面前。

新刑事诉讼法对司法实践中的这一需求作出了明确回应。该法第 42 条新增规定，对辩护人帮助犯罪嫌疑人、被告人隐匿、毁灭、伪造证据或者串供，威胁、引诱证人作伪证或进行其他干扰司法机关诉讼活动的行为，涉嫌犯罪的，应当由办理辩护人所承办案件的侦查机关以外的侦查机关办理。辩护人是律师的，应当及时通知其所在的律师事务所或者所属的律师协会。实践中执行这一规定时，还需注意以下问题：一是在辩护人所承办案件尚未侦查终结或尚未审查起诉完毕或尚未审判结束时，因在该案中涉嫌帮助犯罪嫌疑人、被告人隐匿、毁灭、伪造证据或者串供，威胁、引诱证人作伪证或进行其他干扰司法机关诉讼活动，被侦查机关依法追究法律责任的，辩护人所承办案件的侦查机关、检察机关或人民法院应当即时做好该案件中犯罪嫌疑人、被告人的辩护权保障工作，及时通知犯罪嫌疑人、被告人有权委托新的辩护人，或为其重新指定辩护人进行辩护。二是刑事诉讼法就辩护人涉嫌犯罪的诉讼过程仅对侦查机关的回避作出了限制性的规定，对人民检察院、人民法院则未有规定，也就是说，辩护人涉嫌犯罪的，办理辩护人所承办案件的人民检察院、人民法院依然可以办理辩护人涉嫌犯罪的案件。

十二、增加二条，作为第四十六条、第四十七条：

"第四十六条　辩护律师对在执业活动中知悉的委托人的有关情况和信息，有权予以保密。但是，辩护律师在执业活动中知悉委托人或者其他人，准备或者正在实施危害国家安全、公共安全以及严重危害他人人身安全的犯罪的，应当及时告知司法机关。

"第四十七条　辩护人、诉讼代理人认为公安机关、人民检察院、人民法院及其工作人员阻碍其依法行使诉讼权利的，有权向同级或者上一级人民检察院申诉或者控告。人民检察院对申诉或者控告应当及时进行审查，情况属实的，通知有关机关予以纠正。"

本条在刑事诉讼法中增加第46条、第47条，对辩护律师的保密权利及其例外和辩护人、诉讼代理人对阻碍其依法行使诉讼权利的申诉控告及处理程序作了规定。分别精解如下：

1. 第四十六条　辩护律师对在执业活动中知悉的委托人的有关情况和信息，有权予以保密。但是，辩护律师在执业活动中知悉委托人或者其他人，准备或者正在实施危害国家安全、公共安全以及严重危害他人人身安全的犯罪的，应当及时告知司法机关。

【精解1】

本条是关于辩护律师的保密权利及其例外的规定。

本条规定了两个方面的内容：

（1）辩护律师对在执业活动中知悉的委托人的有关情况和信息，有权予以保密。本条规定的主体是"辩护律师"，即接受犯罪嫌疑人、被告人委托或者其监护人、近亲属代为委托担任辩护人的律师，以及受法律援助机构指派提供辩护法律援助的律师。本条规定的保密范围仅限于辩护律师在执业活动中知悉的委托人的有关情况和信息。包括辩护律师在接受委托、会见过程中了解到的委托人的有关情况和信息，也包括辩护律师在调查过程中了解到的与委托人有关的情况和信息。这些情况和信息必须与委托人有关，与委托人无关的其他人的情况和信息不在本条规定的保密范围以内。根据本条规定，辩护律师对上述情况和信息有权予以保密，这种保密权利，意味着在法律上免除了辩护律师对上述情况和信息的举报作证义务。需要注意的是，辩护律师的这一权利不是绝对的，本条还规定了例外的情形。

（2）辩护律师在执业活动中知悉委托人或者其他人准备或者正在实施危害国家安全、公共安全以及严重危害他人人身安全的犯罪的，应当及时告知司法机关。这是关于辩护律师保密权利的例外规定。作这样的例外规定，是要在辩护律师的职业保障和公共利益之间达到一个合理的平衡。对于一些特别严重且正在准备或者正在实施的犯罪，进行有效的预防和制止，从而避免或者尽可能降低其对社会的危害程度，从社会价值和利益上讲，要超过对辩护律师保密权利的维护。在这种情况下，辩护律师不仅不能主张其保密权利，而且有义务及时告知司法机关。这里所规定的辩护律师知悉的犯罪，不限于其委托人准备或者正在实施的犯罪，还包括委托人以外的其他人。犯罪种类则只限于"危害国家安全、公共安全以及严重危害他人人身安全的犯罪"，对于其他危害较轻的犯罪，辩护律师仍享有保密的权利。这里所规定的"司法机关"，是泛指侦查机关、人民检察院和人民法院等。

【引导案例】犯罪嫌疑人准备抢劫　辩护律师不得为其保密

2009年6月19日，朱某因涉嫌寻衅滋事罪被公安机关刑事拘留后，朱某的母亲为其聘请律师李某。朱某在看守所告诉李律师，拘留前他曾与高某、郑某约定，准备到事先选定的某居民楼抢点钱，约好郑某在楼下望风，高某上楼入室实施抢劫活动，自己则开车在离抢劫地点不远的马路边等候接应。此时，公安机关根据朱某的申请，决定对朱某采取取保候审。李律师内心十分纠结。

【分析】

本案中，李律师内心十分纠结的是自己应该如何把握自己的职责定位：对自己在执业活动中获知的犯罪嫌疑人朱某的犯罪预备活动，应当予以保密呢，还是立即告知公安机关？这一问题直接关系到对辩护人的法律地位和职能的定位和认识。

辩护人在刑事诉讼中处于专门维护犯罪嫌疑人、被告人合法权益的地位。辩护人的这种诉讼地位包含两层意思：一是辩护人是犯罪嫌疑人、被告人合法权益的维护者，他所维护的只是依法应当维护的犯罪嫌疑人、被告人的权益，而不是犯罪嫌疑人、被告人的所有权益，更不是法律规定应当限制或者剥夺的权益。二是辩护人是犯罪嫌疑人、被告人合法权益的专门维护者，这是辩护人不同于公诉人、审判人员的主要方面。公诉人、审判人员是国家控诉权、审判权的专门行使者，他们也维护犯罪嫌疑人、被告人的合法权益，但不是专门维护者，辩护人的诉讼职能则是依法专门为犯罪嫌疑人、被告人辩护，维护其合法权益。另外，辩护人在刑事诉讼中既不从属于人民检察院、人民法院，也不从属于犯罪嫌疑人、被告人，而是具有独立地位的诉讼参与人。因此，辩护人在刑事诉讼中的任务主要是依照事实和法律为犯罪嫌疑人、被告人进行辩护，维护其合法权益。具体讲，包括依法为犯罪嫌疑人、被告人进行辩护；维护犯罪嫌疑人、被告人的合法权益，帮助其充分有效地行使各项诉讼权利，对侵犯犯罪嫌疑人、被告人合法权益的行为依法要求制止和纠正，必要时向有关部门提出控告；为犯罪嫌疑人、被告人提供法律咨询、代写法律文书、进行辩护等，从而提供法律帮助；结合办案进行法制宣传教育，尤其是向犯罪嫌疑人、被告人进行遵纪守法的教育等。

可见，一方面，出于维护犯罪嫌疑人、被告人的合法权益的需要，辩护人对在执业活动中获知的委托人的有关情况和信息，应当严格保守秘密。另一方面，对犯罪嫌疑人、被告人非法甚至违法的利益诉求，辩护人基于自己独立的诉讼地位，有权予以拒绝。

本案中，李律师在执业活动中获知的犯罪嫌疑人朱某即将与他人一起实施抢劫犯罪的情况，因为不属于犯罪嫌疑人的合法权益，李律师对此不仅没有保密义务，而且应当以法律工作者的身份尽可能及时阻止这种情况发生。显然，最直接最有效的方法就是及时向公安机关进行告知，以便公安机关及时收回取保候审决定，防止朱某再次犯罪。

结合本案情况，在此还有必要强调的是，刑事诉讼法关于辩护人保密义务的例外性规定，具有严格的适用范围和适用条件，表现在：一是刑事诉讼法关于辩护保密义务的规制对象仅限于律师，律师之外的辩护人不在此限；二是刑事诉讼法关于辩护律师保密义务的例外性规定仅适用于其在执业活动中知悉的、委托人或其他人准备或者正在实施危害国家安全、公共安全以及严重危害他人人身安全的犯罪，至于辩护律师在执业活动之外知悉的、委托人或其他人准备或者正在实施危害国家安全、公共安全以及严重危害他人人身安全的犯罪，则不在此限。

2. 第四十七条　辩护人、诉讼代理人认为公安机关、人民检察院、人民法院及其工作人员阻碍其依法行使诉讼权利的，有权向同级或者上一级人民检察院申诉或者控告。人民检察院对申诉或者控告应当及时进行审查，情况属实的，通知有关机关予以纠正。

【精解2】
本条是关于辩护人、诉讼代理人对阻碍其依法行使诉讼权利的申诉控告及处理程序的规定。

本条规定了两个方面的内容：

（1）辩护人、诉讼代理人对公安机关、人民检察院、人民法院及其工作人员阻碍其依法行使诉讼权利的申诉控告权。根据本条规定，这一权利的主体是"辩护人、诉讼代理人"。其中的"辩护人"，是指本章中规定的犯罪嫌疑人、被告人委托或者其监护人、近亲属代为委托的辩护律师和其他辩护人，以及受法律援助机构指派提供辩护法律援助的辩护律师。"诉讼代理人"，是指本章中规定的被害人及其法定代理人或者其近亲属、附带民事诉讼的当事人及其法定代理人委托的诉讼代理人，既包括委托律师作为诉讼代理人，也包括依照本法第32条的规定委托其他人作为诉讼代理人。这里所规定的"工作人员"，是指在公安机关、人民检察院、人民法院中从事侦查、审查起诉、审判、监管等职责的工作人员。由于人民检察院是宪法规定的法律监督机关，依照本法第8

条的规定，人民检察院依法对刑事诉讼实行法律监督。因此，本条规定，辩护人、诉讼代理人认为公安机关、人民检察院、人民法院及其工作人员阻碍其依法行使诉讼权利的，有权向同级人民检察院申诉或者控告，也有权向上一级人民检察院申诉或者控告。

（2）人民检察院对辩护人、诉讼代理人的申诉控告的处理程序。根据本条规定，辩护人、诉讼代理人认为公安机关、人民检察院、人民法院及其工作人员阻碍其依法行使诉讼权利的，向同级或者上一级人民检察院申诉或者控告的，接到申诉或者控告的人民检察院应当及时进行审查。在审查过程中，人民检察院可以向有关机关和个人了解情况，进行核实。人民检察院经过审查发现辩护人、诉讼代理人申诉或者控告的情况属实，有关公安机关、人民检察院、人民法院或者其工作人员确实有阻碍辩护人、诉讼代理人依法行使诉讼权利情形的，应当通知有关机关予以纠正。有关机关应当依法予以纠正，对于工作人员阻碍辩护人、诉讼代理人依法行使诉讼权利违反有关纪律的，应当依法给予处分，有徇私舞弊等行为构成犯罪的，依法追究其刑事责任。

十三、将第四十二条改为第四十八条，修改为："可以用于证明案件事实的材料，都是证据。

"证据包括：

"（一）物证；

"（二）书证；

"（三）证人证言；

"（四）被害人陈述；

"（五）犯罪嫌疑人、被告人供述和辩解；

"（六）鉴定意见；

"（七）勘验、检查、辨认、侦查实验等笔录；

"（八）视听资料、电子数据。

"证据必须经过查证属实，才能作为定案的根据。"

【精解】

本条是对1996年刑事诉讼法第42条关于证据的概念和种类规定的修改。

1996年刑事诉讼法第42条规定："证明案件真实情况的一切事实，都是证据。证据有下列七种：（一）物证、书证；（二）证人证言；（三）被害人陈述；

（四）犯罪嫌疑人、被告人供述和辩解；（五）鉴定结论；（六）勘验、检查笔录；（七）视听资料。以上证据必须经过查证属实，才能作为定案的根据。"

《决定》通过本条对1996年刑事诉讼法第42条主要作了以下修改：一是修改了证据的概念；二是对证据种类的规定进行了补充和调整。

新刑事诉讼法第48条分为3款。

第1款是关于证据的概念的规定。根据该款规定，可以用于证明案件事实的材料，都是证据。这一概念可以从以下三个方面来理解：

（1）证据是材料，包括物证、书证等客观性较强的材料和证言、供述等主观性较强的材料。

（2）证据可以用于证明案件事实，即证据与案件事实有着一定程度的关联性，可以用于揭示、推断案件事实。但某一证据是否真实地反映了案件事实，需要经过司法机关的审查判断。

（3）证据既包括证明犯罪嫌疑人、被告人有罪的材料，也包括证明犯罪嫌疑人、被告人无罪的材料，既包括证明犯罪嫌疑人、被告人罪重的材料，也包括证明犯罪嫌疑人、被告人罪轻或者可以从轻、减轻、免除处罚的材料。

第2款是关于证据的种类的规定。根据该款规定，证据包括以下八种：

（1）物证。是指与案件相关联，可以用于证明案件情况和犯罪嫌疑人、被告人情况的实物或者痕迹。如作案工具、现场遗留物、赃物、血迹、精斑、脚印等。

（2）书证。是指能够以其内容证明案件事实的文字、图案等资料。如合同、账本、同案人之间有联络犯罪内容的书信等。1996年刑事诉讼法把书证和物证放在同一项中规定。考虑到书证和物证在性质和证明案件事实的方式上有明显区别，并参考民事诉讼法、行政诉讼法的有关规定，这次修改刑事诉讼法，将物证、书证分作两项加以规定。

（3）证人证言。是指了解案件情况的人就其了解的案件情况所作的陈述。

（4）被害人陈述。是指直接受犯罪行为侵害的人，就案件的情况所作的陈述。

（5）犯罪嫌疑人、被告人供述和辩解。是指犯罪嫌疑人、被告人就案件情况所作的陈述，既包括承认自己有罪的人对自己犯罪情况的供述，也包括声称自己无罪或者罪轻的辩解。

（6）鉴定意见。是指有专门知识的鉴定人对案件中的专门性问题进行鉴定后提出的书面意见。如法医鉴定报告、指纹鉴定报告、血迹鉴定报告等。鉴定的结果不是最终结论，仍然要经过司法机关结合全案情况和其他证据进行审查判断，查证属实之后，才能作为定案的根据。这里把这种证据的名称由"鉴定结论"修改为"鉴定意见"，与《全国人大常委会关于司法鉴定管理问题的决定》相一致。

（7）勘验、检查、辨认、侦查实验等笔录。勘验、检查笔录是指侦查人员对与犯罪有关的场所、物品、人身、尸体等进行现场勘验、检查所作的记录。辨认笔录是指侦查人员让被害人、犯罪嫌疑人或者证人对与犯罪有关的物品、文件、尸体、场所或者犯罪嫌疑人进行辨认所作的记录。侦查实验笔录是指侦查人员在必要的时候按照某一事件发生时的环境、条件，进行实验性重演的侦查活动形成的笔录。侦查机关依法进行其他侦查活动形成的笔录，也可以作为证据。

（8）视听资料、电子数据。视听资料是指载有与案件相关内容的录像、录音材料等。电子数据是指与案件事实有关的电子邮件、网上聊天记录、电子签名、访问记录等电子形式的证据。这里规定的两种证据，在内容上可能与前几项规定的证据有重合之处，如证人作证的录像、电子版的合同等。

第3款是关于证据须经查证属实才能作为定案的根据的规定。根据第1款的概念，证据只是可以用于证明案件事实的材料，真实性还需要经过司法机关的审查。只有证据本身是真实的，才能证明案件的真实情况，虚假的证据会造成对案件认定的错误，所以该款明确规定"证据必须经过查证属实，才能作为定案的根据"。这是证据使用的根本原则，违背这一原则就会出现错案、假案，放纵犯罪或者侵犯公民的合法权利。"查证"是指司法机关经过法定程序，对证据的客观性、合法性等情况进行审查，并将某一证据所提供的情况与其他证据相互验证，去伪存真，从而确定证据是否真实。"作为定案的根据"是指作为认定案件事实，作出是否移送起诉、是否起诉等决定和判决、裁定的依据。

【引导案例1】刑事鉴定 由"结论"变为"意见"

马某于2009年11月24日21时许，在某市北七家镇沟自头村一饭店内，因两人的孩子打架一事，与饭店老板娘李某（女，35岁）发生口角。2009年11月28日，中国人民解放军某医院出具诊断证明李某系早孕后自然流产。李某称被马某踹其腹部导致流产，马某始终辩解没有踢打李某腹部。

2009年12月4日，市公安局物证鉴定所对李某所受损伤情况进行鉴定。2009年12月30日，鉴定人出具《法医学人体损伤程度鉴定书》，鉴定意见为：李某2009年12月4日在法医门诊进行伤情鉴定时未见明显外伤；外伤与伤者伤情的因果关系无法认定。后被害人李某对此鉴定结论不予认可，要求重新鉴定。

2010年1月20日，该鉴定所再次对李某的伤情作出补充鉴定，同年1月28日鉴定所出具的鉴定意见为：根据现有材料，结合初次鉴定结论，伤者李某的伤情与外伤的因果关系无法认定。

由于被害人对前两份鉴定结论均表示有异议，2010年5月19日，华夏物证鉴定中心对李某身体所受损伤程度及外伤与伤情的因果关系进行鉴定。同年5月28日出具的鉴定意见为：被鉴定人李某的自然流产与他人打击的外伤之间存在因果关系；其损伤构成轻伤。被害人对于此份鉴定结论没有异议。

鉴于无法确定马某的行为导致被害人流产的后果，人民检察院决定对马某作存疑不起诉处理。

【分析】

新刑事诉讼法将原"鉴定结论"一词改为"鉴定意见"，顺应了鉴定活动本身的特征属性，也有助于消除诉讼参与人对鉴定结论的不正确认识。尤其是在本案鉴定结论互相矛盾的情况下，这一改动有助于消除诉讼当事人将"结论"与"定论"等同起来，进而无法接受不利于自己的鉴定意见的固执认识。

鉴定意见发生冲突，是一种常见现象。因为，鉴定意见是有专门知识的人解决案件中某些专门性的问题，是人对于事物的原因、性质等问题作出的分析和解释，要受制于认识的有限性。并且，司法鉴定是一项对科学技术依赖性非常高的活动，在鉴定过程中，由于技术的局限性导致对鉴定严密准确的要求并不能满足，同时，检材是否充分、检材距离案发时间的远近、鉴定的环境等客观因素的干扰也可能导致鉴定人无法对问题作出科学的判断。所以，鉴定意见冲突包含了人们认识世界的有限性和相对性的一切因素，干扰因素使不同的鉴定者得出不同的意见或者同一鉴定者得出相反的意见都是有可能的。

本案中关于李某人身伤害情况的多份鉴定结论实质上是不同的鉴定人就案件中同一问题的不同认识，都不是对案件事实的结论性认识。因此，司法机关对这种认识进行审查时，应当全面审查鉴定人的资质、中立性，鉴定程序、规程、方法，检材、鉴定意见的形式、明确性、关联性等问题，对鉴定意见的真实性和客观性及其合法性进行正确判断，对确实不能得出唯一性结论的，应当作出存疑处理。

【引导案例2】辨认笔录　从侦查方法走向法定证据

被告人李某，男，被捕前系某石油管理局井下作业公司工人，1995年1月21日因涉嫌盗窃被某市人民检察院批准逮捕，同年4月11日由某市公安局执行逮捕。1996年12月14日，某市人民检察院提起公诉，指控李某伙同他人于1993年8月至11月间先后窜至潍坊、东营、淄博等地市盗窃作案3起，盗得日产皇冠2.8轿车、韩国产现代2.0轿车各一辆，日产皇冠3.0轿车两辆及随车移动电话两部，盗窃总值1608400元。辩护人通过会见、阅卷发现同案被告人中除田某始终否认自己参与盗窃外，被告人马某供述与他们共同作案的是一个名叫周某的人。而公诉机关指控李某构成盗窃罪的证据是李某本人的一次有罪供述（据本人讲是屈打成招）和同案被告人王某对李某的两次辨认，一次是照片辨认，一次是录像辨认，辨认结果是王某一口咬定李某就是与其共同盗窃作案的周某。

为了澄清事实，李某及其辩护人均提出要求王某对李某当面进行辨认。该意见虽被合议庭采纳，但1997年6月11日市中级人民法院的审判人员会同市检察院的公诉人将被告人李某押至淄博市看守所进行辨认时却未通知辩护人参加，他们从淄博市看守所在押犯中提出7人与李某混合在一起，让王某辨认，辨认结果是王某咬定李某就是周某，马某只说李某与周某相貌相似。辩护人发现辨认笔录上既没有法院承办人员的签字，又无公诉人的签名，为了进一步落实此次辨认的真实性、合法性，辩护人再次到淄博市看守所会见王某了解情况。王某供述，他看到李某很像以前他曾辨认过的相片、录像的人，所以认为李某就是周某。此后原审法院未采纳辩护人的意见，仅据王某的辨认，就认定李某参与盗窃，径行判处李某无期徒刑，剥夺政治权利终身。后此案经省高级人民法院发回重审后，于1998年8月24日改判李某无罪。

【分析】

辨认是司法实践中常见的侦查措施。随着流动人口和异地作案的增多，证人、被害人与犯罪嫌疑人互不相识的情形越来越多，刑事侦查中运用辨认措施的也越来越多。为规范刑事诉讼中的辨认，《公安机关办理刑事案件程序规定》第 249 条第 2 款规定："辨认犯罪嫌疑人时，被辨认的人数不得少于七人；对犯罪嫌疑人照片进行辨认的，不得少于十人的照片。"《人民检察院刑事诉讼规则》第 213 条第 2 款规定："辨认犯罪嫌疑人时，受辨认人的人数不得少于五人，照片不得少于五张。"据此，辨认结论的收集主要有两种途径：一种是通过照片辨认获得，另一种是通过对人的辨认取得，两者都须达到一定数量。所以可将前者称为照片辨认，后者称为列队辨认。这两种辨认方法各有优点：一般而言列队辨认能够提供更多的犯罪嫌疑人的行为信息，如犯罪嫌疑人的声音、走路姿势、举止等，这些信息能刺激证人的多个感觉器官；而照片辨认具有携带方便、操作容易、便于重复、减少证人辨认时的焦虑情绪等优点。

由于 1996 年刑事诉讼法并未将辨认笔录纳入法定证据形式，因此尽管公安机关、人民检察院先后以系统解释的形式对辨认方法、规则作出了规定，但关于辨认结论如何审查、判断以及在刑事诉讼中如何运用等问题一直无章可循。本案诉讼过程中，公诉机关提出的指控证据主要是李某本人的有罪供述、同案被告人王某对李某的三次辨认结果以及同案被告人马某对李某的辨认结果。而本案被告人李某的辩护人所主张的辩护意见是被告人李某和真正的罪犯周某根本不是同一个人，同案被告人王某、马某的辨认方式不合法，而且同案被告人的供述和辨认与案件处理结果有利害关系，不能作为定案根据。综合分析控辩双方主张的事实和提出的证据，控辩双方对李某与周某是否是同一个人这一事实发生争议的根源在于：同案被告人王某和马某的供述和辨认是否能够成为定案根据。控辩双方对这一问题的态度截然相反。案件的最终处理结果对此也没有表态，而是根据辩护人收集的其他证据才认定被告人李某无罪。

此次新刑事诉讼法明确将辨认笔录列为法定证据形式，有助于消除公安机关、人民检察院关于辨认活动的不同认识和不同做法，推动辨认活动的规范化，使辨认笔录如同其他法定证据形式一样，能够在刑事诉讼中得到全面审查，真正发挥其应有的功能和作用。

【引导案例 3】是事故还是刑事犯罪？　侦查实验解开"坠车迷案"

新华网江苏频道 2010 年 7 月 21 日报道，5 月 22 日中午，（江苏）常州新北警方接到报案称新北区长江路段发生一起坠车事件，一名女子从一辆行驶中的面包车上坠下，脑部着地，最终不治身亡。驾车男子在逃逸七八个小时后主动向警方自首，并坚持说是女乘客自己不慎坠车。而后，警方调查发现，驾车男子与坠车女子曾经是一对婚外恋情人。这起不同寻常的坠车事件，究竟是一起意外的交通事故，还是一起感情纠葛引发的刑事案件？

案发现场没有目击证人，受害人已死无对证，面对扑朔迷离的案情，常州新北警方首次尝试侦查实验、再现犯罪现场，并结合前期的走访调查和监控资料，揭开了这一起坠车迷案。

警方侦查实验结果表明，面包车在正常行驶过程中，如果车门被乘客强行打开，驾驶员会在坠车前的五六百米范围内发现险情，并采取应急措施。按照同样的实验内容，警方又随机邀请另外两名驾驶员参与实验，实验结果全都相同。因此，受害人打开车门是不是威胁嫌疑人，虽不能确定，嫌疑人没有停车、没有减速，没有采取相应的急救措施，应该存在过失行为。从法理上讲就是过于自信，存在过失行为。因此，新北警方在零口供情况下，以涉嫌过失致人死亡的罪名，将犯罪嫌疑人程某予以刑事拘留。

【分析】

侦查实验是在刑事诉讼中，为了确定与案件有关的某一事件或事实在某种条件下能否发生或者怎样发生，而按照原来的条件将该事件或事实加以重演或者进行试验的一种侦查行为。刑事诉讼法修改前未将侦查实验结论纳入法定证据形式，因此关于侦查实验结论是否应当作为证据使用，实践中历来存在肯定说和否定说两种截然不同的认识。认为侦查实验结论不得作为证据使用的观点中，除了考虑到其缺乏法律支持和认可外，主要是考虑到侦查实验的特征属性决定其难以达到证据所要求的客观性要求，认为侦查实验只是对案件事实的模仿，侦查实验结论只能是非常接近客观真实，但毕竟不是客观真实，因此只能对认定案件事实起到参考作用，而不能直接作为证据来使用。

实际上，客观世界的物质运动是遵循一定的规律进行的，尽管侦查实验与已经发生过的案件事实不可能完全一致，但侦查实验本质上是遵循物质运动的客观规律、在特定的客观物质条件下进行的物质运动，是以实验方式对已经发生的案件事实的重现或再现，具有鲜明的客观性，对于检验、查明犯罪嫌疑人、被告人供述的真伪、印证案件的其他证据，起着十分重要的作用。因此，只要侦查实验活动严格依法开展，其结论是可以作为刑事案件的证据来使用的。正是基于这样的考虑，新刑事诉讼法第48条明确将侦查实验笔录规定为法定证据形式。

本案常州新北警方尝试侦查实验，再现犯罪现场，并结合前期的走访调查和监控资料，揭开坠车迷案、将作案人绳之以法的成功实践，就是侦查实验笔录有效发挥证据作用的成功案例。

【引导案例4】计算机高手作案　电子证据锁定其犯罪事实

徐某从1993年10月至1995年12月间，担任某县农业银行营业部的储蓄记账员。1994年6月30日，徐某所在的银行进行利息结算。徐某利用操作员的身份，故意多结了4000元利息。同年9月，储户乙来取款时，徐某将该4000元利息补登在乙的存折上。然后，在计算机里对4000元利息进行抹账处理，并把它转存到储户丙的存折上（储户丙的存折是徐某从营业柜台上捡来的）。1994年9月19日，徐某自己填写了一张取款凭条，将该4000元人民币取出。1995年6月30日，徐某所在银行进行利息结算，7月1日上午，当徐某对结息流水账进行查阅时，发现储户甲的利息结算总额多出了64500元。根据银行有关规定，发现此种情况时，应当在查出原因后向会计和行里领导汇报。但是，徐某却想把这笔钱拿出来自己使用。于是，徐某就在计算机里对这笔钱进行抹账处理。7月2日下午，徐某又在计算机系统中把64500元转到储户丁的活期存折上。一个月以后，徐某见银行并没有发现，便从8月3日开始，分五次陆续取出人民币2万、1万、3万、4000元和500元。计算机特殊维护系统在为徐某进行犯罪提供了空间的同时，也如实记录下了他的作案时间和经过。在银行计算机的特殊维护记录上，清楚地记载着：1994年9月8日上午11点10分，修改储户甲的账户，将利息结数由原738.19元改为737606.00元；1994年9月15日下午6点53分，将储户乙的利息由4760.53元修改为760.53元。1分钟之后，他又将储户丙的3.96元利息修改为4003.96元；1995年7月2日11点27分，他将多结算的利息64500元存到储户的丁的账户上，储户丁的账户上突然间增加64500元。

1996年10月28日，某县人民法院公开开庭审理了此案，徐某对自己的犯罪行为供认不讳，法院以职务侵占罪当庭宣告判处其有期徒刑2年。宣判后，徐某表示服判，没有提出上诉。

【分析】

本案中，能够支持公诉方指控意见的最主要证据就是银行计算机特殊维护系统中对徐某修改账户的记录。徐某利用其所掌握的计算机技术和窃取的密码，秘密进入计算机的特殊维护系统，非法进行抹账、转账。计算机系统对操作行为具有历史记录功能，对徐某每一次修改账户的时间、数额都如实记载下来。这是证明徐某犯罪行为的最直接和最有力的证据。在计算机技术飞速发展的现代社会，计算机和互联网正广泛运用于社会各行各业以及人们的学习和生活领域当中，这就不可避免地会出现利用计算机和互联网进行犯罪的案件。本案就为我们提出这样的问题：电子数据是否具有证据能力，在现行法律中应属于哪一种类的证据？它能否成为定案根据？

随着科技的发展，计算机技术的运用范围会更加广泛，计算机犯罪也必然会增加，承认电子数据在诉讼中的证据能力是法律适应科技发展水平的客观要求。新刑事诉讼法将电子数据纳入法定证据形式，明确肯定了电子数据在刑事案件中所发挥的重要证明作用。

从新刑事诉讼法关于电子证据的表述来看，电子证据在证据种类上与视听资料并列，是一种独立的证据形式。在实践中，要充分认识到电子证据作为一种新型的证据，在收集、运用等方面与一般证据都要有所不同，因为电子证据的收集程序直接关系到电子证据的合法性，进而影响到电子数据是否具有证据能力。此外，审查判断电子证据的证据能力也是在诉讼证明中运用电子证据的重要问题。我国现有法律对此还没有具体规定。联合国国际贸易法委员会《电子商务示范法》第9条第2款中规定，在评估一项数据电文的证据时，应考虑到生成、储存或传递该数据电文的方法的可靠性，保护信息完整性的方法的可靠性，用以鉴别发送人的方法，以及任何其他相关因素。刑事诉讼中可以借鉴该规定的做法来审查判断电子证据。具体来说，应当着重审查电子证据的生成、储存是否真实、完整和可靠；电子证据的传递与收集方式是否科学准确，是否符合法律规定的程序；在计算机系统中的电子数据是否是原始数据，有无被篡改、删除；备份或复制的电子数据是否与原始数据相符合，在备份、复制或保存过程中有无被删改。这只是审查判断电子证据的一般要求，具体操作事项还需要在诉讼证明活动中不断实践并总结经验。

十四、增加一条，作为第四十九条："公诉案件中被告人有罪的举证责任由人民检察院承担，自诉案件中被告人有罪的举证责任由自诉人承担。"

【精解】

本条在刑事诉讼法中增加了刑事案件举证责任承担的规定。

新刑事诉讼法第49条区分公诉案件和自诉案件两种情况，对刑事案件的举证责任作了规定。根据第49条规定，公诉案件中被告人有罪的举证责任由人民检察院承担，自诉案件中被告人有罪的举证责任由自诉人承担。被告人是否有罪是刑事诉讼中的核心问题，也是人民检察院和自诉人向法院提起刑事诉讼的最基本内容。规定由控方承担举证责任，一方面是基于未经人民法院依法判决，对任何人都不得确定有罪的原则，只有在控方提出确实、充分的证据证明被告人有罪的情况下，才能认定被告人有罪。另一方面，这也体现了"谁主张，谁举证"的原则，刑事诉讼由人民检察院、自诉人提出，其主张被告人有罪，自然应由其对其主张予以证明。这里规定由人民检察院承担举证责任，是从审判角度规定的。在诉讼中，收集证据的工作主要是由公安机关等侦查机关实施的。根据本条的规定，无论在公诉案件还是自诉案件中，人民检察院或者自诉人对被告人有罪的证明都必须达到新刑事诉讼法第53条规定的确实、充分的程度。相应的，被告人不承担证明自己无罪的责任，不能因为犯罪嫌疑人、被告人不能证明自己无罪便据以得出犯罪嫌疑人、被告人有罪的结论。

【引导案例】刑事案件　谁主张谁举证

1998年5月10日，某县发生一起强奸杀人案。被害人刘某被人勒死在家中，其下身内裤中发现大量精液。由于刘某是当地名师，该案引起了当地的民愤，纷纷要求早日擒拿真凶。某县公安局接到报案后，经过一系列审查，决定立案侦查。后来某县公安局把刘某的邻居李某列为犯罪嫌疑人。因为在勒死刘某用的绳索中发现了李某的指纹。在李某家中，侦查人员还搜查出李某专门用以偷窥刘某浴室和卧室的多功能望远镜。县公安局依法对犯罪嫌疑人李某执行了逮捕并立即对其进行讯问。当地报纸纷纷以"枪毙还轻了"，"色魔被擒，百姓放鞭炮庆祝"为题进行报道。李某被以故意杀人罪判处死刑缓期二年执行。7年后，真正实施上述犯罪的真凶许某自首，原来他在上门推销化妆品时见刘某单身一人，遂起歹心，强暴并勒死了刘某。

【分析】

证明责任又称举证责任，是指对于被告人是否有罪以及犯罪情节轻重，应由谁提出证据并加以证实的责任。我国刑事诉讼中的证明责任原则，包括下列三个方面的内容：其一，证明犯罪嫌疑人、被告人有罪的责任，由执行控诉职能的国家专门机关即检察院和公安机关等承担，如果不能做到，其后果就是犯罪嫌疑人、被告人无罪的结论当然成立。检察院在刑诉中执行控诉职能，代表国家向法院提起公诉，并出庭支持公诉。所以检察院对公诉案件负有证明责任。公安机关立案侦查的案件，侦查终结并决定移送起诉的，在事实方面也必须达到犯罪事实清楚，证据确实、充分的程度，如果未达到这种程度，人民检察院可以依法退回补充侦查或决定不起诉，所以公安机关对其负责侦查的案件应承担证明责任。同理，监狱或军队保卫部门负责侦查的案件，证明犯罪嫌疑人、被告人有罪的责任，监狱或军队保卫部门应承担。其二，自诉案件的自诉人应对控诉承担证明责任。自诉人独立地执行控诉职能，对自己提出的指控被告人犯有某种罪行的主张，理应承担证明责任。对缺乏罪证的自诉案件，如果自诉人提不出补充证据，将被要求撤诉或被驳回。其三，犯罪嫌疑人、被告人应当如实陈述，但除法律另有规定外，不承担证明自己无罪的责任。即犯罪嫌疑人、被告人对于否认自己有罪、否认指控的答辩，不承担应当提出证据并加以证实的责任。他们当然有权提出证据并证实自己无罪，但是却不应有这样的责任，即如果提不出证据并能证实自己无罪，那么有罪的结论就当然成立的责任。犯罪嫌疑人对侦查人员的提问，应当如实回答，但这绝不意味着法律要求犯罪嫌疑人、被告人承担证明责任。他们如果拒绝如实回答，或者一直沉默，仅仅这种行为本身，并不构成犯罪。如果最终证明其有罪，其上述行为应当是从重量刑的情节；如果最终没能证明其有罪，则不能因其没有如实回答或者一直沉默而要其承担刑事责任。

应当说明的是，上述证明责任归属原则之外还存在例外性规定。具体指的是国家工作人员对其财产或者支出明显超过合法收入，差额巨大的部分负有说明其来源是合法的证明责任。如果国家工作人员不能说明其财产或者支出的来源是合法的，则犯有巨额财产来源不明罪的结论就将成立。这是法律规定的犯罪嫌疑人负有证明责任，但它应是犯罪嫌疑人、被告人不承担证明自己无罪责任的唯一例外。

因此，本案中，在侦查阶段，证明犯罪嫌疑人李某犯罪的责任，应当由公安机关承担。当案件经人民检察院审查并提起公诉后，应当由提起公诉的人民检察院在法庭上证明被告人李某有罪。如果人民检察院对被告人李某进行公诉时，不能达到犯罪事实清楚，证据确实、充分的要求，人民法院应当对李某作无罪处理。实践证明，本案李某故意杀人一案系冤错案。这就提出一个问题，对法院判决有罪的无罪案件，应当怎样认识负责侦查工作的公安机关和负责审查起诉的检察机关的举证责任？这是大家在理论上必须深入研究的一个命题。

十五、将第四十三条改为第五十条，修改为："审判人员、检察人员、侦查人员必须依照法定程序，收集能够证实犯罪嫌疑人、被告人有罪或者无罪、犯罪情节轻重的各种证据。严禁刑讯逼供和以威胁、引诱、欺骗以及其他非法方法收集证据，不得强迫任何人证实自己有罪。必须保证一切与案件有关或者了解案情的公民，有客观地充分地提供证据的条件，除特殊情况外，可以吸收他们协助调查。"

【精解】

本条是对1996年刑事诉讼法第43条关于依法收集证据和全面收集证据规定的修改。

1996年刑事诉讼法第43条规定："审判人员、检察人员、侦查人员必须依照法定程序，收集能够证实犯罪嫌疑人、被告人有罪或者无罪、犯罪情节轻重的各种证据。严禁刑讯逼供和以威胁、引诱、欺骗以及其他非法的方法收集证据。必须保证一切与案件有关或者了解案情的公民，有客观地充分地提供证据的条件，除特殊情况外，并且可以吸收他们协助调查。"

《决定》通过本条在新刑事诉讼法中增加了"不得强迫任何人证实自己有罪"的规定。

新刑事诉讼法第50条对审判人员、检察人员、侦查人员收集证据提出了以下五个方面的要求：

（1）必须依照法定程序收集证据。这种法定程序在本法有关章节中已有明确规定，如讯问犯罪嫌疑人，应由侦查人员二人进行；搜查时必须出示搜查证；证人笔录必须交本人核对；鉴定应当指派、聘请有专门知识的人进行；等等。在收集证据中，司法工作人员不得违背这些程序规定。

（2）要收集能够证实犯罪嫌疑人、被告人有罪或者无罪、犯罪情节轻重的各种证据。也就是收集证据必须要客观、全面，不能只收集一方面的证据。其中"收集"是指通过勘验、检查、搜查、讯问犯罪嫌疑人、被告人、询问被害人、证人、鉴定、侦查实验等手段进行调查取证。

（3）严禁以非法的方法收集证据。主要是指严禁刑讯逼供，严禁以威胁、引诱、欺骗方式来获取证据。特别是以刑讯逼供、威胁、引诱、欺骗方式取得的犯罪嫌疑人、被告人的口供，是供述人在迫于压力或被欺骗情况下提供的，虚假的可能性非常之大，不能仅凭此就作为定案根据，否则极易造成错案。其中，刑讯逼供既包括以暴力殴打犯罪嫌疑人以逼取口供，也包括以冻、饿、长时间不让睡眠等虐待方法逼取口供。"不得强迫任何人证实自己有罪"是对司法机关收集口供的原则性要求，是指不得以任何强迫手段迫使任何人认罪和提供证明自己有罪的证据。实践中，讯问犯罪嫌疑人，对其宣讲刑事政策，宣传法律关于如实供述自己罪行可以从轻处罚的规定，通过做思想工作让犯罪嫌疑人交代罪行，争取从宽处理，不属于强迫犯罪嫌疑人证实自己有罪。

（4）要保证一切与案件有关或者了解案件情况的人，有客观地充分地提供证据的条件。其中"有客观地充分地提供证据的条件"主要包括以下方面：一是要保护证人及其近亲属的安全，免除证人的恐惧心理，摆脱可能受到的威胁、损害，让证人可以讲述案件的真实情况；二是要分别询问证人；三是要全面听取供述、陈述或证词，不得引导证人作片面的证词，或者只听取、记录片面的口供、证词。

（5）除特殊情况外，可以吸收与案件有关或者了解案情的公民协助调查。这是指收集证据工作要依靠人民群众。其中"特殊情况"，主要是指与案件有关或者了解案情的人参与调查可能会透露案情，使未抓获的犯罪嫌疑人逃跑，或者造成串供以及毁灭、隐匿证据等后果，另外，对涉及国家秘密的案件，不应知悉该国家秘密的人也不得参与调查。

【引导案例】强迫他人自证其罪　赵作海遭刑讯逼供案6名警察被起诉

1998年2月15日，商丘市柘城县老王集乡赵楼村赵振裳的侄子报案，其叔父离家后失踪4个多月，怀疑被同村的赵作海杀害。1999年5月8日，赵楼村村民挖井时发现一具无名尸体，警方遂把赵作海作为嫌疑人刑拘。

2002年12月5日，商丘市中级人民法院作出一审判决，以故意杀人罪判处赵作海死刑缓期二年执行。省高级人民法院于2003年2月13日作出裁定，核准商丘中院上述判决。

2010年4月30日，赵振裳突然回到赵楼村。5月8日下午，省高级人民法院张立勇院长主持召开审委会，宣告赵作海无罪。

据了解，赵作海错案被发现后，商丘市检察院于5月7日进行初查，5月11日对李德领(外逃)、周明晗、郭守海涉嫌刑讯逼供犯罪立案侦查。5月13日对罗明珠、王松林涉嫌刑讯逼供犯罪补充立案侦查。5月15日对丁中秋涉嫌玩忽职守犯罪立案侦查。起诉书称，"罗明珠等5人身为司法工作人员，在办案过程中刑讯逼供，造成了严重后果，其行为已涉嫌刑讯逼供罪。丁中秋身为国家机关工作人员，严重不负责任，给国家和人民利益造成重大损失，其行为已涉嫌玩忽职守罪"，"上述犯罪事实清楚，证据确实、充分，足以认定"。

【分析】

本案中，侦查机关在没有证据的情况下，将赵作海列为犯罪嫌疑人并对其进行了刑讯逼供。通过非法方法获得的犯罪嫌疑人的有罪供述，是赵作海在刑讯之下按侦查人员的意图被迫承认的。无论是否真实，都不符合证据的合法性要求，因而不具有证据能力，也就不能作为定案根据。但公诉机关却将该虚假供述作为指控的关键证据，而审判机关也将其作为定案的主要根据，证据的错误认定导致整个案情的认定失实。

本案揭示出，造成冤假错案的因素固然很多，但其中最重要的因素是长期以来我国刑事诉讼法中没有正式确立自白规则，因此，犯罪嫌疑人、被告人的供述无论是否出于自愿，只要对破案有利，就会成为定案根据。在该案诉讼过程中，侦查机关采用暴力强迫赵作海作出有罪供述，而且这些供述成为日后公诉机关起诉的关键证据和审判机关对赵作海定罪量刑的主要根据，并没有因为该供述是在被告人非自愿情况下作出的而予以排除。

因此，新刑事诉讼法在规定公诉案件、自诉案件的举证责任之后，在第50条新增规定"不得强迫任何人证实自己有罪"。据此，一方面，犯罪嫌疑人、被告人对于否认自己有罪、否认指控的答辩，不承担提出证据加以证实的责任，也不因此而承担有罪的后果。另一方面，任何人不得强迫犯罪嫌疑人、被告人提出证明自己有罪的证据。此外，还应当特别注意的是，虽然刑事诉讼法规定犯罪嫌疑人对侦查人员的提问，应当如实回答，但这绝不意味着法律要求犯罪嫌疑人、被告人承担证明责任。犯罪嫌疑人、被告人如果拒绝如实回答，或者一直沉默，并不能据此推定其有罪。

为保障新刑事诉讼法的这一规定落到实处，立法还应当确立一系列保障制度，如建立案件承办人负责制，即要求案件承办人必须明确犯罪嫌疑人、被告人的供述出于自愿，才能以该供述作为定案根据。对于未能保证供述是犯罪嫌疑人、被告人自愿作出就据以定案的，应当追究案件承办人的责任，严重的甚至可以渎职罪论处。正如本案中，法庭对被告人赵作海的翻供，未能加以重视，并依据刑讯得来的口供对其定罪，最终导致冤假错案。对于侦查机关刑讯逼供行为予以惩处是理所应当的，而对于检察机关和审判机关的责任也应当予以追究。这种案件承办人负责制可以督促承办人重视对犯罪嫌疑人、被告人供述的审查，以严谨、中立的态度对犯罪嫌疑人、被告人是否有罪作出认定，从而有助于消除因犯罪嫌疑人、被告人非自愿供述而造成冤假错案的情况。

十六、将第四十五条改为第五十二条，增加一款，作为第二款："行政机关在行政执法和查办案件过程中收集的物证、书证、视听资料、电子数据等证据材料，在刑事诉讼中可以作为证据使用。"

将第二款改为第三款，修改为："对涉及国家秘密、商业秘密、个人隐私的证据，应当保密。"

【精解】

本条是对 1996 年刑事诉讼法第 45 条关于人民法院、人民检察院、公安机关等收集、调取证据的规定的修改。

1996 年刑事诉讼法第 45 条规定："人民法院、人民检察院和公安机关有权向有关单位和个人收集、调取证据。有关单位和个人应当如实提供证据。对于涉及国家秘密的证据，应当保密。凡是伪造证据、隐匿证据或者毁灭证据的，无论属于何方，必须受法律追究。"

《决定》通过本条对 1996 年刑事诉讼法第 45 条作了两处修改：一是增加了行政机关收集的证据材料在刑事诉讼中作为证据使用的规定；二是增加了对涉及商业秘密、个人隐私的证据应当保密的规定。

新刑事诉讼法第 52 条规定："人民法院、人民检察院和公安机关有权向有关单位和个人收集、调取证据。有关单位和个人应当如实提供证据。行政机关在行政执法和查办案件过程中收集的物证、书证、视听资料、电子数据等证据材料，在刑事诉讼中可以作为证据使用。对涉及国家秘密、商业秘密、个人隐私的证据，应当保密。凡是伪造证据、隐匿证据或者毁灭证据的，无论属于何方，必须受法律追究。"第 52 条分为 4 款。

第 1 款是关于收集证据的职权和提供证据的义务的规定。根据该款规定，人民法院、人民检察院和公安机关有权向有关单位和个人收集、调取证据。这是根据查明案件事实，打击犯罪，保障人权的需要，法律赋予人民法院、人民检察院和公安机关的职权。人民法院、人民检察院和公安机关收集、调取证据的具体程序和规范，新刑事诉讼法在侦查、审查起诉和审判的有关章节中作了规定。"有关单位和个人应当如实提供证据"，是指有关单位和个人在人民法院、人民检察院和公安机关依法向其收集、调取证据时，有义务向收集、调取证据的机关客观、真实地提供证据，包括交出真实的物证、书证、视听资料、电子数据，提供真实的证言等。"如实提供证据"，就是既不能隐瞒证物，不提供证言，又不能伪造证物，编造假的证言，而要实事求是。

第2款是关于行政机关收集的证据材料在刑事诉讼中作为证据使用的规定。根据该款规定，行政机关在行政执法和查办案件过程中收集的物证、书证、视听资料、电子数据等证据材料，在刑事诉讼中可以作为证据使用。"行政执法"是指执行行政管理方面的法律、法规赋予的职责。如工商、质检部门履行市场监管职责，证券监督管理机构履行资本市场监管职责等。"查办案件"是指依法调查、处理行政违法、违纪案件。如工商部门查办侵犯知识产权案件，行政监察机关查办行政违纪案件等。该款规定涉及的证据材料范围是物证、书证、视听资料、电子数据等实物证据，不包括证人证言等言词证据。该款规定的"可以作为证据使用"，是指这些证据具有进入刑事诉讼的资格，不需要刑事侦查机关再次履行取证手续。但这些证据能否作为定案的根据，还需要根据刑事诉讼法的其他规定由侦查、检察、审判机关进行审查判断。经审查如果属于应当排除的或者不真实的，不能作为定案的根据。

第3款是关于对涉及国家秘密、商业秘密、个人隐私的证据应当保密的规定。该款主要是对办案机关及其工作人员的要求。"国家秘密"是指关系国家安全和利益，依照法定程序确定在一定时间内只限一定范围的人员知悉的事项。"商业秘密"是指不为公众所知悉，能为权利人带来经济利益，具有实用性并经权利人采取保密措施的技术信息和经营信息。"个人隐私"是指个人生活中不愿公开或不愿为他人知悉的秘密。国家秘密关系国家安全和利益，商业秘密关系权利人的经济利益，隐私权是个人的重要人身权利。保密法、刑法、侵权责任法等法律对国家秘密、商业秘密、个人隐私的保护作了规定。办案机关及其工作人员对在办案过程中接触到的涉及国家秘密、商业秘密、个人隐私的证据，应当妥善保管，不得遗失、泄露，不得让不该知悉的人知悉。

第4款是关于伪造、隐匿、毁灭证据必须受法律追究的规定。证据是否确实、充分，决定办案机关是否追究犯罪嫌疑人、被告人的刑事责任。证据的虚假、藏匿和灭失，尤其是可作为定案根据的关键证据的虚假、藏匿和灭失，会对案件的办理造成严重的影响，乃至造成冤假错案。所以该款规定对伪造、隐匿、毁灭证据的，无论属于何方，都要追究法律责任。"无论属于何方"，是指无论是执法人员，还是诉讼参与人，或是其他人，只要有这三种行为，都要受到法律追究。"受法律追究"，是指对伪造、隐匿、毁灭证据的行为依法追究责任。构成伪证罪、包庇罪、滥用职权罪等犯罪的，依法追究刑事责任。不构成犯罪的，依法给予行政处罚或者处分。

【引导案例 1】行政执法与司法联动　证据可通用

2009 年开始，大连市建立和完善了蛇岛老铁山国家级自然保护区联合行政执法工作机制，核心区实施封闭管理，加大对非法猎杀候鸟者的打击力度，当年抓获偷猎嫌疑人 4 名，全部按章处罚。

2010 年 9 月，刁某在旅顺口区铁山街道陈家村南山架设 2 块鸟网非法捕鸟。几天后，他从其架设的 2 块鸟网上摘下秋鹞 5 只、山斑鸠 1 只、虎斑地鸫 4 只、灰背鸫 2 只、红角鸮 11 只、雀鹰 9 只。刁某因挂在网上的红角鸮、雀鹰啄人，遂将活着的 6 只红角鸮、1 只雀鹰的头拧掉，致使红角鸮、雀鹰死亡。当刁某手拎装鸟的布袋下山时，被执法人员抓获。

经鉴定，刁某猎捕、杀害的红角鸮、雀鹰共计 20 只，属于国家二级重点保护鸟类，其余的 12 只鸟类均为有益的或有重要经济、科研价值的陆生野生动物。刁某被当地法院判处有期徒刑 10 年，并处罚金人民币 2 万元。

【分析】

长期以来，实践中认为刑事司法活动与行政执法活动界限分明，因此，行政机关在行政执法和查办案件过程中收集到的物证、书证、视听资料、电子数据等证据材料，仅仅从属和服务于行政执法活动，不能直接在刑事诉讼中作为证据使用。这一认识随着人们对证据的本质属性认识的逐渐深入，发生了重大变化。在刑事诉讼中，新刑事诉讼法对证据的定义进行了重新界定，规定"一切可以用于证明案件事实的材料，都是证据"，这一表述更为通俗，也更为合理、科学。根据这一认识，如果行政机关查处过的行政违法案件依法应当认定为刑事案件的，行政机关在行政执法和查办案件过程中收集到的物证、书证、视听资料、电子数据等证据材料，由于对案件事实具有证明作用，因此，在刑事诉讼中也可以作为证据使用。本案中，大连市蛇岛老铁山国家级自然保护区管理局对刁某的违法行为进行行政处理后，因刁某的行为涉嫌刑事犯罪，司法机关可以直接采用保护区管理局关于认定刁某行政违法行为的证据材料，作为对刁某定罪处罚的根据。

【引导案例2】窃取"老东家"信息涉案　商业秘密证据应当保密

犯罪嫌疑人余某宏原为珠海某打印科技股份有限公司的常务副总经理，与公司签有相关保密协议，2011年3月从公司离职。余某宏与罗某和等人密谋，于2011年1月成立江西亿铂电子科技有限公司，同年3月成立中山沃德打印设备有限公司，专门生产、销售与珠海某打印科技股份有限公司同类的产品。

经营期间，犯罪嫌疑人余某宏陆续从珠海某打印科技股份有限公司挖走该公司产品经理李某红，销售经理余某炬、杨某、肖某娟等人到其公司工作，并指使罗某和、李某红等人秘密窃取珠海某打印科技股份有限公司客户信息等商业秘密资料。余某宏与罗某和等人依据珠海某打印科技股份有限公司的客户资料制定其公司的销售策略，并根据所掌握的珠海某打印科技股份有限公司产品的价格制定内部情况，研究制定了江西亿铂公司产品的境外价格体系，且产品价格明显低于珠海某打印科技股份有限公司的产品价格。

据珠海市公安局经侦支队负责人介绍，该案是珠海市首例侵犯经营类信息商业秘密案件，警方高度重视。在摸清各犯罪嫌疑人在本案中的作用以及侵权公司的运营模式后，专案组于2011年12月29日同时在江西、福建、广东抓获犯罪嫌疑人余某宏、罗某和及李某红、肖某娟，同时查获大量犯罪嫌疑人窃取和使用珠海某打印科技股份有限公司商业秘密的证据资料。

【分析】

选择本案例，旨在进一步说明在涉及商业秘密类犯罪案件中，一方面要对侵犯商业秘密的犯罪行为依法实行严厉打击，另一方面应当在查处案件过程中注意保护商业秘密，避免其受到再次侵犯。

在市场经济时代，商业秘密在很大程度上是公司、企业的生存和发展之本，因此公司、企业都会想尽办法来保护属于自己的商业秘密。在有力保障《刑法》正确实施、依法准确打击侵犯商业秘密类犯罪的同时，刑事诉讼法在实施过程中，首先应当做到保护涉案的商业秘密不在诉讼过程中受到再次侵犯。因此，新刑事诉讼法第52条对涉及商业秘密的证据，规定了保密的义务。

应当指出的是，虽然从刑事诉讼法规定的条文本身来看，对涉及商业秘密的证据具有保密义务的人员不甚明确，但是，从立法本意来理解，这一义务的约束对象应当包括所有在刑事诉讼中知悉该商业秘密的单位和个人。本案中，警方对查获的大量犯罪嫌疑人窃取和使用珠海某打印科技股份有限公司商业秘密的证据资料，应当做好保密工作，防止其在案件诉讼过程中外泄。

【引导案例3】非法出卖个人信息挣黑钱　个人隐私范围须明确

公安部组织20个省、市、区公安机关，统一开展严厉打击侵害公民个人信息犯罪集中行动。2012年4月20日上午10时，公安部下达统一行动命令，各地警方迅即行动。当日，湖南长沙警方打掉一个名为"中国资源部"的信息倒卖团伙，抓获4名犯罪嫌疑人，并查扣多台作案电脑。办案民警现场打开电脑后，发现其中存储有数百GB的公民个人信息数据，涉及湖南、北京、福建等全国几乎所有省份，信息内容门类众多，从姓名、电话、住址、房产、车辆到手机通话详单、乘坐航班记录，详细程度令人咋舌。其中最新的信息还是近日刚更新的。据民警初步估计，该团伙搜集的信息量至少在1.5亿条以上。

原本由有关部门或企事业单位掌握的个人信息，为什么会出现在这里？

大量证据显示，泄露个人信息的源头大都是相关单位或部门的"内鬼"，在各地挖出的"内鬼"中，有公务员，也有企业职工，有正式员工，也有临时聘用人员，涉及金融、电信、教育、医院、国土、工商、民航等各个行业。此次行动中，河北保定工商局干部刘某被抓获。警方查明，他利用职务之便，将掌握的企业名称、经营地址、经营范围、办公电话、法人姓名、手机号码、身份证号码等信息非法出卖，仅2012年以来就已获利6万元。

从事侵害公民个人信息的违法犯罪分子遍布各地、各个行业和部门。全国大中城市普遍存在，北京、广东、江苏、浙江等经济发达地区尤为严重。他们彼此之间可能并不认识，借助互联网实时、快捷地进行交易，在虚拟空间形成了巨大的信息犯罪网络。

【分析】

上述案例反映出，必须大力加强对个人信息尤其是个人隐私的法律保护。新刑事诉讼法在第52条明确规定了刑事诉讼中的个人隐私证据保密义务。在刑事诉讼过程中，为准确查明案情，有效打击犯罪，不可避免地会触及诉讼参与人特别是诉讼当事人的各方面个人信息，并且在通常情况下，这些个人信息往往还是刑事诉讼过程中控辩审各方关注和查明的具体内容和事项。因此，为避免和防止个人隐私外泄，必须对在刑事诉讼中知晓个人隐私的机关、单位或个人进行规制，要求其严守保密义务。对恶意泄露个人隐私的个人，应当依法追究其法律责任。本案中，河北保定工商局干部刘某利用执法管理之便，出售个人信息牟利，受到法律追究，即是此例。

还应该看到，我国法律虽然已将非法提供和非法获取公民个人信息纳入刑事制裁范畴，但相关法律针对性并不强，相关条款较为粗疏，导致泄漏和买卖公民个人信息的违法成本过低，这就需要相关部门尽快出台司法解释，对相关罪名进行明确。与此相关，对保证《刑法》正确实施的刑事诉讼法而言，实践中需要深入思考的问题是个人隐私与公民个人信息关系的界定。因为，个人隐私仅仅只是个人信息之一部分，并且，法律并未对个人隐私的范围作出明确规定，司法实践中也未形成统一认识。故此，如何规范刑事诉讼过程中需要保密的个人隐私，也是当前急需研究和明确的一个新命题。

十七、将第四十六条改为第五十三条，修改为："对一切案件的判处都要重证据，重调查研究，不轻信口供。只有被告人供述，没有其他证据的，不能认定被告人有罪和处以刑罚；没有被告人供述，证据确实、充分的，可以认定被告人有罪和处以刑罚。

"证据确实、充分，应当符合以下条件：

"（一）定罪量刑的事实都有证据证明；

"（二）据以定案的证据均经法定程序查证属实；

"（三）综合全案证据，对所认定事实已排除合理怀疑。"

【精解】

本条是对 1996 年刑事诉讼法第 46 条关于重证据、不轻信口供的规定的修改。

1996 年刑事诉讼法第 46 条规定："对一切案件的判处都要重证据，重调查研究，不轻信口供。只有被告人供述，没有其他证据的，不能认定被告人有罪和处以刑罚；没有被告人供述，证据充分确实的，可以认定被告人有罪和处以刑罚。"

《决定》通过本条对 1996 年刑事诉讼法第 46 条主要作了一处修改：增加了认定"证据确实、充分"的条件的规定。

新刑事诉讼法第 53 条分为 2 款。

第 1 款是关于重证据、不轻信口供的规定。口供，即犯罪嫌疑人、被告人的供述，是刑事诉讼中的重要证据，对于认定案件事实有着重要意义，办案机关应当重视口供的收集。但由于犯罪嫌疑人、被告人是可能被追究刑事责任的人，在供述时往往会考虑对自己是否有利，口供中就有可能掺杂虚假成分，甚至是完全虚假。另外，口供具有不确定性，随时可能变化。如果办案机关轻信甚至依赖口供，不重视其他证据的收集，很可能造成犯罪嫌疑人、被告人一旦翻供，就无证定案的局面，不利于打击犯罪和提高办案质量。而且依赖口供，就极易造成为获取口供不择手段，采取刑讯逼供等非法方法，侵犯犯罪嫌疑人、被告人的合法权益。该款规定了"重证据，重调查研究，不轻信口供"的办案原则。"重证据"是指要重视一切证据的收集、认定，特别是口供以外的客观证据。"不轻信口供"是指不能不经核实，不经与其他证据相互印证，就轻易相信口供。作为这一原则的具体化，该款还对两种特别情况下案件的处理作了明确规定：一是"只有被告人供述，没有其他证据的，不能认定被告人有罪和处以刑罚"，是指人民法院在判决案件中，对于仅仅有被告人有罪供述，而无其他证据印证的，不能认定被告人有罪和处刑，也就是说不能仅凭口供定罪，即使定罪免刑也不行。这与一些外国只要被告人认罪就可以定罪判刑的规定是不同的，体现了实事求是的精神和对被告人权利的充分保护。二是"没有被告人供述，证据确实、充分的，可以认定被告人有罪和处以刑罚"，是指被告人不供述，但经法庭审理查证属实的其他证据确实、充分，可以证明被告人有罪的，也可以对被告人定罪、判刑。

第 2 款是关于认定"证据确实、充分"的条件的规定。新刑事诉讼法第 53 条和其他条文规定的"证据确实、充分"，都要适用该款规定的条件予以认定。根据该款的规定，认定证据确实、充分，应当符合三个条件：

（1）定罪量刑的事实都有证据证明。是指作为认定犯罪嫌疑人、被告人犯罪、犯何种罪，决定是否对其判处刑罚，判处何种刑罚的依据的事实，包括构成某种犯罪的各项要件和影响量刑的各种情节，都由办案机关经法定程序收集的证据证明。这是认定"证据确实、充分"的基础。

（2）据以定案的证据均经法定程序查证属实。是指经过侦查机关、人民检察院、人民法院按照法律规定的程序，包括新刑事诉讼法新增加的非法证据排除程序的查证，作为定案根据的证据被认定属实。这一条件侧重认定证据的

"确实"方面。

（3）综合全案证据，对所认定事实已排除合理怀疑。是指办案人员在每一证据均查证属实的基础上，经过对证据的综合审查，运用法律知识和逻辑、经验进行推理、判断，对认定的案件事实达到排除合理怀疑的程度。"排除合理怀疑"是指对于认定的事实，已没有符合常理的、有根据的怀疑，实际上达到确信的程度。"证据确实、充分"具有较强的客观性，但司法实践中，这一标准是否达到，还是要通过侦查人员、检察人员、审判人员的主观判断，以达到主客观相统一。只有对案件已经不存在合理的怀疑，形成内心确信，才能认定案件"证据确实、充分"。这里使用"排除合理怀疑"这一提法，并不是修改了我国刑事诉讼的证明标准，而是从主观方面的角度进一步明确了"证据确实、充分"的含义，便于办案人员把握。

【引导案例1】证据确实充分　揭露"失手"命案真相

2005年3月2日，张某之妻方某产下一女婴。经医院检查后，该女婴被确诊为先天性心脏病儿。在方某及女婴即将出院回家时，张某趁方某上厕所之机，将该女婴摔死，事后对其妻谎称系失手所致。人民检察院以张某涉嫌故意杀人罪对张某提起公诉。案内证据有：女婴出生证明及死亡证明，张某关于失手导致女婴死亡的供述。

【分析】

新刑事诉讼法第53条规定，"定罪量刑的事实都有证据证明"。本案中，需要予以证明的事项主要有：该女婴的出生证明、身体健康情况证明、死亡证明、关于死亡原因的鉴定结论；张某的个人情况，包括张某的年龄、身份、住址、职业，否定张某系失手造成该女婴死亡的证据，张某杀害该女婴的原因和主观故意，杀害该女婴的地点、方式；张某之妻方某不在现场的证明等。另外，人民检察院对案件提起公诉后，在法庭上还应该证明对张某采取强制措施的情况和其他在法庭上必须加以证明的程序性事项。

本案例揭示出，在法律意义上的刑事案件事实是一系列证明对象的有机合成体。刑事诉讼证明对象又称待证事实、要证事实或证明客体，是指根据刑事诉讼法的规定，为正确处理刑事案件而必须运用证据加以证明的案件事实。主要包括：①有关犯罪构成要件的事实，即司法实践中经常提到的所谓"七何"要素，即何人，何时，何地，基于何种动机、目的，采用何种方法、手段，实施何种犯罪行为，造成何种危害后果。②与犯罪行为轻重有关的各种量刑情节的事实，也就是作为从重、加重或者从轻、减轻、免除刑事处罚的理由的事实。③排除行为的违法性、可罚性的事实。④犯罪嫌疑人、被告人的个人情况和犯罪后的表现。⑤刑事诉讼程序事实等。

【引导案例2】法官判案"眼花" 量刑事实缺证据

中广网三门峡 2012 年 4 月 18 日消息，据中国之声《新闻纵横》报道，一起交通肇事案三死两伤，在被告人没有赔偿的情况下，河南省陕县人民法院却以"被告人积极赔偿受害人家属部分经济损失九十余万元"为重要依据，作出减轻处罚的判决书。

2011 年 9 月，河南境内发生一起交通事故，三死两伤。根据法律规定，交通肇事死亡 2 人以上或重伤 5 人以上，负事故全部责任或主要责任的，处 3 年以上 7 年以下有期徒刑。2012 年 3 月 6 日，该事故中负全责的肇事司机被陕县法院判处有期徒刑两年。其中重要依据是：法院认定"被告人积极赔偿受害人家属部分经济损失九十余万元"。

受害人家属张利强说："没有见到一分钱赔偿款，法院这样的判决是在胡说八道。"

陕县法院负责本案的法官水涛说，认定被告人积极赔偿，是因为负责审理该案件民事部分的三门峡市湖滨区法院提供了赔偿证明。

在湖滨区法院提供的"赔偿证明"里，对于被告人是否作出赔偿，这样表述："据被告人称：能够及时赔付赔偿款近 90 万元。"湖滨区法院后川法庭庭长翟二民表示：证明开得不够严谨，但并没有被告人已经作出赔偿的意思。

然而，在判决中，陕县法院将湖滨区法院出具的赔偿证明偷梁换柱，把被告人"能够赔付"，改为被告人"积极赔偿"。对此，法官水涛辩称：自己当时"眼睛花"，才将案件"判错了"。

陕县法院办公室主任徐敏接受记者采访时表示：案件审理的确存在问题，陕县法院已于 4 月 11 日启动再审程序。

【分析】

证据确实、充分是认定案件事实的前提和基础，对此，新刑事诉讼法第 53 条关于"证据确实、充分"的新增规定中，明确要求"定罪量刑的事实都有证据证明，据以定案的证据均经法定程序查证属实"。本案中，陕县法院法官对被告人作出减轻处罚的量刑判决因没有相应证据予以证明，故引起各方关注和热议，并导致案件启动审判监督程序进入再审。

本案法官将湖滨区法院出具的赔偿证明中关于被告人"能够赔付"的表述改为被告人"积极赔偿"，事后辩称"自己当时'眼睛花'，才将案件'判错了'"的做法和说法，不仅在常识判断上不通情理，而且在法律判断上也属不通法理。因为，据以定罪量刑的证据必须具有客观性、关联性和合法性，这是法官审查判断证据的基本功，是审查案件时必须首先予以关注的核心内容和关键环节。本案中，据以从轻处罚的量刑证据属于虚构，因而不具有客观性，也就无从谈起关联性了。此外，当事人张利强如果出庭质证，湖滨区法院出具的赔偿证明就不会被陕县法院偷梁换柱，错判就或许可以避免。因为法律规定，证据应当在法庭上出示，由当事人质证。未经质证的证据，不能作为认定案件事实的依据。这一据以量刑的定案证据未经过法定程序查证属实，因此不具有证据的合法性特征。

法律是公平正义的象征，法官判案自然是一件十分严肃的事。河南三门峡市陕县法院的法官却以"眼睛花"作为判错案的托词，这个理由不仅不能作为正当的理由，而且是对法律尊严的践踏。一桩案件，不分大小，不分群体，都必须以法律为准绳进行量刑判决，如果法官都以眼花为借口，势必会造成不分青红皂白胡乱判案，无异于是"葫芦僧判断葫芦案"，这样不仅难以服众，还可能成为滋生腐败的温床。因此，法律不容半点"眼花"。要做到不"眼花"，不乱判，这就要求法官必须具有良好的职业道德素质，摒弃功利和私利等不正当思想，公道正派，严于律己，始终做到以事实为依据，坚持对事不对人，不搞权钱法交易。同时，要加强法律相关业务知识学习，熟记于心，融会贯通，这样才能更好地拿起法律武器维护人民的利益。

【引导案例3】案件不能排除合理怀疑　应当作无罪处理

1993年8月22日夜，被告人胡某、黄某全、黄某育商量后到南林橡胶厂偷胶块，被值班员郭某发现。三人即殴打郭某，然后逃离现场。郭某在被送往医院途中死亡。

2000年5月，海南省某中级人民法院以抢劫罪一审判处胡某、黄某全、黄某育三人死缓，剥夺政治权利终身。一审判决后，三被告人提出上诉。海南省高级人民法院认为事实不清、证据不足，于同年12月18日裁定撤销原判，发回重审。2001年3月20日，海南省某中级人民法院重审后维持原判。三被告人再次提出上诉，同年7月17日海南省高级人民法院驳回上诉，维持原判。

2001年12月30日，被告人胡某向三亚市检察院驻监狱检察室的干警反映说，与他一起作案的是黄某强、黄某政，而不是黄某全、黄某育。他原来的交代是公安机关逼供、诱供所致。检察人员提讯了黄某全、黄某育，二人表示，除公安机关最早审讯时他们承认过作案外，以后一直否认作案，并提供了他们没有作案时间、不在作案现场的线索。办案人员即讯问了胡某，胡交代了作案经过。2003年7月，黄某政被抓获，其交代的犯罪过程与胡某的交代基本一致。因此，9月1日，海南省高级人民法院再审宣判黄某全、黄某育无罪。

【分析】

关于本案，学界在研究过程中，总结其中存在的主要问题有：被告人黄某全、黄某育的供述存在诸多矛盾之处，如当晚偷胶由谁提出、是否偷到胶、偷的是什么胶等；案发准确时间不确定，如检察机关、审判机关调查获取的证据显示的案发时间与二人有罪供述的作案时间不相符；遗漏证人，侦查机关只是简单询问了犯罪嫌疑人提供的其中两名证人，而没有对其他证人调查取证，导致所认定的犯罪事实与无罪辩解的证据之间的矛盾不能得到合理排除；未全面审查证人证言的真实性和客观性，如原判采信的6个证人证言中，3人未满18岁，最小的才13岁，而且他们的证言中存在不少矛盾，甚至同一证人前后的证言也有矛盾，其客观性值得怀疑。本案虽经两级法院四次审判，均未能正确掌握定罪标准、未能正确审查判断证据尤其是诸多证人证言，最终导致错案。如果不是被告人胡某的主动交代，黄某全、黄某育二人将冤沉大海。

新刑事诉讼法对"证据确实、充分"提出了明确的条件，正确理解和掌握这些条件，需要在实践中把握以下七个要点：

(1)据以定案的每一个证据均已查明为客观存在的事实。

(2)据以定案的每一个证据都与案件事实存在客观联系。

(3)据以定案的每一个证据都符合法律规定的要求和形式。

(4)案内所有证据都指向同一犯罪事实。

(5)案内所有证据之间、证据与案件事实之间协调一致，排除矛盾。

(6)无罪证据得到合理排除。

(7)作为证明对象的每一部分内容都有相应的证据予以证明，全案事实清楚，能合理排除其他可能，得出唯一的结论(有罪)。

十八、增加五条，作为第五十四条、第五十五条、第五十六条、第五十七条、第五十八条：

"第五十四条　采用刑讯逼供等非法方法收集的犯罪嫌疑人、被告人供述和采用暴力、威胁等非法方法收集的证人证言、被害人陈述，应当予以排除。收集物证、书证不符合法定程序，可能严重影响司法公正的，应当予以补正或者作出合理解释；不能补正或者作出合理解释的，对该证据应当予以排除。

"在侦查、审查起诉、审判时发现有应当排除的证据的，应当依法予以排除，不得作为起诉意见、起诉决定和判决的依据。

"第五十五条　人民检察院接到报案、控告、举报或者发现侦查人员以非法方法收集证据的，应当进行调查核实。对于确有以非法方法收集证据情形的，应当提出纠正意见；构成犯罪的，依法追究刑事责任。

"第五十六条　法庭审理过程中，审判人员认为可能存在本法第五十四条规定的以非法方法收集证据情形的，应当对证据收集的合法性进行法庭调查。

"当事人及其辩护人、诉讼代理人有权申请人民法院对以非法方法收集的证据依法予以排除。申请排除以非法方法收集的证据的，应当提供相关线索或者材料。

"第五十七条　在对证据收集的合法性进行法庭调查的过程中，人民检察院应当对证据收集的合法性加以证明。

"现有证据材料不能证明证据收集的合法性的，人民检察院可以提请人民法院通知有关侦查人员或者其他人员出庭说明情况；人民法院可以通知有关侦查人员或者其他人员出庭说明情况。有关侦查人员或者其他人员也可以要求出庭说明情况。经人民法院通知，有关人员应当出庭。

"第五十八条　对于经过法庭审理，确认或者不能排除存在本法第五十四条规定的以非法方法收集证据情形的，对有关证据应当予以排除。"

本条在刑事诉讼法中增加第 54 条、第 55 条、第 56 条、第 57 条、第 58 条，共 5 条，对非法证据排除程序作了规定。分别精解如下：

1. 第五十四条　采用刑讯逼供等非法方法收集的犯罪嫌疑人、被告人供述和采用暴力、威胁等非法方法收集的证人证言、被害人陈述，应当予以排除。收集物证、书证不符合法定程序，可能严重影响司法公正的，应当予以补正或者作出合理解释；不能补正或者作出合理解释的，对该证据应当予以排除。

在侦查、审查起诉、审判时发现有应当排除的证据的，应当依法予以排除，不得作为起诉意见、起诉决定和判决的依据。

【精解1】

本条是关于非法证据排除范围和办案机关排除非法证据义务的规定。本条分为两款。

第1款是关于排除非法证据的范围，即哪些证据属于应当排除的非法证据的规定。根据该款规定，刑事诉讼中应当排除的非法证据有两类：

第一类是采用刑讯逼供等非法方法收集的犯罪嫌疑人、被告人供述和采用暴力、威胁等非法方法收集的证人证言、被害人陈述，即采用非法方法收集的言词证据。"刑讯逼供"是指使用肉刑或者变相肉刑，使当事人在肉体或精神上遭受剧烈疼痛或痛苦而不得不供述的行为，如殴打、电击、饿、冻、烤等。"等非法方法"是指违法程度和对当事人的强迫程度达到与刑讯逼供或者暴力、威胁相当，使其不得不违背自己意愿陈述的方法。以上述非法方法收集言词证据，严重侵犯当事人的人身权利，破坏司法公正，极易酿成冤假错案，是非法取证情节最严重的情形。该款对以上述非法方法取得的言词证据，规定应当严格地予以排除。

第二类是收集程序不符合法定程序的物证、书证。"不符合法定程序"包括不符合法律对于取证主体、取证手续、取证方法的规定，如由不具备办案资格的人员提取的物证，勘验笔录没有见证人签字的物证，未出示搜查证搜查取得的书证等。违法收集物证、书证的情况比较复杂，物证、书证本身是客观证据，取证程序的违法一般不影响证据的可信度，而且许多物证、书证具有唯一性，一旦被排除就不可能再次取得。大部分国家的法律对于违法取得的实物证据，都没有规定绝对予以排除，而是区分情况作不同的处理。新刑事诉讼法第54条统筹考虑惩治犯罪和保障人权的要求，规定对于收集物证、书证不符合法定程序，可能严重影响司法公正的，应当予以补正或者作出合理解释；不能补正或者作出合理解释的，对该证据才应当予以排除。"可能严重影响司法公正"是排除非法取得的物证、书证的前提，是指收集物证、书证不符合法定程序的行为明显违法或者情节严重，可能对司法机关办理案件的公正性、权威性以及司法的公信力产生严重的损害。"补正或者合理解释"的主体是收集证据的办案机关或者人员。"补正"是指对取证程序上的非实质性的瑕疵进行补救，如在缺少侦查人员签名的勘验、检查笔录上签名等。"合理解释"是指对取证程序的瑕疵作出符合逻辑的解释，如对书证副本复制时间作出解释等。根据该款规定，如果收集证据的机关或者人员对违法取证的情况作出了补正或者合理解释，审查证据的机关认为不影响证据使用的，该证据可以继续使用；不能补正或者作出合理解释的，对该证据则应当予以排除。

第 2 款是关于侦查机关、检察机关、审判机关排除非法证据的义务的规定。侦查机关、检察机关、审判机关都不得采取非法方法收集证据，也都有维护司法公正和诉讼参与人合法权利的职责。他们在办理案件过程中发现已经收集的证据中有依法应当排除的非法证据的，都有义务加以排除。该款规定的"应当排除的证据"，是指依照第 1 款的规定应当排除的言词证据和实物证据。根据该款的规定，依法被排除的证据，不得作为侦查机关起诉意见、检察机关起诉决定和审判机关判决中认定事实的依据。规定刑事诉讼每个阶段的办案机关都有排除非法证据的义务，有利于尽早发现和排除非法证据，提高办案质量，维护诉讼参与人合法权利。

【引导案例】杜培武杀人冤案警示　刑讯逼供在法治中止步

1998 年 7 月 2 日，杜培武因涉嫌故意杀人罪被公安机关刑事拘留，一个月后经人民检察院批准被逮捕。同年 10 月 20 日，人民检察院以其涉嫌故意杀人罪向人民法院提起公诉，起诉书指控：被告人杜培武原系昆明市公安局戒毒所民警，现年 31 岁。杜因怀疑其妻王晓湘与王俊波有不正当两性关系，而对二人怀恨在心。1998 年 4 月 20 日晚 8 时许，杜与王晓湘、王俊波相约见面后，杜骗得王俊波随身携带的"七七式"手枪，用此枪先后将王俊波、王晓湘枪杀于一辆警用微型车的中排座位上，后将车及两被害人的尸体抛置于一人行道上，并将作案时使用的手枪及二人随身携带的移动电话、呼机等物品丢弃。人民检察院认定杜培武非法剥夺他人生命，触犯《刑法》，构成故意杀人罪，提请人民法院依法惩处。

1998 年 12 月 17 日、1999 年 1 月 15 日，昆明市中级人民法院开庭公开审理杜培武杀人案。杜培武当庭脱出穿在里面的因刑讯染满血迹的衣服，法庭并没有进行任何调查。一审以故意杀人罪判处杜培武死刑，剥夺政治权利终身。

　　一审判决下达后，杜培武上诉到云南省高级人民法院。终审判决杜培武死刑缓期二年执行，剥夺政治权利终身。2000 年 6 月，昆明公安机关破获一起特大杀人盗车团伙。其中一名案犯供述，1998 年"4·20"杀人案是他们干的。云南省高级人民法院立即对杜案提起再审，指出原审判决认定的杜培武犯罪的证据已不能成立，"杜培武显属无辜"。2000 年 7 月 6 日，云南省高级人民法院郑重宣告死刑犯杜培武无罪，当庭释放。

　　【分析】

　　证据必须具有客观性、关联性和合法性，其中，合法性要求证据必须具有法定形式，同时必须由法定人员依照法定的程序和方法收集，非经法定人员依法定的程序和方法收集的证据是违法收集的证据，或称非法取得的证据。新刑事诉讼法第 54 条对非法证据的补救和排除作出了明确规定。

　　在刑事诉讼中，非法收集的证据主要表现为两类：一是违反法定程序收集的证据。例如，询问证人、被害人或讯问犯罪嫌疑人时，侦查人员人数不足两名；在实行搜查时，未开具合法的搜查证，或者未依法向被搜查人出具搜查证，或者对搜查过程中发现的物品、文件不依法查点清楚并开列清单等。二是采用违法手段收集的证据。如审判人员、检察人员、侦查人员以刑讯逼供或威胁、引诱、欺骗以及其他非法方法收集证据。本案中，侦查人员对杜培武进行刑讯逼供，并在此基础上获取证据，即属第二种情形。

　　对非法收集的证据，能不能在法庭上作为证据材料提出，能不能作为对被告人定罪量刑的根据，要不要确立非法取得的证据排除规则，是刑事诉讼领域最容易产生价值冲突的问题。1996 年刑事诉讼法第 43 条规定："审判人员、检察人员和侦查人员必须依照法定程序，收集能够证实犯罪嫌疑人、被告人有罪或者无罪、犯罪情节轻重的各种证据。严禁刑讯逼供和以威胁引诱欺骗以及其他非法的手段收集证据。"新刑事诉讼法继续坚持这一规定。根据刑事诉讼法的规定和我国已经签署加入的国际公约和有关司法解释的规定，刑事司法实践中对待违法收集的证据的态度应该是实行违法收集的言词证据排除规则，即严禁以非法的方法收集证据，凡经查证属实以刑讯逼供或者威胁、引诱、欺骗等非法的方法收集的犯罪嫌疑人供述、被害人陈述、证人证言，不能作为诉讼证据，也不能作为认定案件事实的依据和定案的根据。本案中，杜培武当庭脱出穿在里面的因刑讯染满血迹的衣服，一审法官的言行是对刑讯逼供行为的放纵，对杜培武合法权益的漠视，根据法律规定，正确的做法是排除因刑讯逼供取得的言词证据，并将刑讯逼供案移送检察机关立案侦查。

在此有必要强调指出的是，第一，新刑事诉讼法关于非法证据的排除规定与司法解释有所不同。表现为：新刑事诉讼法第54条规定的非法取证方法仅限于刑讯逼供、暴力、威胁等，而最高人民法院、最高人民检察院的司法文件中规定的是刑讯逼供、威胁、引诱、欺骗等。因此，对通过引诱、欺骗方法获得的言词证据，是否应当一律排除，这是刑事诉讼法修改后司法实践必须面对和解决的一个新课题。第二，对违法收集的言词证据之外的实物证据是否排除，刑事诉讼法修改前后，均未有规定，因此司法实践中不宜一概予以排除。

确立非法取得的证据排除规则，有利于遏制违法取证行为，切实保障诉讼参与人的合法权益；有利于公安司法机关及其工作人员提高业务水平，防止或减少冤假错案的发生，促进司法文明；有利于制止国家机关的违法行为，防止国家权力对个人权利的任意侵犯，以加大人权保障的力度。本案中，如果没有出现侦查人员对杜培武刑讯逼供、法院根据刑讯逼供获取来的证据定案的情形，则杜培武冤案就不会发生。事实上，这一冤案，严重侵犯了被告人杜培武的合法权益，暴露了执法人员和司法人员工作方式和作风的粗暴和极不文明。

2. 第五十五条　人民检察院接到报案、控告、举报或者发现侦查人员以非法方法收集证据的，应当进行调查核实。对于确有以非法方法收集证据情形的，应当提出纠正意见；构成犯罪的，依法追究刑事责任。

【精解2】

本条是关于人民检察院对侦查人员非法收集证据的行为进行调查核实和处理的规定。

本条首先规定了人民检察院对侦查人员非法收集证据行为的调查权。人民检察院调查侦查人员非法取证的线索来源，可以是当事人或者其他群众的报案、控告、举报，也可以是自己发现的线索。"报案"是指群众向检察机关报告侦查人员有非法取证的行为。"控告"是指权利受到非法取证行为侵害的当事人向检察机关告诉。"举报"是指当事人以外的其他知情人向检察机关检举、揭发侦查人员有非法取证的行为。侦查人员非法收集证据的行为，包括以刑讯逼供、暴力、威胁等非法方法收集言词证据的行为和以非法搜查、非法扣押等非法方法收集实物证据的行为。根据本条规定，无论侦查人员非法收集证据的行为是否严重到构成犯罪的程度，人民检察院都有权而且应当进行调查核实。调查核实的方法可以是询问有关当事人或者知情人，查阅、调取或者复制相关法律文书、案卷材料，对受害人进行伤情检查等。

关于人民检察院对侦查人员非法收集证据的行为线索进行调查后的处理，本条规定了两种情形：一是对于确有以非法方法收集证据情形的，人民检察院应当提出纠正意见，纠正意见的内容应根据案件的具体情况确定。这种纠正意见是人民检察院行使法律监督权的重要方式，侦查机关应当重视。对于非法取证情况属实的，应当及时纠正违法行为，将纠正情况通报人民检察院，并根据刑事诉讼法的规定对应当排除的非法取得的证据予以排除。二是对于侦查人员以非法方法收集证据，构成刑法规定的刑讯逼供、暴力取证、非法搜查、滥用职权、徇私舞弊等犯罪的，人民检察院应当依法立案侦查，追究有关人员的刑事责任。

【引导案例】接到非法取证举报　检察机关应当调查核实

被告人覃某、兰某因苦于缺钱，便产生共谋劫取钱财的念头，并于2月10日晚窜到某市东江镇"东棉坳"的坡地伺机抢劫。晚12时许，东江中学教师张某驾驶摩托车带女友途经此地时，二被告人即分别持棍、刀实施抢劫，将张某打昏，并杀人灭口。后误以为张某已死，从张某身上抢得1台BP机和一百余元后逃离现场。张某经抢救后生还。

办案机关从2月10日至3月1日先将覃某、兰某二人留置盘问近20天后，才予以拘留。另有证据显示侦查人员刑讯逼供。覃某、兰某二人家属向检察机关举报侦查人员侵犯人权。

【分析】

对以非法方法收集证据的行为以及非法取得的证据，应当采取相应措施进行相关的实体法和程序法救济。我国《刑法》第247条专门规定了刑讯逼供罪："司法工作人员对犯罪嫌疑人、被告人实行刑讯逼供或者使用暴力逼取证人证言的，处三年以下有期徒刑或者拘役。致人伤残、死亡的，依照本法第二百三十四条、第二百三十二条的规定定罪从重处罚。"因此，对办案民警对犯罪嫌疑人刑讯逼供行为符合刑事立案条件的，应当以涉嫌刑讯逼供罪对刑讯逼供实施者立案侦查。此外，根据刑事诉讼法的规定，诉讼参与人对审判人员、检察人员和侦查人员侵犯公民诉讼权利和人格侮辱的行为，有权提出控告；人民检察院依法对刑事诉讼实行法律监督；人民检察院在审查批准逮捕工作中，如果发现侦查活动有违法情况，应当通知公安机关予以纠正，公安机关应当将纠正情况通知人民检察院。犯罪嫌疑人、被告人有权向驻所人民检察院控告办案民警对其刑讯逼供，驻所检察官应当发挥侦查监督职能，对公安机关作出口头通知纠正或书面通知纠正。

应当指出的是，针对侦查人员以非法方法收集证据的行为，新刑事诉讼法规定人民检察院应当进行调查核实，并在此基础上视情况提出纠正意见或依法追究刑事责任。这进一步明确和规范了人民检察院对非法取证行为的侦查监督程序。

3. 第五十六条　法庭审理过程中，审判人员认为可能存在本法第五十四条规定的以非法方法收集证据情形的，应当对证据收集的合法性进行法庭调查。

当事人及其辩护人、诉讼代理人有权申请人民法院对以非法方法收集的证据依法予以排除。申请排除以非法方法收集的证据的，应当提供相关线索或者材料。

【精解3】

本条是关于对证据收集的合法性进行法庭调查的启动程序的规定。本条分为2款。

第1款是关于对证据收集的合法性进行法庭调查的启动权的规定。根据该款规定，"法庭审理过程中"是启动调查的时间范围，是指从开庭审判到法庭辩论终结的过程。启动调查的权力属于人民法院的审判人员，启动调查的条件是审判人员"认为可能存在本法第五十四条规定的以非法方法收集证据情形的"，包括非法收集言词证据和收集实物证据不符合法定程序，可能严重影响司法公正的情形。审判人员可以根据审判过程中发现的情况依职权启动调查，也可以在对当事人及其辩护人、诉讼代理人根据本条第2款规定提出的申请进行审查后，决定启动调查程序。该款规定的调查程序，是专门针对公诉方提供的证据收集的合法性进行的相对独立的法庭调查程序。

第2款是关于当事人及其辩护人、诉讼代理人申请启动证据收集的合法性调查程序的规定。非法取证行为首先侵犯了当事人的合法权利，赋予当事人及其辩护人、诉讼代理人申请启动证据收集的合法性调查程序的权利，有利于及时发现并排除非法证据，维护司法公正，符合保障人权的要求。根据该款规定，有权申请启动调查程序的主体是当事人及其辩护人、诉讼代理人，根据本条第 1 款和有关司法解释的规定，他们从案件进入审判阶段到法庭辩论终结，都有权提出申请。该款对于排除非法证据的申请规定了条件，即申请人应当提供办案机关及其工作人员非法收集证据的相关线索或者材料。"线索"是指可以说明存在非法取证情形、指引调查进行的信息，如曾在何时、何地被何人用何种方式刑讯逼供的回忆等。"材料"是可用于证明非法取证行为存在的材料，如血衣、伤痕、同监房人员的证言等。该款之所以规定提出申请应当提供线索或者材料，一方面是因为当事人是非法取证的亲历者，有条件向法庭提供有关线索或者材料以便进行调查，另一方面也是为了防止当事人及其辩护人、诉讼代理人滥用诉讼权利，随意提出申请，干扰庭审的正常进行。需要指出的是，该款规定对申请人提供线索或者材料的要求是较为宽松的，即有材料的应当提供材料，没有或者无法提供材料的，提供可供查证的线索。同时，提供线索或者材料只是对申请人提出申请的要求，一旦审判人员决定启动调查程序，根据新刑事诉讼法第 57 条的规定，对证据收集的合法性的证明责任仍然由人民检察院承担。对于当事人及其辩护人、诉讼代理人申请启动调查的，审判人员应当对申请及有关线索或者材料进行初步审查。经审查认为可能存在第 54 条规定的非法取证情形的，应当根据第 1 款的规定启动调查程序；认为不可能存在第 54 条规定的非法取证情形的，应当驳回申请。

【引导案例】谢亚龙称遭刑讯逼供　辽宁公安机关举证否认

2012 年 4 月 26 日新华网报道，4 月 25 日，辽宁省公安厅"中国足球假、赌、黑"专案组在接受新华社记者采访时表示，根本不存在谢亚龙所说的刑讯逼供问题，谢亚龙及其代理律师金晓光是在混淆视听，没有任何事实依据。

4 月 24 日上午，在法庭上，当公诉人宣读完起诉书后，谢亚龙对检察机关起诉的 12 项罪名只字未提，而是表示："我是在遭到了殴打、侮辱，家人生命安全受到威胁的情况下，承认那些罪行的。其中的绝大部分都是虚假的、不真实的。"谢亚龙说，"2010 年 9 月 4 日，我是被带着头套、反戴着手铐带上火车的。坐火车的时候，办案人员就不停地打我。在之后几天的审讯中，我被办案警察灌凉水、打耳光，他们还电击我的心脏……"谢亚龙自称之前身体状况很好，但遭到刑讯逼供后，现在心律不齐，耳道出血。

谢亚龙的代理律师金晓光和他的妹妹谢亚梅也在休庭期间接受媒体采访时反复强调，谢亚龙多次被办案人员吊打、电击，身体状况非常糟糕。金晓光表示，我们已经要求对谢亚龙进行伤情鉴定。

当公诉人询问谢亚龙为何不在检察机关侦查时讲清这些事实时，谢亚龙表示，我以为检察官也会打我，那时候就没有说这些。

当庭法官和公诉人要求谢亚龙提供遭遇刑讯逼供的证据时，谢亚龙表示，接受审讯时就我一个人，并不能提供相关证据。

4月25日，辽宁省公安厅专案组在接受新华社记者采访时表示，根本不存在谢亚龙所说的刑讯逼供问题，谢亚龙及其代理律师金晓光是在混淆视听，没有任何事实依据。办案人员向记者出示了2010年9月16日下午14时10分，谢亚龙入辽宁省看守所时的体检报告。报告上，"检查情况及结论"一栏注有谢亚龙体检时的体温、血压、脉搏等数据，并写着"神志清，查体合作，心肺正常。腹平坦，无压痛。全身无感染及外伤，四肢自如，神经系统正常。同意收押"等字样，并有谢亚龙本人签名。据了解，自谢亚龙入辽宁省看守所后，案件调查即转交给检察机关侦查。

【分析】

谢亚龙受贿案的审理一波三折，当庭翻供成了许多媒体追逐的焦点。之所以出现这种情况，固然有谢亚龙曾担任国家体育总局足球运动管理中心主任的"名人效应"，但更多地反映出社会各界对司法机关审讯过程公开透明的期待。

就刑事诉讼本身而言，本案至少反映了三个法律问题：其一，侦查讯问过程同步录音录像已经势在必行。如果在法律层面上对同步录音录像等增加审讯过程透明度的措施予以监督和执行，既可以保证犯罪嫌疑人的权利，对公安司法机关起到制约作用，同时也可以证明公安司法机关审讯过程的清白，避免犯罪嫌疑人的翻供。其二，证据合法性证明义务必须明确。如果在法庭审理过程中，当事人及其辩护人、诉讼代理人对指控证据的合法性提出质疑，申请依法排除时，申请人应当提供相关线索或者材料。本案谢亚龙关于"接受审讯时就我一个人，并不能提供相关证据"的理由不能成为无法提供任何线索或者材料的借口。其三，侦查取证人员应当积极参与证据合法性审查程序。也就是说，一方面，在对证据收集的合法性进行法庭调查的过程中，人民检察院应当对证据收集的合法性加以证明，另一方面，当现有证据材料不能证明证据收集的合法性时，有关侦查人员或者其他人员可以主动要求出庭说明情况，人民检察院可以提请人民法院通知有关侦查人员或者其他人员出庭说明情况，人民法院也可以直接通知上述人员出庭说明情况。本案辽宁公安机关针对谢亚龙所称刑讯逼供情况，不能仅仅面对媒体表示坚决否定的态度，而应该积极面向正在审理的法庭审判活动，争取向法庭说明侦讯过程的合法性。

4. 第五十七条　在对证据收集的合法性进行法庭调查的过程中，人民检察院应当对证据收集的合法性加以证明。

现有证据材料不能证明证据收集的合法性的，人民检察院可以提请人民法院通知有关侦查人员或者其他人员出庭说明情况；人民法院可以通知有关侦查人员或者其他人员出庭说明情况。有关侦查人员或者其他人员也可以要求出庭说明情况。经人民法院通知，有关人员应当出庭。

【精解4】

本条是关于证据收集的合法性的证明责任和侦查人员等人员出庭说明情况的规定。本条分为2款。

第1款是关于证据收集的合法性的举证责任的规定。在刑事诉讼中由控诉方承担被告人有罪的举证责任，是现代刑事诉讼的基本原则。新刑事诉讼法第49条也明确规定，公诉案件中被告人有罪的举证责任由人民检察院承担。人民检察院要证明被告人构成犯罪，理应还要证明用于证明被告人构成犯罪的证据具有合法性。证明被告人有罪的证据大多数都是由公安机关和人民检察院依法收集，并经过人民检察院依法审查的，人民检察院也有能力证明证据收集的合法性。因此该款规定，在对证据收集的合法性进行法庭调查的过程中，人民检察院应当对证据收集的合法性加以证明。人民检察院证明证据收集的合法性的方法，可以是向法庭提供讯问笔录、讯问过程的录音录像、羁押记录、体检记录，按照本条第2款的规定提请法庭通知有关侦查人员或者其他人员出庭说明情况等。如果人民检察院对于证据收集的合法性不能举证证明，或者举证之后仍然不能排除有采取非法方法收集证据情形的，人民法院应当依照新刑事诉讼法第54条和第58条的规定对有关证据进行处理。

第 2 款是关于在对证据收集的合法性的法庭调查程序中侦查人员或者其他人员出庭说明情况的规定。检察机关作为承担证据收集合法性的举证责任的机关，在移送给人民法院的证据材料不足以证明证据收集的合法性的条件下，应当通过其他方式继续举证证明。收集证据的侦查人员和了解证据收集情况的其他人员，作为取证过程的亲历者，最了解证据收集是否合法的情况。如果有关证据确系合法收集，由他们出庭说明有关情况，对证据收集的合法性是有力的证明。1996 年刑事诉讼法对于侦查人员出庭作证没有明确规定。中央深化司法体制和工作机制改革的意见要求，明确侦查人员出庭作证的范围和程序。该款对特定情况下有关侦查人员和其他人员出庭说明证据收集的有关情况作了规定。

根据本款规定，有关侦查人员和其他人员出庭说明情况的前提是"现有证据材料不能证明证据收集的合法性"，即公诉机关通过向法庭提供讯问笔录、讯问过程的录音录像、羁押记录、体检记录等材料不能证明证据收集的合法性，造成有关证据可能被认定为非法取得的证据而被排除的后果。这种情况下侦查人员出庭说明情况是对人民检察院公诉工作的支持，体现了公安机关、检察机关在刑事诉讼中互相配合的原则，有利于惩治犯罪，与侦查机关工作的目的是一致的。出庭的人员范围是"有关侦查人员或者其他人员"。"有关侦查人员"主要是指参与收集有关证据的侦查人员，如讯问犯罪嫌疑人的侦查人员、提取物证的侦查人员等。"其他人员"是指了解证据收集情况的其他人员，如看守所民警、搜查时的见证人等。他们出庭"说明情况"，主要是向法庭说明收集证据的过程，便于法庭对证据收集的合法性进行审查。有关侦查人员和其他人员出庭说明情况有两种情形，一是人民检察院认为有必要由他们出庭说明情况的，可以提请人民法院发出通知，人民法院认为有必要由他们出庭说明情况的，也可以向他们发出通知。经人民法院通知，有关人员应当出庭。二是有关侦查人员和其他人员主动要求出庭说明情况。如有关侦查人员出于责任心和维护侦查活动的合法性以实现追究惩治犯罪的目的，要求出庭驳斥被告人非法取证的指控。作为特定情况下证明取证合法性的手段，本条对有关侦查人员和其他人员出庭说明情况的规定是比较慎重、稳妥的，不会对侦查机关的工作造成大的困难和干扰。

【引导案例 1】被告人提出证据收集违法　检察机关应当进行合法性证明

2004 年 7 月 4 日，邱某窜至遵义市红花岗区一辆由忠庄开往高桥的公交车上，当车行至本区碧云路时，见同车乘客何某腰间挂有一手机，顿生扒窃之念，于是用携带的剪刀将何某的手机皮套剪坏，当邱某正在窃取手机时被何某当场发现并抓住，邱某为抗拒抓捕，当场使用暴力手段将何某打伤。后邱某被何某及同车群众扭送到公安机关。经物价部门鉴定，何某所持小灵通 UT220 裸机价值 515 元。

同年 10 月 28 日，红花岗区人民法院判决邱某犯抢劫罪，判处有期徒刑 10 年，并处罚金 2000 元。被告人邱某以判决书认定事实不清、证据不充分且来源违法为由，向遵义市中级人民法院提起上诉。

同年 12 月 6 日，遵义市中级人民法院以（2005）遵市法刑二终字第 03 号刑事裁定书，裁定撤销红花岗区人民法院（2004）红刑初字第 644 号刑事判决，将本案发回重审。

2005 年 1 月 14 日，红花岗区人民检察院向红花岗区人民法院建议延期审理，并于同年 1 月 26 日以红检刑撤诉（2005）01 号撤回起诉决定书，决定向红花岗区人民法院申请撤回起诉。2 月 2 日，红花岗区人民法院以（2004）红刑初字第 811－1 号刑事裁定书，裁定不准许红花岗区人民检察院撤回起诉，并于同日以（2004）红刑初字第 811 号刑事判决书宣告被告人邱某无罪。

【分析】

本案在一审庭审过程中，邱某及其辩护人对指控的犯罪事实和相关证据提出异议，认为起诉书指控的不是事实，且两个证人赵和平、何秀云均不存在，但没有提供相应证据予以支持。公诉人主观认为本案证据是通过合法程序取得的，合议庭在法庭调查阶段已经确认，故未对辩方的观点给予高度重视。一审法院也认为辩方观点没有证据支持，直接确认公诉机关指控的事实和观点，并对被告人作出了有罪判决。这种对证据的诉、判行为，在新刑事诉讼法颁布实施后，将不会轻易发生。因为，新刑事诉讼法第 57 条和第 58 条明确规定，在对证据收集的合法性进行法庭调查的过程中，人民检察院应当对证据收集的合法性加以证明。对于经过法庭审理，确认或者不能排除以非法方法收集证据情形的，人民法院应当对有关证据依法予以排除。所以，针对辩护人出示的红花岗区高桥派出所的接警登记表和两份律师调查笔录，证实邱某系被害人何某与其哥何盛某扭送到高桥派出所，同时证实不存在同车的赵和平和何秀云两个目击证人的情况。公诉人不应当完全凭借公安机关出具的两张关于找不到物证和公交车驾驶员的"情况说明"而径直认定邱某系开脱罪责、无理辩解，一味主观地认为邱某在公安机关多次作了有罪供述，且公安机关提供的其他证据确实充分，邱某的无罪辩解没有事实依据。

此案发回重审后的事实证明，公安机关为完成案件侦破指标，贪功枉法，隐瞒了本案的最初受理机关为高桥派出所的事实。并且，老城派出所的办案民警通过刑讯逼供手段，强迫邱某按警方的意思作了与基本事实相悖的供述。还在此基础上虚构出赵和平、何秀云两位目击证人，伪造了能彼此印证的两份证言及辨认笔录，并使被害人陈述部分失实。可见，如果在案件第一次审判过程中，人民检察院能够充分重视被告人及其辩护人提出的证据来源异议，全面审查证据材料的合法性，人民法院加强对人民检察院关于证据合法性证明活动的审查判断，被告人就不会在诉讼中无辜地被判定为有罪。

【引导案例2】福建立法确认侦查人员出庭说明案件情况制度

福建省人大常委会2010年5月出台《关于加强人民检察院对诉讼活动的法律监督工作的决定》，对侦查人员、鉴定人出庭作证制度作出明确规定，探索建立侦查人员、鉴定人出庭对案件情况作必要说明的制度。

厦门湖里区公、检、法部门从2007年年底就开始了侦查人员出庭作证试点工作。2007年10月1日，湖里区法院、检察院、湖里公安分局联合出台《关于侦查人员出庭作证的若干实施意见》，侦查人员在法庭审理阶段，可以控方证人身份出庭作证，就其在履行职务过程中所了解的案件情况向法庭作出说明，并接受控辩双方和审判法官的询问。据湖里区法院介绍，2007年10月至今，该院共有3起刑事诉讼案件适用了侦查人员出庭作证规则，另有1起案件检察院向法院申请侦查人员出庭作证并得到允许，但侦查人员没有出庭。侦查人员出庭作证的3起案件涉及的罪名包括贩卖毒品、强奸、交通肇事，法庭审理中，应公诉机关的提请，法院通知了负责案件侦查的公安人员出庭就某些案件事实作证，侦查人员出庭对于法庭查明案件事实起到了积极的作用。

【分析】

当前，侦查人员在刑事诉讼过程中，依照刑事诉讼法及相关法律法规的规定收集保全的各类证据材料多以书面形式提交法庭，书面的证据材料便于审判人员直观、简洁地了解案情，节约诉讼成本。但书面的证据材料不能充分反映案件发生时的细节，不利于解释案件中存在的疑点，也不利于庭审辩护一方的质证。由于侦查人员不仅是刑事证据的收集者，往往也是某些案件事实的见证人。在抓获现行犯、秘密侦查等情形下，侦查人员掌握了影响定罪量刑的重要事实，书面材料往往会出现语焉不详、真假难辨等情形；有些对法院定罪量刑有重要影响的情节，如犯罪嫌疑人的自首、立功表现，警察有无刑讯逼供，犯罪进程等，难以在书面材料中详细体现，需要侦查人员出庭予以详细说明，并接受质证。

从近年的实践情况看，侦查人员出庭作证并未在制度层面得到推广，侦查人员出庭作证的随意性较大，出庭作证的程序不够规范。在看到福建湖里区法院针对侦查人员出庭作证的范围、程序等事项采取规范化举措对案件审判发挥积极作用的同时，还应看到这一破冰之举步履艰难的现实。例如，在长达3年的时间里，仅有3起案件适用侦查人员出庭，其中还有1起案件系检察院向法院申请侦查人员出庭作证并得到允许，但侦查人员没有出庭。

新刑事诉讼法在新增的第57条规定中，虽然对侦查人员出庭说明情况作出了规定，但这一规定从纸上走进现实，还有诸多需要明确的地方。主要表现在：其一，关于出庭说明情况的侦查人员的诉讼地位问题。综观新刑事诉讼法第57条和第62条规定，不难发现，出庭说明情况的侦查人员与出庭作证的证人是并列的，也就是说，侦查人员并不是证人，侦查人员对案件情况及办案过程的情况说明也不是证言。由此可见，刑事诉讼法未确认侦查人员在刑事诉讼中的独立地位，只是将其作为侦查机关的一分子，他们的任何司法行为都附属于所在机关，因此即使作证也是代表所在机关作证，他们出具的书面说明需要所在机关盖公章方具备证据形式效力。因此，对于出庭说明情况的侦查人员的诉讼地位及其所作陈述的证据效力，还有待立法和司法工作者进一步研究。其二，出庭说明情况的侦查人员的保障问题。要求侦查人员出庭说明情况，必然将增加办案警察的工作负担，同时要求公安机关严格进行调查取证工作。这势必要求侦查部门提升侦查技术，更新技侦手段，培养侦查人员的依法取证能力和出庭作证能力。与此同时，由于侦查人员处于与犯罪作斗争的第一线，随着有组织犯罪的日益集团化和科技化，侦查人员的人身安全日益受到犯罪分子威胁，尤其在毒品犯罪和其他有组织犯罪案件中，侦查人员出庭将暴露自己的身份，给自己和家人的生命财产安全带来严重威胁。目前刑事诉讼法并未对出庭说明情况的侦查人员作出特别的保护性规定，因此侦查人员对出庭作证有较大顾忌。

新刑事诉讼法的规定所面临的上述问题，同样发生在福建省关于侦查人员出庭说明案件情况制度的立法上。正如福建省人民检察院副检察长顾卫兵所言，福建省人大常委会以立法形式确认侦查人员出庭作证制度，侦查人员接受控辩双方质询有助于查明案件真相，推动诉讼活动法律监督工作，其具体制度安排还需要进一步细化。例如，进一步明确侦查人员系刑事诉讼中的特殊证人身份，并对其实行特殊的保护制度，细化侦查人员出庭说明情况的范围，如规定侦查人员就其在履行职务过程中所了解的案件情况向法庭作出说明并接受法庭质证，说明义务主要围绕侦查中收集的证据的合法性问题展开，案件情况包括程序性事实和实体性事实，如目击的案件事实，接案、破案、到案的经过，现场勘查、搜查、扣押、辨认等取证情况，通过秘密侦查、诱惑侦查等特殊手段获取的证据等。此外，还需针对侦查人员无正当理由拒绝出庭说明情况的情形作出处理性规范。

5. 第五十八条　对于经过法庭审理，确认或者不能排除存在本法第五十四条规定的以非法方法收集证据情形的，对有关证据应当予以排除。

【精解5】

本条是关于对证据收集的合法性进行法庭调查后如何处理的规定。

本条规定的"经过法庭审理"，是指新刑事诉讼法第56条、第57条规定的对证据收集的合法性的法庭调查程序，审判人员就证据收集的合法性问题审查了控辩双方提出的证据，听取了控辩双方的意见之后，人民法院应当根据调查的结果，对取证合法性存在疑问的证据进行处理：

（1）确认存在新刑事诉讼法第54条规定的非法取证情形的，包括确认存在非法收集言词证据的情形，和确认存在收集实物证据不符合法定程序，可能严重影响司法公正，不能补正或者作出合理解释的情形，对有关证据应当予以排除，不得作为判决的依据。

（2）不能排除存在第54条规定的非法取证情形的，即检察机关对证据收集的合法性的证明没有达到确实、充分的程度，审判人员对是否存在第54条规定的以非法方法收集证据情形仍有疑问的情况。人民法院对有关证据也应当予以排除，不得作为判决的依据。

（3）如果经过法庭调查和人民检察院举证，法庭确认不存在第54条规定的非法取证情形的，有关证据属于合法取得的证据，可以在对定罪量刑事实的法庭调查中使用，经查证属实的，可以作为定案的根据。

【引导案例】非法制造的证据　一律排除

2001年11月20日，某省中级人民法院以运输毒品罪一审判处荆某死刑，剥夺政治权利终身。荆某上诉后，省高级人民法院审查后认为，此案线索不清，贩运过程蹊跷。复查时，县公安局缉毒队队长边某坚持说荆某运输毒品是"正常查堵"时被发现的。省公安厅通过进一步查证，发现县公安局副局长张某等人隐瞒了此案有特警参与、毒品含量低等重要情节，认为本案存在重大隐情。因此，省高级人民法院于2002年3月18日裁定发回重审。此时，因贩卖、运输毒品被市公安局逮捕的马某供述了其作为县公安局特警与张某等人策划、"侦破"此案的过程。省中级人民法院于10月14日重新开庭审理，并于12月31日作出判决：荆某案是由张某和边某伙同马某共同策划、蓄意制造、全程控制的一起案件，三人对共同策划、设置圈套、引诱他人犯罪的过程作了供述。案件的主要证据是以非法方法收集、制造的，不能作为定案的根据，故宣告荆某无罪。

【分析】

本案说明了两个问题：一是新刑事诉讼法第54条规定的非法方法不仅限于刑讯逼供或暴力、威胁取证方法，无中生有、非法制造证据也是实践中可能会发生的非法取证形式；二是诱惑侦查取证必须在严格规范条件下使用，否则极易沦为非法取证。换言之，派遣秘密侦查员和诱惑侦查的案件范围应当严格界定，如时间跨度长、社会影响恶劣、破案压力大的案件，应当履行严格的审批程序，制订严密的侦破计划，还要避免有伤社会风化。其中，是否履行严格的审批手续是衡量证据合法性的一个重要标准。

实践中，对派遣秘密侦查员和诱惑侦查获取的证据材料，掌握的标准一般是：如果是采用秘密手段诱惑行为人产生犯意进而犯罪的，该秘密侦查行为和诱惑行为以及获取的证据材料，不得予以认可和采用；如果行为人已经有犯意并着手实施犯罪了，运用秘密侦查和诱惑侦查手段提供的条件正是行为人为实施犯罪所积极追求和创造的条件，这种情况下，秘密侦查和诱惑侦查行为以及获得的相应证据材料可以在一定程度上予以认可和采用。

十九、将第四十七条改为第五十九条，修改为："证人证言必须在法庭上经过公诉人、被害人和被告人、辩护人双方质证并且查实以后，才能作为定案的根据。法庭查明证人有意作伪证或者隐匿罪证的时候，应当依法处理。"

【精解】

本条是对 1996 年刑事诉讼法第 47 条关于证人证言必须经查证属实才能作为定案的根据的规定的修改。

1996 年刑事诉讼法第 47 条规定："证人证言必须在法庭上经过公诉人、被害人和被告人、辩护人双方讯问、质证，听取各方证人的证言并且经过查实以后，才能作为定案的根据。法庭查明证人有意作伪证或者隐匿罪证的时候，应当依法处理。"

《决定》通过本条对 1996 年刑事诉讼法第 47 条进行了几处文字调整，使条文表述更准确、简练。

新刑事诉讼法第 59 条共讲了两层意思：

一是证人证言必须经过法庭质证、查实后才能作为定案的根据。这是证人证言作为定案根据的必经程序。本条规定的这一必经程序有两个方面：

（1）证人提供的证言必须经过公诉人、被害人和被告人、辩护人双方的质证。也就是说无论是公诉人、被害人一方提出的证人，还是被告人、辩护人一方提出的证人都要经过双方的质证。质证的方式包括控辩双方就证人提供证言的具体内容或者就本方想要了解的情况对证人进行提问，通过提问，让证人全面深入地陈述证词，暴露虚假或者不可靠的证言中的矛盾，便于法庭审查；还包括针对对方提出的证人证言中存在的疑点提出问题和意见，或者答复对方的疑问，提出反驳的意见。对于证人未出庭的，双方也应对宣读的证言笔录进行质证。

（2）证言要经查实，才能作为定案的根据。"查实"证言，主要是指在法庭调查中通过质证，确定证人具有举证资格，确定证言的收集程序合法，并运用全案的其他证据，包括物证、书证、其他证人的证言、被害人陈述、被告人的供述和辩解等进行综合分析，排除疑点，确认证言的可信性。在此过程中，审判人员始终要客观地倾听控辩双方的意见，才能正确认定证言。

二是法庭查明证人有意作伪证或者隐匿罪证的，应依法处理。其中"作伪证"主要有两种情况：一种是歪曲事实，没有提供案件的真实情况，如在行为、时间、重要情节等方面作虚假陈述；另一种是捏造事实，包括通过诬陷无罪的人有犯罪行为，或者为有罪的人开脱。"隐匿罪证"是指证人明知被告人有犯罪行为而故意隐瞒的行为，如证人在陈述斗殴过程时，明知张三在场，并参与斗殴，而故意不讲等。"依法处理"是指除不采用该证人证言外，对证人的行为构成伪证罪、包庇罪等犯罪的，应当移送公安机关依法追究刑事责任。

二十、增加二条，作为第六十二条、第六十三条：

"第六十二条　对于危害国家安全犯罪、恐怖活动犯罪、黑社会性质的组织犯罪、毒品犯罪等案件，证人、鉴定人、被害人因在诉讼中作证，本人或者其近亲属的人身安全面临危险的，人民法院、人民检察院和公安机关应当采取以下一项或者多项保护措施：

"（一）不公开真实姓名、住址和工作单位等个人信息；

"（二）采取不暴露外貌、真实声音等出庭作证措施；

"（三）禁止特定的人员接触证人、鉴定人、被害人及其近亲属；

"（四）对人身和住宅采取专门性保护措施；

"（五）其他必要的保护措施。

"证人、鉴定人、被害人认为因在诉讼中作证，本人或者其近亲属的人身安全面临危险的，可以向人民法院、人民检察院、公安机关请求予以保护。

"人民法院、人民检察院、公安机关依法采取保护措施，有关单位和个人应当配合。

"第六十三条　证人因履行作证义务而支出的交通、住宿、就餐等费用，应当给予补助。证人作证的补助列入司法机关业务经费，由同级政府财政予以保障。

"有工作单位的证人作证，所在单位不得克扣或者变相克扣其工资、奖金及其他福利待遇。"

本条在刑事诉讼法中增加了第62条、第63条，共两条，对证人的特别保护措施和补助作了规定。分别精解如下：

1. 第六十二条　对于危害国家安全犯罪、恐怖活动犯罪、黑社会性质的组织犯罪、毒品犯罪等案件，证人、鉴定人、被害人因在诉讼中作证，本人或者其近亲属的人身安全面临危险的，人民法院、人民检察院和公安机关应当采取以下一项或者多项保护措施：

（一）不公开真实姓名、住址和工作单位等个人信息；

（二）采取不暴露外貌、真实声音等出庭作证措施；

（三）禁止特定的人员接触证人、鉴定人、被害人及其近亲属；

（四）对人身和住宅采取专门性保护措施；

（五）其他必要的保护措施。

证人、鉴定人、被害人认为因在诉讼中作证，本人或者其近亲属的人身安全面临危险的，可以向人民法院、人民检察院、公安机关请求予以保护。

人民法院、人民检察院、公安机关依法采取保护措施，有关单位和个人应当配合。

【精解 1】

本条是关于对特定案件的证人、鉴定人、被害人采取特别保护措施的规定。本条分为 3 款。

第 1 款是对特定案件的证人、鉴定人、被害人应当采取特别的保护措施的规定。根据该款规定，可以采取特别的保护措施的案件范围是危害国家安全犯罪、恐怖活动犯罪、黑社会性质的组织犯罪、毒品犯罪等案件。其中"危害国家安全犯罪"，是指对中华人民共和国的国家安全构成危害的案件，包括但不限于刑法分则第一章规定的犯罪。"恐怖活动犯罪"，是指以制造社会恐慌、危害公共安全或者胁迫国家机关、国际组织为目的，采取暴力、破坏、恐吓等手段，造成或者意图造成人员伤亡、重大财产损失、公共设施损坏、社会秩序混乱等严重社会危害的犯罪行为，以及煽动、资助或者以其他方式协助实施上述活动的犯罪行为，包括组织、领导、参加恐怖活动组织犯罪，恐怖活动组织或者恐怖活动人员实施的故意杀人、爆炸、绑架等犯罪，资助恐怖活动犯罪等。"黑社会性质的组织犯罪"，是指组织、领导、参加黑社会性质的组织犯罪，黑社会性质的组织及其成员实施的故意杀人、故意伤害、抢劫、强迫交易犯罪等。"毒品犯罪"，是指走私、贩卖、运输、制造毒品犯罪、非法种植毒品原植物犯罪等。这几类犯罪都是涉及国家安全或者公共安全，社会危害性大，证人、鉴定人、被害人遭受严重打击报复的危险程度高的犯罪。对于其他犯罪案件，如果其社会危害性和证人、鉴定人、被害人面临的危险和上述四种犯罪相当的，也可以采取本条规定的特别保护措施。特别保护措施保护的对象是案件的证人、鉴定人和被害人。采取保护措施的条件是证人、鉴定人和被害人因为在诉讼中作证，包括在侦查、审查起诉和审判阶段向侦查机关、人民检察院和人民法院作证，本人或者其近亲属的人身安全面临危险。这种危险应当是现实的危险，办案机关应当根据危险的具体程度和实际情况，具体掌握是否有必要采取特别保护措施。办案机关可以主动决定采取保护措施，也可以应证人、鉴定人和被害人依照本条第2款提出的请求采取保护措施。该款规定的特别保护措施有五项，办案机关可以根据案件情况，决定采取一项或者多项措施：

（1）不公开真实姓名、住址和工作单位等个人信息。是指办案机关在办理案件的过程中对有关个人信息予以保密，包括在起诉书、判决书等法律文书上使用化名等以代替真实的个人信息。

（2）采取不暴露外貌、真实声音等出庭作证措施。是指人民法院在有关人员出庭参与诉讼时，采取技术措施不使其外貌、声音等暴露给被告人、旁听人员等，但应当保证控辩双方质证的顺利进行。

（3）禁止特定的人员接触证人、鉴定人、被害人及其近亲属。是指办案机关采取措施、发布禁令，禁止可能实施打击报复的特定人员在一定期间内接触证人、鉴定人、被害人及其近亲属。

（4）对人身和住宅采取专门性保护措施。包括派警力保护证人、鉴定人、被害人人身和住宅的安全。在极个别的情况下，甚至可根据办案需要为其更换住宅、姓名等。

（5）其他必要的保护措施。是指上述四项以外的，办案机关认为有必要采取的其他特别保护措施。

第2款是关于证人、鉴定人、被害人请求予以保护的规定。该款赋予了证人、鉴定人、被害人认为因在诉讼中作证，本人或者其近亲属的人身安全面临危险的时候，向人民法院、人民检察院、公安机关请求予以保护的权利，以便更加有效地对有关人员的人身安全予以保护。收到请求后，人民法院、人民检察院、公安机关应当认真进行审查，对于符合第1款规定，确有危险的，应当决定采取第1款规定的一项或者多项保护措施。

第3款是关于有关单位和个人对采取保护措施应当配合的规定。人民法院、人民检察院、公安机关依法采取第1款规定的保护措施，有时需要其他单位或者个人的配合。如不公开证人的个人信息可能需要新闻媒体配合，禁止特定人员接触证人、鉴定人、被害人及其近亲属可能需要基层群众组织的配合等。本条规定有关单位和个人应当配合办案机关依法采取保护措施，使保护措施能够有效地起到必要的保护作用。

【引导案例】鉴定人隐身作证　还原杀人事实真相

张某于 2006 年 4 月 21 日，在某市海关区它家陀村租住处，因琐事与妻子侯某（殁年 24 岁）发生争执并相互厮打，后张某用手闷堵侯某的口鼻，致其死亡。该案的特点是被害人被发现的时候尸体已高度腐烂，法医检验鉴定所对被害人的尸体检验后，发现侯某左颞顶破损不排除已存在头皮外伤破损的基础上被蛆虫咬噬、侯某死因不排除被他人闷堵口鼻等行为致死等特殊情况，故鉴定人员只能在报告中称"具体死因无法认定"。为有效指控犯罪，检察机关邀请该案主检法医师李某作为案件鉴定人出庭作证。鉴定人表示出庭作证可以，但不希望"抛头露面"，以免影响日后正常生活。

庭审中，鉴定人站在法庭作证席上特置的屏风后面，向法庭作证。鉴定人在法庭上阐明：被害人头部未见骨折，硬脑膜完整，可排除其头部受钝器外力打击致死；身体部位无明显钝性外力打击痕迹，无锐器刺击痕迹，排除受锐器伤致死；结合毒物检验报告所称被害人体内未检出常见镇静催眠药物、有机磷农药、剧毒鼠药毒鼠强，基本排除毒害致死；被害人颈部没有明显扼压、勒索等痕迹，排除机械性窒息死亡。在排除其他死亡原因的基础上，认定被害人的死因是"不排除被他人闷堵口鼻等行为致死。"

鉴定人的专业知识讲解，得到法官认可。

【分析】

本案中，检察机关采取不暴露鉴定人外貌的出庭作证措施，对保证鉴定人按时、有效出庭作证至关重要。事实证明，鉴定人在法庭上对案件所涉及的专业知识进行讲解，说明其对案件中专门问题所持的意见及根据，对正确分析案情、审查判断案内证据真伪，起到了十分重要的作用。

由于危害国家安全类犯罪、恐怖活动犯罪、黑社会性质的组织犯罪以及毒品犯罪等案件中，案件事实认定难度较大，常常需要证人、鉴定人、被害人到庭作证，因此，如何加强对出庭证人、鉴定人、被害人的人身保护，是当前刑事诉讼过程中亟待解决的一个现实问题。新刑事诉讼法新增第 62 条规定，首次采取不公开个人信息、不暴露个人特征、禁止被特定人接触、专门保护人身及住宅等必要的保护措施，使出庭作证人的人身、住宅安全首次得到法律的特别保障。

实践中需要注意的是，新刑事诉讼法虽然针对出庭作证人的人身和住宅安全作出了保护性规定，但这些规定如何在实践中具体落实，尚需一系列具体的司法制度来保障。此外，这一保护是否仅仅局限于案件诉讼过程？如果出庭作证人在案件诉讼终结后，因其先前的出庭作证活动而面临人身安全危险的，是否可以请求公安司法机关予以保护？如果出庭作证的保护措施效力能够覆盖至诉讼结束之后，那么这种保护措施的解除标准又该如何界定？刑事诉讼法规定了出庭作证人的人身和住宅安全保护措施，对于出庭作证人主张其财产面临安全危险的，公安司法机关是否应当予以保护？刑事诉讼法规定的危害国家安全犯罪、恐怖活动犯罪、黑社会性质的组织犯罪、毒品犯罪之外的其他刑事案件中，出庭作证人面临人身危险的，公安司法机关是否应当采取保护措施？等等，这一系列的问题将随着新刑事诉讼法的实施，逐一呈现在我们面前，需要我们思考和解决。

2. 第六十三条　证人因履行作证义务而支出的交通、住宿、就餐等费用，应当给予补助。证人作证的补助列入司法机关业务经费，由同级政府财政予以保障。

有工作单位的证人作证，所在单位不得克扣或者变相克扣其工资、奖金及其他福利待遇。

【精解2】

本条是关于对证人的补助和证人所在单位不得克扣其福利待遇的规定。本条分为2款。

第1款是关于对证人因作证支出的费用给予补助的规定。根据该款规定，对证人因履行作证义务而支出的交通、住宿、就餐等费用，办理案件的人民法院、人民检察院和公安机关应当给予补助。补助的范围是证人因履行作证义务支出的交通、住宿、就餐等费用，如从证人居住地到司法机关所在地所必要的交通费用，异地作证期间住宿旅馆的费用等。证人在诉讼的各个阶段因作证支出的费用，都应当由该阶段的办案主管机关给予补助。补助的标准应当是根据实际支出情况适当予以补助，不宜定得太高，具体可由司法机关规定。该款还对补助所需经费的来源作了规定，即列入司法机关业务经费，由同级政府财政予以保障，确保补助的规定落到实处。司法机关在编制本单位业务经费预算时，应当列入证人补助所需经费。

第2款是关于证人所在单位不得克扣其福利待遇的规定。证人配合司法机关作证，是履行法定义务，因此耽误工作不是旷工。根据该款规定，证人有工作单位的，其所在单位不得以证人作证耽误工作为由，克扣或者以其他方式变相克扣其工资、奖金及其他福利待遇，即作证期间的待遇应当与工作期间相同。这是证人所在单位支持证人作证，配合司法机关办案的责任。根据本条的规定，证人作证期间待遇不受影响，支出的费用又有补助，经济方面的后顾之忧基本上得到了解决。

【引导案例】证人出庭作证交通费和饭费　由法院买单

某市一偏僻公路边连续发生数起强奸杀人抢劫案。警方经侦查后，发现在案发现场附近一工厂上夜班的青年女职工胡某可能是案件的目击证人。经做工作，胡某向警方提供了证言。此案侦破后，人民检察院依法向人民法院提起公诉。当法院通知胡某出庭作证时，胡某非常害怕，以家庭困难、出庭作证会影响家庭收入为由拒绝出庭。后经做工作，胡某同意出庭作证。事后，法院向胡某补助了其因出庭支出的交通费用和午餐费用。

【分析】

刑事诉讼中，证人出庭作证不仅可能面临人身安全危险，还可能因履行出庭作证义务而额外支出交通、住宿和就餐等费用，有的还可能因出庭作证而请假误工，影响工资收入等。对此，为有效消除证人的后顾之忧，新刑事诉讼法在新增公安司法机关对出庭作证人给予特定人身保护措施的规定之外，同时新增规定了对证人作证的补助措施。据此，本案中，目击证人胡某有权要求法院向其支付往返法庭出庭作证的交通费用和就餐费用。实践中，证人如果因出庭作证还支出了住宿费用的，法院还应当向证人支付此笔费用。

有必要指出的是，证人因出庭作证而请假误工的，其误工费并不在法院补助之列。根据新刑事诉讼法第63条第2款的规定，有工作单位的证人因出庭作证而不能正常到岗上班的，所在单位不能因此克扣或者变相克扣其工资、奖金及其他福利待遇。也就是说，对于证人所在单位而言，证人出庭作证与其正常上班并无区别。

二十一、将第五十一条改为第六十五条，修改为："人民法院、人民检察院和公安机关对有下列情形之一的犯罪嫌疑人、被告人，可以取保候审：

"（一）可能判处管制、拘役或者独立适用附加刑的；

"（二）可能判处有期徒刑以上刑罚，采取取保候审不致发生社会危险性的；

"（三）患有严重疾病、生活不能自理，怀孕或者正在哺乳自己婴儿的妇女，采取取保候审不致发生社会危险性的；

"（四）羁押期限届满，案件尚未办结，需要采取取保候审的。

"取保候审由公安机关执行。"

【精解】

本条是对 1996 年刑事诉讼法第 51 条关于取保候审、监视居住的决定机关、适用条件和执行机关的规定的修改。

1996 年刑事诉讼法第 51 条规定："人民法院、人民检察院和公安机关对于有下列情形之一的犯罪嫌疑人、被告人，可以取保候审或者监视居住：（一）可能判处管制、拘役或者独立适用附加刑的；（二）可能判处有期徒刑以上刑罚，采取取保候审、监视居住不致发生社会危险性的。取保候审、监视居住由公安机关执行。"

《决定》通过本条对 1996 年刑事诉讼法第 51 条作了以下修改：一是删去有关监视居住的规定，二是增加规定两类可以适用取保候审的情形。

新刑事诉讼法第 65 条分为 2 款。

第 1 款是关于取保候审的决定机关和适用条件的规定。根据该款规定，人民法院、人民检察院和公安机关有权决定对犯罪嫌疑人、被告人取保候审。具体来讲，人民法院对于被告人，人民检察院对于被审查起诉的和直接受理的案件的犯罪嫌疑人，公安机关对于侦查的案件的犯罪嫌疑人，有该款规定的四种情形之一的，可以适用取保候审，对于不采取强制措施不致发生社会危险性的，也可以不采取任何强制措施。该款规定了四种可以适用取保候审的情形：

（1）可能判处管制、拘役或者独立适用附加刑的。管制是不剥夺人身自由的刑罚，拘役的关押期限在 6 个月以下。可能独立适用罚金、剥夺政治权利等附加刑的也都是较轻的罪行。可能判处这些刑罚的犯罪嫌疑人、被告人涉嫌的罪行较轻，通常情况下，不羁押不会发生社会危险性。

（2）可能判处有期徒刑以上刑罚，采取取保候审不致发生社会危险性的。这里作这样的规定，主要是考虑到有些人虽然涉嫌罪行比较严重，可能会被判处有期徒刑以上刑罚，但其涉嫌的犯罪可能是过失犯罪，如交通肇事罪、玩忽职守罪等，有些虽然是故意犯罪，但主观恶性较小，如初犯、偶犯等。对这些犯罪嫌疑人、被告人如果采取取保候审不致发生社会危险性的，也可以适用取保候审，而无须进行羁押。这里所说的"社会危险性"主要是指修改后的刑事诉讼法第79条规定的可能实施新的犯罪；有危害国家安全、公共安全或者社会秩序的现实危险；可能毁灭、伪造证据，干扰证人作证或者串供；可能对被害人、举报人、控告人实施打击报复；企图自杀或者逃跑等情形。判断犯罪嫌疑人、被告人是否有社会危险性要根据犯罪嫌疑人、被告人各方面情况综合考虑。通常应当根据其涉嫌犯罪行为的性质、社会危害、对所犯罪行的态度、本人的一贯表现、与所居住区域的联系等方面因素综合判断。在一般情况下，对涉嫌犯罪性质、情节恶劣，后果严重的犯罪嫌疑人、被告人不宜适用取保候审。

（3）患有严重疾病、生活不能自理，怀孕或者正在哺乳自己婴儿的妇女，采取取保候审不致发生社会危险性的。这里规定的情形又分三种情况：一是患有严重疾病；二是因为年老、残疾等原因生活不能自理；三是怀孕或者正在哺乳自己婴儿的妇女。有这三种情况，采取取保候审不致发生新刑事诉讼法第79条规定的社会危险性的犯罪嫌疑人、被告人，可以适用取保候审。这是在1996年刑事诉讼法有关规定的基础上，明确三类人员可以取保候审，体现了人道主义精神和对犯罪嫌疑人、被告人合法权利的保护。

（4）羁押期限届满，案件尚未办结，需要采取取保候审的。"羁押期限"包括刑事诉讼法有关条款规定的侦查羁押、审查起诉、一审、二审等期限。"尚未办结"包括需要继续侦查、审查起诉或者审判。根据新刑事诉讼法第96条的规定，犯罪嫌疑人、被告人被羁押的案件，不能在刑事诉讼法规定的侦查羁押、审查起诉、一审、二审期限内办结，需要继续查证、审理的，对犯罪嫌疑人、被告人可以取保候审。这里是作出衔接性的规定，使该款对取保候审适用条件的规定更加全面。

第2款是关于取保候审执行机关的规定。人民法院、人民检察院和公安机关都有权决定对犯罪嫌疑人、被告人取保候审，但根据该款规定，取保候审的执行机关只有一个，这就是公安机关。人民法院、人民检察院和公安机关决定采取的取保候审措施，都应当由公安机关执行。该款这样规定，主要考虑到公安机关在基层普遍设有派出机构，与居民委员会、村民委员会等基层组织也有紧密的联系，并且有执行拘留、逮捕的权力。由公安机关执行取保候审，便于加强对被取保候审人的监督和考察，一旦发现违反规定或者不应当取保候审的情形，可以及时依法处理。

【引导案例1】怀孕妇女涉嫌犯罪　可以不予羁押

2012年4月25日《京华时报》报道，（北京）市公安局治安管理总队会同大兴警方在大兴区一小区内捣毁一处卖淫窝点，拘捕了十余名嫌疑人，除犯罪嫌疑人刘某夫妇被大兴警方刑事拘留外，其他人员均被治安拘留。由于犯罪嫌疑人刘某之妻处于怀孕期间，没有被羁押，待过了哺乳期后再处理。警方称，这家地下"逍遥宫"通过网上及QQ发布招嫖信息，犯罪嫌疑人刘某负责用QQ轿车接嫖客，其妻组织小姐在小区出租房内卖淫。

【分析】

选择本案，旨在进一步说明新刑事诉讼法对取保候审适用范围的调整。本案中，犯罪嫌疑人刘某之妻因怀孕而未被羁押，公安机关决定待其过了哺乳期再考虑适用强制措施的做法是符合法律规定的。因为，修改前、后的刑事诉讼法虽在实际表述上有所区别，但均规定，对正在怀孕、哺乳自己婴儿的妇女，公安司法机关可以对其采取取保候审。

需要说明的是，此次新刑事诉讼法将1996年刑事诉讼法条文中分散的取保候审条款集中规定于第65条，有利于实践中更为全面、准确地理解和适用取保候审措施，也使刑事诉讼法的立法技术显得更为成熟。此外，在有关司法解释类文件中也有关于取保候审适用范围的规定，并且这些规定并未全部纳入此次新刑事诉讼法。具体表现为两种情形：第二审人民法院审理期间，已被逮捕的被告人被羁押的时间已等于或超过第一审法院对其判处的刑期的；持有有效护照或者其他有效出境证件，可能出境逃避侦查，但不需要逮捕的。由于这些规定并未被废止，因此实践中，公安司法机关仍然要充分考虑其适用性。

【引导案例2】警察超期羁押　被判非法拘禁罪

2002年9月1日，河南省灵宝市公安局阳店派出所接到群众报案，反映阳店镇西水头村发生聚众哄抢案件，阳店派出所负责办理此案。2002年9月24日对犯罪嫌疑人建树谋依法刑事拘留。后由所长李建增交由民警郭建刚具体承办此案。2002 年 9 月 30 日，灵宝市公安局向灵宝市人民检察院提请批准逮捕建树谋，灵宝市人民检察院审查后认为，建树谋聚众哄抢一案事实不清，退回补充侦查。灵宝市公安局补充侦查后再次报捕。2002 年 12 月 5 日，灵宝市人民检察院作出不批准逮捕决定。在接到不批准逮捕决定后，承办人郭建刚没有依法提出具体意见，向所长李建增汇报。李建增作为所长，没有依法责成承办人对建树谋依法立即释放或者变更强制措施，而是先让给局里汇报。后又同意将建树谋报劳动教养，并于 2002 年 12 月 26 日向三门峡市劳动教养委员会呈请对建树谋劳动教养。2003 年 1 月 14 日，建树谋劳动教养呈报未被批准。次日，灵宝市人民检察院向灵宝市公安局发出《纠正违法通知书》，指出犯罪嫌疑人建树谋的刑事拘留羁押期限已经超过了法定期限，应对其尽快报捕或者变更强制措施。李建增接到灵宝市人民检察院《纠正违法通知书》后，于 2 月 8 日再次派承办人将案件送灵宝市人民检察院报捕。2 月 19 日，灵宝市人民检察院未予批捕，将案卷退回。但李建增仍未将建树谋释放，直至 3 月 6 日，郭建刚被检察机关采取强制措施，建树谋才被释放。

灵宝市人民检察院指控李建增犯非法拘禁罪，于 2003 年 7 月 23 日向灵宝市人民法院提起公诉。灵宝市人民法院审理后认为，被告人李建增身为派出所所长，执行公务时，不能正确履行自己的职责，致使他人被超期羁押，非法剥夺他人的人身自由，其行为已经构成非法拘禁罪。遂判处被告人李建增犯非法拘禁罪，免予刑事处罚。宣判后，李建增不服，提出上诉。三门峡市中级人民法院驳回上诉，维持原判。

【分析】

这起对超期羁押责任人提起公诉的刑事案件，曾经引起了社会的诸多关注。从性质上说，超期羁押实则是对公民人身自由的非法剥夺。从犯罪构成要件看，多数超期羁押的背后，都有"非法拘禁罪"存在。但有据可查的个案，仅有河南省灵宝市公安局阳店派出所所长李建增及民警郭建刚曾因超期羁押而被判决非法拘禁罪名成立。在众多超期羁押个案中才能挑出一例免罚的个案，就是刑事司法所面对的现实。

责任不至，超期羁押不止。以提高超期羁押的风险来促进取保候审的普及，也是防止错案的一个思路。因此，此次新刑事诉讼法第 65 条新增规定，对羁押期限届满，案件尚未办结，需要采取取保候审的，公安司法机关可以对犯罪嫌疑人或被告人采取取保候审。

实践中值得关注的是，关于"羁押期限届满，案件尚未办结"的情况，有些案件虽然从面上看起来是在走"程序"，不属于明显的超期羁押，但羁押时间确实很长；有的犯罪嫌疑人、被告人被羁押后长期关押在看守所，案件长期得不到最终处理，也没有变更羁押措施。其多方面原因中有一个重要原因，即修改前后的刑事诉讼法都没有规定独立的刑事羁押制度，犯罪嫌疑人被执行逮捕后，对其羁押的期限与办案期限往往是相对应的。一些重大疑难复杂案件，往往会因事实不清、证据不足，在公、检、法机关多次反复。在此次新刑事诉讼法将第二审人民法院发回重审的次数限制为一次之前，有的案件在法院环节多次发回重审，仍难以作出最终判决。这就使得办案期限拖得很长，客观上又造成羁押时间很长，导致案件久押不决。这不仅影响了刑事诉讼活动的顺利进行，客观上也增加了司法成本，无形之中损害了执法公信力，增加了社会不和谐、不稳定因素。为此，一方面，办案机关要认真分析导致案件久押不决的原因，加强与有关部门的协商；另一方面，对那些因办案人员严重不负责任导致案件久押不决的，要依法追究其失职、渎职的责任。

二十二、将第五十五条改为第六十八条，修改为："保证人应当履行以下义务：

"（一）监督被保证人遵守本法第六十九条的规定；

"（二）发现被保证人可能发生或者已经发生违反本法第六十九条规定的行为的，应当及时向执行机关报告。

"被保证人有违反本法第六十九条规定的行为，保证人未履行保证义务的，对保证人处以罚款，构成犯罪的，依法追究刑事责任。"

【精解】

本条是对 1996 年刑事诉讼法第 55 条关于保证人的义务和不履行义务的法律责任规定的修改。

1996 年刑事诉讼法第 55 条规定："保证人应当履行以下义务：

（一）监督被保证人遵守本法第五十六条的规定；（二）发现被保证人可能发生或者已经发生违反本法第五十六条规定的行为的，应当及时向执行机关报告。被保证人有违反本法第五十六条规定的行为，保证人未及时报告的，对保证人处以罚款，构成犯罪的，依法追究刑事责任。"

《决定》通过本条对 1996 年刑事诉讼法第 55 条作了修改。

新刑事诉讼法第 68 条分为 2 款。

第 1 款是关于保证人应当履行的义务的规定。根据该款规定，保证人的义务有两项：第一，监督被保证人遵守新刑事诉讼法第 69 条的规定。包括遵守第 69 条第 1 款的各项规定和人民法院、人民检察院和公安机关依据第 69 条第 2 款责令被保证人遵守的一项或者多项规定。保证人应当积极履行义务，采用各种方式对被保证人遵守法律规定的情况进行了解和监督。第二，发现被保证人可能发生或者已经发生违反第 69 条规定的行为的，应当及时向执行机关报告。即保证人在履行保证义务过程中，如果发现被保证人有违反规定的企图，可能发生违反规定的行为，或者发现被保证人的行为已经违反了法律规定的义务的，应当毫不拖延地、尽快地向执行机关报告，这样，才称得上"及时"。"执行机关"是指公安机关。

第 2 款是对保证人未履行保证义务的法律责任的规定。根据该款规定，被保证人有违反第 69 条规定的行为，保证人未履行保证义务的，对保证人处以罚款；对保证人有帮助被保证人逃避侦查、审判、串供、毁灭、伪造证据等行为，构成犯罪的，依照刑法追究刑事责任。被保证人有违反第 69 条规定的行为，是对保证人进行处罚的前提。"未履行保证义务"是指未履行第 1 款规定的保证义务，包括未认真对被保证人遵守第 69 条的规定进行监督，和发现被保证人可能发生或者已经发生违反第 69 条规定的行为时未及时向执行机关报告。根据有关规定，对保证人的罚款，由取保候审的执行机关，即公安机关决定。对保证人处以罚款的数额，法律没有规定，实践中应由执行机关根据被保证人违法情况的严重程度、责任大小及其经济状况来确定。

二十三、将第五十六条改为三条，作为第六十九条、第七十条、第七十一条，修改为：

"第六十九条　被取保候审的犯罪嫌疑人、被告人应当遵守以下规定：

"(一)未经执行机关批准不得离开所居住的市、县；

"(二)住址、工作单位和联系方式发生变动的，在二十四小时以内向执行机关报告；

"(三)在传讯的时候及时到案；

"(四)不得以任何形式干扰证人作证；

"（五）不得毁灭、伪造证据或者串供。

"人民法院、人民检察院和公安机关可以根据案件情况，责令被取保候审的犯罪嫌疑人、被告人遵守以下一项或者多项规定：

"（一）不得进入特定的场所；

"（二）不得与特定的人员会见或者通信；

"（三）不得从事特定的活动；

"（四）将护照等出入境证件、驾驶证件交执行机关保存。

"被取保候审的犯罪嫌疑人、被告人违反前两款规定，已交纳保证金的，没收部分或者全部保证金，并且区别情形，责令犯罪嫌疑人、被告人具结悔过、重新交纳保证金、提出保证人，或者监视居住、予以逮捕。

"对违反取保候审规定，需要予以逮捕的，可以对犯罪嫌疑人、被告人先行拘留。

"第七十条　取保候审的决定机关应当综合考虑保证诉讼活动正常进行的需要，被取保候审人的社会危险性，案件的性质、情节，可能判处刑罚的轻重，被取保候审人的经济状况等情况，确定保证金的数额。

"提供保证金的人应当将保证金存入执行机关指定银行的专门账户。

"第七十一条　犯罪嫌疑人、被告人在取保候审期间未违反本法第六十九条规定的，取保候审结束的时候，凭解除取保候审的通知或者有关法律文书到银行领取退还的保证金。"

本条将1996年刑事诉讼法第56条关于取保候审应当遵守的规定进行了修改，修改为第69条、第70条、第71条，共3条，分别精解如下：

1. 第六十九条　被取保候审的犯罪嫌疑人、被告人应当遵守以下规定：

（一）未经执行机关批准不得离开所居住的市、县；

（二）住址、工作单位和联系方式发生变动的，在二十四小时以内向执行机关报告；

（三）在传讯的时候及时到案；

（四）不得以任何形式干扰证人作证；

（五）不得毁灭、伪造证据或者串供。

人民法院、人民检察院和公安机关可以根据案件情况，责令被取保候审的犯罪嫌疑人、被告人遵守以下一项或者多项规定：

（一）不得进入特定的场所；

（二）不得与特定的人员会见或者通信；

（三）不得从事特定的活动；

（四）将护照等出入境证件、驾驶证件交执行机关保存。

被取保候审的犯罪嫌疑人、被告人违反前两款规定，已交纳保证金的，没收部分或者全部保证金，并且区别情形，责令犯罪嫌疑人、被告人具结悔过、重新交纳保证金、提出保证人，或者监视居住、予以逮捕。

对违反取保候审规定，需要予以逮捕的，可以对犯罪嫌疑人、被告人先行拘留。

【精解1】

本条是关于被取保候审的犯罪嫌疑人、被告人应当遵守哪些规定以及违反取保候审规定应当如何处理的规定。本条分为4款。

第1款规定了被取保候审人应当遵守的一般要求。根据本款规定，所有被采取取保候审措施的犯罪嫌疑人、被告人都应当遵守以下五项规定：

第一，未经执行机关批准不得离开所居住的市、县。根据新刑事诉讼法第65条的规定，取保候审由公安机关执行。本条所规定的"执行机关"，是指公安机关以及履行侦查职责的国家安全机关、军队保卫部门。这里所说的"市"，是指直辖市、设区的市的城市市区和县级市的辖区，在设区的同一市内跨区活动的，不属于离开所居住的市、县。法律作这样的规定，主要是考虑到犯罪嫌疑人、被告人在案件没有终结以前，公安机关、人民检察院、人民法院随时有可能对被取保候审的犯罪嫌疑人、被告人进行讯问、核实证据、对案件开庭审理等。为了保证刑事诉讼活动的正常进行，规定被取保候审人不得离开所居住的市、县是非常必要的。应当注意的是，如果是人民检察院、人民法院决定的取保候审，在执行期间犯罪嫌疑人申请离开所居住的市、县的，公安机关应当征得人民检察院、人民法院的同意。

第二，住址、工作单位和联系方式发生变动的，在24小时以内向执行机关报告。为保障诉讼活动的顺利进行，新刑事诉讼法对被取保候审的犯罪嫌疑人、被告人提出了未经许可不得离开所居住的市、县和在传讯的时候及时到案等要求，为保障执行机关进行监督管理，便于司法机关传讯，对于自己的住址、工作单位和联系方式，犯罪嫌疑人、被告人都应当如实报告给司法机关。随着经济社会的发展，人员流动性加强，人们的住址、工作单位和联系方式时有变动。对于这种变动，被取保候审的犯罪嫌疑人、被告人应当在变动后24小时内向执行机关报告。应当注意的是，这种住址、工作单位和联系方式的变动不需要经过执行机关的批准。但是，如果变动后的住址、工作单位不在其原来所居住的市、县之内，因为变动要离开原来所居住的市、县，这种变动就需要先经执行机关批准。对于住址、工作单位离开原来所居住的市、县，办案机关认为对犯罪嫌疑人、被告人不宜再取保候审的，可以采取其他强制措施，保障诉讼活动的顺利进行。

第三，在传讯的时候及时到案。由于犯罪嫌疑人、被告人不在押，因此，司法机关多用传讯方式通知他们到案，被取保候审人在接到传讯后应当及时到案，才能保证刑事诉讼活动的顺利进行。这里所说的"到案"，是指犯罪嫌疑人、被告人根据司法机关的要求，主动到司法机关或者其指定的地点接受讯问、审判等。

第四，不得以任何形式干扰证人作证。被取保候审人不得以口头、书面或者其他形式威胁、恫吓、引诱、收买证人不作证或者不如实作证。

第五，不得毁灭、伪造证据或者串供。这里所说的"毁灭"证据，是指犯罪嫌疑人、被告人为推脱责任，逃避追究，采取积极行动隐匿证据，阻碍侦查机关侦查的行为，包括销毁已经存在的证据，或者将证据转移隐藏的行为等。"伪造"证据，包括制造假的证据、对证据进行变造等改变证据特征和所包含的信息的行为。"串供"，是指被取保候审人利用自己未被羁押的便利条件与其他同案犯建立攻守同盟、统一口径等。

第2款是关于人民法院、人民检察院、公安机关可以根据案件和犯罪嫌疑人、被告人的情况有针对性地选择决定犯罪嫌疑人、被告人应当遵守的规定。

第一，不得进入特定的场所。特定的场所，是指根据犯罪的性质及犯罪嫌疑人的个人倾向、心理状态等，可能会对这一场所正常的生产、生活或者学习造成不利影响，比如引起恐慌等，或者因为场景刺激导致犯罪嫌疑人再次犯罪的场所。比如禁止猥亵儿童犯罪、毒品犯罪等的犯罪嫌疑人、被告人进入学校、医院等场所；禁止盗窃犯罪的犯罪嫌疑人、被告人进入商场、车站等大型人员密集型场所；禁止进入犯罪现场等可能与被指控的犯罪有关的场所，防止毁坏现场、毁弃证据等行为的发生。

第二，不得与特定的人员会见或者通信。这里的"特定人员"，一般是指案件的被害人、同案犯、证人、鉴定人等人员。犯罪嫌疑人、被告人与这些人员会见或者通信，有可能会造成串供、威胁引诱欺骗证人、打击报复被害人或者证人等，从而影响诉讼活动的顺利进行。

第三，不得从事特定的活动。一般是指禁止从事与其被指控的犯罪有关的活动。这些特定的活动，或者是与被指控的犯罪为一类或者相似的行为，可能会引发犯罪嫌疑人、被告人新的犯意，或者可能对正常的社会生产、生活秩序造成不利影响。比如，对于涉嫌证券犯罪的，禁止从事证券交易；对于涉嫌贩毒、吸毒的，禁止从事医药卫生工作中接触精神药品和麻醉药品的活动；对于涉嫌拐卖妇女儿童的，禁止参加与儿童接触的教学活动等。

第四，将护照等出入境证件、驾驶证件交执行机关保存。随着经济社会的发展，交通日益发达，人员流动日益频繁，人们的活动范围和交往领域日益扩大。随着国际交往的增多，外国人在我国境内犯罪或对中国公民犯罪的情况也日益增多，对这些人采取取保候审措施，有必要限制或者防止其离境，以保证诉讼的顺利进行和刑罚得到执行。这些情况下，除了要求其遵守"不得离开所居住的市、县"等一般规定外，还有必要采取一定措施限制其脱逃监管的交通、通行等便利条件。这里规定的"出入境证件"、"驾驶证件"是指出入我国国(边)境需要的证件，包括护照、海员证、签证等能够证明其身份以及允许进出中国的证件，港澳通行证、台胞证等允许进出大陆内地的证件，交通运输管理部门颁发的允许驾驶机动车(船)的驾驶证等证件。新刑事诉讼法没有规定被取保候审的犯罪嫌疑人、被告人要将身份证件交执行机关保存，主要是考虑到新刑事诉讼法允许被取保候审的犯罪嫌疑人、被告人可以在其居住的市、县活动，不收缴其身份证件是为保障其生活、工作所需。这与居民身份证法关于扣押居民身份证的规定是一致的。根据《居民身份证法》的规定，任何组织或者个人不得扣押居民身份证。但是，公安机关依照刑事诉讼法执行监视居住强制措施的情形除外。

应当注意的是"特定"的确定。由于实践中情况比较复杂，难以在法律中作出详尽规定，需要公安机关、人民检察院、人民法院根据个案中犯罪的性质、情节，行为人犯罪的原因和个人的行为倾向、心理状态，维护社会秩序、保护被害人免遭再次侵害、预防行为人再次犯罪的需要以及犯罪嫌疑人、被告人居住地周边的社会环境等具体情况决定。对于是否要求被取保候审的犯罪嫌疑人、被告人遵守本款规定，要求其遵守本款哪几项规定，以及特定场所、人员、活动的范围，也要由公安机关、人民检察院、人民法院根据法律规定的原则和精神，从维护社会秩序、保护被害人合法权益、预防犯罪的需要综合考虑，逐案、逐人裁量决定。可能有的案件采用，有的案件不采用，同一案件中有的犯罪嫌疑人、被告人可以采用，有的就不采用。可以只涉及一个方面的事项，如只禁止从事特定活动，也可以同时涉及三个方面的事项，即同时禁止其从事特定活动、进入特定场所、接触特定的人员。选择要有针对性，在保障诉讼顺利进行、维护社会秩序的前提下，尽量使对犯罪嫌疑人、被告人工作、生活、学习造成的影响降到最低。不能为了工作便利，要求所有被取保候审的犯罪嫌疑人、被告人都遵守本条第2款的所有规定，也不能随意扩大特定场所、人员和活动的范围。由于法律规定比较原则，为了指导各级人民法院、人民检察院、公安机关等准确适用该法律规定，维护法制统一，在必要的时候，有关部门可以通过制定司法解释和有关规定的方式，就禁止的具体内容、范围等作出进一步细化规定。

第3款是对犯罪嫌疑人、被告人在取保候审期间违反规定如何处理的规定。根据本款规定，如果被取保候审的犯罪嫌疑人、被告人违反本条第1款、第2款的规定，已交纳保证金的，没收部分或者全部保证金。具体应当没收的数额，是没收全部还是部分保证金，应当根据其违反规定的情节及严重程度决定，不能不分情况地一概简单采取没收全部保证金的方式。另外，还应根据不同情形分别作出以下处罚：

（1）对于违法情节较轻，不需要逮捕，允许再次取保候审的，责令犯罪嫌疑人、被告人具结悔过、重新交纳保证金或者提出保证人。

（2）对于违法情节比较严重，不允许再取保候审的，应当采取监视居住或者予以逮捕。如果犯罪嫌疑人、被告人在取保候审期间未违反第1款、第2款规定，取保候审结束时，应当将保证金退还本人。

第4款是对违反取保候审规定，需要予以逮捕的犯罪嫌疑人、被告人可以先行拘留的规定。在实践中，对于有些犯罪嫌疑人、被告人，从其遵守取保候审规定的情况来看，取保候审已经不能保证诉讼顺利进行，只能采取更严厉的强制措施。对于违反取保候审规定，需要先行拘留的，应当根据本法关于拘留的有关规定作出决定，由公安机关按照本法规定的程序执行。

【引导案例】毒胶囊生产者被取保候审期间不得从事药业生产

2012 年 4 月 15 日，媒体曝光江西弋阳县龟峰明胶有限公司用皮革加工工业明胶，出售后用来加工药用胶囊。随后，弋阳县有关部门立即对该厂进行停产整顿，原材料和产品被查封，并进行相关调查。4 月 18 日，新闻公布了从 4 家被查获利用工业明胶制造药用胶囊企业中抽取的 61 批次产品检测结果，其中 29 批次被确定为铬超标。14 家非涉案胶囊企业被抽取的 39 批次产品中，目前已完成检测 35 批次，检测出 4 批次为不合格，剩下 4 批次产品还在检测中。

2012 年 4 月 18 日，弋阳龟峰明胶有限公司董事长李明元已被刑事拘留，分管生产的负责人被取保候审，另有 5 名相关人员被公安机关严密控制。

【分析】

本案中，江西弋阳龟峰明胶有限公司分管生产的负责人被取保候审。如果此案诉讼过程持续到 2013 年 1 月 1 日，那么公安司法机关可以依据新刑事诉讼法第 69 条第 2 款的规定，责令该负责人在取保候审期间不得从事药业生产活动。

新刑事诉讼法新增加了对取保候审期间犯罪嫌疑人、被告人的限制性规定，包括规定其不得进入特定的场所、不得与特定的人员会见或者通信、不得从事特定的活动以及将护照等出入境证件、驾驶证件交执行机关保存等，目的在于进一步完善取保候审内涵，切实发挥其保障刑事诉讼顺利进行的功能。在实践中也有助于防止被取保候审人继续实施违法犯罪行为或干扰刑事诉讼的顺利进行。此项规定实施后，如何对犯罪嫌疑人、被告人进入特定场所、与特定人员会见或通信、从事特定活动等进行实时监督和制止，将成为实践中亟须解决的现实问题。

2. **第七十条**　取保候审的决定机关应当综合考虑保证诉讼活动正常进行的需要，被取保候审人的社会危险性，案件的性质、情节，可能判处刑罚的轻重，被取保候审人的经济状况等情况，确定保证金的数额。

提供保证金的人应当将保证金存入执行机关指定银行的专门账户。

【精解 2】

本条是关于如何确定保证金数额以及交纳保证金具体程序的规定。本条分为 2 款。

第 1 款是关于如何确定取保候审保证金数额的规定。根据本条规定，决定机关在确定保证金数额时，应当综合考虑保证诉讼活动正常进行的需要，被取保候审人的社会危险性，案件的性质、情节，可能判处刑罚的轻重，被取保候审人的经济状况等方面的因素。保证金能否起到足够的约束作用，保障诉讼的顺利进行，一是取决于被取保候审的犯罪嫌疑人、被告人对没收保证金和逃避、妨碍诉讼之间进行的利害比较，保证金的数额要能够切实保障诉讼活动正常进行，防止犯罪嫌疑人、被告人产生逃避追究的意图，压抑犯罪嫌疑人、被告人发生社会危险性的冲动。二是取决于被取保候审人的社会危险性，也就是实施一定的行为对社会造成一定危害的可能。这都要根据其已经实施犯罪的性质、个人性格、价值观及心理倾向等综合考虑。一般来说，社会危险性越大，保证金的数额应当越高。如果保证金数额过低，则无法起到应有的约束作用。对于保证金无法防止发生社会危险性的，应当采取拘留、逮捕等措施。

其次，从司法公正出发，保证金的数额还要考虑案件的性质、情节，可能判处刑罚的轻重等情节。与罪刑相适应原则一样，当事人在刑事程序中所受到的刑事处遇也应当与其承担的法律责任相称，这是社会主义法治的必然要求，也与国际司法准则的一般要求相一致。如果对较重犯罪的犯罪嫌疑人、被告人确定过低的保证金数额，则有可能刺激犯罪嫌疑人、被告人产生弃保潜逃的侥幸心理，不足以约束犯罪分子；如果对较轻犯罪的犯罪嫌疑人、被告人确定过高的保证金数额，则容易造成犯罪嫌疑人、被告人对法律和社会的抵触心理，使当事人及其亲友甚至社会公众产生司法不公正的感受，影响刑事诉讼的法律效果和社会效果。因此，保证金的数额一般应当与其所犯罪行的性质、情节以及可能判处刑罚的轻重等相称。

另外，不同经济能力的犯罪嫌疑人、被告人对没收保证金的心理承受能力不同，即使社会危险性、犯罪性质、情节等因素基本相同的犯罪嫌疑人、被告人，因为经济能力不同，其遵守有关规定的心理倾向也会产生差异。一般来说，同等数额的保证金，对于经济能力较差的犯罪嫌疑人、被告人能够产生更好的约束效果。因此，保证金数额还要考虑犯罪嫌疑人、被告人的经济状况，确定与其经济能力相称的数额标准。

本条并没有规定保证金的具体数额。对保证金的具体数额，由办案机关根据具体案件的情况确定，也就是赋予办案机关一定的自由裁量权。

第 2 款是关于将保证金直接存入执行机关指定银行的专门账户的规定。"提供保证金的人"是指交纳保证金的犯罪嫌疑人、被告人或者因为犯罪嫌疑人、被告人被拘留、逮捕无法亲自交纳保证金而接受委托代其交纳保证金的人。"执行机关指定银行的专门账户"是指执行机关在银行开立的专门用来收取取保候审保证金的专用账户。根据本款的规定，办案机关在作出取保候审决定并确定保证金的金额后，应当将决定书送达给犯罪嫌疑人、被告人，由提供保证金的人根据取保候审决定书上确定的保证金数额，直接将保证金存入取保候审保证金专用账户，银行直接开具有关凭证，而不需要先交给执行机关。

3. 第七十一条　犯罪嫌疑人、被告人在取保候审期间未违反本法第六十九条规定的，取保候审结束的时候，凭解除取保候审的通知或者有关法律文书到银行领取退还的保证金。

【精解 3】

本条是关于退还取保候审保证金程序的规定。

根据本条的规定，犯罪嫌疑人、被告人在取保候审期间未违反本法第 69 条规定的，取保候审结束的时候，凭解除取保候审的通知或者有关法律文书到银行领取退还的保证金。取保候审是保障诉讼顺利进行的强制措施，本身不涉及案件的实体问题，因此，无论犯罪嫌疑人、被告人是否有罪，都应当以犯罪嫌疑人、被告人是否遵守本法关于取保候审应当遵守的规定为标准，决定是否应当退还保证金。如果犯罪嫌疑人、被告人在取保候审过程中没有违反本法关于取保候审应当遵守的规定，即使最终被判决有罪，有关机关也应当在取保候审结束后退还保证金。对于违反规定的，也应当根据其违反规定的情节及严重程度，决定没收全部或者部分保证金，不能不分情况地一概简单采取没收全部保证金的方式。

取保候审保证金应当在取保候审结束的时候退还。在取保候审结束时，执行机关应当出具解除取保候审通知书，作为犯罪嫌疑人、被告人恢复人身自由，领取退还的保证金的凭证。对于人民检察院、人民法院决定解除取保候审的，也应当通知执行机关，发给犯罪嫌疑人、被告人解除取保候审通知书。犯罪嫌疑人、被告人或者其近亲属以及他们委托的人可以凭解除取保候审通知书直接到银行领取退还的保证金。对于公安机关、人民检察院取保候审的案件，在移送审查起诉或者移送起诉后，公安机关、人民检察院决定的取保候审相应结束，人民检察院、人民法院可以根据案件的情况和刑事诉讼的需要，决定对犯罪嫌疑人、被告人继续采取取保候审措施，或者决定将取保候审变更为其他强制措施。受案机关作出继续取保候审决定的，原来缴纳的保证金仍然可以继续作为保证金。变更保证方式，不再采取保证金方式的，也要退还其保证金。这种情况下虽然不需要办理解除手续，但也应当发给变更保证方式的决定，作为其领取退还的保证金的凭证。另外，在人民检察院对犯罪嫌疑人作出不起诉决定后，或者人民法院对案件经过审理作出无罪判决后对被告人予以释放的，或者人民法院作出有罪判决为了执行刑罚而将被取保候审的被告人收押的，原取保候审措施也相应结束。在决定机关将取保候审变更为其他强制措施后，应当立即解除原取保候审，执行机关应当及时书面通知被取保候审人、保证人。在对犯罪嫌疑人、被告人变更了强制措施、人民检察院对犯罪嫌疑人作出不起诉决定后或者人民法院作出生效判决后，对于犯罪嫌疑人、被告人在取保候审期间没有违反相关决定的，决定机关也应当将取保候审保证金退还给犯罪嫌疑人、被告人。在这些情况下，当事人及其近亲属或者提供保证金的人凭变更强制措施决定书、不起诉决定书、判决书等有关法律文书到银行要求退还取保候审保证金的，银行也应当予以退还。银行在办理退还保证金手续时，对于领取保证金的人提供了解除取保候审通知或者有关法律文书的，应当依照规定退还取保候审保证金，不得拒绝。

【引导案例】 造假拘留证　收取保候审保证金敛财

2010 年 5 月 6 日《京华时报》报道："河北灵寿县公安局原法制科科长曝出，有六名村民的拘留证为假，无原始存根。该科长称，局里曾要她制作两本拘留证台账，一本用来应对检查，一本则不入存根。

"我们很希望这只是基层执法个案，但公安系统人士的曝光却令人无比震惊。据透露，拘留证造假背后是一条黑色利益链：收取取保候审保证金，继而随便找个理由罚没，而这是'大家心知肚明的潜规则'，几乎每个公安局都有两本拘留台账。也就是说，利用'两本账'的猫腻将执法权'变现'，以致在执法程序上不惜设计'敛财口袋'让人钻，已不只是个别公安机关的特例，在一些地方已成为带有普遍性的现象。真所谓见过'执罚经济'，但没见过这么黑的'执罚经济'。

"法治社会，公安执法应该秉承什么样的理念与原则，遵守哪些底线与操守，这些本该是常识。法谚有云，执法者必先受制于法，权利乃权力之母。但是在一些具体掌握公民人身自由大权的执法者眼中，这些所谓的至理名言不过是走不出象牙塔的漂亮口号。为了眼前的利益，有些执法者将强制措施乃至处罚，变成'执罚经济'的手段。在这样的执法生态中，公民权利不再受到依法的保障或剥夺，而演变为可以用金钱'购买'的'商品'。"

【分析】

《京华时报》以"拘留证造假折射基层执法生态"为题，揭开了某些违法收取取保候审保证金的黑幕。透过这一令人震惊的黑幕，我们除了发出"在宏大的法治构建之下，基层的执法生态堪忧"的感慨外，更应该注重加强法律法规制度的执行力度以及相关的监督检查力度。本案例中直接揭示的问题是刑事诉讼中取保候审保证金制度的违法运作，对此，我们结合新刑事诉讼法及相关立法和司法解释规定，对取保候审保证金的收取、保管和退还做一全面了解，使那些借执法权敛财、"收取取保候审保证金，继而随便找个理由罚没"的做法在知法者面前无法实现。

关于取保候审保证金的适用。根据最高人民法院、最高人民检察院、公安部、国家安全部、司法部、全国人大常委会法制工作委员会《关于刑事诉讼法实施中若干问题的规定》第21条的规定，对刑事诉讼法关于"对犯罪嫌疑人、被告人取保候审，应当责令犯罪嫌疑人、被告人提出保证人或者交纳保证金"规定的理解应当是，不能要求同时提供保证人并交纳保证金。

关于取保候审保证金的收取和管理。新刑事诉讼法第70条、71条对取保候审保证金的收取和保管实行分离制度，也就是决定收取取保候审保证金的机关不再是负责保管、退还取保候审保证金的单位。具体为，取保候审决定机关在综合考虑保证诉讼活动正常进行的需要，案件的性质、情节、被取保候审人的社会危险性和可能判处刑罚的轻重及经济状况等情况的基础上确定保证金的数额后，提供保证金的人应当将保证金存入执行机关指定银行的专门账户，待取保候审结束时，犯罪嫌疑人、被告人凭解除取保候审的通知或者有关法律文书到银行领取退还的保证金。据此，最高人民法院、最高人民检察院、公安部、国家安全部《关于取保候审若干问题的规定》第6条关于"取保候审保证金由县级以上执行机关统一收取和管理"的规定将不再实行。此外，《关于取保候审若干问题的规定》第 5 条、16 条、18 条规定，采取保证金形式取保候审的，保证金的起点数额为 1000 元。采取保证人形式取保候审的，被取保候审人违反刑事诉讼法规定，保证人未履行保证义务的，经查证属实后，由县级以上执行机关对保证人处 1000 元以上 20000 元以下罚款，并将有关情况及时通知决定机关。没收取保候审保证金和对保证人罚款均系刑事司法行为，不能提起行政诉讼。没收保证金的决定、退还保证金的决定、对保证人的罚款决定等，均应当由县级以上执行机关作出。

关于取保候审的执行。根据最高人民法院、最高人民检察院、公安部、国家安全部《关于取保候审若干问题的规定》第 2 条的规定，公安机关、人民检察院、人民法院决定取保候审的，由公安机关执行。国家安全机关决定取保候审的，以及人民检察院、人民法院在办理国家安全机关移送的犯罪案件时决定取保候审的，由国家安全机关执行。据此，对取保候审具有执行权的机关有两个：公安机关和国家安全机关。

关于取保候审措施在不同诉讼阶段的衔接。根据最高人民法院、最高人民检察院、公安部、国家安全部《关于取保候审若干问题的规定》第 22 条的规定，在侦查或者审查起诉阶段已经采取取保候审的，案件移送至审查起诉或者审判阶段时，如果需要继续取保候审，受案机关决定继续取保候审的，应当重新作出取保候审决定。

关于取保候审保证金与罚金、没收财产刑之间的联系与区别。根据最高人民法院、最高人民检察院、公安部、国家安全部《关于取保候审若干问题的规定》第 25 条的规定，对被取保候审人判处罚金或者没收财产的判决生效后，依法应当解除取保候审、退还保证金的，如果保证金属于其个人财产，人民法院可以书面通知执行机关将保证金移交人民法院执行刑罚，但剩余部分应当退还被取保候审人。

关于对被取保候审人在取保候审期间重新犯罪的处理。根据最高人民法院、最高人民检察院、公安部、国家安全部《关于取保候审若干问题的规定》第 12 条的规定，被取保候审人在取保候审期间涉嫌重新犯罪被司法机关立案侦查的，执行机关应当暂扣其交纳的保证金，待人民法院判决生效后，决定是否没收保证金。对故意重新犯罪的，应当没收保证金；对过失重新犯罪或者不构成犯罪的，应当退还保证金。

二十四、增加三条，作为第七十二条、第七十三条、第七十四条：

"第七十二条 人民法院、人民检察院和公安机关对符合逮捕条件，有下列情形之一的犯罪嫌疑人、被告人，可以监视居住：

"（一）患有严重疾病、生活不能自理的；

"（二）怀孕或者正在哺乳自己婴儿的妇女；

"（三）系生活不能自理的人的唯一扶养人；

"（四）因为案件的特殊情况或者办理案件的需要，采取监视居住措施更为适宜的；

"（五）羁押期限届满，案件尚未办结，需要采取监视居住措施的。

"对符合取保候审条件，但犯罪嫌疑人、被告人不能提出保证人，也不交纳保证金的，可以监视居住。

"监视居住由公安机关执行。

"第七十三条 监视居住应当在犯罪嫌疑人、被告人的住处执行；无固定住处的，可以在指定的居所执行。对于涉嫌危害国家安全犯罪、恐怖活动犯罪、特别重大贿赂犯罪，在住处执行可能有碍侦查的，经上一级人民检察院或者公安机关批准，也可以在指定的居所执行。但是，不得在羁押场所、专门的办案场所执行。

"指定居所监视居住的，除无法通知的以外，应当在执行监视居住后二十四小时以内，通知被监视居住人的家属。

"被监视居住的犯罪嫌疑人、被告人委托辩护人，适用本法第三十三条的规定。

"人民检察院对指定居所监视居住的决定和执行是否合法实行监督。

"第七十四条 指定居所监视居住的期限应当折抵刑期。被判处管制的，监视居住一日折抵刑期一日；被判处拘役、有期徒刑的，监视居住二日折抵刑期一日。"

本条在刑事诉讼法中增加第72条、第73条、第74条，共3条，对监视居住的适用条件、执行程序、法律监督和指定居所监视居住折抵刑期等作了规定。分别精解如下：

1. 第七十二条 人民法院、人民检察院和公安机关对符合逮捕条件，有下列情形之一的犯罪嫌疑人、被告人，可以监视居住：

（一）患有严重疾病、生活不能自理的；

（二）怀孕或者正在哺乳自己婴儿的妇女；

（三）系生活不能自理的人的唯一扶养人；

（四）因为案件的特殊情况或者办理案件的需要，采取监视居住措施更为适宜的；

（五）羁押期限届满，案件尚未办结，需要采取监视居住措施的。

对符合取保候审条件，但犯罪嫌疑人、被告人不能提出保证人，也不交纳保证金的，可以监视居住。

监视居住由公安机关执行。

【精解1】

本条是对1996年刑事诉讼法第51条关于监视居住的条件和执行机关的规定的修改。

1996年刑事诉讼法第51条规定："人民法院、人民检察院和公安机关对于有下列情形之一的犯罪嫌疑人、被告人，可以取保候审或者监视居住：（一）可能判处管制、拘役或者独立适用附加刑的；（二）可能判处有期徒刑以上刑罚，采取取保候审、监视居住不致发生社会危险性的。取保候审、监视居住由公安机关执行。"

新刑事诉讼法第72条共分为3款。

第1款是关于监视居住条件的规定。采取监视居住措施要同时符合以下两个方面的条件：

第一，符合逮捕条件。也就是说，对于可以采取监视居住措施的，是符合新刑事诉讼法第79条规定的逮捕条件的犯罪嫌疑人、被告人。这一规定，明确了监视居住作为逮捕替代措施的性质。有关部门在适用监视居住措施的时候，首先应当审查犯罪嫌疑人、被告人是否符合本法规定的逮捕条件。

第二，必须具有下列情形之一。本款主要规定了五种情形：

（1）患有严重疾病、生活不能自理的。这里所说的"患有严重疾病"，主要是指病情严重，生命垂危、在羁押场所内容易导致传染、羁押场所的医疗条件无法治疗该种疾病需要出外就医、确需家属照料生活等情况。这次修改刑事诉讼法，从有利于这类病人治疗和生活出发，在不妨碍诉讼顺利进行的情况下，规定了可以采取监视居住措施。"生活不能自理"，是指因年老、严重残疾等导致丧失行动能力，无法照料自己的基本生活，需要他人照料的情形。这种情况的犯罪嫌疑人、被告人由于丧失生活自理能力，不能照料自己生活，同样一般也无法再实施妨碍诉讼、危害社会的行为。对这两类人规定可以监视居住，有利于犯罪嫌疑人、被告人回到社会上或家庭中，尽量获得更好的医治和照顾，体现了人道主义精神。

（2）怀孕或者正在哺乳自己婴儿的妇女。妇女在怀孕后，生理、心理会发生变化，行动不便等也减弱了其妨碍诉讼、实施危害社会行为的能力，胎儿的正常发育也需要不同于一般人的照顾和医疗措施。刚出生的婴儿需要母乳喂养，初期的成长环境也会对其人生具有非常重大的塑造作用。为了有利于胎儿、婴儿的发育、成长，规定对怀孕或者正在哺乳自己婴儿的妇女监视居住，让她们及婴儿回到社会上或家庭中，得到更好的医疗和照顾，是人道主义精神的要求，有利于刑事诉讼取得更好的社会效果。

（3）系生活不能自理的人的唯一扶养人。扶养是指家庭成员以及亲属之间依据法律所进行的共同生活、互相照顾、互相帮助的权利和义务。这里所说的"扶养"包括父母对子女的抚养和子女对老人的赡养（包括养父母子女以及具有扶养关系的继父母子女），以及配偶之间、兄弟姐妹之间的相互扶养。另外，我国继承法规定，丧偶的儿媳、女婿对公婆、岳父母尽了主要赡养义务的，在继承的时候应当分给适当的遗产份额。这种情况也是我国法律规定的法律上的扶养关系。本条规定的适用监视居住，一是要求被扶养人丧失生活自理能力，比如因为疾病、残疾、年老丧失生活能力或者丧失行动能力、年幼等无法照顾自己基本生活的情况。二是犯罪嫌疑人、被告人系该生活不能自理的人的唯一扶养人，即除该犯罪嫌疑人、被告人之外，没有其他人对该生活不能自理的人负有法律上的扶养义务。这一规定是从人道主义精神出发，为了维系基本的社会家庭伦理关系，维护司法权威，维护社会和谐所作的规定。

（4）因为案件的特殊情况或者办理案件的需要，采取监视居住措施更为适宜的。"案件的特殊情况"一般是指案件的性质、情节等表明虽然犯罪嫌疑人、被告人符合逮捕条件，但是采取更为轻缓的强制措施不致发生本法第79条规定的社会危险性，或者因为案件的特殊情况，对犯罪嫌疑人、被告人采取监视居住措施能够取得更好的社会效果的情形。比如，因长期受迫害所引发的杀人、伤害案件，引起社会同情，且现实危险性较小的；犯罪嫌疑人、被告人悔罪赎罪态度明确积极，得到被害人、社会谅解的案件等。"办理案件的需要"

是从有利于继续侦查犯罪，或者诉讼活动获得更好的社会效果出发，对本来应当逮捕的犯罪嫌疑人、被告人采取监视居住措施。比如，为抓获可能与其联系的同案犯、防止其他犯罪嫌疑人因为与其无法联系而潜逃，对犯罪嫌疑人、被告人不采取羁押措施，采取监视居住措施更为有利的。由于犯罪嫌疑人、被告人符合逮捕条件，也就是说他实际上存在新刑事诉讼法第79条规定的社会危险，这导致办案机关对其采取监视居住措施时会面临一定的风险。因此，由公安机关、人民检察院、人民法院在确定采取监视居住措施是否"更为适宜"的时候，要结合案件的性质、情节，可能存在的风险等，综合各方面因素慎重考虑。

（5）羁押期限届满，案件尚未办结，需要采取监视居住措施的。这里规定的"羁押期限"，是指本法规定的侦查羁押、审查起诉、一审、二审的期限。如果案件在法定羁押期限届满不能办结的，对于还需要继续侦查、审查核实以决定是否提起公诉或者审理，又有社会危险性，符合逮捕条件的犯罪嫌疑人、被告人，可以根据本条的规定采取监视居住措施。这样规定，有利于督促司法机关抓紧时间办案，减少久拖不决的案件数量，有助于解决超期羁押问题。

应当指出的是，这里规定"可以"采取监视居住措施，而不是"应当"、"必须"，是考虑到让司法机关根据具体情况作出决定。对于有些尽管符合本条规定的情况，但可能具有很大的社会危险性的，也可不采取监视居住措施而予以逮捕。

第2款是对符合取保候审条件，不能提出保证人，也不交纳保证金的犯罪嫌疑人、被告人采取监视居住措施的规定。对于本款规定的犯罪嫌疑人、被告人，虽然符合取保候审条件，但由于不能提出保证人，也不交纳保证金，因此无法对其采取取保候审，如果不采取一定的强制措施，对犯罪嫌疑人、被告人又没有任何约束，很难保证其不发生社会危险性。从保障诉讼顺利进行，维护社会秩序出发，本条增加了这一规定。

第3款是关于监视居住执行机关的规定。公安机关、人民检察院和人民法院都有权决定对犯罪嫌疑人、被告人监视居住，但执行机关只有一个，这就是公安机关。法律这样规定，一是考虑到公安机关在各个区域都设有派出机构，同时公安机关与居民委员会、村民委员会等基层组织也有紧密的联系，并且有拘留、执行逮捕的权力，一旦发现违反规定者或者不该监视居住者，也可以及时依法处理，因此，公安机关执行便于加强对被监视居住人的监督和考察。二是根据分工负责、互相配合、互相制约原则，对于强制措施的决定权和执行权，一般都要分离，这是正当程序的基本要求，有利于司法机关正确地决定和采取监视居住措施。三是人民法院作为国家的审判机关，人民检察院作为国家的公诉和法律监督机关，从有利于客观公正处理案件，维护司法的公正和权威出发，不宜由其直接从事这些活动，对于其决定的取保候审、监视居住由公安机关执行较为适宜。

【引导案例】广西柳州警方最后"通牒"　8天内自首可不羁押

2011年12月8日《南国今报》报道，据柳州市警方介绍，根据《关于敦促在逃犯罪人员投案自首的通告》精神，在逃人员于12月15日中午12时前向公安机关主动投案自首，如实供述犯罪事实，对可能判处5年以下有期徒刑的，依法可以办理取保候审、监视居住等非羁押性强制措施。这16名在逃人员，多为涉嫌盗窃犯罪、经济犯罪等，从警方目前掌握的犯罪记录看，均有可能判处5年以下有期徒刑。这些在逃人员只要在上述规定的时间内投案自首，并如实供述自己的犯罪事实，警方将依法办理取保候审。警方指出，在规定期限内拒不投案自首的，公安机关将依法从严惩处。窝藏、包庇犯罪分子，帮助犯罪分子毁灭、伪造证据的，将依法追究刑事责任。同时，对于那些顽固不化的逃犯，警方将组织专门力量，以最强的力度、最硬的措施全力追逃。

【分析】

上述实例说明，在刑事诉讼法修改之前，取保候审和监视居住作为两种非羁押性强制措施，在适用范围和适用条件上基本一致。广西柳州警方开出的取保候审或监视居住条件就是依据1996年刑事诉讼法关于"可能判处有期徒刑以上刑罚，采取取保候审、监视居住不致发生社会危险性"的规定作出的。在新刑事诉讼法颁布实施后，与上述实例中类似的规定将不会再出现，因为，新刑事诉讼法第72条对监视居住的适用范围和适用条件作出了完全有别于1996年刑事诉讼法的规定，除了在"患有严重疾病、生活不能自理"、"怀孕或者正在哺乳自己婴儿的妇女"、"羁押期限届满，案件尚未办结"这三种情形下，公安司法机关可以选择适用取保候审与监视居住以外，监视居住有自己独特的适用条件，即"犯罪嫌疑人、被告人系生活不能自理的人的唯一扶养人"和"因为案件的特殊情况或者办理案件的需要，采取监视居住措施更为适宜"。广西柳州警方的上述通牒和承诺，显然不属于这两种情况。

2. 第七十三条　监视居住应当在犯罪嫌疑人、被告人的住处执行；无固定住处的，可以在指定的居所执行。对于涉嫌危害国家安全犯罪、恐怖活动犯罪、特别重大贿赂犯罪，在住处执行可能有碍侦查的，经上一级人民检察院或者公安机关批准，也可以在指定的居所执行。但是，不得在羁押场所、专门的办案场所执行。

指定居所监视居住的，除无法通知的以外，应当在执行监视居住后二十四小时以内，通知被监视居住人的家属。

被监视居住的犯罪嫌疑人、被告人委托辩护人，适用本法第三十三条的规定。

人民检察院对指定居所监视居住的决定和执行是否合法实行监督。

【精解2】

本条是关于监视居住的执行场所、通知家属、委托辩护人、法律监督的规定。

《决定》在本条中增加规定：一是将无固定住所之外的指定居所监视居住的情形作了严格限制；二是明确指定居所监视居住不得在羁押场所、专门的办案场所执行；三是规定指定居所监视居住的，除无法通知的以外，应当在24小时内通知其家属；四是对被指定居所监视居住的犯罪嫌疑人、被告人委托辩护人作了规定；五是对人民检察院的监督作了规定。

本条共分为4款。

第1款是关于监视居住执行处所的规定。根据本款的规定，监视居住主要有两种执行场所：在犯罪嫌疑人、被告人的住处执行和在指定的居所执行。对于被监视居住的犯罪嫌疑人、被告人，一般应当在其住处执行。这里规定的"住处"，是指犯罪嫌疑人、被告人在办案机关所在地的市、县内学习、生活、工作的合法住所。对于指定居所执行监视居住的，本款规定限于两种情形：一是没有固定住所的，也就是犯罪嫌疑人、被告人在办案机关所在地的市、县内没有合法住所的；二是涉嫌危害国家安全犯罪、恐怖活动犯罪、特别重大贿赂犯罪，在住处执行可能有碍侦查的，经上一级人民检察院或者公安机关批准的情形。对于第二种情形的指定居所监视居住，应当符合以下条件：

（1）符合监视居住的适用条件，即新刑事诉讼法第72条规定的符合逮捕条件，且有下列情形：患有严重疾病、生活不能自理的；怀孕或者正在哺乳自己婴儿的妇女；系生活不能自理的人的唯一扶养人；因为案件的特殊情况或者办理案件的需要，采取监视居住措施更为适宜的；羁押期限届满，案件尚未办结，需要采取监视居住的。对于符合逮捕条件但不具有上述情形，应当采取逮捕措施，不得以指定居所监视居住代替逮捕。

（2）涉嫌危害国家安全犯罪、恐怖活动犯罪、特别重大贿赂犯罪这三种犯罪。危害国家安全犯罪和恐怖活动犯罪对国家安全和社会稳定，公民人身、财产安全具有重大危害，这类犯罪中有的犯罪嫌疑人、被告人具有顽固的犯罪动机和冲动，从其组织、策划到实施与一般犯罪有很大的区别，采取一般的监视居住措施，很难防止其继续实施犯罪和破坏刑事诉讼的进行。特别重大贿赂犯罪作为对偶性犯罪，存在行贿人和受贿人双方，串供、建立攻守同盟等是这类犯罪中犯罪嫌疑人、被告人较常见的对抗侦查，逃避刑事追究的方式之一，也要采取措施切实防止这种妨碍诉讼进行的情形发生。

（3）在住处执行可能有碍侦查。是指需要采取监视居住措施进行更深入侦查，但是在住处执行可能会导致犯罪嫌疑人面临人身危险的，或者在住处执行可能引起同案犯警觉，导致同案犯潜逃或者转移、隐匿、销毁罪证的等情形。应当注意的是，对这三类案件的犯罪嫌疑人适用指定居所监视居住是监视居住的例外规定，如果这些案件可以在住处执行监视居住的，应当首先考虑在住处执行。

（4）应当经过严格的批准手续。根据本条规定，这三类案件的指定居所监视居住，要经上一级检察机关或者公安机关批准。对于不符合上述条件的这三类案件，不能采取指定居所监视居住措施。另外，无论对于因为无固定住所还是对于因为三类特殊案件而采取指定居所监视居住的，本法都明确规定不得在看守所、行政拘留所、留置室等羁押场所、专门的办案场所或者公安机关、检察机关的其他工作场所执行。作此规定是为了防止办案机关将指定居所监视居住演变成变相的羁押，规避本法关于拘留逮捕犯罪嫌疑人、被告人应当及时送看守所关押，讯问必须在看守所进行等方面的规定，防止刑讯逼供等非法取证行为，保障犯罪嫌疑人、被告人的诉讼权利和其他合法权益。

第2款是关于指定居所监视居住后通知家属的规定。1996年刑事诉讼法对指定居所监视居住后通知家属的问题未作规定。随着民主法制建设的不断推进和侦查机关打击犯罪能力的不断提高，应当对采取强制措施后通知家属作出规定。根据本条规定，对于指定居所监视居住的，除无法通知的以外，应当在执行监视居住后24小时以内，通知被监视居住人的家属。这里规定的"无法通知"是指犯罪嫌疑人没有家属，犯罪嫌疑人、被告人的身份、家庭住址、通讯方式无法查找或者根据其提供的联系方式联系不上，以及因为自然灾害等不可抗拒的事由造成通讯、交通中断等无法通知的情形。

应当注意的是，根据新刑事诉讼法第158条的规定，犯罪嫌疑人不讲真实姓名、住址，身份不明的，应当对其身份进行调查，并且不得停止对其犯罪行为的侦查取证。对于犯罪事实清楚，证据确实、充分，确实无法查明其身份的，也可以按其自报的姓名起诉、审判。因此，对于身份、住址不明的犯罪嫌疑人、被告人，应当首先调查其身份，不能不经调查就直接以"无法通知"为由不通知家属。无法通知的情形消失以后，应当立即通知其家属。这些修改，都体现了中国民主法制和保护人权的进步，是对犯罪嫌疑人、被告人权利的进一步保护。

第3款是关于指定居所监视居住的犯罪嫌疑人、被告人委托辩护人的规定。新刑事诉讼法第33条对犯罪嫌疑人、被告人委托辩护人的权利，以及办案机关告知犯罪嫌疑人、被告人有权委托辩护人的义务等作了规定。被指定居所监视居住的犯罪嫌疑人、被告人可以根据本条委托辩护人，也可以由其近亲属代为委托辩护人。办案机关也应当根据第33条的规定告知犯罪嫌疑人、被告人委托辩护人的权利。犯罪嫌疑人、被告人在押期间要求委托辩护人的，人民法院、人民检察院、公安机关应当及时转达其要求。

第4款是人民检察院对指定居所监视居住的合法性实行法律监督的规定。根据宪法的规定，检察机关是国家的法律监督机关，依照法律规定独立行使检察权，不受行政机关、社会团体和个人的干涉。人民检察院对刑事诉讼实行法律监督，是我国重要的司法制度，是法律赋予人民检察院的一项重要的职权。为确保指定居所监视居住措施的依法执行，这次修改刑事诉讼法，增加规定人民检察院对指定居所监视居住的决定和执行是否合法实行监督。这种监督，不仅包括检察机关对公安机关决定和采取的指定居所监视居住的监督，也包括在检察机关内部，侦查监督部门对负责自侦案件的部门所决定的指定居所监视居住的监督。

3. 第七十四条　指定居所监视居住的期限应当折抵刑期。被判处管制的，监视居住一日折抵刑期一日；被判处拘役、有期徒刑的，监视居住二日折抵刑期一日。

【精解3】

本条是关于指定居所监视居住的期限折抵刑期的规定。

我国《刑法》对拘留、逮捕的期限折抵管制、拘役、有期徒刑的刑期作了规定，主要是考虑到拘留、逮捕作为保障诉讼顺利进行而采取的剥夺或者限制人身自由的措施，本身不属于刑罚处罚，因此，在判处刑罚之前对罪犯人身自由的先期剥夺或者限制，应当在其承担的刑罚中予以折抵。这次修改刑事诉讼法，考虑到指定居所监视居住虽然不属于羁押措施，但对公民人身自由的限制和剥夺的程度比一般的监视居住和取保候审更强，为了更好地保护当事人的合法权益，明确规定指定居所监视居住的期限折抵刑期。

根据本条的规定，指定居所监视居住1日折抵管制1日，指定居所监视居住2日折抵拘役、有期徒刑1日。这样规定，主要是考虑到本条指定居所监视居住限制和剥夺犯罪嫌疑人、被告人人身自由的方式、程度与拘留、逮捕等羁押措施不同，在强制措施执行中的处遇也不同，从与刑罚的比较来看，指定居所监视居住与管制的强度相似，但明显低于拘役、有期徒刑，因此对指定居所监视居住的，在折抵标准上应当低于羁押措施，规定不同的折抵标准。

根据《刑法》规定的计算方法，指定居所监视居住的期限折抵刑期，从判决执行之日起计算，即判决开始执行的当日起计算，当日包括在刑期之内；判决执行以前指定居所监视居住的期限，1日折抵管制刑期1日，或者2日折抵拘役、有期徒刑1日。这里所说的"判决执行之日"，是指罪犯被送交监狱或者其他执行机关执行刑罚之日，而不是指判决生效的日期。对于虽已作出有罪判决，但犯罪分子尚未交付监狱或者其他执行机关执行的，还不能算判决执行之日，不能开始计算刑期。

【引导案例】足坛打黑谢亚龙案　彰显监视居住的决定与执行亦需监督

2012年4月26日东方网报道，一开庭，整个旁听席就轰动了，因为公诉人刚开始质证，谢亚龙就表示自己遭受了专案组的刑讯逼供，随后整个上午几乎都是他在讲述那个过程。

"2010年9月3日上午7：40左右，我被从总局带走，刚刚上火车，专案组的警察就骂我，我说'你们怎么骂人呢'，警察上来就是一耳光，'你以为我们是北京公安吗？我们是辽宁公安！'然后给我戴上手铐，让我蹲在角落里，不让站也不让坐。"谢亚龙的代理律师陈刚，给《上海青年报》记者回忆了谢亚龙的话。

"到了辽宁，进入被监视居住的招待所后的当天，晚上6点左右，专案组对我开打了，手脚被拷牢，然后扇耳光，随后要求我自己脱光衣服，只穿一条裤衩，从头上浇凉水，9月份的沈阳已经很冷了，我冻得受不了。"

"9月5日开始，我只能开始交代，他们仍然不断打，手段包括了电击，这导致了我现在严重的心律不齐，中间一直有羞辱和殴打，不让睡觉。还有一次，专案组的一位官员喝醉了，一来就莫名其妙地打我。"

【分析】

本案例中谢亚龙关于其监视居住期间遭受警察暴行的控告能否得到法庭认可，随着案件审理的深入，真相自会大白于天下。在此选择此案例，主要结合谢亚龙监视居住情况对新刑事诉讼法关于监视居住这一强制措施的执行进行简要分析和说明。

新刑事诉讼法新增第73条规定，首次对监视居住的执行场所、通知时间和合法性监督作了明确规定。其中，在监视居住措施的执行场所上，法律规定应当在犯罪嫌疑人、被告人的住处执行，在没有固定住处的情况下，可以在指定的居所执行，并且这种指定的居所不得是羁押场所或者专门的办案场所。那么，本案中，对谢亚龙的监视居住为何在辽宁某招待所执行呢？这是因为，1996年刑事诉讼法并未对监视居住的执行场所作出具体规定，本案诉讼依据该法进行并无不当。在此需要说明的是，新刑事诉讼法对此种情形作出了特别的规定。就本案而言，对涉嫌特别重大贿赂犯罪的谢亚龙而言，在其住处执行监视居住可能有碍侦查，因此，经上一级人民检察院或者公安机关批准，可以对其在指定的居所执行。

此外，关于对类似谢亚龙所称在监视居住期间遭遇警察暴力情况的监督，新刑事诉讼法第73条特别规定了人民检察院对指定居所监视居住的决定和执行的合法性监督权力。

还有必要提及的是，根据1996年刑事诉讼法，本案谢亚龙在指定居所监视居住的刑期不能折抵刑期。这是修改前后的刑事诉讼法关于监视居住的又一重大区别。在新刑事诉讼法实施后，类似谢亚龙的情况将实行刑期折抵，具体为：被判处管制的，监视居住1日折抵刑期1日；被判处拘役、有期徒刑的，监视居住2日折抵刑期1日。

二十五、将第五十七条改为第七十五条，修改为："被监视居住的犯罪嫌疑人、被告人应当遵守以下规定：

"（一）未经执行机关批准不得离开执行监视居住的处所；

"（二）未经执行机关批准不得会见他人或者通信；

"（三）在传讯的时候及时到案；

"（四）不得以任何形式干扰证人作证；

"（五）不得毁灭、伪造证据或者串供；

"（六）将护照等出入境证件、身份证件、驾驶证件交执行机关保存。

"被监视居住的犯罪嫌疑人、被告人违反前款规定，情节严重的，可以予以逮捕；需要予以逮捕的，可以对犯罪嫌疑人、被告人先行拘留。"

【精解】

本条是对 1996 年刑事诉讼法第 57 条关于监视居住应当遵守的规定以及违反监视居住规定如何处理的规定的修改。

1996 年刑事诉讼法第 57 条规定："被监视居住的犯罪嫌疑人、被告人应当遵守以下规定：（一）未经执行机关批准不得离开住处，无固定住处的，未经批准不得离开指定的居所；（二）未经执行机关批准不得会见他人；（三）在传讯的时候及时到案；（四）不得以任何形式干扰证人作证；（五）不得毁灭、伪造证据或者串供。被监视居住的犯罪嫌疑人、被告人违反前款规定，情节严重的，予以逮捕。"

《决定》通过本条对 1996 年刑事诉讼法第 57 条作了以下几处修改：一是将"未经执行机关批准不得离开住所，无固定住所的，未经批准不得离开指定的居所"统一明确为"未经执行机关批准不得离开执行监视居住的处所"；二是在"未经执行机关批准不得会见他人"的规定后增加不得"通信"的要求；三是增加了将护照等出入境证件、身份证件、驾驶证件交执行机关保存的要求；四是增加规定对违反监视居住规定，情节严重，需要予以逮捕的犯罪嫌疑人、被告人，可以先行拘留。

1979 年刑事诉讼法对被监视居住人应当遵守什么规定，违反规定如何处理均未作明确规定，在实际执行中出现了一些问题，有的把被监视居住的对象关进看守所、拘留所，有的则在招待所、旅馆，甚至在私设的"小黑屋"搞所谓的监视居住，把监视居住演变成了变相羁押，这不仅与刑事诉讼法当初设计监视居住措施的初衷相距甚远，而且也严重侵犯了公民的合法权益。为了解决实践中存在的问题，使监视居住作为一种非关押的强制措施更便于操作，对被监视居住的人的行为规范作明确规定，使其明白应当遵守什么规定，违反规定会有什么后果，同时也为了便于执行机关对被监视居住的犯罪嫌疑人、被告人进行监督，1996 年在修改刑事诉讼法时增加了被监视居住的犯罪嫌疑人、被告人应当遵守的规定。这些年来，随着经济社会形势的进一步发展变化，人们的生产、生活方式发生了很大的变化，人员的流动性进一步加强，科技的发展和犯罪形势的变化也导致一些传统的监督管理措施不能有效保障监视居住的效果，需要作出适当调整，以增强监视居住措施的针对性，更有效地防止出现社会危险性，保障诉讼顺利进行。这次刑事诉讼法修改，对被监视居住人应当遵守的规定作了补充修改。

新刑事诉讼法第 75 条分为 2 款。

第 1 款进一步明确了被监视居住人应当遵守的规定。根据本款规定，被监视居住的犯罪嫌疑人、被告人应当遵守以下六项规定：

第一，未经执行机关批准不得离开执行监视居住的处所。这里规定的"执行监视居住的处所"，主要包括两种情况：一是被监视居住的犯罪嫌疑人、被告人在办案机关所在的市、县内学习、生活、工作的合法住所。一般情况下，监视居住应当在犯罪嫌疑人、被告人的住所执行。二是应当采取监视居住措施但在本地没有固定住处的，或者根据本法第 73 条的规定，对于犯罪嫌疑人涉嫌危害国家安全犯罪、恐怖活动犯罪、特别重大贿赂犯罪，在住处执行监视居住可能有碍侦查的，由办案机关在办案机关所在的市、县内为犯罪嫌疑人、被告人指定的居所。应当注意的是，办案机关不得建立专门的监视居住场所、专门的办案场所，也不得在看守所、行政拘留所、留置室或者公安机关、检察机关的其他工作场所执行监视居住，对犯罪嫌疑人变相羁押。被监视居住人有正当理由要求离开住处或者指定的处所的，应当经执行机关批准。如果是人民法院、人民检察院决定的监视居住，公安机关在作出决定前，应当征得原决定机关同意。

第二，未经执行机关批准不得会见他人或者通信，是指被监视居住人未经执行机关批准，不得会见除与自己居住在一起的家庭成员和所聘请的辩护律师、辩护人以外的其他人，也不得与这些人以外的其他人通信。这里规定的"通信"除了一般的信件往来外，也包括通过新的通讯方式，比如通过电话、传真、电子邮件、手机短信等进行的沟通和交流。为了保证被监视居住人遵守有关规定，除了一般的监督管理手段外，这次修改刑事诉讼法也新规定了一些必要的监督管理手段。比如，新刑事诉讼法第76条规定，执行机关对被监视居住的犯罪嫌疑人、被告人，可以采取电子监控、不定期检查等监视方法对其遵守监视居住规定的情况进行监督；在侦查期间，可以对被监视居住的犯罪嫌疑人的通信进行监控。对于辩护律师同被监视居住的犯罪嫌疑人、被告人会见、通信，根据新刑事诉讼法第37条的规定，涉嫌危害国家安全犯罪案件、恐怖活动犯罪案件、特别重大贿赂犯罪案件，辩护律师在侦查期间会见被监视居住的犯罪嫌疑人、被告人，应当经侦查机关许可。辩护人在会见犯罪嫌疑人、被告人时，可以了解有关案件情况，提供法律咨询等，自案件审查起诉之日起，可以向犯罪嫌疑人、被告人核实有关证据。

第三，在传讯的时候及时到案，即被监视居住人应随传随到，这是对不羁押的犯罪嫌疑人、被告人最起码的要求，以保证刑事诉讼的顺利进行。由于犯罪嫌疑人、被告人不在押，因此，司法机关多用传讯方式通知他们到案，被监视居住人在接到传讯后应当及时到案，才能保证刑事诉讼活动的顺利进行。这里所说的"到案"，是指犯罪嫌疑人、被告人根据司法机关的要求，主动到司法机关或者其指定的地点接受讯问、审判等。

第四，不得以任何形式干扰证人作证，即被监视居住人不得以口头、书面或者以暴力、威胁、恫吓、引诱、收买证人等形式阻挠证人作证或者不如实作证，也不得指使他人采取这些方式阻挠证人作证或者不如实作证。

第五，不得毁灭、伪造证据或者串供，即被监视居住人不得利用自己未被羁押的便利条件，隐匿、销毁、伪造与案件有关的证据材料或者串供，或者指使他人采取这些方式毁灭、伪造证据或者串供。这里所说的"毁灭证据"，是指采取积极行动隐匿证据，阻碍司法机关查明案情的行为，包括销毁已经存在的证据，或者将证据转移隐藏的行为等。"伪造证据"，是指制造假的证据、对证据进行变造等改变证据本来特征和信息等，以便推脱自己的责任，逃避追究。"串供"，是指被取保候审人利用自己未被羁押的便利条件与其他同案犯建立攻守同盟、统一口径等。

第六，将护照等出入境证件、身份证件、驾驶证件交执行机关保存。这一规定是这次修改刑事诉讼法时，总结实践中的经验增加的规定。随着经济社会的发展，交通日益发达，人员流动日益频繁，人们的活动范围和交往领域日益扩大，犯罪嫌疑人、被告人脱逃的手段和工具也日益增多。随着国际交往的增多，外国人在我国境内犯罪或对中国公民犯罪的情况也日渐增多，对这些人采取监视居住措施，需要限制或者防止其离境，以保证诉讼的顺利进行和刑罚得到执行。这些情况下，有必要采取一定措施剥夺其脱逃监管的交通、通行等便利条件，有效保障监视居住的顺利执行。相对于取保候审应当遵守的规定，将护照等出入境证件、身份证件、驾驶证件交执行机关保存是被监视居住人必须遵守的规定，而且比取保候审增加了身份证件交执行机关保存的规定。这样规定，是考虑到监视居住是将犯罪嫌疑人的活动限制在其居所，将这些证件交执行机关保存不会对其生活、学习造成影响。对于扣押被监视居住的犯罪嫌疑人、被告人居民身份证，《居民身份证法》也作了明确规定。对于出入境证件、驾驶证件等的含义，在第69条的释义中已经作了解释。

第2款是对被监视居住人违背法律规定应如何处理的规定。根据本款规定，被监视居住的犯罪嫌疑人、被告人违反本条第1款第6项规定，如果给司法机关的诉讼活动造成了干扰或者增加了困难，严重妨碍了诉讼活动的正常进行，就属于"情节严重"。比如，故意实施新的犯罪行为的；企图自杀、逃跑、逃避侦查、审查起诉的；实施毁灭、伪造证据或者串供、干扰证人作证行为，足以影响侦查、审查起诉工作正常进行的；未经批准，擅自离开住处或者指定的居所、擅自会见他人、经传讯不到案等造成严重后果的等。对于情节严重的，应当对其予以逮捕；如果违反规定情节较轻，可以继续对其监视居住。

在实践中，对于应当逮捕的犯罪嫌疑人、被告人，要依法定程序履行必要的审批手续需要一定的时间，由于1996年刑事诉讼法对在批准逮捕之前是否可以采取先行拘留措施规定不明确，为防止犯罪嫌疑人、被告人在检察机关作出批准逮捕决定前继续实施危害社会安全、逃避刑事追究、阻碍刑事诉讼顺利进行的行为，有必要先行采取必要的强制措施，因此，新刑事诉讼法中增加规定，对于违反监视居住规定，情节严重，需要予以逮捕的犯罪嫌疑人、被告人，可以先行拘留。

二十六、增加一条，作为第七十六条："执行机关对被监视居住的犯罪嫌疑人、被告人，可以采取电子监控、不定期检查等监视方法对其遵守监视居住规定的情况进行监督；在侦查期间，可以对被监视居住的犯罪嫌疑人的通信进行监控。"

【精解】

本条在刑事诉讼法中增加规定了执行机关对被监视居住人进行监督的措施。

对于如何监督被监视居住的犯罪嫌疑人、被告人遵守监视居住的有关规定，1996年刑事诉讼法未作明确规定。经济社会快速发展，包括通信和网络技术等高科技在内的科学技术日新月异。这些进步和发展一方面对监督被监视居住人遵守监视居住规定的情况带来了一些困难和挑战，另一方面也为更有效地监控被监视居住人的行踪带来了便利。比如，为了更好地保证被监视居住的犯罪嫌疑人、被告人遵守有关规定，一些国家发展了电子手镯等监控方式，通过电子定位的方式对他们遵守法律的情况进行监视。我国在试行社区矫正的过程中，有些地方也尝试过这种方法，取得很好的效果，有必要在监视居住措施中推广。为了保障诉讼的顺利进行，保护公民的合法权利，这次修改刑事诉讼法，赋予执行机关相应的监视措施，同时也对采取这些措施作出明确限制。

根据本条规定，执行机关可以采取电子监控、不定期检查等监视方法，对被监视居住的犯罪嫌疑人、被告人遵守监视居住规定的情况进行监督；在侦查期间，可以对被监视居住的犯罪嫌疑人的通信进行监控。这里规定的"电子监控"，是指采取在被监视居住人身上或者住所内安装电子定位装置等电子科技手段对其行踪进行的监视。"不定期检查"是指执行机关对其行踪和遵守有关规定的情况进行的随机的、不确定的检查和监视，既可以是随时到执行处所进行检查，也可以是通过电话等进行随机抽查。"通信监控"是指对被监视居住人的通信、电话、电子邮件等与外界的交流、沟通进行的监控。

应当注意的是：首先，这些措施只能涉及被监视居住人本人，不宜对其家人也进行电子监控。其次，在侦查阶段为了对被监视居住人进行监督管理，可以采取通信监控的方式。如果需要采取监控通信的方式侦破犯罪，要根据本法关于技术侦查的有关规定，经过严格的批准手续，根据批准的措施种类、对象和期限执行。

【引导案例】李明取保候审期间"人间蒸发"　监视居住应加大监控力度

2012年4月25日申思、祁宏、李明案件的开庭审理过程中，公诉人在起诉书中指出，李明曾经在2010年5月7日被辽宁省公安厅取保候审，2010年10月14日因取保候审期间违反法律规定去向不明，被辽宁省公安厅列为在逃人员，2011 年 8 月 3 日李明投案后被辽宁省公安厅取保候审，同年 11 月 25 日被辽宁省公安厅监视居住。

【分析】

选择此案例，意在通过李明违反取保候审规定后，因自动投案又被采取取保候审、监视居住的事例，说明新刑事诉讼法对监视居住加大监督、监控的新规定。

如果本案发生在新刑事诉讼法生效实施之后，李明被采取监视居住措施后，辽宁省公安厅对其可以采取电子监控、不定期检查等监视方法对其遵守监视居住规定的情况进行监督，还可以对其通信情况进行监控。

需要说明的是，新刑事诉讼法关于执行机关对被监视居住人的电子监控、不定期检查、通信监控等监督方法，不仅适用于对犯罪嫌疑人、被告人在其住处执行的监视居住，而且适用于在指定居所执行的监视居住。

二十七、将第六十条改为第七十九条，修改为："对有证据证明有犯罪事实，可能判处徒刑以上刑罚的犯罪嫌疑人、被告人，采取取保候审尚不足以防止发生下列社会危险性的，应当予以逮捕：

"（一）可能实施新的犯罪的；

"（二）有危害国家安全、公共安全或者社会秩序的现实危险的；

"（三）可能毁灭、伪造证据，干扰证人作证或者串供的；

"（四）可能对被害人、举报人、控告人实施打击报复的；

"（五）企图自杀或者逃跑的。

"对有证据证明有犯罪事实，可能判处十年有期徒刑以上刑罚的，或者有证据证明有犯罪事实，可能判处徒刑以上刑罚，曾经故意犯罪或者身份不明的，应当予以逮捕。

"被取保候审、监视居住的犯罪嫌疑人、被告人违反取保候审、监视居住规定，情节严重的，可以予以逮捕。"

【精解】

本条是对 1996 年刑事诉讼法第 60 条关于逮捕条件的规定的修改。

1996 年刑事诉讼法第 60 条规定："对有证据证明有犯罪事实，可能判处徒刑以上刑罚的犯罪嫌疑人、被告人，采取取保候审、监视居住等方法，尚不足以防止发生社会危险性，而有逮捕必要的，应即依法逮捕。对应当逮捕的犯罪嫌疑人、被告人，如果患有严重疾病，或者是正在怀孕、哺乳自己婴儿的妇女，可以采用取保候审或者监视居住的办法。"

《决定》通过本条对1996年刑事诉讼法第60条作了以下几处修改：一是将"社会危险性"细化规定为五种情形；二是对特殊案件应当直接予以逮捕的情形作了规定；三是针对实践中对于违反取保候审、监视居住规定，情节严重的，是否可以批准逮捕认识不一致的问题，规定对违反取保候审、监视居住措施，情节严重的，可以采取逮捕措施。

对于逮捕条件，1979年刑事诉讼法规定，对主要犯罪事实已经查清，可能判处徒刑以上刑罚的人犯，采取取保候审、监视居住等方法，尚不足以防止发生社会危害性，而有逮捕必要的，应即依法逮捕。1996年在修改刑事诉讼法时，考虑到在司法实践中普遍反映的"主要犯罪事实"条件过于严格，在短期内无法查清，特别是对一些疑难、复杂案件很难做到，公安机关为了解决办案时间不够的问题，只好采取收容审查措施，由公安机关自己决定和执行，缺乏必要的制约，存在超范围、超时限、管理混乱的问题，出现了一些侵犯公民合法权益的现象。为了适应打击犯罪和切实保护公民合法权益的需要，在取消收容审查的同时，将逮捕条件修改为：对有证据证明有犯罪事实，可能判处徒刑以上刑罚的犯罪嫌疑人、被告人，采取取保候审、监视居住等方法，尚不足以防止发生社会危险性，而有逮捕必要的，应即依法逮捕。1996年刑事诉讼法修改后，为了更好地执行审查批准逮捕的规定，最高人民检察院等部门对逮捕条件作了进一步具体的操作规定。但实践中，也有一些部门反映，对于"社会危险性"包括哪些情况、是否有程度限制，如何理解"有逮捕必要"等规定的较模糊，在具体案件中容易出现认识分歧，有的检察机关对逮捕条件掌握过严，甚至按照审查起诉条件把握逮捕条件，导致对一些本该逮捕的犯罪嫌疑人、被告人不批捕，公安机关为侦查需要，或者对犯罪嫌疑人采取监视居住措施变相羁押，或者采取拘留后延长拘留提请批准逮捕期限的办法，以拘代侦。公安机关不愿采取取保候审、监视居住措施，也提高了逮捕和羁押的比例，甚至对一些罪行较轻或者社会危险性很小的犯罪嫌疑人也适用逮捕措施，出现应该判处的刑期短于羁押期限，法院不得不关多久判多久的情形。为有利于司法机关准确掌握逮捕条件，发挥逮捕措施在追究犯罪中的作用，防止错误逮捕，加强对公民人身权利的切实保护，这次修改刑事诉讼法，对逮捕条件作了进一步规定。

新刑事诉讼法第79条分为3款。

第1款是对一般逮捕条件的规定。根据本款的规定，逮捕应同时具备三个条件，才应依法逮捕：

第一，证据要件，即"有证据证明有犯罪事实"。这里所说的"有证据证明有犯罪事实"，一般是指同时具备下列情形：

（1）有证据证明发生了犯罪事实；

（2）有证据证明犯罪事实是犯罪嫌疑人实施的。

"有证据证明有犯罪事实"，并不要求查清全部犯罪事实。其中"犯罪事实"既可以是单一犯罪行为的事实，也可以是数个犯罪行为中任何一个犯罪行为的事实。这就是说，只要有新刑事诉讼法第48条规定的物证，书证，证人证言，被害人陈述，犯罪嫌疑人、被告人供述和辩解，鉴定意见，勘验、检查、辩认、侦查实验等笔录，视听资料、电子数据等证据中的任何一种证据能证明犯罪嫌疑人、被告人实施了犯罪行为，就达到了逮捕的证据要件，并不要求侦查人员把犯罪的所有证据都必须先拿到手，对主要犯罪事实都查清，达到"事实清楚，证据确实、充分"的程度。

第二，罪行要件，即对犯罪嫌疑人、被告人所实施的犯罪行为有可能判处徒刑以上刑罚的。刑罚的轻重，反映犯罪嫌疑人、被告人的主观恶性、社会危险性，也与其逃避或者妨碍诉讼的可能性之间存在很大的正相关关系。用刑罚为条件可以有效衡量犯罪嫌疑人、被告人妨碍诉讼、逃避刑罚执行的可能性。一般来说，将较轻的犯罪排除在羁押范围以外，对于法定刑较低或者可能判处较轻刑罚的犯罪，不采取羁押措施，有利于限制羁押措施的过多适用，也不会妨碍刑事诉讼活动的顺利进行。这就要求羁押措施要遵循比例性原则，即是否羁押以及羁押时间必须与所追究的犯罪行为的严重程度相适应。在羁押条件设计时，这一原则体现在对被适用者可能判处的刑罚的要求上，羁押并不针对所有的犯罪嫌疑人、被告人，而必须是可能判处一定刑罚和刑期的罪犯。如果所犯罪行可能连徒刑都判不了，即表明所犯罪行的社会危害性较小，就无必要逮捕。因此本条规定了可能判处徒刑以上刑罚的实体要件。

第三，社会危险性要件。这里所说的社会危险性，是指犯罪嫌疑人、被告人实施对社会造成危害的行为的可能。本款明确规定了五种社会危险性情形：

（1）可能实施新的犯罪的。羁押作为一种预防性措施，能保护公民免受极可能发生的重大犯罪的侵害，因此也确有必要。对于可能实施新的犯罪，一是从其已经实施的犯罪所体现的主观恶性和犯罪习性进行考察，比如是否是惯犯、流窜犯等已经养成习性的罪犯，是否曾经被判处过刑罚，是否属于累犯，被指控的犯罪是否属于过失犯罪等各方面的因素确定。另一方面，如果有一定的证据证明犯罪嫌疑人、被告人已经开始策划、预备实施某种犯罪的，也可以认定为可能实施新的犯罪。

（2）有危害国家安全、公共安全或者社会秩序的现实危险的。危害国家安全、公共安全或者社会秩序的行为，涉及国家的安全或者不特定多数人的人身、财产安全以及社会秩序和稳定等，对于具有这种现实危险的犯罪嫌疑人、被告人，在采取强制措施时，应当慎重考虑。如果有一定的证据或者迹象表明犯罪嫌疑人、被告人正在积极策划、组织或者进行准备，极有可能实施这类犯罪行为，为了维护国家安全和稳定，维护公共安全和社会秩序，就需要根据本条规定采取逮捕措施。对于只是有危害国家安全、公共安全或者社会秩序的想法或者观念，有较为充分的证据能够表明不会实施危害社会的危险行为的，也可以不予逮捕。

（3）可能毁灭、伪造证据，干扰证人作证或者串供的。即采取积极行动毁灭、隐匿证据，包括销毁已经存在的证据，或者将证据转移隐藏，制造假的证据或者对证据进行伪造、变造等改变证据本来特征和信息；利用自己未被羁押的便利条件与其他同案犯建立攻守同盟、统一口径；以口头、书面或者以暴力、威胁、恫吓、引诱、收买证人等形式对共同被告人、证人或者专家证人施加不当影响，阻挠证人作证或者不如实作证，或者指使、威胁、贿赂他人采取这些方式阻挠证人作证或者不如实作证，从而危及对事实真相的查明，使刑事侦查和审判等诉讼活动难以进行的。

（4）可能对被害人、举报人、控告人实施打击报复的。接受举报、控告等，是我国刑事诉讼中发现犯罪、查获犯罪的一个重要方面，举报人、控告人，包括被害人都是刑事诉讼中的重要证人，保护这些人不受打击报复，不仅有利于鼓励群众同犯罪作斗争，也有利于及时发现案件的真相。这里的打击报复，包括采取暴力方法进行的伤害或者意图伤害行为，也包括对被害人、举报人、控告人进行威胁、恐吓，对其人格、名誉进行的诋毁、攻击，或者利用职权等进行的刁难、要挟、迫害等。

（5）企图自杀或者逃跑的。在刑事诉讼中，为了保障诉讼的顺利进行，保障法院的判决得到执行，犯罪嫌疑人、被告人到案、接受讯问和审判是必要条件之一。犯罪嫌疑人、被告人在被追诉以后自杀、脱逃或者隐藏，本身已经说明不采取控制措施，刑事追诉就可能会因为其逃避行为而受阻。因此，对于企图自杀或者逃跑的犯罪嫌疑人、被告人，可以采取逮捕措施。

根据本款规定对犯罪嫌疑人、被告人采取逮捕措施，需要具备社会危险性条件。这种社会危险性，应当根据案件和犯罪嫌疑人、被告人的具体情况，包括涉案轻重程度、可能的刑期高低、其人格和私人关系等个案情况作出综合权衡和认定，并不是只要具有社会危险性就要采取逮捕措施。比如，对于一些罪行虽然比较严重，但主观恶性不大，有悔罪表现，具备有效监护条件或者社会帮教措施；初次犯罪、过失犯罪的；犯罪预备、中止、未遂的；犯罪后能够如实交代罪行，认识自己行为的危害性、违法性，积极退赃，尽力减少和赔偿损失，得到被害人谅解的等客观情节，能够表明犯罪嫌疑人、被告人不会产生社会危险性的，虽然符合刑期条件和证据条件，也可以不采取逮捕措施。

第 2 款是对犯罪嫌疑人、被告人可以径行逮捕的特殊规定。为了保护国家、社会、公共安全，保障诉讼的顺利进行，对于犯罪嫌疑人、被告人涉嫌犯罪重大，或者有证据表明其曾经犯罪，实施过危害国家、社会安全，干扰诉讼顺利进行的行为的，或者身份不明不采取逮捕措施逃跑后就无法查找的，就需要采取切实措施防止其妨碍诉讼，危害社会。

本款规定的应当逮捕，主要包括三种情况：一是有证据证明有犯罪事实，可能判处 10 年有期徒刑以上刑罚的情况。根据我国刑法的规定，判处 10 年有期徒刑以上刑罚的都是严重的犯罪，有必要对这些犯罪嫌疑人、被告人予以逮捕。二是有证据证明有犯罪事实，可能判处徒刑以上刑罚，曾经故意犯罪的犯罪嫌疑人、被告人。从刑法上来说，再犯一般都表明罪犯具有较强烈的反社会心理属性和较大的社会危险性，曾经故意犯罪的情况本身就已经表明了这种社会危险性的存在。三是有证据证明有犯罪事实，可能判处徒刑以上刑罚，身份不明的犯罪嫌疑人、被告人。在实践中，很多身份不明的犯罪嫌疑人、被告人，本身就是因为强烈的逃避追究的心理驱使而拒绝向办案机关承认自己的真实身份、住址等信息，导致身份无法查明，可能判处徒刑以上刑罚这种较重的刑罚的事实，更有可能强化犯罪嫌疑人、被告人的这种心理，因此有必要对这类犯罪嫌疑人、被告人予以羁押。

第 3 款是对违反取保候审、监视居住规定的犯罪嫌疑人、被告人采取逮捕措施的条件规定。这一规定，是与新刑事诉讼法第 69 条、第 75 条的规定相衔接的规定。根据本款规定，被取保候审、监视居住的犯罪嫌疑人、被告人违反了新刑事诉讼法第 69 条、第 75 条的规定，就表明犯罪嫌疑人、被告人具有本条第 1 款规定的社会危险性。如果存在本条第 1 款规定的五种社会危险性情形，给司法机关的诉讼活动造成了干扰或者增加了困难，或者严重妨碍了审判活动的正常进行，就属于"情节严重"，应当对其予以逮捕，如果违反规定情节较轻，可以继续对其监视居住。对于应当予以逮捕的，可以根据规定先予采取拘留措施，并按照规定的程序提请审查批准逮捕，在人民检察院批准后执行逮捕。

【引导案例 1】犯罪嫌疑人涉嫌严重犯罪 应予以逮捕

2010 年 7 月 18 日，高罕用手机发短信给被害人朱某，短信内容被朱某丈夫章某发现。当日下午 5 时许，被害人章某夫妇遇见高罕，章某为此事质问高罕，两人发生揪打被同村村民劝阻，后高罕前妻操某从家里冲出骂被害人章某，随后被害人朱某与操某揪打在一起，被告人高罕见状从家中拿了一把尖刀，刺中被害人章某腿部，章某随即自卫，高罕对章某胸部、腹部连刺数刀。

高罕将被害人章某捅倒后，持刀往回走时迎面遇到章某的妻子朱某，被告人高罕又持刀向朱某捅去，朱某被捅后倒地，高罕仍持刀向朱某的胸部、腹部捅了两刀，随即将刀扔在家中骑车逃离现场。被害人章某夫妇被刺后死亡。经法医鉴定：被害人章某因被他人持锐器刺破左肺、左髂静脉致大出血而死亡。被害人朱某因单刃锐器致心脏破裂死亡。

高罕逃离现场后一直在外藏匿。2010 年 7 月 29 日，高罕躲藏在同村又一位村民家中，被该村民发现后逃离。此后盗得一把单刃尖刀。当晚 10 点左右，高罕手持盗得的单刃尖刀，骑盗窃来的自行车行至繁昌县三元村附近时，被在此蹲点守候的繁昌县公安局民警张磊、李邦玉、魏鹏飞发现，高罕见民警紧追其后实施抓捕，便加速骑车逃跑，民警张磊冲上去抓住高罕不放，高罕从车上摔倒在地。高罕为抗拒抓捕，持刀朝民警张磊的背上捅了一刀，后被公安民警抓获。被刺民警张磊在送往医院抢救途中死亡。

2010 年 7 月 30 日，高罕因涉嫌故意杀人被繁昌县公安局刑事拘留，8 月 4 日经芜湖市人民检察院批准被芜湖市公安局依法执行逮捕。经查，高罕曾于

2002 年 10 月 23 日因盗窃罪被安徽省芜湖市繁昌县人民法院判处有期徒刑 10 个月。

【分析】

本案犯罪嫌疑人高罕涉嫌罪行极其严重，依据 1996 年刑事诉讼法应当予以逮捕。即使根据新刑事诉讼法，也不例外。

本案犯罪嫌疑人高罕凶残杀害章某夫妇后外逃，从其行为轨迹分析，极可能实施新的犯罪，危害公共安全或者社会秩序的现实危险性极大，其外逃期间杀害民警的行为也充分证实了这一点。并且，其杀害章某夫妇的犯罪事实已有相应证据予以证明，很可能被判处死刑，案发前其曾经因盗窃罪被判处有期徒刑 10 个月。凡此种种，皆符合新刑事诉讼法第 79 条关于逮捕的适用标准。

【引导案例2】杀人犯自首后又杀人　民警渎职被逮捕

2010 年 11 月 29 日，海南省公安厅、海口市人民检察院和海口市公安局联合举行的"11·9"杀人案件中民警渎职情况通报会称，海口市大致坡镇派出所教导员许继松、民警张翔对此案投案自首的犯罪嫌疑人未采取有效控制措施，导致犯罪嫌疑人离开派出所后再次行凶作案，致 2 人死亡，1 人受伤。11 月 26 日，经海南省人民检察院审查，决定逮捕在此案中涉嫌玩忽职守犯罪的许继松和张翔。

据海南省公安厅新闻发言人洪锋、海口市人民检察院发言人邓兴国介绍，经公安机关对案件现场勘查、调查取证、讯问犯罪嫌疑人等侦查审理，现已查明，犯罪嫌疑人谌黄业(男，36 岁，湖南省溆浦县人)，自 1999 年从湖南老家来到海南，先后在海口市大致坡镇、文昌市东路镇的种植、养殖场打散工，由于收入低微，长期经济拮据，因而对生活丧失信心，悲观厌世，因与邻居林某某(女，37 岁，海南万宁市东澳镇人)在生活琐事上产生积怨，怀恨在心，经过事先准备和预谋，于 11 月 9 日 3 时许，在文昌市东路镇木材切片厂内，持刀将林某某及其 12 岁、10 岁的两个儿子杀死。其后，谌黄业回家洗澡换了衣服，又骑自行车到大致坡镇一家小吃店吃早餐并喝了酒。6 时许，谌黄业到大致坡镇派出所投案，自称在文昌市东路镇杀了 3 个人。值班民警张翔见其满身酒气，只是简单询问了情况，并电话报告值班所领导许继松。在此期间，许继松、张翔均未对谌黄业采取有效的控制措施，致使其骑自行车离开派出所。离开后，谌黄业又窜到海口市大致坡镇第二市场一间出租屋内，持刀将与其有矛盾的湖南省溆浦县老乡武某某(女，35岁)及其10岁的儿子杀死，并刺伤其12岁的女儿。再次作案后，谌黄业返回大致坡镇派出所投案。

【分析】

本案民警之所以因渎职而被逮捕，原因就在于在接受犯罪嫌疑人谌黄业关于其杀害3人的自首后，并且在发现其满身酒气的情况下，未对其依法采取刑事强制措施，致使其自首后再次实施杀人行为。在当时的情况下，民警对犯罪嫌疑人谌黄业可以采取的刑事强制措施应当是拘留，而后提请检察机关审查批准逮捕。选择此案，旨在进一步加深对新刑事诉讼法中关于逮捕条件中"可能实施新的犯罪"的认识和理解。

"可能实施新的犯罪"意味着犯罪嫌疑人、被告人潜在的社会危险性很大，并且这种潜在的社会危险性转化为现实的实际危险的可能性也极大。就本案分析，犯罪嫌疑人谌黄业的社会危险性可从以下方面进行判断：(1)社会观和人生观异常。其由于收入低微，长期经济拮据，因而对生活丧失信心，悲观厌世。(2)不能正确处理矛盾。其与被害人在生活琐事上产生积怨，怀恨在心。(3)犯罪经过事先准备和预谋。(4)作案手段凶残，罪行极其严重。其持刀将林某某及其12岁、10岁的两个儿子杀死。(5)无反省和悔罪。其回家洗澡换了衣服，又骑自行车到大致坡镇一家小吃店吃早餐并喝了酒。上述情况表明，犯罪嫌疑人谌黄业第一次到派出所自首的行为并不表明其对所犯罪行产生了悔罪之意，不能据此认为"采取取保候审足以防止发生社会危险性"。对这样的犯罪嫌疑人，如不采取必要的强制措施，其实施新的犯罪的可能性是不言而喻的。此外，本案留给我们的警示还有，在判断犯罪嫌疑人、被告人是否具有实施新的犯罪的可能性时，还可结合其一贯表现、是否有前科、是否有犯意流露等因素来综合判断。

二十八、将第六十四条改为第八十三条，第二款修改为："拘留后，应当立即将被拘留人送看守所羁押，至迟不得超过二十四小时。除无法通知或者涉嫌危害国家安全犯罪、恐怖活动犯罪通知可能有碍侦查的情形以外，应当在拘留后二十四小时以内，通知被拘留人的家属。有碍侦查的情形消失以后，应当立即通知被拘留人的家属。"

【精解】

本条是对 1996 年刑事诉讼法第 64 条关于拘留程序规定的修改。

1996 年刑事诉讼法第 64 条规定："公安机关拘留人的时候，必须出示拘留证。拘留后，除有碍侦查或者无法通知的情形以外，应当把拘留的原因和羁押的处所，在二十四小时以内，通知被拘留人的家属或者他的所在单位。"

《决定》通过本条对 1996 年刑事诉讼法第 64 条作了以下修改：一是增加规定应当将被拘留的人立即送看守所羁押，至迟不得超过 24 小时。二是对 1996 年刑事诉讼法关于因"有碍侦查"而不通知被拘留人家属的规定中的"有碍侦查"的范围作出限定，只有因涉嫌"危害国家安全犯罪、恐怖活动犯罪"，通知有碍侦查的，才可以不通知被拘留人家属。三是增加规定，因有碍侦查未通知被拘留人家属的，在有碍侦查的情形消失后，应当立即通知被拘留人的家属。

增加规定拘留后应当将被拘留人立即送看守所羁押，主要考虑是：拘留作为一种限制人身自由的强制措施，应当在依法设立的专门场所中执行。看守所作为专门的羁押场所，看押、提讯设施、安全警戒、监所监督人员等都是按照有关规定建设和配备的，有条件保证被拘留人的人身安全，防止脱逃，保障讯问等工作依法顺利进行。司法实践中曾存在因种种原因将被拘留的人关押在其他办案场所或者其他场所的情况，这种行为不符合法律规定，不利于保护被拘留人的合法权益，不利于防止对被拘留人刑讯逼供的情况发生，并且存在被拘留人逃跑、自杀、突发疾病死亡等安全隐患。针对这些情况，有关方面加强了这方面的管理和监督，如公安部《公安机关办理刑事案件程序规定》明确规定，对被拘留、逮捕的犯罪嫌疑人、被告人应当立即送看守所羁押。这次刑事诉讼法修改根据各方面意见，总结实践经验，对拘留后立即送看守所羁押在法律中作出了明确规定，并对时限作出明确规定，即至迟不得超过 24 小时。

对拘留后通知家属的例外规定进一步作出限制的主要考虑是：拘留是限制人身自由的一种强制措施，原则上应当通知被拘留人的家属，让其及时了解其亲属已经被采取拘留措施的情况，这样便于被拘留人的家属根据情况为其聘请律师或者提供其他帮助，以依法维护被拘留人的合法权益，是司法文明的要求。按照 1996 年刑事诉讼法的规定，如果通知有碍侦查的，即可不通知被拘留人的家属。实践中对哪些情形属于有碍侦查，往往存在不同认识，有的侦查机关对一些并无特殊情况的案件，也不通知家属。这种情况不利于对犯罪嫌疑人权利的保护。此次修改刑事诉讼法将可以不通知家属严格限定在因涉嫌危害国家安全犯罪、恐怖活动犯罪，通知可能有碍侦查的情形，并明确规定，有碍侦查的情形消失后，应当立即通知被拘留人家属，体现了严格规范拘留程序，加强对犯罪嫌疑人合法权益保护的精神。

新刑事诉讼法第83条规定："公安机关拘留人的时候，必须出示拘留证。拘留后，应当立即将被拘留人送看守所羁押，至迟不得超过二十四小时。除无法通知或者涉嫌危害国家安全犯罪、恐怖活动犯罪通知可能有碍侦查的情形以外，应当在拘留后二十四小时以内，通知被拘留人的家属。有碍侦查的情形消失以后，应当立即通知被拘留人的家属。"本条共分为2款。

第1款是对公安机关拘留人必须出示拘留证的规定。拘留作为在侦查活动中，在紧急情况下，对犯罪嫌疑人依法采取的限制人身自由的临时性强制措施，在适用时必须要有一定的法律手续和凭证。拘留证是公安机关执行拘留的凭证。拘留证应当写明被拘留人的姓名、案由等，并盖有执行拘留的公安机关印章。"必须出示拘留证"包含两层意思：首先，执行拘留的公安机关工作人员必须已经依法取得了拘留证，即公安机关依照法律规定作出了拘留的决定，并按照规定程序签发了拘留证。这样可以防止公安机关的工作人员滥用职权，侵犯公民的合法权益。其次，执行拘留的公安机关工作人员必须将拘留证向被拘留的人出示。出示拘留证以表明公安机关工作人员正在依法执行拘留任务，这样既有利于对其监督，也有利于各有关方面包括被拘留的人及其亲友、所在单位等配合公安机关工作。对于经出示拘留证后，不配合甚至抗拒拘留的人，执行拘留的人员可以采取适当的强制方法，必要时可使用戒具。

第2款是关于将被拘留的人送看守所羁押和通知被拘留人家属的规定。主要有以下几层含义：

（1）公安机关在执行拘留以后，应当立即将被拘留人送往看守所羁押，至迟不得超过24小时。需要注意的是，规定至迟不得超过24小时，主要是考虑到实践中情况比较复杂，如执行拘留的地点距离看守所较远，需要一定的路途时间；在犯罪现场被拘留需要当场指认、协助抓获同案犯等。至迟不超过24小时，是指如果有特殊情况，送往看守所的时间最长也不得超过此时限；如无特殊情况，必须即时送往看守所羁押。并不是说公安机关在执行拘留以后，只要不超过24小时，就可以任意拖延。

（2）除无法通知或者涉嫌危害国家安全犯罪、恐怖活动犯罪通知可能有碍侦查的情形以外，公安机关应当在拘留后24小时以内，通知被拘留人的家属。

"无法通知"主要指被拘留人家属地址不明，以及被拘留人无家属等情况。"涉嫌危害国家安全犯罪、恐怖活动犯罪通知可能有碍侦查"，包含两层意思：一是只有涉嫌上述两类犯罪活动的，才能够不通知。对因涉嫌其他犯罪而被拘留的，不得以可能妨碍侦查为由不通知其家属。二是即使是因涉嫌上述两类犯罪而被拘留，也不是一律不通知家属，只有存在通知可能妨碍侦查的情况的，才能不通知。"有碍侦查"主要是指被拘留的人属于恐怖活动犯罪集团案犯，其他案犯尚未被捉拿归案，其被拘留的消息传出去，可能会引起其他同案犯逃跑、自杀、毁灭或伪造证据等，妨碍侦查工作的顺利进行；被拘留人的家属与其犯罪有牵连，通知后可能引起转移、隐匿、销毁罪证等。

（3）有碍侦查的情形消失以后，应当立即通知被拘留人的家属。拘留以后长时间不通知被拘留人家属，不利于被拘留人权益的保护，而且随着案件侦查工作的进展，执行拘留时通知被拘留人家属可能会有碍侦查的情况已经消除，如同案犯已被抓获、重要证据已经查获等。如果随着情况的变化，通知被拘留人家属不再妨碍侦查工作的，自然应当立即通知。虽然1996年刑事诉讼法对此未作明确规定，但本身就有这一精神，司法实践中有关部门对此也有规定。这次刑事诉讼法修改，根据各方面意见对此作了明确规定。

二十九、将第六十五条改为第八十四条，修改为："公安机关对被拘留的人，应当在拘留后的二十四小时以内进行讯问。在发现不应当拘留的时候，必须立即释放，发给释放证明。"

【精解】

本条是对1996年刑事诉讼法第65条关于公安机关对被拘留的人应当及时讯问规定的修改。

1996年刑事诉讼法第65条规定："公安机关对于被拘留的人，应当在拘留后的二十四小时以内进行讯问。在发现不应当拘留的时候，必须立即释放，发给释放证明。对需要逮捕而证据还不充足的，可以取保候审或者监视居住。"

《决定》删去了1996年刑事诉讼法第65条中"对需要逮捕而证据还不充足的，可以取保候审或者监视居住"的规定。

公安机关在紧急情况下对犯罪嫌疑人采取拘留措施，其目的在于及时控制犯罪嫌疑人，防止现行犯或重大嫌疑分子逃避侦查和审判，并有利于收集证据，保证诉讼的顺利进行。但是考虑到拘留是限制人身自由的强制措施，如果适用不当，就会严重侵犯当事人的合法权利，必须慎重适用。1996 年刑事诉讼法中"对需要逮捕而证据还不充足的，可以取保候审或者监视居住"的规定，在实践中易被理解为只有犯罪的证据充足的，才能予以逮捕，这也与逮捕条件中"有证据证明有犯罪事实"在表述上有冲突。为避免理解错误，这次修改刑事诉讼法，删去了这一规定。本条规定既考虑到了司法机关与犯罪作斗争的需要，又考虑到了维护公民的合法权益。

根据新刑事诉讼法第 84 条的规定，公安机关对被拘留的人，应当在拘留后的 24 小时以内进行讯问。这样规定，主要是为了使公安机关及时发现对嫌疑人采取的强制措施是否正确，发现错误及时纠正，同时也有利于迅速查明已掌握的证据是否确实可靠，以便不失时机地展开进一步的侦查工作。"在发现不应当拘留的时候，必须立即释放"，即一旦发现错误拘留时，应立即放人，并发给释放证明。

三十、增加一条，作为第八十六条："人民检察院审查批准逮捕，可以讯问犯罪嫌疑人；有下列情形之一的，应当讯问犯罪嫌疑人：

"（一）对是否符合逮捕条件有疑问的；

"（二）犯罪嫌疑人要求向检察人员当面陈述的；

"（三）侦查活动可能有重大违法行为的。

"人民检察院审查批准逮捕，可以询问证人等诉讼参与人，听取辩护律师的意见；辩护律师提出要求的，应当听取辩护律师的意见。"

【精解】

本条在刑事诉讼法中增加了人民检察院审查批准逮捕时讯问犯罪嫌疑人和听取律师意见的规定。

逮捕是最为严厉的强制措施。正确、及时地使用逮捕措施，可以发挥其打击犯罪、维护社会秩序的重要作用，有效防止犯罪嫌疑人或者被告人毁灭、伪造、隐匿证据，干扰证人作证、串供，自杀、逃跑，实施新的犯罪行为等，有助于全面收集证据，查明案情，保证刑事诉讼活动的顺利进行。但如果使用不当，则会严重侵犯公民人身权利，损害司法机关威信。为了保证逮捕措施的正确适用，防止"错捕"、"滥捕"，刑事诉讼法根据分工负责，互相配合，互相制约的原则，将逮捕的决定权和执行权分离，规定公安机关认为有必要对犯罪嫌疑人采取逮捕措施的，应提请人民检察院审查批准，以加强检察机关的监督。但是刑事诉讼法对检察机关审查批准逮捕的程序没有作具体的规定，司法实践中检察机关审查批准逮捕时，主要是根据公安机关在提请审查批准逮捕时移送过来的提请批准逮捕书、案卷材料和相关证据，进行书面审查。这种以书面审查为主的做法，难以保证审查批准逮捕工作的质量。另外，由于刑事诉讼法对逮捕的条件和程序都规定得比较原则，实践中一些司法机关对于是否应当逮捕的标准把握不一致，往往存在不同认识，影响案件的办理。1996 年修改刑事诉讼法时，适当放宽了逮捕的条件，将原来规定的"主要犯罪事实已经查清"修改为"对有证据证明有犯罪事实"，但对人民检察院审查批准逮捕的具体程序未作细致的规定。近年来，一些地方在审查批准逮捕工作中，逐渐推行直接讯问犯罪嫌疑人，核实案情，澄清证据疑点。2010 年 8 月，最高人民检察院、公安部制定了《关于审查逮捕阶段讯问犯罪嫌疑人的规定》，对人民检察院审查逮捕阶段讯问犯罪嫌疑人工作作出了专门规定。实践证明，这种做法不仅有利于保护犯罪嫌疑人的合法权益，也有利于司法机关在逮捕标准的把握上统一认识，准确把握逮捕的条件。本次刑事诉讼法修改，为进一步规范审查批准逮捕工作，根据各方面意见，总结实践经验，增加了关于人民检察院审查批准逮捕时讯问犯罪嫌疑人的规定；同时，还对询问证人等诉讼参与人、听取辩护律师意见作出规定。这些规定，增强了审查批准逮捕程序的可操作性。所谓"兼听则明"，当面听取各方面意见，对于办理审查批准逮捕案件的人员全面地审查、判断、核实证据，准确作出是否批准逮捕的决定具有重要作用。

新刑事诉讼法第 86 条分为 2 款。

第 1 款是关于审查批准逮捕时需要讯问犯罪嫌疑人的情形的规定。根据本款规定，人民检察院在审查批准逮捕时，是否需要讯问犯罪嫌疑人，分为两种情况。一种是"可以"讯问犯罪嫌疑人。对此，法律未具体限定情形，是否讯问应当由人民检察院承办案件的人员根据案件情况和需要决定。如果认为移送过来的案卷材料所反映的事实情况比较清楚，相关证据材料也比较充分，能够直接作出是否批准的决定，不需要当面讯问犯罪嫌疑人的，则可以不讯问犯罪嫌疑人。另一种是"应当"讯问犯罪嫌疑人。即如果有法律明确列举的三种情形中的任何一种情形的，人民检察院在审查批准逮捕时就必须讯问犯罪嫌疑人。一是审查批准逮捕的人民检察院对犯罪嫌疑人是否符合逮捕条件存有疑问。根据刑事诉讼法的规定，逮捕是对有证据证明有犯罪事实，可能判处徒刑以上刑罚，采取取保候审尚不足以防止发生法律规定的社会危险性的犯罪嫌疑人、被告人采取的强制措施。根据上述规定，批准逮捕需要具备证据、可能判处的刑罚、社会危险性三个方面的条件。因此，这里的对犯罪嫌疑人是否符合逮捕条件存有疑问，是指只要对三个方面任一条件是否具备存有疑问。所谓"存有疑问"，是指承办案件的检察机关工作人员主观上不能够确定犯罪嫌疑人、被告人是否符合逮捕条件的心理状态。即只要承办人认为逮捕条件的任一方面有疑点，就应当通过讯问犯罪嫌疑人，以消除相应疑点。二是犯罪嫌疑人要求向检察人员当面陈述的。即只要被提请审查批准逮捕的犯罪嫌疑人提出向检察人员当面陈述的请求，检察人员就应当讯问，而不能以任何理由拒绝。犯罪嫌疑人向检察人员当面陈述，可以是关于所涉嫌犯罪事实的辩护，如犯罪行为并非自己所为，侦查机关据以提请批准逮捕的证据不足等，也可以是陈述自己符合取保候审、监视居住的条件，不应采取逮捕措施，如患有严重疾病、生活不能自理，怀孕或者正在哺乳自己的婴儿，等等。三是侦查活动可能有重大违法行为的。人民检察院是国家的法律监督机关，依法对刑事诉讼活动实行法律监督，负有监督侦查活动依法进行，保障犯罪嫌疑人、被告人依法享有的辩护权和其他诉讼权利的职责。因此，如果承办审查批准逮捕案件的人民检察院发现提请批准逮捕的侦查机关的侦查活动可能有重大违法行为的，就应当讯问犯罪嫌疑人，以了解相关情况，纠正违法行为，保障犯罪嫌疑人的合法权益。需要说明的是，根据本条规定，只要发现侦查活动"可能"有重大违法行为，就应当讯问犯罪嫌疑人，而不是只有具备相当确实的证据才应当讯问。"重大违法行为"是指严重违反法律规定，或者违法行为涉及犯罪嫌疑人重大权益等情形。如可能存在对犯罪嫌疑人进行刑讯逼供、对证人引诱、威胁、唆使作伪证等情况，侦查人员应当回避而没有回避等。

第 2 款是关于人民检察院审查批准逮捕，询问证人等诉讼参与人、听取辩护律师意见的规定。根据本款规定，人民检察院审查批准逮捕，可以询问证人等诉讼参与人，听取辩护律师意见。辩护律师要求人民检察院听取辩护意见的，人民检察院应当听取。人民检察院审查批准逮捕工作，就是审核该案犯罪嫌疑人是否符合法定逮捕条件，而这些条件是否具备，往往是通过取得的有关证据表明的。证人证言、被害人陈述都是重要的言词证据，从这类证据的特点看，其准确性、真实性、稳定性受到证人感知、记忆和表述能力的影响比较大，当面询问证人、被害人与只是审查其书面证词相比，更有利于检察人员准确判断证据的真实性。此外，当面询问其他诉讼参与人，对于全面了解案件事实和犯罪嫌疑人的情况，正确作出批准逮捕与否的决定，也都有积极意义。审查批准逮捕时询问相关诉讼参与人，其中最具重要意义的是听取辩护律师的意见。因此，本条对人民检察院审查批准逮捕听取律师意见作了特别强调。一是只要认为有必要，人民检察院就可以听取辩护律师的意见。二是只要辩护律师提出要求，人民检察院就必须听取其意见。律师作为专门提供法律服务的执业人员，基于自己了解到的案件事实和有关证据，根据《刑法》、刑事诉讼法等有关法律规定，提出自己对犯罪嫌疑人是否符合逮捕条件的意见，对于审查批准逮捕的检察人员正确作出逮捕与否的决定，防止错捕，具有重要的参考价值。这样规定，在规范审查批准逮捕程序的同时，也强化了辩护律师的权利，有利于充分发挥律师在侦查阶段的作用，有利于保护犯罪嫌疑人的合法权益。

【引导案例1】自诉案件当公诉案件办理　跨省刑拘案吴忠警方报请批捕后撤案

10月15日，马某带着搜集到的三十余封匿名举报信到宁夏吴忠市利通区公安分局刑警大队报案，称有人向共青团银川市委等部门投递匿名邮件，编造马某匿名检举团委同事等事，对其名誉造成伤害。从笔迹来看，马某怀疑这是他大学同宿舍的王鹏所为，由于缺乏证据，不能确定王鹏的住址，因而无法提起民事诉讼、刑事自诉，只能向公安机关报案。

利通区公安分局立案后，经过笔迹鉴定，确认大部分匿名信件均出自王鹏之手，公安机关针对部分信件反映的问题侦查发现，匿名信反映的情况不实。11月23日，分局以涉嫌诽谤罪赴甘肃省兰州市对当事人王鹏实施刑事拘留。11月30日刑拘到期后按程序将案件送利通区检察院报请逮捕。经多家媒体披露此事后，吴忠市公安局和宁夏回族自治区公安厅很重视此事，听取了利通公安分局对该案的情况汇报，认为案件立案错误，利通公安分局随后主动撤销了案件。

王鹏在接受媒体记者采访时，称办案民警石志刚使用暴力殴打他。

【分析】

宁夏吴忠市利通公安分局将跨省刑拘的犯罪嫌疑人王鹏报请利通区人民检察院批准逮捕时，如果没有媒体的披露和持续关注，利通区人民检察院在审查批准逮捕环节应当采取什么措施来发现并终止这场闹剧式的司法错误呢？这正是我们所要探讨的问题。

该案中，吴忠警方对涉嫌犯诽谤罪的自诉案件犯罪嫌疑人王鹏直接采取刑事拘留并报请逮捕的行为，明显是超越和滥用侦查权的行为，本质上属于违法行为。对此，收到报请逮捕意见的利通区人民检察院应当进行核实，在对侦查行为的合法性进行审查的基础上，作出对案件不予批准逮捕的决定。如果类似的案件发生在新刑事诉讼法生效实施后，利通区人民检察院应当讯问犯罪嫌疑人，还可以询问证人、辩护律师等诉讼参与人，听取其意见，核实案件情况，判断案件是否符合逮捕条件。如果王鹏的辩护律师提出要求，利通区人民检察院必须听取其意见。

【引导案例2】检察官提审后审慎不捕　一时糊涂大学生重返课堂

《法制日报》报道，2010年某日，河南郑州市一所大学的学生小红因涉嫌掩饰、隐瞒犯罪所得罪，被公安机关提请逮捕。承办此案的郑州市惠济区人民检察院侦查监督科科长王瑞娟阅卷后发现，小红系初犯，且归案后认罪态度好。

王瑞娟对小红提审后，到小红所在的学校走访老师和知情的同学，了解小红的平常表现。王瑞娟的行为打动了学校领导，校方承诺对小红进行帮教并保留学籍，还制定了具体的帮教措施。

按照郑州市人民检察院关于非羁押诉讼的相关规定，王瑞娟提出了"无逮捕必要不捕"的意见，经区检察院审查同意后，向市检察院进行了汇报，最终取得了市检察院的同意。

一个星期后，被取保候审的小红重新出现在大学课堂上。很快，小红的案件被直接移送审查起诉。法院在判决中，依法对其判处罚金。

【分析】

对公安机关提请批准逮捕的小红涉嫌掩饰、隐瞒犯罪所得罪案，郑州市惠济区人民检察院检察官首先对犯罪嫌疑人小红进行了提审，通过讯问，为全面调查了解小红的个人表现、主观恶性、犯罪后的认罪悔罪态度以及人身、社会危险性奠定了基础，结合随后的社会调查，提出其无逮捕必要不捕的意见并获得认可和支持。实践表明，这一做法不仅对引导检察机关审慎行使逮捕权、正确处理犯罪和有效化解社会矛盾起到了良好的示范效应，而且为新刑事诉讼法第86条的实施打下了良好的实践基础。

三十一、将第七十一条改为第九十一条，第二款修改为："逮捕后，应当立即将被逮捕人送看守所羁押。除无法通知的以外，应当在逮捕后二十四小时以内，通知被逮捕人的家属。"

【精解】

本条是对刑事诉讼法关于逮捕执行程序规定的修改。

1996 年刑事诉讼法第 71 条规定："公安机关逮捕人的时候，必须出示逮捕证。逮捕后除有碍侦查或者无法通知的情形以外，应当把逮捕的原因和羁押的处所，在二十四小时以内通知被逮捕人的家属或者他的所在单位。"

《决定》通过本条对 1996 年刑事诉讼法第 71 条主要作了两处修改：一是增加规定逮捕后应当立即将被逮捕人送看守所羁押。二是取消了原来关于如果通知有碍侦查，可以不通知被逮捕人家属的规定，即除无法通知的以外，采取逮捕措施的，一律应当通知被逮捕人家属。

《决定》增加规定逮捕后立即送看守所羁押，其理由同增加规定拘留后应当立即送看守所羁押一样，主要是考虑到看守所作为专门的羁押场所，看押、提讯设施、安全警戒、监所监督人员等都是按照有关规定建设和配备的，有条件保证被逮捕人的人身安全，防止脱逃，保障讯问等工作依法顺利进行，不仅有利于防止发生被逮捕人逃跑、自杀、突发疾病死亡等情况，而且能有效防止对被逮捕人刑讯逼供的情况发生。与拘留不同的是，拘留后送看守所的时限为 24 小时以内，逮捕后则必须毫不迟延地立即送往看守所羁押。这样规定主要是考虑，拘留是较逮捕更具紧迫性的强制措施，有时需要在被拘留的人协助下立即开展收集证据、抓获同案犯等侦查活动，而采取逮捕措施的，事先已经掌握了必要的证据，并经人民检察院批准、决定或人民法院决定，一般不具有先行拘留的紧迫性，而且实践中多数被逮捕的犯罪嫌疑人，在被批准逮捕之前已经被先行采取了拘留措施，羁押在了看守所，没有必要再规定较长的时限。

取消有碍侦查可以不通知家属的规定，主要考虑是：从权利保护角度而言，对公民采取限制人身自由措施原则上应当通知其家属，让其家属及时了解情况，便于家属根据情况为其聘请律师或者提供其他帮助，以依法维护其合法权益。从侦查工作的角度考虑，逮捕与拘留不同，司法实践中侦查机关提请批准逮捕时，刑事案件一般已经经过了较长时间的侦查，犯罪嫌疑人往往已经被拘留一定时间，相当部分的侦查工作已经完成，一律通知其家属，一般也不会发生妨碍侦查的情况。

上述两处修改是本次刑事诉讼法修改尊重和保障人权的重要体现，对规范逮捕执行程序，加强监督制约，遏制和防止刑讯逼供行为，保护犯罪嫌疑人、被告人合法权益具有非常重要的意义。

新刑事诉讼法第91条规定："公安机关逮捕人的时候，必须出示逮捕证。逮捕后，应当立即将被逮捕人送看守所羁押。除无法通知的以外，应当在逮捕后二十四小时以内，通知被逮捕人的家属。"本条共分为2款。

第1款是对公安机关逮捕人必须出示逮捕证的规定。逮捕作为剥夺人身自由的严厉的强制措施，在适用时必须要有一定的法律手续凭证，这就是公安机关在接到人民检察院的批准逮捕决定书、决定逮捕通知书或者人民法院的逮捕决定书以后，由县级以上公安机关负责人签发的逮捕证。公安机关在执行逮捕时，首先必须要有逮捕证。其次，必须向被逮捕人出示逮捕证。出示逮捕证以表明公安机关工作人员正在依法执行逮捕任务，这样既有利于对其监督，也有利于各有关方面包括被逮捕的人及其亲友、所在单位等配合公安机关工作。对于经出示逮捕证后，不配合甚至抗拒逮捕的人，执行逮捕的人员可以依照有关规定采取适当的强制方法，必要时可使用戒具。

第2款是执行逮捕后将被逮捕人送看守所羁押并通知其家属的规定。根据本款规定，逮捕后应当立即将被逮捕人送看守所羁押。除无法通知的以外，应当在逮捕后24小时以内通知被逮捕人的家属。关于通知家属，新刑事诉讼法作了重要修改，取消了有碍侦查的可以不通知家属的情形。即除无法通知的外，一律应当通知家属。"无法通知"主要指被逮捕人家属地址不明，或者被逮捕人无家属的等。

三十二、增加一条，作为第九十三条："犯罪嫌疑人、被告人被逮捕后，人民检察院仍应当对羁押的必要性进行审查。对不需要继续羁押的，应当建议予以释放或者变更强制措施。有关机关应当在十日以内将处理情况通知人民检察院。"

【精解】

本条在刑事诉讼法中增加了犯罪嫌疑人、被告人被逮捕后，人民检察院应当继续对羁押的必要性进行审查的规定。

逮捕是刑事诉讼法规定的强制措施中最为严厉的一种措施，且逮捕后羁押的时限比较长，如果采取逮捕措施不当，会给公民造成难以弥补的损害。因此，刑事诉讼法对逮捕的条件作了严格的规定。另外，从刑事诉讼法设置强制措施的目的看，主要是为了保证诉讼活动的顺利进行。如果采用对公民损害更小的强制措施，同样可以保证诉讼活动正常进行，自然以不逮捕为妥。这种严格限制、尽量少用逮捕措施的精神，不仅应当体现在审查批准逮捕或者决定逮捕时严格把关上，在逮捕以后，如果情况发生变化，羁押的必要性不复存在时，还应当及时变更强制措施。增加本条规定，体现了国家对公民人身权利的切实保护，也强化了人民检察院对逮捕活动执行的监督。应当说明的是，在犯罪嫌疑人、被告人被逮捕后，由人民检察院继续对羁押的必要性进行审查，是这次修改刑事诉讼法新设置的制度。因此，法律的规定相对比较原则，没有对诸如以何种形式进行审查、审查间隔多长时间等具体的操作性问题作出细致的规定，尚需由人民检察院和有关司法机关在实践中按照刑事诉讼法的规定，进一步总结经验，不断完善。

新刑事诉讼法第 93 条共有三层意思：

第一，在犯罪嫌疑人、被告人被逮捕以后，人民检察院仍然应当对羁押的必要性进行审查。逮捕是为了保证刑事诉讼活动正常进行，在确有必要的情况下采取的强制措施。审查决定是否逮捕的重要内容之一，就是逮捕的必要性。作为逮捕条件的所谓证据条件、罪行条件、社会危险性条件，无一不与逮捕的必要性相关。而这几方面的条件都可能随着诉讼活动的进展发生变化，进而影响到继续羁押的必要性发生变化。如审查批准逮捕时据以证明有犯罪事实的重要证据，随着侦查工作的深入，被新的证据所否定；立案时认定的犯罪数额，经过进一步调查核实，大为缩小，影响到对可能判处刑罚的估计；实施新的犯罪、干扰证人作证或者串供的可能性已被排除；等等。因此，规定逮捕以后继续进行羁押必要性审查是很有必要的，是刑事诉讼法尊重和保障人权的重要体现。

第二，人民检察院在对羁押必要性审查后，如果认为不需要继续羁押的，应当建议予以释放或者变更强制措施。规定由检察机关对逮捕的必要性继续进行审查，是为了加强检察机关对逮捕这种限制人身自由的强制措施的监督。因此，人民检察院依法对逮捕必要性进行审查后，如果认为不需要继续羁押的，必须作出相应的处理，提出监督意见。按照法律的规定，人民检察院提出监督意见的方式是"建议予以释放或者变更强制措施"。规定为"建议"而非强制性要求，主要是从监督角度考虑的。人民检察院在审查中发现被羁押人没有必要继续羁押的，提出建议，由有关机关就羁押必要性进行全面审查，既考虑了监督的性质、特点，不代替其他有关机关作决定，又体现了对于解除、变更羁押措施的慎重。

第三，对人民检察院提出的予以释放或者变更强制措施的建议，有关机关应当在 10 日以内将处理结果通知人民检察院。虽然按照法律规定，对不需要继续羁押的，人民检察院只是提出"建议"而非强制性的要求或者命令。但人民检察院依法提出建议，是基于对逮捕措施的法律监督，提出的具有法律效力的监督意见，其他机关必须本着认真负责的态度，对建议的要求及所根据的事实、证据等进行研究和考虑，从而全面就羁押必要性进行审查，及时作出正确决定。不能因为属于"建议"就以"可听可不听"的态度对待。为了加强检察机关建议的效力，本条明确规定，检察机关提出建议后，有关机关应当将处理结果通知人民检察院，并将通知的时限明确限定为 10 日以内。有关机关未采纳检察机关的建议的，必须说明理由和根据。

【引导案例】受贿人已无逮捕必要　检察机关对其实行取保候审

张某系某国有企业采购科科长。某日，某市某区人民检察院接到举报，内容为举报张某在任职期间多次收受他人贿赂。区人民检察院经过初查后，认为张某有涉嫌受贿罪重大嫌疑，遂决定对其采取刑事拘留。在拘留期间，张某迅速交代了其涉嫌受贿罪的全部行为，即在逢年过节期间收受相关企业采购员礼品卡 12 张和现金 5000 元，折合人民币共计约 13000 元。区人民检察院核实证据后，对张某作出逮捕决定。区人民检察院对张某进行提审时，张某表示，家有年已九旬且多病、靠其照顾的老母和年仅 10 岁的儿子，因担心老人和小孩受不了刺激，故其丈夫对其母和儿子谎称其去外地培训了。提审期间，张某因痛悔其所涉罪行，数次痛哭并晕倒。区人民检察院认为张某认罪悔罪态度好，且已全部退赃，故拟决定建议区人民法院对其判处缓刑。

【分析】

选择此案，旨在对新刑事诉讼法关于检察机关的羁押必要性审查义务进行简要分析。本案中，张某因其涉嫌犯罪可能被判处徒刑以上刑罚，从法律条文规定本身来讲，区人民检察院对其采取逮捕措施并无不当。但随着对案件事实的全面掌握，考虑到张某认罪悔罪的态度及其所涉嫌犯罪的情节、后果，对其采取取保候审足以防止其发生社会危险性，且不会妨碍刑事诉讼的顺利进行，因此，区人民检察院有必要将逮捕措施变更为取保候审。这就是新刑事诉讼法关于检察机关的羁押必要性审查义务的司法实践。

有必要指出的是，检察机关的羁押必要性审查义务指向的是逮捕后的羁押，这种逮捕既包括检察机关自侦案件中的决定逮捕，也包括检察机关收到提请批准逮捕意见后的批准逮捕。这种对羁押的审查内容主要指的是对继续羁押的必要性进行全面检查和评判，与审查羁押的合法性、有效性是有区别的。

三十三、将第五十二条改为第九十五条，修改为："犯罪嫌疑人、被告人及其法定代理人、近亲属或者辩护人有权申请变更强制措施。人民法院、人民检察院和公安机关收到申请后，应当在三日以内作出决定；不同意变更强制措施的，应当告知申请人，并说明不同意的理由。"

【精解】

本条是对1996年刑事诉讼法第52条关于犯罪嫌疑人、被告人及其法定代理人、近亲属申请取保候审的规定的修改。

1996年刑事诉讼法第52条规定："被羁押的犯罪嫌疑人、被告人及其法定代理人、近亲属有权申请取保候审。"第96条规定："犯罪嫌疑人被逮捕的，聘请的律师可以为其申请取保候审。"

这次修改刑事诉讼法，对上述规定作了进一步补充完善。主要修改之处有：一是将有权申请取保候审改为有权申请变更强制措施；二是增加了有关机关对申请的处理程序，对有关机关接到申请如何处理作出明确规定，进一步增强了可操作性，以保障申请人权利的落实。明确赋予犯罪嫌疑人、被告人一方申请变更强制措施的权利，是为了使其行使权利于法有据；规定有关机关应当在3日内作出决定，是为了防止有关机关对犯罪嫌疑人、被告人一方的申请不闻不问的情况；进一步明确要求不同意变更强制措施的，要通知申请人并说明理由，则是为了促使有关机关对犯罪嫌疑人、被告人一方的申请认真审查和考虑，而不是敷衍塞责，一否了之。本条的规定，具有较强的操作性，是保证犯罪嫌疑人、被告人一方申请变更强制措施的权利落到实处的重要保障，是刑事诉讼法尊重和保障人权的重要体现。

新刑事诉讼法第95条包含三层意思：

第一，犯罪嫌疑人、被告人及其近亲属或者辩护人有权向公安机关、检察机关和法院提出变更强制措施的申请，这是法律赋予犯罪嫌疑人、被告人及其近亲属、辩护人的一项权利。为了保证刑事诉讼活动的顺利进行，刑事诉讼法规定了拘留、逮捕、指定居所监视居住等强制措施。考虑到这些措施涉及限制人身自由，刑事诉讼法对拘留、逮捕、指定居所监视居住的条件作了严格限定，并规定拘留、逮捕后应当在 24 小时以内进行讯问，发现不应当拘留、逮捕的，应当立即释放并发给释放证明；逮捕后，检察机关仍应当对羁押的必要性进行审查，发现不需要继续羁押的，应当提出予以释放或者变更强制措施的建议；等等。这些都是从严格规范有关司法机关采取强制措施行为的角度作出的规定，本条则是从授予犯罪嫌疑人、被告人及其法定代理人、近亲属、辩护人申请变更强制措施权利的角度作出的规定。这样从两方面加以规定，更有利于对犯罪嫌疑人、被告人权利的保护，是在涉及限制人身自由措施上应当采取审慎态度的立法精神的贯彻和落实。根据本条规定，不仅犯罪嫌疑人、被告人本人有权申请变更强制措施，其法定代理人、近亲属和辩护人也有权直接提出变更强制措施的申请。申请变更强制措施，可以是强制措施种类的变更，由强度较大的措施变更为强度较小的措施，如申请将拘留、逮捕变更为监视居住、取保候审，也可以是申请变更强制措施的执行方式，如由指定居所监视居住变更为在犯罪嫌疑人的住处执行监视居住。需要说明的是，虽然法律对提出变更强制措施的申请是否应当附有相应的证据、理由，并未作强制性要求，但从便于有关机关正确作出判断和决定考虑，犯罪嫌疑人、被告人一方在提出变更强制措施的申请时，应当说明自己符合取保候审、监视居住条件，应当予以变更强制措施的理由，有事实和证据的，还可以附上相关材料，以便于有关机关根据其各方面的情况综合评判，作出决定。

第二，人民法院、人民检察院和公安机关收到申请后，应当在 3 日以内作出决定。这是对人民法院、人民检察院、公安机关收到犯罪嫌疑人、被告人及其法定代理人、近亲属、辩护人关于变更强制措施的申请后的处理时限的规定。根据这一规定，有关机关在收到变更强制措施的申请后，必须在 3 日内作出决定。当然，作出的决定包括变更强制措施的决定，也包括不予变更强制措施的决定。具体要根据案件和犯罪嫌疑人、被告人的情况确定。

第三，如果人民法院、人民检察院、公安机关不同意变更强制措施的，应当告知申请人，并说明不同意的理由。不同意的理由，主要是指应当对犯罪嫌疑人、被告人继续采取拘留、逮捕、指定居所监视居住等措施的法律依据、原因。如果变更强制措施的申请附有相关事实和证据的，人民法院、人民检察院、公安机关还应当在说明不同意变更强制措施理由的同时，对该相关事实和证据予以回应。

【引导案例】单位出面　"保"不了犯案人

杨某系某期刊编辑，祖籍河南。一日，杨某与朋友在茶馆喝茶时，因不满邻座关于河南人的评论，起身与邻座进行理论，继而发生争吵，其间，杨某抄起椅子将李某打得头破血流。经鉴定，李某属于轻伤。杨某被公安机关刑事拘留，其间，杨某所在报社为杨某出具取保候审申请，并自愿担任保证人。

【分析】

本案例涉及有权提出变更强制措施申请的人员范围。

相比较 1996 年刑事诉讼法第 52 条关于"被羁押的犯罪嫌疑人、被告人及其法定代理人、近亲属有权申请取保候审"的规定和第 96 条关于"犯罪嫌疑人被逮捕的，聘请的律师可以为其申请取保候审"的规定，新刑事诉讼法第 95 条规定辩护人有权申请变更强制措施，进一步扩大了取保候审申请人的范围。不仅如此，新刑事诉讼法还对这种申请权规定了切实的反馈保障机制，表现为要求人民法院、人民检察院和公安机关收到申请后，应当在 3 日以内作出决定；对不同意变更强制措施的，应当告知申请人，并说明不同意的理由。

尽管新刑事诉讼法对有权提出变更强制措施申请的人员范围作了扩大规定，但是，这种扩大的对象仅限于自然人，单位无权进行变更强制措施的申请。因此，本案中，杨某所在报社不具备申请人资格，故公安机关对其申请行为不会受理审查，更不会认可。

三十四、将第七十四条改为第九十六条，修改为："犯罪嫌疑人、被告人被羁押的案件，不能在本法规定的侦查羁押、审查起诉、一审、二审期限内办结的，对犯罪嫌疑人、被告人应当予以释放；需要继续查证、审理的，对犯罪嫌疑人、被告人可以取保候审或者监视居住。"

【精解】

本条是对 1996 年刑事诉讼法第 74 条关于羁押期限届满未能结案的可以取保候审、监视居住规定的修改。

新刑事诉讼法第 96 条包含两层意思：

第一，犯罪嫌疑人、被告人被羁押的案件，不能在本法规定的侦查羁押、审查起诉、一审、二审期限内办结的，对犯罪嫌疑人、被告人应当予以释放。即办案期限届满就要放人。

第二，如果案件需要继续查证、审理的，对犯罪嫌疑人、被告人可以取保候审或者监视居住。明确规定侦查羁押、审查起诉、一审、二审期限届满未能结案的，应当将在押的犯罪嫌疑人、被告人予以释放，是防止因案件久拖不决而无限期羁押，以保护犯罪嫌疑人、被告人权利。但考虑到实践中有的案件确实存在特殊情况，规定对需要继续查证、审理的，可以对犯罪嫌疑人、被告人采取取保候审或者监视居住的措施，也是必要的。采取取保候审、监视居住措施，既能够保证刑事诉讼活动顺利进行，又不用像羁押措施完全限制犯罪嫌疑人、被告人的自由，比较好地考虑了办理案件的需要与保护犯罪嫌疑人、被告人权利的平衡。

三十五、将第七十五条改为第九十七条，修改为："人民法院、人民检察院或者公安机关对被采取强制措施法定期限届满的犯罪嫌疑人、被告人，应当予以释放、解除取保候审、监视居住或者依法变更强制措施。犯罪嫌疑人、被告人及其法定代理人、近亲属或者辩护人对于人民法院、人民检察院或者公安机关采取强制措施法定期限届满的，有权要求解除强制措施。"

【精解】

本条是对 1996 年刑事诉讼法第 75 条关于强制措施法定期限届满应当如何处理，以及当事人等有权要求解除强制措施的规定的修改。

新刑事诉讼法第 97 条包含以下两层意思：

第一，司法机关对采取强制措施法定期限届满的如何处理规定了两种办法，一是对于犯罪嫌疑人、被告人在押的，应当予以释放，如果需要继续查证、审理的，可以将逮捕变更为取保候审或者监视居住。对于监视居住的犯罪嫌疑人、被告人，可以依法变更为取保候审，但是不得未经依法变更就转为取保候审，不能中止对案件的侦查。二是对于取保候审 12 个月期限届满或者监视居住 6 个月期限届满的，应当解除取保候审、监视居住。如果拘传了犯罪嫌疑人、被告人，一般情况下传唤时间已经达到 12 小时的，或者案情重大、复杂的情况下已经达到 24 小时的，应当停止传唤或者拘传，释放被传唤人。

第二，犯罪嫌疑人、被告人及其法定代理人、近亲属或者辩护人对于公检法机关采取强制措施法定期限届满的，有权要求解除强制措施。其中"法定代理人"是指犯罪嫌疑人、被告人的父母、养父母、监护人和负有保护责任的机关、团体的代表；"近亲属"，是指犯罪嫌疑人、被告人的夫、妻、父、母、子、女、同胞兄弟姊妹；"辩护人"是指受犯罪嫌疑人、被告人委托为其辩护的律师、人民团体或者犯罪嫌疑人、被告人所在单位推荐的人或者受犯罪嫌疑人、被告人委托为其辩护的犯罪嫌疑人、被告人的监护人、亲友，以及受法律援助机构指派为犯罪嫌疑人、被告人提供法律援助的律师；"法定期限届满"是指对在押的犯罪嫌疑人、被告人的关押时间已经达到本法规定的侦查羁押、审查起诉、一审、二审的办案期限，对不在押的犯罪嫌疑人、被告人，取保候审的时间累计已经达到 12 个月或者监视居住的时间累计已经达到 6 个月，或者传唤已经达到 12 个小时或 24 小时的。

三十六、将第七十七条改为二条，作为第九十九条、第一百条，修改为：

"第九十九条 被害人由于被告人的犯罪行为而遭受物质损失的，在刑事诉讼过程中，有权提起附带民事诉讼。被害人死亡或者丧失行为能力的，被害人的法定代理人、近亲属有权提起附带民事诉讼。

"如果是国家财产、集体财产遭受损失的，人民检察院在提起公诉的时候，可以提起附带民事诉讼。

"第一百条 人民法院在必要的时候，可以采取保全措施，查封、扣押或者冻结被告人的财产。附带民事诉讼原告人或者人民检察院可以申请人民法院采取保全措施。人民法院采取保全措施，适用民事诉讼法的有关规定。"

本条对 1996 年刑事诉讼法第 77 条作出修改，并作为第 99 条、第 100 条，共两条，对被害人及其法定代理人、近亲属提起附带民事诉讼，以及人民法院审理附带民事诉讼案件可以采取保全措施作了规定。分别精解如下：

1. 第九十九条 被害人由于被告人的犯罪行为而遭受物质损失的，在刑事诉讼过程中，有权提起附带民事诉讼。被害人死亡或者丧失行为能力的，被害人的法定代理人、近亲属有权提起附带民事诉讼。

如果是国家财产、集体财产遭受损失的，人民检察院在提起公诉的时候，可以提起附带民事诉讼。

【精解1】

本条是关于被害人及其法定代理人、近亲属以及人民检察院有权提起附带民事诉讼的规定。本条分为2款。

第1款是提起附带民事诉讼的主体和条件的规定。根据该款规定，有权提起附带民事诉讼的主体包括两类人，一是被害人，即遭受犯罪行为侵害的自然人和其他组织。二是在被害人死亡或者丧失行为能力的情况下，被害人的近亲属、法定代理人有权提起附带民事诉讼。根据本款规定，提起附带民事诉讼需要具备以下条件：第一，被告人的行为构成犯罪，这是提起附带民事诉讼的前提条件。如果被告人的行为不构成犯罪，就没有刑事诉讼，附带民事诉讼也就无从谈起，因为附带民事诉讼是在刑事诉讼中提起的。第二，被告人的犯罪行为对被害人所造成的损失，必须是被害人的物质损失，如果没有物质损失，也不能提起附带民事诉讼。第三，被害人的物质损失必须是由被告人的犯罪行为造成的，即被害人的物质损失与被告人的犯罪行为之间存在因果关系，否则，不能提起附带民事诉讼。第四，附带民事诉讼的提起，只能在刑事诉讼过程中提出。如果在判决生效后才提出，也与法律设置附带民事诉讼程序的初衷不符。

第2款是关于人民检察院可以提起附带民事诉讼的规定。在我国，检察机关一般不参与公民个人对附带民事诉讼的提起，意在尊重公民的民事处分权。而国家和集体财产是公有财产，一旦被侵害，不能视为单位自己的"私事"。检察机关在被害单位没有提起附带民事诉讼时，为了保护公共财产和社会利益，有权提起附带民事诉讼。这样规定，有利于保护国家和集体财产。

【引导案例】 被害人丧失行为能力 近亲属有权提起附带民事诉讼

被告人孙长喜和孙军系兄弟。孙军为了找"乐子"而把同村的阿牛打伤，经村人调解，孙军同意向阿牛赔礼道歉并赔偿医药费500元钱，但迟迟不兑现，两人因此多次发生激烈争吵。孙长喜知道此事后，叫骂道："敢跟俺们哥俩作对，不想活了。"于是，孙长喜、孙军兄弟闯入阿牛的住房，对阿牛拳打脚踢，并用金属棒敲打。阿牛被打后，当时呈半昏迷状态，两次发生虚脱，经医院抢救后虽脱离危险，但成为植物人。检察机关提起公诉后，阿牛父母早亡，其兄提起附带民事诉讼。人民法院审理后以故意伤害罪判处被告人孙长喜3年有期徒刑，孙军2年有期徒刑，孙长喜、孙军两人共同赔偿阿牛经济损失

18 万元。

【分析】

本案主要涉及谁有权提起附带民事诉讼的问题。

案例中，刑事案件被害人阿牛虽然丧失行为能力，但其合法民事权益并未因此丧失，其兄作为近亲属，有权向法院提起附带民事诉讼。这是新刑事诉讼法新增的一条规定。

在刑事附带民事诉讼案件中，一般情况下，刑事案件被害人具有双重身份，即附带民事诉讼的原告人和公诉案件的刑事被害人。如果刑事案件被害人在刑事案件或刑事审判开始前因犯罪等原因死亡或丧失行为能力，又确因刑事案件被告人的犯罪行为而遭受物质损失时，其民事诉讼权益是否能够附带刑事案件一并予以解决？在刑事诉讼法修改前，实践中的做法并不一致。新刑事诉讼法第99条对此作出了统一规定，在这种情况下，不仅被害人的法定代理人，而且其近亲属都有权提起附带民事诉讼。需要指出的是，在刑事诉讼中，法定代理人仅指被代理人的父母、养父母、监护人和负有保护责任的机关、团体的代表；近亲属仅限于夫、妻、父、母、子、女、同胞兄弟姊妹。

需要注意的是，新刑事诉讼法虽然赋予被害人的近亲属有权提起附带民事诉讼，但是，却没有相应地规定其上诉权。这显然是修改刑事诉讼法时的一个疏漏。

2. **第一百条** 人民法院在必要的时候，可以采取保全措施，查封、扣押或者冻结被告人的财产。附带民事诉讼原告人或者人民检察院可以申请人民法院采取保全措施。人民法院采取保全措施，适用民事诉讼法的有关规定。

【精解2】

本条是关于人民法院和人民检察院在必要的时候可以采取保全措施的规定。本条包含以下几层意思：

第一，对于刑事附带民事诉讼案件，人民法院在必要的时候，可以采取查封、扣押、冻结被告人财产的保全措施。即必要时人民法院可以依职权采取保全措施。规定保全措施，是为了保证刑事附带民事诉讼判决的执行，防止因为被告人或者其亲属为逃避承担民事赔偿责任，在诉讼期间转移、隐匿财产，或者防止被告人的财产因其他原因而毁损灭失，导致将来作出的附带民事判决难以执行，被害人一方合法权益得不到保护的情况。关于查封、扣押措施，刑事诉讼法原来就有规定。需要注意的是，本条规定的查封、扣押、冻结虽然在具体表现形式上与新刑事诉讼法第 139 条、第 142 条规定的侦查活动中的查封、扣押、冻结类似，但实施主体、性质、目的、范围都是不同的。侦查活动中的查封、扣押、冻结是侦查机关依法采取的侦查措施，目的是收集可以证明犯罪嫌疑人有罪或者无罪的证据，其范围限于与案件有关的财物，如作案工具、赃款赃物等。而附带民事诉讼中的查封、扣押、冻结是人民法院依法采取的诉讼保全措施，是为了保证将来的附带民事判决的执行，其范围可以是与案件没有直接关系的，可供将来执行的被告人的合法财产。

第二，附带民事诉讼原告人或者人民检察院可以申请人民法院采取保全措施。即人民法院可以依申请采取保全措施。根据新刑事诉讼法第 100 条的规定，有权申请人民法院采取保全措施的，包括附带民事诉讼的原告人和人民检察院。规定人民检察院可以申请保全措施，是与新刑事诉讼法第 99 条规定的"如果是国家财产、集体财产遭受损失的，人民检察院在提起公诉的时候，可以提起附带民事诉讼"相衔接。

第三，人民法院采取保全措施，适用民事诉讼法的有关规定。按照民事诉讼法的规定，财产保全措施分为诉讼中的财产保全和诉前财产保全两种。诉讼中申请财产保全的，人民法院可以要求申请人提供担保，以备采取保全措施错误时，对被保全人予以赔偿。采取诉前财产保全，则必须由申请人提供担保，申请人不提供担保的，人民法院应当驳回申请。在刑事附带民事诉讼中，附带民事诉讼原告人和人民检察院申请财产保全，也应当按照上述规定进行。即人民法院受理附带民事诉讼案件后，附带民事诉讼原告人和人民检察院申请财产保全的，人民法院根据案件的具体情况，认为有必要由申请人提供担保的，可以要求提供。对案件尚处于侦查或者审查起诉阶段的，申请财产保全应当提供担保。需要说明的是，这里所说的"适用民事诉讼法的有关规定"，限于有关提出申请、提供担保、采取措施等规定。对民事诉讼法规定的，申请人在 15 日以内没有起诉的，人民法院应当解除保全措施的规定，不应适用。因为民事诉讼法规定在采取诉前财产保全措施后，必须在 15 日内向人民法院提起诉讼，是为了督促诉前财产保全申请人及时行使诉权，避免在没有诉讼关系存在的情况下，长时间限制被申请人民事权利。但是附带民事诉讼与一般的民事诉讼案件不同，需要与刑事诉讼一并审理，而刑事案件何时进入人民法院审理阶段，并不是附带民事诉讼原告方所能决定的。

三十七、增加一条，作为第一百零一条："人民法院审理附带民事诉讼案件，可以进行调解，或者根据物质损失情况作出判决、裁定。"

【精解】

本条在刑事诉讼法中增加了人民法院审理附带民事诉讼案件，可以进行调解和裁判的规定。

新刑事诉讼法第101条的规定包含两层意思：

第一，人民法院审理刑事附带民事诉讼案件，可以进行调解。这里的调解，包括在一审期间进行调解，也包括在二审期间进行调解；包括对公诉案件附带的民事诉讼进行调解，也包括对刑事自诉案件附带的民事诉讼的调解。这一规定明确了人民法院在附带民事诉讼中进行调解的依据，也体现了通过诉讼中调解这种手段，化解社会矛盾，彻底解决纠纷的立法精神。实践中需要注意的是，刑事附带民事诉讼中的调解是一种诉讼中的调解活动，不是民间调解活动，因此，人民法院应当按照《民事诉讼法》关于调解的原则规定，依法开展调解活动。《民事诉讼法》第85条规定，人民法院审理民事案件，根据当事人自愿的原则，在事实清楚的基础上，分清是非，进行调解。第88条规定，调解达成协议，必须双方自愿，不得强迫。调解协议的内容不得违反法律规定。根据上述规定，首先，调解应当是在查清案件事实、分清是非曲直的基础上进行，而不是不分是非、"和稀泥"。具体到刑事附带民事诉讼案件，人民法院进行调解，要在查明被告人犯罪事实，分清其应当承担的法律责任的基础上，通过对被告人的批评教育，促其真诚悔罪，自愿承担对附带民事诉讼原告方的赔偿责任，以求原告方的谅解；对附带民事诉讼原告方，则也要做工作，促其充分考虑被告人的悔罪态度，体谅被告人的经济困难等。通过反复做双方工作，在公平、合理的基础上就具体赔偿数额、方式等方面达成调解协议。其次，调解要坚持自愿的原则。新刑事诉讼法规定的是"可以进行调解"；民事诉讼法也明确规定要根据当事人自愿的原则进行调解。因此，人民法院开展调解工作，必须坚持双方当事人自愿的原则。一方或者双方坚持不愿意通过调解方式结案的，应当依法及时作出判决、裁定，不能强行调解或者"久调不决"。双方同意调解的，也应当是通过耐心做说服教育工作，促成调解协议的达成，不得强迫一方或者双方接受调解结果。只有在双方真诚自愿基础上达成调解协议，才能够真正彻底解决纠纷，化解矛盾。最后，调解协议的内容不得违反法律规定。主要是指调解协议的内容不得违反法律的禁止性规定，不得有损害第三人利益或者违反公序良俗的内容。

第二，人民法院审理刑事附带民事诉讼案件，不能够调解结案的，应当根据物质损失的情况，作出判决或者裁定。首先，如上所述，从彻底解决纠纷，化解社会矛盾的需要考虑，人民法院审理刑事附带民事诉讼案件，应当注意发挥调解手段的作用。但如果一方或者双方坚持不愿意调解结案的，或者经调解不能达成调解协议的，人民法院应当依法及时作出判决、裁定。其次，人民法院作出附带民事诉讼的判决、裁定，应当根据物质损失的情况。这一规定实际上在赔偿范围上，重申了新刑事诉讼法第99条关于"被害人由于被告人的犯罪行为而遭受物质损失的，在刑事诉讼过程中，有权提起附带民事诉讼"的规定。即刑事附带民事诉讼案件赔偿的范围，限于因犯罪行为给被害人造成的物质损失。这与《刑法》第36条关于"由于犯罪行为而使被害人遭受经济损失的，对犯罪分子除依法给予刑事处罚外，并应根据情况判处赔偿经济损失"的精神也是一致的。关于刑事附带民事诉讼赔偿范围问题，在刑事诉讼法修改过程中，有的建议将犯罪行为造成的精神损失也纳入赔偿范围；有的认为从司法实践中的情况看，目前将赔偿范围限定在物质损失范围内是必要的，也是妥当的。考虑到各方面认识尚不一致，新刑事诉讼法对刑事附带民事诉讼案件赔偿范围未作扩大。

【引导案例】亲兄弑父独占遗产　刑案追究不附带解决遗产纠纷

被告人周浦是某省的农民，被害人周详是被告人的父亲，周详在"文革"期间不幸丧妻后，一直和周浦及二儿子周希生活在一起，两个儿子长大成人后，大儿子周浦一直留在周详的身边，二儿子考上了大学离开农村到大城市工作。周详因多年的积蓄和祖传的一块宝玉而存下了一笔20万的财产。后来周浦嫌父亲年纪大，不中用了，尤其贪恋父亲的家产，在1998年5月15日，用鼠药将其父毒死，并伪造了一份其父死于心脏病的医生证明，因为周浦行动秘密，所以当时没有人产生怀疑，其弟弟周希回来后，他告诉其弟说，父亲没有留下家产，后自己独占15万的遗产。1999年6月的一天，周希在整理父亲的遗物时，发现了一张纸条，上面写明了遗产的数额和分配的方式，周希立即对父亲的死因产生了怀疑，于是向公安机关报案。经侦查，1999年9月，人民检察院向人民法院就周浦故意杀人案提起诉讼，周希提起附带民事诉讼，请求确认周浦丧失继承遗产的权利，由自己继承全部遗产，并赔偿因周浦杀害父亲给自己造成的精神损失费 5 万元。

【分析】

本案例引发的问题主要是刑事案件附带民事诉讼请求的范围的界定。

新刑事诉讼法对人民法院进行刑事案件附带民事诉讼判决的范围进一步作出明确的规定。该法第 101 条规定，人民法院可以根据物质损失情况作出判决、裁定。据此，本案中，对周希的诉讼请求，法院不能予以支持。因为，被告人周浦的行为致使周希未分到遗产，并没有造成其所要分得遗产的灭失等物质损失，不能认为是犯罪行为造成的物质损失。此外，依据 2000 年 12 月 4 日最高人民法院《关于刑事附带民事诉讼范围问题的规定》，对于周希因犯罪行为遭受精神损失而提起附带民事诉讼的，人民法院不予受理。

本案中，周希要是想得到法律的救济，可以生效的刑事判决为依据，根据继承法关于"继承人杀害被继承人的，丧失继承权"的规定，单独提起民事诉讼，请求剥夺罪犯周浦的继承权。实际上，从理论上讲，在刑事附带民事诉讼中，法院在确认被告人故意杀人罪成立后可以根据被害人近亲属的请求，判决剥夺该罪犯的继承权，这样处理符合诉讼经济原则。但根据我国目前的规定，此类情形只能单独提起民事诉讼，而不得以附带民事诉讼的方式来解决。

三十八、将第七十九条改为第一百零三条，增加一款，作为第四款："期间的最后一日为节假日的，以节假日后的第一日为期满日期，但犯罪嫌疑人、被告人或者罪犯在押期间，应当至期满之日为止，不得因节假日而延长。"

【精解】

本条是对 1996 年刑事诉讼法第 79 条关于期间及其计算的规定的修改。

新刑事诉讼法第 103 条共分为 4 款。

第 1 款是关于期间的计算单位的规定。根据该款的规定，期间以时、日、月计算。刑事诉讼法根据情况和需要，在规定具体的期间时，分别是以时、日、月为计算单位的。如新刑事诉讼法第 73 条、第 91 条分别规定，指定居所监视居住、逮捕的，应当在 24 小时以内通知被监视居住人、被逮捕人的家属。第 89 条规定，公安机关对被拘留的人，认为需要逮捕的，应当在拘留后的 3

日以内，提请人民检察院审查批准。在特殊情况下，提请审查批准的时间可以延长 1 日至 4 日。第 154 条规定，对犯罪嫌疑人逮捕后的侦查羁押期限不得超过 2 个月等。

第 2 款是关于以时或者日为单位的期间，具体从何时、何日开始起算的规定。根据本款规定，"开始的时和日不算在期间以内"，是指期间应从诉讼行为开始后的第二个小时或者第二日起计算。如新刑事诉讼法第 91 条规定，公安机关逮捕犯罪嫌疑人，应当在逮捕后 24 小时以内通知家属，假如逮捕的时间是上午 9 时 30 分，则起算 24 小时期限的时间点应当是上午 10 时，即"逮捕后二十四小时"是指从当日上午十时起，至次日上午 10 时止，公安机关应当在次日上午 10 时前通知被逮捕人的家属。关于以日为单位的期间的起算，与此类似，应当从诉讼行为开始之日的第二日起计算。

第 3 款是关于路途时间不计入法定期间的规定。"路途上的时间"，是指司法机关邮寄送达诉讼文书及当事人向司法机关邮寄诉讼文书在路途上所占用的时间。法律作这样规定，主要是考虑当事人距离司法机关有远有近，邮寄诉讼文书在路途上所需要的时间有长有短，如果不扣除路途上的时间，那么距离司法机关较远的当事人的诉讼权利就难以保障，有的当事人可能还没有接到司法机关送达的诉讼文书，期间就已经届满了。因此，法律规定法定期间不包括路途上的时间，就是为了便于当事人充分地行使诉讼权利。此外，为了保证被告人等诉讼参与人的上诉权和其他诉讼权利，本款还特意明确规定"上诉状或者其他文件在期满前已经交邮的，不算过期"。如 4 月 5 日为上诉期间届满的日期，上诉人在 4 月 5 日当日通过邮局将上诉状寄给人民法院，即使该上诉状在 10 日以后即 4 月 15 日才送到法院，该上诉状也属于"在期满前已经交邮的"，应认为当事人是在上诉期间内提起了上诉，是有效的诉讼行为，第二审人民法院必须受理。这里应该注意一点，确定期满前当事人是否已经交邮，应当以邮件上的邮戳为证。

第 4 款是关于期间最后一日为节假日的情况下，如何确定期间届满日期的规定。这一规定是本次修改刑事诉讼法增加的规定，分为两种情况：

（1）一般情况下，期间最后一日为节假日的，以节假日后的第一日为期满日期。如期间本应当在 1 月 1 日届满，但 1 月 1 日为元旦，则应当顺延至元旦假日后第一个工作日为期间届满之日。主要是节假日有关机关和公民个人都按规定休假，期间届满也无法进行诉讼活动，有必要顺延至节假日后的第一个工作日。

（2）犯罪嫌疑人、被告人或者罪犯在押的，其在押期间应当至期满之日为止，不得因节假日而延长。

三十九、增加一条，作为第一百一十五条："当事人和辩护人、诉讼代理人、利害关系人对于司法机关及其工作人员有下列行为之一的，有权向该机关申诉或者控告：

"（一）采取强制措施法定期限届满，不予以释放、解除或者变更的；

"（二）应当退还取保候审保证金不退还的；

"（三）对与案件无关的财物采取查封、扣押、冻结措施的；

"（四）应当解除查封、扣押、冻结不解除的；

"（五）贪污、挪用、私分、调换、违反规定使用查封、扣押、冻结的财物的。

"受理申诉或者控告的机关应当及时处理。对处理不服的，可以向同级人民检察院申诉；人民检察院直接受理的案件，可以向上一级人民检察院申诉。人民检察院对申诉应当及时进行审查，情况属实的，通知有关机关予以纠正。"

【精解】

本条在刑事诉讼法中增加关于对司法机关及其工作人员采取强制措施和侦查措施有违法情形时的申诉、控告及处理程序的规定。

新刑事诉讼法第 115 条分为 2 款。

第 1 款是关于当事人和辩护人、诉讼代理人、利害关系人对于司法机关及其工作人员具有本款所列行为之一的，有权向该机关申诉或者控告的规定。其中"当事人"，根据本法第 106 条第 2 项的规定，是指被害人、自诉人、犯罪嫌疑人、被告人、附带民事诉讼的原告人和被告人。"辩护人"，是指在刑事诉讼过程中为犯罪嫌疑人、被告人提供法律帮助的人，一般由律师担任。"诉讼代理人"，根据本法第 106 条第 5 项的规定，是指公诉案件的被害人及其法定代理人或者近亲属、自诉案件的自诉人及其法定代理人委托代为参加诉讼的人和附带民事诉讼的当事人及其法定代理人委托代为参加诉讼的人。"利害关系人"，是指与案件有关联并存在利害关系的人，这里主要是指与有关涉案财产存在利害关系的人。本款列举了五项司法机关及其工作人员采取强制措施和侦查措施的违法行为：

（1）采取强制措施法定期限届满，不予以释放、解除或者变更的，即司法机关及其工作人员对犯罪嫌疑人、被告人依法采取了逮捕、拘留、取保候审、监视居住等强制措施，法定期限届满不予以释放、解除或者变更的情形。由于强制措施是对犯罪嫌疑人的人身自由加以限制，因此本法对采取强制措施的批准机关、具体执行程序和期限都作了严格的规定。比如，本法第 77 条规定了取保候审和监视居住的期限，人民法院、人民检察院和公安机关对犯罪嫌疑人、被告人取保候审最长不得超过 10 个月，监视居住最长不得超过 6 个月。第 89 条规定了拘留和审查批准逮捕的期限。公安机关对被拘留的人，认为需要逮捕的，应当在拘留后的 3 日以内，提请人民检察院审查批准。在特殊情况下，提请审查批准的时间可以延长 1 日至 4 日。对于流窜作案、多次作案、结伙作案的重大嫌疑分子，提请审查批准的时间可以延长至 30 日。人民检察院应当自接到公安机关提请批准逮捕书后的 7 日以内，作出批准逮捕或者不批准逮捕的决定。第 154 条至第 158 条对侦查羁押期限及其延长的条件和批准程序作了规定。第 169 条规定了人民检察院审查起诉的期限。第 202 条、第 206 条、第 214 条分别对人民法院第一审普通程序、自诉案件、简易程序的审理期限作了规定。第 232 条对第二审审理期限作了规定。同时，本法第 96 条明确规定，犯罪嫌疑人、被告人被羁押的案件，不能在本法规定的侦查羁押、审查起诉、一审、二审期限内办结的，对犯罪嫌疑人、被告人应当予以释放；需要继续查证、审理的，对犯罪嫌疑人、被告人可以取保候审或者监视居住。如果超过上述规定的期限，有关司法机关对犯罪嫌疑人不予以释放、解除或者变更强制措施的，就属于本项所规定的情形。

（2）应当退还取保候审保证金不退还的。取保候审的保证金，是犯罪嫌疑人、被告人依法向司法机关提供的一种资金保证形式，是对被取保候审的犯罪嫌疑人、被告人在经济上的一种约束。如果交纳保证金的犯罪嫌疑人、被告人在取保候审期间违反有关规定，依照规定要没收保证金。如果没有违反有关规定，取保候审的期限届满时，就应当依法退还保证金。根据本法第 71 条的规定，犯罪嫌疑人、被告人在取保候审期间未违反本法有关规定的，取保候审结束的时候，凭借解除取保候审的通知或者有关法律文书到银行领取退还的保证金。如果司法机关及其工作人员阻挠犯罪嫌疑人、被告人依法领取保证金或者要求银行对保证金不予退还的，就属于本款第 2 项规定的情形。

（3）对与本案无关的财物采取查封、扣押、冻结措施的。其中"查封、扣押、冻结措施"，主要是指本法第100条规定的人民法院在必要的时候，可以采取保全措施，查封、扣押或者冻结被告人的财产；第139条规定的侦查机关在侦查活动中发现的可用以证明犯罪嫌疑人有罪或者无罪的各种财物、文件，应当查封、扣押；第141条规定的经公安机关或者人民检察院批准，将有关的邮件、电报检交扣押；以及第142条规定的人民检察院、公安机关根据侦查犯罪的需要，可以依照规定冻结犯罪嫌疑人的存款、汇款、债券、股票、基金份额等财产的情形。根据本法的规定，与案件无关的财物、文件，不得查封、扣押或者冻结。如果超出本法规定的范围，任意查封、扣押或者冻结与案件无关的财物的，就属于本款第3项所列举的情形。

（4）应当解除查封、扣押、冻结不解除的，即有关司法机关对犯罪嫌疑人、被告人的有关财物、文件采取了查封、扣押或者冻结措施，在相关的必要性消失后应当解除而不解除的情形。根据本法第143条规定，司法机关对查封、扣押的财物、文件、邮件、电报或者冻结的存款、汇款、债券、股票、基金份额等财产，经查明确实与案件无关的，应当在3日以内解除查封、扣押、冻结。人民法院查封、扣押或者冻结被告人的财产，是一种保全措施，是为了在案件审理期间，保证有关涉案财产不被转移、隐匿或者遭受损坏而影响最后判决的执行；侦查机关在侦查活动中，对有关财物、文件的查封、扣押，是为了进一步获取证明犯罪嫌疑人有罪或者无罪的证据和固定证据的需要。如果在法院审理完毕作出判决后，超出案件执行部分被查封、扣押、冻结的财产或者不需要追缴、没收的财产部分，或者侦查机关经过侦查，发现被查封、扣押的财产和有关文件与案件无关或者不能证明犯罪嫌疑人有罪或者无罪的，就应当及时解除查封、扣押、冻结，否则就构成了本款第4项所列举的情形。

（5）贪污、挪用、私分、调换、违反规定使用查封、扣押、冻结的财物的，即有关司法机关及其工作人员对查封、扣押、冻结的犯罪嫌疑人、被告人的财物，进行贪污、挪用、私分、调换、违反规定使用的情形。其中"贪污"是指司法机关及其工作人员将被查封、扣押、冻结的财产贪为己有；"挪用"是指将该财物私自挪作他用；"私分"是指将该财产私下瓜分；"调换"是指将该财物以旧换新，或者换成了低档品等；"违反规定使用"是指擅自将财物任意使用，如违规使用被扣押的车辆等。

根据本款规定，当事人和辩护人、诉讼代理人、利害关系人，对于司法机关及其工作人员具有上述所列举的五项行为之一的，有权向该机关申诉或者控告。

第 2 款是关于对申诉或者控告的处理程序的规定。根据本款的规定，当事人等对于司法机关及其工作人员具有本条第 1 款所列举的五项行为之一的，可以向该机关提出申诉或者控告。受理申诉或者控告的机关应当及时处理。对处理不服的，可以向同级人民检察院申诉；人民检察院直接受理的案件，可以向上一级人民检察院申诉。这里所说的"同级人民检察院"，是指与受理申诉或者控告的司法机关同一级别的人民检察院；"上一级人民检察院"是指在检察院直接受理案件的情况下，当事人等就要向比它高一级别的人民检察院提出申诉。人民检察院对申诉应当及时进行审查，情况属实的，通知有关机关予以纠正。人民检察院作为国家的法律监督机关，对司法机关执行法律的行为负有监督职能，特别是在有关当事人对司法机关具有违法行为提出申诉或者控告的时候，应当认真进行审查，对于情况属实的，应当及时通知有关机关予以纠正。有关司法机关应当及时查处本机关及其工作人员的侵害行为并及时予以纠正。

【引导案例】法官违法　开封市法院加大查办力度

2012 年 2 月 13 日《开封日报》报道，今年全市法院将严肃查处利用审判权和执行权索贿受贿、徇私舞弊、枉法裁判、违法执行、渎职失职等严重违法违纪案件，特别是发生在领导干部和审判执行等部门中滥用权力、谋取私利的大案要案；严肃查处有令不行、有禁不止，违反政治纪律、组织人事纪律和职业道德、社会公德的案件；严肃查处违反财务管理制度和纪律，私设"小金库"，截留、挪用涉案款物的案件。对一些群众反映强烈、社会影响恶劣、严重损害队伍形象的案件，要组织专门力量重点查处。

【分析】

于 2013 年 1 月 1 日生效实施的新刑事诉讼法新增第 115 条，规定当事人和辩护人、诉讼代理人、利害关系人对司法机关及其工作人员的违法行为，有权向该机关申诉或者控告。申诉或者控告的内容中包括：司法机关及其工作人员采取强制措施法定期限届满而不予释放、解除或者变更，应当退还取保候审保证金而不退还，对于案件无关的财物采取查封、扣押、冻结措施，应当解除查封、扣押、冻结而不解除，贪污、挪用、私分、调换、违反规定使用查封、扣押、冻结的财物等。本案例中河南开封市法院对利用审判权和执行权索贿受贿、徇私舞弊、枉法裁判、违法执行、渎职失职等严重违法违纪案件，特别是发生在领导干部和审判执行等部门中滥用权力、谋取私利的大案要案的这一重拳出击，必将有利于净化司法环境，并为新刑事诉讼法生效实施创造良好的舆论氛围。

四十、将第九十一条改为第一百一十六条，增加一款，作为第二款："犯罪嫌疑人被送交看守所羁押以后，侦查人员对其进行讯问，应当在看守所内进行。"

【精解】

本条是对 1996 年刑事诉讼法第 91 条关于讯问犯罪嫌疑人的主体、人数规定的修改。

新刑事诉讼法第 116 条分为 2 款。

第 1 款是关于讯问犯罪嫌疑人的主体和人数的规定。人民检察院、公安机关是我国有权行使侦查权的机关。讯问犯罪嫌疑人是刑事诉讼中的重要侦查措施之一，通过讯问犯罪嫌疑人可以查明有无犯罪行为，查问犯罪的具体情节，证实犯罪事实，发现新的犯罪线索和新的犯罪嫌疑人。讯问笔录也是刑事诉讼活动中的重要证据。在侦查阶段只能由人民检察院或公安机关的侦查人员依法行使讯问犯罪嫌疑人的权力，其他任何单位和个人除经法律授权外（如国家安全机关、军队保卫部门等），都无权对犯罪嫌疑人进行讯问。同时，规定讯问犯罪嫌疑人时，侦查人员不得少于 2 人，主要考虑到：一是讯问工作的需要，有利于客观、真实获取和固定证据；二是有利于互相配合、监督，防止个人徇私舞弊或发生刑讯逼供、诱供等非法讯问行为，同时也有利于防止一些犯罪嫌疑人诬告侦查人员有人身侮辱、刑讯逼供等行为。这里所规定的"讯问犯罪嫌疑人"，是指侦查人员依照法定程序就案件事实对犯罪嫌疑人进行审讯。这是直接获取犯罪嫌疑人的供述和辩解的重要侦查措施，是公诉案件必经的诉讼程序。讯问犯罪嫌疑人，是在整个侦查阶段对犯罪嫌疑人的讯问。既包括查获犯罪嫌疑人后的初次讯问，也包括进一步查证犯罪的预审活动中对犯罪嫌疑人的讯问。"不得少于二人"，就是指侦查人员不得独自讯问犯罪嫌疑人。讯问犯罪嫌疑人应当注意以下问题：一是讯问共同犯罪案件的犯罪嫌疑人，应当分别进行，单独讯问，以防止同案犯串供或者相互影响供述；二是讯问犯罪嫌疑人，应当注意保障犯罪嫌疑人的诉讼权利，严禁使用刑讯逼供和以威胁、引诱、欺骗等非法手段获取犯罪嫌疑人的口供。

第2款规定的"犯罪嫌疑人被送交看守所羁押以后"，是指犯罪嫌疑人由侦查机关按照规定将犯罪嫌疑人送交专门看押犯罪嫌疑人的场所。"看守所"是指公安机关管理的专门看押犯罪嫌疑人的羁押场所。根据这一规定，侦查机关将犯罪嫌疑人送交看守所以后，如果再要讯问犯罪嫌疑人，就必须到看守所进行。看守所要设立专门的规范的讯问室，以供侦查人员对犯罪嫌疑人进行讯问。这次修改刑事诉讼法，增加本款的意义在于：一是以往的实践中，大量的刑讯逼供多发生在看守所以外的讯问过程中，规定在看守所进行讯问，可以有效防止刑讯逼供现象的发生。二是由于看守所本身不是侦查机关，它的义务就是看管嫌疑犯，所以对侦查机关及其侦查人员能起到一定的制约作用。三是看守所为讯问提供了规范的条件和设施，有利于规范侦查人员的讯问，在发生意外情况时，可以及时加以处置。

四十一、将第九十二条改为第一百一十七条，修改为："对不需要逮捕、拘留的犯罪嫌疑人，可以传唤到犯罪嫌疑人所在市、县内的指定地点或者到他的住处进行讯问，但是应当出示人民检察院或者公安机关的证明文件。对在现场发现的犯罪嫌疑人，经出示工作证件，可以口头传唤，但应当在讯问笔录中注明。

"传唤、拘传持续的时间不得超过十二小时；案情特别重大、复杂，需要采取拘留、逮捕措施的，传唤、拘传持续的时间不得超过二十四小时。

"不得以连续传唤、拘传的形式变相拘禁犯罪嫌疑人。传唤、拘传犯罪嫌疑人，应当保证犯罪嫌疑人的饮食和必要的休息时间。"

【精解】

本条是对1996年刑事诉讼法第92条关于传唤、拘传犯罪嫌疑人规定的修改。

新刑事诉讼法第117条分为3款。

第1款对不需要逮捕、拘留的犯罪嫌疑人的讯问地点作了具体规定。讯问犯罪嫌疑人，可以在侦查机关进行，但为了方便群众，有利于侦查工作的顺利进行，侦查人员也可以将未拘留、逮捕的犯罪嫌疑人传唤到其所在的市、县内的指定地点或者其住处进行讯问。"犯罪嫌疑人所在市、县内的指定地点"，主要是指犯罪嫌疑人在被讯问时工作生活所在的市、县的公安局、公安派出所、基层组织及其所在单位等。"住处",是指犯罪嫌疑人在被讯问时所居住的地方。为了防止滥用审讯权,保护犯罪嫌疑人的合法权利,本款规定,侦查人员传唤犯罪嫌疑人到上述地点进行讯问时,应当出示人民检察院或者公安机关的证明文件。这里规定的出示"证明文件",是指传唤犯罪嫌疑人使用的《传唤通知书》及到犯罪嫌疑人住处讯问时应当出示的人民检察院或者公安机关证明侦查人员身份的证明文件。本款中增加规定,对于在现场发现的犯罪嫌疑人,经出示工作证件,可以口头传唤,但应当在讯问笔录中注明。这一规定,主要是针对在犯罪现场发现的犯罪嫌疑人。在犯罪现场及时获取相关的证据非常重要,这也是侦查人员把握获取证据的最佳时机来获取重要的相关证据。在这种情况下,侦查人员可以对犯罪嫌疑人进行口头传唤。同时,必须要出示工作证件,才能进行口头传唤,并应当在讯问笔录中注明。这样规定,是为了使侦查人员进行规范性操作,防止现场口头传唤的随意性,这些讯问笔录与在看守所和本法其他条款规定的在其他场所进行的讯问的笔录具有同样的法律效力,必须做到正规化。

第2款对传唤持续时间作了规定。"传唤、拘传持续的时间"是指每次传唤、拘传所持续的时间,一般情况下,传唤、拘传持续的时间不得超过12小时。"案情特别重大、复杂,需要采取拘留、逮捕的",是指侦查人员在办案时,发现案情特别重大、复杂,并且根据案件情况,依照法律规定对犯罪嫌疑人需要采取拘留、逮捕等措施的情形。在这种情况下,传唤、拘传持续的时间可以适当地延长,但也要受到必要的限制,其持续的时间不得超过24小时。这样规定,既考虑到办案的需要,也有利于规范传唤、拘传的使用。在实践中,侦查人员必须遵守刑事诉讼法的规定,对于符合条件的,才能依法延长传唤、拘传时间。而且这一时间是最长时间,如果能在更短的时间内完成讯问和有关法律手续,则应抓紧在更短的时间内完成。

第3款对执行传唤、拘传规定了明确的要求。一是,"不得以连续传唤、拘传的形式变相拘禁犯罪嫌疑人"。即不得以连续传唤、拘传的形式使传唤、拘传超过了法定最长时限,即超过了12小时或24小时,从而剥夺犯罪嫌疑人的人身自由。二是,"传唤、拘传犯罪嫌疑人,应当保证犯罪嫌疑人的饮食和必要的休息时间"。这是这次修改刑事诉讼法新增加的内容。在实践中,有时出现侦查机关及其办案人员,由于传唤、拘传的时间紧,往往在讯问时采取连续审讯，甚至不能保证犯罪嫌疑人必要的饮食、休息和日常生活需求的现象。比如不允许吃饭，不让犯罪嫌疑人上厕所等。这样做严重侵犯了犯罪嫌疑人的合法权益。这次修改增加了这方面的明确规定，在传唤、拘传持续的时间里，侦查人员要保证犯罪嫌疑人的饮食和必要的休息时间。

执行本条应当严格掌握拘传的条件。拘传具有强制性，直接涉及公民的人身权利，不能随意使用。对犯罪嫌疑人采用拘传，一般要具有犯罪嫌疑人经传唤拒不接受的情况，才能强制其到案。到犯罪嫌疑人住处进行讯问的，不得采用拘传的手段。

【引导案例】野外赌场聚赌　广东化州警方一举拘传24人

2012年1月，广东化州市公安局治安大队接到群众举报，称官桥镇三角车村边有人开设赌场。接报后，化州警方立即进行秘密调查，发现该赌场位于三角车村边一隐蔽空地处，组织者在空地上搭建了一个简易帐篷，里面摆着一张赌台，通过"荷手"发扑克牌，以"斗牛"大吃小的形式吸引赌徒参赌，赌场从中抽水牟利。

2012年1月15日下午，化州警方抽调三十多名警力直扑目的地，现场拘传24名涉案人员，缴获赌资7000多元及赌具一批，成功端掉这个野外赌场。

【分析】

选择此案例，旨在对新刑事诉讼法关于拘传时间的重大调整进行说明。新刑事诉讼法第117条规定对此前关于传唤、拘传持续的时间不得超过12个小时的规定作出了突破，即对案情特别重大、复杂，需要采取拘留、逮捕措施的案件，对犯罪嫌疑人传唤、拘传的时间不得超过24小时，其间应当保证犯罪嫌疑人的饮食和必要的休息时间。本案中，化州警方一次拘传24名犯罪嫌疑人，涉案人数众多，其中有的犯罪嫌疑人可能需要采取拘留甚至逮捕措施，因此，如果该案发生在新刑事诉讼法生效实施后，那么化州警方对其中可能需要采取拘留甚至逮捕措施的犯罪嫌疑人采取的拘传时间可以长达24小时。实践中，刑事诉讼法对拘传和传唤时间的这种延长是很有必要的，因为在相当一部分案件中，一些犯罪经验丰富的嫌疑人，看着时钟拖延时间，到了12小时就走人，严重影响了侦查工作的顺利进行。

四十二、将第九十三条改为第一百一十八条，增加一款，作为第二款：

"侦查人员在讯问犯罪嫌疑人的时候，应当告知犯罪嫌疑人如实供述自己罪行可以从宽处理的法律规定。"

【精解】

本条是对 1996 年刑事诉讼法第 93 条关于侦查人员如何讯问犯罪嫌疑人规定的修改。

新刑事诉讼法第 118 条分为 2 款。

第 1 款规定，侦查人员在讯问犯罪嫌疑人的时候，首先应当讯问犯罪嫌疑人是否有犯罪行为，既让他陈述有罪的情节，也要听他作无罪的辩解，以防止主观片面，先入为主。然后根据犯罪嫌疑人供述的情况提出问题。这些问题应当与认定案件事实有关系。为了保证讯问的顺利进行，侦查人员在讯问前应当做好充分准备，熟悉案卷材料，认真做好讯问提纲，做到心中有数。讯问中应当紧紧围绕案件事实提出问题，并在讯问中教育犯罪嫌疑人如实供述。犯罪嫌疑人对于侦查人员提出的问题应当如实回答，既不能夸大，也不能缩小；既不能隐瞒，也不能无中生有，或者避重就轻。为了使侦查人员集中精力查明案情，防止泄露国家秘密，以及维护犯罪嫌疑人和其他公民的合法权益，本条又规定，讯问与本案无关的问题，犯罪嫌疑人有权拒绝回答。所谓"与本案无关的问题"，是指与犯罪嫌疑人、案件事实、情节、证据等没有牵连关系的问题。这里需要注意的是，侦查人员在讯问犯罪嫌疑人时，不能使用任何方法强迫犯罪嫌疑人证实自己有罪。

第 2 款规定，侦查人员在讯问犯罪嫌疑人的时候，应当告知犯罪嫌疑人如实供述自己的罪行可以从宽处理的法律规定。2011 年 2 月 25 日十一届全国人大常委会第十九次会议通过的《刑法修正案（八）》在《刑法》第 67 条中增加规定："犯罪嫌疑人虽不具有前两款规定的自首情节，但是如实供述自己罪行的，可以从轻处罚；因其如实供述自己罪行，避免特别严重后果发生的，可以减轻处罚。"在本条中相应规定这一告知义务，是为了使犯罪嫌疑人更加清楚如果如实回答将会依法得到从宽处理的后果。

四十三、增加一条，作为第一百二十一条："侦查人员在讯问犯罪嫌疑人的时候，可以对讯问过程进行录音或者录像；对于可能判处无期徒刑、死刑的案件或者其他重大犯罪案件，应当对讯问过程进行录音或者录像。

"录音或者录像应当全程进行，保持完整性。"

【精解】

本条在刑事诉讼法中建立了讯问过程录音或者录像制度。

新刑事诉讼法第 121 条分为 2 款。

第 1 款是关于讯问犯罪嫌疑人录音录像的范围规定。本款包括两方面内容：一是对一般的犯罪案件，可以对讯问过程进行录音或者录像，是否要录音或者录像，由侦查机关根据案件情况决定。这主要是考虑到这项制度刚刚推行，录音录像设备需要投入，对于经济尚不发达的边远地区确实还存在一定困难，需要一个渐进的过程。二是对于可能判处无期徒刑、死刑的案件或者其他重大犯罪案件，要求必须对讯问过程进行录音或者录像。"其他重大犯罪案件"一般是指案情复杂、犯罪情节严重、社会影响大的案件。如人数较多的共同犯罪案件、集团犯罪案件等。需要说明的是，最高人民检察院 2005 年 12 月下发了《人民检察院讯问职务犯罪嫌疑人实行全程同步录音录像的规定（试行）》，实践中，讯问职务犯罪案件嫌疑人应当遵守这一规定。

第 2 款是关于录音录像要求的规定。按照本款的规定，录音或者录像应当符合两个要求：一是全程进行，二是保持完整。全程、完整是录音录像制度发挥其作用的前提。如果不能保证全程录音录像，录制设备的开启和关闭时间完全由侦查人员自由掌握，录音录像就不能发挥证明作用。"全程"一般应是从犯罪嫌疑人进入讯问场所到结束讯问离开讯问场所的过程。"保持完整"从侦查人员发现承办的案件属于本条规定的录音录像范围，应当对讯问过程进行录音录像开始，到案件侦查结束的每一次讯问都要录音或者录像，要完整、不间断地记录每一次讯问过程，不可作剪接、删改。

应当注意的是，由于录音录像资料形象逼真，很容易使审判人员形成内心的确信，而忽略了对供述自愿性和可靠性的审查。因此，在办案中当被告人的当庭陈述与录音录像不一致并与其他证据相互矛盾时，不能仅仅因为录音录像呈现被告人曾经在庭前作过有罪供述就否定其在法庭上的辩解，要对被告人的庭前供述进行认真审查，综合全案情况，正确认定。

【引导案例】重案讯问录音又录像　侦查工作受监督

中国法律信息网 2010 年 12 月 10 日报道，今年 9 月 16 日，郑州市公安局中原分局刑侦大队对涉嫌故意杀人的刘某，首次讯问实行了全程同步录音、录像。讯问结束后，录音、录像资料由进行讯问的民警、犯罪嫌疑人刘某一一签字确认，当场封存，交由技术部门立卷保管。对此，郑州市人民检察院副检察长范俊表示，"这不仅有助于保障犯罪嫌疑人的合法权益，遏制刑讯逼供等现象发生，而且进一步规范了侦查行为，也使检察机关的诉讼监督工作更加具体"。

【分析】

关于侦查讯问过程录音录像的规定，起初见于最高人民检察院关于检察机关职务犯罪侦查讯问程序的规范性文件。新刑事诉讼法新增一条，吸纳上述规范性文件的合理内核，结合当前刑事诉讼实践，就侦查讯问过程全程录音录像程序作出专门规范。该法第 121 条规定，"侦查人员在讯问犯罪嫌疑人的时候，可以对讯问过程进行录音或者录像；对于可能判处无期徒刑、死刑的案件或者其他重大犯罪案件，应当对讯问过程进行录音或者录像。录音或者录像应当全程进行，保持完整性。"

本案中，郑州市公安局中原分局刑侦大队对涉嫌故意杀人的刘某，首次讯问实行了全程同步录音、录像的做法，至少具有以下三个鲜明的特点：一是属于对可能判处无期徒刑、死刑的案件的讯问过程采取的录音和录像；二是实现了单次讯问过程的全程录音录像；三是这次全程录音录像仅限于对犯罪嫌疑人的首次讯问。可见，在此次刑事诉讼法修改之前，郑州市公安局中原分局刑侦大队的这一做法无疑属于破冰之举，具有重大的创新意义和示范作用。但如果从新刑事诉讼法规定来看，上述做法显然还需进一步完善。主要表现在：不仅应当对犯罪嫌疑人刘某的首次讯问实行全程录音录像，而且应该对侦查人员针对犯罪嫌疑人刘某的历次讯问过程都进行全程录音录像。

新刑事诉讼法的这一规定，使侦查机关的办案过程更加透明，同时也给侦查工作带来了新的挑战和新的问题。实践中，侦查机关通过何种程序、在何种条件下作出案件系"可能判处无期徒刑、死刑或者其他重大案件"的判断？如何从技术层面实现切实有效的监控，以确保录音录像的全程性和完整性？辩护律师在这一过程中怎样有效维护犯罪嫌疑人的合法权益？等等一系列问题，都是当前急需研究和解决的新课题。

四十四、删去第九十六条。

【精解】

本条删去了 1996 年刑事诉讼法第 96 条关于犯罪嫌疑人在侦查阶段聘请律

师提供法律帮助的规定。

1996 年刑事诉讼法第 96 条规定：“犯罪嫌疑人在被侦查机关第一次讯问后或者采取强制措施之日起，可以聘请律师为其提供法律咨询、代理申诉、控告。犯罪嫌疑人被逮捕的，聘请的律师可以为其申请取保候审。涉及国家秘密的案件，犯罪嫌疑人聘请律师，应当经侦查机关批准。受委托的律师有权向侦查机关了解犯罪嫌疑人涉嫌的罪名，可以会见在押的犯罪嫌疑人，向犯罪嫌疑人了解有关案件情况。律师会见在押的犯罪嫌疑人，侦查机关根据案件情况和需要可以派员在场。涉及国家秘密的案件，律师会见在押的犯罪嫌疑人，应当经侦查机关批准。”

这次修改刑事诉讼法，考虑到犯罪嫌疑人、被告人在整个诉讼过程中均享有辩护权，也应当有权委托辩护人，为进一步明确律师在侦查阶段的法律地位，更好地发挥其作用，在辩护与代理一章中增加规定，犯罪嫌疑人自被侦查机关第一次讯问或者采取强制措施之日起，有权委托律师作为辩护人，并专门规定了辩护律师在侦查期间的职责与权限。因此，删去了原第 96 条的规定。

四十五、将第九十七条改为第一百二十二条，第一款修改为：“侦查人员询问证人，可以在现场进行，也可以到证人所在单位、住处或者证人提出的地点进行，在必要的时候，可以通知证人到人民检察院或者公安机关提供证言。在现场询问证人，应当出示工作证件，到证人所在单位、住处或者证人提出的地点询问证人，应当出示人民检察院或者公安机关的证明文件。”

【精解】

本条是对 1996 年刑事诉讼法第 97 条关于询问证人的规定的修改。

1996 年刑事诉讼法第 97 条规定：“侦查人员询问证人，可以到证人的所在单位或者住处进行，但是必须出示人民检察院或者公安机关的证明文件。在必要的时候，也可以通知证人到人民检察院或者公安机关提供证言。询问证人应当个别进行。”

新刑事诉讼法第 122 条规定：“侦查人员询问证人，可以在现场进行，也可以到证人的所在单位、住处或者证人提出的地点进行，在必要的时候，可以通知证人到人民检察院或者公安机关提供证言。在现场询问证人，应当出示工作证件，到证人所在单位、住处或者证人提出的地点询问证人，应当出示人民检察院或者公安机关的证明文件。询问证人应当个别进行。"第122条分为2款。

第1款是关于询问证人的地点和出示证件的规定。关于询问地点，根据1996年刑事诉讼法第97条的规定，询问证人只能在证人所在单位、住处或者侦查机关进行。考虑到在现场询问证人，有利于在发现犯罪后及时固定证据，有利于侦查工作的迅速开展；同时考虑到实践中有的证人由于担心遭到报复、影响正常生活工作等原因，不愿侦查人员前往其单位、住所询问。因此，新刑事诉讼法对本款规定作了修改，规定了四种询问证人的地点：

（1）在犯罪现场询问证人。在犯罪现场询问证人，可以第一时间迅速获得现场证人的证言，"犯罪现场"既包括实施犯罪的现场、产生犯罪结果的现场，也包括与犯罪案件相关联的现场。

（2）到证人所在单位或者住处询问。这样可以节省证人时间，不影响其正常的生活、工作，也有利于及时得到证人单位的支持，便于了解证人的情况，从而对证人证言作出分析判断。

（3）到证人提出的地点进行询问。根据证人要求，到证人提出的地点询问，更有利于消除证人的种种顾虑，充分调动证人提供证言的积极性。

（4）必要的时候，可以通知证人到人民检察院或者公安机关提供证言。到人民检察院、公安机关提供证言，有利于保证证人的安全，也可以避免证人单位、亲属或者其他人的干扰，有利于证人如实提供证言。"必要的时候"主要包括：案情涉及国家秘密，为了防止泄密；证人的所在单位或其家庭成员及住处周围的人员与案件有利害关系，为了防止干扰，保证证人如实提供证言及证人的人身安全；证人在侦查阶段不愿公开自己的姓名和作证行为的，为便于为证人保密，消除证人的思想顾虑等。此外，根据案件情况，请证人到人民检察院、公安机关提供证言更有利于证人自愿地、如实地作证，更方便证人作证，也可以视为"必要的时候"。关于出示证件，本款规定在现场询问证人应当出示工作证件，即出示能够证实侦查人员身份的有效工作证。到证人所在单位、住处或者证人提出的地点询问证人，应当出示人民检察院、公安机关的证明文件，即出示人民检察院、公安机关为询问证人专门开具的，载有询问人、被询问人姓名的证明信。

第2款是关于询问证人方式的规定。根据本款规定，询问证人应当个别进行。即询问同一案件的几个证人时，应当分别进行，个别询问；询问某一个证人时，不得有其他证人在场，以防止证人之间相互影响，相互串通，保证其提供证言的真实性，也有利于保守案情秘密，保障侦查活动顺利进行。

四十六、删去第九十八条第二款。

【精解】

本条是对 1996 年刑事诉讼法第 98 条关于询问证人应当告知其作伪证或者隐匿罪证应负法律责任，以及询问未成年证人的规定的修改。

1996 年刑事诉讼法第 98 条规定："询问证人，应当告知他应当如实地提供证据、证言和有意作伪证或者隐匿罪证要负的法律责任。询问不满十八岁的证人，可以通知其法定代理人到场。"

《决定》通过本条对 1996 年刑事诉讼法第 98 条作了修改，删去了第 2 款关于询问不满 18 岁的证人，可以通知其法定代理人到场的规定。

新刑事诉讼法第 123 条规定："询问证人，应当告知他应当如实地提供证据、证言和有意作伪证或者隐匿罪证要负的法律责任。"

根据第 123 条的规定，侦查人员询问证人时要告知证人如实地提供证言和其他证据，即对自己掌握的物证、书证及其他证据，应当原样提供，不能隐匿或者私自销毁、涂改；对自己所了解的案件事实及有关情况，应当实事求是地陈述或书写，不能夸大或缩小。同时要告知证人有意作伪证或隐匿罪证应负的法律责任。根据《刑法》第 305 条的规定，在刑事诉讼中，证人对与案件有重要关系的情节，故意作虚假证明，意图陷害他人或者隐匿罪证的，处 3 年以下有期徒刑或者拘役；情节严重的，处 3 年以上 7 年以下有期徒刑。《刑法》第 310 条规定，明知是犯罪的人而为其提供隐藏处所、财物，帮助其逃匿或者作假证明包庇的，处 3 年以下有期徒刑、拘役或者管制；情节严重的，处 3 年以上 10 年以下有期徒刑。

四十七、将第一百零五条改为第一百三十条，第一款修改为："为了确定被害人、犯罪嫌疑人的某些特征、伤害情况或者生理状态，可以对人身进行检查，可以提取指纹信息，采集血液、尿液等生物样本。"

【精解】

本条是对 1996 年刑事诉讼法第 105 条关于人身检查规定的修改。

1996 年刑事诉讼法第 105 条规定："为了确定被害人、犯罪嫌疑人的某些特征、伤害情况或者生理状态，可以对人身进行检查。犯罪嫌疑人如果拒绝检查，侦查人员认为必要的时候，可以强制检查。检查妇女的身体，应当由女工作人员或者医师进行。"

《决定》通过本条在新刑事诉讼法中增加了可以提取指纹信息，采集血液、尿液等生物样本的规定。在人身检查过程中，必要时采集被害人或者犯罪嫌疑人的指纹信息，血液、尿液以及其他出自或者附着于人身的生物样本，是刑事侦查中经常使用的一种手段。由此提取的指纹信息、生物样本，经化验、鉴定，可以与其他证据相互印证，形成证据链，有的指纹信息、生物样本甚至可以直接作为证据使用，如犯罪嫌疑人的指纹、DNA 等。

新刑事诉讼法第 130 条规定："为了确定被害人、犯罪嫌疑人的某些特征、伤害情况或者生理状态，可以对人身进行检查，可以提取指纹信息，采集血液、尿液等生物样本。犯罪嫌疑人如果拒绝检查，侦查人员认为必要的时候，可以强制检查。检查妇女的身体，应当由女工作人员或者医师进行。"第 130 条分为 3 款。

第 1 款是关于人身检查的规定。人身检查，是指侦查人员为了确定被害人、犯罪嫌疑人的某些特征、伤害情况或者生理状态，依法对其人身进行检查的一种侦查活动。根据本款规定，人身检查的目的是为了确定被害人、犯罪嫌疑人的某些特征、伤害情况或者生理状态，以查明案件事实。其中，"某些特征"主要是指被害人、犯罪嫌疑人的体表特征，如相貌、皮肤颜色、特殊痕迹、机体有无缺损等；"伤害情况"主要是指伤害的位置、程度、伤势形态等，实践中检查人身伤害情况多是针对被害人进行的。"生理状态"主要是指有无生理缺陷，如智力发育情况，各种生理机能等。通过人身检查，确定上述问题，有利于查明案件性质、犯罪手段和方法、犯罪工具及犯罪其他相关情节，这对认定犯罪事实，查明犯罪嫌疑人，具有重要意义。这次修改刑事诉讼法增加了对提取指纹信息和采集生物样本的规定。这里只是列举了几种常见的生物样本，实践中还有唾液、毛发等其他多种生物样本，在法律中不能一一列举，因此，规定了"等"。即在侦查活动中，为了确定被害人、犯罪嫌疑人的特征、伤害情况、生理状态，对有关生物样本都可采集。应当注意的是，在提取上述生物样本时，操作不当会侵犯公民的合法权利，侦查人员必须严格遵守相关法律规定，如提取的主体只能是依法对案件行使侦查权的侦查人员或者经授权的医务人员；提取样本的范围仅限于查明案件事实，确定被害人、犯罪嫌疑人某些生物特征的需要，不得随意提取。

第 2 款是关于强制检查的规定。实践中,对犯罪嫌疑人进行人体检查遭到拒绝时,侦查人员应当根据具体情况采取有效措施。一般情况下,侦查人员应当首先问明原因,向其讲明检查的目的、意义,让其接受检查,如果犯罪嫌疑人经教育仍拒绝检查的,侦查人员应当采取强制手段进行检查。本款规定的"必要的时候"是指不进行强制检查,人身检查的任务无法完成,侦查活动无法正常进行,而经教育,犯罪嫌疑人仍拒不接受检查等。需要注意的是,强制性人身检查只适用于犯罪嫌疑人,对于被害人,如果其拒绝接受人身检查,侦查人员不得使用本款规定的强制检查措施。

第 3 款是关于对妇女进行人身检查的特殊规定。根据本款规定,对妇女的人身进行检查,应当由女工作人员或者医师进行。这一规定体现了对妇女的特殊保护,有利于保护被害妇女或者女性犯罪嫌疑人的人身权利和人格尊严不受侵犯,防止不必要的误解,保证侦查活动的顺利进行。

最后需要说明的是,人身检查与人身搜查同为针对人身的侦查措施,但是二者仍有以下主要区别:

(1)目的不同,人身检查是为了确定被害人、犯罪嫌疑人的某些生理特征和状态,而人身搜查是为了收集可能隐藏于人身的犯罪证据;

(2)主体不同,人身检查可由侦查人员或者受指派、聘请的医师进行,而人身搜查只能由侦查人员进行;

(3)人身检查笔录可以直接作为证据使用,而在人身搜查中,笔录只是侦查人员依法履行职责的记载和凭证,其本身并不用于证明案件事实,而在搜查中获取的物证、书证等则可以作为案件相关证据使用。

四十八、将第一百零八条改为第一百三十三条,第一款修改为:"为了查明案情,在必要的时候,经公安机关负责人批准,可以进行侦查实验。"

增加一款,作为第二款:"侦查实验的情况应当写成笔录,由参加实验的人签名或者盖章。"

【精解】

本条是对 1996 年刑事诉讼法第 108 条关于侦查实验规定的修改。

1996 年刑事诉讼法第 108 条规定:"为了查明案情,在必要的时候,经公安局长批准,可以进行侦查实验。侦查实验,禁止一切足以造成危险、侮辱人格或者有伤风化的行为。"

《决定》通过本条在新刑事诉讼法中增加了制作侦查实验笔录的规定。根据新刑事诉讼法的相关规定，侦查实验笔录被作为证据种类之一予以规定，因此，在新刑事诉讼法第133条中对侦查实验笔录的制作专门作了规定。

新刑事诉讼法第133条规定："为了查明案情，在必要的时候，经公安机关负责人批准，可以进行侦查实验。侦查实验的情况应当写成笔录，由参加实验的人签名或者盖章。侦查实验，禁止一切足以造成危险、侮辱人格或者有伤风化的行为。"第133条分为3款。

第1款是关于进行侦查实验的条件及审批程序的规定。根据本款规定，在侦查中，为了查明案情，在必要的时候，经公安局机关负责人批准，可以进行侦查实验。进行侦查实验应当做到以下几点：

（1）实验的条件应当与事件发生时的条件尽量相同，尽可能在事件发生的原地，使用原来的工具、物品等进行。注意查明一些重点事项，如在一定条件下能否听到或者看到；在一定时间内能否完成某一行为；在什么条件下能够发生某种现象；在某种条件下，某种行为和某种痕迹是否吻合一致；某种事件是怎样发生的；等等。

（2）注意采用科学合理的方法进行，必要时，在侦查人员主持下，可以邀请具有专门知识的人参与实验。

（3）应当履行法律手续，进行侦查实验必须经公安机关负责人批准。第133条中的"必要的时候"是指与案件有关的重要情节，非经侦查实验难以证明，或者对案件是否发生及如何发生难以确定的时候。

第2款是关于侦查实验笔录的规定。侦查实验应当制作笔录，记明侦查实验的条件、经过和结果，并由参加实验人员签名或者盖章。这样才能够作为证据使用。

第3款是关于侦查实验禁止事项的规定。根据本款的规定，进行侦查实验，禁止一切足以造成危险、侮辱人格或者有伤风化的行为。侦查实验的目的是为了查明案情，同时在实验过程中仍须注意保护当事人及其他公民的合法权益，防止因侦查实验造成损失和伤害。根据本款规定，进行侦查实验采取的手段、方法必须合理规范，不得违背客观规律，违反操作规程，给实验人员和其他相关人员的生命、财产造成危险。同时，禁止任何带有人身侮辱性，损害当事人及其他人的人格尊严，或者有伤当地善良民俗的行为。

四十九、将第一百一十条改为第一百三十五条，修改为："任何单位和个人，有义务按照人民检察院和公安机关的要求，交出可以证明犯罪嫌疑人有罪或者无罪的物证、书证、视听资料等证据。"

【精解】

本条是对1996年刑事诉讼法第110条关于单位和个人提交证据义务规定的修改。

1996年刑事诉讼法第110条规定："任何单位和个人，有义务按照人民检察院和公安机关的要求，交出可以证明犯罪嫌疑人有罪或者无罪的物证、书证、视听资料。"

《决定》通过本条对1996年刑事诉讼法第110条作了修改，扩大了单位和个人提供证据的范围。根据修改后的规定，单位和个人掌握的所有证明犯罪嫌疑人有罪或者无罪的证据材料都应当提供给侦查人员，不再限于物证、书证和视听资料。

根据新刑事诉讼法第135条的规定，任何单位和个人都有义务按照人民检察院和公安机关的要求交出可以证明犯罪嫌疑人有罪或无罪的物证、书证和视听资料等证据，不得拒绝提供。侦查人员进行搜查时，首先应当向被搜查的单位或个人讲明上述义务，提出搜查的目的和要求，被搜查的单位和个人应当积极配合。被搜查的单位或个人应当交出的物证、书证或视听资料等证据，包括搜查机关已掌握的和搜查中新发现的。对于事先已确定搜查的物证、书证和视听资料，搜查人员可以先动员被搜查者主动交出，如果拒不交出，侦查人员可以强行搜查，任何人不得以任何理由进行阻拦。对于故意隐匿罪证的应当依照法律规定追究责任，构成犯罪的，依照刑法有关规定追究刑事责任；对于以暴力、威胁方法妨碍搜查的，应当依照刑法关于妨害公务罪的规定追究刑事责任；对于以其他方法妨碍搜查工作正常进行的，依照治安管理处罚法的有关规定给予治安处罚。

搜查是重要的侦查措施，只有侦查机关才能进行，因此，只有人民检察院或者公安机关才能提出搜查要求和进行搜查。侦查人员发现被搜查的单位或个人交出的物证、书证、视听资料等材料与本案无关的，应当及时退回。

五十、将第二编第二章第六节的节名、第一百五十八条中的"扣押"修改为"查封、扣押"。

【精解】

本条是对1996年刑事诉讼法第二编第二章第六节的节名和第158条关于休庭与庭外调查核实证据的规定的修改。

刑事诉讼法第二编第二章第六节的原节名为："扣押物证、书证"，修改后变更为："查封、扣押物证、书证"。

《决定》第51条、第52条、第54条将1996年刑事诉讼法第114条、第115条、第118条中的"扣押"修改为"查封、扣押"，修改后第二编第二章第六节规定的内容是关于侦查机关在侦查活动中发现可用以证明犯罪嫌疑人有罪或者无罪的各种财物、文件时，进行查封、扣押以及解除查封、扣押措施等的规定。为了使节名与该节规定的内容相适应，因此将第二编第二章第六节的节名中的"扣押"修改为"查封、扣押"。

1996年刑事诉讼法第158条规定："法庭审理过程中，合议庭对证据有疑问的，可以宣布休庭，对证据进行调查核实。人民法院调查核实证据，可以进行勘验、检查、扣押、鉴定和查询、冻结。"

《决定》根据实践需要，增加人民法院调查核实证据时可以使用"查封"措施。

新刑事诉讼法第191条规定："法庭审理过程中，合议庭对证据有疑问的，可以宣布休庭，对证据进行调查核实。人民法院调查核实证据，可以进行勘验、检查、查封、扣押、鉴定和查询、冻结。"第191条分为2款。

第1款是关于合议庭在审理过程中对有疑问的证据可以休庭进行调查核实的规定。根据本款规定，合议庭可以休庭进行调查核实证据是在对"证据有疑问的"情况下，"合议庭对证据有疑问的"，主要是指合议庭在法庭审理过程中，认为公诉人、辩护人提出的主要证据是清楚、充分的，但某个证据或者证据的某一方面存在不足或者相互矛盾，如对同一法律事实，公诉人、辩护人各有不同的物证、书证、证人证言或者鉴定意见等证据等情形。在这种情况下，不排除疑问，就会影响定罪或者判刑，但是，控辩双方各执一词，法庭无法及时判定真伪，在这种情况下，有时就需要先宣布休庭，对证据进行调查核实。

第2款是关于人民法院在调查核实证据时可以使用哪些具体措施的规定。人民法院调查核实证据，有时需要对有关证据重新进行调查，有时需要及时地将有关财物固定，防止书证、物证的灭失，因此必须要有一定的手段。根据本款规定，这些措施是勘验、检查、查封、扣押、鉴定和查询、冻结。"勘验、检查"，主要是指对于与犯罪有关的场所、物品、人身、尸体进行勘验或者检查；"查封、扣押"，主要是指扣押可用于证明被告人有罪、无罪或者罪轻的各种物品和文件、邮件、电报等，必要时也可以查封或者扣押被告人的财产，但与案件无关的上述物品等不得查封、扣押；"鉴定"，是指为查明证据的真伪，指派、聘请有专门知识的人就案件中的某个专门性问题进行鉴别、确定；"查询、冻结"，主要是指依照规定查询、冻结被告人的存款、汇款。人民法院在采取上述措施时，应当遵守本法关于侦查中相关措施的规定。

五十一、将第一百一十四条改为第一百三十九条，修改为："在侦查活动中发现的可用以证明犯罪嫌疑人有罪或者无罪的各种财物、文件，应当查封、扣押；与案件无关的财物、文件，不得查封、扣押。

"对查封、扣押的财物、文件，要妥善保管或者封存，不得使用、调换或者损毁。"

【精解】

本条是对 1996 年刑事诉讼法第 114 条关于查封、扣押物证、书证的范围和保管的规定的修改。

1996 年刑事诉讼法第 114 条规定："在勘验、搜查中发现的可用以证明犯罪嫌疑人有罪或者无罪的各种物品和文件，应当扣押；与案件无关的物品、文件，不得扣押。对于扣押的物品、文件，要妥善保管或者封存，不得使用或者损毁。"

《决定》通过本条对 1996 年刑事诉讼法第 114 条作了三处修改：一是将"在勘验、搜查中"修改为："在侦查活动中"。发现证据主要是在勘验、搜查过程中，但在其他的侦查活动中也有可能发现可用以证明犯罪嫌疑人有罪或者无罪的证据，同样也应当查封、扣押。二是根据实践需要增加了"查封"措施。三是将"物品"修改为"财物"。

新刑事诉讼法第 139 条分为 2 款。

第 1 款是关于查封、扣押范围的规定。根据本条规定，查封、扣押的范围是：在侦查活动中发现的可用以证明犯罪嫌疑人有罪或无罪的各种财物和文件，其他任何与案件无关的财物、文件都不得查封、扣押，不得随意扩大查封、扣押的范围。与案件无关的财物，不能作为证据使用，因此不得查封、扣押，否则，就是对公民合法权益的侵犯。当事人和辩护人、诉讼代理人、利害关系人依照新刑事诉讼法第 115 条的规定，有权向该机关申诉或者控告。"可用以证明犯罪嫌疑人有罪或者无罪的各种财物和文件"是指能够证明犯罪嫌疑人有罪或无罪、罪重或罪轻的物证、书证及视听资料等证据。其中，"财物"是指可作为证据使用的财产和物品，包括动产和不动产，如房屋、汽车、人民币等。

第 2 款是关于对被查封、扣押的财物、文件保管的规定。根据本款规定，对于查封、扣押的财物、文件，侦查机关应当妥善保管或封存。首先对查封、扣押的财物、文件做好登记，然后分别情况入卷，予以妥善保管或者封存。对能够证明案件事实的物证、书证、视听资料，应当入卷，不能入卷的，应当拍照，将照片附卷，原财物、文件予以封存；对容易损坏的财物，应当采取拍照、录像、绘图等方法加以固定和保全。待结案后送交有关主管部门或者按照有关规定处理。"妥善保管"主要是指将查封、扣押的财物、文件要放置于安全设施较完备的地方保管，以防止证据遗失、损毁或者被调换。"封存"主要是指被查封、扣押的财物属于大型物品或数量较多，在拍照并登记后就地封存或易地封存。封存应当盖有侦查机关印章的封条，以备查核。任何单位和个人都不得以任何借口使用、调换被查封、扣押的财物、文件，也不得将其损毁或者自行处理，要保证被查封、扣押的财物、文件完好无损。

查封、扣押财物、文件，既要查封、扣押能够证明犯罪嫌疑人有罪、罪重的物证、书证，也要查封、扣押能够证明犯罪嫌疑人无罪、罪轻的物证、书证，以保持证据的完整性和客观性。

五十二、将第一百一十五条改为第一百四十条，修改为："对查封、扣押的财物、文件，应当会同在场见证人和被查封、扣押财物、文件持有人查点清楚，当场开列清单一式二份，由侦查人员、见证人和持有人签名或者盖章，一份交给持有人，另一份附卷备查。"

【精解】

本条是对 1996 年刑事诉讼法第 115 条关于查封、扣押物证书证具体程序的规定的修改。

1996 年刑事诉讼法第 115 条规定："对于扣押的物品和文件，应当会同在场见证人和被扣押物品持有人查点清楚，当场开列清单一式二份，由侦查人员、见证人和持有人签名或者盖章，一份交给持有人，另一份附卷备查。"

《决定》通过本条对 1996 年刑事诉讼法第 115 条作了两处修改：一是将"物品"修改为"财物"。二是根据第 139 条的修改，相应地将"扣押"修改为"查封、扣押"。

新刑事诉讼法第 140 条规定了查封、扣押财物的四个步骤。一是查点侦查人员应当会同在场见证人和被查封、扣押财物、文件的持有人对查封、扣押的财物、文件查点清楚；二是开列清单，在查点的基础上，应当当场开列清单一式两份，在清单上写明查封、扣押财物、文件的名称、规格、特征、质量、数量，文件的编号，以及财物、文件发现的地点，查封、扣押的时间等；三是签名、盖章，清单应由侦查人员、持有人和在场见证人签名或者盖章；四是留存，查封、扣押清单一份交给持有人或者其家属，另一份由侦查机关附卷备查。当场开列的清单，不得涂改，凡是必须更正的，须有侦查人员、持有人和见证人共同签名或盖章，或者重新开列清单。

五十三、将第一百一十七条改为第一百四十二条，修改为："人民检察院、公安机关根据侦查犯罪的需要，可以依照规定查询、冻结犯罪嫌疑人的存款、汇款、债券、股票、基金份额等财产。有关单位和个人应当配合。

"犯罪嫌疑人的存款、汇款、债券、股票、基金份额等财产已被冻结的，不得重复冻结。"

【精解】

本条是对 1996 年刑事诉讼法第 117 条关于查询、冻结财产的规定的修改。

1996 年刑事诉讼法第 117 条规定："人民检察院、公安机关根据侦查犯罪的需要，可以依照规定查询、冻结犯罪嫌疑人的存款、汇款。犯罪嫌疑人的存款、汇款已被冻结的，不得重复冻结。"

《决定》通过本条对 1996 年刑事诉讼法第 117 条作了两处修改：一是根据社会情况变化和侦查工作的需要，将查询、冻结犯罪嫌疑人的财产范围由存款、汇款扩大为存款、汇款、债券、股票、基金份额等财产；二是规定对于查询、冻结存款、汇款等财产，有关单位和个人应当配合。

新刑事诉讼法第 142 条分为 2 款。

第 1 款是关于查询、冻结犯罪嫌疑人的存款、汇款、债券、股票、基金份额等财产的规定。根据本款规定，查询、冻结犯罪嫌疑人的存款、汇款、债券、股票、基金份额等财产必须是为了侦查犯罪的需要。所谓"侦查犯罪的需要"包含三方面意思：

（1）所要查询、冻结的存款、汇款、债券、股票、基金份额等财产必须与犯罪嫌疑人及犯罪有关，即属于犯罪嫌疑人或者与其涉嫌的犯罪有牵连的人的存款、汇款、债券、股票、基金份额。这些财产或被用于犯罪，或为犯罪所得。通过查询这些财产的情况，可以查明案情，查清犯罪嫌疑人有罪、罪重或者无罪、罪轻的事实。

（2）通过查询、冻结存款、汇款、债券、股票、基金份额等财产，防止赃款转移，挽回和减少损失。

（3）发现新的犯罪线索，扩大侦查战果。由于查询、冻结措施涉及公民个人隐私，涉及企业的正常经营，为防止滥用查询、冻结权力，本款明确规定，在侦查中，只有具有侦查权的人民检察院或者公安机关依照规定才能进行查询、冻结。"依照规定"是指依照有关法律、司法解释及司法机关与有关部门的联合通知。查询、冻结存款、汇款、债券、股票、基金份额等财产是侦查犯罪的重要措施，是打击犯罪，特别是打击经济领域犯罪的有效手段，因此，本款还规定，有关单位和个人应当配合。这是法律对有关单位和个人设定的义务，当有侦查权的人民检察院或者公安机关依照规定采取查询、冻结措施时，有关单位和个人应当予以配合。这里的"配合"主要是指应当为查询、冻结工作提供方便，提供协助，履行冻结手续，不得以保密为由阻碍。

第2款是关于对犯罪嫌疑人的存款、汇款、债券、股票、基金份额等财产不得重复冻结的规定。根据本款规定，犯罪嫌疑人的存款、汇款、债券、股票、基金份额等财产已经被公安机关或人民检察院冻结的，其他公安机关或者人民检察院不得对同一犯罪嫌疑人的同一存款、汇款、债券、股票、基金份额等财产再次冻结，这是禁止性规范，侦查机关应当严格遵守。

五十四、将第一百一十八条改为第一百四十三条，修改为："对查封、扣押的财物、文件、邮件、电报或者冻结的存款、汇款、债券、股票、基金份额等财产，经查明确实与案件无关的，应当在三日以内解除查封、扣押、冻结，予以退还。"

【精解】

本条是对1996年刑事诉讼法第118条关于查封、扣押、冻结的解除的规定的修改。

1996 年刑事诉讼法第 118 条规定："对于扣押的物品、文件、邮件、电报或者冻结的存款、汇款，经查明确实与案件无关的，应当在三日以内解除扣押、冻结，退还原主或者原邮电机关。"

《决定》通过本条对 1996 年刑事诉讼法第 118 条作了两处修改：一是根据新刑事诉讼法第 142 条规定的人民检察院、公安机关可以查询、冻结犯罪嫌疑人的存款、汇款、债券、股票、基金份额等财产的规定作出的相应修改。二是作了一处文字修改，将"退还原主或者原邮电机关"修改为"予以退还"。

根据新刑事诉讼法第 143 条的规定，侦查人员对查封、扣押的物品、文件、邮件、电报或者冻结的存款、汇款、债券、股票、基金份额等财产，应当及时进行认真审查。经审查后，凡是与案件无关的，应当在查明情况后 3 日以内解除查封、扣押、冻结，予以退还。查封、扣押、冻结犯罪嫌疑人财产的目的是为了查明犯罪、证实犯罪，及时、准确地惩罚犯罪，保护国家、集体和公民的合法权益。在惩罚犯罪的同时，也要切实保障公民、组织的合法权利，防止执法部门在这一问题上出现偏差或权力滥用。所以，第 143 条明确地规定了在查明确实与案件无关后，解除扣押、冻结的期限。其中"查明确实与案件无关"是指经过侦查，询问证人，讯问犯罪嫌疑人，调查核实证据，并对查封、扣押的财物进行认真分析，认定该查封、扣押的财物或冻结款项、债券、股票、基金份额等并非违法所得，也不具有证明犯罪嫌疑人是否犯罪、罪轻、罪重的作用，不能作为证据使用，与犯罪行为无任何牵连。"三日以内解除查封、扣押、冻结，予以退还"，是指自确定该查封、扣押物、冻结款项、债券、股票、基金份额等与犯罪行为无关之日起 3 日以内应当解除查封、扣押、冻结。这里规定的"予以退还"是指将查封、扣押财物、文件交还包括犯罪嫌疑人在内的财物、文件所有人，将邮件退还原邮电企业，由邮电企业按照邮件投寄要求办理。查封、扣押、冻结财产涉及公民的财产权利，一旦查明与犯罪无关，应当及时解冻，有利于保障公民的合法权利，减少公民的损失。

五十五、将第一百二十条改为第一百四十五条，修改为："鉴定人进行鉴定后，应当写出鉴定意见，并且签名。

"鉴定人故意作虚假鉴定的，应当承担法律责任。"

【精解】

本条是对 1996 年刑事诉讼法第 120 条关于鉴定程序规定的修改。

1996 年刑事诉讼法第 120 条规定："鉴定人进行鉴定后，应当写出鉴定结论，并且签名。对人身伤害的医学鉴定有争议需要重新鉴定或者对精神病的医学鉴定，由省级人民政府指定的医院进行。鉴定人进行鉴定后，应当写出鉴定结论，并且由鉴定人签名，医院加盖公章。鉴定人故意作虚假鉴定的，应当承担法律责任。"

《决定》通过本条对 1996 年刑事诉讼法第 120 条的规定作了两处修改：一是将"鉴定结论"修改为"鉴定意见"。二是删除了原条文第 2 款的规定。

新刑事诉讼法第 145 条分为 2 款。

第 1 款是对鉴定人进行专门性鉴定后应当写出鉴定意见的规定。进行鉴定是为了获取证据，查明案件情况，因此，鉴定人应运用科学技术或专门知识对办案人员不能解决的问题进行鉴别、判断后提出意见，形成鉴定意见。鉴定意见是刑事诉讼证据之一，经审查核实后，即可作为定案依据。形成的鉴定意见应当由鉴定人签名，以确定相应的责任。鉴定人只能是公民个人，而不能是单位。如果是多名鉴定人，应当分别签名。对有多名鉴定人的，如果意见一致应当写出共同的鉴定意见；如果意见不一致，可以分别提出不同的鉴定意见。

第 2 款是对鉴定人作虚假鉴定应负法律责任的规定。本款中规定的"故意作虚假鉴定"，是指故意出示不符合事实的鉴定意见。因技术上的原因而错误鉴定的，不属于"故意作虚假鉴定"。"承担法律责任"是指对于故意作虚假鉴定，构成伪证罪、受贿罪等犯罪的，依法追究刑事责任；尚不够刑事处罚的，依法予以行政处分。

五十六、将第一百二十一条、第一百五十七条中的"鉴定结论"修改为"鉴定意见"。

【精解】

本条将 1996 年刑事诉讼法第 121 条、第 157 条中的"鉴定结论"修改为"鉴定意见"。

1996 年刑事诉讼法第 121 条、第 157 条在规定补充鉴定或重新鉴定和调查核实物证、书证时都用到"鉴定结论"的表述，《决定》将这两条中的"鉴定结论"修改为"鉴定意见"，只是文字修改。

《决定》将 1996 年刑事诉讼法第 121 条改为第 146 条，修改为："侦查机关应当将用作证据的鉴定意见告知犯罪嫌疑人、被害人。如果犯罪嫌疑人、被害人提出申请，可以补充鉴定或者重新鉴定。"将 1996 年刑事诉讼法第 157 条改为第 190 条，修改为："公诉人、辩护人应当向法庭出示物证，让当事人辨认，对未到庭的证人的证言笔录、鉴定人的鉴定意见、勘验笔录和其他作为证据的文书，应当当庭宣读。审判人员应当听取公诉人、当事人和辩护人、诉讼代理人的意见。"

五十七、在第二编第二章第七节后增加一节，作为第八节：

"第八节　技术侦查措施

"第一百四十八条　公安机关在立案后，对于危害国家安全犯罪、恐怖活动犯罪、黑社会性质的组织犯罪、重大毒品犯罪或者其他严重危害社会的犯罪案件，根据侦查犯罪的需要，经过严格的批准手续，可以采取技术侦查措施。

"人民检察院在立案后，对于重大的贪污、贿赂犯罪案件以及利用职权实施的严重侵犯公民人身权利的重大犯罪案件，根据侦查犯罪的需要，经过严格的批准手续，可以采取技术侦查措施，按照规定交有关机关执行。

"追捕被通缉或者批准、决定逮捕的在逃的犯罪嫌疑人、被告人，经过批准，可以采取追捕所必需的技术侦查措施。

"第一百四十九条　批准决定应当根据侦查犯罪的需要，确定采取技术侦查措施的种类和适用对象。批准决定自签发之日起三个月以内有效。对于不需要继续采取技术侦查措施的，应当及时解除；对于复杂、疑难案件，期限届满仍有必要继续采取技术侦查措施的，经过批准，有效期可以延长，每次不得超过三个月。

"第一百五十条　采取技术侦查措施，必须严格按照批准的措施种类、适用对象和期限执行。

"侦查人员对采取技术侦查措施过程中知悉的国家秘密、商业秘密和个人隐私，应当保密；对采取技术侦查措施获取的与案件无关的材料，必须及时销毁。

"采取技术侦查措施获取的材料，只能用于对犯罪的侦查、起诉和审判，不得用于其他用途。

"公安机关依法采取技术侦查措施，有关单位和个人应当配合，并对有关情况予以保密。

"第一百五十一条　为了查明案情，在必要的时候，经公安机关负责人决定，可以由有关人员隐匿其身份实施侦查。但是，不得诱使他人犯罪，不得采用可能危害公共安全或者发生重大人身危险的方法。

"对涉及给付毒品等违禁品或者财物的犯罪活动，公安机关根据侦查犯罪的需要，可以依照规定实施控制下交付。

"第一百五十二条 依照本节规定采取侦查措施收集的材料在刑事诉讼中可以作为证据使用。如果使用该证据可能危及有关人员的人身安全，或者可能产生其他严重后果的，应当采取不暴露有关人员身份、技术方法等保护措施，必要的时候，可以由审判人员在庭外对证据进行核实。"

技术侦查措施，是指公安机关为侦查犯罪需要，根据国家有关规定，采取的一种特殊侦查措施。通常包括电子侦听、电话监听、电子监控、秘密拍照或者秘密录像、秘密获取某些物证、邮件检查等专门技术手段。随着科学技术的发展，技术侦查手段也在不断地发展变化，因此本节未具体列明技术侦查的种类与名称。

本条在刑事诉讼法中增加了第 148 条、第 149 条、第 150 条、第 151 条、第 152 条关于技术侦查措施的规定，分别精解如下。

1. 第一百四十八条 公安机关在立案后，对于危害国家安全犯罪、恐怖活动犯罪、黑社会性质的组织犯罪、重大毒品犯罪或者其他严重危害社会的犯罪案件，根据侦查犯罪的需要，经过严格的批准手续，可以采取技术侦查措施。

人民检察院在立案后，对于重大的贪污、贿赂犯罪案件以及利用职权实施的严重侵犯公民人身权利的重大犯罪案件，根据侦查犯罪的需要，经过严格的批准手续，可以采取技术侦查措施，按照规定交有关机关执行。

追捕被通缉或者批准、决定逮捕的在逃的犯罪嫌疑人、被告人，经过批准，可以采取追捕所必需的技术侦查措施。

【精解 1】

本条是关于采取技术侦查措施的案件范围、程序及执行主体的规定。本条分为 3 款。

第 1 款是关于公安机关采取技术侦查措施的案件范围及程序的规定。本款规定包括以下五个内容：第一，公安机关在刑事诉讼中采取技术侦查措施必须是在立案以后。这里的"立案",是指根据新刑事诉讼法第 107 条的规定,发现犯罪事实或者犯罪嫌疑人,按照管辖范围立案侦查。第二,公安机关可以采取技术侦查措施的案件范围是危害国家安全犯罪、恐怖活动犯罪、黑社会性质的组织犯罪、重大毒品犯罪或者其他严重危害社会的犯罪案件。这里规定的"其他严重危害社会的犯罪"应该是该犯罪行为严重危及社会安全、危及大众民生。实践中,具体那些犯罪属于"其他严重危害社会的犯罪",需要有关部门作出进一步的规范和明确,在实际执行中不能随意扩大使用。第三,公安机关对上述案件是否采取技术侦查措施要"根据侦查犯罪的需要",也就是说,虽然本条规定了公安机关对上述犯罪案件可以采取技术侦查措施,但并不意味着公安机关只要办理上述犯罪案件都采取技术侦查措施,而是要根据侦查犯罪的需要。采取技术侦查措施是打击犯罪的需要,同时也涉及公民、组织的基本权利。因此,采取技术侦查措施一定是在使用常规的侦查手段无法达到侦查目的时所采取的手段。这是采取技术侦查措施的一个重要条件。第四,要经过严格的批准手续。"经过严格的批准手续"是《中华人民共和国人民警察法》(以下简称《人民警察法》)第 16 条、《中华人民共和国国家安全法》第 10 条的表述。刑事诉讼法修改过程中有意见建议明确具体的审批程序,由于实际情况较为复杂,针对不同的适用对象、不同的犯罪情况采取的技术侦查措施种类是不同的,要经过的批准程序也不尽相同,所以法律上采取了目前的原则表述的方法。"经过严格的批准手续",包括两层意思:一是对制定审批程序的要求。有关部门依法制定采取技术侦查措施的审批程序,必须体现"严格"的要求。即对各种侦查措施在什么情况下、什么范围内、经过什么样的程序批准才能使用应有严格和明确的规定,使侦查机关及其工作人员在工作中有所遵循,防止滥用。二是对批准采取技术侦查措施的要求。采取技术侦查措施必须依照规定履行严格的批准手续。实践中,有权批准使用这一措施的人,在批准与否上一定要严格掌握,在接到要求采取技术侦查措施的申请报告后,要认真审查,严格把关。首先,要审查是否属于本款规定的可以采取技术侦查措施的案件范围,其次,也是更为重要的,要审查采取技术侦查措施对侦查这一案件是否是必需的,对既可以采取技术侦查措施,又可以通过其他的调查途径解决问题的,应当采取其他的调查途径解决。第五,本款规定的技术侦查措施的执行机关是公安机关。

第 2 款是关于检察机关可以采取技术侦查措施的案件范围及程序的规定。

本款规定包括以下五方面内容：第一，人民检察院采取技术侦查措施必须是在立案以后。具体内容在第1款中已经讲过，这里不再赘述。第二，人民检察院可以采取技术侦查措施的案件范围是重大的贪污、贿赂犯罪案件以及利用职权实施的严重侵犯公民人身权利的重大犯罪案件。这里规定的"贪污、贿赂犯罪案件"不是指《刑法》第八章贪污贿赂罪中规定的所有犯罪，而只是限于贪污罪、受贿罪、行贿罪，并且是"重大的贪污、贿赂犯罪案件"。"重大"一般是指数额巨大，造成的损失严重，社会影响恶劣等。这里规定的"利用职权实施的严重侵犯公民人身权利的重大犯罪案件"是指本法第18条规定的国家机关工作人员利用职权实施的非法拘禁、刑讯逼供、报复陷害、非法搜查的侵犯公民人身权利的严重犯罪。第三，人民检察院对上述案件是否采取技术侦查措施要"根据侦查犯罪的需要"。第四，要经过严格的批准手续。具体内容在第1款中已经讲过，这里不再赘述。第五，本款规定的案件采取技术侦查措施，要按照规定交有关机关执行，检察机关不能自己执行。

第3款是关于追捕在逃的犯罪嫌疑人、被告人采取技术侦查措施的程序的规定。根据追捕在逃的犯罪嫌疑人、被告人的需要，本款没有对犯罪种类作出限定，由于追捕在逃犯主要是确定在逃人位置，以便抓捕，与在侦查取证中采取技侦措施的情况不同，因此，只规定要经过批准。这里的"批准"主要是指侦查机关负责人批准。这一技术侦查措施的执行主体也是公安机关。

2. 第一百四十九条　批准决定应当根据侦查犯罪的需要，确定采取技术侦查措施的种类和适用对象。批准决定自签发之日起三个月以内有效。对于不需要继续采取技术侦查措施的，应当及时解除；对于复杂、疑难案件，期限届满仍有必要继续采取技术侦查措施的，经过批准，有效期可以延长，每次不得超过三个月。

【精解2】

本条是关于技术侦查措施批准内容的规定。

本条规定包括以下内容：第一，采取技术侦查措施的种类和适用对象，要根据侦查犯罪的需要在批准决定中予以明确。根据这一要求，实践中，批准决定采取技术侦查措施时，应根据侦查犯罪的需要，明确采取哪一种或哪几种具体的侦查手段，而不是只笼统地批准可以采取技术侦查措施，不是不加区分地所有的技术侦查手段一起上。在明确具体侦查手段的同时，还要明确具体的适用对象，这里的"适用对象"是指人。也就是说，应根据侦查犯罪的需要，具体明确对案件中的哪个人采取，而不是笼统地批准对哪个案件可以采取技术侦查措施。第二，采取技术侦查措施的期限为3个月，自批准决定签发之日起算。对于复杂、疑难案件期满后，经过批准，可以延长，但每次延长不得超过3个月。应说明的是，"经过批准"还是要报经原来批准决定人或批准决定机关。第三，对于不需要继续采取技术侦查措施的，应当及时解除。执行机关应尽可能缩短采取技术侦查的期间，虽然采取技术侦查措施的批准决定是3个月内有效，但在3个月有效期内，如果不需要继续采取技术侦查措施的，执行机关应当及时解除技术侦查措施。这一规定有利于对公民、组织权利的保护。

3. **第一百五十条** 采取技术侦查措施，必须严格按照批准的措施种类、适用对象和期限执行。

侦查人员对采取技术侦查措施过程中知悉的国家秘密、商业秘密和个人隐私，应当保密；对采取技术侦查措施获取的与案件无关的材料，必须及时销毁。

采取技术侦查措施获取的材料，只能用于对犯罪的侦查、起诉和审判，不得用于其他用途。

公安机关依法采取技术侦查措施，有关单位和个人应当配合，并对有关情况予以保密。

【精解3】

本条是关于采取技术侦查措施执行中应遵守的规定的规定。本条分为4款。

第1款是关于采取技术侦查措施，必须严格按照批准决定的内容执行的规定。按照本法第149条的规定，批准决定采取技术侦查措施应当明确批准的措施种类、对象和期限。实践中，侦查机关及其工作人员必须严格按照上述批准的内容执行，何种侦查手段、在多长的期限内、针对何人采取，必须严格执行，不得擅自作任何改变。

第2款是关于对采取技术侦查措施所获得的信息要保密及销毁的规定。在使用技侦手段的过程中，侦查人员在获取与案件有关的证据和线索的同时，不可避免地会知悉一些国家秘密、企业的商业秘密、公民个人隐私，为维护国家安全，保护公民、企业的合法利益，本款规定对这些信息，侦查人员应当保密。同时还规定，对获取的与案件无关的材料，必须及时销毁。

第3款是关于采取技术侦查措施获取的材料使用限制的规定。根据本款规定，采取技术侦查措施获取的材料，只能用于对犯罪的侦查、起诉和审判，不得用于其他用途。这里规定的"其他用途"包括行政管理、民事纠纷的调处解决、商业用途等。

第4款是关于有关单位和个人对实施技术侦查措施予以配合及保密义务的规定。本款包括两方面内容：第一，明确规定了有关单位和个人配合技术侦查措施实施的责任。具体的技术侦查措施的实施要依赖于科学技术手段，仅靠公安机关的力量是无法完成的，且随着信息化社会进程的加快，这一措施的实施将越来越依赖各种社会资源及社会化信息。如进行电信监控、邮件检查等就需要借助电信企业、邮递企业的设备或必要的帮助与支持。在有些情况下，还需要公民的协助与配合。如临时需要占用公民的住宅以获得最佳侦查位置等。相关单位和个人配合公安机关，有助于技术侦查措施的顺利实施，直接关系到国家和人民的重大利益，关系到能否及时有效地打击犯罪。因此，本款明确规定，对公安机关依法采取的技术侦查措施，有关单位和个人应当配合。这里规定的是"应当"而不是可以，也就是说，有关单位和个人在接到公安机关提出的符合国家规定的请求时，都有义务尽力在职权范围内给予所需的协助，不可进行阻碍或者刁难。第二，明确规定了相关单位和个人对有关情况予以保密的义务。这里的"有关情况"主要包括实施技术侦查措施和采取技术侦查措施的具体手段等。

4. 第一百五十一条　为了查明案情，在必要的时候，经公安机关负责人决定，可以由有关人员隐匿其身份实施侦查。但是，不得诱使他人犯罪，不得采用可能危害公共安全或者发生重大人身危险的方法。

对涉及给付毒品等违禁品或者财物的犯罪活动，公安机关根据侦查犯罪的需要，可以依照规定实施控制下交付。

【精解4】

本条是关于隐匿身份实施侦查及控制下交付的规定。

通常情况下，侦查人员进行侦查活动时，应当按照刑事诉讼法的规定向相关人员说明自己的身份并出示工作证或者侦查机关的证明文件。但对有些犯罪，如跨国犯罪、有组织犯罪、集团犯罪等，由于其组织严密，内部分工明确，犯罪集团的组织者、领导者往往不直接参与具体的犯罪行为，而只是在幕后策划、操纵、指挥，采取一般的侦查手段无法彻底查明整个犯罪，将犯罪组织成员特别是组织者、领导者绳之以法。实践中，需要侦查人员或者侦查机关选定的公民隐匿真实身份，接近犯罪集团或者潜伏在犯罪集团内部，获得他们的信任，从而侦查整个犯罪过程，获取犯罪证据。另外，在发现犯罪后，允许犯罪行为在侦查机关的监控下继续下去，从而一举捣毁整个犯罪集团。这些侦查手段虽在本节中规定，但不属于技术侦查措施，而是一种特殊的侦查措施。由于隐匿身份实施侦查，不可避免地会参与一些违法犯罪活动，控制下交付涉及公安机关阻止犯罪发生的职责，实施这两种侦查措施需要法律授权。同时，我国批准加入的《联合国禁止非法贩运麻醉品和精神药物公约》、《联合国打击跨国有组织犯罪公约》、《联合国反腐败公约》均对控制下交付作了规定，也需要在国内法中予以明确。因此，这次刑事诉讼法修改，为适应侦查工作的实际需要，履行公约义务，对隐匿身份实施侦查和控制下交付在本节中一并作了规定。

本条分为 2 款。

第 1 款是关于隐匿身份实施侦查的规定。本款规定了以下内容：第一，"为了查明案情，在必要的时候"可以隐匿身份实施侦查。这是采取隐匿身份实施侦查的条件。其中"为了查明案情"是隐匿身份实施侦查的目的条件；"在必要的时候"是指在采取其他的侦查手段难以获取犯罪证据的情况下。由于隐匿侦查具有危险性，如可采取其他侦查手段取证的，不应采取该种侦查方式。"隐匿身份"是指隐匿其有关侦查的身份。实践中，这种侦查手段主要是用于侦查毒品犯罪、有组织犯罪等。第二，规定了实施隐匿身份侦查要"经公安机关负责人决定"。也就是说，批准权由县级以上各级公安机关负责人行使。这种侦查不同于技术侦查，不仅涉及公民有关权利，且这种化装侦查，从侦查人员安全角度考虑，知道的人越少越好。因此，本款规定由公安机关负责人批准即可。第三，实施隐匿身份侦查的主体是有关人员。"有关人员"，既包括公安机关的侦查人员，也包括侦查机关指派的适宜进行隐匿身份实施侦查的其他人员。第三，在实施隐匿身份侦查过程中，不得诱使他人犯罪，不得采用可能危害公共安全或者发生重大人身危险的方法。"不得诱使他人犯罪"，主要是指不得诱使他人产生犯罪意图。"不得采用可能危害公共安全或者发生重大人身危险的方法", 是指实施隐匿身份侦查, 打入犯罪集团内部, 不可避免地要与犯罪分子一起实施一些违法犯罪行为, 以获取犯罪分子的信任, 从而获取犯罪证据。但参与违法犯罪行为有个界限, 就是不得危害公共安全, 不得造成他人重大的人身危险。

第 2 款是关于控制下交付的规定。《联合国禁止非法贩运麻醉品和精神药物公约》、《联合国打击跨国有组织犯罪公约》、《联合国反腐败公约》均对控制下交付作了规定。根据这些规定, 控制下交付主要是指侦查机关在发现非法或可疑交易的物品后, 在对物品进行秘密监控的情况下, 允许非法或可疑物品继续流转, 从而查明参与该项犯罪的人员, 彻底查明该案件。根据本款规定, 实施控制下交付主要是针对涉及给付毒品等违禁品或者财物的犯罪活动。实践中主要是在侦破诸如毒品、走私、假币等犯罪中使用。是否实施控制下交付, 应当由侦查机关根据侦查犯罪的需要决定。

应当说明的是, 本条在法律上授权侦查机关为侦查犯罪, 可以采取隐匿身份侦查和控制下交付这两种特殊侦查措施, 实践中采取这两种侦查措施应当依照法律规定从严把握, 其中一些具体规范, 执法部门可以进一步明确。

5. 第一百五十二条　依照本节规定采取侦查措施收集的材料在刑事诉讼中可以作为证据使用。如果使用该证据可能危及有关人员的人身安全, 或者可能产生其他严重后果的, 应当采取不暴露有关人员身份、技术方法等保护措施, 必要的时候, 可以由审判人员在庭外对证据进行核实。

【精解 5】

本条是关于采取本节规定的技术侦查措施和其他侦查措施收集的材料作为证据使用以及相关保护措施的规定。

本条规定包括以下内容: 第一, 明确规定依照技术侦查措施一节采取的侦查措施所收集的材料在刑事诉讼中可以作为证据作用。根据这一规定, 有些材料如窃听获取的录音带, 密拍获取的照片、录像带等都可以作为证据向法庭提供。应当说明的是, 这些材料作为证据使用, 同样要经过法庭查证属实, 才能作为定案的根据。这里规定的"侦查措施", 包括依照第 148 条、第 149 条采取的技术侦查措施, 也包括依照第 151 条采取的隐匿身份实施侦查和控制下交付。第二, 为了保证侦查人员、技术侦查方法和过程的安全, 本条对证据的使用作了特殊规定:

（1）为了保护相关侦查人员、线人的人身安全，保守国家秘密、企业的商业秘密、公民的个人隐私，防止技术侦查过程、方法被泄露，本条规定，如果使用该证据可能危及有关人员的人身安全，或者可能产生其他严重后果的，应当采取不暴露有关人员身份、技术方法等保护措施。这里规定的"其他严重后果"主要是指使用该证据会造成泄密、提高罪犯的反侦查能力、妨碍了对其他案件的侦破等后果。

（2）规定了庭外核实证据的程序，规定必要的时候，可以由审判人员在庭外对证据进行核实。这里规定的"必要的时候"，主要指两种情况：一种是采取不暴露有关人员身份、技术方法不足以使法官确信这些证据材料的真实性、可靠性，无法作出判决。另一种是采取不暴露有关人员身份、技术方法等保护措施还是无法防止严重后果的发生。在这两种情况下，可以由审判人员在庭外，对侦查的方法、过程等进行核实，向侦查人员了解有关情况，查看相关的物证、书证及其他证据材料，包括观看相关的录音录像等。应当注意的是，在庭外对证据进行核实的审判人员必须承担对有关人员身份、技术侦查的具体方法的保密义务。

【引导案例1】美女警察上街诱惑执法　刑诉法不予认可

2003年9月，某市新成立一支由8名年轻漂亮的女警组成的女警队，其任务是作为性罪犯的诱饵，以高跟鞋、迷你裙及低胸上衣取代密实的制服，试图引出强奸犯。这是因为该市区辖区内过去1年里发生了五十多起性侵犯案件，其中一起案件的受害人是一名13岁的女孩，她是在回家途中，光天化日之下被强奸，这使该市的许多人感到震惊。警方因此出奇招，希望打击罪犯。该警队负责人对媒体宣称："过去，我们都是由男警员装扮成女性，因为他们认为女警太过柔弱，不适宜担任这类职务。不过，男警员的扮相没有多大说服力。""获挑选进入该警队的女警全都从警察学院毕业，而且完成了武术、开枪及破案技术的训练。"

【分析】

在我国的侦查实践中，诱惑侦查手段大量存在是一个不争的事实，但在此次修改刑事诉讼法以前，对诱惑侦查的规定尚属空白。

诱惑侦查，是指为了侦破某些极具隐蔽性的特殊案件，侦查人员或其协助者，特意设计某种诱发犯罪的情境，或者根据犯罪活动的倾向提供其实施的条件和机会，待犯罪嫌疑人进行犯罪或自我暴露时当场将其拘捕的一种特殊侦查手段。从其历史渊源来说，诱惑侦查作为刑事侦查的特殊手段加以正式运用，始于 20 世纪初特别是"二战"期间的美国，用以侦查一些新型犯罪特别是无被害人犯罪。它因打击犯罪的特殊需要而产生，有着存在的现实性基础。各国的诱惑侦查一般划分为两种：第一种是诱惑者促使被诱惑者产生犯罪意图并实施犯罪，一般称为"犯意诱发型"诱惑侦查；第二种类型则正好相反，被诱惑者本来就已经产生犯罪倾向或者已有先前犯罪行为，而诱惑者仅仅是提供了一种有利于其犯罪实施的客观条件和机会，所以称为"提供机会型"诱惑侦查。合法的诱惑侦查不仅对打击犯罪来说功不可没，而且符合法律的原则。但诱惑侦查的微妙之处在于一旦超越了应有的限度，则走向了法律的反面。如果利用人性的弱点而使其实施本来不会实施的犯罪，则无异于引诱清白的人犯罪，对社会的危害就更大了。政府充当了诱人犯罪的角色，无异于设置圈套，陷人入罪，显然背离了其打击犯罪、抑制犯罪的本职，违背了诱惑侦查的初衷。各国普遍地对诱惑侦查从放任到规制，逐渐形成了一套将诱惑侦查严格限定在法律范围内的制度，包括其适用范围、适用对象、行为方式、程序控制等。例如，美国通过《索勒斯—谢尔曼准则》(Sorrells - Sherman Test)、拉塞尔(Russell)案、汉普顿(Hampton)案以及托戈(Twigg)案，演绎了从对诱惑侦查的宽容到"陷阱之法理"限制再到纳入宪法的合法诉讼原则的复杂过程；日本法学界在美国"陷阱之法理"思潮的影响下，也提出了规制诱惑侦查的诸多学说。

我国刑事诉讼理论界关于诱惑侦查的观点主要是：诱惑侦查的适用范围应是具有相当隐蔽性的无被害人案件，而且限于具有重大社会危害性的刑事案件；侦查对象应是那些有合理根据或足够理由表明正在实施犯罪或有重大犯罪倾向之人；行为方式必须符合适度性原则，侦查人员不得采取过分的诱惑行为；在程序上设定一个严格的审批监督程序，防止诱惑侦查的滥用。基于这种认识，此次修改刑事诉讼法时，明确禁止"犯意诱发型"诱惑侦查，即"不得诱使他人犯罪"，但允许在毒品类犯罪中适用"提供机会型"诱惑侦查，即"对涉及给付毒品等违禁品或者财物的犯罪活动，公安机关根据侦查犯罪的需要，可以依照规定实施控制下交付"。由此可见，本案中，年轻女警化装性感，在街头专门侦查不特定人的性犯罪，这种诱惑侦查更偏向于犯意诱发型，容易将社会上潜在的性犯罪行为人激活，对女警和潜在的性犯罪行为人都是不利的。因此该市针对性犯罪所实施的诱惑侦查是不可取的。

【引导案例 2】巧施妙计走私毒品　技术侦查揭穿邮寄阴谋

　　1998 年 4 月 17 日，被告人王某在上海市四川路邮政快件收寄处，以"中国·上海虹口区东大名路 35 弄 3 号王芳"的虚假地址、名字填写了一张编号为 EA229107264CN 的国际特快专递邮件详情单，将藏有 1 包用白色塑料袋装的及用糖纸包装的海洛因和 5 瓶用"敌咳"、"复方干草合剂"药瓶装有美沙酮药水共 500 毫升夹带于邮件中，邮寄往"日本东京都新宿区若松町 17 - 15 - 104 室陈明"收。当日，该邮件被上海海关驻邮局办事处海关检查人员查获，嗣后，经上海市公安局毒品化验，1 包白色粉末净重 22.5 克，用糖纸包的 4 包白色碎块及粉末净重 15.8 克，均检出海洛因成分；5 瓶药水共 500 毫升均检出含有美沙酮成分。1998 年 5 月 26 日上午 9 时许，王某纠集被告人杨某携带藏有用糖纸包装的海洛因的糖果等物，至上海市提篮桥邮电支局，王某指使杨某以"上海市虹口区山阴路 138 弄 18 号王芳"的虚假地址、名字填写了一张编号为 EA214161431CN 的国际特快专递详情单，并由杨某将藏有海洛因的糖果等物放于所购得的邮箱内，封箱后寄往"日本国东京都新宿区 7 丁目 21 番（地）4 号 203 室王强"收。当日，该邮件被上海海关驻邮局办事处海关检查人员查获，后经上海市公安局毒品化验，7 包用糖纸包装的白色碎块及粉末净重 22 克，均检出含有海洛因成分。上海市虹口区人民法院于 1999 年 7 月开庭公开审理此案。法庭审理过程中，公诉机关当庭宣读、出示和播放了证人证言、上海海关驻邮局办事处关于处理"4·17"、"5·26"毒品走私案毒品的函、上海市公安局鉴定书、毒品化验报告、工作记录、上海市提篮桥邮电支局监控录像带、查获的有关书证及缴获的赃物等证据。法庭经过审理，认定被告人王某犯有走私毒品罪，判处有期徒刑 15 年，并处没收财产人民币 3 万元。认定被告人杨某犯有走私毒品罪，判处有期徒刑 8 年，并处罚金人民币 1 万元。

【分析】

　　在本案中，公诉机关提出了多份证据，能够充分证明被告人王某、杨某以邮寄方式走私毒品的犯罪行为。其中，从上海市提篮桥邮电支局提取的邮局监控录像带，清楚地记载了王某、杨某在邮局邮寄藏有毒品的邮件的整个过程，为公安机关确定侦查范围和对象，继而展开侦查活动提供了强有力的证据。公安机关正是依靠这份录像资料，才从中确认了邮寄含有毒品的邮件的犯罪嫌疑人是王某和杨某，同时也证明了被海关查获的含有毒品的邮件是由王某和杨某寄出的。这份视听资料证据与本案中的其他证据一起，相互印证，有力地证明了王某和杨某的犯罪事实。

视听资料在诉讼中运用时，通过秘密录音、录像等技术侦查手段获得的视听资料证据是否具有证据能力是一个非常重要的问题。秘密录制他人谈话实际就是一种秘密监听行为。秘密监听是在被监听者未察觉的情况下，采用科学技术手段进行的。作为一种技术侦查手段，秘密监听获得的视听资料能否作为证据使用，各国一般都有争论并且在法律中都对其予以严格规范，以在追究犯罪与保障人权之间寻求最大化的平衡。

在我国，秘密监听作为技术侦查手段，获得的视听资料是否具有证据能力，理论界的看法不一。持肯定意见者认为，任何侦查手段，如果运用不当，都有侵害公民基本权利的可能，问题的关键是如何正当地运用这些手段。从刑事诉讼追求控制犯罪与保障人权相统一的直接目的看，确认秘密监听并承认其所获得的材料在一定条件下可以作为证据并无不可。而反对者则认为，秘密监听等手段所获得的材料不应当采纳为证据，否则，有侵害公民基本权利的危险。在此次新刑事诉讼法颁布之前，《国家安全法》第 10 条规定，国家安全机关的工作人员因侦察危害国家安全行为的需要，根据国家有关规定，经过严格的批准手续，可以采取技术侦查措施。《人民警察法》第 16 条规定，公安机关因侦查犯罪的需要，根据国家有关规定，经过严格的批准手续，可以采取技术侦察措施。此处的"技术侦察措施"应当包括秘密监听。由此可见，这些法律对于秘密监听持肯定态度。但是，这两部法律对秘密监听只是原则性的规定，对诸如监听适用的案件范围、监听对象、实施监听的具体程序、监听的审查和监督等事项都没有具体规定。这种立法现状不利于在刑事诉讼实践中规范秘密监听行为，运用监听获得的视听资料，容易发生侵犯公民权利的情况。因此，此次修改刑事诉讼法时，在侦查程序中专设一节对"技术侦查措施"作出专门规定，主要有：①严格限定技术侦查适用的案件范围。技术侦查手段应当限于在危害国家安全犯罪、恐怖活动犯罪、黑社会性质的组织犯罪、重大毒品犯罪或者其他严重危害社会的犯罪，以及重大的贪污、贿赂犯罪案件和利用职权实施的严重侵犯公民人身权利的重大犯罪案件；②使用技术侦查手段要具有必要性，即仅限于侦查犯罪的需要；③明确限制采取技术侦查措施的决定权机关，只有公安机关和人民检察院有权决定采取；④规定了技术侦查人员的保密义务；⑤规定技术侦查手段获取的材料作为证据使用的规则。这些规定有利于技术侦查的依法开展，有利于进一步提高案件办理效率。

从技术侦查措施实施的操作层面来看，公安机关和人民检察院在适用新刑事诉讼法关于技术侦查措施的新规定时面临三方面的问题应引起重视。

一是在适用程序方面，技术侦查措施种类不明、批准程序笼统，难以统一适用。当前，职务犯罪形势依然严峻，手段多样化、智能化趋势明显，犯罪嫌疑人的反侦查、抗审讯能力增强，案件侦破难度加大。新刑事诉讼法增加了技术侦查措施的相关规定是适应新形势的需要，有利于有效打击职务犯罪，但对技术侦查措施包括的种类、使用方法及各种技术手段具体的适用范围都未加规定，对批准手续也只作了原则性规定。如第 148 条第 2 款规定人民检察院"根据侦查犯罪的需要，经过严格的批准手续，可以采取技术侦查措施"，而对什么是"严格的批准手续"、由谁批准、如何批准等问题都不明确。这不利于检察机关在自侦案件中统一适用该措施以加大自侦案件的查办力度。

二是在诉讼监督方面，对技术侦查措施的诉讼监督程序亟待完善。一方面，明确技术侦查措施的种类及审批手续是合法、准确适用该措施的前提，但从新刑事诉讼法来看，公安机关有权适用技术侦查措施的种类不明、批准程序规定较为原则，使检察机关难以对公安机关适用的技术侦查措施及其适用程序是否合法作出明确判断；另一方面，与一般的侦查措施相比，技术侦查措施具有秘密性、技术性等特征，容易侵犯个人隐私，对检察机关对技术侦查措施的监督范围、监督程序、监督方式等提出了更高要求，亟须通过研究建立技术侦查措施诉讼监督程序，强化对其的监督以确保技术侦查措施的合法适用。另外，新刑事诉讼法第 148 条未明确国家安全机关适用技术侦查措施的问题，但明确了对危害国家安全犯罪可适用技术侦查措施，检察机关对国家安全机关适用技术侦查措施的监督程序也有待完善。

三是在获取材料的运用方面，如何运用有待进一步细化。新刑事诉讼法实施生效以前，使用技术侦查所获取的材料只能在分析案情时使用，不能在审判中直接作为证据使用。如要在法庭上作为证据使用，需在此前一定时间内告知有关案件各方秘密取证之信息或将技术侦查获取的材料转化为口供或证人证言等言词证据，这影响了技术侦查功效的发挥。新刑事诉讼法明确了"采取侦查措施收集的材料在刑事诉讼中可以作为证据使用"，并同时规定了使用方法，对"如果使用该证据可能危及有关人员的人身安全，或者可能产生其他严重后果的，应当采取不暴露有关人员身份、技术方法等保护措施，必要的时候，可以由审判人员在庭外对证据进行核实"进行了强调。但从实践看，关于技术侦查获得的证据如何运用的规定还有待进一步细化，比如对所获取的材料如何在办案机关之间移送、哪些材料不能作为证据使用以及辩护人对使用方法提出异议时如何应对等问题并未明确。这可能影响到被告人的息诉服判。

此外，新刑事诉讼法对技术侦查措施的适用对象未作明确界定，也未对技术侦查措施实施的必要性进行规范等。以上问题，还需尽快出台细化的、具有可操作性的司法解释，以进一步完善技术侦查措施的适用程序及所获取材料的运用方式、运用程序等。

最后，还应当指出的是，对于公民之间进行的秘密监听行为，在包括新刑事诉讼法在内的现行刑事法律中还没有规定。由于公诉案件之外，我国还存在相当数量的自诉案件，因此，对公民之间的秘密录音以至秘密录像，也应有法律规范予以调整。理论上有观点对秘密录音、录像持否定态度，其根本原因在于保护公民的隐私权，避免公民的谈话和个人生活被肆意公开。但是，这里有两个疑问：一是秘密录制自己与他人之间的谈话是否侵犯他人隐私权呢？二是通过秘密录音、录像，目的是为了在诉讼中以获取的材料作为证据使用，以帮助解决被告人是否有罪的问题，这与肆意公开他人隐私是否等同呢？实际上，谈话人将自己与他人之间的谈话秘密录音，并不能算是侵犯他人隐私权。因为交谈是一种互动的行为，录音人作为互动一方，对自己的谈话应当有权利予以记录。记录方式有多种，笔记、录音都可以。只是通过录音方式会更加完整、准确。如果说将自己与他人的谈话予以记录并在法庭上公开就是侵犯他人隐私权，那么很多证人证言、被告人供述基于同样的理由就都无法采用。因此，对自己与他人之间的谈话进行秘密录音而获得的视听资料，应当具有证据能力，可以在其他证据的相互印证下，作为定案根据。至于第二个问题，如果在没有其他方式能够获取证据的情况下，通过秘密录音、录像得到的视听资料如只在法庭上证明案件事实时使用，就不应视为侵犯公民隐私权。当然对于这种情况也应当有严格的法律限制。

五十八、将第一百二十八条改为第一百五十八条，修改为："在侦查期间，发现犯罪嫌疑人另有重要罪行的，自发现之日起依照本法第一百五十四条的规定重新计算侦查羁押期限。

"犯罪嫌疑人不讲真实姓名、住址，身份不明的，应当对其身份进行调查，侦查羁押期限自查清其身份之日起计算，但是不得停止对其犯罪行为的侦查取证。对于犯罪事实清楚，证据确实、充分，确实无法查明其身份的，也可以按其自报的姓名起诉、审判。"

【精解】

本条是对 1996 年刑事诉讼法第 128 条关于在特殊情况下的侦查羁押期限如何计算以及如何进一步处理的规定的修改。

1996 年刑事诉讼法第 128 条规定："在侦查期间，发现犯罪嫌疑人另有重要罪行的，自发现之日起依照本法第一百二十四条的规定重新计算侦查羁押期限。犯罪嫌疑人不讲真实姓名、住址，身份不明的，侦查羁押期限自查清其身份之日起计算，但是不得停止对其犯罪行为的侦查取证。对于犯罪事实清楚，证据确实、充分的，也可以按其自报的姓名移送人民检察院审查起诉。"

《决定》通过本条对 1996 年刑事诉讼法第 128 条作了两处修改：一是对犯罪嫌疑人不讲真实姓名、住址，身份不明的，规定"应当对其身份进行调查"；二是对于犯罪事实清楚，证据确实、充分，确实无法查明其身份的，增加规定也可以按其自报的姓名进行"审判"。

新刑事诉讼法第 158 条分为 2 款。

第 1 款是关于发现犯罪嫌疑人另有重要罪行的重新计算侦查羁押期限的规定。"另有重要罪行"是指在犯罪嫌疑人被羁押后，侦查机关又发现犯罪嫌疑人已被侦查的罪行以外的重要罪行。这种"发现"既包括犯罪嫌疑人的主动交代，也包括侦查人员采用侦查手段得到的线索。"另有重要罪行"应主要是与过去发现的罪行不同种的犯罪。根据本款规定，对于此类案件，从发现之日起，按照本法第 154 条的规定重新计算侦查羁押期限，即对犯罪嫌疑人逮捕后的侦查羁押期限不得超过 2 个月；案情复杂、期限届满不能终结的案件，可以经上一级人民检察院批准延长 1 个月。

第 2 款是关于犯罪嫌疑人不讲真实姓名、住址，身份不明的案件如何计算侦查羁押期限和对案件如何进一步处理的规定。"不讲真实姓名、住址，身份不明的"是指犯罪嫌疑人谎报或者不报姓名、住址，而侦查机关难以查证，对其身份无法确定的案件。对这种犯罪嫌疑人不讲真实姓名、住址，身份不明的情况，本次刑事诉讼法修改时增加规定，"应当对其身份进行调查"。这种调查应是持续不间断的，不应轻易放弃。因为查明犯罪人的身份有助于查明犯罪嫌疑人有无其他重要罪行，有助于了解其前科情况，进而有助于准确把握其所犯罪行的严重程度及人身危险性的程度，对于准确定罪量刑以及之后的教育改造都是大有帮助的。当然，对于确实无法查明的，可按照其自报的姓名等进行起诉、审判，这样做虽然解决了起诉、审判的问题，但由于有时犯罪嫌疑人的自报姓名是冒用他人的名字，判决后可能会存在给真实姓名拥有人带来不必要的麻烦和苦恼的风险。因此，对不讲真实姓名、住址，身份不明的，还是要尽量查实其身份信息。

为了惩戒犯罪嫌疑人故意不讲真实姓名、住址给侦查行为制造障碍的行为，法律规定对这种情况从查清其身份之日起计算侦查羁押期限。同时为了防止一些侦查机关因犯罪嫌疑人身份不明而将案件长期搁置，法律还规定，"但是不得停止对其犯罪行为的侦查取证"，也就是说对于身份不明的犯罪嫌疑人应当尽量弄清其身份，但是不能只把侦查工作重心放在查证身份上，还要抓紧对其犯罪行为进行侦查，收集证据材料。对于犯罪事实清楚，证据确实、充分的，应当移送起诉。"犯罪事实清楚，证据确实、充分"是指按照法律规定的要求，对犯罪行为的查证已达到了侦查终结的要求，即符合起诉的条件。"按其自报的姓名起诉、审判"，是指即使明知其所报姓名为假，但只要不影响对案件事实的认定，证据确实充分的，也可以侦查终结移送起诉、进行审判。

五十九、增加一条，作为第一百五十九条："在案件侦查终结前，辩护律师提出要求的，侦查机关应当听取辩护律师的意见，并记录在案。辩护律师提出书面意见的，应当附卷。"

【精解】

本条在新刑事诉讼法中增加了侦查终结前听取律师意见的规定。

新刑事诉讼法第159条规定包括几层意思：一是侦查机关听取律师意见的时间是在案件侦查终结以前(在案件侦查终结前的任何时间，可以是一次，也可以是随时)。二是听取意见是应辩护律师的要求。这并不排除律师没有提出要求，但侦查机关认为有必要就某一问题听取律师的意见。按照本条的规定，如果律师提出要求，侦查机关必须听取律师的意见。三是侦查机关要将律师提出的意见记录在案；辩护律师提出书面意见的，应当将书面意见附卷。

【引导案例】案件侦结前辩护律师要发言　侦查机关应当听取其意见

某日，某市某区公安机关接人举报：在某市某区××旅社402号有人进行非法物品交易。公安机关立即派公安民警对所举报的旅社进行监控，并在331房抓获了正在交易VCD光盘的陆某、应某，并当场扣押了光碟999张。后经有关部门审查鉴定，从陆某、应某处扣押的999张光碟系直接描写性行为的VCD淫秽物品，涉嫌贩卖淫秽物品罪。上述事实有抓获经过、现场指认笔录及照片、扣押物品清单、淫秽物品审查鉴定书、犯罪嫌疑人供述、证人证言等证据予以证实。侦查期间，犯罪嫌疑人陆某聘请的律师王某向公安机关出具书面说明，称陆某要求其律师向公安机关说明其只是代人取件，并于取件前收了委托人300元钱，其事先并不知所取之件的内容。

【分析】

在此次刑事诉讼法修改前，律师在侦查阶段的地位不是辩护人，其职能主要是为犯罪嫌疑人提供法律帮助，了解所涉嫌的罪名、代理申诉、控告等，法律也未就律师与侦查机关之间的诉讼关系作出明确的权力（利）义务规定。但这次新刑事诉讼法不仅肯定了律师在侦查阶段的独立的辩护人身份，而且在新增第159条中对辩护律师的辩护权作出了特别规定，即在案件侦查终结前，辩护律师如提出要求的，侦查机关应当听取辩护律师的意见并记录在案，对辩护律师提出的书面意见应当附卷。据此，本案中，辩护律师就陆某在案件中的行为向侦查机关提出的书面说明，侦查机关应当认真听取，并进行侦查核实工作，以准确认定陆某的行为性质。

六十、将第一百二十九条改为第一百六十条，修改为："公安机关侦查终结的案件，应当做到犯罪事实清楚，证据确实、充分，并且写出起诉意见书，连同案卷材料、证据一并移送同级人民检察院审查决定；同时将案件移送情况告知犯罪嫌疑人及其辩护律师。"

【精解】

本条是对1996年刑事诉讼法第129条关于侦查终结的规定的修改。

1996刑事诉讼法第129条规定："公安机关侦查终结的案件，应当做到犯罪事实清楚，证据确实、充分，并且写出起诉意见书，连同案卷材料、证据一并移送同级人民检察院审查决定。"

《决定》通过本条对 1996 年刑事诉讼法第 129 条作了一处修改：对公安机关侦查终结的案件，增加了应当"同时将案件移送情况告知犯罪嫌疑人及其辩护律师"的规定，以利于辩护律师更好地履行职责，保护当事人的合法权益。

新刑事诉讼法第 160 条规定的"公安机关侦查终结的案件"是指公安机关对案件经过一系列的侦查活动后，认为案件事实已经清楚，证据已经确实、充分，依照法律规定，能够认定犯罪嫌疑人确有罪行，应当追究刑事责任，决定终止侦查，将案件移送人民检察院审查起诉。根据第 160 条的规定，公安机关侦查终结的案件，对犯罪嫌疑人依法应当处以刑罚的，必须做到犯罪事实清楚，证据确实、充分，达到起诉的基本要求，并且写出起诉意见书，连同案卷材料、证据一并移送同级人民检察院审查决定。对于"证据确实、充分"，新刑事诉讼法第 53 条规定，证据确实、充分，应当符合以下条件：①定罪量刑的事实都有证据证明；②据以定案的证据均经法定程序查证属实；③综合全案证据，对所认定事实已排除合理怀疑。这一对"证据确实、充分"的解释同样适用于本条的规定。"起诉意见书"是公安机关对案件侦查终结移送人民检察院处理的法律文书。起诉意见书必须忠实于事实真相，对于在起诉意见书中故意隐瞒事实真相的，应当追究法律责任。在"起诉意见书"中应当写清犯罪嫌疑人的基本情况、案件认定的犯罪事实、处理的意见和理由以及所依据的法律条款，对于共同犯罪的，应写明每个犯罪嫌疑人在共同犯罪中的地位、作用、具体罪责和认罪态度等。"案卷材料、证据"包括举报、揭发、控告材料，讯问笔录，询问笔录，勘验、检查、辨认笔录，鉴定意见以及物证、书证、视听资料、电子数据等。公安机关侦查终结的案件应当将上述案卷材料、证据移送同级有管辖权的人民检察院，而不能越级移送。

需要特别注意的是，这次修改刑事诉讼法时增加了应当"同时将案件移送情况告知犯罪嫌疑人及其辩护律师"的规定，即对公安机关侦查终结的案件，公安机关在将案件移送同级人民检察院审查起诉的同时，应当将案件移送情况告知犯罪嫌疑人及其辩护律师。这一修改主要是考虑到此前的刑事诉讼法没有规定移送起诉时应告知犯罪嫌疑人及其辩护律师，实践中犯罪嫌疑人及其辩护律师往往不能及时知道案件已被移送审查起诉。另外，虽然辩护律师在侦查阶段就可以为犯罪嫌疑人提供法律帮助，但只有在人民检察院对案件移送审查起诉之日起，辩护律师才能查阅、摘抄、复制本案的案卷材料，增加规定在移送审查起诉时应当将案件的移送情况同时"告知犯罪嫌疑人及其辩护律师"，有利于更为充分地维护犯罪嫌疑人的合法权益。公安机关应当严格按照法律的规定履行告知义务。

六十一、将第一百三十三条改为第一百六十四条，修改为："人民检察院对直接受理的案件中被拘留的人，应当在拘留后的二十四小时以内进行讯问。在发现不应当拘留的时候，必须立即释放，发给释放证明。"

【精解】

本条是对 1996 年刑事诉讼法第 133 条关于自侦案件中对被拘留人的处理的规定的修改。

1996 年刑事诉讼法第 133 条规定："人民检察院对直接受理的案件中被拘留的人，应当在拘留后的二十四小时以内进行讯问。在发现不应当拘留的时候，必须立即释放，发给释放证明。对需要逮捕而证据还不充足的，可以取保候审或者监视居住。"

《决定》删去了"对需要逮捕而证据还不充足的，可以取保候审或者监视居住"的规定。这样修改是考虑在刑事诉讼法中逮捕并不是以证据充足为条件，原规定会造成执行中的误解。为避免这种误解，这次刑事诉讼法修改时删除了上述规定。逮捕的条件应当严格按照新刑事诉讼法第 79 条的规定执行。不需要逮捕，但根据新刑事诉讼法规定应当采取其他强制措施的仍应依法采取其他强制措施。

根据新刑事诉讼法第 164 条的规定，人民检察院对直接受理的案件中被拘留的人，应当在拘留后的 24 小时以内进行讯问。这样规定，一是有利于人民检察院及时查清对犯罪嫌疑人采取的拘留措施是否妥当，如果发现错误便于及时纠正。二是有利于迅速查明已掌握的证据是否确实可靠，防止犯罪嫌疑人毁灭、伪造证据或者串供。人民检察院对犯罪嫌疑人采取的拘留措施，由于时间紧迫、情况复杂，可能会出现错误拘留的情况，为此，这里规定"在发现不应当拘留的时候，必须立即释放，发给释放证明"。"不应当拘留"是拘留不符合法定条件，主要有两种情况：一是由于案件来源、信息、判断等错误原因，拘错了人，对于这种情况对被拘留人必须讲明原因，立即释放，发给释放证明；二是指被拘留的人实施的行为，情节显著轻微、危害不大的，不认为是犯罪等。对于经讯问发现对被拘留人不应拘留的，应当立即释放，发给释放证明。

六十二、将第一百三十四条改为第一百六十五条，修改为："人民检察院对直接受理的案件中被拘留的人，认为需要逮捕的，应当在十四日以内作出决定。在特殊情况下，决定逮捕的时间可以延长一日至三日。对不需要逮捕的，应当立即释放；对需要继续侦查，并且符合取保候审、监视居住条件的，依法取保候审或者监视居住。"

【精解】

本条是对 1996 年刑事诉讼法第 134 条关于自侦案件决定逮捕的期限规定的修改。

1996 年刑事诉讼法第 134 条规定："人民检察院对直接受理的案件中被拘留的人，认为需要逮捕的，应当在十日以内作出决定。在特殊情况下，决定逮捕的时间可以延长一日至四日。对不需要逮捕的，应当立即释放；对于需要继续侦查，并且符合取保候审、监视居住条件的，依法取保候审或者监视居住。"

《决定》通过本条对 1996 年刑事诉讼法第 134 条作了两处修改，一是对直接受理的案件中被拘留的人，认为需要逮捕的，将原规定的决定时限由 10 日修改为 14 日；二是对特殊情况下，决定逮捕的时间可以延长 1 至 4 日修改为 1 至 3 日。

人民检察院对于已被拘留的犯罪嫌疑人，经过审查和进一步侦查后，认为需要逮捕的，新刑事诉讼法第 165 条明确规定"应当在十四日以内作出决定"。这里"作出决定"的时间包括人民检察院的侦查部门对被拘留人进行审查、提请批准逮捕的期间和人民检察院批捕部门作出决定的时间。对一般案件应当在规定的 14 日以内作出决定。考虑到人民检察院提请批捕和决定逮捕是人民检察院两个职能部门的内部分工，所以法律并未规定这两个阶段的时间分界，可由人民检察院通过内部规定来界定。考虑到一些重大、复杂案件存在一些"特殊情况"，难以在 14 日以内对此类争议较大、重大复杂案件作出决定，所以，法律规定"在特殊情况下，决定逮捕的时间可以延长一日至三日"，这 17 天就是拘留的总期限，人民检察院在决定拘留犯罪嫌疑人时，无论对于何种案件，拘留期限都不得超过这个总期限。人民检察院对被拘留的人经过审查，如果发现不需要逮捕的，应当立即释放。这里"不需要逮捕的"是指经过审查认为被拘留人不符合新刑事诉讼法第 79 条规定的逮捕条件，这种情况下对被拘留的人，应当立即释放；如果需要继续侦查的，对被拘留的人符合以下两个条件的，可以"依法取保候审或者监视居住"：(1)尚不能排除犯罪嫌疑，需要继续进行案件的侦查工作的；（2）符合取保候审、监视居住条件。

六十三、将第一百三十九条改为第一百七十条，修改为："人民检察院审查案件，应当讯问犯罪嫌疑人，听取辩护人、被害人及其诉讼代理人的意见，并记录在案。辩护人、被害人及其诉讼代理人提出书面意见的，应当附卷。"

【精解】

本条是对1996年刑事诉讼法第139条关于审查起诉的程序规定的修改。

1996年刑事诉讼法第139条规定："人民检察院审查案件，应当讯问犯罪嫌疑人，听取被害人和犯罪嫌疑人、被害人委托的人的意见。"

《决定》通过本条对1996年刑事诉讼法第139条主要作了两处修改：一是将听取"被害人和犯罪嫌疑人、被害人委托的人"的意见修改为听取"辩护人、被害人及其诉讼代理人"的意见，修改之后的表述更为准确。二是增加了对听取的意见应如何处理的规定。根据修改后的规定，听取辩护人、被害人及其诉讼代理人的意见，应记录在案；辩护人、被害人及其诉讼代理人提出书面意见的，应当附卷。

根据新刑事诉讼法第170条的规定，人民检察院审查案件，应当讯问犯罪嫌疑人，听取辩护人、被害人及其诉讼代理人的意见。其中"讯问犯罪嫌疑人"应当参照侦查中讯问犯罪嫌疑人的规定，讯问犯罪嫌疑人是否有犯罪行为，让他陈述有罪的情节或无罪的辩解，讯问时，检察人员不得少于2人，讯问应当按法定程序制成笔录。"听取辩护人、被害人及其诉讼代理人的意见"，主要包含两层意思：一是听取辩护人、被害人及其诉讼代理人对案件处理情况的意见，如对案件事实的认定意见，包括辩护人就犯罪嫌疑人是否有罪以及罪行轻重，是否有从轻、减轻处罚的情节的意见，被害人对自己受侵害情况的意见、附带民事诉讼的提起、赔偿的要求等实体性意见；二是听取对侦查活动是否合法等程序性的意见。包括侦查活动中有无违法情况、是否需要补充侦查调取新证据等发表的意见。对于听取辩护人、被害人及其诉讼代理人的意见，修改后的本条规定应"记录在案"，对于书面意见应当附卷。这样修改进一步完善了审查起诉的程序，有利于统一司法实践，为保护犯罪嫌疑人、被害人的合法权益提供切实的程序保障。

【引导案例】诈骗租赁站　起诉时听取当事双方意见

小闫，男，24岁，包工头。2011年7月15日，小闫因没有钱给手下工人发工资，遂来到甲租赁站以假名字骗租架子管700根，管卡子1100个，后将架子管和管卡子卖掉，得赃款约31000元。2011年11月25日，由于甲租赁站催小闫还租赁物品并声称要报警，小闫遂到乙租赁站，又以假身份骗租架子管700根，管卡子1100个。后将骗取的架子管和管卡子还给甲租赁站。经鉴定，小闫骗取的甲、乙租赁站的物品价值都是人民币41225元。公安机关以小闫涉嫌犯诈骗罪向检察机关移送审查起诉，移送犯罪事实两起，分别是小闫诈骗甲租赁站的犯罪事实和小闫诈骗乙租赁站的犯罪事实。检察机关在审查案件时听取了小闫的辩护人和乙租赁站的诉讼代理人的意见。小闫的辩护人认为小闫在案发前已经归还了甲租赁站的物品，对于小闫骗租甲租赁站物品的行为应不认为是犯罪。乙租赁站的诉讼代理人认为小闫在案发前还给甲租赁站的物品是乙租赁站的，公安机关应将其追回，还给乙租赁站。检察机关承办人老李和小马将上述意见记录在案。后小闫的辩护人和乙租赁站的诉讼代理人分别向检察机关提交了书面意见，小马将书面意见附卷。

【分析】

人民检察院审查案件应当听取辩护人和被害人诉讼代理人的意见，并记录在案。提出书面意见的，应当附卷。

1996年刑事诉讼法第139条规定："人民检察院审查案件，应当讯问犯罪嫌疑人，听取被害人和犯罪嫌疑人、被害人委托的人的意见。"本次修改刑事诉讼法对本条作了修改，将"被害人和犯罪嫌疑人、被害人委托的人"明确为"辩护人、被害人及其诉讼代理人"，这样的说法更加准确。另外，本条增加了对于辩护人、被害人、诉讼代理人的意见检察机关应如何处理的规定，即"记录在案，对于提出书面意见的，应当附卷。"本案中老李和小马将小闫的辩护人和乙租赁站的诉讼代理人的意见记录在案，将书面意见附卷就是在执行该条的规定。

根据新刑事诉讼法第170条的规定，人民检察院审查案件，应当讯问犯罪嫌疑人，听取辩护人、被害人及其诉讼代理人的意见。人民检察院审查案件既要审查有罪证据也要审查无罪证据和罪轻证据，听取辩护人意见并记录在案，避免了检察机关先入为主认为嫌疑人有罪，有利于其严格按照法定程序审查案件，是切实保护犯罪嫌疑人合法权益的程序保障。另外，听取被害人和其诉讼代理人关于附带民事诉讼的提起、赔偿要求等意见，也有利于检察机关做相关工作，挽回被害人的经济损失，保障其合法权益。此外，实践中，对辩护人、被害人及其诉讼代理人的意见的记载，做法不一，修改之后将意见记录在案，书面意见附卷，更有利于保护犯罪嫌疑人、被害人的合法权益。

六十四、将第一百四十条改为第一百七十一条，第一款修改为："人民检察院审查案件，可以要求公安机关提供法庭审判所必需的证据材料；认为可能存在本法第五十四条规定的以非法方法收集证据情形的，可以要求其对证据收集的合法性作出说明。"

第四款修改为："对于二次补充侦查的案件，人民检察院仍然认为证据不足，不符合起诉条件的，应当作出不起诉的决定。"

【精解】

本条是对 1996 年刑事诉讼法第 140 条关于在审查起诉中要求对证据合法性进行说明和补充侦查的规定的修改。

1996 年刑事诉讼法第 140 条规定："人民检察院审查案件，可以要求公安机关提供法庭审判所必需的证据材料。人民检察院审查案件，对于需要补充侦查的，可以退回公安机关补充侦查，也可以自行侦查。对于补充侦查的案件，应当在一个月以内补充侦查完毕。补充侦查以二次为限。补充侦查完毕移送人民检察院后，人民检察院重新计算审查起诉期限。对于补充侦查的案件，人民检察院仍然认为证据不足，不符合起诉条件的，可以作出不起诉的决定。"

《决定》通过本条对 1996 年刑事诉讼法第 140 条作了以下几处修改：一是在人民检察院审查案件可以要求公安机关提供法庭审判所必需的证据材料的规定之外，增加规定人民检察院认为可能存在新刑事诉讼法第 54 条规定的以非法方法收集证据情形的，可以要求其对证据收集的合法性作出说明。二是将原第 4 款规定的"对于补充侦查的案件，人民检察院仍然认为证据不足，不符合起诉条件的，可以作出不起诉的决定"修改为"对于二次补充侦查的案件，人民检察院仍然认为证据不足，不符合起诉条件的，应当作出不起诉的决定"，这样修改之后，经二次补充侦查仍然认为证据不足，不符合起诉条件的案件的法律后果更为明确，即人民检察院应当作出不起诉的决定。

新刑事诉讼法第 171 条规定："人民检察院审查案件，可以要求公安机关提供法庭审判所必需的证据材料；认为可能存在本法第五十四条规定的以非法方法收集证据情形的，可以要求其对证据收集的合法性作出说明。人民检察院审查案件，对于需要补充侦查的，可以退回公安机关补充侦查，也可以自行侦查。对于补充侦查的案件，应当在一个月以内补充侦查完毕。补充侦查以二次为限。补充侦查完毕移送人民检察院后，人民检察院重新计算审查起诉期限。对于二次补充侦查的案件，人民检察院仍然认为证据不足，不符合起诉条件的，应当作出不起诉的决定。"第 171 条分为 4 款。

第 1 款是关于人民检察院可以要求公安机关提供法庭审判所必需的证据材料以及对证据收集的合法性作出说明的规定。这里所谓"提供法庭审判所必需的证据材料"并不是补充侦查，这里的规定是对案件事实已经查清，但尚有个别证据需要补充，而又不必要补充侦查的案件，人民检察院可以要求公安机关提供这些个别的证据材料。本款还规定，认为可能存在本法第 54 条规定的以非法方法收集证据情形的，可以要求其对证据收集的合法性作出说明。新刑事诉讼法较为系统地规定了非法证据排除的内容。根据本法第 54 条的规定，采用刑讯逼供等非法方法收集的犯罪嫌疑人、被告人供述和采用暴力、威胁等非法方法收集的证人证言、被害人陈述，应当予以排除。收集物证、书证不符合法定程序，可能严重影响司法公正的，应当予以补正或者作出合理解释；不能补正或者作出合理解释的，对该证据应当予以排除。应当被排除的证据不得作为起诉意见、起诉决定和判决的依据。本款进一步明确了在审查案件时发现证据收集可能不合法时的具体处理方法，即认为可能存在本法第 54 条规定的以非法方法收集证据情形的，可以要求其对证据收集的合法性作出说明。公安机关应按照检察机关的要求，就证据收集的合法性进行说明。

第 2 款是关于人民检察院如何处理需要补充侦查的案件的规定。根据新刑事诉讼法第 171 条的规定，对于需要补充侦查的，有两条途径解决：一是退回公安机关，由公安机关补充侦查；二是自行侦查。"退回公安机关补充侦查"是指对那些犯罪事实不清、证据不足，或者有遗漏罪行和其他需要追究刑事责任的人，可能影响对犯罪嫌疑人定罪量刑的案件，可以将案件退回公安机关，由公安机关进行补充侦查；"可以自行侦查"是指案件只是有部分证据需要查证，而自己又有能力侦查的或者自行侦查更有利于案件正确处理的案件由人民检察院自己补充侦查。

第 3 款是关于补充侦查的时限、次数以及如何计算审查起诉期限的规定。

根据本款的规定，补充侦查应当在 1 个月以内完成。补充侦查的期间从侦查机关接到补充侦查的案件第二日起计算。本款同时规定补充侦查以二次为限，补充侦查完毕移送人民检察院后，重新计算审查起诉期限。检察人员必须严格掌握补充侦查的案件，不得滥用补充侦查，随意延长办案期限。

第 4 款是关于二次补充侦查后仍然认为证据不足的案件如何处理的规定。根据本款的规定，案件经二次补充侦查后，人民检察院仍然认为证据不足，不符合起诉条件的，应当作出不起诉的决定。这是 2012 年修改刑事诉讼法时，对原规定的"对于补充侦查的案件，人民检察院仍然认为证据不足，不符合起诉条件的，可以作出不起诉的决定"所作的修改，明确了二次补充侦查后仍不符合起诉条件的案件的法律后果。按照原规定，经补充侦查"仍然认为证据不足，不符合起诉条件的"，在处理上包含两种情况：一是经过一次退回补充侦查，认为该案证明犯罪的证据不足，不符合起诉条件，且没有必要再补充侦查的，可以作出不起诉的决定；二是经过二次退回补充侦查后，证据仍然不足，不符合起诉条件的，可以作出不起诉的决定。这两种情况根据原来的规定都只是"可以"作出不起诉的决定，新刑事诉讼法增强了处理上的确定性，对经二次补充侦查，仍然认为证据不足，不符合起诉条件的，人民检察院"应当"作出不起诉的决定。

【引导案例 1】审讯时逼供　须说明证据收集的合法性

小肖，19 岁，湖北人。2009 年 3 月 13 日夜晚，小肖在某居民小区实施盗窃时，被公安民警抓获。审讯时，由于小肖不肯承认参与盗窃，办案民警先后两次殴打小肖，小肖仍不肯承认，后民警买来 2 瓶风油精，让小肖平躺在地上，手铐着，脸朝上，有民警用木制靠背凳子压在小肖膝盖上，开始对小肖鼻孔灌风油精。后小肖实在支撑不住交代盗窃事实，办案民警作了口供。2009 年 4 月 10 日，公安机关以小肖涉嫌盗窃罪向检察机关移送审查起诉，检察官老孙同月 13 日提讯小肖时，小肖向检察官老孙说了民警殴打他并往他鼻孔灌风油精的事实。老孙经过认真审查案件证据尤其是小肖的口供，认为本案可能存在以非法方法收集证据情形，遂要求公安机关对其收集口供证据的合法性作出说明。

【分析】

明确对可能存在非法收集证据情形的，检察机关可要求公安机关对证据收集的合法性作出说明。

1996年刑事诉讼法第140条第1款规定"人民检察院审查案件，可以要求公安机关提供法庭审判所必需的证据材料。"本次修改增加"认为可能存在本法第五十四条规定的以非法方法收集证据情形的，可以要求其对证据收集的合法性作出说明"。本案中老孙的做法符合修改后该条规定的立法精神。

新刑事诉讼法较为系统地规定了非法证据排除的内容。根据新刑事诉讼法第54条的规定，采用刑讯逼供等非法方法收集的犯罪嫌疑人、被告人供述和采用暴力、威胁等非法方法收集的证人证言、被害人陈述，应当予以排除。收集物证、书证不符合法定程序，可能严重影响司法公正的，应当予以补正或者作出合理解释；不能补正或者作出合理解释的，对该证据应当予以排除。应当被排除的证据不得作为起诉意见、起诉决定和判决的依据。本款进一步明确了在审查案件时发现证据收集可能不合法时的具体处理方法，即认为可能存在新刑事诉讼法第54条规定的以非法方法收集证据情形的，可以要求公安机关对证据收集的合法性作出说明。公安机关应按照检察机关的要求，就证据收集的合法性进行说明。司法实践中，刑讯逼供作为一种顽症屡禁不止，严重侵犯了犯罪嫌疑人、被告人的人身权利，也损害了司法机关的形象，破坏了社会的稳定和国家的长治久安。新刑事诉讼法将非法证据排除的内容及发现非法证据的具体处理方法予以明确，使遏制刑讯逼供真正成为法律的明确规定，是我国完善保障人权制度的具体体现。

【引导案例2】盲目信教破钱财　犯意不明不起诉

曹老太太，65岁，文盲。2008年，曹老太太经人介绍加入了释迦教非法组织。该组织宣传世界末日即将到来，如果想逃避灾难，只能加入释迦教。入教每人需交5000元的入教费。曹老太太对此深信不疑，遂先后为自己及家人交入教费共计六万余元。释迦教非法组织任命曹老太太为某地区负责人，负责发展信徒并代收入教费。曹老太太本着为他人祈福消灾的目的，发展了自己的5名佛友，共收入教费25000元并上交给释迦教上级组织。2010年4月案发，曹老太太被公安机关以诈骗罪移送审查起诉，检察机关承办人王检察官在审查案件过程中发现曹老太太并没有非法占有的目的，且由于曹老太太对释迦教非法组织宣扬的东西深信不疑，她在发展佛友时，只是传达她自己深信的东西，并没有虚构事实和隐瞒真相。为此，王检察官先后两次将案件退补，要求公安机关查证曹老太太主观上是否具有非法占有的目的，公安机关补充侦查的证据均没有对曹老太太的非法占有目的进行补强。检察院经研究对曹老太太作出不起诉决定。

【分析】

明确对二次退补仍证据不足的案件，检察院应作出不起诉决定。

1996 年刑事诉讼法第 140 条第 4 款规定："对于补充侦查的案件，人民检察院仍然认为证据不足，不符合起诉条件的，可以作出不起诉的决定。"本次修改对于补充侦查的次数作了限制，即必须是"二次补充侦查的案件"。另外本条由 1996 年刑事诉讼法规定的"可以作出不起诉决定"明确为"应当作出不起诉决定"。王检察官对本案二次退补后，证据依然不足，遂对该案提出作存疑不起诉建议。该案经院检察委员会研究，决定对该案作出不起诉决定。

修改后的本条规定，明确了二次补充侦查后仍不符合起诉条件的案件的法律后果，即案件经二次补充侦查后，人民检察院仍然认为证据不足，不符合起诉条件的，应当作出不起诉的决定。按照原规定，经补充侦查"仍然认为证据不足，不符合起诉条件的"，在处理上包含两种情况，一是经过一次退回补充侦查，认为该案证明犯罪的证据不足，不符合起诉条件，没有必要再补充侦查或者时过境迁即使再次退补也难以补充到满足起诉条件证据的，可以作出不起诉的决定；二是经过二次退回补充侦查后，证据仍然不足，不符合起诉条件的，可以作出不起诉的决定。这两种情况根据原来的规定都只是"可以"作出不起诉的决定，本次新刑事诉讼法增加了处理上的确定性，对经二次补充侦查，仍然认为证据不足，不符合起诉条件的，人民检察院"应当"作出不起诉的决定。这就在一定程度上避免了"不起诉决定"作出的随意性。

六十五、将第一百四十一条改为第一百七十二条，修改为："人民检察院认为犯罪嫌疑人的犯罪事实已经查清，证据确实、充分，依法应当追究刑事责任的，应当作出起诉决定，按照审判管辖的规定，向人民法院提起公诉，并将案卷材料、证据移送人民法院。"

【精解】

本条是对 1996 年刑事诉讼法第 141 条关于提起公诉的规定的修改。

1996 年刑事诉讼法第 141 条规定："人民检察院认为犯罪嫌疑人的犯罪事

实已经查清，证据确实、充分，依法应当追究刑事责任的，应当作出起诉决定，按照审判管辖的规定，向人民法院提起公诉。"

这次修改刑事诉讼法，增加了提起公诉时应"将案卷材料、证据移送人民法院"的规定。本条和《决定》第67条的规定共同构成了对1996年刑事诉讼法规定的案卷移送制度的重大修改。1996年刑事诉讼法对案卷移送制度也进行了大的修改，修改主要是为了解决当时审判实践中比较突出的"先定后审"、"先入为主"的问题，将庭前审查由实体审查改为主要是程序审查。但这一改革在司法实践中的效果并不好，主要是法官在庭前对大部分案卷材料并不熟悉，不了解案件主要争议的问题，难以更好地主持、把握庭审活动，而且由于检察机关不在庭前移送全部案卷材料，辩护律师也无法通过到法院阅卷了解全案证据，特别是对被告人有利的证据。因此，新刑事诉讼法明确规定，人民检察院提起公诉，应当将案卷材料和证据移送人民法院，并在新刑事诉讼法第181条中对人民法院决定开庭的规定也作出相应修改。

根据新刑事诉讼法第172条的规定，人民检察院决定向人民法院提起公诉的案件必须达到以下要求：

(1)"犯罪嫌疑人的犯罪事实已经查清"。"犯罪事实"是指犯罪的主要事实，对犯罪主要事实已经查清，但一些个别细节无法查清或没有必要查清，不影响定罪量刑的，也应当视为犯罪事实已经查清。其中，对一人犯有数罪的，如果有一罪已经查清，而其他罪一时难以查清的，也可以就已经查清的罪提起公诉。

(2)"证据确实、充分"。是指用以证明案件事实的证据是否真实可靠，能否反映案件的真实情况，取得的证据能否足以证实侦查终结认定的犯罪事实和情节。新刑事诉讼法对证据确实、充分的条件作了明确规定，第53条第2款规定："证据确实、充分应当符合以下条件：（一）定罪量刑的事实都有证据证明；（二）据以定案的证据均经法定程序查证属实；（三）综合全案证据，对所认定事实已排除合理怀疑。"这一对"证据确实、充分"的解释同样适用于本条规定。

(3)必须是"依法应当追究刑事责任的"。这是指根据刑法的规定，犯罪嫌疑人有刑事责任能力，应当对犯罪嫌疑人判处刑罚，不存在本法第15条规定的情形。

对于同时符合上述三方面条件的，人民检察院应当"按照审判管辖的规定"，向有管辖权的人民法院提起公诉。这是关于起诉程序的规定。这里"审判管辖的规定"是指本法第 19 条至第 26 条的规定。人民检察院决定起诉的案件，应当依照以上审判管辖的规定作出起诉的决定，制作起诉书，按有关程序向有管辖权的人民法院提起公诉。提起公诉时应"将案卷材料、证据移送人民法院"。这里的案卷材料、证据，应是全案的证据材料，既包括指控犯罪事实以及表明罪行严重等对犯罪嫌疑人不利的证据，也包括有从轻、减轻处罚情节等对犯罪嫌疑人有利的证据。对共同犯罪的犯罪嫌疑人，原则上应当同案一并提起公诉，对有特殊情况不能同案起诉的，必须在起诉书中有关部分加以说明或注明处理情况。

六十六、将第一百四十二条改为第一百七十三条，第一款修改为："犯罪嫌疑人没有犯罪事实，或者有本法第十五条规定的情形之一的，人民检察院应当作出不起诉决定。"

第三款修改为："人民检察院决定不起诉的案件，应当同时对侦查中查封、扣押、冻结的财物解除查封、扣押、冻结。对被不起诉人需要给予行政处罚、行政处分或者需要没收其违法所得的，人民检察院应当提出检察意见，移送有关主管机关处理。有关主管机关应当将处理结果及时通知人民检察院。"

【精解】

本条是对 1996 年刑事诉讼法第 142 条关于不起诉规定的修改。

1996 年刑事诉讼法第 142 条规定："犯罪嫌疑人有本法第十五条规定的情形之一的，人民检察院应当作出不起诉决定。对于犯罪情节轻微，依照刑法规定不需要判处刑罚或者免除刑罚的，人民检察院可以作出不起诉决定。人民检察院决定不起诉的案件，应当同时对侦查中扣押、冻结的财物解除扣押、冻结。对被不起诉人需要给予行政处罚、行政处分或者需要没收其违法所得的，人民检察院应当提出检察意见，移送有关主管机关处理。有关主管机关应当将处理结果及时通知人民检察院。"

《决定》通过本条对 1996 年刑事诉讼法第 142 条主要有以下几处修改：一是增加规定对犯罪嫌疑人没有犯罪事实的，人民检察院应当作出不起诉的决定；二是将第 3 款中的"扣押、冻结"修改为"查封、扣押、冻结"。对犯罪嫌疑人没有犯罪事实的情况应当如何处理 1996 年刑事诉讼法未作规定，实践中往往退回公安机关，由其根据"不应对犯罪嫌疑人追究刑事责任的，应当撤销案件"的规定，作撤案处理。这次修改，对于犯罪嫌疑人没有犯罪事实的情形明确规定应当作出不起诉的决定，即可直接作出不起诉的决定。此外，本次修改还将第3款中的"扣押、冻结"修改为"查封、扣押、冻结"，这是根据实际情况作出的修改，在有些证据无法移动的情况下，可就地查封。

新刑事诉讼法第173条规定："犯罪嫌疑人没有犯罪事实，或者有本法第十五条规定的情形之一的，人民检察院应当作出不起诉决定。对于犯罪情节轻微，依照刑法规定不需要判处刑罚或者免除刑罚的，人民检察院可以作出不起诉决定。人民检察院决定不起诉的案件，应当同时对侦查中查封、扣押、冻结的财物解除查封、扣押、冻结。对被不起诉人需要给予行政处罚、行政处分或者需要没收其违法所得的，人民检察院应当提出检察意见，移送有关主管机关处理。有关主管机关应当将处理结果及时通知人民检察院。"第173条分为3款。

第1款是关于人民检察院应当不起诉情形的规定。根据本款规定，应当不起诉的情形包括两种：一是犯罪嫌疑人没有犯罪事实。包括犯罪行为并非本犯罪嫌疑人所为，以及该案所涉行为依法不构成犯罪。二是犯罪嫌疑人有本法第15条规定的情形之一，即情节显著轻微、危害不大，不认为是犯罪的；犯罪已过追诉时效期限的；经特赦令免除刑罚的；属于依照刑法告诉才处理的犯罪没有告诉或者撤回告诉的；犯罪嫌疑人、被告人死亡的及其他法律规定免予追究刑事责任的情形。这些情形，法律规定免予追究刑事责任，人民检察院应当作出不起诉的决定。

第2款是关于人民检察院可以不起诉的情形的规定。根据本款的规定，对于犯罪情节轻微，依照刑法规定不需要判处刑罚或者免除刑罚的，人民检察院可以作出不起诉的决定。其中"不需要判处刑罚"是指《刑法》第37条规定的情形，即对于犯罪情节轻微不需要判处刑罚的，可以免予刑事处罚；"免除刑罚"则是指刑法规定的各种法定免除刑罚的情形，如自首、立功、未成年人犯罪、中止犯、正当防卫、紧急避险等规定中关于免除处罚的规定。必须着重指出的是本款所说的"犯罪情节轻微"中关于犯罪的认定，只是检察机关在审查起诉工作中的认识，而不是确定犯罪嫌疑人有罪，一旦依照本款作出不起诉的决定，从法律意义上讲，被决定不起诉的人是作为无罪处理的。

第3款是关于对被不起诉人及其被查封、扣押、冻结的财物如何处理的规定。根据本款的规定，人民检察院决定不起诉的案件，应同时对侦查中查封、扣押、冻结的财物解除查封、扣押、冻结。如果被不起诉人需要给予行政处罚、行政处分或者需要没收其违法所得的，人民检察院应当提出检察意见，移送有关主管机关处理。有关主管机关应当将处理结果及时通知人民检察院。这样规定主要是考虑检察机关不是行政机关，由人民检察院执行行政处罚、处分与其性质、职能不相符合，对被不起诉人的行政处罚、处分应由有关主管行政机关作出，但人民检察院有提出检察意见的权力，这样有利于其监督职能的发挥，也是法律对其职责提出的要求。

【引导案例】凿墙毁物　没达数额不为罪、不起诉

2011 年 3 月，老赵因为其经营的养猪场需要水源，于是打算将其养猪场附近的政府封堵的废弃的金矿洞打开，引矿洞内积水到养猪场。老赵找到好朋友老李、老杜二人帮忙，二人表示同意。老赵遂从家中拿一把铁锤、两把铁钎子作为工具，带着老李、老杜来到矿洞，先将封堵矿洞的干石墙搬开，后用铁锤、铁钎子凿水泥浇筑的石墙，将石墙毁坏但未凿通，后案发。价格认证中心认定：涉案财产水泥浆砌墙鉴定价格为人民币 5658 元。公安局以三名犯罪嫌疑人涉嫌故意毁坏财物罪向人民检察院移送审查起诉。人民检察院在审查案件过程中发现，本案毁坏财物的价格是根据被毁坏的墙体长度乘以墙体每米的单价算出来的，可是侦查卷里并没有现场勘验检查笔录，也就是说没有毁坏墙体长度的勘测记录。后公安机关解释说由于案发在夜晚，当时办案人员只是拿皮尺大概测量了一下毁坏墙体长度，并没有作现场勘验。在检察机关要求下，公安机关到现场作了勘验笔录，这次勘测的长度比办案人员最初认定的长度少了1/4，也就导致本案毁财金额少于 5000 元，达不到故意毁坏财物罪数额较大的标准，在这种情况下检察机关认为没有犯罪事实发生，对老马等三人依法作出不起诉决定。

【分析】

没有犯罪事实发生，或者法定不追究刑事责任的，人民检察院应当作出不起诉决定。

1996 年刑事诉讼法第 142 条规定："犯罪嫌疑人有本法第十五条规定的情形之一的，人民检察院应当作出不起诉决定。"本次修改刑事诉讼法对本条作了修改，增加规定，对于犯罪嫌疑人没有犯罪事实的，人民检察院也应当作出不起诉决定。这里的没有犯罪事实既包括犯罪行为非犯罪嫌疑人所为，也包括该案所涉行为依法不构成犯罪。上述案例中，在检察机关发现证据出现变化，犯罪嫌疑人没有犯罪事实时即作出不起诉决定就是在执行上述条款规定。在新

刑事诉讼法实施以前，对于公安机关移送的没有犯罪事实的案件，实践中的做法一般是由检察机关将案件退回公安机关处理，由其根据关于"不应对犯罪嫌疑人追究刑事责任的，应当撤销案件"的规定，作撤案处理。但是实践中公安机关出于种种考虑，常常对此类情况不予撤案，这样犯罪嫌疑人的诉讼法律地位处于未决状态，有可能随时再受公安机关追诉，不利于对犯罪嫌疑人权利的保护。

此外，1996 年刑事诉讼法第 142 条第 3 款规定"人民检察院决定不起诉的案件，应当同时对侦查中扣押、冻结的财物解除扣押、冻结。"本次修改将"扣押、冻结"修改为"查封、扣押、冻结"，这是根据实践中处理案件证据遇到的情况作出的修改，有些证据由于无法移动，可就地查封。发现犯罪嫌疑人没有犯罪事实时，可就地解除查封。

六十七、将第一百五十条改为第一百八十一条，修改为"人民法院对提起公诉的案件进行审查后，对于起诉书中有明确的指控犯罪事实的，应当决定开庭审判。"

【精解】

本条是对 1996 年刑事诉讼法第 150 条关于人民法院决定开庭审判提起公诉案件条件的规定的修改。

1996 年刑事诉讼法第 150 条规定："人民法院对提起公诉的案件进行审查后，对于起诉书中有明确的指控犯罪事实并且附有证据目录、证人名单和主要证据复印件或者照片的，应当决定开庭审判。"

《决定》通过本条对 1996 年刑事诉讼法第 150 条作了一处修改：删去了起诉书中需附有证据目录、证人名单和主要证据复印件或者照片的规定。

这次修改刑事诉讼法，坚持了庭前审查是形式审查的理念，同时与本法第172 条中人民检察院向人民法院提起公诉时，应当"将案卷材料、证据移送人民法院"的规定相适应，删去了起诉书需附有证据目录、证人名单和主要证据复印件或者照片的要求。新刑事诉讼法第 181 条和第 172 条的规定共同构成了对 1996 年刑事诉讼法规定的案卷移送制度的重大修改。1996 年刑事诉讼法第150 条的规定在司法实践中执行的效果不够理想，一是，由于只移送证据目录、证人名单、主要证据复印件或者照片，导致法官在庭前对案件情况并不熟悉，不了解案件主要争议的问题，主持法庭审判存在困难。此外法官还需要在庭审之后全面阅卷，一定程度上架空了庭审过程，也拖延了法庭审理。二是，审查法官和庭审法官通常为同一人，难以有效解决"先入为主"的问题。本次修改，注重总结 1996 年刑事诉讼法修改后的司法实践情况，对存在的上述问题有针对性的加以解决，而不是简单地退回到 1979 年刑事诉讼法的规定，是对庭审方式的进一步改革完善。同时，这样修改也更符合人民法院和人民检察院的职责分工，即检察机关是公诉机关，其提起公诉的案件只要符合形式上的起诉标准，人民法院就应当开庭审判，庭审中由公诉机关承担举证责任并承担举证不利或不能的法律后果，人民法院通过庭审作出裁判，没有必要在开庭前对案件的证据情况进行审查。

根据新刑事诉讼法第 181 条的规定，人民法院对提起公诉的案件决定是否开庭审判，应当审查起诉书中是否有明确的指控犯罪事实，以作为是否开庭审理的依据。这里"有明确的指控犯罪事实"是指人民检察院的起诉书中必须载明被告人的犯罪事实和提起公诉的具体罪名，这种犯罪事实必须是依据刑法规定应予刑事处罚的。

【引导案例】起诉时复印卷宗　将成历史

小温，女，23 岁，大学毕业，系某县检察院的书记员，在公诉处工作。小温在公诉处与检察员老程一个办案组。2012 年 3 月 15 日，他们组的一个诈骗案已经审结，起诉书等法律文书已经制作完毕，并加盖了检察院印章。这天下午，小温抱着该案的共计 7 本卷宗要复印。经过了近两个小时，小温将要移送法院的作为本案有罪、加重情节、减轻情节的各种证据材料共约 200 页 A4 纸复印完毕。之后，小温将整理好的证据目录、证人名单一起装订妥当。第二天一上班，小温将起诉书等法律文书及装订好的证据材料一起移送本县法院。

到了 2013 年，无论主要证据有多少，小温都不再需要复印移送法院了。

【分析】

刑事诉讼法修改前和修改后法院的庭前审查将会发生重大变化。

上述案例，是按照 1996 年刑事诉讼法第 150 条规定，法院决定开庭前必须审查的材料，即"人民法院对提起公诉的案件进行审查后，对于起诉书中有明确的指控犯罪事实并且附有证据目录、证人名单和主要证据复印件或者照片的，应当决定开庭审判"。本案中，小温复印的这些材料与起诉书构成了法院决定开庭审理的前提。而新刑事诉讼法实施后情况将发生很大变化。新刑事诉讼法实施后，所有公诉案件法院在庭审前仅进行形式审查，不再审查证据等，且按照新刑事诉讼法第 172 条的规定，检察院在提起公诉时，一并将案卷材料、证据移送人民法院，法院在庭审中可以就全部案件材料与庭审中各方的示证、相互的质证、辩论结合起来，综合判断，有助于避免因庭审前审查了部分证据留下先入为主的印象，影响整个案件的公正裁判。

按照 1996 年刑事诉讼法第 150 条的规定，凡是检察院向法院提起公诉的案件，无论案件本身是单纯的一起事实还是多起，无论被告人是一人还是多人，无论证据卷是一册还是一百册，对于其主要证据均需复印，附在起诉书后，起诉时一并移交法院。而法院须在审查了起诉书及这些证据复印件后，方才能决定开庭。

其实当时修法如此规定，现在看来并不科学。应该说那是我国立法进程中发展阶段的产物。总结这十几年来的司法实践，我们发现：

（1）附在起诉书后的这些材料，由于它们仅是证据目录、证人名单、主要证据复印件或者照片，而主审法官庭前还必须审查，导致法官在庭前尽管花费了一些时间和精力，但是对案件情况并不熟悉，不了解案件主要争议的问题，主持法庭审判时存在困难，且在庭审之后还需要全面阅卷，一定程度上架空了庭审过程，也拖延了法庭审理。

（2）主审法官与庭前审查的法官往往为同一人，如此庭前的审查证据，难以避免"先入为主"，导致庭审中的片面认识。

（3）复印与装订这些证据，增加了检察院的讼累，尤其是对于重大复杂的案件，证据卷十几册、几十册，甚至几百册，复印及装订这些只在庭前审查用的材料，无形中增加了检察院公诉处书记员的负担、复印机和纸张的耗损。

《决定》第 67 条对 1996 年刑事诉讼法第 150 条作了一处改动：删去了起诉书中需附有证据目录、证人名单和主要证据复印件或者照片的规定。要求人民法院对于起诉书中有明确的指控犯罪事实的，就应当决定开庭审判。如此修改，呼应了新刑事诉讼法第 172 条中人民检察院向人民法院提起公诉时，应当"将案卷材料、证据移送人民法院"的规定，贯彻了庭前审查是形式审查的理念，落实了《宪法》、《人民法院组织法》、《人民检察院组织法》对人民法院和人民检察院的职责分工，即检察机关是国家的法律监督机关，具有代表国家提起公诉的职能，其提起公诉的案件只要符合形式上的起诉标准，人民法院就应当开庭审判，庭审中由人民检察院承担举证责任并承担举证不利或不能的法律后果，人民法院通过庭审作出裁判，没有必要在开庭前对案件的证据情况进行审查。

需要注意的是，新法的规定对于人民检察院来说，公诉部门的办案人员要在起诉前做好庭审的充分准备，要在撰写结案报告时更为详细地列举与案件有关的各种证据，尤其是针对证据之间的矛盾点要分析得更加清晰、透彻，要为法庭调查、法庭辩论做好相应准备。要求侦查阶段进一步提高案件质量，以减少审查起诉阶段要求补侦的次数和内容；要求检察机关承办审查起诉的检察人员进一步提高工作效率，在有效的期限内，对于要提起公诉的案件，在起诉时即做好庭审的各项证据准备。

六十八、将第一百五十一条改为第一百八十二条，修改为："人民法院决定开庭审判后，应当确定合议庭的组成人员，将人民检察院的起诉书副本至迟在开庭十日以前送达被告人及其辩护人。

"在开庭以前，审判人员可以召集公诉人、当事人和辩护人、诉讼代理人，对回避、出庭证人名单、非法证据排除等与审判相关的问题，了解情况，听取意见。

"人民法院确定开庭日期后，应当将开庭的时间、地点通知人民检察院，传唤当事人，通知辩护人、诉讼代理人、证人、鉴定人和翻译人员，传票和通知书至迟在开庭三日以前送达。公开审判的案件，应当在开庭三日以前先期公布案由、被告人姓名、开庭时间和地点。

"上述活动情形应当写入笔录，由审判人员和书记员签名。"

【精解】

本条是对 1996 年刑事诉讼法第 151 条关于开庭前准备的规定的修改。

1996 年刑事诉讼法第 151 条规定："人民法院决定开庭审判后，应当进行下列工作：（一）确定合议庭的组成人员；（二）将人民检察院的起诉书副本至迟在开庭十日以前送达被告人。对于被告人未委托辩护人的，告知被告人可以委托辩护人，或者在必要的时候指定承担法律援助义务的律师为其提供辩护；（三）将开庭的时间、地点在开庭三日以前通知人民检察院；（四）传唤当事人，通知辩护人、诉讼代理人、证人、鉴定人和翻译人员，传票和通知书至迟在开庭三日以前送达；（五）公开审判的案件，在开庭三日以前先期公布案由、被告人姓名、开庭时间和地点。上述活动情形应当写入笔录，由审判人员和书记员签名。"

《决定》通过本条对 1996 年刑事诉讼法第 151 条主要作了两处修改：一是在第 1 款的规定中增加了决定开庭审判后，应当将人民检察院的起诉书副本送达辩护人的内容。这有利于辩护权的充分行使，也有利于辩护人更好地进行辩护准备。二是在第 2 款中完善了开庭前的准备程序。这是一处比较重大的修改，是根据审判工作的实际需要作出的规定。在庭前对这些可能影响公正审判的问题听取意见，有助于法官确定庭审的主要争议点，妥善安排庭审过程。

新刑事诉讼法第 182 条分为 4 款。

第 1 款是关于人民法院决定开庭审判后，应当确定合议庭的组成人员，以及将人民检察院的起诉书副本送达被告人及其辩护人的规定。根据本款规定，人民法院决定开庭审判后首先应当做好如下工作：

（1）确定合议庭的组成人员。根据本法第 178 条的规定，人民法院审判第一审案件，应当由审判员 3 人或者由审判员和人民陪审员共 3 人组成合议庭进行，但是基层人民法院适用简易程序的案件可以由审判员 1 人独任审判。所以，确定合议庭的组成人员是决定公诉案件开庭审判后的首要工作，主要包括由哪些人组成合议庭和由谁担任审判长。需要注意的是，合议庭的书记员不是合议庭的组成人员。

（2）将人民检察院的起诉书副本至迟在开庭 10 日以前送达被告人及其辩护人。1996 年刑事诉讼法第 151 条虽然规定决定开庭审判的应通知辩护人，但并未规定要将人民检察院的起诉书副本送达辩护人，这不利于充分保护被告人的合法权益。本次刑事诉讼法修改在本款增加了应将人民检察院的起诉书副本送达辩护人的规定，人民法院决定开庭审判后，应当将人民检察院的起诉书副本至迟在开庭 10 日以前送达被告人及其辩护人。这里的送达是指以法定方式将起诉书副本送达给被告人及其辩护人，而不是将起诉书副本在开庭 10 日以前交邮即可。本款删去了原规定中有关告知被告人可以委托辩护人以及指定辩护的规定。这样修改并不是不需要告知被告人可以委托辩护人以及指定辩护，只是将这部分内容统一规定在第一编第四章"辩护与代理"中，这里未作重复规定。

第 2 款是关于开庭前听取有关程序问题的意见的规定。根据本款规定，审判人员可以召集公诉人、当事人和辩护人、诉讼代理人，对回避、出庭证人名单、非法证据排除等与审判相关的问题，了解情况，听取意见。与 1996 年刑事诉讼法的规定相比，这一程序设计允许法官于开庭前，在控辩双方同时参与下，对案件的程序性争议问题集中听取意见。这样规定有利于确定庭审重点，便于法官把握庭审重点，有助于提高庭审效率，保证庭审质量。本款规定的审判人员可以是合议庭组成人员。听取意见的问题包括回避、出庭证人名单、非法证据排除等与审判相关的问题。这里规定的非法证据排除，只是听取意见，具体如何排除要根据本法第 54 条、第 56 条、第 58 条等的规定依法进行。

第 3 款是关于确定开庭日期后的送达活动以及对公开审判的案件应当在开庭 3 日以前先期公布案由、被告人姓名、开庭时间和地点的规定。包括两个方面的内容：一是送达的对象及期限要求。根据送达对象的不同，具体包括如下几种情形：（1）将开庭的时间、地点通知人民检察院。根据本款规定，通知书至迟在开庭 3 日以前送达。对于公诉案件，人民法院开庭审理时，人民检察院应当派员出庭支持公诉，并对人民法院的审判活动进行监督。因此，将开庭时间、地点在开庭 3 日以前通知人民检察院，便于人民检察院做好出庭支持公诉的准备工作。（2）传唤当事人，通知辩护人、诉讼代理人、证人、鉴定人和翻译人员。根据本款规定，传票和通知书至迟在开庭 3 日以前送达。上述人员是否准时出庭，直接关系到法庭审判能否正常进行。二是对公开审判的案件，应当在开庭 3 日以前先期公布案由、被告人姓名、开庭时间和地点。根据公开审判原则的要求，对于公开审判的案件，先期公布有关事项，有利于与案件相关的人和其他公民及时了解案件审理情况，旁听案件的审理。本款规定的内容在 1996 年刑事诉讼法修改时增加了送达的时间限制，即"在开庭三日以前"送达，有利于确保与案件相关的人及时了解案情。公布案由、被告人姓名、开庭时间和地点应当以公告的形式，加盖人民法院公章，公告至少应当保留到开庭审判时。

第 4 款是对上述开庭前准备工作的情况写入笔录的规定。对于以上开庭前的各项准备工作，应当由书记员分别制成笔录，由审判人员和书记员分别签名，附卷保存。

【引导案例】重大复杂案件　庭审前要听取意见

某市人民检察院向某市中级人民法院起诉了一起宁某等人合同诈骗案，涉案金额高达 2000 余万元人民币。被害单位系某市国有食品公司，为挽回经济损失，被害单位委托律师张某为诉讼代理人提起刑事附带民事诉讼。开庭前，承办法官想了解公诉人、被告人及其辩护人、被害单位律师张某关于本案"回避问题"、"出庭证人情况"及"非法证据排除"等情况的意见，遂召集上述人员，了解情况，听取意见。

【分析】

与修改前相比，庭前程序更加严格，并增加了听取意见的内容。

人民检察院向人民法院提起公诉后，要做好庭审的准备。人民法院在开庭前，从程序上要做更多的准备。同时，庭审中参加诉讼的相关人员如当事人、辩护人、诉讼代理人、出庭的证人、鉴定人、翻译人员等也需要进行必要的出庭准备，这些准备工作直接关系到审判案件能否顺利进行。人民法院作为审判机关，庭审前的准备内容，法律应予以明确规定。1996 年刑事诉讼法第 151条规定："人民法院决定开庭审判后，应当进行下列工作：（一）确定合议庭的组成人员；（二）将人民检察院的起诉书副本至迟在开庭十日以前送达被告人。对于被告人未委托辩护人的，告知被告人可以委托辩护人，或者在必要的时候指定承担法律援助义务的律师为其提供辩护；（三）将开庭的时间、地点在开庭三日以前通知人民检察院；（四）传唤当事人，通知辩护人、诉讼代理人、证人、鉴定人和翻译人员，传票和通知书至迟在开庭三日以前送达；（五）公开审判的案件，在开庭三日以前先期公布案由、被告人姓名、开庭时间和地点。上述活动情形应当写入笔录，由审判人员和书记员签名。"

本次修法，对 1996 年刑事诉讼法第 151 条作了三处修改：

（1）在第 1 款的规定中增加了决定开庭审判后，应当将人民检察院的起诉书副本送达辩护人的内容。这有利于被告人辩护权的充分行使，也有利于辩护人更好地进行辩护准备。

（2）在第 2 款中完善了开庭前的准备程序，增加规定了审判人员庭前听取意见的内容。这是一处比较重大的修改。

（3）"将开庭的时间、地点在开庭三日以前通知人民检察院"修改为"人民法院确定开庭日期后，应当将开庭的时间、地点通知人民检察院"。之所以将开庭的通知时间区别于当事人、辩护人、证人等，是因为人民检察院要在公诉案件中承担举证责任，并承担举证不利或不能的后果。尤其是本条第 2 款规定的听取意见程序后，如果被告人或者辩护人提出非法证据的排除问题，如果该问题对公诉人来说是个新问题，则公诉人就需要针对该问题进行必要的应对，包括收集新的证据、提供新的出庭证人、鉴定人等。如果被告人或者辩护人对出庭证人名单提出异议，公诉人也要进行准备，必要时更换更合适的证人出庭作证。

需要特别注意的是新刑事诉讼法第182条第2款内容，此为新增加的规定。因为本次修改刑事诉讼法在辩护制度、证据制度方面进行了重大修改，强调保障被告人辩护权的充分实现及对非法证据予以排除。第182条第1款特别明确规定，将检察院的起诉书副本在送达被告人的同时，也送达其辩护人，以便于辩护人充分准备。因为新刑事诉讼法第54条、第56条、第58条专门规定了非法证据的排除内容，被告人、辩护人很可能在庭审中提出非法证据排除方面的问题，尤其是对于复杂的、重大的案件。

如上述案例，因为涉及的人员多、金额多，情况复杂，为便于确定庭审重点，保证庭审质量，提高庭审效率，法院要先了解程序方面的问题，看当事人和辩护方、诉讼代理人是否有回避、出庭证人名单以及提出非法证据排除等方面的问题。该程序如果启动，则应当在法院确定开庭日期之前进行。

六十九、将第一百五十二条改为第一百八十三条，修改为："人民法院审判第一审案件应当公开进行。但是有关国家秘密或者个人隐私的案件，不公开审理；涉及商业秘密的案件，当事人申请不公开审理的，可以不公开审理。

"不公开审理的案件，应当当庭宣布不公开审理的理由。"

【精解】

本条是对1996刑事诉讼法第152条关于第一审案件应当公开审理及其例外情况的规定的修改。

1996条刑事诉讼法第152条规定："人民法院审判第一审案件应当公开进行。但是有关国家秘密或者个人隐私的案件，不公开审理。十四岁以上不满十六岁未成年人犯罪的案件，一律不公开审理。十六岁以上不满十八岁未成年人犯罪的案件，一般也不公开审理。对于不公开审理的案件，应当当庭宣布不公开审理的理由。"

《决定》通过本条对1996年刑事诉讼法第152条作了两处修改：一是删去原第2款关于未成年人犯罪案件不公开审理的有关规定，将未成年人不公开审理的相关规定移至本法第五编第一章第274条，并作相应调整。二是增加规定涉及商业秘密案件，依当事人申请可以不公开审理。涉及商业秘密案件如果公开审理可能造成商业秘密泄露，给权利人造成不可挽回的损失，因此规定当事人可以向法院提出不公开审理的申请，法院经核查确认涉及商业秘密的，可以决定不公开审理。

新刑事诉讼法第183条分为2款。

第1款是关于人民法院审理第一审刑事案件应当公开进行以及不公开审理的例外情况的规定。有三层意思：一是关于人民法院审理第一审刑事案件应当公开进行的原则规定。公开审判是我国刑事诉讼法的一项基本原则。本款中"公开审理"是指人民法院审理第一审案件对社会公开，包含：①允许群众旁听人民法院对刑事案件的审理。②允许记者报道。记者可以在案件审理后将案件的审理情况通过报刊、电台、电视台以及其他媒体进行报道。至于对个别案件进行现场直播，必须依照规定经法庭许可且需在不得影响当事人权益和庭审秩序的情况下进行。二是关于有关国家秘密或个人隐私的案件不公开审理的规定。"有关国家秘密"的案件是指该案件涉及国家秘密。关于什么是国家秘密，应根据《中华人民共和国保守国家秘密法》的规定认定。"个人隐私案件"是指案件涉及个人不愿公开的隐秘，这些隐秘的公开将会给当事人的生活造成不好的后果，带来心理痛苦和压力。如两性关系、生育能力、收养子女等。三是涉及商业秘密的案件，可以依当事人的申请不公开审理。根据《刑法》第219条的规定，"商业秘密"是指不为公众所知悉，能为权利人带来经济利益，具有实用性并经权利人采取保密措施的技术信息和经营信息。"不公开审理"，是指案件的审理过程不公开，对于依法不公开审理的案件，任何公民包括与审理该案无关的法院工作人员和被告人的近亲属都不得旁听，也不允许记者报道，但宣判一律公开进行。

第2款是关于人民法院对于不公开审理的案件应当当庭宣布不公开审理的理由的规定。根据本款规定，人民法院对于有关国家秘密的案件、个人隐私案件、涉及商业秘密依当事人申请不公开审理的案件，在开庭后即应由审判长宣布不公开审理的理由。这样规定一方面可以向当事人和公诉人、辩护人告知为何未适用公开审判原则，便于对不公开审理决定是否合法的监督；另一方面也能安定当事人的情绪，使之正常参加诉讼。

【引导案例】软件开发涉密　可以申请不公开审理

尹某为一软件工程师，2009年5月与张某合作成立一家公司，双方约定尹某出技术、张某出资金，各占公司股份的50%。2012年4月，尹某向公安机关举报，说姜某独资的另一家公司盗取了尹某与张某合作公司新开发的软件，并以姜某独资公司的名义在市场上出售。公安机关经侦查，认为姜某涉嫌构成侵犯商业秘密罪，向该区人民检察院移送起诉。区人民检察院经审查认为姜某构成该罪，向本区人民法院提起公诉。尹某以本案涉及商业秘密为由，向法院递交了请求不公开审理申请书，法院是否可以决定不公开审理本案？

【分析】

新刑事诉讼法增加规定了不公开审理的内容。

1996年刑事诉讼法关于公开审理的条文是第152条："人民法院审判第一审案件应当公开进行。但是有关国家秘密或者个人隐私的案件，不公开审理。十四岁以上不满十六岁未成年人犯罪的案件，一律不公开审理。十六岁以上不满十八岁未成年人犯罪的案件，一般也不公开审理。对于不公开审理的案件，应当当庭宣布不公开审理的理由。"本次修改作了两处改动：①删去原第2款关于未成年人犯罪案件不公开审理的有关规定，将未成年人不公开审理的相关规定移至本法第五编特别程序章第274条，规定审判时被告人不满18周岁的案件，一律不公开审理。②增加规定涉及商业秘密的案件，依当事人申请可以不公开审理。

上述案件，如果在新刑事诉讼法实施前开庭，则因为于法无据，尹某的申请难以得到法院的支持。因为公开审判是原则，不公开审理是例外，刑事诉讼法没有明确规定的，法院不能擅自决定审理方式。但是，如果该案在2013年以后审判，则因为刑事诉讼法有明确规定，既然被害人提出了要求，经审查，法院为了避免给权利人尹某造成不可挽回的损失，则会支持尹某，决定不公开审理。

七十、将第一百五十三条改为第一百八十四条，修改为："人民法院审判公诉案件，人民检察院应当派员出席法庭支持公诉。"

【精解】

本条是对1996年刑事诉讼法第153条关于人民检察院派员出庭支持公诉的规定的修改。

1996 年刑事诉讼法第 153 条规定："人民法院审判公诉案件，人民检察院应当派员出席法庭支持公诉，但是依照本法第一百七十五条的规定适用简易程序的，人民检察院可以不派员出席法庭。"

《决定》通过本条对 1996 年刑事诉讼法第 153 条作了一处修改：删去"但是依照本法第一百七十五条的规定适用简易程序的，人民检察院可以不派员出席法庭"的规定，对于所有公诉案件，人民检察院都应当派员出席法庭支持公诉。

根据新刑事诉讼法第 184 条的规定，对公诉案件，无论是否适用简易程序审理，人民检察院都应当派员出席法庭支持公诉，其中"支持公诉"是指人民法院开庭审判时，人民检察院派员出席法庭支持和维护人民检察院代表国家提起的公诉。检察人员出席法庭支持公诉前要认真阅卷，熟悉案情和与本案有关的法律规定，制作公诉词。公诉人在法庭审理过程中，要通过宣读起诉书、讯问被告人、询问证人、出示物证和法庭辩论，控诉犯罪，证实犯罪，分析犯罪的根源，揭露犯罪的社会危害性，提高人民群众遵纪守法的自觉性和同违法犯罪行为作斗争的积极性。人民检察院的公诉人在庭审过程中，必须以事实为根据，以法律为准绳。对被告人的指控应该事实清楚，证据确凿，引用法律恰当、准确。

【引导案例】虽是认罪简易审　检察院也要派员出庭

桑某，男，58 岁，2012 年 3 月 24 日因涉嫌赌博罪被刑事拘留，后转为取保候审。在检察机关审查起诉阶段，桑某如实供述了自己的罪行，且本案有证人证言等其他证据在案佐证，案件事实清楚，证据充分。根据新刑事诉讼法第 208 条之规定，检察院建议法院对桑某案适用简易程序审理。2012 年 4 月 29 日，法院适用简易程序审理该案，检察院指派检察官老赵出庭支持公诉。

【分析】

凡是公诉案件，检察院要一律派员出席法庭支持公诉。

1996 年刑事诉讼法第 153 条规定："人民法院审判公诉案件，人民检察院应当派员出席法庭支持公诉，但是依照本法第一百七十五条的规定适用简易程序的，人民检察院可以不派员出席法庭。"因此，基层法院适用简易程序审理的公诉案件，缘于检察机关公诉力量紧张等因素，对于占基层检察院近一半的案件，检察院基本上不派员出席法庭。

但是，公诉是检察院的法定职责。其含义既包括提起公诉，也包括支持公诉以及抗诉。1996年修改刑事诉讼法时，主要是考虑适用简易程序的案件范围不是很大，便于节省诉讼资源，所以规定检察院可以不派员出庭。但是近些年来，随着各界对法律监督尤其是诉讼监督工作重要性的认识不断加深，人们发现公诉人不出庭的做法在实践中出现了一些问题：

（1）人民检察院无法监督法院的庭审程序，不能发挥检察监督职能。

（2）公诉人不能掌握法庭审理过程中出现的各种情况，比如有新的证据、被害人给予谅解等。

（3）由于不了解庭审情况，有时对适用简易程序审理案件的判决的监督流于形式。

基于司法实践中的问题，加之本次修法将适用简易程序审理的案件范围进一步扩大，规定了基层人民法院管辖的所有案件，只要符合法定条件的都可以适用简易程序审理。而这些案件中有些可能是案情比较重大，有些可能对被告人判处较长刑期。因此，本条作了删减性规定。上述案例，就是检察院为新刑事诉讼法在2013年的全面实施所做的准备，即对于简易程序审理的案件要逐步地出庭公诉，2012年年底前达到全部出庭。

七十一、增加二条，作为第一百八十七条、第一百八十八条：

"第一百八十七条 公诉人、当事人或者辩护人、诉讼代理人对证人证言有异议，且该证人证言对案件定罪量刑有重大影响，人民法院认为证人有必要出庭作证的，证人应当出庭作证。

"人民警察就其执行职务时目击的犯罪情况作为证人出庭作证，适用前款规定。

"公诉人、当事人或者辩护人、诉讼代理人对鉴定意见有异议，人民法院认为鉴定人有必要出庭的，鉴定人应当出庭作证。经人民法院通知，鉴定人拒不出庭作证的，鉴定意见不得作为定案的根据。

"第一百八十八条 经人民法院通知，证人没有正当理由不出庭作证的，人民法院可以强制其到庭，但是被告人的配偶、父母、子女除外。

"证人没有正当理由拒绝出庭或者出庭后拒绝作证的，予以训诫，情节严重的，经院长批准，处以十日以下的拘留。被处罚人对拘留决定不服的，可以向上一级人民法院申请复议。复议期间不停止执行。"

本条在刑事诉讼法中增加第 187 条、第 188 条，共两条，对证人、鉴定人出庭作证的范围，以及对证人拒不出庭如何处理作了规定。分别精解如下：

1. 第一百八十七条　公诉人、当事人或者辩护人、诉讼代理人对证人证言有异议，且该证人证言对案件定罪量刑有重大影响，人民法院认为证人有必要出庭作证的，证人应当出庭作证。

人民警察就其执行职务时目击的犯罪情况作为证人出庭作证，适用前款规定。

公诉人、当事人或者辩护人、诉讼代理人对鉴定意见有异议，人民法院认为鉴定人有必要出庭的，鉴定人应当出庭作证。经人民法院通知，鉴定人拒不出庭作证的，鉴定意见不得作为定案的根据。

【精解 1】

本条是关于证人、鉴定人出庭作证的规定。

本条分为 3 款。

第 1 款是关于证人出庭作证的规定。证人证言是新刑事诉讼法第 48 条规定的证据种类之一。刑事诉讼法的一项重要任务就是要查明犯罪事实，证人作为知道案件情况的人，其证言对于查明事实真相具有重要意义。但证人证言具有主观性，其证明力往往受到时间、来源、案发时的环境等各种因素的影响，因此需要对其进行甄别、质证。新刑事诉讼法第 59 条规定，证人证言必须在法庭上经过公诉人、被害人和被告人、辩护人双方质证并且查实以后，才能作为定案的根据。出庭作证是在审判阶段对证人证言进行甄别的重要方式。根据本款规定，证人证言在同时符合以下三个条件的情况下，证人应当以出庭的方式作证：一是公诉人、当事人或者辩护人、诉讼代理人对证人证言有异议，包括公诉人、当事人等认为证人证言不符合实际情况，与其掌握的其他证据之间存在矛盾之处的。二是该证人证言对案件定罪量刑有重大影响，即对定罪量刑有重大影响的才有必要出庭作证，这是考虑到我国的实际情况作出的规定。我国司法实践中证人出庭率很低，其原因是多方面的，既有传统的原因，也有对自身利益的考虑，如害怕打击报复，认为出庭作证会导致自身权益受损；出庭作证耽误时间，影响自己收入；案件与自己无关，多一事不如少一事等。因此，当务之急是要采取措施如加强证人保护、对出庭作证予以补偿等推动、鼓励证人出庭。从国外司法实践看，也并非证人都要出庭。而且，规定证人都要出庭也不现实，因此这里规定要对"定罪量刑有重大影响"。证人证言对"定罪量刑有重大影响"包括直接目击案件的发生，是案件的主要甚至唯一的证人，对于印证其他可能用以定案的证据具有重要意义等。既包括单独影响定罪、量刑，也包括既影响定罪也影响量刑。三是人民法院认为证人有必要出庭作证的。这里规定的是出庭作证的必要性。证人是否应当出庭应由人民法院综合全案情况予以考虑，包括提异议的情况以及对定罪量刑的影响等。对本款规定的未出庭作证证人的证言能否排除，这里未作规定，需要由法官根据案件的具体情况，结合其他证据确定。根据最高人民法院、最高人民检察院、公安部、国家安全部、司法部《关于办理死刑案件审查判断证据若干问题的规定》，办理死刑案件时，对未出庭作证证人的书面证言，应当听取出庭检察人员、被告人及其辩护人的意见，并结合其他证据综合判断。未出庭作证证人的书面证言出现矛盾，不能排除矛盾且无证据印证的，不能作为定案的根据。需要注意的是，对无正当理由拒绝出庭的证人，应根据本法第188条的规定依法处理。

第2款是关于警察作为目击证人出庭作证的规定。警察在履行职责过程中直接发现犯罪行为和犯罪人的情况是经常发生的，在这种情况下，警察就成为目击证人，特别是在没有其他人在场的情况下，警察往往是唯一的目击证人。为证明和追究犯罪，有必要、也有义务由该警察作证。根据本款规定，人民警察就其执行职务时目击的犯罪情况作为证人出庭作证，适用前款规定，即公诉人、当事人或者辩护人、诉讼代理人对该证人证言有异议；该证人证言对案件定罪量刑有重大影响，人民法院认为证人有必要出庭作证时，警察证人也应当出庭作证。本款规定的"执行职务"目击犯罪的情况既包括作为侦查人员执行职务时目击犯罪情况，也包括执行其他职务如巡逻时目击犯罪的情况，这种情况下警察是作为目击者提供证言的，与其他证人没有区别，对于符合出庭条件的，应当出庭作证。这种情况下，人民警察作为目击证人出庭指证犯罪，既有利于将真正的罪犯绳之以法，也是作为人民警察的职责所在。这一规定是这次修改刑事诉讼法，从及时、准确惩治犯罪，保证公正审判角度对审判程序的重要完善。需要注意的是，这里规定的警察出庭作证仅限于目击犯罪的情况，不包括因为勘验、检查等而知晓案件的情形。

第3款是关于鉴定人出庭作证的规定。主要包括两个方面的内容：鉴定人出庭的条件和对不出庭的鉴定意见如何处理。2005年全国人民代表大会常务委员会通过了《关于司法鉴定管理问题的决定》，其中规定，在诉讼中当事人对鉴定意见有异议的，经人民法院依法通知，鉴定人应当出庭作证。鉴定意见是对诉讼活动中涉及的专门性问题进行鉴别和判断形成的意见，对于案件的定性具有直接影响，因此有必要对其质证。鉴定人出庭作证是对鉴定意见进行质证，保证鉴定意见的真实性、证明力的重要形式。根据本款规定，在同时符合以下两个条件的情况下，鉴定人应当出庭：一是公诉人、当事人或者辩护人、诉讼代理人对鉴定意见有异议；二是人民法院认为鉴定人有必要出庭的。这里规定的条件和证人出庭作证有所不同，未列明"对案件定罪量刑有重大影响"，主要是因为鉴定意见通常都对案件的定罪量刑有重大影响，同时，鉴定意见具有专门性、科学性的特征，往往在证明力上会优于其他证据。关于鉴定人不出庭的后果，根据本款规定，经人民法院通知，鉴定人拒不出庭作证的，鉴定意见不得作为定案的根据。这是一个非常明确的规定，就是说，经人民法院通知鉴定人出庭，鉴定人不出庭的，其鉴定意见将失去证据作用。这样规定，是考虑到鉴定意见与其他证据不同，鉴定意见是专业人员根据科学方法和自己的专业知识作出的判断，不具有唯一性，鉴定人不出庭的，可以另外进行鉴定，提出鉴定意见。因此，本条明确规定，经人民法院通知，鉴定人拒不出庭作证的，鉴定意见不得作为定案的根据。

【引导案例】目击交通肇事　须出庭作证

2009 年 1 月 20 日 22 时，某县城丁字路口发生交通事故，4 人乘坐同一辆小轿车，由北向东转弯，因车速过快，撞倒隔离墩侧翻，一死两伤。开车司机刘某因驾驶位气囊弹出保护，仅受轻微伤。事故发生前，巡警庞某恰好驾车来到此路口，因等信号灯，目睹了该事故全过程。事故发生后，鉴定意见为：事故发生时，车速每小时达 80 公里，是该路段限速每小时 40 公里的两倍，车速过快是交通事故发生的主要原因，该小轿车制动装置正常无障碍，司机刘某负事故的全部责任，3 名乘车人无责任。该起交通肇事案，公安机关侦查终结后，区检察院向区法院提起了公诉。在庭审中，检察院指控刘某过失致交通惨案发生，构成交通肇事罪，应当承担刑事责任。刘某辩称，当时车速并不快，不是因为超速行驶而是因为刹车突然失灵，才致惨案发生，属于交通意外，仅应承担民事赔偿责任，不应承担刑事责任。人民法院认为证人庞某和鉴定人方某对案件定罪量刑有重大影响，为查清案件事实，有必要让此二人出庭作证。后庞某出庭作证，鉴定人方某以工作忙为由，拒绝出庭作证。法院遂将方某出具的鉴定意见排除，不作为定案根据。

【分析】

证人、鉴定人出庭制度，在 1996 年刑事诉讼法中没有规定，这次修订，第 187 条、第 188 条均是针对证人、鉴定人出庭问题新增加的内容。证人尤其是关键证人、鉴定人出庭作证，便于控辩双方就证言、鉴定意见中的有关问题进行当庭质证，以利于审判人员根据质证的情况，对证言和鉴定意见的真伪，以及在案件中的证明力作出判断，从而对案件作出正确判决。但是，我国几千年来没有"尚讼"传统，证人更是不愿意"得罪"其中一方出庭作证，特别是做出对刑事被告人不利证言的证人，顾虑更多。在现实司法实践中，证人、鉴定人应当出庭作证而不出庭的问题比较突出，不但影响相关证据的证明力，也影响审判的公正性。本次修改刑事诉讼法，根据实际需要，确定了证人、鉴定人必须出庭的情形，是庭审制度的重大改革、完善。但由于是首次规定这项制度，立法者采取了审慎的态度，只对同时符合以下三种情形的，规定证人必须出庭：(1)公诉人、当事人或者辩护人、诉讼代理人对证人证言有异议；(2)该证人是本案的关键证人；(3)法院认为证人有必要出庭。

本案庭审中，公诉人与被告人刘某对于该起交通事故发生的原因各执一词，刘某对该案关键证人庞某的有关证言有异议，而庞某又是当晚发生事故时亲眼目击惨案发生过程的关键证人，合议庭认为庞某作为人民警察，就他在执行巡逻任务时目睹的事故经过，应当出庭作证，经报请有关领导同意，法院通知庞某出庭作证。

关于鉴定人方某是否出庭作证的问题。从上述案例来看，在庭审中，刘某对鉴定人方某作出的鉴定意见"事故发生时，车速每小时 80 公里，该小轿车制动装置正常无障碍。司机刘某负事故的全部责任"有异议，辩称事故的发生是由于刹车突然失灵而不是车速过快导致。法院认为，需要鉴定人方某对于所作出的鉴定意见当庭作证。故通知方某出庭作证。如果方某拒绝出庭作证，则按照本条第 3 款的规定，该鉴定意见无效，不得作为定案的根据。那么，这种情况下检察院就要另择鉴定机构对于事故车辆的制动装置和事发时的车速进行重新鉴定。

适用本条需要特别注意的是，无论是对于普通公民出庭作证还是人民警察或者鉴定人出庭作证，其决定权以及通知权均是"人民法院"，而非"法庭"。

在实践中，针对庭审中出现的"公诉人、当事人或者辩护人、诉讼代理人对证人证言有异议，且该证人证言对案件定罪量刑有重大影响"，合议庭认为证人有必要出庭作证的，合议庭要将需要证人或者人民警察出庭作证的意见层报院领导，是否同意及通知该证人出庭由院领导代表法院作出决定。而对于鉴定人的出庭，也需要合议庭层报院领导，由院领导决定。

2. 第一百八十八条　经人民法院通知，证人没有正当理由不出庭作证的，人民法院可以强制其到庭，但是被告人的配偶、父母、子女除外。

证人没有正当理由拒绝出庭或者出庭后拒绝作证的，予以训诫，情节严重的，经院长批准，处以十日以下的拘留。被处罚人对拘留决定不服的，可以向上一级人民法院申请复议。复议期间不停止执行。

【精解2】

本条是关于强制证人到庭及对拒不出庭作证的证人如何处理的规定。

新刑事诉讼法第187条规定了证人出庭的条件，即公诉人、当事人或者辩护人、诉讼代理人对证人证言有异议，且该证人证言对案件定罪量刑有重大影响，人民法院认为证人有必要出庭作证的，证人应当出庭作证。本条分为2款。第1款对强制到庭以及对被告人的配偶、父母、子女可以免予强制到庭的情况作了规定，第2款对拒不出庭或者拒不作证的证人规定了拘留措施，这些都是确保证人出庭的必要措施，是证人出庭制度能够得以实施的保障性举措。

第1款是关于强制到庭及其例外情形的规定。根据本款规定，经人民法院通知，证人没有正当理由不出庭作证的，人民法院可以强制其到庭，但是被告人的配偶、父母、子女除外。"强制其到庭"是指人民法院派法警采用强制手段，将证人带至法庭。根据本款规定，在两种情况下不能采取强制到庭的措施：一是证人有正当理由，如生病不能出庭，由于不可抗力无法到庭等。这里的正当理由应由法官判断是否成立，法官认为不成立的，也可强制其到庭。二是证人是被告人的配偶、父母、子女。这些证人是由于其身份，不宜对其强制到庭，主要是考虑到强制配偶、父母、子女在法庭上对被告人进行指证，不利于家庭关系的维系和社会和谐的构建。需要特别指出的是，这里规定的是免予强制出庭，不是拒证权。拒证权一般是指在特定情形下，负有作证义务的证人被司法机关要求提供证言时，因其特殊身份或者法律的规定而享有的拒绝作证的权利，通常贯穿侦查、起诉、审判等诉讼阶段。根据本法第60条的规定，凡是知道案件情况的人，都有作证的义务。本款规定并没有免除其作证的义务，只是规定在庭审阶段可以免予强制到庭。本款规定的配偶是指与被告人有夫妻关系的人，不包括有事实上的同居关系的人，父母、子女包括依法确立收养关系的养父母、养子女。

第 2 款是对拒不出庭和拒绝作证的证人的处罚的规定。根据本款规定，证人没有正当理由拒绝出庭或者出庭后拒绝作证的，予以训诫，情节严重的，经院长批准，处以 10 日以下的拘留。被处罚人对拘留决定不服的，可以向上一级人民法院申请复议。复议期间不停止执行。

【引导案例】目击伤害行为　关键证人强制到庭

2012 年 3 月 11 日晚，小刘为庆祝其女朋友小丽的生日，和朋友小王、小王的妻子小马、小赵、小付等 6 人相约一起去饭店吃饭，在吃饭过程中因为座位问题和邻桌小钱等 3 人发生争执，小刘、小王、小赵、小付 4 人遂对小钱等人进行殴打，混乱中不知谁拿啤酒瓶对小钱后脑部重重一击，造成小钱当场昏厥，经鉴定小钱所受伤为轻伤偏重。检察机关以寻衅滋事罪对小刘、小王、小赵、小付 4 人提起公诉。2012 年 5 月 2 日，法院对该案公开开庭审理。庭审中发现现有证据无法查清是谁拿啤酒瓶击打小钱的事实，于是通知小丽、小马出庭作证，小丽、小马出于种种顾虑，拒绝出庭作证。人民法院遂对小丽强制其出庭作证，然而，小丽到庭后仍然拒绝作证，法庭当庭对小丽予以训诫。而对小马，由于其是被告人小王的妻子，法院没有强制其出庭作证。

【分析】

证人没有正当理由而拒绝法庭通知其出庭作证的，法院可以强制其到庭，但是被告人的特定关系人除外。

本条是关于强制证人到庭及对拒不出庭作证的证人应如何处理的规定。我们说没有强制力的法律非法律，新刑事诉讼法第 187 条已经规定了证人应当出庭作证的条件，本条则对符合证人出庭条件而证人不出庭时可以采取什么措施予以规制。但本条这样规定的目的不是对证人进行惩罚，而是确保证人出庭的必要措施，是证人出庭制度能够得以实施的保障性举措。

本条第 1 款是关于强制到庭及其例外情形的规定。根据本款规定，经人民法院通知，证人没有正当理由不出庭作证的，人民法院可以强制其到庭，但是被告人的配偶、父母、子女除外。本案中由于小丽和小马的身份不同，其拒绝出庭作证的后果也不一样，法院对小丽强制到庭，而对小马，由于其是小王的配偶，按照本条的规定，法院没有强制其出庭作证。第 2 款是对拒不出庭和拒绝作证的证人处罚的规定。根据本款规定，证人没有正当理由拒绝出庭或者出庭后拒绝作证的，予以训诫，情节严重的，经院长批准，处以 10 日以下的拘留。被处罚人对拘留决定不服的，可以向上一级人民法院申请复议。复议期间不停止执行。本款在执行中需要注意的是：只有达到情节严重的程度，才予以拘留，一般情况下只要经过训诫，证人如实履行其法定的作证义务的，即可。但至于什么情况属于情节严重，还需要出台相关立法或者司法解释予以规制，因此案例中没有涉及拘留的问题。

七十二、将第一百五十九条改为第一百九十二条，增加一款，作为第二款："公诉人、当事人和辩护人、诉讼代理人可以申请法庭通知有专门知识的人出庭，就鉴定人作出的鉴定意见提出意见。"

增加一款，作为第四款："第二款规定的有专门知识的人出庭，适用鉴定人的有关规定。"

【精解】

本条是对 1996 年刑事诉讼法第 159 条关于通知新的证人，调取新的物证，申请重新鉴定或者勘验的规定的修改。

1996 年刑事诉讼法第 159 条规定："法庭审理过程中，当事人和辩护人、诉讼代理人有权申请通知新的证人到庭，调取新的物证，申请重新鉴定或者勘验。法庭对于上述申请，应当作出是否同意的决定。"

《决定》增加了可以申请法庭通知有专门知识的人出庭，就鉴定人作出的鉴定意见提出意见的内容，是为了加强对鉴定意见的质证、保证公正审判而增加的规定，属于本次刑事诉讼法修改的一个创新之处，可在实践的基础上继续完善。

新刑事诉讼法第 192 条规定："法庭审理过程中，当事人和辩护人、诉讼代理人有权申请通知新的证人到庭，调取新的物证，申请重新鉴定或者勘验。公诉人、当事人和辩护人、诉讼代理人可以申请法庭通知有专门知识的人出庭，就鉴定人作出的鉴定意见提出意见。法庭对于上述申请，应当作出是否同意的决定。第二款规定的有专门知识的人出庭，适用鉴定人的有关规定。"第 192 条分为 4 款。

第 1 款是关于当事人和辩护人、诉讼代理人有权申请新的证人到庭、调取新的物证、申请重新鉴定或者勘验的规定。根据本款规定，在法庭审理过程中，如果当事人和辩护人、诉讼代理人发现了新的证据或者对原有证据产生疑问，认为有必要重新取证或者进行补充的，有权以口头或者书面形式随时向法庭提出申请，请求新的证人到庭，调取新的物证，进行重新鉴定或者勘验。

第 2 款是关于公诉人、当事人和辩护人、诉讼代理人可以申请法庭通知有专门知识的人出庭，就鉴定人作出的鉴定意见提出意见的规定。根据新刑事诉讼法第 144 条的规定，为了查明案情，需要解决案件中某些专门性问题的时候，应当指派、聘请有专门知识的人进行鉴定。鉴定意见是对诉讼活动中涉及的专门性问题进行鉴别和判断形成的意见，对于案件的定性具有直接影响。但由于鉴定工作的专业性较强，仅凭其他诉讼参与人自身的知识也难以发现鉴定中存在的问题，很难对鉴定意见进行质证，当事人对鉴定意见有异议的往往只能通过重复鉴定来解决；同时，由于鉴定意见所涉问题专业性较强，仅听一面之词，法官往往难以作出正确判断，法院的判决如果总是被鉴定意见左右最终也会损害司法的权威。因此，本次刑事诉讼法修改时增加规定，可以通知有专门知识的人出庭，由其根据其专业知识，发现鉴定中存在的问题，如鉴定方法是否科学，检材的选取是否合适等，从而为法官甄别鉴定意见、作出科学的判断、提高内心的确信提供参考，是兼听则明的科学调查方式在刑事审判中的具体体现，也是对国际刑事诉讼有益经验的借鉴，有利于依法保护被告人的合法权益，保证案件的公正审理。"有专门知识的人出庭"这一制度设计本身也在客观上会进一步加强鉴定人的责任意识从而对其鉴定意见产生正面的促进作用，增强鉴定意见的科学性，同时，这样也会在一定程度上减少重复鉴定的发生，也能够节约诉讼资源，提高审判工作的效率，促进案件的尽快判决。

第 3 款是关于法庭对当事人和辩护人、诉讼代理人的上述申请应当作出是否同意决定的规定。根据本款规定，如果法庭认为公诉人、当事人和辩护人、诉讼代理人提出的申请有道理，对查清案件的事实真相有意义，而且在客观上又能做到的，应当作出决定，通知新的证人到庭，通知具有专门知识的人出庭，调取新的物证，重新鉴定或者勘验。能够当庭解决的，应当当庭解决；当庭解决不了的，应当宣布休庭，决定案件延期审理。如果法庭认为当事人和辩护人、诉讼代理人提出的申请没有理由，对查清本案没有关系的，应当作出不同意当事人和辩护人、诉讼代理人申请的决定，并当庭宣布。

第 4 款是关于有专门知识的人出庭适用鉴定人有关规定的规定。这里主要是为了解决其出庭的诉讼地位等程序性问题，如回避、询问等，不包括适用《关于司法鉴定管理问题的决定》有关其资质、处罚等实体性处理的规定。

【引导案例】强奸案中的精神鉴定　可当庭听取专家意见

刘某，男，42 岁，2008 年 6 月 23 日晚与王女发生性关系。一个月后，王女的丈夫游某向公安机关报案。在侦查及审查起诉阶段，刘某均辩称其与王女发生性关系出于王女自愿，且是王女提出要求的。王女否认。但是从当晚发生性关系的前后情形及所有收集到的证据看，侦查机关难以作出刘某违背王女意志强奸王女的判断。侦查期间，游某提出王女智商有问题，痴傻，无性防卫能力，申请对王女作精神鉴定。经甲鉴定机构鉴定，认为王女精神发育迟滞（轻度），有性辨别和防卫能力。游某提出甲鉴定机构有工作人员与刘某系亲戚，对该鉴定结论提出异议，申请更换鉴定机构再次对王女进行鉴定，法院应允。乙鉴定机构出具的意见认为，王女精神发育迟滞（轻度），具有部分性防卫能力。庭审中，对于如何理解乙鉴定机构出具的"具有部分性防卫能力"鉴定意见，公诉人、被告人和辩护人各执一词。被告人申请法庭通知有专门知识的人出庭，针对乙鉴定机构出具的鉴定意见提出意见。

【分析】

新刑事诉讼法第 192 条增加了对鉴定意见提出专业意见的规定。

1996 年刑事诉讼法第 159 条规定："法庭审理过程中，当事人和辩护人、诉讼代理人有权申请通知新的证人到庭，调取新的物证，申请重新鉴定或者勘验。法庭对于上述申请，应当作出是否同意的决定。"本次修改对本条增加了可以申请法庭通知有专门知识的人出庭，就鉴定人作出的鉴定意见提出意见的内容。鉴定意见是司法机关或者当事人或者当事人的近亲属，委托专业机构和专业人士，对诉讼活动中涉及的专门性问题进行鉴别和判断形成的意见。鉴定意见对于案件的定性具有直接影响。但由于鉴定工作的专业性较强，仅凭其他诉讼参与人自身的知识，难以发现鉴定中存在的问题，很难对鉴定意见进行质证，当事人对鉴定意见有异议的，也往往只能通过重复鉴定来解决；同时，由于鉴定意见中所涉及问题专业性强，仅听一面之词，法官往往难以作出正确判断，法院的判决如果总是被鉴定意见左右，最终也会损害司法的权威。另外，实践中，有的案件针对同一个问题或事项不仅仅只有一份鉴定意见，有的有两份甚至更多，而这不同份数的意见中，往往意见内容有分歧，给当事人、辩护人也包括合议庭带来困惑，影响合议庭作出正确判断。

新刑事诉讼法第192条第2款的规定，可以较为有效地解决这些问题和困惑。

本案中，法庭如果同意被告人的申请，通知具有精神病方面专门知识的人士到庭，该人士根据其专业知识，发现乙鉴定机构出具的意见中存在的问题，如鉴定方法是否科学，检材的选取是否合适等，从而为法官甄别鉴定意见、作出科学的判断、提高内心的确信提供参考。此举，有利于依法保护被告人的合法权益，保证案件的公正审理，有助于提高裁判的公信力。我们相信，该条款对于提高鉴定意见的质量，加强对鉴定意见的质证，保证公正审判，必将起到推动作用。

适用本条款需要注意的是，无论庭审中的公诉人、当事人还是诉讼代理人，提出需要有具备专门知识的人出庭的申请，只要合议庭同意即可决定，而无须法院领导批准。

七十三、将第一百六十条改为第一百九十三条，修改为："法庭审理过程中，对与定罪、量刑有关的事实、证据都应当进行调查、辩论。

"经审判长许可，公诉人、当事人和辩护人、诉讼代理人可以对证据和案件情况发表意见并且可以互相辩论。

"审判长在宣布辩论终结后，被告人有最后陈述的权利。"

【精解】

本条是对1996年刑事诉讼法第160条关于法庭辩论的规定的修改。

1996年刑事诉讼法第160条规定："经审判长许可，公诉人、当事人和辩护人、诉讼代理人可以对证据和案件情况发表意见并且可以互相辩论。审判长在宣布辩论终结后，被告人有最后陈述的权利。"

《决定》通过本条对1996年刑事诉讼法第160条作了以下修改：增加了在法庭审理过程中，对与定罪、量刑有关的事实、证据都应当进行调查、辩论的规定。

新刑事诉讼法第193条分为3款。

第1款是关于法庭审理中对与定罪、量刑有关的事实、证据都应当进行调查、辩论的规定。近年来，量刑问题日益引起人们的关注。最高人民法院根据深化司法体制和工作机制改革的要求，通过制定量刑指导意见明确了未成年犯、未遂犯、自首、立功等14种常见的量刑情节对基准刑的调节幅度，选择了常见的交通肇事、故意伤害、抢劫、盗窃、强奸等15种犯罪进行规范；通过制定量刑程序指导意见来规范量刑活动的具体程序。这些对于促进量刑的公正与均衡，增加量刑的公开性和透明度，促进司法公正等具有积极意义。本款规定的意图是要表达，在法庭审理中，不仅要对与定罪相关的事实、证据进行调查、辩论，对与量刑相关的事实、证据也要调查、辩论，旨在为量刑规范化提供法律依据。在研究过程中，有的建议将定罪和量刑程序分开，分别进行调查、辩论。考虑到定罪量刑本身是庭审的重要内容，实践中案件的情况比较复杂，很多犯罪情节既是定罪情节，也是量刑情节，难以分开，刻意分开会影响诉讼效率，增加当事人、辩护人的诉讼负担，既不科学，也不符合我国审判制度的实际。因此，本款规定仅强调了"对与定罪、量刑有关的事实、证据都应当进行调查、辩论"，并非为量刑设置专门程序。

第2款是关于法庭辩论的规定。根据本款规定，法庭辩论是在法庭审理中，公诉人、当事人和辩护人、诉讼代理人围绕犯罪事实能否认定，被告人是否实施了犯罪行为，是否应负刑事责任，应负怎样的刑事责任等，对证据和案件情况发表各自意见和进行互相辩论。辩论的具体程序是，公诉人、当事人和辩护人、诉讼代理人在要求发言时，应当提出申请，经审判长许可后发言。在庭审中，发表意见和互相辩论的发言机会应当是均等的。公诉人、当事人和辩护人、诉讼代理人应当遵循实事求是的原则，坚持以事实为根据，以法律为准绳，对证据和案件情况发表意见和展开辩论。审判长在宣布法庭辩论结束前，要征求以上各方是否还有新的意见，在各方表示没有新的意见后，审判长应当宣布辩论结束。如果在辩论中发现证据有疑问的，合议庭可以再对证据进一步进行调查核实。

第3款是关于被告人最后陈述的规定。被告人最后陈述是法庭审判的一个独立阶段，是刑事诉讼法赋予被告人的一项十分重要的诉讼权利。根据规定，被告人有最后陈述的权利。在审理中，在法庭辩论结束后，审判长应当告知并保证被告人有这项权利。被告人可以根据事实和法律，申请法庭调查核对证据，提出自己无罪、有罪以及罪轻、罪重及对定罪量刑的意见、要求，分析自己的犯罪原因，请求法庭给予自己改过自新的机会，等等。

【引导案例】伤害案的定罪量刑　事实证据都应调查辩论

小柴，男，22岁，2011年5月的一天傍晚，因听到老板李某与停车影响通行的司机吴某争吵，遂持菜刀将吴某砍伤，随后弃刀逃跑。在外躲了两天后，小柴返回管片派出所自首。吴某伤情经鉴定为重伤。小柴因涉嫌故意伤害罪被羁押，其间，他积极委托他人赔付吴某医药等各种费用20万元人民币，双方达成和解协议，吴某表示谅解小柴，不再追究其任何责任。检察院在将小柴案提起公诉时，提出了对小柴在3年至4年零6个月期间量刑的建议。2011年10月14日法院对该案开庭审理。庭审中，公诉人、小柴及其辩护人既对小柴是否构成故意伤害罪进行法庭调查和辩论，也对小柴是否具有法定和酌定从轻、减轻处罚的情节进行法庭调查和辩论。

【分析】

明确与量刑有关的事实和证据，要与定罪一同进行法庭调查、辩论。

1996年刑事诉讼法第160条规定："经审判长许可，公诉人、当事人和辩护人、诉讼代理人可以对证据和案件情况发表意见并且可以互相辩论。审判长在宣布辩论终结后，被告人有最后陈述的权利。"本次修改刑事诉讼法对本条作了修改，在第1款增加了在法庭审理过程中，对与定罪、量刑有关的事实、证据都应当进行调查、辩论的规定。

刑事案件发生后，对于被害人、自诉人、犯罪嫌疑人及其亲属来说，犯罪嫌疑人是否构成犯罪，是此罪还是彼罪固然重要，但同样重要甚至当定罪确定以后他们更为关心的是量刑。而在过去的很多年中，法庭审理对于量刑情节的关注往往不够，以至于同案不同判的现象在不同地区甚至同一法院不同的合议庭时有发生。2002年前后，部分地方检察机关开始尝试向法院提出量刑建议，以监督法院同案同判。

近年来，最高人民法院制定了《人民法院量刑指导意见（试行）》、《人民法院量刑程序指导意见（试行）》，最高人民法院、最高人民检察院、公安部、国家安全部、司法部联合制定了《关于规范量刑程序若干问题的意见（试行）》，从2010年10月1日起在全国全面推行量刑规范化改革。从各地实践效果看，量刑规范化重视了庭审中对与量刑有关证据的调查和辩护，规范了法官对于量刑的自由裁量权。

上述案例就是运用刑法、刑事诉讼法及有关规范量刑问题意见的实践。

需要注意的是：

（1）所有据以定罪、量刑的事实、证据，都必须经过当庭调查、辩论。

（2）没有经过当庭调查、辩论的任何事实、证据，都不能作为定罪、量刑的依据，尤其对于没有当庭宣判，庭审后又有补充侦查证据的，只要涉及定罪、量刑，就必须再次开庭进行多方的示证、质证，核实后方可作为定罪、量刑的依据。

七十四、将第一百六十三条改为第一百九十六条，第二款修改为："当庭宣告判决的，应当在五日以内将判决书送达当事人和提起公诉的人民检察院；定期宣告判决的，应当在宣告后立即将判决书送达当事人和提起公诉的人民检察院。判决书应当同时抄送辩护人、诉讼代理人。"

【精解】

本条是对1996年刑事诉讼法第163条关于判决书送达的规定的修改。

1996年刑事诉讼法第163条规定："宣告判决，一律公开进行。当庭宣告判决的，应当在五日以内将判决书送达当事人和提起公诉的人民检察院；定期宣告判决的，应当在宣告后立即将判决书送达当事人和提起公诉的人民检察院。"

《决定》增加判决书应当同时送达辩护人、诉讼代理人的规定，以有利于更好地保障被告人的合法权利。宣告判决是公布法庭审判的最终结果，具有非常重要的意义。公开宣告判决，对于公开审判案件来说，是公开审判的一个组成部分，对于不公开审理的案件来说，也体现了公正审判的精神。

新刑事诉讼法第196条规定："宣告判决，一律公开进行。当庭宣告判决的，应当在五日以内将判决书送达当事人和提起公诉的人民检察院；定期宣告判决的，应当在宣告后立即将判决书送达当事人和提起公诉的人民检察院。判决书应当同时送达辩护人、诉讼代理人。"第196条分为2款。

第1款是关于宣告判决一律公开进行的规定。"宣告判决"，是指人民法院对案件的判决予以宣布。根据本款规定，人民法院宣告判决，无论是公开审理的案件，还是不公开审理的案件，一律公开进行。不公开审理的案件，审理过程不对外公开，宣告判决也应公开进行，但对于不宜公开的内容，应当不写入判决书。

第2款是关于判决书送达的规定。宣告判决分为两种：一种是当庭宣告。当庭宣告一般适用于案件相对简单，判处刑罚较轻的案件。对这类案件，合议庭经过评议，可以当庭作出判决。对于当庭宣告判决的，人民法院应当在 5 日以内将判决书送达当事人和提起公诉的人民检察院，并应同时送达辩护人、诉讼代理人。根据新刑事诉讼法第 106 条的规定，"当事人"是指被害人、自诉人、犯罪嫌疑人、被告人、附带民事诉讼的原告人和被告人；"诉讼代理人"，是指公诉案件的被害人及其法定代理人或者近亲属、自诉案件的自诉人及其法定代理人委托代为参加诉讼的人和附带民事诉讼的当事人及其法定代理人委托代为参加诉讼的人。另一种是定期宣告。定期宣告一般适用于比较重大、复杂的案件。这类案件，合议庭、审判委员会往往要经过反复研究，可以另定日期宣告判决。对于定期宣告判决的，人民法院应当在宣告判决后立即将判决书送达当事人和提起公诉的人民检察院，也应同时送达辩护人、诉讼代理人。

【引导案例】判决书应当同时送达辩护人和诉讼代理人

小唐，男，24 岁，某法院书记员。他跟审判员老刘一组办案。他们刚刚审结了一起抢劫案，该案属于刑事附带民事诉讼，被害人所提起的附带民事诉讼委托了诉讼代理人，被告人聘请了辩护人。该案没有当庭宣判。休庭 3 天后宣判。判决宣告后，老刘特别叮嘱小唐，别忘了将判决书同时送达参加该案庭审的辩护人和诉讼代理人。

【分析】

刑事诉讼法修改后新增加规定，判决书除了要送达当事人和提起公诉的人民检察院外，还应当同时送达辩护人、诉讼代理人 1996 年刑事诉讼法第 163 条规定："宣告判决，一律公开进行。当庭宣告判决的，应当在五日以内将判决书送达当事人和提起公诉的人民检察院；定期宣告判决的，应当在宣告后立即将判决书送达当事人和提起公诉的人民检察院。"本次修改刑事诉讼法对该条作了修改，增加规定，判决书应当同时送达辩护人、诉讼代理人。上述案例中，老刘叮嘱小唐勿忘将判决书同时送达辩护人和诉讼代理人即是在执行该条规定。

宣告判决是公布法庭审判的最终结果，具有重要意义。公开宣告判决，是公开审判的一个组成部分，对于不公开审理的案件来说，也体现了公正审判的精神。由于 1996 年刑事诉讼法没有规定判决书应当送达辩护人、诉讼代理人，实践中经常会发生辩护人、诉讼代理人在判决宣告后很长时间不知道已经判决和判决结果的情况，不利于辩护人、诉讼代理人帮助其委托人提出上诉、申诉或者依法行使其他诉讼权利。本次修法增加判决书应当同时送达辩护人、诉讼代理人的规定，以有利于更好地保障被告人合法权利的充分实现。

七十五、将第一百六十四条改为第一百九十七条，修改为："判决书应当由审判人员和书记员署名，并且写明上诉的期限和上诉的法院。"

【精解】

本条是对 1996 年刑事诉讼法第 164 条关于判决书应当由哪些人署名以及写明如何上诉的规定的修改。

1996 年刑事诉讼法第 164 条规定："判决书应当由合议庭的组成人员和书记员署名，并且写明上诉的期限和上诉的法院。"

《决定》将原条文中的"合议庭的组成人员"改为"审判人员"。

新刑事诉讼法第 197 条明确规定：判决书应当由审判人员和书记员署名，并且写明上诉的期限和上诉的法院。这里的"判决书"，是人民法院对于被告人是否有罪，犯什么罪，适用什么刑罚或者免除刑罚所作出的书面决定。它是刑事诉讼中最重要的法律文书，也是执行机关执行人民法院判决的依据。"审判人员"，是指审判该案件的全体审判人员。在判决书上，全体审判人员和书记员都要签署姓名。对于由审判员一人独任审理的案件，由审理该案件的审判员和书记员签署姓名；对于组成合议庭进行审理的案件，应当由该合议庭审判长、审判员和人民陪审员及书记员签署姓名。没有上述人员签署姓名的判决书不具有法律效力。"写明上诉的日期和上诉的法院"，是指在判决书中必须明确写出被告人如对判决不服，可在多长的时间内向哪个法院提出上诉。根据新刑事诉讼法第 219 条的规定，不服判决的上诉期限为 10 日。上诉法院，是指作出一审刑事判决的上一级人民法院。基层人民法院一审的，上诉法院就是该市、地区中级人民法院；中级人民法院一审的，上诉法院就是该省、自治区、直辖市高级人民法院。

七十六、将第一百六十五条改为第一百九十八条，第三项修改为："由于申请回避而不能进行审判的。"

【精解】

本条是对 1996 年刑事诉讼法第 165 条关于人民法院可以延期审理案件的情形规定的修改。

1996 年刑事诉讼法第 165 条规定："在法庭审判过程中，遇有下列情形之一，影响审判进行的，可以延期审理：（一）需要通知新的证人到庭，调取新的物证，重新鉴定或者勘验的；（二）检察人员发现提起公诉的案件需要补充侦查，提出建议的；（三）由于当事人申请回避而不能进行审判的。"

《决定》删去了 1996 年刑事诉讼法第 165 条第 3 项"由于当事人申请回避而不能进行审判的"中的"当事人"。

新刑事诉讼法第 198 条规定："在法庭审判过程中，遇有下列情形之一，影响审判进行的，可以延期审理：（一）需要通知新的证人到庭，调取新的物证，重新鉴定或者勘验的；（二）检察人员发现提起公诉的案件需要补充侦查，提出建议的；（三）由于申请回避而不能进行审判的。"

新刑事诉讼法第 198 条规定的"延期审理"，是指在法庭审判过程中，出现某些法定情形，使审判活动不能继续进行，合议庭因此停止审判活动，等影响审判正常进行的情形消失后，再开庭审理。人民法院延期审理的情形有以下三种：一是公诉人、当事人和辩护人、诉讼代理人申请新的证人到庭，调取新的物证，重新鉴定或者勘验的。如果合议庭同意上述申请，而当庭又无法解决的，可以决定延期审理。二是在审判过程中，检察人员发现提起公诉的案件中有些犯罪事实还不清楚，证据还不确实、充分，提出需要补充侦查的建议，被合议庭接受的，可以决定延期审理。三是由于申请回避而不能进行审判的。包括两种情况，一种是合议庭对当事人、辩护人、诉讼代理人的申请不能当庭作出决定；另一种是申请回避的人员应当回避，需要更换人员的。对这两种情况，合议庭可以决定延期审理。

【引导案例】未成年人案件　辩护人可提出回避申请

小刘，男，17 岁，因没有获得香烟经营权而大批购进高档香烟意欲贩卖，涉嫌非法经营罪，被不公开开庭审判，因其没有委托辩护人，法院通知本区法律援助中心为其指派了顾律师作为小刘的辩护人。因为本案事实清楚，证据充分，小刘认罪并同意适用简易程序审理自己的案件，法院决定适用简易程序，由审判员王某一人独任审判。因该案案情并不复杂，庭审前王审判员没有听取公诉人、被告人和辩护人的意见。开庭后，王审判长告知当事人有权对审判员、书记员、公诉人申请回避，在询问小刘是否申请回避时，小刘明确表示不申请回避。但此时，担任小刘辩护人的顾律师举手申请发言，顾律师申请本庭书记员回避，理由是该书记员的母亲与本案有直接关系，可能影响公正审判。由于顾律师对于该回避申请提供了充足的理由，该书记员依法应当回避，需要更换庭审书记员。故王审判长宣布出现法定情形，对该案延期审理。

【分析】

1996年刑事诉讼法第165条规定："在法庭审判过程中，遇有下列情形之一，影响审判进行的，可以延期审理：（一）需要通知新的证人到庭，调取新的物证，重新鉴定或者勘验的；（二）检察人员发现提起公诉的案件需要补充侦查，提出建议的；（三）由于当事人申请回避而不能进行审判的。"本次修改删去了第3项"由于当事人申请回避而不能进行审判的"中的"当事人"。

由于本次修法后在新刑事诉讼法第31条专门增加规定了辩护人、诉讼代理人可以要求回避、申请复议的内容，故本条第3项在立法技术上以删减的方式，在回避申请的主体上与第31条保持一致。所以，有了上述案例中当事人小刘不申请回避，而辩护人顾律师提出回避申请，成为该庭延期审理的法定情形。

七十七、增加一条，作为第二百条："在审判过程中，有下列情形之一，致使案件在较长时间内无法继续审理的，可以中止审理：

"（一）被告人患有严重疾病，无法出庭的；

"（二）被告人脱逃的；

"（三）自诉人患有严重疾病，无法出庭，未委托诉讼代理人出庭的；

"（四）由于不能抗拒的原因。

"中止审理的原因消失后，应当恢复审理。中止审理的期间不计入审理期限。"

【精解】

本条在刑事诉讼法中增加了关于中止审理的规定。

新刑事诉讼法第200条分为2款。

第1款是关于中止审理的具体情形的规定。根据本款规定，适用中止审理主要包括如下四种情形：

（1）被告人患有严重疾病，无法出庭的。这里的被告人既包括公诉案件的被告人，也包括自诉案件的被告人。应当注意的是，这里的"患有严重疾病"

应当是严格的、狭义的，主要应当是无法辨认、控制自己的行为，无法表达自己的真实意思，一旦出庭可能影响其生命安全等，而不是一患重病，即可休庭。

（2）被告人脱逃的。这里的脱逃不限于刑法规定的脱逃罪，自诉案件的被告人以及一部分公诉案件未被关押的被告人都有可能因为脱逃导致诉讼无法正常进行。

（3）自诉人患有严重疾病，无法出庭，未委托诉讼代理人出庭的。本项规定实际部分修改了新刑事诉讼法第205条第2款的内容。第205第2款规定"自诉人经两次依法传唤，无正当理由拒不到庭的"，按撤诉处理。根据本法第32条、第44条、第45条的规定，自诉人可以委托诉讼代理人参加诉讼。因此，自诉人不到庭的，也可以由其诉讼代理人代为参加诉讼。对本项的规定来说，自诉人患有严重疾病，无法出庭的，可以由其诉讼代理人出庭。如果未委托诉讼代理人的，可依法决定中止审理。

（4）由于不能抗拒的原因。主要是非因自身原因的情况，如自然灾害、突发事件等。

第2款是关于中止审理的原因消失后应如何处理的规定。根据本款规定，中止审理的原因消失后，应当恢复审理。中止审理的期间不计入审理期限。

【引导案例1】侵占他人财物逃匿　可中止审理

妇女王某在买西瓜后将一拎包遗忘在瓜摊上，卖西瓜的鲁某拿了拎包翻看。早已觊觎的朱某凑上去，两人一起到堆放西瓜的小亭内翻看拎包，发现包内竟有价值达10万余元的财物（现金、存单和金条、金手镯、金项链、金戒指等）。鲁某、朱某二人忙将拎包隐匿，当王某来摊前询问朱某是否见过该拎包时，朱某答称没有。之后，鲁某、朱某二人将拎包内的钱物瓜分。无奈，王某于当日向公安机关报案。公安机关认为这种侵占案是告诉才处理的案件，只能自诉，不能公诉，告诉王某直接到法院起诉。王某便去当地基层人民法院起诉。这时，鲁某、朱某二人已外逃，人民法院依法中止诉讼。

【分析】

对被告人脱逃，致使案件在较长时间内无法继续审理的情形，新刑事诉讼法新增第200条规定人民法院可以对案件中止审理，待被告人到案后恢复审理。

本案中，鲁某、朱某二人将王某的"遗忘物"（拎包内10万余元的财物）占为己有，在王某前来寻找时谎称没有见过拎包，并于事后予以瓜分，已涉嫌侵占罪，属人民法院直接受理的案件。被害人王某依法向人民法院起诉并被受理后，被告人鲁某、朱某脱逃，案件无法按照正常的审判程序继续审理，故人民法院不得不中止审理活动，同时中止审理期限的计算。有必要指出的是，中止审理只是暂时中断对案件的正常审理活动，一旦影响案件审判活动顺利进行的情形消失，诉讼即恢复进行，这与永久性地终止审理是有本质区别的。

新刑事诉讼法的这条新增规定，仅适用于审判程序已经启动的案件。换句话说，对尚未进入审判程序的案件，如自诉人起诉的案件被告人不在案，因而法院未予受理的案件，并不适用中止审理的规定。

【引导案例2】被告人突遇车祸不能到庭　法院不得缺席审判

1997年2月20日晚，被告人陈某、杨某携带绳子、吊钩等工具，企图盗窃新建砖瓦厂输电用的铝线，后被一小学生发现未得逞。同年4月4日，两被告人再次携带绳子、吊钩等工具，在夜深人静的时候割断电线500米，并将电线截断后卖给废品收购商。由于被告人割断电线，该乡的工业、副业以及日常生活遭受了重大损失。被告人陈某、杨某的行为已经构成破坏电力设备罪。法院在受理此案后，决定于1999年8月17日开庭审理。就在这一星期的间隔里，被告人杨某因出车祸进了医院，不能按时出庭接受审判。8月17日，为了及时打击犯罪，法院决定在杨某不能到庭的情况下开庭审理。法庭审理结束后，合议庭合议后当庭宣判，判处陈某、杨某破坏电力设备罪、盗窃罪，分别判处有期徒刑3年和1年，合并执行4年。

【分析】

本案中，人民法院在被告人杨某不能出庭的情况下开庭审理和宣判是不正确的。因为，缺席审判违反刑事诉讼法规定的审判程序，我国刑事诉讼法第三编具体规定了我国人民法院审判刑事案件的程序。根据这些规定，人民法院审判公诉案件，从对案件的审查开始到最后宣判为止，都要求被告人出庭。其中，审问被告人是法庭调查的中心环节，听取被告人辩护和最后陈述也是必经程序。如果在被告人不能出庭的情况下缺席审判和判决，将使大多数诉讼活动无法进行，违背法定诉讼程序。并且，在被告人杨某不能出庭的情况下开庭审理和宣判，实际上剥夺了被告人杨某在审判过程中应当享有的诸多诉讼权利，这与刑事诉讼法强调的保障被告人基本人权的原则是相违背的。本案中，杨某依法应享有委托辩护人、申请回避、申请审判长对证人发问或者直接发问、辨认物证、对当庭宣读的证人证言、勘验笔录和其他证据文书发表意见等权利。这些权利只有在杨某出庭的前提下才能行使，如果缺席审判，则无从行使这些权利，法院的审判有可能不能做到客观公正，杨某的合法权利也得不到有效的保护。

综上，在被告人杨某因突发车祸不能到庭的情况下，人民法院应当对案件中止审理。新刑事诉讼法已经将实践中存在的这种特殊情况的处理方式上升为法律规定。

七十八、将第一百六十八条改为第二百零二条，第一款修改为："人民法院审理公诉案件，应当在受理后二个月以内宣判，至迟不得超过三个月。对于可能判处死刑的案件或者附带民事诉讼的案件，以及有本法第一百五十六条规定情形之一的，经上一级人民法院批准，可以延长三个月；因特殊情况还需要延长的，报请最高人民法院批准。"

【精解】

本条是对1996年刑事诉讼法第168条关于公诉案件第一审审理期限规定的修改。

1996年刑事诉讼法第168条规定："人民法院审理公诉案件，应当在受理后一个月以内宣判，至迟不得超过一个半月。有本法第一百二十六条规定情形之一的，经省、自治区、直辖市高级人民法院批准或者决定，可以再延长一个月。人民法院改变管辖的案件，从改变后的人民法院收到案件之日起计算审理期限。人民检察院补充侦查的案件，补充侦查完毕移送人民法院后，人民法院重新计算审理期限。"

《决定》适当延长了案件审理的期限，规定一般公诉案件的一审审限最长可以延长至3个月；增加规定对于可能判处死刑的案件或者附带民事诉讼的案件，经上一级人民法院批准，审理期限可以延长3个月；将有本法第156条规定情形之一的案件，经上一级人民法院批准可以延长的时间由再延长1个月修改为延长3个月；增加规定因特殊情况还需要延长的，报请最高人民法院批准。

新刑事诉讼法第 202 条规定："人民法院审理公诉案件，应当在受理后二个月以内宣判，至迟不得超过三个月。对于可能判处死刑的案件或者附带民事诉讼的案件，以及有本法第一百五十六条规定情形之一的，经上一级人民法院批准，可以延长三个月；因特殊情况还需要延长的，报请最高人民法院批准。人民法院改变管辖的案件，从改变后的人民法院收到案件之日起计算审理期限。人民检察院补充侦查的案件，补充侦查完毕移送人民法院后，人民法院重新计算审理期限。"第 202 条分为 3 款。

第 1 款是对人民法院审理第一审公诉案件的审理期限的规定。这里规定的期限，是指被告人被羁押的刑事案件的办案期限，从人民法院收到同级人民检察院移送来案件的第二日开始计算。本款规定包括三个方面的内容：

（1）根据本款规定，人民法院审理公诉案件，应当在受理后 2 个月以内宣判，至迟不得超过 3 个月。

（2）在以下三种情况下，经上一级人民法院批准可以延长 3 个月：一是可能判处死刑的案件。死刑案件涉及对公民生命权的剥夺，仓促决定会造成难以挽回的错误；且死刑案件往往较为复杂，证据要求高；尤其是对于有被害人的死刑案件，考虑到办案的效果，司法机关常常还要做双方当事人及其家属的工作，工作难度大，耗时长，因此本次刑事诉讼法修改对死刑案件增加规定，经上一级人民法院批准可以延长 3 个月。这样规定有利于防止冤假错案、保证审判公正，也体现了对死刑判决应慎重决定的态度。二是附带民事诉讼案件。此类案件实际是刑事案件加上民事案件，涉及赔偿范围的确定、财产保全措施，尤其是对此类案件的调解往往占用大量时间。从实践看，对附带民事诉讼的调解需要做大量工作，为保证办案效果，调解已经成了必须要做的工作。2010年最高人民法院《关于贯彻宽严相济刑事政策的若干意见》要求，要充分发挥被告人、被害人所在单位、社区基层组织、辩护人、诉讼代理人和近亲属在附带民事诉讼调解工作中的积极作用，协调各方共同做好促进调解工作，尽可能通过调解达成民事赔偿协议，并以此取得被害人及其家属对被告人的谅解，化解矛盾，促进社会和谐。此后，最高人民法院印发《关于进一步贯彻"调解优先、调判结合"工作原则的若干意见》的通知规定，对刑事附带民事诉讼案件，要在调解的方法、赔偿方式、调解案件适用时间、期间和审限等方面进行积极探索，把握一切有利于附带民事诉讼调解结案的积极因素，争取达成民事赔偿调解协议。此次修改刑事诉讼法，综合考虑各种情况，规定对附带民事诉讼案件，经上一级人民法院批准，可以延长 3 个月。三是有本法第 156 条规定情形之一的案件。包括：①交通十分不便的边远地区的重大复杂案件；②重大的犯罪集团案件；③流窜作案的重大复杂案件；④犯罪涉及面广，取证困难的重大复杂案件。对这四种情况前文已有具体阐述，不再赘述。

（3）因特殊情况还需要延长的，报请最高人民法院批准。"特殊情况"是指案情特别重大、复杂或者有其他重要原因影响案件及时审理完毕的情况。对于这类案件，本款规定，报请最高人民法院批准。对具体延长的期限没有作出规定，主要是考虑这种案件的数量极少，实践中的情况比较复杂，交最高人民法院依具体情况予以处理更为妥当。

第 2 款是关于人民法院改变管辖的案件如何计算审理期限的规定。根据本款规定，人民法院改变管辖的案件，从改变后的人民法院收到案件之日起计算审理期限。

第 3 款是关于人民法院对人民检察院补充侦查完毕移送的案件如何计算审理期限的规定。根据本款规定，人民检察院补充侦查的案件，补充侦查完毕移送人民法院后，人民法院重新计算审理期限。

【引导案例】诈骗涉案金额巨大　审限需要延长

2011 年 3 月，徐某因涉嫌诈骗金某被市公安局刑事拘留。在侦查过程中，公安局又接到易某控告徐某诈骗的证据。经调查核实，徐某共诈骗金某、易某等人民币五百余万元。市检察院对市公安局移送起诉的徐某诈骗案进行审查、进一步补充完善证据后，向市中级法院提起公诉。2011 年 9 月 11 日，法院受理该案。因涉案金额特别巨大，来往账目项众多、涉及多地作案，情节复杂，至同年 10 月 21 日，中级法院仍然难以宣判。故向省高级人民法院请示再延长审限一个月。

【分析】

1996 年刑事诉讼法第 168 条第 1 款规定："人民法院审理公诉案件，应当在受理后一个月以内宣判，至迟不得超过一个半月。有本法第一百二十六条规定情形之一的，经省、自治区、直辖市高级人民法院批准或者决定，可以再延长一个月。"这里的人民法院包括基层人民法院和中级人民法院，审理期限是第一审刑事案件的办案期限。而当出现 1996 年刑事诉讼法第 126 条规定情形之一的，无论是基层人民法院还是中级人民法院审理的，再延长审限的批准或决定权是在省一级人民法院。上述案例即是按照该法规定的审限，报请省高级人民法院批准。

本次新刑事诉讼法与 1996 年刑事诉讼法相比，成倍地延长了案件审理的期限。①规定一般公诉案件的一审审限最长可以延长至 3 个月。②增加规定对于可能判处死刑的案件或者附带民事诉讼的案件，经上一级人民法院批准，审理期限可以延长 3 个月。③将具有新刑事诉讼法第 156 条规定情形之一的案件，修改规定为经上一级人民法院批准可以再延长 3 个月。④增加规定因特殊情况还需要延长的，报请最高人民法院批准。

新刑事诉讼法第 202 条在实践中适用时需要注意：①一审法院的基本审限由原来的 1 个月修改规定为 2 个月，本院有权延长的期限由原来的半个月修改为 1 个月。②中级法院对于可能判处死刑的案件，报请高级人民法院批准可以再延长 3 个月。③基层人民法院和中级人民法院审理的附带民事诉讼的案件，报请其上一级人民法院批准可以再延长 3 个月。对于基层人民法院来说，只要报请其上一级的中级人民法院批准即可延长，而不必象原法规定的那样报高级人民法院批准。④各级人民法院审理第一审刑事案件，因特殊情况在 6 个月内仍然无法结案，需要延长的，要报最高人民法院批准。

七十九、将第一百七十二条改为第二百零六条，修改为："人民法院对自诉案件，可以进行调解；自诉人在宣告判决前，可以同被告人自行和解或者撤回自诉。本法第二百零四条第三项规定的案件不适用调解。

"人民法院审理自诉案件的期限，被告人被羁押的，适用本法第二百零二条第一款、第二款的规定；未被羁押的，应当在受理后六个月以内宣判。"

【精解】

本条是对 1996 年刑事诉讼法第 172 条关于自诉案件的调解、和解与撤诉以及审理期限的修改。

1996 年刑事诉讼法第 172 条规定："人民法院对自诉案件，可以进行调解；自诉人在宣告判决前，可以同被告人自行和解或者撤回自诉。本法第一百七十条第三项规定的案件不适用调解。"

这次修改刑事诉讼法，增加了关于人民法院审理自诉案件期限的规定。

新刑事诉讼法第 206 条分为 2 款。

第 1 款是关于自诉案件的调解、和解与撤诉的规定 。本款规定包含以下三层意思：第一，人民法院对自诉案件，可以进行调解。这里规定的"调解"，主要是指人民法院处理轻微刑事案件，通过说服教育等工作，使当事人双方达成和解的一种方式。调解应当出于被告人和自诉人双方的真实意愿，法院不得强迫其调解。通过审判员与当事人协商最终达成的调解协议对双方当事人都具有约束力。人民法院应当制作调解书，调解书送达当事人即发生法律效力。如果在调解书送达当事人以前，当事人中有一方反悔的，人民法院可以再行调解，调解不成的，也可以开庭审理，由人民法院作出判决。第二，自诉人在宣告判决前，可以同被告人自行和解或者撤回自诉。"自行和解"，是在法庭宣判以前，自诉人和被告人在法庭外自愿达成谅解协议。当事人双方和解，自诉人应该以书面或者口头形式向人民法院撤回自诉。"撤回自诉"，是指自诉人向法院控诉以后，由于某种原因，自动放弃法律赋予他的自诉权利，向人民法院申请撤销自己对被告人的控诉。自行撤诉的案件，除有正当理由外，不得就同一案件再行起诉。第三，不适用调解的例外情况，即"本法第二百零四条第三项规定的案件"不适用调解，这类案件是指"被害人有证据证明对被告人侵犯自己人身、财产权利的行为应当依法追究刑事责任，而公安机关或者人民检察院不予追究被告人刑事责任的案件"。此类案件可能属于严重侵害公民人身、财产权利的犯罪案件，因此，规定不适用调解，但自诉人在宣判前可以同被告人自行和解或者撤回自诉。

人民法院在执法过程中，应当注意把握"自行和解"是双方当事人的自愿行为，"撤回自诉"是自诉人的自愿行为。任何以强迫或威胁的方法，使当事人和解或撤回自诉，都是违背法律规定的自诉案件的自愿原则的。

第 2 款是关于审理自诉案件的期限的规定。本款规定了以下两种情况：一是被告人被羁押的审理期限。根据本款规定，对于自诉案件的被告人正在有关场所羁押的，人民法院审理时，应当按照审理公诉案件的期限进行，即依照新刑事诉讼法第 202 条第 1 款规定的期限进行审理。二是被告人未被羁押的审理期限。根据本款规定，被告人未被羁押的，人民法院应当在受理后 6 个月以内宣判。这一期限，与民事诉讼法规定的审理普通民事案件的期限是相同的。

【引导案例】暴力干涉婚姻　自诉案件有审限

小田与小于系同村男、女青年，两人自幼性情相合，长大后自由恋爱。小于的父亲老于嫌小田家穷，不同意这桩婚事。经无数次的言语相阻未果后，老于操起了棍棒强加干涉，并致小田轻微伤。小田通过中间人向老于表示，只要老于能同意他与小于的婚事，虽然挨打，也可以忍耐。但老于态度坚决，固执己见。无奈之下，小田于 2011 年 4 月 8 日将老于告至县法院。法院受理后，认为这是自诉案件，依法可以调解，便做老于和小田的思想工作，小田表示只要老于不再强加干涉，愿意撤诉，而老于就是想不通，不同意自己的闺女嫁给小田。法院发现调解不成，于是决定开庭审理，庭审中小田聘请的作为代理人的乡人民调解员老张一同出庭。在庭审中，老张从情理法综合角度给老于讲道理，休庭后继续做老于的工作，终于说服老于，双方达成和解，2011 年 8 月 23 日，小田以书面形式向法院撤回自诉。该案从法院受理到小田撤诉，前后一共历时 4 个半月。

【分析】

新刑事诉讼法明确了自诉案件的审理期限。

1996 年刑事诉讼法第 172 条明确规定，人民法院对自诉案件，可以进行调解；自诉人在宣告判决前，可以同被告人自行和解或者撤回自诉。但是，对"第一百七十条第三项规定的案件不适用调解"，即指被害人有证据证明对被告人侵犯自己人身、财产权利的行为应当依法追究刑事责任，而公安机关或者人民检察院不予追究被告人刑事责任的案件，不适用调解。这主要是为了解决实践中一些公安机关或者检察机关的办案人员不恪守职责，对一些应当侦查、起诉的案件而没有侦查、起诉的情况。由于法律对这类自诉案件的严重程度没有作限制规定，有的案件可能涉及严重侵犯当事人人身权利和财产权利的犯罪，且是在公安、检察机关不予追究的情况下当事人向人民法院起诉的，在审判这类自诉案件时，人民法院不应当再进行调解，否则，不利于对这类案件的正确、公正处理。因此，本条明确规定这类自诉案件不适用调解，也就是说这类案件必须经过审判作出判决。新刑事诉讼法保留了这些行之有效的规定。

然而，1996 年刑事诉讼法没有对自诉案件的审理期限作出规定，实践中有的地方对自诉案件的处理久拖不决，影响了法律的严肃性，也不利于当事人权利的保障。新刑事诉讼法在第 206 条第 2 款增加了关于人民法院审理自诉案件的期限的规定，以更好地完善诉讼程序，使司法机关能够依法办案，确保当事人的诉讼权利和其他利益。

上述案例中的老于涉嫌《刑法》第 257 条规定的暴力干涉婚姻自由罪，从整个案情来看，符合该条第 1 款，属于告诉才处理的案件。该类案件，按照刑事诉讼法的规定，属于自诉案件。依据新刑事诉讼法第 206 条的规定，这类案件人民法院可以进行庭前调解，自诉人在宣告判决前可以同被告人自行和解或者撤回自诉。本案中，当自诉人小田以老于暴力干涉他与小于婚姻自由为由将老于起诉至县法院时，法院依法对他们进行庭前调解，但调解不成。开庭审理后，宣判前，老于经过法庭审理以及老张的反复工作，思想发生了转变，同意不再干涉小于与小田的恋爱关系，小田与老于达成了和解，小田撤诉，从此两家友好相处。这也是刑事诉讼法规定本条款的初衷。

需要注意的是，新刑事诉讼法在本条第 2 款增加规定了人民法院办理自诉案件的期限。被告人被羁押的，适用公诉案件的审理期限；未被羁押的，应当在受理后 6 个月内宣判。

八十、将第一百七十四条改为第二百零八条，修改为："基层人民法院管辖的案件，符合下列条件的，可以适用简易程序审判：

"（一）案件事实清楚、证据充分的；

"（二）被告人承认自己所犯罪行，对指控的犯罪事实没有异议的；

"（三）被告人对适用简易程序没有异议的。

"人民检察院在提起公诉的时候，可以建议人民法院适用简易程序。"

【精解】

本条是对 1996 年刑事诉讼法第 174 条关于适用简易程序的条件和人民检察院可以建议人民法院适用简易程序的规定的修改。

1996 年刑事诉讼法第 174 条规定："人民法院对于下列案件，可以适用简易程序，由审判员一人独任审判：（一）对依法可能判处三年以下有期徒刑、拘役、管制、单处罚金的公诉案件，事实清楚，证据充分，人民检察院建议或者同意适用简易程序的；（二）告诉才处理的案件；（三）被害人起诉的有证据证明的轻微刑事案件。"

《决定》通过本条对 1996 年刑事诉讼法第 174 条的修改主要包括以下几个方面：①将适用简易程序的案件范围修改为"基层人民法院管辖的案件"；②删去"由审判员一人独任审判"的规定（参见新刑事诉讼法第 210 条）；③关于案件的适用范围，删去了"对依法可能判处三年以下有期徒刑、拘役、管制、单处罚金的公诉案件"的限制，而扩大为所有基层人民法院管辖的案件，保留"事实清楚，证据充分"的条件；④增加被告人必须承认自己所犯罪行、对起诉书指控的犯罪事实没有异议的条件；⑤增加被告人对适用简易程序审理没有异议的条件；⑥删去"人民检察院同意适用简易程序"的规定，保留人民检察院的建议权；⑦删去"告诉才处理的案件"；⑧删去"被害人起诉的有证据证明的轻微刑事案件"。

新刑事诉讼法第 208 条分为 2 款。

第 1 款是关于适用简易程序案件范围的规定。适用简易程序的案件，只能是由基层人民法院管辖的同时符合以下三个条件的案件：一是案件事实清楚，证据充分的。即指人民法院根据起诉书指控的事实，认为案件事实简单明确，定罪量刑的证据客观全面，足以认定被告人有罪。二是被告人承认自己所犯罪行，对起诉书指控的犯罪事实没有异议的。这里"承认自己所犯罪行"，是指被告人对起诉书对其指控的罪名和犯罪行为供认不讳。"对犯罪事实没有异议"，即指被告人对人民检察院起诉书所指控的犯罪行为和犯罪证据都没有异议。如果被告人对罪名或犯罪事实或证据提出异议的，都不属于没有异议。这里的"起诉书"既包括公诉案件的起诉书，也包括自诉案件的起诉书。三是被告人对适用简易程序审理没有异议的。这里所说的适用简易程序，是指刑事诉讼法第三编第二章第三节关于简易程序中的有关规定，如新刑事诉讼法第 210 条第 1 款关于适用简易程序审判的审判组织的规定，对可能判处 3 年以下有期徒刑的案件，适用简易程序审理的，可以组成合议庭进行审判，也可以由审判员 1 人独任审判。对可能判处 3 年以上有期徒刑刑罚的，应当组成合议庭进行审判。也就是说，被告人可以根据上述法律规定和自己所犯罪行的情况进行考虑和权衡，尤其是由审判员 1 人独任审判的规定，对自己是否会做到公平、有利，作出最后的选择，等等。上述三个条件必须同时具备，只要被告人对第 2 项或第 3 项提出不同意见，就不应适用简易程序审理，应当按照普通程序进行审理。

第 2 款是关于人民检察院适用简易程序建议权的规定。人民检察院在提起公诉前，经审查，认为被告人符合本条第 1 款规定的三个条件，在提起公诉时，可以建议人民法院对提起公诉的案件适用简易程序进行审理。对于最终是否适用简易程序审理，由人民法院根据案件的情况和被告人的意见作出决定。法律赋予人民检察院这一建议权，有助于进一步发挥检察机关追诉犯罪的职能，使诉讼程序更为合理，人民法院在作出是否适用简易程序的决定时应当认真考虑检察院的建议。

【引导案例】盗窃案简易程序审 须同时符合三个条件

2010年12月23日晚，王某应张某之约到张某家喝酒。席间，王某抱怨张某家隔壁度假村欠其工程款催要不还的事，表示想趁该度假村冬天不经营看管不严，夜间搬其房间部分电器顶工程款。张某表示不管。隔日夜，王某趁人不备盗窃该度假村三台长虹牌电视机、两套外挂式格力牌空调机。案发后，上述被盗物品被追回，经物价部门鉴定，被盗物品价值4200元。犯罪嫌疑人王某归案后，对上述盗窃的犯罪事实供认不讳。张某等证人的证言及该度假村室外录像也能够相互印证，证实王某潜入度假村盗窃的事实。鉴于案件事实清楚、证据充分，人民检察院在起诉时，向法院建议本案适用简易程序进行审理。法院在提讯时征询了被告人王某的意见，王某同意法院适用简易程序对其进行审理。

【分析】

针对简易程序的适用范围，刑事诉讼法修改前后作了不同的规定。

1996年刑事诉讼法第174条规定了简易程序的适用范围，即："人民法院对于下列案件，可以适用简易程序，由审判员一人独任审判：（一）对依法可能判处三年以下有期徒刑、拘役、管制、单处罚金的公诉案件，事实清楚，证据充分，人民检察院建议或者同意适用简易程序的；（二）告诉才处理的案件；（三）被害人起诉的有证据证明的轻微刑事案件。"而按照《刑法》第264条的规定，王某盗窃案符合1996年刑事诉讼法第174条第1款的规定，可以适用简易程序审理。

1996年刑事诉讼法中简易程序专节所规定的适用简易程序的范围，指的是上列三类案件。司法实践中，以符合1996年刑事诉讼法第174条第1款内容的案件居多。适用简易程序的案件，占各基层检察院公诉案件的1/3还多，有时甚至达到一半。

比较修改后的条文，在适用案件的范围上，我们发现，需要注意如下几点：①明确了简易程序只能在基层人民法院适用。②基层人民法院管辖的所有案件，只要符合所列的三个条件，均可适用，而不再限于轻刑案件。③本条所列的三个条件，必须同时满足，方可适用简易程序，少一条都不行。④人民检察院提起公诉的时候，可以建议适用简易程序。⑤人民检察院在公诉时，没有建议适用简易程序而案情满足三个条件的，人民法院可以适用简易程序审理。

比较1996年的修法和2012年的修法，我们发现，彼时针对的是轻刑案件，且事实清楚、证据充分的，可以从缜密的普通程序中分流出来，简化审理，有效地配置司法资源，提高诉讼效率。而2012年的修法则在总结以往十几年司法实践经验的基础上，从司法实践需要出发，在保证司法公正的前提下，区别案件的不同情况，对案件进一步繁简分流，扩大了简易程序的适用范围，将简易程序审判的案件范围修改为基层人民法院管辖的全部认罪案件，即使数罪并罚后可能判处25年的案件，从理论上讲，只要事实清楚、证据充分、被告人认罪、被告人同意的，都可以适用简易程序审理。

需要强调的是，适用简易程序，除了案件本身事实清楚、证据充分的客观情况外，本条从尊重和保障被告人权益的角度，新增加的两款是被告人的态度和意见。即使案件本身很清楚，证据也充分，但是如果被告人不认罪，或者虽然认罪却不同意适用简易程序的，均不能适用简易程序。如上述案例，虽然仅有一起事实，有张某关于王某作案动机的证词，有追缴的赃物，有录像资料等事实和证据，但如果王某不认罪或者即使供认不讳却不同意适用简易程序审理的，按照新刑事诉讼法，对该起盗窃案也不能适用简易程序审理。而按照1996年刑事诉讼法第174条的规定，则可以适用简易程序审理，且即使他不认罪也可以根据查明的事实和其他证据，对其定罪量刑。

综上，1996年刑事诉讼法规定的简易程序的适用范围是轻刑案件，而2012年的刑事诉讼法规定的简易程序的适用范围则涵盖了包括轻刑案件在内的基层人民法院审理的所有案件，限制在三个条件的同时具备，尤其强调尊重被告人的主观意向。

在新法适用过程中，尤其需要注意庭审前被告人对于简易程序含义的充分知悉。考虑到我国尚处于法治化进程中的历史阶段，民众对于法言法语尤其是涉嫌刑事犯罪后对于刑事诉讼法条的理解程度，为了保障被告人庭审中享有充分的权益，在司法实践中，公诉案件至迟在开庭审理之前，需要辩护人或者审查起诉的检察人员，将本条的全部含义讲解给被告人或者犯罪嫌疑人，使其明晰简易程序与普通程序的异同，便于庭审时审判人员征求其是否同意适用简易程序意见时，作出符合自己本意的表态。如此，作用有三：①保障被告人从容地维护自己的合法权益，避免庭审中匆忙表态；②节约庭审时间，提高庭审效率，避免庭审中被告人对简易程序含义的不解导致审判人员庭上的反复讲解；③减少庭审中被告人不同意适用简易程序而改为普通程序影响诉讼效率的几率。是否同意适用简易程序，被告人的意见以庭审中为有效意见。如果他开庭前对于简易程序的含义知悉的不全面，则即使他曾经同意但庭审中临时改变主意，那么简易程序也须相应改为普通程序，由此审判人员是 1 人的需要变更为 3 人，也可能要涉及新的证人出庭、调取新的证据、重新鉴定等，从而不得不延期审理，失去了适用简易程序的本意。

八十一、增加一条，作为第二百零九条："有下列情形之一的，不适用简易程序：

"（一）被告人是盲、聋、哑人，或者是尚未完全丧失辨认或者控制自己行为能力的精神病人的；

"（二）有重大社会影响的；

"（三）共同犯罪案件中部分被告人不认罪或者对适用简易程序有异议的；

"（四）其他不宜适用简易程序审理的。"

【精解】

本条在新刑事诉讼法中增加了关于不适用简易程序审理的情形的规定。

新刑事诉讼法第 209 条规定了不适用简易程序审理的四种情形：

第一种情形是被告人是盲、聋、哑人或者是尚未完全丧失辨认或者控制自己行为能力的精神病人。这几类人有的是生理上有缺陷，有的是精神上有障碍，但其并未丧失或完全丧失辨认或者控制自己行为的能力，属于有部分责任能力但对事物的完整性、客观性的认识又不是很全面的人，有时可能还不能充分表达自己的意愿，应当充分保障他们的诉讼权利，如新刑事诉讼法第 34 条第 2 款规定，犯罪嫌疑人、被告人是盲、聋、哑人，或者是尚未完全丧失辨认或者控制自己行为能力的精神病人，没有委托辩护人的，人民法院、人民检察院和公安机关应当通知法律援助机构指派律师为其提供辩护，也是出于相同的考虑。所以，为了更扎实地认定犯罪和证据，对这类案件不应适用简易程序进行审理。

第二种情形是有重大社会影响的案件。这里的"重大社会影响"一般是指社会关注度高、反映强烈的案件。这一规定体现了立法的慎重，对案件的处理既考虑社会效果又考虑法律效果。

第三种情形是共同犯罪案件中部分被告人不认罪或者对适用简易程序有异议的。这里规定的"不认罪"，是指被告人不承认有犯罪事实或者不认为其行为构成犯罪。"有异议"是指被告人不同意适用简易程序审理。此项规定主要是考虑多个被告人共同犯罪的案件往往案情复杂，证据相互关联，被告人的口供之间也需相互印证、调查核实，为慎重公正处理，只要其中一个被告人对案件提出异议或不认罪，就不符合适用简易程序的条件。

第四种情形是其他不宜适用简易程序审理的。这项规定是一个兜底条款，主要是考虑司法实践中各类案件情况复杂，有些确实不宜适用简易程序，如涉及重大国家利益的敏感案件等，又难以在法律中一一列举，在此作原则性规定，可以由人民法院在司法实践中根据具体情况掌握，也可以根据实际需要作出司法解释。

【引导案例1】哑人盗窃案　不适用简易程序审

李某、张某、王某，三名男青年均年满18周岁、精神发育正常，但王某系哑人。三人中学毕业后，一直游手好闲，未找到正式工作。2009年10月的一天，三人在一起吃饭时，李某提议说城镇路边有一段电缆是废弃不用的，电缆有两三厘米粗，一看芯就是铜做的，把电缆割了卖能赚不少钱。于是三人在一个深夜相约到城镇路边盗取电缆，得手。次日案发。电缆被追缴。经物价部门作价，涉案电缆价值人民币4800元。公安机关在讯问王某时为其安排了手语翻译。该三人对于盗窃的犯罪事实供认不讳，并有案发现场勘验笔录、证人证言等其他证据在案佐证。人民检察院在审查起诉时，虽认为本案事实清楚、证据充分，但鉴于王某系哑人，未建议法院适用简易程序进行审理。

【分析】

1996年刑事诉讼法规定了简易程序专节，并在第174条中规定了适用简易程序的案件范围，该节并没有规定哪些案件不能适用简易程序。这些适用范围，有的只是从案件可能判处的量刑轻重程度考虑，没有从案件本身的社会危害性和社会影响以及被告人自身的认知能力等方面考虑，如对依法可能判处3年有期徒刑以下刑罚的公诉案件，事实清楚、证据充分和告诉才处理的案件；有的规定界限不好掌握，如被害人起诉的有证据证明的轻微刑事案件，如此就造成了实践中不该适用而适用简易程序审理的情况，影响了对案件的公正处理。本次修改刑事诉讼法，总结实践中出现的各种问题，充分考虑到保障盲、聋、哑等特殊群体被告人的诉讼权利以及对有重大社会影响案件的公正处理等因素，将不宜适用简易程序审理的情况明确化。从而便于司法机关在办案实践中掌握，以有效防止不当适用简易程序审理案件情况的发生，更好地保护公民的诉讼权利。

　　上述盗窃案，依照《刑法》第 264 条之规定属于可能判处 3 年有期徒刑以下刑罚的案件，若按照 1996 年刑事诉讼法第 174 第 1 款的规定，是可以适用简易程序审理的。但是按照新刑事诉讼法第 209 条第 1 款的规定，因王某系生理有缺陷的哑人，虽然他只是其中之一人，为了切实保护残疾人的诉讼权益，也不能适用简易程序审理该案。

　　【引导案例 2】社会影响大的案件　不适用简易程序审理

　　孟某，男，50 岁，系某村村支部书记兼村主任。2007 年至 2008 年间孟某在其承包的本村林地上挖取沙石土出卖，所得款除孟某自己公司所得外，孟某还自己出资为村里硬化道路并翻修小学。经过一年多的开挖，孟某承包地内形成了一个巨坑，经有关部门对该坑测量评估，孟某非法取土占用林地面积达三十余亩，造成林地大量毁坏，孟某之行为已涉嫌非法占用农用地罪。且该巨坑一侧离国家某电气化铁路重载列车运输线很近，距离远远小于铁路安全运行的路基数。因该巨坑威胁到铁路线的运输安全，该案在社会上引起极大影响，也引起铁道部及有关省市级领导的高度关注。2010 年，孟某出资对该坑回填，但是土地用途在短期内已无法恢复。孟某被司法机关追诉后，本村受惠于孟某的部分村民多次到司法机关要求对孟某从轻处理。

　　【分析】

　　依据新刑事诉讼法的规定，对社会影响重大是限制适用简易程序的情形之一。

　　该案触犯《刑法》第 342 条，孟某涉嫌非法占用农用地罪。该罪的刑罚是处 5 年以下有期徒刑或者拘役，并处或者单处罚金。因其到案后如实供述，符合《刑法》第 67 条第 3 款的规定，具有法定从轻情节。因其回填巨坑，具有酌定从轻量刑情节。综合孟某案发前后的行为和表现，有可能被判处 3 年有期徒刑以下刑罚。符合 1996 年刑事诉讼法第 174 条第 1 款的规定，可以适用简易程序。但新法对简易程序的适用增加了专门的限制性条款。本案因案情所及在本区域有重大社会影响，社会各方面关注度高，属于新刑事诉讼法第 309 条第

2 款规定的情形，故不能适用简易程序审理。

【引导案例 3】合伙盗窃有不认罪的　不能适用简易程序

周某，男，19 岁；赵某，男，18 岁；李某，男，28 岁。三人均为无业人员，三人仿照古时候的桃园结义，成立了"兄弟会"盗窃三人组，周某、赵某称呼李某为"大哥"，周某为老二，赵某为老三。平时盗窃时三人一起行动，分工配合，赵某望风，周某和李某入室盗窃，盗得钱财一起分赃。2011 年 4 月的一个深夜，三人相约到一街边餐馆行窃，得手人民币 1800 元；同年 5 月某日凌晨，该三人行至一理发馆，窃得人民币 1200 元。同年底，三人在共同盗窃一居民楼时，被夜巡民警当场抓获。公安机关在讯问过程中，周某供出曾与赵某、李某共同作案的另两起犯罪事实。经讯问，赵某对 4 月、5 月与周某、李某共同作案的犯罪事实供认不讳。但李某辩称其在 4 月、5 月曾与周某、赵某一起吃过饭，并没有一起作过案。

【分析】

依据新刑事诉讼法的规定，被告人的主观因素也是限制适用简易程序的情形之一。

该案事实清楚，证据充分，依据《刑法》第 264 条的规定，属于可能判处有期徒刑 3 年以下刑罚的案件，按照 1996 年刑事诉讼法第 174 条第 1 款之规定，可以适用简易程序审理。但是，新刑事诉讼法第 209 条第 3 款增加规定了"共同犯罪案件中部分被告人不认罪或者对适用简易程序有异议的"限制性内容。按照本款规定，本案中李某不认罪，不能适用简易程序审理，即使李某认罪，如果这三名被告人中有一人不同意适用简易程序审理，该案也不能适用简易程序审理。

八十二、将第一百七十五条改为第二百一十条，修改为："适用简易程序审理案件，对可能判处三年有期徒刑以下刑罚的，可以组成合议庭进行审判，也可以由审判员一人独任审判；对可能判处的有期徒刑超过三年的，应当组成合议庭进行审判。

"适用简易程序审理公诉案件，人民检察院应当派员出席法庭。"

【精解】

本条是对 1996 年刑事诉讼法第 175 条关于适用简易程序审判的审判组织

和人民检察院出庭支持公诉规定的修改。

1996 年刑事诉讼法第 175 条规定："适用简易程序审理公诉案件，人民检察院可以不派员出席法庭。被告人可以就起诉书指控的犯罪进行陈述和辩护。人民检察院派员出席法庭的，经审判人员许可，被告人及其辩护人可以同公诉人互相辩论。"

《决定》通过本条对 1996 年刑事诉讼法第 175 条主要作了两个方面的修改：一是将原来的"适用简易程序，由审判员一人独任审判"修改为"对可能判处三年有期徒刑以下刑罚的，可以组成合议庭进行审判，也可以由审判员一人独任审判"；增加规定"对可能判处的有期徒刑超过三年的，应当组成合议庭进行审判"；二是将"人民检察院可以不派员出席法庭"修改为"人民检察院应当派员出席法庭"。

新刑事诉讼法第 210 条分为 2 款。

第 1 款是关于适用简易程序审理的审判组织的规定。本款规定了两种情况：

（1）对于可能判处 3 年有期徒刑以下刑罚适用简易程序审理的案件，人民法院可以根据案件的不同情况，组成合议庭进行审判，也可以由审判员一人独任审判。"三年有期徒刑以下刑罚"是指刑法规定的 3 年以下有期徒刑、拘役、管制、单处罚金、单处剥夺政治权利等刑罚。其中有期徒刑包括 3 年及其以下有期徒刑。可能判处 3 年有期徒刑以下刑罚的案件，一般来说，属于较轻的刑事案件，所以，本条规定可以组成合议庭审判，也可以由人民审判员 1 人独任审判。对于需要组成合议庭进行审判的，合议庭的组成人员可以根据新刑事诉讼法第 178 条第 1 款的规定，由审判员 3 人或者由审判员和人民陪审员共 3 人组成合议庭进行。一般情况下，对于被告人少、案情简单清楚、证据基本充分，被告人认罪、适用法律定罪量刑也较为明确，可能判处 3 年有期徒刑以下刑罚的案件，人民法院可以适用独任审判的形式，这有利于及时结案、节约司法资源。另一种是对案情相对复杂、证据之间存在疑问，人民法院认为需要组成合议庭进行审判的可能判处 3 年有期徒刑以下刑罚的案件，可以组成合议庭进行审判。

（2）对于可能判处的有期徒刑超过 3 年的案件，法律规定应当依法组成合议庭进行审判。一般来说，有期徒刑超过 3 年的案件，属于比较严重的犯罪案件，规定应当组成合议庭进行审理是必要的，由多名审判人员或陪审员合议，充分讨论,有利于进一步查明案件事实,有利于案件的公正审判。根据《刑法》第 45 条的规定,有期徒刑的期限,为 6 个月以上 15 年以下。根据《刑法》第 69 条第 1 款关于数罪并罚后刑期的规定,有期徒刑总和刑期不满 35 年的,最高不能超过 20 年,总和刑期在 35 年以上的,最高不能超过 25 年。这里的"有期徒刑超过三年",是指最低刑为 3 年以上不包括 3 年有期徒刑,最高刑为 25 年有期徒刑。

第 2 款是关于适用简易程序审理公诉案件,人民检察院应当派员出席法庭的规定。也就是说,适用简易程序审理公诉案件时,人民检察院必须派员出席法庭。

【引导案例】奸淫幼女案　审判时要组成合议庭

石某,男,76 岁,系被害人小王的爷爷。小王,女 18 岁,自幼父母双亡,后随奶奶改嫁至石某家,称呼石某为爷爷。2007 年冬,快过年的一天,小王的奶奶外出办年货,小王还未起床。石某窜至王某卧室内用威胁、引诱等方式奸淫小王。小王当时刚满 13 岁。后石某多次以告诉小王学校老师等言语相威胁,强行与小王发生性关系,5 年间共计发生五十余次,每次发生关系后石某都在日历上有明确记录。2011 年小王已经长大成人,一天,小王将石某强奸她的情况告诉了她奶奶,后小王奶奶带小王到派出所告发石某强奸的罪行。石某对奸淫小王的犯罪事实供认不讳。公安机关将本案移送起诉后,检察机关鉴于本案事实清楚,证据确实充分,石某认罪,遂向人民法院建议适用普通程序简化审理此案,派检察员出庭支持公诉。法院受理后,组成合议庭对本案进行不公开审理。

【分析】

本案中石某涉嫌强奸,事实清楚,证据充分。按照《刑法》第 236 条的规定量刑应在 3 年以上,不符合 1996 年刑事诉讼法第 174 条规定的可以适用简易程序的情形。但是,按照新刑事诉讼法第 208 条的规定,该案石某若同意适用简易程序审理,则可以适用简易程序。事实上,2011 年年底,法院适用普通程序简化审方式审理石某案,对石某判处有期徒刑 8 年。

从卷宗材料看,石某归案后每次提讯均能如实供述,我们假定如果是在 2013 年新刑事诉讼法实施后审理该案,石某既认罪又同意适用简易程序,则该案适用简易程序审理。那么,本条在适用中需要注意哪些问题呢?

（1）轻刑犯罪即可能判处 3 年有期徒刑以下刑罚的，可以组成合议庭进行审判，也可以由审判员 1 人独任审判。为保证案件质量，本条对可能判处较轻刑罚适用简易程序审判的，规定可以组成合议庭进行审判，也可以由审判员 1 人独任审判。即将原来的"适用简易程序，由审判员一人独任审判"修改为"对可能判处三年有期徒刑以下刑罚的，可以组成合议庭进行审判，也可以由审判员一人独任审判"，这需要由人民法院根据案件的具体情况，在确保案件质量的前提下确定采用何种庭审方式。

（2）重刑犯即可能判处的有期徒刑超过 3 年的，应当组成合议庭进行审判。对于可能判处较重刑罚的案件适用简易程序审判的，规定应当组成合议庭进行审判。即增加规定"对可能判处的有期徒刑超过三年的，应当组成合议庭进行审判"的内容。这次修改刑事诉讼法，将适用简易程序审理的案件范围由可能判处 3 年有期徒刑以下刑罚的案件扩大到基层人民法院管辖的符合简易程序规定条件的全部案件。上述修改，使适用简易程序审理的案件，不仅包括了可能判处较轻刑罚的案件，同时也包括了可能判处较重刑罚、较长时间剥夺被告人人身自由的案件，对这类案件，为确保公正审判，体现慎重原则，因而规定要组成合议庭。

上述强奸案，即属于此类。该案在适用简易程序审理时，必须组成合议庭而不能由审判员 1 人独任审判。当然，合议庭可以由 3 名审判员也可以由 1 名审判员和 2 名人民陪审员组成。

（3）适用简易程序审理公诉案件，人民检察院应当派员出席法庭。1996 年刑事诉讼法第 175 条规定："适用简易程序审理公诉案件，人民检察院可以不派员出席法庭。被告人可以就起诉书指控的犯罪进行陈述和辩护。人民检察院派员出席法庭的，经审判人员许可，被告人及其辩护人可以同公诉人互相辩论。"而在司法实践中，以往对于适用简易程序审理的案件，人民检察院一般不派员出席法庭。但是，为保障被告人的诉讼权利和发挥人民检察院支持公诉和法律监督的职能作用，此次修改刑事诉讼法将"人民检察院可以不派员出席法庭"修改为"人民检察院应当派员出席法庭"。故对于上述强奸案，人民检察院是必须派员出庭的。

八十三、增加一条，作为第二百一十一条："适用简易程序审理案件，审判人员应当询问被告人对指控的犯罪事实的意见，告知被告人适用简易程序审理的法律规定，确认被告人是否同意适用简易程序审理。"

【精解】

本条在刑事诉讼法中增加了关于对简易程序适用条件的审查程序的规定。

新刑事诉讼法第 211 条规定包括以下三个方面的内容：

一是听取被告人对指控的犯罪事实的意见。人民法院适用简易程序审理案件，开庭后，检察人员应当向被告人宣读起诉书，宣读完起诉书，询问被告人对起诉书指控他的犯罪事实的意见，是否认罪，有否异议。

二是告知被告人有关法律规定。由于案件是适用简易程序审理的，所以，审判人员应根据案件的具体情况，将本节关于适用简易程序审理的有关规定告知被告人，如适用简易程序审理案件，依照规定，根据案件的不同情况，可以由审判员 1 人独任审判，也可以组成合议庭进行审判；告知被告人在法庭上有陈述权、辩护权以及与公诉人互相辩论的权利；告知被告人适用简易程序审理案件，与适用普通程序审理案件的不同之处，如适用简易程序审理案件，证人、鉴定人可以不出庭或不受送达期限、出示证据等普通程序审理规定的限制。

三是确认被告人是否同意适用简易程序审理案件。在审判人员告知了被告人本法关于简易程序的规定和自己依法应当享有的诉讼权利的基础上，被告人应当明确表示同意或者不同意适用简易程序审理。经过上述审查核实程序，人民法院再决定是否继续适用简易程序进行审理。无论是人民检察院建议人民法院适用简易程序审理的案件，还是人民法院经审查认为应当适用简易程序审理的案件，只要在人民法院开庭审查核实阶段被告人不同意适用简易程序或有不符合新刑事诉讼法第 208 条规定的条件之一的，人民法院应当决定改为适用普通程序进行审理。

【引导案例】伤害案是否适用简易程序　要尊重被告人意见

小李和小刘系同一歌厅的歌手和乐师，2011 年 5 月 23 日凌晨 4 点下班后几个人一起吃饭，饭后他人散去，该二人继续喝酒，边喝酒边吹牛，比谁小时候更能打架。至早八点，二人争执起来，小李不听他人劝架，跑回租住房屋，从厨房操起菜刀冲出，找到小刘后挥刀便砍，连续四刀砍下去，将旁边劝架的小陈及小刘砍伤。经鉴定，小陈属轻伤，小刘系轻微伤。事后，小李很后悔。赔付了小陈及小刘的医药费等费用共计 10 万元，与小陈达成和解协议，小陈、小刘均表示不再追究小李的任何责任。但鉴于小李持刀、连续数次刀砍致伤他人，其行为已构成故意伤害罪。人民检察院依法对其提起公诉，同时建议法院适用简易程序审理此案。法院适用简易程序审理了此案件。

【分析】

如果按照 1996 年刑事诉讼法的规定，法院可以不征求被告人意见，直接适用简易程序。但是，新刑事诉讼法则强调是否适用简易程序，要尊重被告人的意志。

新刑事诉讼法第 211 条是新增规定。

综观新刑事诉讼法关于简易程序专节新增加及修改的内容，我们发现，一方面扩大了简易程序的适用范围，另一方面增加了对被告人意志的尊重，从而限制对简易程序的适用，避免因强调效率而影响到公正，以保障被告人的合法权益不因程序简易而受到侵犯。

就本案来看，按照 1996 年刑事诉讼法第 174 条及提起公诉的有关规定，审查起诉的人民检察院在向人民法院提起公诉时，应将案卷材料、证据一并移送人民法院。人民法院根据案件事实和证据，决定适用简易程序时，通知人民检察院，人民检察院可以派员也可以不派员出席法庭，而实践中人民检察院往往不派员出庭。此时，人民检察院只要在起诉书附件中注明建议法院适用简易程序，而不需要对其进行有关简易程序含义、所及内容的解释。法院庭审前，甚至庭审中并不需要询问被告人对于适用简易程序的态度。对于由审判员一人独任的审判庭，在没有公诉人出庭的公诉案件审理中，开庭审理主要是针对起诉书中指控的罪犯，由被告人进行陈述和辩解，从而核实指控的犯罪事实和证据，由审判员作出定罪与否、定罪量刑的判断。本案 2011 年冬季的审理，即是如此。

但是，新刑事诉讼法的规定则不然。对于本案，事实清楚、证据充分只是适用简易程序的必要条件之一。即使人民检察院将起诉书、适用简易程序建议书、量刑建议书，连同卷宗材料、证据移送人民法院，法院经审查认为符合新刑事诉讼法第 208 条的规定，决定适用简易程序审理，并由一名审判员独任审判的，庭审开始后，当公诉人宣读完毕起诉书，审判员当庭询问被告人对指控犯罪事实的意见，在得到没有异议的回答后，再将本节关于适用简易程序审理的有关法律规定告知被告人，进一步确定被告人是否同意适用简易程序审理。

如果都没有异议时，方可视情况听取被告人的陈述和辩护。

如果本案按照简易程序开庭后，庭审中公诉人宣读完毕起诉书，审判长询问被告人对指控犯罪事实是否认可时，被告人提出不同意见，或者，虽然认可起诉书指控的犯罪事实，但对于适用简易程序提出不同意见的，该简易程序也必须终止，改由普通程序审理。这样规定是为了确保适用简易程序的准确性，体现了适用简易程序审理案件的谨慎态度，也体现了对被告人诉讼权利的尊重。

八十四、将第一百七十六条改为第二百一十二条，修改为："适用简易程序审理案件，经审判人员许可，被告人及其辩护人可以同公诉人、自诉人及其诉讼代理人互相辩论。"

【精解】

本条是对1996年刑事诉讼法第176条关于适用简易程序审理案件庭审程序规定的修改。

1996年刑事诉讼法第176条规定："适用简易程序审理自诉案件，宣读起诉书后，经审判人员许可，被告人及其辩护人可以同自诉人及其诉讼代理人互相辩论。"

《决定》通过本条对1996年刑事诉讼法第176条作了三处修改：一是删去了"自诉"二字的限制；二是删去了"宣读起诉书后"的规定；三是增加了可以同"公诉人"辩论的规定。

根据新刑事诉讼法第212条的规定，适用简易程序审理公诉和自诉案件，应当按以下程序进行：

（1）宣读起诉书。在审判人员宣布开庭及有关事项后，向被告人宣读起诉书。如果是公诉案件，应当由公诉人宣读起诉书。自诉案件应当由自诉人或者其诉讼代理人宣读起诉书。

（2）互相辩论。宣读起诉书后，被告人如果不认罪，经审判人员许可，可以与公诉人、自诉人及其诉讼代理人进行辩论。被告人聘请辩护律师的，辩护人也可以参加辩论。辩论必须向审判人员提出发言请求，经许可后进行。辩论没有严格的先后顺序，可以针对起诉书指控的全部或部分事实、理由、证据等进行辩论。

八十五、将第一百七十七条改为第二百一十三条，修改为："适用简易程序审理案件，不受本章第一节关于送达期限、讯问被告人、询问证人、鉴定人、出示证据、法庭辩论程序规定的限制。但在判决宣告前应当听取被告人的最后陈述意见。"

【精解】

本条是对 1996 年刑事诉讼法第 177 条关于适用简易程序审理案件可以简化程序规定的修改。

1996 年刑事诉讼法第 177 条规定："适用简易程序审理案件，不受本章第一节关于讯问被告人、询问证人、鉴定人、出示证据、法庭辩论程序规定的限制。但在判决宣告前应当听取被告人的最后陈述意见。"

《决定》增加了不受本章第一节关于"送达期限"限制的规定。

新刑事诉讼法第 213 条的规定有两层意思：

(1)适用简易程序审理案件，不受本章第一节关于送达期限、讯问被告人、询问证人、鉴定人、出示证据、法庭辩论程序规定的限制。这些限制性规定，主要是指新刑事诉讼法第 182 条规定的人民法院决定开庭审判后，应当将人民检察院的起诉书副本至迟在开庭 10 日以前送达被告人及其辩护人；人民法院确定开庭日期后，应当将开庭的时间、地点通知人民检察院，传唤当事人，通知辩护人、诉讼代理人、证人、鉴定人和翻译人员，传票和通知书至迟在开庭 3 日以前送达；新刑事诉讼法第 196 条规定的当庭宣告判决的，应当在 5 日以内将判决书送达当事人和提起公诉的人民检察院；定期宣告判决的，应当在宣告后立即将判决书送达当事人和提起公诉的人民检察院。第 186 条规定的公诉人在法庭上宣读起诉书后，被告人、被害人进行陈述后，公诉人可以讯问被告人；审判人员可以讯问被告人。第 189 条规定的审判人员可以询问证人、鉴定人。第 190 条规定的公诉人、辩护人应当向法庭出示物证，让当事人辩认。第 193 条规定的经审判长许可，公诉人、当事人和辩护人、诉讼代理人可以对证据和案件情况互相辩论等规定。"不受限制"，是指人民法院可以根据审理案件的实际需要，进行某一程序，也可以不进行某一程序。

(2)被告人有最后陈述权。根据本条规定，适用简易程序审理案件，在判决宣告前应当听取被告人的最后陈述意见。法庭听取被告人的最后陈述意见是必经程序，是被告人的一项重要诉讼权利。这一规定表明，虽然程序简易，但对被告人诉讼权利的保障不能减弱。最后陈述应在法庭调查辩论结束后、判决宣告前进行，时间一般不受限制，陈述内容只要不是与本案毫无关系也不应制止。

【引导案例】危险驾驶案　快审快判

张某，男，39 岁。2011 年 8 月 22 日 14 时许，驾驶小型方向盘式拖拉机在某区六渡河村原始部落桥头，由东向西行驶，与驾驶小型轿车由西向东行驶的邢某发生交通事故，造成两车受损。经区交通支队事故科民警现场对张某进行呼吸式酒精检测结果为 200mg/100ml，经该市公安局司法鉴定中心对张某体内血液进行酒精检测，张某所送血液中检测出酒精含量为 418.2mg/100ml。张某属于醉酒驾车，其行为触犯《刑法》第 133 条第 1 款之规定，涉嫌危险驾驶罪。对于张某涉嫌危险驾驶罪案，区检察院经审查认为，符合 1996 年刑事诉讼法第 174 条的规定，故于 2011 年 9 月 2 日向区法院提起公诉时，建议法院对此案适用简易程序审理。区法院经审查，征求张某意见后决定对该案适用简易程序审理，并于 9 月 5 日向张某及其辩护人李律师送达检察院的起诉书，由于案情简单法院决定于 9 月 8 日对本案进行公开审理。法院书记员小李在 9 月 6 日上午通过打电话告知李律师开庭时间及地点。法院开庭审理后于 2011 年 9 月 10 日作出判决。

【分析】

新刑事诉讼法增加规定了简易程序审理不受普通程序送达期限的限制。

简易程序设置的初衷是为了简化办案程序，提高办案效率。因此，这个程序必须体现出"简"字，否则就失去意义。由于适用简易程序审理的案件相对来说案情简单、事实清楚、证据较充分，被告人认罪且被告人同意适用简易程序审理，因而审理中对讯问被告人、询问证人、鉴定人、出示证据、法庭辩论程序不一定都要按普通程序进行，在保证查清案件事实的基础上，依照法律规定，该简化的简化。适用简易程序审理案件，要切实保障被告人的诉讼权利，尤其是被告人充分陈述自己意见的权利。被告人陈述自己意见的权利，要体现在诉讼的全过程中，一是在法庭调查时的陈述和辩护权，二是最后陈述权。最后陈述，既是被告人进行辩护的权利，又是被告人全面认识自己行为性质和后果的一个机会，法庭也可以借以掌握被告人是否真诚悔罪等心理态度。鉴于被告人最后陈述的重要意义，新刑事诉讼法第 213 条明确规定了适用简易程序审理案件，在判决宣告前应当听取被告人的最后陈述意见。

本次修改刑事诉讼法增加了不受本章第一节关于"送达期限"限制的规定。关于送达期限的规定有：人民法院决定开庭审判后，应当将人民检察院的起诉书副本至迟在开庭 10 日以前送达被告人及其辩护人；人民法院确定开庭日期后，应当将开庭的时间、地点通知人民检察院，传唤当事人，通知辩护人、诉讼代理人、证人、鉴定人和翻译人员，传票和通知书至迟在开庭 3 日以前送达；当庭宣告判决的，应当在 5 日以内将判决书送达当事人和提起公诉的人民检察院；定期宣告判决的，应当在宣告后立即将判决书送达当事人和提起公诉的人民检察院。本次修法明确简易程序审理不受以上这些送达期限的限制，可以进一步简化办案程序，提高诉讼效率。

上述案例中，区法院决定适用简易程序审理张某涉嫌危险驾驶罪案件后，依据 1996 年刑事诉讼法第 177 条的规定，开庭审理时不必按照普通程序那样讯问被告人、询问证人、鉴定人、出示证据、法庭辩论等。此外，根据新刑事诉讼法专门增加的开庭审理前不受普通程序中规定的"送达期限"的限制的规定，新法实施后遇到与本案类似的案件时，简化办案程序，提高诉讼效率的做法是可取的。

八十六、将第一百七十八条改为第二百一十四条，修改为："适用简易程序审理案件，人民法院应当在受理后二十日以内审结；对可能判处的有期徒刑超过三年的，可以延长至一个半月。"

【精解】

本条是对 1996 年刑事诉讼法第 178 条关于适用简易程序审理期限规定的修改。

1996 年刑事诉讼法第 178 条规定："适用简易程序审理案件，人民法院应当在受理后二十日以内结案。"

《决定》通过本条将 1996 年刑事诉讼法第 178 条作了修改，增加了"对可能判处的有期徒刑超过三年的，可以延长至一个半月"的规定。

新刑事诉讼法第 214 条的规定包括以下两层意思：

（1）人民法院在适用简易程序审理案件时，应当在受理后 20 日以内审结。根据本条规定，这里所说的"案件"，是指新刑事诉讼法第 210 条规定的"对可能判处三年有期徒刑以下刑罚的"案件，即 3 年以下有期徒刑、拘役、管制、单处罚金、单处剥夺政治权利等案件。这里规定的"在受理后二十日以内"，是指从人民法院立案之日起 20 日以内。"审结"，是指人民法院通过对案件的开庭审理，依法作出处理并结案。如可作出有罪或无罪的判决、对自诉案件可以依法调解、自诉人也可以依法与被告人和解或者撤回自诉。

（2）在法定条件下审理期限可以延长至 1 个半月。本条规定的"对可能判处的有期徒刑超过三年的案件"，根据《刑法》的规定，是指最低刑为 3 年，最高刑分别为 15 年、20 年或 25 年有期徒刑的案件。"延长至一个半月"，是指适用简易程序审理上述案件，自人民法院受理案件之日起，其审理期限不能超过 1 个半月。

【引导案例】轻伤害认罪案件　审限只有 20 日

2010 年 6 月 17 日 9 时许，马某在某区南小街方圆造型理发店内，因同事刘某拿着马某手机玩游戏，双方开起玩笑，因玩笑过头发生口角，双方约好到后院互殴，在互殴过程中，马某持石块将刘某面部左颧骨打伤。经区司法鉴定中心鉴定：刘某身体所受损伤程度属轻伤。区检察院经审查认为，案件事实清楚、证据充分，且马某自愿认罪，故在 2010 年 8 月 3 日向区法院提起公诉的同时，建议法院对该案适用简易程序审理。区法院适用简易程序公开开庭审理了此案，于 2010 年 8 月 18 日作出判决。

【分析】

为及时审理简易程序的案件，真正体现办案效率，1996 年刑事诉讼法第 178 条规定，适用简易程序审理案件，人民法院应当在受理后 20 日以内结案。这一规定相对于第 168 条人民法院审理公诉案件，应当在受理后 1 个月内宣判，至迟不得超过 1 个半月的规定，在时间上确实体现了简易程序简易审理的原则。但是，根据 1996 年刑事诉讼法的规定，对简易程序的适用范围仅限于对依法可能判处 3 年以下有期徒刑、拘役、管制、单处罚金的公诉案件和告诉才处理的案件，以及被害人起诉的有证据证明的轻微刑事案件三大类。本次修改刑事诉讼法扩大了适用简易程序审理的案件范围，扩大到超过 3 年有期徒刑刑罚的案件，即除无期徒刑和死刑外的所有有期徒刑的案件，包括 15 年有期徒刑、数罪并罚 20 年、25 年有期徒刑的所有案件。而可能判处超过 3 年有期徒刑的案件，涉及对被告人人身自由较长时间的剥夺，应当格外慎重。即使符合适用简易程序的条件，为保证办案质量，也不宜匆忙审结。本条对这类案件规定了短于普通程序期限，长于轻罪适用简易程序审限的审理时间，既考虑了保证案件质量，避免错案发生，又能提高审判效率、节省办案时间。考虑到具体情况，本条增加了"对于可能判处的有期徒刑超过三年的，可以延长至一个半月"。这一规定，相对于新刑事诉讼法第 202 条人民法院审理公诉案件，应当在受理后 2 个月以内宣判，至迟不得超过 3 个月的规定，时间缩短了很多，是简易案件简单审的充分体现。

自 1996 年刑事诉讼法设简易程序专门一节以来，各地司法实践中，对于犯罪事实清楚，可能判处 3 年有期徒刑以下刑罚的公诉案件，侦查机关、检察机关、审判机关均依法在保证案件质量的前提下缩短办案期限、提高了工作效率。基层人民法院对于适用简易程序审理的所有案件，均严格依照 1996 年刑事诉讼法第 178 条的规定，在受理后 20 天审结。但是，新刑事诉讼法由于将简易程序的适用范围扩大到基层法院管辖的、符合第 208 条规定、排除第 209 条规定的所有案件，而这些案件中，虽然均是事实清楚、证据充分且被告人认罪的，但肯定有重刑犯罪，或者性质恶劣，或者后果严重，如抢劫、强奸、走私制毒贩毒等，可能判处有期徒刑超过 3 年，本条规定可以在 20 日内审结，也可以延长至一个半月，目的在于避免因注重效率而影响质量。

八十七、将第一百八十七条改为第二百二十三条，第一款修改为："第二审人民法院对于下列案件，应当组成合议庭，开庭审理：

"（一）被告人、自诉人及其法定代理人对第一审认定的事实、证据提出异议，可能影响定罪量刑的上诉案件；

"（二）被告人被判处死刑的上诉案件；

"（三）人民检察院抗诉的案件；

"（四）其他应当开庭审理的案件。

"第二审人民法院决定不开庭审理的，应当讯问被告人，听取其他当事人、辩护人、诉讼代理人的意见。"

【精解】

本条是对 1996 年刑事诉讼法第 187 条关于第二审案件的审理方式的规定的修改。

1996 年刑事诉讼法第 187 条规定："第二审人民法院对上诉案件，应当组成合议庭，开庭审理。合议庭经过阅卷，讯问被告人，听取其他当事人、辩护人、诉讼代理人的意见，对事实清楚的，可以不开庭审理。对人民检察院抗诉的案件，第二审人民法院应当开庭审理。第二审人民法院开庭审理上诉、抗诉案件，可以到案件发生地或者原审人民法院所在地进行。"

《决定》明确增加了二审应当开庭审理的三种情形：第一，被告人、自诉人及其法定代理人对第一审认定的事实、证据有异议并提出上诉，人民法院认为可能影响定罪量刑的案件。第二，被告人被判处死刑的上诉案件。第三，其他应当开庭审理的案件。并规定，第二审人民法院决定不开庭审理的，应当讯问被告人，听取其他当事人、辩护人、诉讼代理人的意见。

新刑事诉讼法第 223 条规定："第二审人民法院对于下列案件，应当组成合议庭，开庭审理：（一）被告人、自诉人及其法定代理人对第一审认定的事实、证据提出异议，可能影响定罪量刑的上诉案件；（二）被告人被判处死刑的上诉案件；（三）人民检察院抗诉的案件；（四）其他应当开庭审理的案件。第二审人民法院决定不开庭审理的，应当讯问被告人，听取其他当事人、辩护人、诉讼代理人的意见。第二审人民法院开庭审理上诉、抗诉案件，可以到案件发生地或者原审人民法院所在地进行。"第 223 条分为 3 款。

第 1 款是关于二审案件的审理方式和范围的规定。对以下四种情况，第二审人民法院应当组成合议庭，开庭审理：

（1）被告人、自诉人及其法定代理人对第一审认定的事实或者证据有异议并提出上诉，人民法院认为可能影响定罪量刑的案件。这里所说的"事实或者证据"，二者是选择关系，是指对其中之一有异议。所谓"异议"即不同意见。本项规定并不是说只要诉讼当事人有异议提出上诉，第二审人民法院就要开庭审理，而是要求人民法院根据诉讼当事人提出上诉的理由，结合案件的事实、证据等具体情况，分析后认为可能会影响到本案的定罪量刑，才应当决定开庭审理。

（2）被告人被判处死刑的上诉案件。这里的"死刑案件"，既包括被判处死刑立即执行的案件，也包括被判处死刑缓期二年执行的案件。

（3）人民检察院抗诉的案件。对人民检察院抗诉的案件，不论当事人是否同时提出上诉，也不论案件事实是否清楚，第二审人民法院都应当开庭审理。

（4）其他应当开庭审理的案件。可以由二审人民法院根据上诉案件的情况决定，也可以由最高人民法院根据司法实践的具体情况作出如何适用法律的解释。

本款所说的"开庭审理"，是指参照第一审案件的开庭程序进行审理，即应当通知检察院派员出庭，通知辩护人、代理人、证人及其他诉讼参与人到庭，经过法庭调查、法庭辩论、听取被告人最后陈述，合议庭评议后作出判决。本款所说的"组成合议庭"，是指根据新刑事诉讼法第178条第4款和第5款的规定，人民法院审判上诉和抗诉案件，由审判员3人至5人组成合议庭进行。合议庭的成员人数应当是单数。

第2款是关于不开庭审理的规定。除按本条第1款规定第二审人民法院应当开庭的情况外，对于犯罪事实清楚，定罪的证据充分，被告人、自诉人及其法定代理人对第一审认定的事实、证据没有异议的，人民法院可以不开庭审理。根据本款规定，对于不开庭审理的案件，审判人员也应当阅卷，了解案件的基本情况，讯问被告人，听取其他当事人、辩护人、诉讼代理人对案件的意见。

第3款是关于第二审审判地点的规定。根据本款规定，第二审人民法院开庭审理上诉、抗诉案件，可以在第二审人民法院所在地进行，也可以到案件发生地或者原审人民法院所在地进行。这样规定一是方便诉讼，人民法院可以根据案件情况，从法律效率和社会效果的统一出发选择审判地点；二是在案发地、原审地点进行二审更便于了解案情，方便当事人应诉，节省人力、物力资源。开庭还能起到更好的宣传法制、教育群众的效果。

【引导案例1】被告"认命"要撤诉　法院维权要开庭

裴某，系某市食品开发公司的董事长。洪某，系该公司的生产部门经理。在生产某儿童营养口服液时，洪某为增加利润而减少配料，导致该产品不符合说明书上的营养标准，并致使若干服用该口服液的儿童身体出现不良反应，但未出现严重后果。鉴于该儿童营养口服液的销售金额已经达到10万元，2002年10月15日，该市某区人民法院以生产、销售假冒伪劣产品罪对裴某判处有期徒刑7年，判处洪某有期徒刑5年，并对单位判处罚金20万元。裴、洪二人于10月18日提出了上诉，后洪某于10月24日要求撤回上诉，人民法院予以准许。裴某见状，担心二审对自己更为不利，决定"认命"算了，也于10月28日申请撤回上诉。市中级人民法院经过审查认为一审人民法院对裴某的量刑畸重，未准许其撤回上诉，并对案件进行开庭审理。

【分析】

本案例中，市中级人民法院关于裴某上诉的处理，与新刑事诉讼法第223条的规定完全契合。

新刑事诉讼法第223条对二审人民法院开庭审理的案件范围作出了较大改动，其中新增的一条即是"被告人、自诉人及其法定代理人对第一审认定的事实、证据提出异议，可能影响定罪量刑的上诉案件"。对被告人或自诉人而言，这一规定对其上诉权及合法权益的保障力度明显增强。只要被告人或自诉人一方提出上诉，启动第二审程序，并对一审认定的事实、证据发表异议且可能影响到定罪量刑的，二审人民法院都应当无条件地对案件进行开庭审理。本案中，裴某在上诉期满后才要求撤回上诉，对此，最高人民法院《刑诉法解释》第239条明确规定，对被告人、自诉人及其法定代理人在上诉期满后要求撤回上诉的，第二审人民法院审查后，如果认为原判决事实不清，证据不足或者无罪判为有罪、轻罪重判等，应当不准许撤回上诉，并按照上诉程序进行审理。可见，裴某的上诉行为已经产生了引起二审的法律效力，二审程序已经被正式启动。市中级人民法院在不准许其撤回上诉同时，认为原判决对其量刑畸重，决定对案件进行开庭审理，是对被告人合法权益的高度重视和保护。

需要提及的是，本条关于"可能影响定罪量刑"的规定，在司法实践中可能会出现争议。因为被告人、自诉人及其法定代理人对第一审认定的事实、证据提出的异议，是否会影响到定罪量刑，或者这种影响的可能性有多大，实践中，不仅二审法院与被告人、自诉人及其法定代理人之间可能会有不同认识，二审法院与二审检察机关之间也可能存在不同判断。所以，二审法院作出的可能性判断，由于直接关系到被告人、自诉人及其法定代理人的切身利益，直接影响到二审检察机关是否派员出席法庭，故二审法院在决定开庭审理前的审查工作不得不周密和慎重。

【引导案例2】贪婪敲诈"外遇"人　法院二审不开庭

吴某，系某股份有限公司的总经理，该公司是其妻的家族产业，并且其妻为现任董事长。该公司后勤人员贾某找到吴某，声称发现了吴某的外遇行为，若吴某不给他好处，他就将此事告诉其妻。吴某素来与其秘书关系暧昧，料想若其妻知道此事定与他离婚，他也将因此身败名裂，于是答应了贾某索要人民币5万元的要求。可是，贾某生性贪婪，又先后向吴某索要了8万元人民币，并将此事告诉了其在报社工作的表弟黄某，黄某以此为要挟向吴某索要了人民币6万元。当黄某再三索要时，吴某忍无可忍，向公安机关控告了贾某、黄某的敲诈勒索行为。贾某与黄某被逮捕。一审法院以敲诈勒索罪判处贾某有期徒刑9年，判处黄某有期徒刑7年。贾某认为一审量刑畸重，遂授权其辩护律师孙某提起上诉。黄某也委托其叔叔以同样理由代为上诉。二审法院审查后决定对案件不开庭审理。对此，贾某的辩护律师孙某极为不满。

【分析】

选择本案，意在准确认识和理解新刑事诉讼法第223条关于二审法院开庭审理案件范围的新增规定。

新刑事诉讼法对第二审人民法院开庭审理的案件范围作出了较为明确的界定，其中第一项关于"被告人、自诉人及其法定代理人对第一审认定的事实、证据提出异议，可能影响定罪量刑的上诉案件"的规定，从表面上看，由于任何刑事案件都是围绕被告人定罪量刑活动而展开，因此，似乎只要被告人提出上诉的二审案件，二审法院都应当开庭审判。实际上，这种认识是不当的。对当事人提出上诉并因此而启动的第二审刑事案件，法院是否开庭审理取决于案件是否具备以下两个条件：①上诉人是否对第一审认定的事实、证据提出异议；②这种异议是否可能影响到对被告人的定罪或量刑。实践中，二审法院不仅要对上诉人提出的异议进行全面审查，而且要对这种异议与被告人定罪量刑之间的关联性作出可能性判断。二审法院如认为上诉人提出的事实、证据异议确有客观性基础，足以影响到一审裁判关于被告人定罪量刑的处理决定，就必须组成合议庭，对案件进行开庭审理。

本案中，贾某、黄某对一审法院认定其犯敲诈勒索罪的事实和证据并无异议，只是认为一审法院的量刑过重。可见，本案上诉理由所称的量刑过重并非基于一审判决认定的事实和证据异议所致，因而不符合二审法院应当开庭审理的基本条件。所以，二审法院审查后决定对案件不开庭审理的做法并无不当。对此，贾某的辩护律师孙某不仅应当充分理解法院的决定，而且应当及时向上诉人解释二审法庭不开庭审理的缘由。

【引导案例3】案件不开庭审理≠案件不公开审判

王某，原系某市的常务副市长。2002年7月，该市某村因长期降雨致使大量农田被淹没，上级主管部门马上拨款救灾。当时，该市兴修电力的工程因一直没有款项来源而搁置，导致经常发生停电状况，不仅给人们的生活带来不便，也影响了工业生产。王某遂利用职务之便，擅自将救灾款的一部分挪用来支援维修电力的施工，结果某村因救灾不到位而导致农田绝产。一审人民法院以挪用特定款物罪判处王某有期徒刑4年。王某提出上诉。二审法院通过阅卷，并讯问了被告人，听取其他当事人、辩护人的意见，认为原审判决事实认定清楚，量刑准确，遂在未开庭审理的情况下裁定驳回上诉，维持原判。王某认为二审法院的做法违反了公开审判的原则，向高级人民法院提出申诉，请求再审。

【分析】

本案中，无论是根据1996年刑事诉讼法第187条的规定，还是根据新刑事诉讼法第223条的规定，第二审人民法院都有权决定对案件不开庭审理。二审法院在决定不开庭审理前进行了阅卷，讯问了被告人，听取了其他当事人及辩护人的意见，不存在审理程序上的违法或瑕疵，因此，王某申诉缺乏法律依据，无法获得法院支持。此外，开庭审理与公开审判是两个不同的概念，王某把二审法院不开庭审理等同于不公开审判，是一种法律认知错误。

通过此案，值得关注的一个问题是，新刑事诉讼法关于二审开庭审理的案件范围的规定，相比较1996年刑事诉讼法来看，在内容上虽有所重复，但在具体表述上有明显不同，反映出的立法态度和倾向性也大有区别。根据1996年刑事诉讼法第187条的规定，我国刑事第二审程序以开庭审理为原则，辅之以一定条件下的不开庭讯问式审理方式。但是，新刑事诉讼法在对开庭审理的案件范围作出较为明确的界定之后，对二审法院决定不开庭审理的案件的诉讼程序进行了规定。从中可以看出，新刑事诉讼法在很大程度上否定了1996年刑事诉讼法关于二审案件优先适用开庭审理程序的本义。

诚然，对二审案件进行开庭审理，有利于更好地促进审判公正，保障当事人的诉讼权利，也能最大限度地发挥二审程序纠错的功能。但是，我国地域辽阔，人口众多，如果二审程序中每起案件都经过开庭审理，不仅在人员和时间上存在困难，诉讼参与人能否真正到庭参诉亦不能保证。因此，在适当的情况下，案件不进行开庭审理，而采取阅卷，讯问被告人，听取其他当事人、辩护人、诉讼代理人的意见等方式了解案件情况，有利于节约人力物力，提高诉讼效率，一定程度上解决了案件积压的问题，也不妨碍对案件的公正处理。

【引导案例4】死刑犯上诉 案件一律开庭审理

新华社 2010 年 11 月 15 日报道了最高人民法院近期核准的三起分别发生在河南省安阳市、商丘市和安徽省阜阳市的死刑案件。

(1)朱国委抢劫、故意杀人案

河南省安阳市中级人民法院经审理查明：被告人朱国委知悉河南省滑县牛屯镇马居岊村村民傅荣枝丈夫外出务工，家中常年只有其与一名幼子留守，便预谋前去抢劫钱财。2008 年 11 月 7 日晚，朱国委携带劈刀，翻墙进入傅荣枝家中，对傅进行威胁并索要钱财。在傅反抗后，朱国委将其杀害。随后，朱国委持劈刀翻找财物时，见傅之子朱立康已醒，因害怕罪行败露，也将其杀害。尔后，朱国委在室内劫得项链 1 条、手链 2 条、耳坠 1 对、手机 1 部(共计价值 13088 元)以及现金一千余元，逃离现场。

河南省安阳市中级人民法院对被告人朱国委以抢劫罪、故意杀人罪判处死刑，剥夺政治权利终身，并处没收个人全部财产，决定执行死刑。宣判后，朱国委提出上诉。河南省高级人民法院经依法开庭审理，裁定驳回上诉，维持原判。最高人民法院依法核准河南省高级人民法院的裁定。

(2)孙玉军、尹建立抢劫、强奸、盗窃案

河南省商丘市中级人民法院经审理查明：2007 年 4 月至 8 月期间，被告人孙玉军、尹建立伙同他人，持尖刀、棍棒等作案工具，先后到河南省柘城县、商丘市睢阳区、周口市鹿邑县、安徽省亳州市等地，乘夜深人静之机，跳墙入院、踹门入室，采取威胁、殴打等手段，实施抢劫作案 71 起，劫得现金人民币 10 万余元及手机、自行车、金银首饰等物品，作案对象多为农村留守老人、妇女、儿童。在抢劫过程中，该团伙犯罪分子强奸妇女 3 人，其中尹建立参与轮奸幼女 1 人。另外，被告人孙玉军伙同他人，实施盗窃作案 2 起，窃得财物价值人民币五千余元。

商丘市中级人民法院对被告人孙玉军以抢劫罪判处死刑，剥夺政治权利终身，并处没收个人全部财产，以盗窃罪判处有期徒刑 2 年，并处罚金人民币 5000 元，决定执行死刑，剥夺政治权利终身，并处没收个人全部财产；对被告人尹建立以抢劫罪判处死刑，剥夺政治权利终身，并处没收个人全部财产，以强奸罪判处有期徒刑 13 年，剥夺政治权利 4 年，决定执行死刑，剥夺政治权利终身，并处没收个人全部财产。宣判后，孙玉军、尹建立均提出上诉。河南省高级人民法院经依法开庭审理，裁定驳回上诉，维持原判。最高人民法院依法核准河南省高级人民法院的裁定。

（3）王宜海强奸、抢劫案

安徽省阜阳市人民法院经审理查明：2005年秋至2008年3月，被告人王宜海单独或伙同他人采取夜间翻墙入院、踹门入室，以暴力、胁迫手段，先后在安徽省临泉县、阜南县等地的二十多个村庄，强奸作案23起，其中未遂1起，轮奸3起，奸淫幼女4起；入户抢劫4起，抢得人民币2200元，矿灯1只，手机1部，苹果1袋。

阜阳市中级人民法院对被告人王宜海以强奸罪判处死刑，剥夺政治权利终身；以抢劫罪判处有期徒刑12年，并处罚金人民币3000元，决定执行死刑，剥夺政治权利终身，并处罚金人民币3000元。宣判后，王宜海不服，提出上诉。安徽省高级人民法院经开庭审理，依法驳回王宜海的上诉，维持原判。最高人民法院依法核准安徽省高级人民法院的裁定。

【分析】

上述3个死刑案件中，一审被判处死刑的被告人无一例外地提出了上诉，二审人民法院也无一例外地对案件进行了开庭审理，并作出了相应的裁判。

这一组案例说明，在我国司法实践中，对被告人被判处死刑的上诉案件，第二审人民法院组成合议庭进行开庭审理，已经成为一种惯例。新刑事诉讼法第223条对此作出了明确的回应，将被告人被判处死刑的上诉案件一律纳入第二审人民法院开庭审理的案件范围。

死刑案件人命关天，一旦造成错案，不仅会给受害者带来无法挽回的损失，而且严重损害司法权威。死刑案件的审理工作，历来是刑事审判工作的重点和难点。为避免死刑错案的发生，2010年5月，《关于办理死刑案件审查判断证据若干问题的规定》和《关于办理刑事案件排除非法证据若干问题的规定》相继出台，针对刑事案件特别是死刑案件中证据的收集、审查、定案等诉讼各个环节的运用，都作了比较详细的规定。为落实这些规定，一个最直接也是首当其冲的应当解决的问题就是必须全面规范死刑案件的诉讼程序，死刑案件的二审程序即属此列。因此，此次新刑事诉讼法将被告人被判处死刑的上诉案件一律纳入二审开庭审理案件范围，不仅有利于从程序上全面保障死刑被告人的合法权益，而且在很大程度上能够保证各项有关死刑案件的法律司法解释规定真正落实到具体的诉讼活动中去，能够切实起到树立和维护二审终审裁判的公信力的作用。

八十八、将第一百八十八条改为第二百二十四条，修改为："人民检察院提出抗诉的案件或者第二审人民法院开庭审理的公诉案件，同级人民检察院都应当派员出席法庭。第二审人民法院应当在决定开庭审理后及时通知人民检察院查阅案卷。人民检察院应当在一个月以内查阅完毕。人民检察院查阅案卷的时间不计入审理期限。"

【精解】

本条是对 1996 年刑事诉讼法第 188 条关于审理二审案件检察人员应当出庭以及查阅案卷的规定的修改。

1996 年刑事诉讼法第 188 条规定："人民检察院提出抗诉的案件或者第二审人民法院开庭审理的公诉案件，同级人民检察院都应当派员出庭。第二审人民法院必须在开庭十日以前通知人民检察院查阅案卷。"

《决定》通过本条对 1996 年刑事诉讼法第 188 条作了以下修改：一是增加了第二审人民法院"应当在决定开庭审理后及时"通知人民检察院阅卷；二是在通知人民检察院查阅案卷后增加了"人民检察院应当在一个月以内查阅完毕"；三是增加了"人民检察院查阅案卷的时间不计入审理期限"的规定。

新刑事诉讼法第 224 条的规定包括以下四方面的内容：

一是人民检察院应当派员出庭的二审案件有两种：①人民检察院提出抗诉的案件。②第二审人民法院通过审阅卷宗材料决定开庭审理的公诉案件。上述两种案件，同级人民检察院都应派员出庭支持公诉。人民检察院是国家法律监督机关，有权对人民法院的审判活动是否合法，实行监督。出庭支持公诉也是法定职责的体现。

二是二审人民法院决定开庭审理后需及时通知人民检察院查阅案卷。即人民检察院提出抗诉和人民法院通过审阅卷宗材料，决定需要开庭审理的案件，人民法院都应当在决定开庭审理后及时通知人民检察院对全部案卷进行查阅，对第一审判决认定的事实和适用法律，认真加以审查，以便于人民检察院作好派员出庭支持公诉的准备。本条虽然没有规定通知的具体时间，但规定人民法院要及时通知人民检察院。这里的"决定开庭审理",不是指具体的开庭时间,而是指此案件需要开庭审理的决定。

三是根据新刑事诉讼法第 224 条的规定,人民检察院查阅案卷的时间是 1 个月,从人民法院通知人民检察院查阅案卷之日起计算。这样人民检察院可以有充足的阅卷和准备出庭支持公诉的时间。

四是人民检察院查阅案卷的时间不计入人民法院二审的审理期限。根据新刑事诉讼法第 232 条的规定,人民法院审理一般的二审案件,应当在两个月以内审结;对于可能判死刑或者附带民事诉讼等法律规定情形的案件,需要延长的,经省、自治区、直辖市高级人民法院批准或者决定,可以延长两个月;因案件的特殊情况还需要延长的,报请最高人民法院批准。这些审限都不包括人民检察院的阅卷时间。

【引导案例 1】法院二审开庭审判　检察院不得缺席

纪某,系某市人事局局长。2000 年 6 月,纪某的侄子因工作表现突出被提拔为工会主席。该局档案室主任陆某见纪某之侄子小小年纪便坐到这个位置,很不服气,便向市里反映纪某假公济私,利用职权为自己的亲属谋取利益。市领导遂找纪某谈话,并提及此事。纪某感到非常委屈,在以后的工作中便经常挑陆某的毛病,对其当众批评,并把自己将一份人事档案弄丢的责任推到陆某身上,对陆某作出撤职处理。纪某所在区法院以报复陷害罪判处纪某有期徒刑 2 年。纪某提出上诉,市人民法院决定对本案开庭审理。市人民检察院认为纪某报复陷害一案系本系统自侦案件,且事实清楚,证据确实、充分,决定不派员出席法庭。

【分析】

本案中,市人民检察院应当派员出席二审法庭。新刑事诉讼法第 224 条对 1996 年刑事诉讼法第 188 条关于"派员出庭"的表述改为"派员出席法庭",以修改完善法言法语的方式,进一步保留和强化了同级人民检察院应当派员出席第二审人民法院开庭审理的公诉案件的规定。

《人民检察院刑事诉讼规则》第 359 条也规定:"对提出抗诉的案件或者公诉案件中人民法院决定开庭审理的上诉案件,同级人民检察院应当派员出席第二审法庭。"可见,只要第二审法院开庭审理公诉案件,同级人民检察院都应当派员出庭。人民检察院派员出席二审法庭的情形,并不限于因人民检察院提出抗诉而进行二审的情况。本案中，虽然人民检察院并未就纪某一案提出抗诉，但由于第二审人民法院对该案进行开庭审理，故市人民检察院应当派员出席二审法庭，并承担相应职责。

对第二审人民法院开庭审理的公诉案件，立法要求同级人民检察院必须派员出庭支持公诉，是由第二审程序的功能和人民检察院在第二审程序中的法定职责所决定的。因为第二审程序的启动，使人民检察院在第一审程序中的公诉活动处于未决状态，人民检察院必须派员出席二审法庭，以继续完成其公诉活动，并履行有关法律监督职责。在第二审程序中，人民检察院应当从以下几方面开展工作：支持抗诉或者听取上诉人的意见，对原审法院作出的错误判决或者裁定提出纠正意见；维护原审法院正确的判决或者裁定，反驳无理上诉，建议法庭维持原判；维护诉讼参与人的合法权益；对法庭审理案件有无违反法律规定的诉讼程序的情况记明笔录；依法从事其他活动。本案中，市人民检察院派员出席法庭，首要目的就是为了维护原审法院正确的判决，反驳无理上诉，建议法庭维持原判。

【引导案例2】检察机关二审阅卷不再"无期"　一个月内必须完毕

吴某于2004年2月27日22时许，在本市某区孙家坡村桥头一美容美发店内嫖娼。在嫖娼过程中，吴某因向其提供性服务的徐某拒绝继续提供性服务，而与徐某发生争执。其间吴某用双手用力扼掐徐某的颈部，致徐某机械性窒息死亡。吴某作案后次日凌晨被抓获归案。

本案经市中级人民法院审理后，吴某被判处死刑，剥夺政治权利终身。吴某于收到判决书当日表示不服并提出上诉，案件因此进入二审程序。市高级人民法院收到原审法院移送的卷宗材料后，向市检察院发出阅卷通知书并将全案卷宗材料移送该院审查。时隔8个月后，市检察院迟迟未将该案卷宗材料退回市高级人民法院。被害人家属因迟迟未等到二审裁判，遂集合二十余人到市高级人民法院上访讨"说法"。

【分析】

检察机关办理二审案件时是否有阅卷时间，如有，该期限究竟有多长？该如何起算？这一直是二审程序中备受关注也饱受争议的问题之一。本案中检察机关阅卷时间长达8个月且似乎仍未有尽期，直接引发案件当事人的强烈不满，诱发新的社会不稳定因素，导致群体性上访事件发生。市检察院的做法是否合法，2012 年刑事诉讼法修改前后的评价是截然相反的。

　　本案发生于刑事诉讼法修改前，根据最高人民法院 1998 年《刑诉法解释》第 267 条和 2000 年 9 月 14 日最高人民法院审判委员会通过并于同年 9 月 28 日起施行的《关于严格执行案件审理期限制度的若干规定》第 9 条的规定，人民法院对依法开庭审理的第二审公诉案件，自开庭 10 日以前向检察机关发出阅卷通知的第二日起，检察机关查阅案卷超过 7 日后的期限，不计入第二审审理期限。显然，实践中，检察机关完全可以通过超过 7 日阅卷的方式使第二审人民法院的审理期限发生"中断"，至于这种"中断"会持续多长时间，刑事诉讼法和相关司法解释均未予以规定，因此，对这一时间的掌握完全取决于实际办理案件的检察机关，这实际上导致二审检察机关办案时间的无期限性。这种将案件无限期地"流放"和"搁置"于二审检察机关的做法，给诉讼参与人尤其是诉讼当事人带来的影响而言，其最明显也最恶劣的后果是造成了司法机关对原审在押被告人的无限期"合法羁押"。例如，如果检察机关因为特殊情况把案件办了一年半载，那么，自一审时即被羁押在看守所里的被告人就得在里面"等待"一年半载，并且无法援引任何法律依据来要求司法机关对这种羁押措施予以撤销或变更。显然，这种无限期的"合法羁押"对被告人的伤害是巨大的，与刑事诉讼程序保障诉讼参与人尤其是诉讼当事人的合法权益的宗旨是不相符合的。而且，从理论和现实上讲，这种无限期的"合法羁押"对刑事司法正义性的伤害要远远大于我们看得见、摸得着的种种超期羁押现象，因为它不仅直接伤害了诉讼当事人，同时也伤害了法律的正义性，打击了公众对司法关怀的信心。因此，本案中被害人家属向市高级人民法院上访讨要说法无法得到法律支持。

　　根据新刑事诉讼法第 224 条规定，第二审人民法院应当在决定开庭审理后及时通知人民检察院查阅案卷。人民检察院应当在 1 个月以内查阅完毕。这一规定不仅明确赋予二审检察机关独立的办案期限，而且将这一期限界定为 1 个月。这一规定与第二审程序的功能设计渐趋一致。之所以这样说，是因为在我国，第二审程序实行的是全面审理，并且原则上都要求"两造俱备，师听五辞"，显然，由于检察机关相对独立的级别设置，对一审检察机关办理的案件，二审检察机关是不可能完全知晓的，因而如同一审检察机关办理案件时需要法定的审查起诉期限一样，二审检察机关在办理二审案件时同样需要审查上诉或抗诉的期限。没有审查上诉或抗诉的期限，二审检察机关在客观上难以全面掌握案情和难以充分行使二审检察职能。此外，赋予二审检察机关 1 个月的办案时间，比较适合二审检察工作的实际情况。因为在这一期间内，检察机关要认真查阅全部卷宗材料，要依法对原审被告人进行提讯、复核主要证据等工作，并在此基础上形成对案件的书面审查意见即二审案件结案报告，制作讯问被告人、询问被害人、证人、鉴定人笔录和出示、宣读、播放证据计划，拟写答辩提纲，形成二审出庭意见，同时，案件的具体承办人在办理案件时还要严格依照最高人民检察院关于刑事案件的办理流程的规定和本院制定的与此相关的制度管理性规定开展工作，如对案件进行逐级汇报，对抗诉案件向检察委员会作专门报告等。

这一规定实施后，二审检察机关必须切实从维护诉讼参与人尤其是诉讼当事人合法权益入手，充分发挥主观能动性，提高诉讼效率，加大二审案件事实和证据的审查力度，有效完成出席二审法庭前的各项准备工作。

【引导案例 3】检、法各有办案期限　不得互相挪用

上诉人张某于 2005 年 10 月 29 日 21 时许，饮酒后来到某市城西区朝阳庵北侧报刊亭前，将在此处玩扑克牌的申某（男，殁年 46 岁）等人的牌桌踢翻，申某见状劝张某离开，并将张某拉离牌桌，张某不听劝阻，猛然从随身携带的手包中掏出尖刀，刺中申某左胸上部，张某扎伤申某后逃离现场。申某被送往医院抢救，因伤及左侧锁骨下血管，致失血性休克死亡。张某后被查获归案。2006 年 7 月 3 日，一审人民法院认定张某犯故意伤害罪并判处其死刑，剥夺政治权利终身。张某不服，提出上诉后，该省高级人民法院于 2006 年 7 月 26日就张某故意伤害上诉一案通知省人民检察院派员查阅案件，并准备出庭履行职责。省人民检察院于 2006 年 8 月 1 日收到阅卷通知及案卷材料后，阅卷期间，先后两次接到省高级人民法院承办人口头通知，要求暂时不要将案卷退回法院，理由是案件量大，暂时还无法腾出时间办理此案。

【分析】

本案中二审法院向二审检察机关借用办案时间的情况，随着新刑事诉讼法的生效实施，司法实践中将不会再发生。

在第二审程序中，二审法院通过检察机关获得超出法定审限的办案时间，主要源于 1996 年刑事诉讼法没有明确规定检察机关二审阅卷时间的疏漏。在二审检察机关没有独立的阅卷时间的情况下，为保证出席法庭效果的

查阅案卷活动，二审检察机关的阅卷活动只能占用二审法院的法定审限。但是，对这种不得不"挤占"二审审限的情况，最高人民法院则以司法解释的形式明确规定"刑事案件二审期间，检察院查阅案卷超过七日后的时间，不计入人民法院对案件的审理期限"。很显然，短短 7 天的时间是远远无法满足检察机关阅卷的需要的，因此，检察机关阅卷时间超出 7 日成为二审案件办理工作中的常态现象。这种"超期"阅卷被排除在法院审限之外，没有时间上的限制，因此，二审法院因各种主客观原因，反过来借用二审检察机关的这种无限期的"超期"时间，变相地延长其办案期限。这就出现了本案中的情形。

根据新刑事诉讼法第 224 条规定，对第二审人民法院决定开庭审理并通知检察院查阅案卷的案件，人民检察院应当在 1 个月内查阅完毕，并且这一阅卷时间不计入审理期限。因此，在第二审程序中，一方面，人民检察院拥有了 1 个月的法定阅卷时间，无须再占用法院的审理期限来完成阅卷活动，另一方面，人民法院不得再将案件长时间地"存放"于检察院，必须在法定审限内完成全部审判活动。

八十九、将第一百八十九条改为第二百二十五条，增加一款，作为第二款："原审人民法院对于依照前款第三项规定发回重新审判的案件作出判决后，被告人提出上诉或者人民检察院提出抗诉的，第二审人民法院应当依法作出判决或者裁定，不得再发回原审人民法院重新审判。"

【精解】

本条是对 1996 年刑事诉讼法第 189 条关于第二审人民法院对上诉、抗诉案件如何处理的规定的修改。

1996 年刑事诉讼法第 189 条规定："第二审人民法院对不服第一审判决的上诉、抗诉案件，经过审理后，应当按照下列情形分别处理：（一）原判决认定事实和适用法律正确、量刑适当的，应当裁定驳回上诉或者抗诉，维持原判；（二）原判决认定事实没有错误，但适用法律有错误，或者量刑不当的，应当改判；（三）原判决事实不清楚或者证据不足的，可以在查清事实后改判；也可以裁定撤销原判，发回原审人民法院重新审判。"

《决定》在本条中增加了 1 款，即二审人民法院对于不服发回原审人民法院重审的上诉、抗诉案件，必须依法作出判决或者裁定，不得再发回原审人民法院重新审判。

新刑事诉讼法第 225 条规定："第二审人民法院对不服第一审判决的上诉、抗诉案件，经过审理后，应当按照下列情形分别处理：（一）原判决认定事实和适用法律正确、量刑适当的，应当裁定驳回上诉或者抗诉，维持原判；（二）原判决认定事实没有错误，但适用法律有错误，或者量刑不当的，应当改判；（三）原判决事实不清楚或者证据不足的，可以在查清事实后改判；也可以裁定撤销原判，发回原审人民法院重新审判。原审人民法院对于依照前款第三项规定发回重新审判的案件作出判决后，被告人提出上诉或者人民检察提出抗诉的，第二审人民法院应当依法作出判决或者裁定，不得再发回原审人民法院重新审判。"第 225 条分为 2 款。

第 1 款是关于二审人民法院对上诉、抗诉案件的处理规定。根据本款规定，第二审人民法院对上诉、抗诉案件，经过审理后，应当按照以下情况分别处理：

（1）原判决认定事实和适用法律正确、量刑适当的，应当裁定驳回上诉或者抗诉，维持原判。"原判决认定事实和适用法律正确"，是指原判决对是否有犯罪事实、被告人的行为是否构成犯罪等的认定没有错误，适用的法律符合刑法总则和分则以及有关单行刑法的有关规定。"量刑适当"，是指根据犯罪事实和法律规定，对犯罪分子决定的刑罚得当，不畸轻畸重。二审人民法院维持原判以裁定的形式作出。

（2）原判决认定事实没有错误，但适用法律有错误或者量刑不当的，应当改判。"适用法律有错误"，是指根据被告人的情况和犯罪事实，一审判决中适用的有关法律规定不正确、不恰当，主要是对案件的定性错误。"量刑不当"，是指根据犯罪情节、被告人的情况和法律规定，对被告人判刑过重或者过轻。"改判"，是指二审人民法院直接作出判决，改变一审判决的内容。

（3）原判决事实不清楚或者证据不足的，可以在查清事实后改判；也可以裁定撤销原判，发回原审人民法院重新审判。"原判决认定事实不清楚或者证据不足"，主要是指犯罪时间、地点、手段、危害后果等事实没有全部查清，证据不够充分或者遗漏了犯罪事实，原审收集的证据未经调查核实等。在上述情况下，第二审人民法院既可以依职权，通过审理或者调查核实证据等方式，自己查清事实，直接依法改判；也可以裁定撤销原判，发回原审人民法院重新审判。发回重审的案件，原审人民法院应当另行组成合议庭审理，按第一审程序进行审理，对其判决、裁定仍可提出上诉或者抗诉。

第2款是关于二审人民法院不得再发回重审的规定。根据本款规定，原审人民法院对于二审人民法院因原判决事实不清楚或者证据不足裁定撤销原判，发回重新审判的案件，应当按照本法规定的一审程序进行审判后，作出判决或裁定。被告人对此判决或者裁定仍不服的，可以再提出上诉，人民检察院也可以提出抗诉。第二审人民法院对被告人的再次上诉或人民检察院的抗诉必须受理，并依法作出判决。依据本款规定，此判决或者裁定是终审的判决或者裁定，二审人民法院不得再发回原审人民法院重新审判。也就是说，二审案件发回重审仅限于一次。

【引导案例1】湖北"杀妻"错案　滥用发回重审是致冤案主因

人民网以"湖北'杀妻'错案：滥用发回重审是致冤案主因"为题报道，2005年4月1日，入狱已11年之久，蒙受"杀妻凶犯"之罪的佘祥林，在其妻张在玉突然"复活"后的第四天，重获人身自由。主要过程如下：

1993年腊月初十（阴历）凌晨两点半左右，佘祥林妻子张在玉离家出走。

1994年4月11日，京山县雁门口镇吕冲村水库发现一具无名女尸。县公安局民警经过排查，认为死者为张在玉，其丈夫佘祥林有故意杀人嫌疑。当晚，佘祥林被警方带走接受审查。

1994年4月22日，京山县公安局以佘祥林涉嫌故意杀人罪将其刑事拘留。

1994年4月28日，京山县检察院对其批准逮捕。

1994年8月28日，原荆州地区检察分院以佘祥林犯故意杀人罪对其提起公诉。

1994年10月13日，原荆州地区中级人民法院作出一审判决，认定佘祥林杀害其妻犯故意杀人罪，判处死刑，剥夺政治权利终身。

1995年1月10日，该案上诉至湖北省高级人民院后，该院作出（1995）鄂刑一终字第20号刑事裁定，撤销一审判决，将该案发回重审。湖北高级人民法院发言人称：在案件办理中顶住了"死者的亲属上访和220名群众签名上书"的压力，案件关系复杂、矛盾尖锐，受外界干扰较多。

1996年2月7日，京山县人民检察院补充侦查后将此案移送原荆州地区检察分院起诉，后再次退查。

1997年11月23日，因行政区划变更，京山县人民检察院将此案呈送荆门市人民检察院起诉。

1997 年 12 月 15 日，荆门市人民检察院审查后认为佘祥林的行为不足以对其判处无期徒刑以上刑罚，将此案移交京山县人民检察院起诉。

1998 年 6 月 15 日，京山县人民法院以故意杀人罪判处佘祥林有期徒刑 15 年，剥夺政治权利 5 年。

1998 年 9 月 22 日，荆门市中级人民法院接到佘祥林上诉后，驳回上诉，维持原判，且该次裁定为终审裁定。之后，佘祥林在沙洋监狱服刑。

2005 年 3 月 28 日，"死亡" 11 年的张在玉回到家中。

2005 年 4 月 1 日，京山县人民法院法警向佘祥林宣读了撤销京山县法院下达的（1998）京刑初字第 046 号判决和荆门市中级人民法院 1998 年下达的终审裁定。佘祥林终于迈出了沙洋监狱大门。

【分析】

本案是一起滥用发回重审导致冤错案的典型案例。

根据刑事诉讼法规定，本案的办案程序应当是：京山县公安局侦查——京山县检察院审查批准逮捕——侦查终结后案件移交京山县人民检察院——京山县人民检察院审查后，依照管辖权限规定，将案件移送荆门市人民检察院审查起诉——荆门市人民检察院向荆门市中级人民法院提起公诉——荆门市中级人民法院审理，判处佘祥林死刑——湖北省高级人民法院进行二审，直接改判或发回重审。湖北省高级人民法院以"事实不清、证据不足"为由将案件发回重审后，荆门市中级人民法院应当依法重新审判，不能将案件退回到同级人民检察院。但实际情况是，此案不仅被退到荆门市人民检察院，而且还被退回到京山县人民检察院，第二年，此种情况竟再次出现。

本案至少折射出了二审程序中发回重审制度被滥用的三大表现：一是省高级人民法院在明知案件关系复杂、矛盾尖锐，外界干扰因素较多，且案件中明显存在 5 个疑点的情况下，未考虑在查清事实后改判，而是直接将案件发回原审法院重审，这是发回重审权力的滥用；二是在没有任何法律依据的情况下，一审法院把已经二审的案件退回检察机关，导致诉讼程序倒流和混乱；三是案件发回重审后，原一审法院未予重新审理，基层法院审理案件的做法违反了案件级别管辖的规定。

1996 年刑事诉讼法第 189 条和新刑事诉讼法第 225 条均规定，第二审人民法院认为原判决事实不清楚或者证据不足的，可以在查清事实后改判；也可以裁定撤销原判，发回原审人民法院重新审判。据此，对二审发回重审制度的理解至少应当包括三个方面：①刑事二审程序中，上级法院如认为"事实不清，证据不足"，既可以在查清事实后改判，也可以裁定撤销原判，发回重审，但在立法本意上，发回重审应该列为特殊情况；②案件被发回重新审判后，应当由原审人民法院重新审判，而不是其他同级别的法院，更不是原审人民法院的下级法院；③原审人民法院应当按照二审法院的裁定要求重新审判，而不得将案件退回检察机关。

本案的发生，不仅暴露出司法机关在执行刑事诉讼法关于发回重审规定中的许多问题，而且严重地损害了制度正义性的价值和党群关系。它的最大警示意义在于，发回重审不是规避责任的法定借口，司法机关应当准确理解发回重审制度的立法本意，从尊重和保障人权的高度切实做到对事实负责，对法律负责和对人权负责。

【引导案例2】牢底不再"坐穿"　案件发回重审仅限一次

中国法律信息网报道，2001年3月24日，陕西省榆林市横山县党岔镇枣湾村村民高怀堂被人打伤，弃于国道旁，入院抢救十几天后死亡。由于高怀堂与同村的贺家此前有些积怨，再加上死者家属的报案，自2001年4月26日起，贺家有9个人以犯罪嫌疑人的身份陆续被逮捕。此后的9年中，榆林市中级人民法院先后作出4次判决，以"故意杀人罪"判处朱继峰等9人死缓、无期以及不等的有期徒刑。而陕西省高级人民法院则以"事实不清，证据不足"为由，4次发回重审。被当做主犯的朱继峰在榆林市中级人民法院前两次的开庭中被判死缓，而后则改判无期。由于尚未结案，朱继峰目前仍被羁押在榆林市榆阳区看守所。

【分析】

选择本案，旨在解释和说明包括各种疑难复杂案件在内的所有二审案件，二审人民法院发回重审的次数严格限定为一次。

本案中，如果继续沿用1996年刑事诉讼法第189条的规定，陕西省高级人民法院可以仍旧以"事实不清、证据不足"为由将朱继峰等9人第五次、第六次甚至无休止地发回重审，朱继峰等人将可能因"尚未结案"而继续长期处于羁押状态，却又无法终结诉讼。这说明，不对二审人民法院发回重审的次数作出严格限制，二审人民法院就可以对上诉案件无限制地发回重审，同样，原审人民法院也可以无限制的作出同样的判决，从而使一起刑事案件在一、二审法院之间像打乒乓球一样你来我往。这样无论往返多少个回合都是合法的，于是导致诉讼期限被"合法地"无限期拉长了。这不仅影响到刑事案审判工作的效率，而且也易形成超期羁押，导致严重侵犯被告人身自由等合法权益的恶果。

新刑事诉讼法第225条规定，原审人民法院对发回重新审判的案件作出判决后，被告人提出上诉或者人民检察院提出抗诉的，第二审人民法院应当依法作出判决或者裁定，不得再发回原审人民法院重新审判。通俗地讲，即使在审判权与被告人的合法权利可能发生冲突时，当二审法院依法发回重审的案件在原审法院再次审理后，控辩双方又提出上诉或抗诉的，二审法院也不得再次赋予原审法院自我纠正的机会，而是必须依据查明的事实和证据径直予以判决。

因此，在二审法院第一次将案件发回重审时，一审法院就应当注意到问题的存在而加以纠正。但若一审法院未作纠正，则说明一审法院认为二审法院指出的错误是不存在，或者是认识到了错误但不愿意纠正，或者是考虑案件的种种因素根本无力纠正，那么二审法院就应该担负起上级法院的职责，发挥出上诉审的法律统一适用功能，果断地予以判决。这样既能节约司法资源，又能体现出二审程序的终结性，完善我国的二审终审制。

九十、将第一百九十条改为第二百二十六条，第一款修改为："第二审人民法院审理被告人或者他的法定代理人、辩护人、近亲属上诉的案件，不得加重被告人的刑罚。第二审人民法院发回原审人民法院重新审判的案件，除有新的犯罪事实，人民检察院补充起诉的以外，原审人民法院也不得加重被告人的刑罚。"

【精解】

本条是对1996年刑事诉讼法第190条关于上诉不加刑原则的修改。

1996年刑事诉讼法第190条规定："第二审人民法院审判被告人或者他的法定代理人、辩护人、近亲属上诉的案件，不得加重被告人的刑罚。人民检察院提出抗诉或者自诉人提出上诉的，不受前款规定的限制。"

《决定》在本条中增加规定"第二审人民法院发回原审人民法院重新审判的案件，除有新的犯罪事实，人民检察院补充起诉的以外，原审人民法院也不得加重被告人的刑罚"。

新刑事诉讼法第 226 条规定："第二审人民法院审理被告人或者他的法定代理人、辩护人、近亲属上诉的案件，不得加重被告人的刑罚。第二审人民法院发回原审人民法院重新审判的案件，除有新的犯罪事实，人民检察院补充起诉的以外，原审人民法院也不得加重被告人的刑罚。人民检察院提出抗诉或者自诉人提出上诉的，不受前款规定的限制。"第 226 条分为 2 款。

第 1 款包括以下两方面内容：一是对上诉不加刑原则的规定，即第二审人民法院审判被告人一方上诉的案件，不得加重被告人的刑罚。第二审人民法院审判被告人或者他的法定代理人、辩护人、近亲属上诉的案件，经过审理决定改判的，对被告人只能适用比原判决轻的刑罚，不能加重被告人的刑罚，即不得判处比原判决重的刑种，不得加长原判同一刑种的刑期或者增加原判罚金刑的金额，对被告人判处拘役或者有期徒刑宣告缓刑的，不得撤销原判决宣告的缓刑或者延长缓刑考验期。此外，在司法实践中还应当注意，对于共同犯罪案件，只有部分被告人上诉的，既不得加重提出上诉的被告人的刑罚，也不得加重其他未上诉的同案被告人的刑罚；对于数罪并罚的案件，既不得加重决定执行的刑罚，也不能在保持决定执行的刑罚不变的情况下，加重数罪中部分罪的刑罚；对应当适用附加刑而没有适用的案件，不得直接判决适用附加刑。二是第二审人民法院发回原审人民法院重审的案件，原审人民法院也不得加重被告人的刑罚。但对于有新的犯罪事实，人民检察院补充起诉的情况除外。根据新刑事诉讼法第 228 条的规定，原审人民法院对于发回重新审判的案件，应当另行组成合议庭，依照第一审程序进行审判。也就是说，人民法院审理发回重新审判的案件，应当依照本法第二章关于第一审程序的所有规定进行。但合议庭的人员应当重新确定，不能由原来的合议庭成员重新审理此案。这里所说的"新的犯罪事实"是指，原审人民法院在重新审判的过程中，或者人民检察院发现了被告人除一审被起诉的犯罪外的新的犯罪事实，人民检察院需要对新的犯罪补充起诉的情况。根据本款规定，对于属于上述情况的，人民法院对被告人进行判决时，不受上诉不加刑的限制，即根据案件的情况依法判处。人民法院所作的判决，被告人可以提出上诉，人民检察院也可以抗诉。

第 2 款是对二审案件中不受上诉不加刑原则限制的两种情况的规定。对于人民检察院提出抗诉的案件或者自诉人和他的法定代理人提出上诉的案件，不论被告人或者他的法定代理人、辩护人、近亲属是否同时提出上诉，均不受前款规定的上诉不加刑原则的限制。第二审人民法院经过审理，对案件进行全面审查，如果认为原判决确属过轻，需要改判的，则可以作出比原判决重的刑罚。这里所说的"人民检察院提出抗诉的案件"，包括地方各级人民检察院认为本级人民法院第一审的判决确有错误，处刑过轻，提出抗诉的，以及被害人及其法定代理人不服地方各级人民法院第一审的判决，请求人民检察院提出抗诉，人民检察院经审查后提出抗诉的案件。但人民检察院认为第一审判决确有错误，处刑过重而提出抗诉的，第二审人民法院经过审理也不应当加重被告人的刑罚。

【引导案例】案件重审遭遇补充起诉　上诉可加刑

2001 年 12 月 9 日，被告人费某被某县人民法院以走私假币罪判处有期徒刑 7 年。费某认为一审判决量刑畸重，于 12 月 12 日提出上诉，市中级人民法院依法受理。二审法院对案件进行全面审查，发现费某走私假币数量较大并多次走私，犯罪情节严重，在 11 月 17 日缉私警察对其进行追捕时，费某曾采用暴力反抗，将其中一名警察打伤。依照《刑法》第 157 条的规定，对以暴力、威胁方法抗拒缉私的，应当以走私假币罪和妨害公务罪论处，实行数罪并罚。鉴于一审法院对事实认定不清，定性不准，市中级人民法院裁定撤销原判，发回原审法院重审。原审法院对案件进行重新审判时，人民检察院对被告人费某涉嫌犯妨害公务罪进行补充起诉。

【分析】

对二审法院发回重审的案件，原审人民法院是否可以通过改判加重被告人的刑罚，这一问题在刑事诉讼法修改前后的答案是截然相反的。

为切实保障上诉人的上诉权，新刑事诉讼法对上诉不加刑原则的适用范围作出进一步规定。具体表现为，"第二审人民法院发回原审人民法院重新审判的案件，除有新的犯罪事实，人民检察院补充起诉的以外，原审人民法院也不得加重被告人的刑罚。"据此，原审人民法院对二审法院发回重审的案件，除非发生"案件出现新的犯罪事实且人民检察院补充起诉"这种特定的也是唯一的情形，应当严格遵守上诉不加刑原则，一律不得加重被告人的刑罚。这是因为，就诉讼系属而言，案件发回重审依然属于上诉审范畴，重审法院不加重被告人刑罚属于上诉不加刑应有之义。至于案件出现新的犯罪事实且人民检察院补充起诉，则属于案件中出现了新的起诉，是新的诉并入了正在进行的上诉审程序，对于新的诉当然不存在上诉不加刑的问题，但对于上诉人先前上诉所针对的犯罪事实则应当坚持上诉不加刑原则。

本案中，人民检察院对被告人费某涉嫌犯妨害公务罪进行补充起诉后，原审人民法院对这一新的犯罪事实进行审理和判决，不受上诉不加刑原则的限制，但对费某涉嫌走私假币罪的犯罪事实进行重新审判时，应当遵守上诉不加刑原则。原审人民法院对费某以妨害公务罪和走私假币罪数罪并罚时，可以超出原判仅针对费某走私假币罪的刑罚，决定实际执行的刑罚。

九十一、将第一百九十六条改为第二百三十二条，修改为："第二审人民法院受理上诉、抗诉案件，应当在二个月以内审结。对于可能判处死刑的案件或者附带民事诉讼的案件，以及有本法第一百五十六条规定情形之一的，经省、自治区、直辖市高级人民法院批准或者决定，可以延长二个月；因特殊情况还需要延长的，报请最高人民法院批准。

"最高人民法院受理上诉、抗诉案件的审理期限，由最高人民法院决定。"

【精解】

本条是对 1996 年刑事诉讼法第 196 条关于第二审人民法院审理期限的规定的修改。

1996 年刑事诉讼法第 196 条规定："第二审人民法院受理上诉、抗诉案件，应当在一个月以内审结，至迟不得超过一个半月。有本法第一百二十六条规定情形之一的，经省、自治区、直辖市高级人民法院批准或者决定，可以再延长一个月，但是最高人民法院受理的上诉、抗诉案件，由最高人民法院决定。"

《决定》通过本条对 1996 年刑事诉讼法第 196 条作了五处修改：一是将一般案件的二审审限延长至 2 个月。二是增加规定对于可能判处死刑的案件或者附带民事诉讼的案件，经省、自治区、直辖市高级人民法院批准或者决定，审理期限可以延长 2 个月。三是将有本法第 156 条规定情形之一的案件，经省、自治区、直辖市高级人民法院批准或者决定后可以延长的时间由 1 个月修改为 2 个月。四是增加规定因特殊情况还需要延长的，报请最高人民法院批准。五是明确最高人民法院对于其受理的上诉、抗诉案件的审理期限，自行决定。

新刑事诉讼法第 232 条分为 2 款。

第 1 款是关于第二审人民法院审理上诉、抗诉案件期限的规定。有三层意思：一是对于一般案件，第二审人民法院审理被告人被羁押的上诉、抗诉案件，应当在2个月内审结，这是第二审审限的一般规定，多数二审案件应当在这一期限内审结；二是对于可能判处死刑的案件或者附带民事诉讼的案件，以及有本法第156条规定情形之一的，经省、自治区、直辖市高级人民法院批准或者决定，可以延长2个月。"可能判处死刑的案件"是指被告人由于其犯罪行为依刑法规定有可能被判处死刑的案件；"附带民事诉讼的案件"是指依本法第一编第七章的规定，被害人、被害人的法定代理人、近亲属（被害人死亡或者丧失行为能力情况下）或者是人民检察院提起附带民事诉讼的案件；"本法第一百五十六条规定情形之一"是指符合下列四种情形之一：①交通十分不便的边远地区的重大复杂案件；②重大的犯罪集团案件；③流窜作案的重大复杂案件；④犯罪涉及面广，取证困难的重大复杂案件，即犯罪地点涉及很多地区或者犯罪人、证人涉及多地，取证困难的重大复杂案件。三是如果案件因为特殊情况经延长两个月仍不能审结，可以报请最高人民法院批准，继续延长审理期限。"因特殊情况"是指案情特别重大、复杂或者涉及国家安全、重大利益需格外慎重等情况，对于这类案件，法律并未对最高人民法院批准延长的期限作出规定，主要是考虑这种案件的数量极少，实践中的情况比较复杂，由最高人民法院依案件具体情况处理更为有利。

第2款规定最高人民法院受理上诉、抗诉案件的审理期限，由最高人民法院决定。最高人民法院受理的上诉、抗诉案件，都是重大复杂的案件，一般都是由高级人民法院一审的在本辖区内有重大影响的刑事案件，为慎重、公正审理，通常需要较长的审理期限，因此法律未作强制性规定，而由最高人民法院决定。

【引导案例】刑案被告被提起附带民事赔偿　二审审限可延长

李某平日倚仗当地派出所的所长系其叔父，横行霸道。2007年7月，该县调来新任派出所所长季某。同年8月22日，李某在超市偷钱包被当场抓住后，季某对李某实施了拘留。李某非常恼火，于9月2日趁季某下班回家时，持木棍从后猛击季某背部一下，季某经抢救无效死亡。事后李某声称没有杀害季某的意图，只想吓唬他一下。2008年1月16日，一审法院以故意杀人罪判处李某死刑，并就季某妻子提出的附带民事诉讼判处李某赔偿人民币1万元。季妻认为判赔数额过少，当庭提出上诉。李某未提出上诉。二审法院经过审查，认为第一审判决附带民事部分事实清楚，适用法律正确。但是，通过调查发现季某患有心脏病，系因一时激愤导致死亡，遂认定李某的行为不构成故意杀人罪，应为故意伤害致人死亡。由于两个月的审限即将届满，二审法院考虑将案件发回重审。

【分析】

根据新刑事诉讼法第222条和最高人民法院《刑诉法解释》第249条规定，审理附带民事诉讼的上诉案件，二审法院应当对全案进行审查。本案中，虽然附带民事诉讼原告人季妻以赔偿数额过少为由提出上诉，李某未提出上诉，但是二审法院不能仅就附带民事诉讼部分作出处理，还应当全面审查李某涉嫌犯罪的刑事案件。

在刑事诉讼法修改前，除非案件属于交通十分不便的边远地区的重大复杂案件、重大的犯罪集团案件、流窜作案的重大复杂案件或犯罪涉及面广，取证困难的重大复杂案件，或者系最高人民法院受理的案件，二审案件应当在两个月内审结，不得延长审限。本案即属此种情形。二审法院对附带民事诉讼及刑事诉讼进行全案审查后，受制于审限不得延长的规定考虑将案件发回重审，以争得办案时间，实属无奈之举。

根据新刑事诉讼法第232条新增规定，对于附带民事诉讼的二审案件，经省、自治区、直辖市高级人民法院批准或者决定后，审限可以延长2个月；因特殊情况还需要延长的，报请最高人民法院批准。据此，自2013年1月1日起，凡二审案件中有附带民事诉讼的案件，二审法院可以根据具体情况按程序对案件进行延期审理报批或依职权作出相应决定。

之所以对附带民事诉讼的刑事二审案件作出特别的审限延长规定，主要是基于民事诉讼与刑事诉讼的本质区别和紧密关联性。实践中，大多数刑事案件都会附带有民事诉讼，附带民事诉讼是否处理得好，往往直接关系到刑事案件的办理质量，因此，为了最大限度地实现刑事案件办理的政治效果、法律效果和社会效果的有机统一，尽可能消除刑事案件造成的不良影响，恢复社会秩序，新刑事诉讼法在坚持对刑事案件和附带民事诉讼实行一并处理原则的基础上，充分考虑到二审程序的终结性特征，对刑事附带民事诉讼案件的二审审限作出上述特别规定。

九十二、将第一百九十八条改为第二百三十四条，修改为："公安机关、人民检察院和人民法院对查封、扣押、冻结的犯罪嫌疑人、被告人的财物及其孳息，应当妥善保管，以供核查，并制作清单，随案移送。任何单位和个人不得挪用或者自行处理。对被害人的合法财产，应当及时返还。对违禁品或者不宜长期保存的物品，应当依照国家有关规定处理。

"对作为证据使用的实物应当随案移送，对不宜移送的，应当将其清单、照片或者其他证明文件随案移送。

"人民法院作出的判决，应当对查封、扣押、冻结的财物及其孳息作出处理。

"人民法院作出的判决生效以后，有关机关应当根据判决对查封、扣押、冻结的财物及其孳息进行处理。对查封、扣押、冻结的赃款赃物及其孳息，除依法返还被害人的以外，一律上缴国库。

"司法工作人员贪污、挪用或者私自处理查封、扣押、冻结的财物及其孳息的，依法追究刑事责任；不构成犯罪的，给予处分。"

【精解】

本条是对 1996 年刑事诉讼法第 198 条关于对扣押、冻结的犯罪嫌疑人、被告人的财物及其孳息如何处理规定的修改。

1996 年刑事诉讼法第 198 条规定："公安机关、人民检察院和人民法院对于扣押、冻结犯罪嫌疑人、被告人的财物及其孳息，应当妥善保管，以供核查。任何单位和个人不得挪用或者自行处理。对被害人的合法财产，应当及时返还。对违禁品或者不宜长期保存的物品，应当依照国家有关规定处理。对作为证据使用的实物应当随案移送，对不宜移送的，应当将其清单、照片或者其他证明文件随案移送。人民法院作出的判决生效以后，对被扣押、冻结的赃款赃物及其孳息，除依法返还被害人的以外，一律没收，上缴国库。司法工作人员贪污、挪用或者私自处理被扣押、冻结的赃款赃物及其孳息的，依法追究刑事责任；不构成犯罪的，给予处分。"

《决定》通过本条对 1996 年刑事诉讼法第 198 条作了三处修改：一是根据实践需要增加了对"查封"财物及其孳息的处理。二是增加对于查封、扣押、冻结的财物应当制作清单，随案移送的规定。三是增加规定人民法院作出的判决，应当对查封、扣押、冻结的财物及其孳息作出处理，同时规定人民法院作出的判决生效以后，有关机关应当根据判决对查封、扣押、冻结的财物及其孳息进行处理。

新刑事诉讼法第 234 条分为 5 款。

第 1 款是关于对查封、扣押、冻结的财物及其孳息如何保管、返还和处理的规定。本款主要规定了四个方面的内容：

一是公安机关、人民检察院和人民法院对于查封、扣押、冻结的犯罪嫌疑人、被告人的财物及其孳息，应当妥善保管，以供核查，并制作清单，随案移送。这里所说的"查封、扣押、冻结的犯罪嫌疑人、被告人的财物"，主要是指公安机关、人民检察院和人民法院根据本法第二编第二章第六节"查封、扣押物证、书证"的规定以及本法第 191 条的规定，查封、扣押的与案件有关的，可用来证明犯罪嫌疑人、被告人有罪或者无罪的各种财物和文件以及根据侦查犯罪的需要冻结的犯罪嫌疑人、被告人的存款、汇款债券、股票、基金份额等财产。这里所说的"孳息"，是指由物或者权利而产生的收益，包括天然孳息和法定孳息，如从奶牛身上挤出的鲜奶、存款的利息等。根据本款规定，公安机关、人民检察院和人民法院对于查封、扣押、冻结的犯罪嫌疑人、被告人的财物及其孳息，应当妥善保管或者封存，不能随便存放，要采取有效措施保证查封、扣押、冻结的财物不会丢失或者损毁，以便案件办理过程中随时核查，同时还应当制作清单明细，随案移送。应当注意的是，这里所说的"随案移送"是指将查封、扣押、冻结的财物及其孳息制作清单明细后，将清单明细附卷随案移送，而不是将所查封、扣押、冻结的财物及其孳息随案移送。为了进一步加强对查封、扣押、冻结的财物的管理，解决社会上反映强烈的涉案财物管理混乱的状况，2010 年最高人民检察院、公安部先后颁布了《人民检察院扣押、冻结涉案款物工作规定》、《公安机关涉案财物管理若干规定》，这两个规定对于规范涉案的财物管理，保护公民、法人和其他组织的合法权益，保障办案质量有着积极的意义。

二是对于查封、扣押、冻结的财物及其孳息，任何单位和个人不得挪用或者自行处理。也就是说查封、扣押、冻结的财物及其孳息，既不能挪作公用，如使用扣押的汽车办案等，也不能挪作私用，更不能自行处理。

三是对被害人的合法财产，应当及时返还。对于查封、扣押、冻结的财物及其孳息，如果有证据证明是被害人的合法财产，且不是必须在法庭上作为证据出示的，应当及时返还给被害人，以保证被害人的生产、生活需要。

四是对违禁品或者不宜长期保存的物品，应当依照国家有关规定处理。对于国家禁止持有、经营、流通的违禁品，如枪支弹药、易燃易爆物品、毒品、淫秽物品等，应当依照国家有关规定处理；对于易腐烂变质及其他不宜长期保存的物品，应当依照国家有关规定予以变卖处理。

第2款是关于查封、扣押、冻结的财物作为证据使用的如何处理的规定。根据本款规定，查封、扣押、冻结的财物及其孳息中，对于其中与案件定罪量刑有直接关系，应当作为证据在法庭上使用的实物，主要是物证、书证等原则上应当随案移送，考虑到有些实物由于其性质、体积、重量等原因不宜移送的，如不动产、生产设备、珍贵文物、珍贵动物、珍稀植物、秘密文件等，应当由查封、扣押、冻结的机关查点清楚，对原物进行拍照，开列清单，并将其清单、照片或者其他证明文件随案移送。

第3款是关于人民法院对查封、扣押、冻结的财物及其孳息应当在判决中作出处理的规定。在办理刑事案件过程中，对与案件有关的犯罪嫌疑人、被告人的财物进行查封、扣押、冻结的情况很复杂，有的财物是被害人的，有的是犯罪工具，有的是赃款赃物，有的是善意第三人的；有的财物所有者明确，有的不清楚、存在争议，如何认定和处理，本款作了明确规定。根据本款规定，人民法院作出的判决，应当对查封、扣押、冻结的财物及其孳息作出处理。也就是说，人民法院在对被告人作出定罪量刑判决的同时，应当在查明案情的基础上，对该案中查封、扣押、冻结的财物一并作出处理决定。

第4款是关于有关机关根据判决对查封、扣押、冻结的财物及其孳息进行处理的规定。根据本款规定，人民法院作出的判决生效以后，有关机关应当根据判决对查封、扣押、冻结的财物及其孳息进行处理。这里的"有关机关"既包括办理查封、扣押、冻结财物的办案机关，也包括金融机构和特定非金融机构等。对于查封、扣押、冻结的财物中的赃款赃物及其孳息，属于被害人合法财产的，应当及时返还被害人，其他的赃款赃物及其孳息，应当一律予以没收，上缴国库。

第5款是关于司法工作人违法处理涉案财物及孳息的法律责任的规定。根据本款规定，司法工作人员贪污、挪用或者私自处理查封、扣押、冻结的财物及其孳息的，依法追究刑事责任；不构成犯罪的，给予处分。这里的"司法工作人员"，根据《刑法》第94条的规定，是指有侦查、检察、审判、监管职责的工作人员。司法工作人员在办理案件过程中，如果贪污、挪用或者私自处理查封、扣押、冻结的财物及其孳息，构成犯罪的，应当依照刑法关于贪污罪、挪用公款罪等规定依法追究刑事责任；对于不构成犯罪的，应当依照公务员法等有关法律法规给予处分。

【引导案例】私挪涉案款物　办案法官被法办

2002 年 9 月，人民检察院对黄某、孙某、汪某合伙盗窃案向人民法院提起公诉，与此同时，有关机关依法将盗窃所得赃款、赃物进行扣押，并冻结三人的银行账户。一审人民法院经过审理，分别判处黄某、孙某、汪某有期徒刑 7 年、4 年和 3 年。被告人黄某提出上诉，二审法院经过阅卷和听取有关当事人的意见，裁定驳回上诉，维持原判。判决生效后，由一审法院对扣押冻结财物进行处理，在返还被害人财产时发现部分财物缺失。经查，负责审判本案的审判员庄某因赌博缺少赌资，将扣押在案的 2 万元人民币挪用。人民检察院经过自行侦查，以挪用公款罪对庄某提起公诉，人民法院依法判处庄某有期徒刑 5 年。

【分析】

关于查封、扣押、冻结在案的涉案款物的处理，新刑事诉讼法在保留 1996 年刑事诉讼法第 198 条规定的基础上，增加规定了人民法院的判决义务和查封、扣押、冻结款物的相关机关的判决前随案移送义务和判决后的处理义务。根据新刑事诉讼法第 234 条规定，人民法院作出的判决，应当对查封、扣押、冻结的财物及其孳息作出处理，有关机关应当根据判决对查封、扣押、冻结的财物及其孳息进行处理。

本案中，人民法院对于扣押、冻结在案的被告人的财物及其孳息，应当妥善保管并依法判决，根据情况采取保管、返还、没收、上缴等不同的处理方式。对扣押、冻结在案的财物，如果参与办案的司法人员有贪污、挪用或者私自处理被扣押、冻结的在案财物及其孳息的，应当依法追究其相应责任。

九十三、增加二条，作为第二百三十九条、第二百四十条：

"第二百三十九条　最高人民法院复核死刑案件，应当作出核准或者不核准死刑的裁定。对于不核准死刑的，最高人民法院可以发回重新审判或者予以改判。

"第二百四十条　最高人民法院复核死刑案件，应当讯问被告人，辩护律师提出要求的，应当听取辩护律师的意见。

"在复核死刑案件过程中，最高人民检察院可以向最高人民法院提出意见。最高人民法院应当将死刑复核结果通报最高人民检察院。"

本条在刑事诉讼法中增加了第 239 条、第 240 条，对死刑复核案件处理结果，复核死刑案件讯问被告人、听取辩护律师意见以及最高人民检察院对死刑复核案件提出意见作了规定，分别精解如下：

1. 第二百三十九条　最高人民法院复核死刑案件，应当作出核准或者不核准死刑的裁定。对于不核准死刑的，最高人民法院可以发回重新审判或者予以改判。

【精解 1】

本条是关于最高人民法院不核准死刑的案件如何处理的规定。

本条规定有两层意思：一是最高人民法院复核死刑案件只能作出核准或者不核准的裁定。对于原判认定事实和适用法律正确、量刑适当、诉讼程序合法的，应当作出核准死刑的裁定；对于事实不清、证据不足，或者原判认定事实正确，但依法不应当判处死刑，或者原审人民法院违反法定诉讼程序，可能影响公正审判的案件，应当作出不核准死刑的裁定。最高人民法院核准或者不核准死刑的，应当说明理由。二是最高人民法院不核准死刑的案件，可以发回重新审判或者予以改判。"发回重新审判"是指最高人民法院对于不核准死刑的案件，可以根据案件具体情形发回第二审人民法院或者第一审人民法院重新审判。下级人民法院依照第一审或者第二审程序重新审理，可以改变原来的死刑判决，也可以维持原来的死刑判决，依法报请最高人民法院核准。"改判"是指通过死刑复核程序对案件进行改判。对于死刑复核的案件，最高人民法院认为原判事实清楚、证据确实、充分，但是依法不应当判处死刑的，可以直接改判。对于原判认定的某一事实或者引用的法律条款等不完全准确、规范的，最高人民法院也可以不发回重新审判，直接在查清事实的基础上改判。

在理解和执行本条的规定时应当注意：最高人民法院核准或者不核准死刑的裁定以及通过死刑复核程序作出改判的判决都是最终的判决、裁定，不能上诉、抗诉。

【引导案例 1】复核死刑案件　最高人民法院应当作出核准或不核准裁定

新华社 2012 年 4 月 5 日消息，广西壮族自治区高级人民法院 4 月 1 日对广受社会关注的贺州地税局长灭门案作出二审公开宣判，裁定驳回上诉，维持对凌小娟等 3 名被告人犯故意杀人罪、盗窃罪，决定执行死刑的刑事裁定，并依法报请最高人民法院核准。

2011 年 5 月 2 日，广西贺州市八步区地税局贺街分局局长周子雄一家四口，包括他的妻子凌小云及儿子、女儿在家中被害。5 月 20 日，案件告破，凌小娟等 3 名犯罪嫌疑人被抓获。

凌小娟与其姐姐凌小云因经济利益及家庭琐事产生积怨，同时为了让其母亲能够通过继承凌小云的遗产而使其本人得益而起意杀害凌小云一家。凌小娟许诺杀死 1 人给 10 万元或帮盖一栋房子为报酬，纠集刘胜明、苏可章参与作案。2011 年 2 月，凌小娟偷配了被害人凌小云家的钥匙两套，于 5 月 2 日凌晨，会同刘胜明、苏可章打开房门进入被害人家中，用事先准备好的铁锤、尖刀杀害亲姐、姐夫一家 4 口人，并拿走被害人家中人民币 24000 元及手机、项链等物。3 人还清理了现场，将作案工具等丢入贺江。贺州市中级人民法院一审以犯故意杀人罪、盗窃罪，判处 3 人死刑。

宣判后 3 人不服，均以一审量刑过重为由提出上诉。其中凌小娟更是辩称其没有纠集、指使、亲自动手杀人，属一时糊涂、精神激动参与犯罪活动。其辩护人亦向二审法院申请对凌小娟作司法精神病鉴定。经查，凌小娟本人及其家族均无任何精神病史，其案前、案中、案后均无任何丧失辨认或控制自己行为的表现。广西壮族自治区高级人民法院二审依法驳回其司法精神病鉴定申请。认定凌小娟等 3 名上诉人杀人动机卑劣，作案手段特别残忍，所犯罪行极其严重，主观恶性极大。且无任何法定减轻或从轻处罚的情节，无酌情从轻处罚的情节，依法裁定维持一审判决。

【分析】

本案属近期社会影响甚大、公众关注度极高的热点案件，最高人民法院最终将形成怎样的复核意见，广大社会公众正拭目以待。根据新刑事诉讼法第 239 条规定，最高人民法院复核死刑案件，应当作出核准或者不核准死刑的裁定。因此，不管本案被告人及其辩护人与检察机关关于案件事实、证据的争议和异议有多大，最高人民法院都必须作出复核裁定，即要么核准对全案 3 名被告人的死刑立即执行判决，要么作出不核准的裁定。

【引导案例 2】死刑犯在最高人民法院死刑复核中"新生"

毛某，系某幼儿园的教师，为人性格开朗，并且贤良淑德。其丈夫樊某系某齿轮厂的工人，有酗酒的恶习，经常与所谓的哥们吃喝到半夜，有时还到家里折腾。毛某每次劝说樊某都遭到责骂。一次，樊某与厂里的同事在家中喝酒，毛某对樊某进行规劝，樊某觉得丢了自己的面子，对毛某进行毒打。在随后的将近一年时间里，樊某逢喝酒必打毛某，致使毛某多次受伤住院。毛某提出与樊某离婚，樊某不同意，并表示若毛某敢走就杀她全家。毛某实在忍无可忍，某日趁樊某熟睡用斧头将其砍死。某中级人民法院以故意杀人罪判处毛某死刑。被告人没有提出上诉，随后案件逐级报送至最高人民法院核准。最高人民法院经审查认为毛某的犯罪情节较轻，系属因长期家庭暴力而杀人，主观恶性不是十分严重，原审法院量刑畸重，遂依法改判毛某无期徒刑。

【分析】

根据新刑事诉讼法第 239 条规定，最高人民法院复核死刑案件时，对于不核准死刑的，可以发回重新审判或者予以改判。因此，本案中，被告人毛某故意杀人犯罪情节特殊，被告人主观恶性不属十分严重，属于不应当判处死刑立即执行的情况，因此，最高人民法院在复核全案事实和证据后，依法直接对毛某改判无期徒刑。被告人毛某由此在司法的最后程序中得以"重生"。

应当说明的是，在刑事诉讼法作此修改之前，根据最高人民法院《刑诉法解释》第 285 条规定，死刑案件经过复核后的处理方式实际上是与二审的裁判方式相同的，即分为裁定予以核准，裁定撤销原判、发回重审和依法改判三种。同时该《刑诉法解释》第 276 条第 2 款还具体规定："高级人民法院同意判处死刑的，应当裁定核准死刑；不同意判处死刑的，应当依法改判；认为原判决事实不清，证据不足的，应当发回中级人民法院重新审判。"可见，本着对死刑慎重适用的态度，享有死刑核准权的人民法院要根据不同的情况，依法作出适当的裁判。并且，最高人民法院、高级人民法院不同意判处死刑而改判的判决是终审判决，不需要再行报核，因为改判后的判决为普通判决，经过第二审程序即应当发生法律效力。立法作如此规定，既能够保障被告人应有的合法权益，也可以避免因程序烦琐而导致的司法资源浪费。

2. 第二百四十条　最高人民法院复核死刑案件，应当讯问被告人，辩护律师提出要求的，应当听取辩护律师的意见。

在复核死刑案件过程中，最高人民检察院可以向最高人民法院提出意见。最高人民法院应当将死刑复核结果通报最高人民检察院。

【精解2】

本条是关于死刑复核程序中讯问被告人、听取辩护律师意见以及最高人民检察院可以提出意见的规定。

本条分为2款。

第1款是关于最高人民法院复核死刑案件应当讯问被告人、听取辩护律师意见的规定。有两层意思：一是在死刑复核程序中，应当讯问被告人。对于所有的死刑复核案件，死刑复核办案人员都必须对被告人进行讯问。至于讯问形式，实践中可以采用当面讯问或者远程视频讯问等方式进行，法律没有作出强制要求，可由办案人员根据案件具体情况确定采用何种方式讯问被告人。之所以规定讯问被告人，主要为了准确查明案情，保证死刑复核案件质量。考虑到在死刑复核程序中，被告人面临可能被剥夺生命的境况，他知晓案情，也最为关心死刑复核结果，由办案人员亲自听取被告人对案情的供述，听取他对一审、二审判决认定事实、适用法律以及是否存在违反法定程序审理案件情况的意见，是查明案情，判断原判决是否事实清楚、证据确实充分，是否应当核准死刑的必经途径。这样做，也是给被告人一个充分陈述的权利，让其有机会亲口对办理死刑复核案件人员讲清自己的所作所为、所思所想，为自己进行辩解。二是辩护律师提出要求的，应当听取辩护律师的意见。"辩护律师提出要求的"，是指辩护律师在死刑复核期间向办理死刑复核案件的人员提出要求，要求听取自己对案件事实、证据、审判程序以及是否应当判处死刑、核准死刑等的意见，在这种情况下，办案人员应当听取。辩护律师提出要求的方式可以是来电、来函等方式，办案人员听取辩护律师的意见之后，应当在决定是否核准死刑时综合考虑。

第2款是关于最高人民检察院可以对死刑复核进行法律监督的规定。有两层意思：一是在死刑复核程序中最高人民检察院可以向最高人民法院提出意见。本法第8条规定，人民检察院依法对刑事诉讼实行法律监督。最高人民法院的死刑复核程序是刑事诉讼程序的一个重要环节，应当受到最高人民检察院的监督，这样规定主要是为了保证死刑复核案件的质量，切实体现少杀、慎杀的死刑政策。二是最高人民法院应当将死刑复核结果通报最高人民检察院，是指最高人民法院作出核准死刑或者不核准死刑的裁定之后，都要通报最高人民检察院。

【引导案例1】死刑核准前　最高人民法院法官需会见被告人

葛某，系某村农民。2001年11月，葛某开始与同村女青年华某谈恋爱。由于葛某平日游手好闲，做人不踏实，家庭条件也不好，华某的父母坚决反对这门婚事，甚至以死相逼，华某迫于父母的压力提出与葛某分手。葛某苦苦哀求，但华某心意已决。后来，葛某又找到华某要求其与自己私奔，被华某严词拒绝，并说不希望他再来骚扰。葛某伤心欲绝，一心寻死。后听闻村里要来文艺演出，葛某知道华某会前去观看，便买好了炸药，并在节目开始后将炸药引爆。结果华某被当场炸死，葛某与本村多人被炸伤。一审法院以爆炸罪判处葛某死刑，葛某未提出上诉。高级人民法院在依法核准死刑案件时，认为案件事实非常清楚，便未对被告人葛某进行提审，直接裁定核准死刑。

【分析】

此案发生于刑事诉讼法修改前，依照授权，高级人民法院有权对部分死刑案件行使核准权。根据最高人民法院2006年关于收回死刑核准权的规范性文件出台及新刑事诉讼法的颁布实施，高级人民法院不再行使死刑案件核准权，死刑案件一律由最高人民法院统一核准。并且，根据新刑事诉讼法第240条规定，最高人民法院复核死刑案件，应当讯问被告人。也就是说，最高人民法院复核死刑案件时，不得通过书面审径直作出复核死刑的决定。

实际上，在新刑事诉讼法此项规定出台前，最高人民法院《刑诉法解释》第282条已有类似规定，即"高级人民法院复核或者核准死刑（死刑缓期二年执行）案件，必须提审被告人"。也就是说，提审被告人是高级人民法院核准死刑案件的必经程序。本案中，高级人民法院在核准葛某案时，未提审葛某并听取其意见，违反了这一规定，因而程序违法。

新刑事诉讼法关于复核死刑案件应当讯问被告人的硬性规定，有利于进一步核实犯罪事实，并根据被告人的犯罪行为和主观恶性来决定是否应当对被告人适用死刑立即执行或者缓期执行。同时，讯问被告人也可以给被告人辩护的机会，有利于保障其合法的诉讼权利。

【引导案例2】律师在死刑复核中辩护　最高人民法院既"听"又"取"

网易新闻中心报道，2012年1月18日，浙江省高级人民法院对被告人吴英集资诈骗一案进行二审宣判，裁定驳回被告人吴英的上诉，维持对被告人吴英的死刑判决，依法报请最高人民法院复核。吴英的辩护律师张雁峰对外表示，对宣判结果很出乎意料。他认为在最高人民法院进行"死刑复核"这一方面做工作，要尽最大努力，但是结果也不容乐观。

新华网北京4月20日电，最高人民法院受理被告人吴英集资诈骗死刑复核案后，依法组成合议庭，审查了全部卷宗材料，提讯了被告人吴英，现已复核完毕。最高人民法院认为，被告人吴英集资诈骗数额特别巨大，给受害人造成重大损失，同时严重破坏了国家金融管理秩序，危害特别严重，应依法惩处。吴英归案后，如实供述所犯罪行，并供述了其贿赂多名公务人员的事实，综合全案考虑，对吴英判处死刑，可不立即执行。4月20日，最高人民法院依法裁定不核准吴英死刑，将案件发回浙江省高级人民法院重新审判。

【分析】

死刑案件核准权收归最高人民法院以来，关于死刑复核程序中辩护律师如何参与其中的问题一直处于激烈的争论和商议之中。直到此次新刑事诉讼法明确规定"辩护律师提出要求的，应当听取辩护律师的意见"之后，这一备受司法界关注的重大命题才画上句号。

吴英涉嫌集资诈骗被判处死刑一案进入死刑复核程序后，吴英的辩护律师要求对案件发表辩护意见，最高人民法院应当充分保障辩护律师的这一权利，不仅应当认真倾听其关于案件的全部意见，而且对于其中合理的意见还应当予以采纳。实践中，关于辩护律师在死刑复核程序中应当依照何种程序向最高人民法院提出意见，尚待进一步明确和规范。

九十四、将第二百零四条改为第二百四十二条，修改为："当事人及其法定代理人、近亲属的申诉符合下列情形之一的，人民法院应当重新审判：

"（一）有新的证据证明原判决、裁定认定的事实确有错误，可能影响定罪量刑的；

"（二）据以定罪量刑的证据不确实、不充分、依法应当予以排除，或者证明案件事实的主要证据之间存在矛盾的；

"（三）原判决、裁定适用法律确有错误的；

"（四）违反法律规定的诉讼程序，可能影响公正审判的；

"（五）审判人员在审理该案件的时候，有贪污受贿，徇私舞弊，枉法裁判行为的。"

【精解】

本条是对 1996 年刑事诉讼法第 204 条关于应当再审情形的规定的修改。

1996 年刑事诉讼法第 204 条规定："当事人及其法定代理人、近亲属的申诉符合下列情形之一的，人民法院应当重新审判：（一）有新的证据证明原判决、裁定认定的事实确有错误的；（二）据以定罪量刑的证据不确实、不充分或者证明案件事实的主要证据之间存在矛盾的；（三）原判决、裁定适用法律确有错误的；（四）审判人员在审理该案件的时候，有贪污受贿，徇私舞弊，枉法裁判行为的。"

《决定》根据司法实践的需要和民主法制进步的要求，通过本条对 1996 年刑事诉讼法第 204 条作了三处修改：一是在（一）中增加"可能影响定罪量刑"的限制条件。这一修改进一步严格了重新审判的条件，是为了增强司法实践中的可操作性，使启动审判监督程序的标准进一步科学、合理。原来"有新的证据证明原判决、裁定认定的事实确有错误的"再审启动条件范围过于宽泛，在实践中出现一些问题，比如已经生效的判决、裁定认定的部分事实的确存在错误，但是这些认定错误的事实在整个案件中不会影响对被告人的定罪量刑，如果启动审判监督程序没有实质意义，反而浪费宝贵的司法资源。二是在（二）中增加据以定罪量刑的证据"依法应当予以排除"的情形。这一修改主要是与本法第 54 条排除非法证据的规定相衔接，如果已经发生法律效力的判决、裁定的案件在审判过程中有违反本法第 54 条规定的情形，依法应当予以排除的证据没有排除，而据以定罪量刑，就构成本项规定的条件，应当启动审判监督程序。这体现了尊重和保障人权的原则，体现了对被告人合法权益的保护。三是增加"（四）违反法律规定的诉讼程序，可能影响公正审判的"情形。刑事诉讼法规定的诉讼程序是刑事诉讼实现程序正义和实体公正的保障，必须严格遵循，增加此种启动再审程序的情形，主要是解决原审判决、裁定因为违反法律规定的诉讼程序，而可能影响公正审判的问题。

根据新刑事诉讼法第 242 条的规定，当事人及其法定代理人、近亲属的申诉符合下列五种法定情形之一的，人民法院应当重新审判：

（1）有新的证据证明原判决、裁定认定的事实确有错误，可能影响定罪量刑的。法院判决、裁定必须以事实为根据，有新的证据证明原来事实认定错误，可能影响到原判决适用的罪名和刑罚的，人民法院应当重新对案件进行审判。"新的证据"是指能够证明该案件真实情况，符合新刑事诉讼法第 48 条规定的，在一、二审或者死刑复核程序中没有发现或者没有使用的证据。"可能影响定罪量刑"是指原来的判决裁定认定错误的事实会影响对被告人适用的罪名、刑罚等，比如发现新的被告人不在犯罪现场的证据，或者被告人不是主犯而是被胁迫参与犯罪等证据，可能影响定罪量刑的。

（2）据以定罪量刑的证据不确实、不充分、依法应当予以排除，或者证明案件事实的主要证据之间存在矛盾的。人民法院认定案件事实，定罪量刑，必须以证据为依据。如果证据不确实、证据之间存在矛盾，那么判决、裁定认定的事实就可能有错误。考虑到证据之间的关联性，如果证据不充分，即不足以证明案件事实，或者证明案件事实的主要证据之间存在矛盾，不同证据能够证明的事实情况不一致或者正相反，那么判决、裁定认定的事实也可能有错误。此外，如果据以定罪量刑的证据是依法应当排除的证据，在这种情况下，判决、裁定认定的事实也可能有错误。当事人及其法定代理人、近亲属的申诉指出生效判决、裁定认定的证据不确实、不充分、依法应当予以排除，或者主要证据之间有矛盾的，人民法院应当对案件重新进行审判。"不确实"是指原来据以定罪量刑的证据是虚假的或者部分虚假的。"不充分"是指根据现有证据不足以证明案件事实的存在或者不能排除其他的合理怀疑。"依法应当予以排除"是指依照新刑事诉讼法第 54 条规定，采用刑讯逼供等非法方法收集的犯罪嫌疑人、被告人供述和采用暴力、威胁等非法方法收集的证人证言、被害人陈述，或者是收集物证、书证不符合法定程序，可能严重影响司法公正，而不能补正或者作出合理解释的，对上述证据不能在刑事诉讼中作为起诉意见、起诉决定和判决的依据。"证据有矛盾"是指据以证明案件事实的主要证据之间相互排斥，存在矛盾。

（3）原判决、裁定适用法律确有错误的。人民法院的判决、裁定应当正确认定案件事实，正确适用法律。如果原判决、裁定适用法律确有错误的，当事人及其法定代理人、近亲属提出申诉的，人民法院也应当通过重新审判予以纠正。"适用法律确有错误"，是指据以定罪量刑所适用的法律确有错误，包括确定罪名错误、确定量刑档次错误和具体量刑畸轻畸重等情况。

（4）违反法律规定的诉讼程序，可能影响公正审判的。当事人及其法定代理人、近亲属指出已经发生法律效力的判决、裁定在审理过程中存在违反法律规定的诉讼程序，可能影响案件公正审判的情形，提出申诉的，人民法院应当重新审判。"违反法律规定的诉讼程序"是指已经发生法律效力的判决、裁定在审判过程中违反了本法有关公开审判的规定、违反了回避制度、剥夺或者限制了当事人的法定诉讼权利、审判组织的组成不合法以及其他违反法律规定的诉讼程序的情形，"可能影响公正审判的"是指由于存在违反法律规定的诉讼程序的行为，可能影响到对案件事实的认定，影响对被告人的定罪量刑。"可能影响公正审判的"是对"违反法律规定的诉讼程序"这一条件的限制，两个条件必须同时具备才能对案件进行重新审理，如果已经发生法律效力的判决、裁定存在违反法律规定的诉讼程序的情形，但是不致影响案件的公正审判的，就没有必要启动审判监督程序。

（5）审判人员在审理该案件的时候，有贪污受贿，徇私舞弊，枉法裁判行为的。审判人员审判案件，应当清正廉明，忠于职守，秉公办案，不得徇私枉法。如果当事人及其法定代理人、近亲属提出申诉指出审判人员在审理该案件时有贪污受贿，徇私舞弊，枉法裁判行为的，人民法院应当重新审判，纠正原判决、裁定的错误。"贪污"是指利用职务上的便利，侵吞、窃取、骗取或者以其他手段非法占有公共财物。"受贿"是指利用职务上的便利索取他人财物或者非法收受他人财物，为他人谋取利益。"徇私舞弊"是指为了私情，贪利收受贿赂等而故意歪曲事实真相，违反法律，使无罪的人受追诉或者对明知有罪的人而不使他受追诉。"枉法裁判"是指明知违法而故意作出违反法律的判决或者裁定。

【引导案例】干部被控强奸女演员获刑7年　申诉25年被判无罪

1986年8月5日下午3时许，裴树唐召集部分文艺骨干，在自己的办公室内研究安排参加9月份职工业余文艺调演的有关事宜。因业余歌手刘慧芳（化名）在练唱时存在吐字归音和气息方法上的错误，会后裴树唐为其单独做业务辅导，下午7时辅导结束，刘即告辞回家。时隔9天后，刘慧芳在其未婚夫的陪同下，突然以强奸罪对裴树唐进行控告。

1986年12月17日，原武威市（今凉州区）人民法院一审判决裴树唐犯强奸罪，判处有期徒刑7年。不服判决的裴树唐上诉至原武威地区（今武威市）中级人民法院，1987年3月20日，武威中级人民法院二审驳回上诉，维持原判。裴树唐不服一、二审判决，上诉至甘肃省高级人民法院，1991年，省高级人民法院维持了一、二审判决。服刑期间，裴树唐依然没有放弃申诉，服刑期满后，不间断地提出申诉。

2000 年 10 月下旬，裴树唐突然收到本案原告刘慧芳转交的亲笔忏悔信，追悔自己造成"冤假错案"。此后，裴树唐多次进京申诉至最高人民法院。2009 年 2 月 17 日，最高人民法院以"事实不清，证据不足"指令甘肃省高级人民法院对该案进行再审。2009 年 12 月 11 日，甘肃省高级人民法院指令武威中院再审。

2010 年 8 月 31 日，武威中级人民法院再审裁定认为：原一审判决、二审裁定认定裴树唐犯强奸罪事实的主要证据是被害人刘慧芳的陈述。原一、二审期间被害人关于裴树唐将其强奸的陈述不真实，故导致原一审判决、二审裁定认定事实的主要证据发生重大变化，法院撤销了原武威市（现凉州区）人民法院一审刑事判决及原武威地区（现武威市）中级人民法院二审刑事裁定，发回武威市凉州区人民法院重新审判。

2011 年 1 月 26 日，甘肃武威市凉州区人民法院将无罪判决书送达裴树唐。此案历时 24 年，终于峰回路转。

【分析】

本案当事人裴树唐在长达 25 年的申诉中，就其无罪蒙冤情况提出过多种证据材料，但一直没能引起司法机关的重视，没有启动审判监督程序。这一僵持局面一直持续到 2000 年 10 月下旬，裴树唐突然收到本案原告刘慧芳转交的亲笔忏悔信后，案件才得到转机。正是这封迟来的忏悔信，引发了司法机关对"冤假错案"的高度关注，进而从最高审判机关直接启动了审判监督程序。从刑事诉讼法层面来说，本案原告刘慧芳的亲笔忏悔信就是针对案件事实的新证据，并且这一新证据证明原判决认定的事实确有错误，这种错误足可能影响对裴树唐的定罪量刑。这就是裴树唐申诉 25 年后终于引发审判监督程序的法律原因。

新刑事诉讼法对因当事人申诉引起审判监督程序的情形作了较大变动，其中关于新证据的问题，新增了一项限制性条件"可能影响定罪量刑"。这表明，为维护刑事判决的稳定性，对案件当事人及其法定代理人、近亲属申诉时提出新的证据证明原判决、裁定认定的事实确有错误的情况，人民法院并不当然启动审判监督程序。只有在该错误可能影响定罪量刑时，人民法院才应当依法对案件重新审判。本案裴树唐案件就是经历了"申诉——新的证据——原判决裁定确有错误——可能影响定罪量刑——案件重新审判"这样的过程，才最终获得无罪改判的。

九十五、增加一条，作为第二百四十四条："上级人民法院指令下级人民法院再审的，应当指令原审人民法院以外的下级人民法院审理；由原审人民法院审理更为适宜的，也可以指令原审人民法院审理。"

【精解】

本条在刑事诉讼法中增加关于上级人民法院指令下级人民法院再审的规定。

本条规定了两层意思：一是上级人民法院指令下级人民法院再审的，应当指令原审人民法院以外的下级人民法院审理。这是对于指令再审的原则性规定，即应当指令原审法院以外的下级法院审理。"原审人民法院"是指作出原来的判决、裁定的人民法院，"原审人民法院以外的下级人民法院"原则上应当是与原审人民法院同级的人民法院，原审人民法院以外的下级人民法院之前没有办理该被指令再审的案件，不会受到固有认识的影响，由其重新审理有利于案件的公正审理，纠正原判决、裁定中的错误。二是如果指令由原审人民法院再审更为适宜，也可以指令原审人民法院再审。相对于应当指令原审人民法院以外的下级人民法院审理的一般性规定，这是针对特定情况的例外规定，"由原审人民法院审理更为适宜"是指从纠正原判决、裁定的错误、方便当事人参与诉讼以及取得更好的社会效果和法律效果的角度考虑，由原审人民法院审理更为适宜，比如原审人民法院能够公正审理再审案件，由其再审能够取得更好的社会效果，或者由原审人民法院审理可以减少当事人、诉讼参与人因可能改变管辖而产生的讼累等情况。

【引导案例】买妻案再审　避开原审法院

殷某，男，34岁，系某边远山区农民。2007年4月19日，殷某以5000元人民币向佟某收买了31岁的妇女徐某。殷某父母非常高兴，为他们举行了婚礼，并十分善待徐某。后公安机关破获一起拐卖妇女儿童案时，根据犯罪嫌疑人的交代找到了徐某所在地并将其顺利解救。2012年3月8日，县人民法院以收买被拐卖妇女罪和强奸罪并罚判处殷某有期徒刑5年。殷某在被羁押的过程中，通过学习刑法得知，被收买妇女与收买人成婚，并愿意留在当地共同生活的，对收买人可以不追究刑事责任。而徐某曾向他提及以前在家中经常被丈夫殴打，并表示愿意与他一起好好过日子。殷某于 4 月 20 日委托其父提起上诉。中级人民法院以超过上诉期限，一审判决已经生效为由裁定不予受理，但考虑案件可能确有错误，拟决定指令县人民法院对此案进行再审。

【分析】

本案被告人在上诉期内未提出上诉，上诉期满后一审判决即发生效力，中级人民法院根据当事人申诉，认为案件确有错误，考虑启动审判监督程序对案件进行重新审判的做法是符合法律规定的，但如果将案件指令县人民法院再审则有悖新刑事诉讼法的规定。

新刑事诉讼法第 244 条属新增规定，对上级人民法院指令再审案件的管辖进行了界定。据此，上级人民法院决定启动审判监督程序并指令下级人民法院再审的案件，应当指令原审人民法院以外的下级人民法院审理，这是原则。只有在原审人民法院审判更为适宜的情况下，才可以作为例外情形，指令原审人民法院审理。因此，本案中，在原审的县人民法院并不具备更为适宜再审该案的条件的情况下，中级人民法院应当将案件指令县人民法院以外的其他下级人民法院审理。

此外，还有必要提及的是，新刑事诉讼法将于 2013 年 1 月 1 日正式实施，在目前到法律正式生效的这段时间里，刑事案件办理过程中如有涉及新刑事诉讼法规定的情形且 1996 年刑事诉讼法未有涉及的，司法机关应当尽量依照新刑事诉讼法的相关规定来处理。本案即属此情形。

九十六、将第二百零六条改为第二百四十五条，修改为："人民法院按照审判监督程序重新审判的案件，由原审人民法院审理的，应当另行组成合议庭进行。如果原来是第一审案件，应当依照第一审程序进行审判，所作的判决、裁定，可以上诉、抗诉；如果原来是第二审案件，或者是上级人民法院提审的案件，应当依照第二审程序进行审判，所作的判决、裁定，是终审的判决、裁定。

"人民法院开庭审理的再审案件，同级人民检察院应当派员出席法庭。"

【精解】

本条是对 1996 年刑事诉讼法第 206 条关于再审案件审理的规定的修改。

1996 年刑事诉讼法第 206 条规定："人民法院按照审判监督程序重新审判的案件，应当另行组成合议庭进行。如果原来是第一审案件，应当依照第一审程序进行审判，所作的判决、裁定，可以上诉、抗诉；如果原来是第二审案件，或者是上级人民法院提审的案件，应当依照第二审程序进行审判，所作的判决、裁定，是终审的判决、裁定。"

《决定》通过本条对 1996 年刑事诉讼法第 206 条作了两处修改：一是对于"应当另行组成合议庭进行"，增加"由原审人民法院审理的"条件，这是考虑到本法第 244 条已作了修改，规定上级人民法院原则上应指定原审以外的人民法院再审，这种情况下不存在另行组成合议庭审理的问题，只有指令原审人民法院审理的，为了防止先入为主，切实有效地纠正错误，保证案件重新审判时正确认定案件事实和适用法律，才有必要另行组成合议庭进行审判，因此作了相应修改；二是增加一款作为第 2 款，规定"人民法院开庭审理的再审案件，同级人民检察院应当派员出席法庭"，这主要是为了解决再审案件审理中有时检察人员不出庭的问题，更好地体现检察机关支持公诉、法律监督的职能作用，保证案件审判质量。

新刑事诉讼法第 245 条分为 2 款。

第 1 款是关于再审案件的审判组织和审理程序的规定，有三层意思：

一是由原审人民法院再审的，应当另行组成合议庭进行审判；由原审人民法院以外的人民法院再审的，也应当组成合议庭进行审判。对于原审是适用简易程序进行审理的案件，考虑到再审的案件是原审判决、裁定可能存在错误的案件，为了保证案件重新审判的质量，也应当另行组成合议庭进行审判。原来合议庭的审判员、人民陪审员，适用简易程序审理案件的独任审判员都不得作为另行组成的合议庭的组成人员。如果适用一审程序审判，应依照本法关于一审合议庭组成的规定组成合议庭；如果适用二审程序审判，则应依照本法关于二审合议庭组成的规定组成合议庭。对于上级人民法院指令原审人民法院以外的下级人民法院再审的，鉴于再审程序的目的在于纠正原审判决、裁定的错误，应当慎重进行，也应当组成合议庭进行审判。

二是原来是第一审案件，应当依照第一审程序进行审判，所作的判决、裁定，被告人、自诉人和他们的法定代理人、附带民事诉讼的当事人和他们的法定代理人可以依照本法第 216 条的规定提出上诉；同级人民检察院可以依照本法第 217 条的规定提出抗诉；被害人及其法定代理人有权依照本法第 218 条的规定请求人民检察院提出抗诉。

三是如果原来是第二审案件，或者是上级人民法院按照审判监督程序提审的案件，应当依照第二审程序进行审判，所作的判决、裁定，是终审的判决、裁定。被告人、自诉人和他们的法定代理人、附带民事诉讼的当事人和他们的法定代理人不能上诉，同级人民检察院不能抗诉，被害人及其法定代理人也不能请求人民检察院提出抗诉。

第2款规定人民法院开庭审理的再审案件，同级人民检察院应当派员出席法庭。本法第3条规定，提起公诉由人民检察院负责，第8条规定，人民检察院依法对刑事诉讼实行法律监督，因此，人民法院开庭审理再审案件，公诉人出庭有利于支持公诉，进行法律监督。这里所说的"同级人民检察院"，是指与审理再审案件的人民法院同级的人民检察院。

九十七、增加一条，作为第二百四十六条："人民法院决定再审的案件，需要对被告人采取强制措施的，由人民法院依法决定；人民检察院提出抗诉的再审案件，需要对被告人采取强制措施的，由人民检察院依法决定。

"人民法院按照审判监督程序审判的案件，可以决定中止原判决、裁定的执行。"

【精解】

本条在刑事诉讼法中增加关于再审案件对被告人采取强制措施以及人民法院可以决定中止执行原判决、裁定的规定。

新刑事诉讼法第246条分为2款。

第1款是关于由提起再审机关决定对被告人采取强制措施的规定，有两层意思：一是人民法院决定再审的案件，需要对被告人采取强制措施的，由人民法院依法决定。"人民法院决定再审的案件"，是指人民法院认为已经发生法律效力的判决、裁定符合本法第242条、第243条第1、2款的规定决定再审的案件。"需要对被告人采取强制措施"是指人民法院认为再审案件的被告人符合本法第一编第六章规定的适用逮捕、取保候审、监视居住等强制措施的条件，根据案件情况需要采取强制措施以保证再审的正常进行的，可以决定采取强制措施，依照有关规定执行。二是人民检察院提出抗诉的再审案件，需要对被告人采取强制措施的，由人民检察院依法决定。对于人民检察院依照本法第243条第3款规定提出抗诉的再审案件，由人民检察院决定是否需要对被告人采取强制措施，依照有关规定执行。

第2款是关于人民法院审判再审案件可以决定中止原判决、裁定的执行的规定。原则上，在再审作出新的判决之前，原来的判决、裁定在法律上依然有效，但是有些案件再审程序启动后，合议庭根据证据判断原来的判决、裁定确实存在错误，继续执行有损司法公正，有损被告人合法权益，比如现在有新的证据证明被告人的行为不构成犯罪或者犯罪行为系他人所为，而被告人还因原判决、裁定而继续服刑，合议庭可以根据新刑事诉讼法第246条的规定决定中止原判决、裁定的执行。需要注意的是，与上述规定相关，新刑事诉讼法第241条规定，当事人及其法定代理人、近亲属对已经发生法律效力的判决、裁定提出申诉的，不能停止判决、裁定的执行，与新刑事诉讼法第246条的规定并不存在冲突，因为申诉只是当事人的一种申请权利，并不必然引起再审程序，如果当事人的再审申诉被接受，人民法院决定再审或者人民检察院提出抗诉之后人民法院再审，则可以适用新刑事诉讼法第246条的规定，由人民法院根据案件情况决定是否中止原判决、裁定的执行。

【引导案例】"王子发案"之"真凶"案未结　王子发继续服刑

新华社南宁2010年6月4日消息，有媒体报道，9年前，广西河池市东兰县青年农民王子发因一桩命案被两级法院判处死缓，2007年，命案"真凶"覃汉宝向有关部门自首，在随后的审理过程中，王子发涉嫌杀人的三大证据也均被推翻，但至今为止，覃汉宝涉嫌杀人案仍未判决，王子发也仍未释放。而王子发之所以还未释放，是因为覃汉宝的案件迟迟没有判决。

经媒体报道后，这一事件引起社会广泛关注。为此，自治区高级人民法院对案情进行了介绍：2001年9月20日凌晨1时许，河池市东兰县农机厂职工吴宗谋在家中被人杀害。经公安机关侦查，检察机关起诉指控，认定王子发是凶手。河池市中级人民法院公开审理后，于2002年11月12日作出一审判决，采纳公安机关侦查和检察机关的指控意见，以抢劫罪判处王子发死刑。王子发不服，提出上诉，自治区高级人民法院二审公开审理，自治区人民检察院派员出庭履行职务，指控以抢劫罪追究王子发的刑事责任，经自治区高级人民法院审判委员会讨论认为，原判认定事实清楚，证据确实充分，考虑到本案的具体情况，作出撤销河池市中级人民法院对王子发的死刑判决，改判死缓。判决生效后，王子发在广西贵港监狱服刑。

2007 年 2 月 5 日，因犯抢劫罪正在广西罗城监狱服刑的覃汉宝向狱方自首称自己是杀害吴宗谋的凶手，材料转交河池市警方后，引起公、检、法机关高度重视。

自治区高级人民法院相关负责人介绍，目前公安、检察部门已经完成证据补充工作，在媒体报道之前，法院就已经决定于 6 月 10 日再次开庭审理覃汉宝案，待覃汉宝案件审理完毕后，将重审"王子发案"以确定其是否无罪。自治区高级人民法院表示，此案将"以事实为根据，以法律为准绳，按既定部署，排除证据矛盾和案件疑点，查明案件事实，依法尽快作出实事求是的公正判决"。

【分析】

此案中，广西壮族自治区高级人民法院在命案"真凶"覃汉宝投案自首、重审"真凶"案、重审"王子发案"以确定其是否无罪的过程中，对王子发不予释放，其直接法律依据就是刑事诉讼法。在此次修改刑事诉讼法前，人民法院按照审判监督程序审判的案件，不影响原生效判决的法律效力，因此，即使案件有"真凶"自首、王子发案也确实在关键证据上存有疑点，但在对王子发案重审作出生效判决前，法院不能释放他。这也正是媒体和公众不解甚至责难的缘由。

从维护司法权威和法律公信力来说，刑事判决一经确定，非经法定程序不得更改。这是刑事判决稳定性的应有之义。然而，凡事必有例外。在诸如本案的情形中，案件存在冤错的可能性极大时，在保障人权和维护判决稳定之间，究竟孰轻孰重，立法者必须审慎地作出抉择。新刑事诉讼法在尊重和保护人权方面着实迈出了步伐，表现在审判监督程序中，最明显的就是新增规定"人民法院按照审判监督程序审判的案件，可以决定中止原判决、裁定的执行"。据此，本案中，广西壮族自治区高级人民法院在对"王子发案"重审过程中，无须受制于覃汉宝案的审判结果，可以决定中止对王子发死刑判决的执行，暂时解除其监禁服刑的羁押状态，待覃汉宝案判决、王子法案再审生效判决相继作出后，再根据判决内容决定是否终止对其采取的羁押措施。

九十八、将第二百一十三条改为第二百五十三条，第一款修改为："罪犯被交付执行刑罚的时候，应当由交付执行的人民法院在判决生效后十日以内将有关的法律文书送达公安机关、监狱或者其他执行机关。"

第二款修改为："对被判处死刑缓期二年执行、无期徒刑、有期徒刑的罪犯，由公安机关依法将该罪犯送交监狱执行刑罚。对被判处有期徒刑的罪犯，在被交付执行刑罚前，剩余刑期在三个月以下的，由看守所代为执行。对被判处拘役的罪犯，由公安机关执行。"

【精解】

本条是对 1996 年刑事诉讼法第 213 条关于死缓、无期徒刑、有期徒刑、拘役如何执行的规定的修改。

1996 年刑事诉讼法第 213 条规定："罪犯被交付执行刑罚的时候，应当由交付执行的人民法院将有关的法律文书送达监狱或者其他执行机关。对于被判处死刑缓期二年执行、无期徒刑、有期徒刑的罪犯，由公安机关依法将该罪犯送交监狱执行刑罚。对于被判处有期徒刑的罪犯，在被交付执行刑罚前，剩余刑期在一年以下的，由看守所代为执行。对于被判处拘役的罪犯，由公安机关执行。对未成年犯应当在未成年犯管教所执行刑罚。执行机关应当将罪犯及时收押，并且通知罪犯家属。判处有期徒刑、拘役的罪犯，执行期满，应当由执行机关发给释放证明书。"

《决定》通过本条对 1996 年刑事诉讼法第 213 条作了三处修改：一是规定罪犯被交付执行刑罚的时候，应当由交付执行的人民法院"在判决生效后十日以内"将有关的法律文书送达执行机关；二是在交付执行的人民法院应当送达法律文书的机关中增加了公安机关；三是将看守所代为执行的刑期由 1 年以下改为 3 个月以下。

新刑事诉讼法第 253 条规定："罪犯被交付执行刑罚的时候，应当由交付执行的人民法院在判决生效后十日以内将有关的法律文书送达公安机关、监狱或者其他执行机关。对被判处死刑缓期二年执行、无期徒刑、有期徒刑的罪犯，由公安机关依法将该罪犯送交监狱执行刑罚。对被判处有期徒刑的罪犯，在被交付执行刑罚前，剩余刑期在三个月以下的，由看守所代为执行。对被判处拘役的罪犯，由公安机关执行。对未成年犯应当在未成年犯管教所执行刑罚。执行机关应当将罪犯及时收押，并且通知罪犯家属。判处有期徒刑、拘役的罪犯，执行期满，应当由执行机关发给释放证明书。"第 253 条分为 5 款。

第 1 款是关于交付执行的人民法院向监狱或者其他执行机关送达有关法律文书的规定。根据本款规定，人民法院的判决生效后，应当将罪犯交付执行刑罚，交付时，由交付执行的人民法院在判决生效10日以内将有关的法律文书送达公安机关、监狱或者其他执行机关。这里所说的"法律文书"，是指人民检察院的起诉书副本、人民法院的判决书、执行通知书和结案登记表。"其他执行机关"是指看守所、拘役所、未成年犯管教所等执行机关。

第2款是关于由公安机关将罪犯送交监狱的规定和刑罚执行机关分工的规定。根据本款规定和监狱法的有关规定，对于被判处死刑缓期二年执行、无期徒刑、有期徒刑的罪犯，人民法院应当在判决生效以后，将执行通知书、判决书等法律文书送达羁押该罪犯的公安机关，由公安机关自收到执行通知书、判决书等法律文书之日起1个月内依法将该罪犯送交监狱执行刑罚。关于刑罚执行机关的分工，根据本款规定，被判处死刑缓期二年执行、无期徒刑、有期徒刑的罪犯，由监狱执行；被判处有期徒刑，在被交付执行刑罚前，剩余刑期在3个月以下的罪犯，由看守所代为执行；被判处拘役的罪犯，由公安机关执行。

第3款是关于对未成年犯在未成年犯管教所执行刑罚的规定。对未成年犯，应当在未成年犯管教所执行刑罚。根据监狱法的有关规定，对未成年犯执行刑罚应当以教育改造为主，未成年犯的劳动，应当符合未成年人的特点，以学习文化和生产技能为主。未成年犯管教所应当配合国家、社会、学校，为未成年犯接受义务教育提供必要的条件。未成年犯年满18周岁，剩余刑期不超过2年的，仍可以留在未成年犯管教所执行剩余刑期。

第4款是关于执行机关应当将罪犯及时收押，并且通知罪犯家属的规定。根据本款规定，监狱等执行机关对于公安机关送交执行刑罚的罪犯，如无法定不得收押的情况，必须立即收押。法定不得收押的情况主要包括以下三种：①人民法院未将人民检察院起诉书副本、人民法院的判决书、执行通知书和结案登记表送达执行机关；②人民法院送达的上述文书不齐全或者记载有误，可能导致错误收押的；③执行机关对交付执行的罪犯进行身体检查后，认为符合监外执行条件的。对于法定不得收押的情况，人民法院应当及时作出相应的处理。执行机关对罪犯收押后，应当通知罪犯家属。监狱应当自罪犯收押之日起5日内发出通知书。

第5款是关于刑罚执行期满释放罪犯的规定。被判处有期徒刑、拘役的罪犯，服刑期满，执行机关应当按期释放并发给释放证明书。罪犯释放后，凭释放证明书到公安机关办理户籍登记。刑满释放人员如果没有附加剥夺政治权利的，依法享有与其他公民平等的权利，对刑满释放人员不得歧视。

【引导案例】犯寻衅滋事罪剩余刑期 3 个月以下　留看守所服刑

陈某，男，19 岁，因犯寻衅滋事罪被县人民法院判处有期徒刑 1 年零 6 个月。同案犯张某，男，21 岁，因其系累犯被判处有期徒刑 1 年零 10 个月。同案犯商某，男，20 岁，因其情节较轻被判处有期徒刑 9 个月。判决宣告前，陈某、张某、商某已经被羁押了 7 个月。该三人在上诉期内没有上诉，县人民检察院没有提出抗诉。10 天后，该判决生效。陈某的剩余刑期还有 11 个月，张某的剩余刑期还有 1 年多，商某的刑期还有 2 个月。判决生效 10 日内人民法院将判决书等有关文书送达公安机关、监狱。

【分析】

罪犯被交付执行刑罚的时候，应当由交付执行的人民法院在判决生效后 10 日内将有关法律文书送达公安机关、监狱或者其他执行机关。看守所代为执行刑罚的为剩余刑期在 3 个月以下的罪犯。

上述案例中，由于陈某的剩余刑期在 1 年以内，按照 1996 年刑事诉讼法第 213 条第 2 款之规定，陈某将留在原看守所服刑，而张某则要由公安机关送其到户籍所在地的监狱服刑。若按照新刑事诉讼法第 253 条第 2 款的规定，陈某、张某均要被公安机关送到其户籍所在地监狱服刑，只有商某可留在看守所执行刑罚。

新刑事诉讼法对 1996 年刑事诉讼法第 213 条的修改体现在：第 1 款两处，第 2 款一处。分别是：①1996 年刑事诉讼法第 213 条第 1 款规定："罪犯被交付执行刑罚的时候，应当由交付执行的人民法院将有关的法律文书送达监狱或者其他执行机关。"修改后增加规定人民法院"在判决生效后十日以内"将有关的法律文书送达执行机关。②交付执行的人民法院应当送达法律文书的机关中增加了"公安机关"。③1996 年刑事诉讼法第 213 条第 2 款规定："对于被判处死刑缓期二年执行、无期徒刑、有期徒刑的罪犯，由公安机关依法将该罪犯送交监狱执行刑罚。对于被判处有期徒刑的罪犯，在被交付执行刑罚前，剩余刑期在一年以下的，由看守所代为执行。对于被判处拘役的罪犯，由公安机关执行。"本次修改后，将看守所代为执行的刑期由 1 年以下改为"三个月"以下。

九十九、将第二百一十四条改为第二百五十四条，修改为："对被判处有期徒刑或者拘役的罪犯，有下列情形之一的，可以暂予监外执行：

"（一）有严重疾病需要保外就医的；

"（二）怀孕或者正在哺乳自己婴儿的妇女；

"（三）生活不能自理，适用暂予监外执行不致危害社会的。

"对被判处无期徒刑的罪犯，有前款第二项规定情形的，可以暂予监外执行。

"对适用保外就医可能有社会危险性的罪犯，或者自伤自残的罪犯，不得保外就医。

"对罪犯确有严重疾病，必须保外就医的，由省级人民政府指定的医院诊断并开具证明文件。

"在交付执行前，暂予监外执行由交付执行的人民法院决定；在交付执行后，暂予监外执行由监狱或者看守所提出书面意见，报省级以上监狱管理机关或者设区的市一级以上公安机关批准。"

【精解】

本条是对1996年刑事诉讼法第241条关于暂予监外执行的条件、及时收监和监督管理的规定的修改。

1996年刑事诉讼法第214条规定："对于被判处有期徒刑或者拘役的罪犯，有下列情形之一的，可以暂予监外执行：（一）有严重疾病需要保外就医的；（二）怀孕或者正在哺乳自己婴儿的妇女。对于适用保外就医可能有社会危险性的罪犯，或者自伤自残的罪犯，不得保外就医。对于罪犯确有严重疾病，必须保外就医的，由省级人民政府指定的医院开具证明文件，依照法律规定的程序审批。发现被保外就医的罪犯不符合保外就医条件的，或者严重违反有关保外就医的规定的，应当及时收监。对于被判处有期徒刑、拘役，生活不能自理，适用暂予监外执行不致危害社会的罪犯，可以暂予监外执行。对于暂予监外执行的罪犯，由居住地公安机关执行，执行机关应当对其严格管理监督，基层组织或者罪犯的原所在单位协助进行监督。"

《决定》通过本条对1996年刑事诉讼法第241条作了五处修改：一是调整暂予监外执行的对象范围，增加规定对于被判处无期徒刑的怀孕或者正在哺乳自己婴儿的妇女也可以暂予监外执行；二是规定保外就医须由省级人民政府指定的医院诊断；三是增加规定了暂予监外执行的批准主体及批准程序；四是将取消暂予监外执行、及时收监的规定移至第257条；五是取消了暂予监外执行由公安机关执行的规定。

新刑事诉讼法第254条分为5款。

第1款是关于对哪些罪犯可以暂予监外执行的规定。所谓"暂予监外执行"，是指对依照法律规定不适宜在监狱或者其他执行机关执行刑罚的罪犯，暂时采用不予关押的方式执行原判刑罚的变通方法。根据本款规定，对于被判处有期徒刑或者拘役的罪犯，如果该罪犯患有严重疾病符合保外就医条件的，或者该罪犯是正在怀孕或者正在哺乳自己婴儿的妇女，或者生活不能自理，适用暂予监外执行不致危害社会的，可以暂予监外执行。根据本款规定，被判处无期徒刑的罪犯，不得暂予监外执行。当无期徒刑减刑为有期徒刑后，如果符合新刑事诉讼法第254条规定的条件，是可以暂予监外执行的。

第2款是关于被判处无期徒刑的罪犯暂予监外执行的例外规定。根据本款的规定，并不是所有被判处无期徒刑的罪犯都不得暂予监外执行，如果罪犯是正在怀孕或者正在哺乳自己婴儿的妇女，可以暂予监外执行，待该情形消失后，应当及时予以收监。

第3款是不得保外就医的两种情况的规定。即对于适用保外就医可能有社会危险性的罪犯，或者自伤自残的罪犯，不得保外就医。本款规定是对第1款规定的补充。这里所说的"可能有社会危险性"，包括可能再犯罪的，可能有打击报复等行为的以及可能有其他严重违法行为的。"自伤自残"，是指罪犯为逃避服刑，吞食异物、故意伤残自己肢体等。实践中应当注意的是，对于这两类罪犯，虽然不得保外就医，但执行机关也不能对他们放任不管，而应当及时采取必要的措施对罪犯的伤病进行治疗。

第4款是关于保外就医证明条件的规定。被判处有期徒刑或者拘役的罪犯是否确有严重疾病，需要保外就医，应由指定的医疗机构予以诊断，并出具证明书。指定的医疗机构即本款规定的"由省级人民政府指定的医院"，应当注意的是，这里所说的"省级人民政府指定的医院"是指省级人民政府事先指定的医院，不能针对某一名罪犯临时指定医院出证明文件。被判处有期徒刑或者拘役的罪犯，确有严重疾病，需要保外就医的，依法经省级人民政府指定的医院诊断并出具证明文件后，再依照法律规定的审批程序报请审核批准。

第5款是关于暂予监外执行批准主体及批准程序的规定。在交付执行前，人民法院发现罪犯符合暂予监外执行的情形，可以对其暂予监外执行，由人民法院直接作出决定；在交付执行后，负责执行的监狱或者看守所发现罪犯符合暂予监外执行的情形，可以由监狱或看守所提出暂予监外执行的书面意见，报省级以上监狱管理机关或者设区的市一级以上公安机关批准后执行，监狱或看守所只能提出书面意见，不能直接作出决定。

【引导案例】患重病或哺乳期罪犯　可以暂予监外执行

2011 年 9 月 23 日某市中级人民法院作出如下判决：牛某，女，28 岁，因犯走私毒品罪，被判处无期徒刑；同案犯肖某，男，25 岁，被判处有期徒刑 15 年；同案犯晋某，男，28 岁，被判处有期徒刑 7 年。判决后该 3 名罪犯均没有上诉，市人民检察院没有提出抗诉，10 日后判决生效。早在宣判前，该中级法院发现牛某怀有身孕 7 个月，肖某患有急性甲型肝炎。在交付执行前，法院研究决定对肖某暂予监外执行；对牛某送往户籍所在地女子监狱服刑；对晋某送往户籍所在地监狱服刑。2012 年 2 月 8 日，晋某服刑的柳村监狱发现其有病态，经送省级人民政府指定的省第五人民医院诊治，晋某被确诊为急性胰腺炎，需住院治疗，医院同时开具了相关证明文件。柳村监狱遂向省监狱管理局提出书面报告，请求批准对晋某暂予监外执行。

【分析】

新刑事诉讼法规定对被判无期徒刑的女性罪犯，有法定事由的，可以暂予监外执行。

1996 年刑事诉讼法第 214 条规定："对于被判处有期徒刑或者拘役的罪犯，有下列情形之一的，可以暂予监外执行：（一）有严重疾病需要保外就医的；（二）怀孕或者正在哺乳自己婴儿的妇女。对于适用保外就医可能有社会危险性的罪犯，或者自伤自残的罪犯，不得保外就医。对于罪犯确有严重疾病，必须保外就医的，由省级人民政府指定的医院开具证明文件，依照法律规定的程序审批。发现被保外就医的罪犯不符合保外就医条件的，或者严重违反有关保外就医的规定的，应当及时收监。对于被判处有期徒刑、拘役，生活不能自理，适用暂予监外执行不致危害社会的罪犯，可以暂予监外执行。对于暂予监外执行的罪犯，由居住地公安机关执行，执行机关应当对其严格管理监督，基层组织或者罪犯的原所在单位协助进行监督。"

本次修改刑事诉讼法对 1996 年刑事诉讼法第 214 条作了五处修改：①调

整暂予监外执行的对象范围，增加规定对于被判处无期徒刑的怀孕或者正在哺乳自己婴儿的妇女也可以暂予监外执行。②规定保外就医须由省级人民政府指定的医院出具诊断意见。③增加规定了暂予监外执行的批准主体及批准程序。④将取消暂予监外执行、及时收监的规定移至第 257 条。⑤取消了暂予监外执行由公安机关执行的规定，将有关执行主体的内容在本法第 258 条中予以规定。

上述案例中有三个信息：①牛某在宣判前即被该市中级人民法院发现其怀有身孕，是直接交付执行还是决定暂予监外执行，原法对此没有规定，而新法增加了明确性的规定。②肖某在宣判前突发急性传染病，急需隔离治疗，不能收监。③晋某在监狱服刑期间患有急病，需要住院治疗。

对于牛某来说，由于其生效判决发生在新刑事诉讼法实施以前，而原法中列举的可以暂予监外执行的情形不包括无期徒刑，法院不能于法无据地擅为，故纵使其身孕 7 个月，也要将其交付执行监禁刑。但新法实施后的情形将不同。如果牛某的判决是在新法实施后生效，则按照本条第 2 款、第 5 款的规定，法院在交付执行前可以作出对牛某暂予监外执行的决定。待牛某生育完毕并在法定的哺乳期结束前，研究决定其哺乳期满后及时收监服刑。对于肖某来说，其发病在法院宣判前，故法院对其作出判决的同时，因其重病对其作出暂予监外执行的决定。对于晋某来说，因其在监狱服刑期间患的重病，经有权医院开具的证明文件（这里需要注意，原法仅指省级人民政府指定的医院开具的证明文件，而新法增加要求该医院首先要出具诊断意见，并开具证明文件）证明，晋某服刑的监狱需要提出书面意见并附上有权医院出具的诊断意见和证明文件，报省级监狱管理局批准，对晋某暂予监外执行。

适用本条需要注意的问题是，对新刑事诉讼法第 253 条第 5 款交付执行后，有权提出暂予监外执行的主体范围如何理解，是否包括除监狱、看守所以外的其他执行机关如拘役所、未成年人犯管教所？如果不包括，那么这些场所的在押罪犯发生本条第 1 款、第 2 款情形时，由谁去提出暂予监外执行的意见？对此问题，需要立法解释或者司法解释予以补充规定。

一百、增加一条，作为第二百五十五条："监狱、看守所提出暂予监外执行的书面意见的，应当将书面意见的副本抄送人民检察院。人民检察院可以向决定或者批准机关提出书面意见。"

【精解】

本条在刑事诉讼法中增加关于人民检察院对暂予监外执行在决定前进行监督的规定。

本条包含了两层意思：一是监狱、看守所认为罪犯存在患有严重疾病需要保外就医的、怀孕或者正在哺乳自己婴儿的、生活不能自理适用暂予监外执行不致危害社会情形的，向省级以上监狱管理机关或者设区的市一级以上公安机关报送书面意见的正本，同时应当将副本抄送人民检察院。人民检察院设有监所检察部门，并在监狱、看守所派驻人员，监狱、看守所可将书面意见的副本交予监所检察部门的派驻人员。二是人民检察院收到监狱、看守所的书面意见后，应当及时开展监督，可以对罪犯的实际情况进行核实，认为罪犯不符合本法第254条规定的暂予监外执行的情形，暂予监外执行不当的，可以向决定或批准机关提出书面意见。决定或批准机关收到人民检察院的书面建议后，应当认真核查，作为决定或批准暂予监外执行的重要参考。

【引导案例】暂予监外执行的意见　同时抄送人民检察院

服刑罪犯张某，男，48岁，因犯抢劫罪被县人民法院判处有期徒刑7年。该犯服刑2年时被省级人民政府指定医院确诊为急性胃穿孔，需住院手术治疗。其服刑所在监狱遂向省监狱管理局书面提出对张某暂予监外执行的意见。该监狱将此书面意见副本同时抄送监狱所在地的人民检察院。人民检察院审查后认为张某保外就医，有再次危害社会可能性，遂向省监狱管理局提出不予批准张某暂予监外执行的书面意见。

【分析】

检察院的监督提前到作出暂予监外执行决定前。

本条是刑事诉讼法新增加的内容。本条规定将检察院对于暂予监外执行的监督提前到有权决定或批准机关作出意见之前。1996年刑事诉讼法规定的人民检察院对暂予监外执行的监督是在有权机关作出批准决定后，认为决定不当的开展的监督。而人民检察院是国家的法律监督机关。本法第8条规定："人民检察院依法对刑事诉讼实行法律监督。"为了使人民检察院的法律监督落到实处，具有可操作性，加强其监督力度，保证刑事诉讼正确进行，有必要在刑事诉讼的各个环节对人民检察院的法律监督的权限、程序等作出具体规定。

需要注意的是：

（1）虽然本条规定的是"监狱、看守所提出暂予监外执行的书面意见的，应当将书面意见的副本抄送人民检察院"。这里没有提及准备作出暂予监外执行决定的法院，在决定作出前如何听取检察院的意见，接受检察院的监督。而本条接下来规定"人民检察院可以向决定或者批准机关提出书面意见"。那么，对于本条的整体含义如何理解，实践中对于法院的监督如何具体操作？这是需要立法机关作出解释或者最高人民法院与最高人民检察院联合作出司法解释的。在看到有效解释之前，我们认为，结合本法第254条第5款明确规定的有权决定暂予监外执行的主体有交付执行前的审判法院的内容，对于人民法院的监督途径可以设定为：法院的刑事审判庭将提出暂予监外执行的书面意见，报经主管院长审批后，在提交本院审判委员会办公室准备上会研究的时候，同时抄送同级人民检察院，书面意见应当是以人民法院的名义送交。

（2）本条中对于监狱、看守所将其所提出的暂予监外执行的意见，规定应当抄送人民检察院，但没有明确规定具体何时抄送到人民检察院。如何理解？从立法原意上看，本条规定意在加强人民检察院对于暂予监外执行的监督力度，那么，就应当是同时进行抄送。也只有同时抄送，才便于检察院及时、有效的监督，从而将本条规定真正落到实处。

（3）人民检察院在什么时间段内向作出决定的人民法院提出书面意见？法院的审限本法有明确规定，法院在宣判前发现有暂予监外执行法定情形的，就应考虑作出暂予监外执行的问题，并且在交付执行前必须作出决定。那么，检察院在什么时间段内向法院提出书面意见呢？我们认为，实践中可行的做法是：人民法院召开审判委员会研究该决定时，通知人民检察院列席，由检察长发表监督意见。

（4）人民检察院在什么时间段内向作出批准决定的监狱管理局或者公安机关提出书面意见呢？需要立法或司法解释予以规定。

（5）省级以上的监狱管理局以及设区的市一级以上公安机关，对于监狱和看守所提出的暂予监外执行的意见作出批准或者不予批准的办理期限是多长时间？

（6）本法第253条第1款所指的其他执行机关中，如果出现本法第254条第1款、第2款情形的，是否提出暂予监外执行的意见，如果提出的，是否要将其副本抄送人民检察院？

一百零一、将第二百一十五条改为第二百五十六条，修改为："决定或者批准暂予监外执行的机关应当将暂予监外执行决定抄送人民检察院。人民检察院认为暂予监外执行不当的，应当自接到通知之日起一个月以内将书面意见送交决定或者批准暂予监外执行的机关，决定或者批准暂予监外执行的机关接到人民检察院的书面意见后，应当立即对该决定进行重新核查。"

【精解】

本条是对 1996 年刑事诉讼法第 215 条关于对暂予监外执行的决定如何监督规定的修改。

1996 年刑事诉讼法第 215 条规定："批准暂予监外执行的机关应当将批准的决定抄送人民检察院。人民检察院认为暂予监外执行不当的，应当自接到通知之日起一个月以内将书面意见送交批准暂予监外执行的机关，批准暂予监外执行的机关接到人民检察院的书面意见后，应当立即对该决定进行重新核查。"

《决定》通过本条对 1996 年刑事诉讼法第 215 条作了两处修改：一是将"批准暂予监外执行的机关"改为"决定或者批准暂予监外执行的机关"；二是将"批准的决定"改为"暂予监外执行的决定"。

新刑事诉讼法第 256 条适用于以下三种情况：一是人民法院在判决时发现未被羁押的罪犯符合法律规定的暂予监外执行条件的，在判处刑罚的同时，决定暂予监外执行；二是公安机关将罪犯送交监狱时，监狱在将罪犯收押前，应当对交付执行的罪犯进行身体检查，对于符合监外执行条件的罪犯可以暂不收监，由交付执行的人民法院决定暂予监外执行；三是在刑罚执行过程中发现罪犯符合暂予监外执行条件的，由执行机关提出书面材料和意见，报请省、自治区、直辖市监狱管理机关或者看守所、拘役所的主管公安机关批准，暂予监外执行。因此，有权决定或者批准暂予监外执行的机关包括交付执行的人民法院、省、自治区、直辖市监狱管理机关和主管看守所、拘役所的设区的市一级以上公安机关。根据新刑事诉讼法第 256 条的规定，决定或者批准暂予监外执行的机关应当将批准的决定抄送人民检察院。人民检察院经审查后，认为被暂予监外执行的罪犯不符合本法第 254 条规定的条件，决定或者批准暂予监外执行不当的，应当自接到通知之日起 1 个月以内将书面意见送交决定或者批准暂予监外执行的机关。决定或者批准暂予监外执行的机关接到人民检察院的书面意见后，应当立即对该决定进行重新核查，对于确属批准暂予监外执行不当的，应当及时予以纠正。

【引导案例】法院的暂予监外执行决定　要抄送同级检察院

陆某，男，43 岁，因涉嫌妨害公务罪被县公安局刑事拘留后转逮捕。在审查起诉期间，看守所发现陆某的慢性肺结核病发作，需要就医。于是县人民检察院对其变更强制措施为取保候审。宣判前，虽然陆某已经从传染病医院出院，但是考虑到监区为避免传染，拒收陆某入监，区人民法院经研究决定对陆某暂予监外执行 1 年。决定作出后，区人民法院将该暂予监外执行的决定抄送区人民检察院接受监督。区人民检察院经过审查，认为陆某不符合暂予监外执行的条件，遂自接到区人民法院通知后的第十天将不同意陆某监外执行的书面意见送交区人民法院，区人民法院接到检察院书面意见后，决定立即对陆某暂予监外执行的决定进行重新核查。

【分析】

决定或者批准暂予监外执行的机关接到人民检察院的书面监督意见后，应当立即对该暂予监外执行的决定进行重新核查。

1996 年刑事诉讼法第 215 条规定："批准暂予监外执行的机关应当将批准的决定抄送人民检察院。人民检察院认为暂予监外执行不当的，应当自接到通知之日起一个月以内将书面意见送交批准暂予监外执行的机关，批准暂予监外执行的机关接到人民检察院的书面意见后，应当立即对该决定进行重新核查。"

本次修改刑事诉讼法对 1996 年刑事诉讼法第 215 条作了两处修改：一是将"批准暂予监外执行的机关"改为"决定或者批准暂予监外执行的机关"；二是将"批准的决定"改为"暂予监外执行的决定"。

新刑事诉讼法第 256 条规定了人民检察院对暂予监外执行的批准决定进行监督的程序。由于在司法实践中有些不符合暂予监外执行条件的罪犯被错误的适用暂予监外执行，一些罪犯想方设法通过暂予监外执行逃避执行机关对其执行刑罚，为了改变这种状况，加强对暂予监外执行的监督措施，1994 年全国人大常委会通过的《监狱法》第 26 条规定："暂予监外执行，由监狱提出书面意见，报省、自治区、直辖市监狱管理机关批准。批准机关应当将批准的暂予监外执行决定通知公安机关和原判人民法院，并抄送人民检察院。人民检察院认为对罪犯适用暂予监外执行不当的，应当自接到通知之日起一个月内将书面意见送交批准暂予监外执行的机关，批准暂予监外执行的机关接到人民检察院的书面意见后，应当立即对该决定进行重新核查。"1996 年修改刑事诉讼法时，吸收了《监狱法》的规定，并将其适用范围扩大到所有有批准暂予监外执行权的机关批准的暂予监外执行。本次修改后的刑事诉讼法，在第 254 条明确规定了罪犯交付执行前后的暂予监外执行的决定与批准机关及程序，因此本条相应地将原条文中"批准暂予监外执行的机关"改为"决定或者批准暂予监外执行的机关"；将"批准的决定"统一为"暂予监外执行的决定"。

一百零二、将第二百一十六条改为第二百五十七条，修改为："对暂予监外执行的罪犯，有下列情形之一的，应当及时收监：

"（一）发现不符合暂予监外执行条件的；

"（二）严重违反有关暂予监外执行监督管理规定的；

"（三）暂予监外执行的情形消失后，罪犯刑期未满的。

"对于人民法院决定暂予监外执行的罪犯应当予以收监的，由人民法院作出决定，将有关的法律文书送达公安机关、监狱或者其他执行机关。

"不符合暂予监外执行条件的罪犯通过贿赂等非法手段被暂予监外执行的，在监外执行的期间不计入执行刑期。罪犯在暂予监外执行期间脱逃的，脱逃的期间不计入执行刑期。

"罪犯在暂予监外执行期间死亡的，执行机关应当及时通知监狱或者看守所。"

【精解】

本条是对 1996 年刑事诉讼法第 216 条关于暂予监外执行的罪犯收监执行的情形以及罪犯在暂予监外执行期间死亡的如何处理的规定的修改。

1996 年刑事诉讼法第 216 条规定："暂予监外执行的情形消失后，罪犯刑期未满的，应当及时收监。罪犯在暂予监外执行期间死亡的，应当及时通知监狱。"

《决定》通过本条对 1996 年《新刑事诉讼法》第 216 条作了以下修改：一是增加规定了对暂予监外执行的罪犯收监执行的具体情形及程序。二是增加规定了通过非法手段被暂予监外执行的，在监外执行的期间不计入执行刑期；在暂予监外执行期间脱逃的，脱逃的期间不计入刑期。三是对罪犯在暂予监外执行期间死亡的，规定应由"执行机关"及时通知监狱，并在应当通知的机关中增加了"看守所"。

新刑事诉讼法第 257 条分为 4 款。

第 1 款是关于暂予监外执行终止情形的规定。本款规定主要包括以下几种情况：

（1）人民检察院或者执行暂予监外执行的社区矫正机构在执行中发现该罪犯不符合暂予监外执行条件的，应当向决定或者批准机关提出纠正意见，决定或者批准机关应当进行核查，对于确实不符合暂予监外执行条件的，应当及时将该罪犯收监执行。

（2）社区矫正机构在执行中发现被暂予监外执行的罪犯严重违反有关暂予监外执行规定的，比如再犯新罪、有打击报复等行为以及有其他严重违法行为的，应当通知执行机关及时收监。

（3）社区矫正机构在执行中发现罪犯被暂予监外执行的情形消失，如身体恢复健康、规定的婴儿哺乳期已满等，而且刑期未满的，应当及时收监。

第 2 款是关于人民法院决定暂予监外执行的如何收监的规定。在交付执行前，暂予监外执行由交付执行的人民法院决定。对于由人民法院决定暂予监外执行的罪犯出现应当终止暂予监外执行情形的，应当由人民法院进行核查，情况属实，应当收监执行的，由人民法院作出决定，并将判决书、交付执行书等法律文书送达公安机关、监狱或者其他执行机关，履行正常的交付执行程序。

第 3 款是关于通过非法手段被暂予监外执行及暂予监外执行期间脱逃的如何计算执行刑期的规定。暂予监外执行是有条件地在监外执行刑罚，暂予监外执行 1 日相当于服刑 1 日，但是在下列两种情况下，暂予监外执行的期间不计入执行刑期：一是不符合暂予监外执行条件的罪犯通过贿赂等非法手段被暂予监外执行的。这里的"不符合暂予监外执行条件"应结合新刑事诉讼法第 254 条来理解，与新刑事诉讼法第 257 条第 1 款第 1 项中的"不符合暂予监外执行条件"相同。这里的"非法手段"不仅指贿赂的非法手段，还包括隐瞒、欺骗等手段。二是罪犯在暂予监外执行期间脱逃的，脱逃期间不计入执行刑期。脱逃是指违反暂予监外执行需要遵守的规定，未向执行机关报告而逃离执行地，脱离执行机关监管的行为。值得注意的是，在暂予监外执行期间脱逃的罪犯自脱逃之日起至被抓获止的期间不计入执行刑期，其在脱逃前被暂予监外执行的期间仍应计入执行刑期。

第 4 款是关于罪犯在暂予监外执行期间死亡的应如何处理的规定。被判处有期徒刑或者拘役的罪犯，根据本法第 254 条的规定暂予执行的，如果该罪犯在暂予监外执行期间死亡，根据本款规定，执行暂予监外执行的社区矫正机构应当及时通知原执行该罪犯刑罚的监狱或者看守所等执行机关。本款所说的"死亡"，既包括自然死亡，如因病、年老等，也包括非正常死亡，如他杀、自杀、发生事故死亡等。执行暂予监外执行的社区矫正机构在通知监狱、看守所等执行机关罪犯已死亡的同时，应当将该罪犯死亡的原因及过程告知监狱、看守所等执行机关。

【引导案例】暂予监外执行脱逃的　应当及时收监

黄某，男，35岁；谢某，男，40岁；王某，男32岁。3人因犯绑架罪被区人民法院分别判处有期徒刑13年、10年、8年，判决生效后3人均被送到张庄监狱服刑。服刑两年时，张庄监狱发现黄某患急性肾炎需要住院治疗，省监狱管理局批准了张庄监狱提出的对黄某暂予监外执行的意见。黄某经省第五人民医院半年的治疗，病情好转，后黄某在一次医院的例行检查后脱逃，经过公安机关5天的抓捕，黄某在某市落网。人民法院对黄某以脱逃罪判处有期徒刑3年，并将黄某前罪未执行的11年刑期（黄某暂予监外执行半年不计入执行刑期），与脱逃罪的3年刑期，依照《刑法》第69条的规定数罪并罚，决定执行有期徒刑14年。

谢某在执行刑期5年后，突发急性肾结石，省监狱管理局批准了张庄监狱提出的对谢某暂予监外执行的意见。后谢某经过3个月治疗，病愈。由于谢某暂予监外执行条件已消除，省监狱管理局决定对其收监。其暂予监外执行3个月算入已执行刑期。

王某在刑罚执行期间，家属看望时，要求家属向监狱领导送礼，使其能够暂予监外执行，其家属遂向张庄监狱主管暂予监外执行的领导钱某送去贿赂款5万元。后钱某作了虚假的医院诊断证明等文书，张庄监狱也向省监狱管理局提出了对王某暂予监外执行1年的意见，并被批准。后钱某受贿案被检察机关查实，钱某供述了收受王某5万元，为王某非法办理监外执行的事实。事件查清后，王某被收监，其监外执行的1年由于系通过贿赂等非法手段获得，不计入刑罚执行刑期。

【分析】

对于暂予监外执行的罪犯，当其出现法定情形之一时，就应当将其收监。以非法手段被暂予监外执行的，暂予监外执行的期间不计入刑期。

1996 年刑事诉讼法第 216 条规定："暂予监外执行的情形消失后，罪犯刑期未满的，应当及时收监。罪犯在暂予监外执行期间死亡的，应当及时通知监狱。"新刑事诉讼法对本条作了如下补充修改：

（1）增加规定对暂予监外执行的罪犯收监执行的具体情形。如果该罪犯在暂予监外执行期间，由于情况变化，不再符合暂予监外执行的条件，如身体恢复健康、规定的婴儿哺乳期已满等，而且刑期未满的就应当及时收监，不能再继续适用监外执行。此次修改刑事诉讼法，吸收了 1996 年刑事诉讼法第 214 条第 4 款的规定，明确列举了取消暂予监外执行的三种情况：实践中有的罪犯本身并不符合暂予监外执行的条件而被暂予监外执行的；被暂予监外执行后严重违反暂予监外执行监督管理规定的；暂予监外执行的情形消失而刑期未满的。出现上述三种情形，均应取消暂予监外执行，对罪犯及时收监。

（2）增加规定收监执行的程序。"对于人民法院决定暂予监外执行的罪犯应当予以收监的，由人民法院作出决定，将有关的法律文书送达公安机关、监狱或者其他执行机关"。这样规定，是因为新刑事诉讼法第 254 条第 5 款明确划分了在交付执行前后法院与监狱管理机关或公安机关对暂予监外执行的决定权或者批准权，因此，对于人民法院作出决定暂予监外执行的，监狱或看守所对罪犯并未收监执行，出现应终止暂予监外执行情形的，应当由人民法院决定终止，并将有关的法律文书送达公安机关、监狱或者其他执行机关，以便对罪犯收监执行。

（3）增加规定了通过非法手段被暂予监外执行的，在监外执行的期间不计入执行刑期；在暂予监外执行期间脱逃的，脱逃的期间不计入刑期。针对实践中有的罪犯通过贿赂等不正当手段获取医疗诊断证明、收买国家工作人员骗取暂予监外执行等情况，除依法追究刑事责任外，本条还规定了通过非法手段获取的暂予监外执行期间不计入刑期。另外，罪犯在暂予监外执行期间脱逃的，严重违反监管规定，不接受教育改造，脱逃期间不应计入执行刑期。

（4）罪犯在暂予监外执行期间死亡的，规定应由"执行机关"及时通知监狱，并在应当通知的机关中增加了"看守所"。主要是考虑到新刑事诉讼法第 253 条规定，剩余刑期在 3 个月以下的，由看守所代为执行。故新刑事诉讼法第 257 条补充了 1996 年刑事诉讼法第 216 条第 2 款的规定，罪犯在暂予监外执行期间死亡的，执行机关还应当及时通知看守所，因此在应当及时通知的机关中增加了看守所。

上述案例中的黄某，是在暂予监外执行期间涉嫌脱逃罪违反本条第 1 款第 2 项"严重违反有关暂予监外执行监督管理规定的"，黄某应当被及时收监。案例中的谢某属于"暂予监外执行的情形消失后，罪犯刑期未满的"，对其应予以收监。对其收监执行的决定机关，由于是在交付执行以后的监外执行，所以应由原批准机关省监狱管理局决定。案例中的王某属于用非法手段被暂予监外执行，对这种情况不仅要追究其可能涉嫌行贿罪的犯罪情况，对其监外执行的期间也不计入执行刑期。

一百零三、将第二百一十七条改为第二百五十八条，修改为："对被判处管制、宣告缓刑、假释或者暂予监外执行的罪犯，依法实行社区矫正，由社区矫正机构负责执行。"

【精解】

本条是对 1996 年刑事诉讼法第 217 条关于被判处管制、宣告缓刑、假释或者暂予监外执行的罪犯的执行方式和执行机构的规定的修改。

1996 年刑事诉讼法第 217 条规定："对于被判处徒刑缓刑的罪犯，由公安机关交所在单位或者基层组织予以考察。对于被假释的罪犯，在假释考验期限内，由公安机关予以监督。"

《决定》通过本条对 1996 年刑事诉讼法第 217 条作了修改，将管制、宣告缓刑、假释和暂予监外执行的执行机关统一规定为社区矫正机构。

根据新刑事诉讼法第 258 条的规定，被判处管制、宣告缓刑、假释或者暂予监外执行的罪犯，不再由公安机关或者罪犯所在单位、基层组织予以监督、考察，而是实行社区矫正，由社区矫正机构负责执行。这里的"社区矫正"是指将符合法定条件的罪犯置于社区内，由专门的国家机关在相关社会团体、民间组织和社会志愿者的协助下，在判决、裁定或决定确定的期限内，矫正其犯罪心理和行为习惯，促进其顺利回归社会的非监禁刑罚执行活动。关于社区矫正的具体做法，可以在总结试点经验的基础上，在正在起草中的社区矫正法当中进行具体规定。

【引导案例】缓刑、假释 应由哪个机关负责执行？

方某，男，32 岁，因涉嫌犯故意伤害罪，被区公安分局移送审查起诉至区人民检察院。方某致害他人后十分后悔，主动到公安机关自首，在被刑事拘留的 20 天期间，他请亲属代他积极为被害人治疗伤痛，补偿被害人医疗费、误工费等 5 万余元，双方达成和解。2012 年 4 月 10 日，区人民法院因其认罪态度及作案后表现判处方某有期徒刑 6 个月，缓期 1 年执行，缓刑考验期自 2012 年 4 月 11 日至 2013 年 3 月 31 日止。方某没有上诉，区人民检察院没有抗诉，该一审判决生效。

游某，男，28 岁，因犯侵犯商业秘密罪被区人民法院判处有期徒刑 2 年零 8 个月。2012 年 4 月 10 日，游某在监狱服刑执行到剩余刑期还有 9 个月。因其入监后一直认真遵守监规，接受教育改造，确有悔改表现，没有再犯罪危险被假释，假释考验期自 2012 年 4 月 11 日至 2013 年 4 月 10 日止。

那么，具体应当由谁对方某、游某进行缓刑和假释的执行呢？

【分析】

刑事诉讼法修改前后，对于被判处管制、宣告缓刑、假释以及暂予监外执行的执行机关的规定不同。

1996 年刑事诉讼法第 217 条规定："对于被判处徒刑缓刑的罪犯，由公安机关交所在单位或者基层组织予以考察。对于被假释的罪犯，在假释考验期限内，由公安机关予以监督。"第 218 条规定："对于被判处管制、……的罪犯，由公安机关执行。"第 214 条第 6 款规定："对于暂予监外执行的罪犯，由居住地公安机关执行。"本次修改刑事诉讼法对上述内容作了补充修改：将管制、宣告缓刑、假释和暂予监外执行的执行机关统一规定为社区矫正机构。

管制作为主刑之一，是对罪犯不予关押，强制其履行一定义务，对其进行监督管理改造的刑罚。管制是唯一不完全剥夺罪犯人身自由的相对开放的主刑刑种。2011 年《刑法修正案（八）》出台前的《刑法》和 1996 年刑事诉讼法都规定，管制由公安机关执行。缓刑是对符合一定条件的罪犯先不予关押，而在一定期限内予以考察的刑罚执行方式。2011 年《刑法修正案（八）》出台前的刑法规定，对被判处缓刑的罪犯由公安机关考察；1996 年刑事诉讼法规定，由公安机关交其所在单位或者基层组织予以考察。假释是对符合一定条件的罪犯，实行有条件地提前释放的制度。2011 年《刑法修正案（八）》出台前的《刑法》和 1996 年刑事诉讼法规定，对被假释的罪犯，由公安机关予以监督。

这些对被判处管制、宣告缓刑、假释的罪犯，由公安机关执行或考察监督的规定，在多年来的具体执行司法实践中存在一些问题。主要有：①随着经济社会情况的变化，人口流动性增大，基层管理工作任务更重，难度更大，管制、缓刑、假释等在实际执行中难以落到实处，往往流于形式，对罪犯疏于监管；②公安机关本身肩负着维护社会治安、打击违法犯罪的重要任务，再对这些罪犯进行日常监管，难以切实承担；③由于实际执行不到位，限制了司法机关适用管制刑以及缓刑、假释，使之没有充分发挥应有的积极作用；④公安机关执行或考察监督，侧重于管理和违规的处罚，难以对这些罪犯进行有针对性的帮教，不利于他们早日回归社会、融入社会。针对这些情况，近十年来有关部门从社会管理创新、创建和谐社会的角度，对刑罚执行制度进行了积极有益的探索。2003 年有关部门在一些地方开展社区矫正试点工作，2009 年又进一步在全国试行，取得了积极的成果。社区矫正是非监禁刑罚的执行方式，有利于动员社会力量，对罪犯有针对性的监管、帮教，促使其顺利回归社会。实践证明，这是一种行之有效的制度。2011 年《刑法修正案（八）》考虑到以上因素，修改了管制、宣告缓刑、假释的执行方式，规定由社区矫正机构执行。本次修改刑事诉讼法对本条作了相应修改，以与现行《刑法》有关规定相一致。同时，考虑到暂予监外执行的执行方式与管制、缓刑、假释的执行方式相类似，因此在《刑法修正案（八）》规定的基础上，增加规定了对暂予监外执行的罪犯也实行社区矫正。

针对上述故意伤害案中的方某，他的缓刑考验期是 2012 年 4 月 11 日至 2013 年 3 月 31 日止，在 2012 年 4 月 11 日起至 2012 年 12 月 31 日期间，他的缓刑按照 1996 年刑事诉讼法第 217 条规定，由公安机关交所在单位或者基层组织予以考察。自 2013 年 1 月 1 日起至 2013 年 3 月 31 日止，他的缓刑考验期由社区矫正机构负责。

针对上述侵害商业秘密案中的游某，他的假释考验期是 2012 年 4 月 11 日至 2013 年 4 月 10 日止，在 2012 年 4 月 11 日起至 2012 年 12 月 31 日期间，他的假释按照 1996 年刑事诉讼法第 217 条规定，在假释考验期限内，由公安机关予以监督。自 2013 年 1 月 1 日起至 2013 年 4 月 10 日止，他的假释考验期由社区矫正机构负责。

一百零四、将第二百一十八条改为第二百五十九条，修改为："对被判处剥夺政治权利的罪犯，由公安机关执行。执行期满，应当由执行机关书面通知本人及其所在单位、居住地基层组织。"

【精解】

本条是对 1996 年刑事诉讼法第 218 条关于管制、剥夺政治权利的执行和期满后解除的规定的修改。

1996 年刑事诉讼法第 218 条规定："对于被判处管制、剥夺政治权利的罪犯，由公安机关执行。执行期满，应当由执行机关通知本人，并向有关群众公开宣布解除管制或者恢复政治权利。"

《决定》通过本条对 1996 年刑事诉讼法第 218 条作了两处修改：一是删去关于管制执行的规定，将相关内容移至新刑事诉讼法第 258 条；二是将剥夺政治权利执行期满后的解除方式规定为由执行机关书面通知本人及其所在单位、居住地基层组织。

根据新刑事诉讼法第 259 条的规定，被判处剥夺政治权利的罪犯，由人民法院将判决书、执行通知书送交公安机关，由公安机关执行。公安机关可以委托罪犯居住地基层组织或其所在单位协助执行。这样有利于依靠群众进行有效监督。被判处剥夺政治权利的罪犯，如果是并处剥夺政治权利的，剥夺政治权利的刑期，从徒刑、拘役执行完毕之日或者从假释之日起计算；剥夺政治权利的效力当然施用于主刑执行期间。如果是判处管制附加剥夺政治权利的，剥夺政治权利的期限与管制的期限相等，同时执行。执行剥夺政治权利时，执行机关应向罪犯所在单位或居住地的有关群众宣布罪犯的犯罪事实、剥夺政治权利的内容及刑期。执行期满，执行机关应当书面通知本人及其所在单位、居住地基层组织。

在理解和执行本条的规定时应当注意：规定剥夺政治权利的执行机关是公安机关，公安机关也要依靠群众进行监督，其他有关单位和群众如果发现罪犯违反剥夺政治权利应当遵守的规定的，应当及时向公安机关报告。对于违反剥夺政治权利应当遵守的规定，尚未构成新的犯罪的，由公安机关依法给予治安管理处罚。

【引导案例】剥夺政治权利的刑罚　由哪个机关执行？

周某，男，45 岁，因犯抢劫罪，2005 年 8 月 25 日被法院判处有期徒刑 6 年，附加剥夺政治权利 3 年。因其判决生效前已被羁押 7 个月，故 2011 年 1 月 24 日，周某主刑执行完毕被释放。自 2011 年 1 月 24 日起，周某开始执行其剥夺政治权利的附加刑。2014 年 1 月 23 日，周某剥权期结束，届时，公安机关将书面通知周某及其所在单位和居住地基层组织。

【分析】

执行剥夺政治权利处罚期满，解除方式修法前后规定不同。

剥夺政治权利是我国刑法规定的附加刑的一种，可以附加于主刑适用，也可以单独适用，是依法剥夺罪犯参加国家管理和政治活动等权利，对其进行监督管理改造的刑罚。被判处剥夺政治权利的罪犯不得行使选举与被选举权，不得行使言论、出版、集会、结社、游行、示威自由的权利，不得担任国家机关职务，不得担任国有公司、企业、事业单位和人民团体领导职务。不同于管制、减刑、假释、暂予监外执行，剥夺政治权利不需要由社区矫正机构对罪犯进行综合的教育改造以及监督，而是需要执行机关监督罪犯不得行使某些权利，规定由公安机关执行剥夺政治权利，尤其是不得行使集会、结社、游行、示威自由的权利，由公安机关进行日常的监督和管理更为便利、有效。

1996 年刑事诉讼法第 218 条规定："对于被判处管制、剥夺政治权利的罪犯，由公安机关执行。执行期满，应当由执行机关通知本人，并向有关群众公开宣布解除管制或者恢复政治权利。"本次修改刑事诉讼法对该条作了两处补充修改：①删去关于管制执行的规定，将相关内容移至刑事诉讼法第 258 条；②将剥夺政治权利执行期满后的解除方式规定为由执行机关书面通知本人及其所在单位、居住地基层组织。

上述案例，对于周某剥夺政治权利的刑罚，由其居住地公安分局执行。2014 年 1 月 23 日执行期满时，由该公安分局出具书面的执行完毕的通知，分别送达周某本人、他工作的单位以及居住地的居民委员会。

需要注意的是，1996 年刑事诉讼法规定的是："执行期满，应当由执行机关通知本人，并向有关群众公开宣布解除管制或者恢复政治权利。"这种"通知"，可以是口头也可以是书面，形式不明确，本次修改后的规定，明确了必须是"书面通知"，强调了书面的正式与严肃。并规定，不再是向有关群众宣布，而是书面通知其本人及其所在单位、所居住地基层组织。

一百零五、将第二百二十一条改为第二百六十二条，第二款修改为："被判处管制、拘役、有期徒刑或者无期徒刑的罪犯，在执行期间确有悔改或者立功表现，应当依法予以减刑、假释的时候，由执行机关提出建议书，报请人民法院审核裁定，并将建议书副本抄送人民检察院。人民检察院可以向人民法院提出书面意见。"

【精解】

本条是对1996年刑事诉讼法第221条关于刑罚执行期间减刑、假释的决定程序的规定的修改。

1996年刑事诉讼法第221条规定："罪犯在服刑期间又犯罪的，或者发现了判决的时候所没有发现的罪行，由执行机关移送人民检察院处理。被判处管制、拘役、有期徒刑或者无期徒刑的罪犯，在执行期间确有悔改或者立功表现，应当依法予以减刑、假释的时候，由执行机关提出建议书，报请人民法院审核裁定。"

《决定》增加规定：执行机关向人民法院提出减刑、假释建议书的，应当将建议书副本抄送人民检察院。人民检察院可以向人民法院提出书面意见。

新刑事诉讼法第262条规定："罪犯在服刑期间又犯罪的，或者发现了判决的时候所没有发现的罪行，由执行机关移送人民检察院处理。被判处管制、拘役、有期徒刑或者无期徒刑的罪犯，在执行期间确有悔改或者立功表现，应当依法予以减刑、假释的时候，由执行机关提出建议书，报请人民法院审核裁定，并将建议书副本抄送人民检察院。人民检察院可以向人民法院提出书面意见。"

新刑事诉讼法第262条分为2款。

第1款是关于罪犯在服刑期间又犯罪，或者发现了判决时所没有发现的罪行如何处理的规定。本款所说的"执行机关"，包括监狱、看守所、拘役所、公安机关等执行刑罚的机关。本款共规定了两层意思：

（1）对于罪犯在服刑期间又犯罪的，《监狱法》第60条规定："对罪犯在监狱内犯罪的案件，由监狱进行侦查。侦查终结后，写出起诉意见书或者免予起诉意见书，连同案卷材料、证据一并移送人民检察院。"本法第290条规定："对罪犯在监狱内犯罪的案件由监狱进行侦查。""监狱办理刑事案件，适用本法的有关规定。"因此，对于罪犯在服刑期间又犯罪的，如果罪犯是在监狱内服刑的，根据本款的规定和《监狱法》第60条、本法第290条的规定，应当由监狱进行侦查，侦查终结后，由监狱写出起诉意见书，连同案卷材料、证据一并移送人民检察院处理；如果罪犯不是在监狱内服刑的，由公安机关进行侦查，侦查终结后，由公安机关写出起诉意见书，连同案卷材料、证据一并移送人民检察院处理。

（2）发现了判决时所没有发现的罪行的，应当按照本法第18条规定的管辖范围，由人民检察院进行侦查、起诉或者由公安机关进行侦查，侦查终结后，再由公安机关写出起诉意见书，连同案卷材料、证据一并移送人民检察院处理。

第2款是关于罪犯在服刑期间确有悔改、立功表现的，如何处理的规定。根据本款和《监狱法》第30条、第32条的规定，被判处管制、拘役、有期徒刑或者无期徒刑的罪犯，在执行期间确有悔改或者立功表现，符合法律规定的减刑、假释条件，依法应当予以减刑、假释的，由执行机关根据考核结果，向人民法院提出减刑、假释建议。在向人民法院提出减刑、假释建议的同时，执行机关应当将建议书副本抄送人民检察院。人民检察院提出应当或不应当减刑、假释的依据或意见的，应当以书面的形式向人民法院提出。人民法院应当自收到减刑、假释建议书之日起1个月内予以审核裁定；案情复杂或者情况特殊的，可以延长1个月。人民法院减刑、假释裁定的副本应当抄送人民检察院。

【引导案例】减刑、假释　检察院要同步监督

向某，女，38岁，因犯走私、运输毒品罪，2005年3月被判处有期徒刑15年。判决生效后被公安机关送宋庄监狱服刑。2010年，宋庄监狱因向某确有悔改表现，向本市中级人民法院提出建议书，报请对向某审核裁定减刑。法院经审核，裁定对向某减刑两年。如果2013年新刑事诉讼法实施后，向某又有符合减刑或者假释条件，宋庄监狱向市中级人民法院提出对向某减刑或者假释建议书时应该怎么办？市中级人民法院对市人民检察院提出的不应该对向某减刑或者假释的意见，怎么看待？

【分析】

新刑事诉讼法将检察机关对减刑、假释的监督由裁定后提前到人民法院作出裁定前。

1996年刑事诉讼法第221条第2款规定："被判处管制、拘役、有期徒刑或者无期徒刑的罪犯，在执行期间确有悔改或者立功表现，应当依法予以减刑、假释的时候，由执行机关提出建议书，报请人民法院审核裁定。"本次修改刑事诉讼法增加规定：执行机关向人民法院提出减刑、假释建议书的，应当将建议书副本抄送人民检察院。人民检察院可以向人民法院提出书面意见。如此规定，便将检察机关对减刑、假释的监督由裁定后监督提前到人民法院作出裁定前，有利于检察机关更好地履行监督职责，也有助于人民法院及时获取更

多的情况和意见，作出正确的裁定。

上述案例中，向某在 2010 年减刑时，按照 1996 年刑事诉讼法第 221 条第 2 款的规定，执行机关宋庄监狱因向某确有悔改表现，向本市中级人民法院提出建议书，报请对向某审核裁定减刑。法院经审核，裁定对向某减刑两年。那时的刑事诉讼法没有规定执行机关向法院提出建议书时，应将建议书的副本抄送人民检察院，故宋庄监狱不需要报送市人民检察院接受监督。但是，2013 年新刑事诉讼法实施后，向某如果又有符合减刑或者假释条件，宋庄监狱向市中级人民法院提出对向某减刑或者假释建议书时，则应该将该减刑或者假释的建议书抄送市人民检察院。市人民检察院接到建议书时，应当立即审查，审查向某是否具备法定的减刑、假释条件，以及宋庄监狱呈报的对向某减刑、假释的手续是否合法、完备。如果发现向某不符合减刑、假释的法定条件，或者宋庄监狱报请市人民法院裁定对宋某减刑、假释没有完备的合法手续的，市人民检察院就应当在市中级人民法院作出减刑、假释裁定前，向市中级人民法院提出书面意见。市中级人民法院对市人民检察院提出的不应该对向某减刑或者假释的意见，应当认真对待，在充分核实宋庄监狱报请的材料及市人民检察院的书面意见及材料后，作出正确裁定。对于市人民检察院提出的宋庄监狱报请人民法院裁定对宋某减刑、假释没有完备的合法手续的，市中级人民法院审查后，可以裁定对宋某不予减刑、假释。

一百零六、增加一编，作为第五编："特别程序"。

【精解】

本条在刑事诉讼法中增加规定第五编特别程序。

针对未成年人犯罪案件等特定案件和一些特殊情况，根据一些全国人大代表和有关方面的建议，《决定》在刑事诉讼法中增加了"特别程序"一编，作为第五编，共四章，对未成年人刑事案件诉讼程序；特定范围公诉案件的和解程序；犯罪嫌疑人、被告人逃匿、死亡案件违法所得的没收程序，以及实施暴力行为的精神病人的强制医疗程序等问题分别作了规定。针对特殊情况规定特别程序，一方面反映了我国刑事诉讼中对这些特殊情况的重视；另一方面，针对特殊情况有针对性地规定不同于一般程序的特别程序，反映了我国刑事诉讼制度和诉讼理念的发展与完善。

"未成年人刑事案件诉讼程序"一章对办理未成年人刑事案件的规范进行

了集中规定，在强调办理未成年人案件的方针、原则的同时，加强对未成年人辩护权和其他权利的保护，同时还针对未成年人的特点，专门创设了附条件不起诉制度和犯罪记录封存制度。该章规定，是多年来我们办理未成年人案件经验的总结，是我国对未成年人保护的具体体现。

"当事人和解的公诉案件诉讼程序"一章是一项新的诉讼制度，对特定范围公诉案件的和解程序作了规定。这一程序的设置有利于促进刑事案件当事人之间的和解、谅解，在处理刑事案件的同时，使被害人获得赔偿，有利于社会和谐稳定。考虑到公诉案件国家追诉的严肃性，为防止在司法实践中出现偏差，产生新的司法不公，《决定》对这一新尝试采取了较为审慎的态度，对和解的适用范围和条件作了严格限制。

"犯罪嫌疑人、被告人逃匿、死亡案件违法所得的没收程序"一章对贪污贿赂犯罪、恐怖活动犯罪等重大犯罪案件，犯罪嫌疑人、被告人潜逃，在通缉1年后不能到案，或者犯罪嫌疑人、被告人死亡，依照刑法规定应当追缴其违法所得及其他涉案财产的没收程序作了规定。这一程序主要是根据《联合国反腐败公约》以及反恐怖活动的有关规范性文件的要求，以及惩治犯罪的需要设置，既体现了我国对腐败、恐怖犯罪等严重犯罪的严厉打击态度，又体现了在犯罪嫌疑人、被告人不在场时，没收其违法所得财产的慎重。

"依法不负刑事责任的精神病人的强制医疗程序"一章，规定了对实施暴力行为，危害公共安全或者严重危害公民人身安全，经法定程序鉴定依法不负刑事责任，但有继续危害社会可能的精神病人，予以强制医疗的程序。这一程序，既是对有关精神病人的保护和医疗措施，充分保障了他们的权益，又是维护社会治安和稳定，保障社会公共安全和公民人身安全的必要手段。

一百零七、增加一章，作为第五编第一章：

"第一章　未成年人刑事案件诉讼程序

"第二百六十六条　对犯罪的未成年人实行教育、感化、挽救的方针，坚持教育为主、惩罚为辅的原则。

"人民法院、人民检察院和公安机关办理未成年人刑事案件，应当保障未成年人行使其诉讼权利，保障未成年人得到法律帮助，并由熟悉未成年人身心特点的审判人员、检察人员、侦查人员承办。

"第二百六十七条　未成年犯罪嫌疑人、被告人没有委托辩护人的，人民法院、人民检察院、公安机关应当通知法律援助机构指派律师为其提供辩护。

　　"第二百六十八条　公安机关、人民检察院、人民法院办理未成年人刑事案件，根据情况可以对未成年犯罪嫌疑人、被告人的成长经历、犯罪原因、监护教育等情况进行调查。

　　"第二百六十九条　对未成年犯罪嫌疑人、被告人应当严格限制适用逮捕措施。人民检察院审查批准逮捕和人民法院决定逮捕，应当讯问未成年犯罪嫌疑人、被告人，听取辩护律师的意见。

　　"对被拘留、逮捕和执行刑罚的未成年人与成年人应当分别关押、分别管理、分别教育。

　　"第二百七十条　对于未成年人刑事案件，在讯问和审判的时候，应当通知未成年犯罪嫌疑人、被告人的法定代理人到场。无法通知、法定代理人不能到场或者法定代理人是共犯的，也可以通知未成年犯罪嫌疑人、被告人的其他成年亲属，所在学校、单位、居住地基层组织或者未成年人保护组织的代表到场，并将有关情况记录在案。到场的法定代理人可以代为行使未成年犯罪嫌疑人、被告人的诉讼权利。

　　"到场的法定代理人或者其他人员认为办案人员在讯问、审判中侵犯未成年人合法权益的，可以提出意见。讯问笔录、法庭笔录应当交给到场的法定代理人或者其他人员阅读或者向他宣读。

　　"讯问女性未成年犯罪嫌疑人，应当有女工作人员在场。

　　"审判未成年人刑事案件，未成年被告人最后陈述后，其法定代理人可以进行补充陈述。

　　"询问未成年被害人、证人，适用第一款、第二款、第三款的规定。

　　"第二百七十一条　对于未成年人涉嫌刑法分则第四章、第五章、第六章规定的犯罪，可能判处一年有期徒刑以下刑罚，符合起诉条件，但有悔罪表现的，人民检察院可以作出附条件不起诉的决定。人民检察院在作出附条件不起诉的决定以前，应当听取公安机关、被害人的意见。

　　"对附条件不起诉的决定，公安机关要求复议、提请复核或者被害人申诉的，适用本法第一百七十五条、第一百七十六条的规定。

　　"未成年犯罪嫌疑人及其法定代理人对人民检察院决定附条件不起诉有异议的，人民检察院应当作出起诉的决定。

　　"第二百七十二条　在附条件不起诉的考验期内，由人民检察院对被附条件不起诉的未成年犯罪嫌疑人进行监督考察。未成年犯罪嫌疑人的监护人，应当对未成年犯罪嫌疑人加强管教，配合人民检察院做好监督考察工作。

"附条件不起诉的考验期为六个月以上一年以下，从人民检察院作出附条件不起诉的决定之日起计算。

"被附条件不起诉的未成年犯罪嫌疑人，应当遵守下列规定：

"（一）遵守法律法规，服从监督；

"（二）按照考察机关的规定报告自己的活动情况；

"（三）离开所居住的市、县或者迁居，应当报经考察机关批准；

"（四）按照考察机关的要求接受矫治和教育。

"第二百七十三条　被附条件不起诉的未成年犯罪嫌疑人，在考验期内有下列情形之一的，人民检察院应当撤销附条件不起诉的决定，提起公诉：

"（一）实施新的犯罪或者发现决定附条件不起诉以前还有其他犯罪需要追诉的；

"（二）违反治安管理规定或者考察机关有关附条件不起诉的监督管理规定，情节严重的。

"被附条件不起诉的未成年犯罪嫌疑人，在考验期内没有上述情形，考验期满的，人民检察院应当作出不起诉的决定。

"第二百七十四条　审判的时候被告人不满十八周岁的案件，不公开审理。但是，经未成年被告人及其法定代理人同意，未成年被告人所在学校和未成年人保护组织可以派代表到场。

"第二百七十五条　犯罪的时候不满十八周岁，被判处五年有期徒刑以下刑罚的，应当对相关犯罪记录予以封存。

"犯罪记录被封存的，不得向任何单位和个人提供，但司法机关为办案需要或者有关单位根据国家规定进行查询的除外。依法进行查询的单位，应当对被封存的犯罪记录的情况予以保密。

"第二百七十六条　办理未成年人刑事案件，除本章已有规定的以外，按照本法的其他规定进行。"

本条在刑事诉讼法中增加了第 266—276 条，规定了未成年人刑事案件诉讼程序，包括办理未成年人案件的方针、原则，办理案件的特别规定以及适用于未成年人的附条件不起诉制度和犯罪记录封存制度。分别精解如下：

1. 第二百六十六条　对犯罪的未成年人实行教育、感化、挽救的方针，坚持教育为主、惩罚为辅的原则。

人民法院、人民检察院和公安机关办理未成年人刑事案件，应当保障未成年人行使其诉讼权利，保障未成年人得到法律帮助，并由熟悉未成年人身心特点的审判人员、检察人员、侦查人员承办。

【精解 1】

新刑事诉讼法第 266 条是关于办理未成年人刑事案件原则和总体要求的规定。本条分为 2 款。

第 1 款是关于办理未成年人刑事案件的方针和原则的规定。

我国一贯重视对未成年人的保护，并着眼于形成行之有效的针对未成人犯罪治理与预防的刑事政策。自 1979 年中央首次提出对违法犯罪的未成年人要实行"教育、挽救、改造"的方针以来，颁发了一系列文件，明确要求对违法犯罪的未成年人"必须坚决实行教育、感化、挽救的方针，着眼于挽救"。强调对未成年人要始终立足于教育的政策思想。这一政策，在随后的立法中以法律形式予以确立，成为一项法律原则。《中华人民共和国未成年人保护法》第 54 条明确规定："对违法犯罪的未成年人，实行教育、感化、挽救的方针，坚持教育为主、惩罚为辅的原则。"《中华人民共和国预防未成年人犯罪法》也就此作了明确规定。此次修改刑事诉讼法，也将其作为办理未成年人刑事案件的方针和原则，并通过一系列的具体措施，确保这一方针、原则在刑事诉讼中得以贯彻落实。

"教育、感化、挽救"的方针是指在依法追究未成年人刑事责任时，必须立足于教育、感化、挽救，通过教育、感化、增强法制观念，认识错误改过自新，重新回归社会。而"教育为主、惩罚为辅的原则"，主要是指在处理教育与惩罚的关系时，要以教育为主要目的，而不能以刑罚作为目的，刑罚也是对其教育的一种手段，服从于教育、感化、挽救的目的。这就要求在办理未成年人刑事案件过程中应当查清犯罪事实，确保法律正确适用，保护其合法权利，同时根据犯罪原因有针对性地对其进行法制教育，以矫正其犯罪心理和不良行为习惯，促其改过自新，重新融入社会。

在刑事诉讼中贯彻教育、感化、挽救的方针和教育为主、惩罚为辅的原则，需要注意以下几个问题：第一，上述方针和原则不仅仅体现在刑事审判和刑罚执行环节，而应贯穿于刑事诉讼的全部过程。例如在侦查阶段，公安机关对被羁押的未成年犯罪嫌疑人应当与成年犯罪嫌疑人分押分管。对未成年人刑事案件的侦查、预审工作，由专门办案人员或者侧重办理未成年人刑事案件的人员进行。对未成年犯罪嫌疑人，在讯问中应进行耐心细致的教育；注意了解未成年犯罪嫌疑人作案的动机和成因等。在检察机关提起公诉阶段，应同有关部门加强联系，充分了解案件情况，对符合条件的未成年犯罪人作出附条件不起诉决定。人民检察院还要加强对侦查活动、审判活动和未成年监所的监督，保证准确执行法律，保障未成年人的合法权益。第二，坚持教育、感化、挽救的原则，必须处理好惩罚与教育的关系。对犯罪的未成年人进行教育、感化和挽救，并不意味着对其犯罪行为的纵容和不处罚。既要与成年人犯罪区别对待，尽可能多地给予未成年犯罪人改过自新机会，但同时也要防止对未成年犯罪人盲目减轻处罚，甚至不处罚的错误做法。对那些社会危害严重、主观恶性大的未成年犯罪人就应当在法律规定的原则和范围内予以必要的惩罚，以发挥刑罚的教育功能。

第 2 款是关于司法机关办理未成年人案件应当保障未成年人诉讼权利，以及对办理未成年人案件人员的要求条件的规定。

新刑事诉讼法第 14 条规定，人民法院、人民检察院和公安机关应当保障犯罪嫌疑人、被告人和其他诉讼参与人依法享有的辩护权和其他诉讼权利。对于未成年犯罪嫌疑人、被告人来说，不仅享有与成年犯罪嫌疑人、被告人相同的诉讼权利，如以本民族语言文字进行诉讼；申请审判人员等回避；参加法庭调查和法庭辩论；对地方各级人民法院作出的一审判决、裁定有上诉的权利等。同时，未成年人在刑事诉讼中还享有一些特殊的权利，如刑事诉讼法规定，对未成年人犯罪的案件，犯罪嫌疑人、被告人没有委托辩护人的，司法机关应当通知法律援助机构指派律师为其提供辩护；在讯问和审判时，应当通知未成年犯罪嫌疑人、被告人的法定代理人到场；审判时被告人不满 18 岁的案件不公开审理，等等，对这些权利都应当依法予以保障。

"保障未成年人得到法律帮助"则要求司法机关在办理未成年人案件时，第一，要让未成年人了解法律的有关规定，包括涉及其犯罪行为定罪量刑的有关规定，也包括其享有的诉讼权利和其他合法权利的法律规定。第二，根据新刑事诉讼法第 267 条的规定，如果未成年犯罪嫌疑人、被告人没有委托辩护人的，司法机关应当通知法律援助机构指派律师为其提供辩护，以使其获得法律帮助。

由熟悉未成年人身心特点的审判人员、检察人员、侦查人员办理未成年人案件，是对人民法院、人民检察院和公安机关在办理未成年人刑事案件时人员安排上的特别要求。司法人员熟悉未成年人身心特点，善于做未成年人的思想教育工作，有利于教育、感化、挽救方针的落实，也有利于与未成年的沟通，促进其悔过自新。因此，此次修改刑事诉讼法将其作为办理未成人案件的一项人员条件予以规定。

【引导案例】对犯罪的未成年人　教育为主、惩罚为辅

小王，16 岁；小唐，17 岁；小何，18 岁。2011 年 1 月 12 日晚，三人相约到某饭馆喝酒，喝下两瓶高度二锅头酒后三人已是不太清醒，遂借着酒劲来到县城马路边拦车。一辆白色轿车躲闪不及被拦下。车刚停下，他们三人便从不同侧面砸车窗玻璃，司机刘某下车询问究竟，三人不由分说便踢打刘某，致刘头部、胸部、腰部多处受伤。同车宁某报警。警察到后方制止住他们的行为。此时，宁某联系的救护车也随之赶到。在送刘某去医院治疗后，民警传唤三名犯罪嫌疑人到派出所了解情况。在得知其中二人系未成年人时，派出所及时联系了小王和小唐的法定代理人，二人的父亲到场。在询问清楚整个事件过程后，派出所将小何刑事拘留，对小王、小唐办理了取保候审的法律手续。经有关部门鉴定，刘某所受之伤构成轻伤，汽车被损坏部分作价三千余元。在侦查期间，公安机关指派未成年人办案组的侦查员对他们进行讯问。2011 年 4 月 8 日，三名犯罪嫌疑人被公安机关以涉嫌犯寻衅滋事罪移送检察院审查起诉。检察院公诉部门将该案分给未成年人办案组办理，提讯时，办案检察官均通知小王、小唐的法定代理人到场。2011 年 4 月 20 日，检察院将该三人以犯寻衅滋事罪提起公诉，同时建议适用普通程序简便审程序审理。法院将此案分给少年法庭审理，同时鉴于三人均认罪，为每人指定了一名辩护律师，并在开庭前通知小王、小唐的父亲到庭。2011 年 4 月 28 日，法院适用普通程序简便审理程序开庭不公开审理了该案。

【分析】

本次修改刑事诉讼法，在特别程序编中增加了未成年人刑事案件诉讼程序专章，是为第一章。本章用了 11 条的篇幅，系统地规定了对于未成年人刑事案件的特别审理程序，本条是第 1 条，规定的是办理未成年人刑事案件的方针

和原则，明确规定公安机关、人民检察院、人民法院，对于未成年人案件，在侦查、审查起诉、审判的各个环节，都要由熟悉未成年人身心特点的专门人员承办，在刑事诉讼的各个阶段，都要保障未成年人行使诉讼权利，并要保证他们得到法律帮助。

　　未成年人是国家的未来和希望，即使是不慎犯罪的未成年人，也要给予特别的重视，提供更多的法律保障。自20世纪80年代以来，我们党和国家颁发了一系列文件，明确要求对违法犯罪的未成年人"必须坚决实行教育、感化、挽救的方针，着眼于挽救"。强调对未成年人要始终立足于教育的政策思想。在后来颁布的《未成年人保护法》第54条明确规定："对违法犯罪的未成年人，实行教育、感化、挽救的方针，坚持教育为主、惩罚为辅的原则。"《预防未成年人犯罪法》也就此作了明确规定。此次修改刑事诉讼法，也将其作为办理未成年人刑事案件的方针和原则，并通过一系列的具体措施，确保这一方针、原则在刑事诉讼中得以贯彻落实。近三十年来，地方各基层人民法院陆续成立了少年法庭，专门审理未成年人刑事案件，没有成立专门机构的，也是由相对固定的专门法官办理，如北京市海淀区的"法官妈妈"尚秀云就是其中的典型。人民检察院设有专门的"青少年维权岗"，近年来有的基层人民检察院专门成立了未成年人检察处，如北京市海淀区人民检察院在2010年即成立了专门的未成年人办案机构，对每个未成年犯罪嫌疑人均委托首都师范大学的专门机构对其进行社会调查。截至2012年3月，北京市已有8个基层人民检察院成立了专门的未成年人检察处，其他正在成立中的检察院均有专门的未成年人办案组。

　　上述案件即发生在北京的某个区。对于未成年人涉嫌犯罪的，公安机关、检察机关、审判机关均应采取更加审慎的态度。在侦查阶段，只要符合取保候审条件的，就直接为其办理取保候审手续，尽量不提请批准逮捕。在审查逮捕阶段，即使是涉嫌共同犯罪案件，在提请批准逮捕中如有未成年人，检察院也尽量做工作，首先是保证提讯该嫌疑人，对其进行必要教育，只要可以采取非羁押方式的，一般不批准逮捕。在审查起诉阶段，首先是专门的办案组办理，其次是每次提讯犯罪嫌疑人，均通知其法定代理人到场，均对其进行法制教育，再次是凡是符合不起诉条件的，便对其作出不起诉决定。对于本案中的小王、小唐来说，因涉嫌犯罪情节恶劣，按照原法对其作出了起诉决定。但是，新法实施后，公安机关、检察机关、聘请或者被指定的律师以及社会组织，依照法律设定的这一系列的规定，在多方面的共同努力下，或许该案可以在移送审查起诉前刑事和解，接下来，或许可以对这两个未成年人进行暂缓起诉等。而即使将小王、小唐公诉至法院，根据他们的犯罪事实和法律，小王、小唐也符合新法第275条的规定，有罪判决的犯罪记录将被封存。

2. 第二百六十七条　未成年犯罪嫌疑人、被告人没有委托辩护人的，人民法院、人民检察院、公安机关应当通知法律援助机构指派律师为其提供辩护。

【精解2】

本条是关于为没有委托辩护人的未成年犯罪嫌疑人、被告人予以法律援助的规定。

根据本条规定，在未成年犯罪嫌疑人、被告人没有委托辩护人时，人民法院、人民检察院、公安机关应当通知法律援助机构指派律师为其提供辩护。1996年刑事诉讼法第34条第2款规定，公诉人出庭公诉的案件，人民法院应当指定承担法律援助义务的律师为没有委托辩护人的未成年被告人提供辩护。相对于原规定，本条规定有以下几点变化：第一，将为未成年人提供律师法律援助的时间提前到侦查和审查起诉阶段，只要办理案件的公安机关、人民检察院发现该未成年犯罪嫌疑人没有委托辩护人的，就应当及时通知有关部门为其提供法律援助，以保障其诉讼权利的充分行使。第二，明确规定了公检法机关保障未成年人法律援助义务，一旦发现未成年人未委托辩护人，则立即通知法律援助机构。第三，进一步明确了为未成年犯罪嫌疑人、被告人提供法律援助的工作机制，即由公检法机关通知，由法律援助机构指派律师提供辩护。根据相关法律规定，直辖市、设区的市或者县级人民政府司法行政部门根据需要设立本行政区域的法律援助机构。法律援助机构负责受理、审查法律援助申请，指派或者安排人员为符合条件的公民提供法律援助。法律援助机构接到司法机关通知后，应当及时指派律师为未成年犯罪嫌疑人、被告人提供法律援助服务，并对律师的法律援助活动进行业务指导和监督，以确保法律援助案件的办理质量。接受指派的辩护律师应当根据事实和法律，提出未成年犯罪嫌疑人、被告人无罪、罪轻或者减轻、免除刑事责任的材料和意见，维护犯罪嫌疑人、被告人的诉讼权利和其他合法权益。

【引导案例】未成年人犯罪　公检法均要保障其得到法律帮助

小杜，男，17 岁，2011 年 9 月因女友提出要分手，经多方努力无果，情急之下，小杜将女友非法拘禁在其家里长达 3 天。后女友报案，小杜被刑事拘留，后转逮捕。在看守所，小杜很懊恼，对自己当时的行为非常后悔，以至于有轻度抑郁。父母担心小杜患上抑郁症，帮小杜聘请了律师为其提供法律帮助，但小杜在看守所内绝食，拒绝父母请律师为其提供帮助，其父母没有办法只好听从小杜的意见。后在公安机关将案件移送到检察机关后，承办案件的检察官老张看到小杜没有委托辩护人，遂经报批，检察机关通知当地法律援助机构指派经常办理未成年人案件的李律师为其提供辩护。

【分析】

新刑事诉讼法规定，委托律师辩护从侦查之初即可开始，且对于未成年人，公检法机关必须保障其得到法律帮助。

由于未成年人具有不完全责任能力，其涉嫌犯罪后，在正确表达个人意见、依法充分行使诉讼权利方面往往会受到一定限制，因而由专业律师作为辩护人帮助他们维护合法权益的作用尤为重要。1996 年刑事诉讼法在第 33 条规定，犯罪嫌疑人有权委托辩护人的时间是自审查起诉阶段始，包括未成年犯罪嫌疑人也一样。根据新刑事诉讼法第 33 条的规定，犯罪嫌疑人有权委托辩护人的时间提前到了侦查之初始。其"有权"的含义是可以聘请律师亦可以不聘请，因为是嫌疑人的权利而非义务。而本次修法，在未成年人专章中，对于辩护权，则规定如果未成年犯罪嫌疑人没有委托辩护人的，那么，公安机关、检察机关、审判机关有义务通知司法行政机关专门成立的法律援助机构，指派律师为其提供辩护。

对于本案来说，按照原法规定，小杜的父母在侦查阶段只能帮他聘请律师为他提供法律帮助，但该律师不能以辩护人的身份帮小杜开展辩护工作。该律师的辩护工作，只能从审查起诉阶段开始。而新法则有重大变化。同样是该案，如果是新法实施后发生的，假设小杜仍然在侦查期间被逮捕，则因其被羁押，按照新刑事诉讼法第 33 条第 3 款的规定，从其被侦查之初，他的父母就可以代他委托辩护人，而不再仅限于对小杜本人提供法律帮助。而且，新法更为突出地规定了，自侦查阶段之初，如果未成年犯罪嫌疑人没有委托辩护人的，公安机关就必须通知法律援助机构指派律师为其提供辩护；在审查起诉阶段，如果检察机关发现未成年犯罪嫌疑人没有辩护人的，以及法院审判时发现其没有辩护人的，都要通知法律援助机构指派律师为其辩护，从而保证了在各个诉讼阶段，都有专业的律师为刑事案件中的未成年人辩护，切实地保证其充分行使辩护权。

3. 第二百六十八条　公安机关、人民检察院、人民法院办理未成年人刑事案件，根据情况可以对未成年犯罪嫌疑人、被告人的成长经历、犯罪原因、监护教育等情况进行调查。

【精解3】

本条是关于司法机关办理未成年人案件可以进行社会调查的规定。

根据本条规定，司法机关，包括公安机关、人民检察院和人民法院在办理未成年人案件时，根据案件的具体情况，都可以对该未成年人的成长经历、犯罪原因、日常所受到的监护、教育情况进行调查。司法机关工作人员既可以在案件的侦查、起诉和审理过程中自行了解未成年犯罪嫌疑人、被告人的个人情况，也可以委托有关组织和机构了解未成年犯罪嫌疑人、被告人的相关情况。调查的内容包括未成年犯罪嫌疑人、被告人的性格特点、家庭情况、社会交往、成长经历、是否具备有效监护条件或者社会帮教条件，以及涉嫌犯罪的前后表现等情况，以对未成年人的犯罪情况全面了解。根据所获信息来判断该未成年人的主观恶性程度、是否有再犯罪的可能等，为确定是否采取强制措施，是否适用附条件不起诉，以及施以何种刑罚提供参考。应当注意的是，调查获得的信息形成材料，只能对司法机关办理未成年人刑事案件提供一定的参考，但不是定罪量刑的依据。

【引导案例】办理未成年人刑事案件　要进行社会调查

小宋，男，1995年7月出生，某市高中一年级学生。2011年11月的一天下午放学后因琐事与同学小汪争吵，后发生打架，小宋将小汪打伤，后老师及别的同学将小汪送医院治疗。经鉴定，小汪所受之伤构成轻伤。小宋因涉嫌故意伤害罪被刑事拘留，后被取保候审。在审查起诉阶段，检察院委托首都师范大学心理咨询中心对小宋的成长经历及家庭情况进行调查。经调查发现，小宋自幼丧父，母亲改嫁，小宋由奶奶抚养长大。小宋性格孤僻，与同学、老师平时交流少，遇事往往偏激、较真。了解了这些情况后，检察院为小宋专门聘请了心理咨询师做小宋的心理疏导工作，并在对小宋向法院提起公诉时将其个人有关情况形成书面材料，移送法院供法院审判时参考。

【分析】

本条规定的办理未成年人刑事案件时，公安机关、检察机关、审判机关，视具体情况可以对审判前阶段的犯罪嫌疑人、审判阶段的被告人的个人及成长关联因素，进行社会调查，了解其生活背景，分析其犯罪原因，从而有针对性地采取相应措施，便于对其施以教育，矫正其不良习性，可以起到更好的社会效果。因此，本次修改刑事诉讼法，以本条的内容明确规定司法机关在办理未成年人刑事案件时可以进行社会调查。

上述案例是发生在北京市某区的一个案件。该区检察院早在2010年就在全国率先成立了未成年检察的专门机构，探索对未成年人涉嫌犯罪案件开展社会调查。新刑事诉讼法明确规定了社会调查的主体可以是公安机关、人民检察院、人民法院，即在刑事案件发生后，只要有未成年犯罪嫌疑人的，无论哪个办案机关，也不论在哪个诉讼阶段，从便于教育促其顺利成长的角度出发，对其开展社会调查。在调查的内容方面，明确规定是嫌疑人、被告人的成长经历、犯罪原因、监护教育等情况。本案在审查起诉阶段，针对小宋的轻度抑郁，检察院除了专门部门或专人办理案件外，还引入社会调查，请具有社会学、心理学、教育学知识背景的人士帮助小宋，对其进行心理疏导。这样有利于对未成年人进行针对性的矫治，使其在犯罪后，更快地回归社会。

4. 第二百六十九条　对未成年犯罪嫌疑人、被告人应当严格限制适用逮捕措施。人民检察院审查批准逮捕和人民法院决定逮捕，应当讯问未成年犯罪嫌疑人、被告人，听取辩护律师的意见。

对被拘留、逮捕和执行刑罚的未成年人与成年人应当分别关押、分别管理、分别教育。

【精解4】

本条是关于对未成年犯罪嫌疑人、被告人严格适用逮捕措施，以及对未成年人关押、管理、教育形式的规定。本条分为2款。

第1款是关于对未成年的犯罪嫌疑人、被告人严格适用逮捕措施的规定，主要体现在以下两个方面：

第一，人民检察院或者人民法院在批准或者决定对未成年人适用逮捕措施时，应准确把握适用逮捕措施的条件。新刑事诉讼法第79条对适用逮捕的条件作了规定：其一，对有证据证明有犯罪事实，可能判处徒刑以上刑罚的犯罪嫌疑人、被告人，采取取保候审尚不足以防止发生下列社会危险性的，应当予以逮捕：可能实施新的犯罪的；有危害国家安全、公共安全或者社会秩序的现实危险的；可能毁灭、伪造证据，干扰证人作证或者串供的；可能对被害人、举报人、控告人实施打击报复的；企图自杀或者逃跑的。其二，对有证据证明有犯罪事实，可能判处10年有期徒刑以上刑罚的，或者有证据证明有犯罪事实，可能判处徒刑以上刑罚，曾经故意犯罪或者身份不明的，应当予以逮捕。其三，被取保候审、监视居住的犯罪嫌疑人、被告人违反取保候审、监视居住规定，情节严重的，可以予以逮捕。批准或者决定逮捕未成年犯罪嫌疑人，应当根据未成年犯罪嫌疑人、被告人的实际情况，依法适用逮捕措施，防止错误逮捕。在确定是否有逮捕必要时，可捕可不捕的不捕。对于罪行较轻，具备有效监护条件或者社会帮教措施，没有社会危险性，不会妨碍诉讼正常进行的未成年犯罪嫌疑人，不应适用逮捕措施。

第二，在人民检察院审查批准逮捕或者人民法院决定逮捕未成年犯罪嫌疑人、被告人时，程序上有更严格的要求。根据新刑事诉讼法第269条的规定，检察院、法院在批准或者决定逮捕前，应当讯问未成年犯罪嫌疑人、被告人，并听取辩护律师的意见。这一程序的设置，有利于核实其是否具有犯罪行为，是否符合逮捕条件，防止错误逮捕。根据新刑事诉讼法第270条的规定，讯问未成年犯罪嫌疑人、被告人，应当通知其法定代理人到场，无法通知、法定代理人不能到场或者法定代理人是共犯的，也可以通知未成年犯罪嫌疑人、被告人的其他成年亲属，所在学校、单位、居住地基层组织或者未成年人保护组织的代表到场，到场的法定代理人可以代为行使未成年犯罪嫌疑人、被告人的诉讼权利。讯问女性未成年犯罪嫌疑人，应当有女性工作人员在场。除讯问之外，检察机关、人民法院在批准或者决定逮捕未成年犯罪嫌疑人、被告人之前，还应听取其辩护律师的意见。辩护律师可以就其被代理人是否应当适用逮捕措施提出意见。

第2款是关于对被拘留、逮捕和执行刑罚的未成年人与成年人分别关押、分别管理、分别教育的规定。被拘留、逮捕的未成年犯罪嫌疑人由看守所羁押，根据相关法律规定，看守所对成年和未成年的犯罪嫌疑人、罪犯，应当分别羁押。这样规定可以让未成年人在羁押过程中免受成年犯罪嫌疑人、罪犯的不良影响，防止发生对未成年人的不法侵害，更有利于对未成年人教育、矫治工作的开展。根据《监狱法》的相关规定，未成年犯由未成年犯管教所执行刑罚。未成年犯管教所将按照未成年犯的刑期、犯罪类型，实行分别关押和管理，并根据未成年犯的改造表现，在活动范围、通信、会见、收受物品、离所探亲、考核奖惩等方面给予不同的处遇。对未成年犯的教育采取集体教育与个别教育相结合，课堂教育与辅助教育相结合，所内教育与社会教育相结合的方法。对未成年犯进行思想教育，内容包括法律常识、形势政策、道德修养、人生观、爱国主义、劳动常识等。根据未成年犯的文化程度，分别进行扫盲教育、小学教育、初中教育等不同层次的文化教育。根据刑期、文化程度和刑满释放后的就业需要，重点进行职业技术教育和技能培训。管教人员还会根据未成年犯的案情、刑期、心理特点和改造表现进行有针对性的个别教育。未成年犯管教所建立心理矫治机构，对未成年犯进行生理、心理健康教育，进行心理测试、心理咨询和心理矫治。这种专门的管理和教育有利于对未成年罪犯的教育改造，也是通过实践取得的经验。

【引导案例】对未成年犯要少逮捕　并与成年犯分别关押

曹某，男，1994年8月出生。2011年5月11日凌晨1时许，曹某伙同张某、任某、胡某撬门入室到唐某家中抢劫，抢得唐某保险柜中人民币15万元，致唐某重伤。唐某报案后，唐某住所地公安分局成立了专案组，一周后破案，四名犯罪嫌疑人被陆续抓获。区检察院在审查逮捕时，分别提讯了这四名犯罪嫌疑人，均作出了批准逮捕的意见。看守所专门将曹某与其他未成年犯罪嫌疑人一起关押。2011年11月9日，该市中级人民法院作出终审判决。曹某因其系从犯、到案后如实供述自己的罪行、未成年人，被判处有期徒刑8年。2011年12月5日，该市公安机关将曹某送交其户籍所在地陕西省未成年犯管教所执行刑罚。

【分析】

对未成年犯严格限制适用逮捕措施，并分别关押、管教。

新刑事诉讼法对于逮捕措施的适用，规定了较1996年刑事诉讼法更为严格、明确的条件，而本条规定则是在新刑事诉讼法第79条的基础上，强调对于未成年人无论在侦查阶段还是审查起诉或者审判阶段，都要更加严格限制适用逮捕措施，可捕可不捕的不捕。

但是，具体到上述案件，按照《刑法》第263条的规定，该案既是入户抢劫又致被害人重伤，对该案案犯的量刑起点应该是10年，即使按照新刑事诉讼法第79条，对于涉案全部案犯均应逮捕。由于在新法实施前，犯罪嫌疑人聘请律师作为辩护人从审查起诉阶段开始，故对于曹某来说，审查逮捕他时要提讯他本人，不存在听取辩护律师的意见。新法实施后，由于新法第267条规定在侦查之初，犯罪嫌疑人没有委托辩护人的，公安机关就应当通知法律援助机构指定辩护律师为其提供辩护，因此该案如果发生在新法实施后，则审查逮捕曹某时，检察机关既要提讯他本人，还要提取其辩护律师的意见，当然本法第270条的规定，提讯曹某时还要通知他的法定代理人到场。

关于关押、管教。1996年刑事诉讼法第213条对于未成年已决犯规定应当在未成年犯管教所执行刑罚。实践中，近年来，有条件的看守所对于未成年未决犯已经尽量与成年犯分开关押，以避免受其不良影响。新法本条明确规定，对于未成年犯，无论未决前看管还是只剩3个月以下刑期留在看守所服刑，还是已决服刑（所剩刑期超过3个月的要送监狱服刑），都要与成年犯分别关押、分别管理和分别教育。

5. 第二百七十条　对于未成年人刑事案件，在讯问和审判的时候，应当通知未成年犯罪嫌疑人、被告人的法定代理人到场。无法通知、法定代理人不能到场或者法定代理人是共犯的，也可以通知未成年犯罪嫌疑人、被告人的其他成年亲属，所在学校、单位、居住地基层组织或者未成年人保护组织的代表到场，并将有关情况记录在案。到场的法定代理人可以代为行使未成年犯罪嫌疑人、被告人的诉讼权利。

到场的法定代理人或者其他人员认为办案人员在讯问、审判中侵犯未成年人合法权益的，可以提出意见。讯问笔录、法庭笔录应当交给到场的法定代理人或者其他人员阅读或者向他宣读。

讯问女性未成年犯罪嫌疑人，应当有女工作人员在场。

审判未成年人刑事案件，未成年被告人最后陈述后，其法定代理人可以进行补充陈述。

询问未成年被害人、证人，适用第一款、第二款、第三款的规定。

【精解5】

本条是关于讯问、审判未成年犯罪嫌疑人、被告人的特别规定。本条分为5款。

第1款是关于司法机关讯问、审判未成年犯罪嫌疑人、被告人，应当通知其法定代理人到场的规定。1996年刑事诉讼法第14条第2款规定，对于不满18岁的未成年人犯罪的案件，在讯问和审判时，"可以"通知犯罪嫌疑人、被告人的法定代理人到场。本款规定将上述规定修改为"应当"通知其法定代理人到场，进一步加强了对未成年人诉讼权利的保护。更为重要的是，本款规定在法定代理人无法通知，或者虽经通知但因故不能到场，或者法定代理人是同案犯，到场可能发生串供等妨碍讯问、审判活动的，司法机关可以选择通知未成年犯罪嫌疑人、被告人的其他成年亲属、所在学校、单位、居住地基层组织或者未成年人保护组织的代表到场。这一规定为法定代理人不能到场的未成年人提供了保护措施，进一步体现了对未成年人在讯问中权利的保护。通知法定代理人以外的其他人员到场的，司法机关工作人员应当将法定代理人不能到场的原因、相关人员到场的具体情况等信息在讯问笔录、庭审笔录等文件中予以记载、说明。

根据第1款的规定，到场的法定代理人可以代为行使未成年犯罪嫌疑人、被告人的诉讼权利，具体包括：使用本民族语言文字进行诉讼；申请侦查人员、检察人员、审判人员、书记员、鉴定人、翻译人员回避；自行或在辩护人协助下获得辩护；讯问时拒绝回答侦查人员提出的与本案无关的问题；对审判人员、检察人员和侦查人员侵犯公民诉讼权利和有人身侮辱的行为，有权提出控告；参加法庭调查、法庭辩论对证据、案件情况和定罪、量刑发表意见。

第2款是关于到场的法定代理人或者其他人员有权对司法机关工作人员侵犯未成年人权益的行为提出意见，以及有权阅读讯问笔录、法庭笔录的规定。到场的未成年犯罪嫌疑人、被告人的法定代理人或者其他人员对办案人员侵犯未成年人合法权益的行为提出意见的，司法机关及其工作人员对提出的意见，应当充分重视，如确实侵犯了未成年犯罪嫌疑人、被告人合法权益的，应当及时予以纠正。讯问笔录和法庭审理笔录是刑事诉讼中的重要法律文书，前者是犯罪嫌疑人、被告人供述等言辞证据的重要载体，后者记载了全部审判活动，是合议庭分析研究案情的重要依据。根据刑事诉讼法的相关规定，讯问笔录和法庭笔录必须交当事人核对无误，并签名盖章，确保其合法性和真实性。在办理未成年人案件时，由到场的法定代理人或者其他人员阅读或者向他宣读讯问笔录、法庭笔录，可以协助未成年犯罪嫌疑人、被告人对讯问笔录、法庭笔录的内容、制作过程是否真实进行核对，以保证讯问、审判的有效性。

第 3 款是关于讯问女性未成年犯罪嫌疑人必须有女性工作人员在场的规定。女性工作人员在场，可以充分照顾到女性未成年犯罪嫌疑人的生理、心理特点，缓解其紧张、畏惧情绪，有利于保护女性未成年人的特殊权益，也有利于讯问工作的顺利进行。

第 4 款是关于审理未成年人刑事案件在被告人最后陈述阶段，其法定代理人可以进行补充陈述的规定。最后陈述权是刑事被告人在庭审中所享有的一项重要的诉讼权利。被告人的最后陈述有助于法官全面地了解被告人对指控犯罪的态度、悔罪表现，更全面地了解犯罪情况和案件事实，同时还凸显了对被告人的尊重，让被告人有充分的机会为自己进行辩护或表达自己对犯罪的悔悟，也有助于对旁听民众的法制教育。未成年被告人在行使此项权利时，因其在智力和表达能力上的不足，可能难以充分表达意见，因此，规定在其最后陈述后，到场的法定代理人可以进行补充陈述。这一规定，体现了对未成年被告人诉讼权利的充分保护，也有利于人民法院准确定罪量刑，对案件作出正确判决。

第 5 款是关于询问未成年被害人、证人适用第 270 条相关规定的规定。根据本款规定，询问未成年被害人、证人应当遵守本条关于法定代理人或者相关人员到场，法定代理人可以代为行使未成年证人的诉讼权利，对询问过程中侵害未成年人权益的行为，法定代理人或到场的其他人有权提出意见，并有权阅读询问笔录；以及询问女性未成年人，女性工作人员在场等规定。

【引导案例】讯问和审判未成年人　要有合适成年人到场

小高、小苗、小崔，均系 17 岁男青年，他们与小温（女，17 岁）同为一所职业高中的同年级不同班同学，小崔与小温曾经以男女朋友关系交往。2012年 4 月 10 日傍晚，小崔在酒桌上诉说小温提出与其分手，小崔很难过。小高、小苗就想着帮助小崔出气。于是小高就给小温打电话，把小温骗出来。小高、小苗商量着，说小温到后把她强奸了，小崔不同意，就找借口离开了。小温到后，小高、小苗将小温骗到小高租住的房屋内，他俩先后强行与小温发生了性关系。案发后，小高、小苗被公安机关刑事拘留，后被逮捕。在公安机关讯问小高、小苗及检察机关提讯小高、小苗时，都通知了二犯罪嫌疑人的法定代理人到场，小高的父亲高某每次都能够按时到场。小苗由于父母双亡，从小跟随爷爷、奶奶一起生活。爷爷、奶奶年龄大了，有病在身，不能每次都到场，于是案件承办人通知了小苗所在村的村委会，由村委会派代表张某到场。小高的父亲高某在公安机关侦查阶段就为小高聘请了律师。案件在由检察机关向同级法院提起公诉后，法院适用简易程序对本案进行审理。后张某向法庭提出，本案有些事实没有查清，不宜适用简易程序进行审理。法庭采纳了张某的意见，并在庭审中在小高、小苗最后陈述后，让高某补充陈述，庭审后法庭将法庭笔录交予高某和张某阅读。

【分析】

新刑事诉讼法规定，讯问和审判未成年人时，应当通知其法定代理人到场，也可以通知其他人到场，并规定这些人可以代为行使诉讼权利。

1996 年刑事诉讼法只在第 14 条第 2 款中，规定对于未成年犯讯问和审判时，可以通知其法定代理人到场，至于到场后可以为未成年人提供怎样的帮助，法律未作进一步规定。这里的"可以"，是可以通知也可以不通知，至于是否通知，由司法机关视具体情况而定。但是，新法以本条的 5 款内容，对于保障未成年犯罪嫌疑人、被告人的诉讼权利作了一系列的规定。

以本案为例。按照本条规定，公安机关在第一次讯问小高、小苗时，就必须通知他们的法定代理人到场。他们的代理人到场后可以代表小高、小苗行使本来属于小高、小苗的诉讼权利，如申请办理本案的侦查人员回避、拒绝回答与本案无关的问题等。这些代理人在旁听公安机关讯问过程中，如果发现侦查人员有诱导或者侮辱小高、小苗的言语等侵犯其权益的行为时，可以当场提出意见，讯问结束时，可以代理他们阅读讯问笔录，也可以代理其在笔录上签字。

6. **第二百七十一条** 对于未成年人涉嫌刑法分则第四章、第五章、第六章规定的犯罪，可能判处一年有期徒刑以下刑罚，符合起诉条件，但有悔罪表现的，人民检察院可以作出附条件不起诉的决定。人民检察院在作出附条件不起诉的决定以前，应当听取公安机关、被害人的意见。

对附条件不起诉的决定，公安机关要求复议、提请复核或者被害人申诉的，适用本法第一百七十五条、第一百七十六条的规定。

未成年犯罪嫌疑人及其法定代理人对人民检察院决定附条件不起诉有异议的，人民检察院应当作出起诉的决定。

【精解6】

本条是关于检察机关办理未成年人刑事案件可以作出附条件不起诉决定的规定。

附条件不起诉，是指对一些犯轻罪的未成年人，有悔罪表现，人民检察院决定暂不起诉，对其进行监督考察，根据其表现，再决定是否起诉的制度。这是这次修改刑事诉讼法对未成年人设定的一项诉讼制度。

本条分为3款。

第1款是关于附条件不起诉适用条件的规定。根据本款规定，对涉嫌犯罪的未成年人适用附条件不起诉应当同时符合下列条件：第一，未成年人所犯罪名为《刑法》分则第四章侵犯公民人身权利、民主权利罪、第五章侵犯财产罪、第六章妨害社会管理秩序罪中规定的罪名，在此范围之外的其他罪名，不得适用附条件不起诉。第二，根据法律规定，该未成年人的罪行可能会被判处1年有期徒刑以下刑罚，可能会被判处1年有期徒刑以上刑罚的不得适用附条件不起诉。应当指出的是，这里所说的"一年有期徒刑以下刑罚"是指对该未成年被告可能适用的刑罚，而不是指其所犯罪的法定刑。第三，犯罪事实已经查清，证据确实、充分，符合起诉条件的，如果其犯罪情节轻微，依照刑法规定不需要判处刑罚或者免除刑罚的，人民检察院则可以直接作出不起诉决定。需要指出的是，对于事实不清、证据不确实充分的，应当通过补充侦查，查明犯罪事实，而不得适用附条件不起诉。第四，未成年人具有悔罪表现。体现为认罪态度好；向被害人赔礼道歉，积极赔偿，取得被害人谅解等。人民检察院只有在上述条件都具备时，才能对涉案未成年人作出附条件不起诉决定。同时，根据本款规定，检察院在作出决定前还应听取公安机关和被害人的意见，充分了解案件情况和未成年人的个人情况，在此基础上判断对其适用附条件不起诉是否合适。

第2款是关于公安机关、被害人对检察机关附条件不起诉决定有异议如何救济的规定。根据本款规定，公安机关认为检察机关附条件不起诉决定不符合法定条件的，可以依据新刑事诉讼法第175条的规定，要求作出决定的检察机关对该决定进行复议，如果请求复议的意见不被接受，可以向上一级人民检察院提请复核。案件被害人对附条件不起诉决定不服的，根据新刑事诉讼法第176条的规定，可以自收到决定书后 7 日以内向上一级人民检察院申诉，请求提起公诉。人民检察院应当将复查决定告知被害人。对人民检察院维持不起诉决定的，被害人可以向人民法院起诉，被害人也可以不经申诉，直接向人民法院起诉。

第 3 款是关于未成年犯罪嫌疑人及其法定代理人对附条件不起诉的决定有异议的如何处理的规定。如果未成年犯罪嫌疑人或者其法定代理人认为，该未成年人的行为不构成犯罪，或者犯罪情节轻微，依照刑法规定不需要判处刑罚或者免除刑罚，对检察机关附条件不起诉的决定提出异议的，检察机关应当作出起诉的决定，依法提起公诉，由人民法院对其是否构成犯罪以及如何定罪量刑作出判决。

【引导案例】对未成年人犯罪　可以附条件不起诉

小张，男，16 岁；小王，男，17 岁。二人系同一所高中的学生。2010 年9 月的一天，放学后，二人因琐事发生矛盾，后互殴。小张、小王身上都有伤，但是小王的伤更重些，经鉴定，为轻伤。事发后，小张的父母积极为小王治疗，给付小王医药、营养、精神赔偿等费用共计 6 万余元，小张真诚向小王表示了歉意，双方达成和解协议。小王表示不再追究小张的任何责任。小张因涉嫌故意伤害罪，被公安机关取保候审。侦查完毕后，公安机关将小张涉嫌故意伤害一案移送检察机关审查起诉。检察机关在审查案件后，发现小张的主观恶性较小，确有悔罪表现，遂对小张作出附条件不起诉决定。公安机关要求检察机关对此决定予以复议。

【分析】

新刑事诉讼法实施后，符合附条件不起诉条件的，可以直接作出决定。

附条件不起诉制度，是本次修改刑事诉讼法对未成年人专门新设定的一项诉讼制度。是指对一些犯轻罪的未成年人，有悔罪表现，人民检察院决定暂不起诉，对其进行监督考察，根据其表现，再决定是否起诉的制度。附条件不起诉制度给犯轻罪的未成年人一次改过自新的机会，有利于使其接受教育，重新融入正常的社会生活，避免了执行刑罚对其造成的不利影响。

附条件不起诉制度的实行，本条规定了明确的条件：①涉嫌犯罪的主体必须是未成年人；②涉嫌的罪名必须是刑法分则第四章侵犯公民人身权利、民主权利罪、第五章侵犯财产罪、第六章妨害社会管理秩序罪范围内的；③符合起诉条件，即犯罪事实清楚、证据确实充分，应当追究刑事责任；④可能判处1年有期徒刑以下刑罚的；⑤确有悔罪表现的。检察机关对于公安机关移送审查起诉的案件，经过审查，认为这五项条件同时具备的，可以考虑作出附条件不起诉决定。如上述案件，小张、小王本系同学，起因于琐事纠纷，小张的主观恶性不大，但是致小王轻伤的后果，后小张真诚悔过，其父母也积极地以言行表达歉意、主动赔偿，双方达成了和解协议，按照《刑法》第四章第234条及人民法院量刑指导意见的规定，小张符合上述五项条件。如果该案发生在新刑事诉讼法实施后，则检察机关可以考虑对小张作附条件不起诉决定。但是，在作出附条件不起诉决定之前，检察机关应当听取公安机关和被害人小王的意见。如果他们都没有不同意见，则检察机关就可以作出对小张附条件不起诉决定。当然，如果小张及其父母不同意检察机关作出附条件不起诉决定，认为小张无罪或者应当对其作出不起诉决定等的，检察机关就应当对小张提起公诉，由法院判决。

7. **第二百七十二条**　在附条件不起诉的考验期内，由人民检察院对被附条件不起诉的未成年犯罪嫌疑人进行监督考察。未成年犯罪嫌疑人的监护人，应当对未成年犯罪嫌疑人加强管教，配合人民检察院做好监督考察工作。

附条件不起诉的考验期为六个月以上一年以下，从人民检察院作出附条件不起诉的决定之日起计算。

被附条件不起诉的未成年犯罪嫌疑人，应当遵守下列规定：

（一）遵守法律法规，服从监督；

（二）按照考察机关的规定报告自己的活动情况；

（三）离开所居住的市、县或者迁居，应当报经考察机关批准；

（四）按照考察机关的要求接受矫治和教育。

【精解7】

本条是关于对被附条件不起诉的未成年犯罪嫌疑人进行监督考察的规定。本条分为3款。

第1款是关于附条件不起诉监管主体的规定。根据本款规定，对被决定附条件不起诉的未成年犯罪嫌疑人由人民检察院对其进行监督考察，其监护人予以协助。检察机关在决定对该未成年犯罪嫌疑人适用附条件不起诉前，已经充分了解案情和未成年人的个人情况，由检察机关在考验期间对其进行监督考察，有利于监督考察工作的顺利进行，也有利于工作上的衔接，在考验期满后及时作出不起诉的决定，或者继续提起公诉。监护人本身就有抚养、教育未成年人的义务，在考验期间内，监护人应当加强对未成年犯罪嫌疑人的管教，协助、配合检察机关做好对成年人的监督考察工作。

第2款是关于附条件不起诉考验期限的规定。根据本款规定，附条件不起诉的期限为6个月以上1年以下，从人民检察院作出决定之日的第二天开始计算。实践中，检察机关应综合考虑未成年犯罪嫌疑人罪行的轻重、主观恶性的大小等因素，确定具体的考验期限。

第3款是关于被附条件不起诉的未成年犯罪嫌疑人，应当遵守的具体规定，包括：第一，遵守法律法规，服从监督。遵纪守法、服从监督是对被附条件不起诉未成年犯罪嫌疑人最基本的行为要求，如果发现其在考验期内重新违法、犯罪的，则应当承担被公诉等相应的法律后果。第二，按照考察机关的规定报告自己的活动情况。考验期内，检察机关应掌握被决定附条件不起诉人的活动情况，以及时掌握其思想、行为动向，防止重新犯罪；被监管的未成年人应按照考察机关的要求报告自己的活动情况，为评估考验效果提供参考依据。第三，离开所居住的市、县或者迁居，应当报经考察机关批准。被监管的未成年人离开原居住地或者迁居，可能会脱离检察机关的监督考察，而且，附条件不起诉处于刑事诉讼尚未完结的状态，被决定附条件不起诉人可能会被提起公诉，检察机关必须掌握其行踪，因此，被决定附条件不起诉人如需离开或者迁居的，必须报考察机关批准。第四，按照考察机关的要求接受矫治和教育。考察机关在决定附条件不起诉后，会针对被决定附条件不起诉人的特点和情况，决定采取一定的矫治和教育措施，以利于其认识错误、悔过自新。被决定附条件不起诉人必须按照考察机关的要求，参加考察机关安排的矫治、教育活动。

【引导案例】对附条件不起诉人　应监督考察

林某，男，21岁；尹某，男，18岁；万某，男19岁。这三人先后借给李某1万余元，一年后李某仍然大部分未归还。2012年3月23日下午，林某再次打电话找李某催要，并以李某上幼儿园的孩子为要挟。无奈之下李某同意在一居民小区外见面。随后，林某电话通知了尹某、万某到该小区外一起逼李某还钱。此时，尹某、万某正与梁某（男，17岁）在一起。于是他们一起驾车来到该小区外，到时，林某与李某已经在该小区的另一辆车上。尹某、万某上了林某的车一起逼李某还钱。李某身上只有 1000 元人民币。林某索到后分别给了尹、万各 300 元，给了梁 100 元，自己留了 300 元。林某提出将李某带走，于是这 4 人将李某控制在林某的住处。直到李某打电话给其母亲请求帮助借钱时，方知其母已经报警说李某失踪，此时，李某已经被限制自由达 26 小时。在送李某离开前，梁某因母亲要求其回家提前离开 3 小时。当晚，梁某在其家人陪同下到派出所自首。公安机关以林某、尹某、万某、梁某涉嫌非法拘禁罪向检察机关移送审查起诉。检察院认为，应当依法对林某、尹某、万某提起公诉。但是，梁某系未成年人，且有自首情节，故在听取公安机关及李某意见后，检察机关对梁某作出附条件不起诉决定。作出附条件不起诉决定后，检察机关在 7 个月的考验期内对梁某监督考察。梁某父母也一致表示，要做好梁某的教育和管教工作，保证其遵守法律法规，服从监督，如果离开本市，将报请检察机关批准。

【分析】

附条件不起诉制度是本次修法时新增加的内容。新刑事诉讼法第 271 条规定，附条件不起诉的决定权在检察机关。本条规定，人民检察院对被附条件不起诉的未成年人负责监督考察。其监护人应当对未成年犯罪嫌疑人加强管教，配合检察院做好监督考察工作。就本案来说，检察院对小梁作出附条件不起诉决定后，小梁的父母要加强对小梁的监管，配合检察院对小梁做好监督考察工作。

按照本条第 2 款的规定，检察院在作出对小梁附条件不起诉决定的同时，将根据小梁的犯罪情节、悔罪表现，在附条件不起诉决定书中明确对小梁的考验期。本条规定的期限是 6 个月到 1 年。本案假定对小梁的考验期是 7 个月。则在这 7 个月内，小梁如果遵守本条第 3 款规定的四项内容，那么，7 个月期满时，检察院可以对小梁作出不起诉决定。

小梁在考验期内应当遵守哪些规定呢？按照本条第 3 款的规定，第一，小梁需要与正常公民一样遵守国家的法律法规，同时从态度上要服从检察院及其监护人的监督考察。第二，按照检察机关附条件不起诉书中对他提出的要求，定期报告自己的平时活动情况。第三，在这 7 个月内，原则上小梁是不能离开本区到外地去的，包括出差、旅游、访友等。如果因特殊原因必须到外地去，或者要随监护人到外地居住，则小梁是否可以离开本地去外地要向本区监督他的检察机关请示，获得批准的，小梁方可以离开，检察机关不同意他离开的，则他不能去外地。第四，小梁必须按照检察机关的要求接受矫治，如参加一些公益性劳动和教育等。需要注意的是，小梁在这 7 个月内，以上四项内容小梁必须同时遵守，如有一项违反，都是不遵守本条的规定。

8. 第二百七十三条　被附条件不起诉的未成年犯罪嫌疑人，在考验期内有下列情形之一的，人民检察院应当撤销附条件不起诉的决定，提起公诉：

（一）实施新的犯罪或者发现决定附条件不起诉以前还有其他犯罪需要追诉的；

（二）违反治安管理规定或者考察机关有关附条件不起诉的监督管理规定，情节严重的。

被附条件不起诉的未成年犯罪嫌疑人，在考验期内没有上述情形，考验期满的，人民检察院应当作出不起诉的决定。

【精解8】

本条是对适用附条件不起诉的人作出起诉或者不起诉决定的规定。

本条分为 2 款。

第 1 款是关于对被附条件不起诉的未成年犯罪嫌疑人撤销附条件不起诉决定，提起公诉的规定。根据本款规定，对有以下两种情形的，检察机关应当撤销附条件不起诉的决定，提起公诉：第一，被附条件不起诉的未成年犯罪嫌疑人在考验期内实施新的犯罪，或者发现在决定附条件不起诉以前还有其他需要追诉的犯罪行为。在这种情况下，无论新实施的犯罪或者被发现的漏罪是否属于严重罪行，检察机关都应当依法撤销对该未成年犯罪嫌疑人的附条件不起诉决定，提起公诉，由人民法院依据刑法的规定对其判处相应的刑罚。第二，有违反治安管理规定或者考察机关有关附条件不起诉的监督管理规定，情节严重的行为。违反治安管理的规定属于违法行为，附条件不起诉的，只有在其违法行为情节较为严重时，才应决定撤销，提起公诉。"情节严重"主要包括违反治安管理规定，情节严重，或者多次违反治安管理规定，屡教不改等情形。违反考察机关有关附条件不起诉的监督管理规定，是指违反新刑事诉讼法第 272 条关于被附条件不起诉的未成年犯罪嫌疑人应当遵守法律法规，服从监督；按照考察机关的规定报告自己的活动情况；离开所居住的市、县或者迁居，应当报经考察机关批准；按照考察机关的要求接受矫治和教育的规定。违反上述监管规定的应先以教育为主，只有在该未成年人的行为达到"情节严重"程度，才能撤销附条件不起诉的决定，提起公诉。

第2款是关于检察机关在考验期满后，对符合条件的未成年犯罪嫌疑人作出不起诉决定的规定。根据本款规定，对被附条件不起诉的未成年犯罪嫌疑人，在考验期内，如果没有实施新的犯罪、未发现决定之前有漏罪；没有实施违反治安管理规定、违反考察机关监管规定，情节严重的行为，考验期满后，检察机关应当依法作出不起诉的决定。

【引导案例】附条件不起诉人考验期内的表现　决定对其的后续处理方式

小马，男，16岁，小杜，男，17岁，为同一职业中学学生。一天下午放学后，与外班同学梅某因琐事发生矛盾，随后三人打了起来，小马、小杜将小梅打伤。经鉴定，小梅系轻伤。小梅住院治疗期间及出院后，小马、小杜的父母多次去探望，并赔偿小梅的治疗、营养等费用共计8万元。致害方与受害方达成和解协议，小梅表示不再追究小马、小杜的任何责任。公安机关以涉嫌犯故意伤害罪将小马、小杜移送检察机关审查起诉。检察机关经审查并听取有关方面意见后，对小马、小杜作出附条件不起诉决定。在考验期内，小马因涉嫌犯盗窃罪，被公安机关传唤，1个月后，公安机关将该起盗窃案移送检察机关审查起诉。检察机关随后作出了撤销对小马涉嫌犯故意伤害罪的附条件不起诉决定，以小马涉嫌犯故意伤害罪、盗窃罪向同级法院提起公诉。小杜在考验期内没有法定撤销附条件不起诉决定的情形，期满，检察院对小杜作出不起诉决定。

【分析】

考验期内出现法定情形，则要提起公诉，反之则作出不起诉决定。

设定附条件不起诉制度的初衷，就是给那些犯罪事实清楚、证据充分，应当对其提起公诉的涉嫌犯罪的未成年人一次改过自新、不留犯罪记录的机会。因此，对被适用附条件不起诉的未成年犯罪嫌疑人，考验期间的表现是衡量其是否确已悔改，是否需要追究其刑事责任的重要考量指标。如果在考验期间，该未成年人继续实施犯罪行为或者是有其他法定情形，应当提起诉讼的，检察机关将启动后续的刑事诉讼程序，依法对其提起公诉，由法院对其判处刑罚；如果在考验期内，被附条件不起诉人不具有应当起诉情形的，考验期满则应当作出不起诉的决定。

上述案例中，对小马作出提起公诉的决定以及对小杜作出不起诉的决定，是基于这二人在考验期内的不同表现作出的。

按照本条第 1 款第 1 项的规定，小马因其在考验期内实施了新的盗窃犯罪，故检察机关首先撤销对其涉嫌故意伤害罪的附条件不起诉决定，然后将原来他的涉嫌犯故意伤害罪与涉嫌犯盗窃罪一起，向法院提起公诉。或者，假设小马在考验期内没有实施新的犯罪，但是，在其附条件不起诉考验期内发现了他在这个决定作出前，他还有其他应该被追诉的犯罪，如果是同一个罪名的不同犯罪事实，那就要撤销这个附条件不起诉决定，增加犯罪事实，提起公诉；如果是触犯了不同罪名的犯罪事实，则以小马涉嫌犯数罪提起公诉。

按照本条第 1 款第 2 项的规定，假设小马在考验期内没有本条本款第 1 项规定的情形，但是实施了违反治安管理的行为，如无故殴打他人或者违法毁坏公共或他人财物等，或者违反了本法第 272 条第 3 款规定的情形，情节严重的，如负责监督他的检察机关不批准他到外地旅游，而小马不但去外地旅游了，而且在旅行途中与导游发生冲突，经他人劝解才没有酿成事端。

如果小马在其考验期内，有如上两项规定的四种情形之一，检察机关都将对他撤销附条件不起诉决定，提起公诉。本案中，小杜没有上述四种情形，故检察机关在考验期满后，对小杜作出不起诉决定。

9. 第二百七十四条　审判的时候被告人不满十八周岁的案件，不公开审理。但是，经未成年被告人及其法定代理人同意，未成年被告人所在学校和未成年人保护组织可以派代表到场。

【精解 9】

本条是关于未成年人案件不公开审理原则的规定。

1996 年刑事诉讼法第 152 条第 2 款对未成年人案件不公开审理作了规定："十四岁以上不满十六岁未成年人犯罪的案件，一律不公开审理。十六岁以上不满十八岁未成年人犯罪的案件，一般也不公开审理。"相比上述规定，本条有以下几点不同：第一，明确了凡是不满 18 周岁的未成年人案件，一律不公开审理。同时，进一步明确以审判当时为结点来衡量被告人是否已满 18 周岁，解决了实践中对未成年人不公开审理的年龄依据究竟是被告人"犯罪时"的年龄，还是"审判时"的年龄，认识不统一的问题。第二，对未成年人案件不公开审理的原则作了例外的规定，经本人及其法定代理人同意，特定人员可以到场旁听未成年人案件的审理。

本条规定有两层含义：其一，被告人审判时不满18周岁的案件，不公开审理。人民法院在对检察机关提起公诉的涉及未成年人的案件进行审查时，应当对证明该未成年人年龄的材料认真进行核实，如果该被告人在人民法院决定开庭审理时，未满18周岁的，不公开审理。对不公开审理的未成年人案件，既不允许除诉讼参与人以外的其他人员旁听案件审理，也不允许媒体对案件的审理情况进行报道。其二，是关于对不公开审理原则例外的规定，经未成年被告人及其法定代理人同意，未成年被告人所在学校和未成年人保护组织可以派代表到场。规定上述人员到场，主要是为了便于他们了解案件有关情况，在审判结束后对未成年罪犯进行法制教育。近年来，一些地方在法庭判决后对未成年人教育进行了探索，这一规定，有利于这种教育的开展。但是，这些人员到场必须取得未成年被告人及其法定代理人的同意，如果被告人及其法定代理人由于保护隐私等原因，不同意其他人员到场的，法院应当尊重其意见。

【引导案例】被告人不满18周岁的　不公开审理

小宁，女，17岁，某歌舞厅坐台小姐，2012年2月20日满18周岁。因在自己租住房内容留他人吸毒，被人举报。2012年1月17日，小宁案侦查终结后，公安机关以其涉嫌容留他人吸毒罪移送检察机关审查起诉。经审查，2012年2月10日检察机关将小宁起诉到法院。法院受理时离小宁满18周岁只剩下10天。法院决定在小宁满成年前的2012年2月15日适用简易程序不公开开庭审理了本案。

【分析】

对未成年人案件不公开审理，主要是考虑到未成年人还在成长时期，心智尚未成熟，对其不公开开庭审理，可以避免其以罪犯身份出现在公众视野，避免其受到外界刺激，避免因犯罪受到歧视，避免对其身心健康造成不利影响，以利于其今后回归社会。

与1996年刑事诉讼法第152条的规定相比较，本条明确规定在审判时被告人不满18周岁的案件，一律不公开审理，在原法的基础上进一步扩大了对未成年犯罪嫌疑人的保护范围。上述案例，便是检察机关、审判机关从未成年犯罪嫌疑人小宁身心健康的角度考虑，在保证案件质量的前提下，尽量缩短办案周期赶在小宁满 18 周岁之前审理的。

但是，本条规定的不公开有个例外，即如果该被告人及其法定代理人同意，该未成年被告人所在学校和未成年人保护组织可以派代表到场。我们说，不公开审理是出于保护未成年被告人的身心健康，而这个例外则考虑的是在法庭这个特定的场所，被告人所在学校和未成年人保护组织的代表对该未成年人进一步入情入理地教育，对于该未成年人以后的改过自新和成长，可能效果更为突出。当然，外人的在场旁听必须征得该被告人及其法定代理人的同意。

10. **第二百七十五条**　犯罪的时候不满十八周岁，被判处五年有期徒刑以下刑罚的，应当对相关犯罪记录予以封存。

犯罪记录被封存的，不得向任何单位和个人提供，但司法机关为办案需要或者有关单位根据国家规定进行查询的除外。依法进行查询的单位，应当对被封存的犯罪记录的情况予以保密。

【精解 10】

本条是关于未成年人犯罪记录封存的规定。

本条分为 2 款。

第 1 款是关于对犯罪时不满 18 周岁，并且被判处 5 年有期徒刑以下刑罚的未成年人犯罪记录予以封存的规定。根据本款规定，封存犯罪记录应当符合以下条件：第一，年龄条件。以行为时为准，该未成年人当时未满 18 周岁；第二，刑罚条件。根据法院生效判决，该未成年人被判处了 5 年有期徒刑以下刑罚。如果依据《刑法》规定，该未成年人被判处 5 年有期徒刑以上刑罚，说明其行为的社会危害性较大，其个人的人身危险性也较大，将其犯罪记录予以封存，不利于刑法社会防卫功能的发挥。被封存的犯罪记录包括在侦查、审查起诉和审理过程中形成的与未成年人犯罪相关的各种材料。司法机关封存符合条件的未成年人犯罪记录，不仅要对未成年犯罪嫌疑人、被告人的材料采取保密措施，妥善保存，非因法定事由不得向外界提供；在有关方面要求为未成年人出具有无犯罪记录证明时，司法机关不应当提供有犯罪记录的证明。我国《刑法》第 100 条规定，依法受过刑事处罚的人，在入伍、就业的时候，应当如实向有关单位报告自己曾受过刑事处罚，不得隐瞒。犯罪的时候不满 18 周岁被判处 5 年有期徒刑以下刑罚的人，免除前款规定的报告义务。根据新刑事诉讼法第275条的规定，对于依法对未成年人犯罪记录予以封存的，该未成年人将不再承担《刑法》第100条规定的报告义务。

第2款是关于不得向任何单位、个人提供犯罪记录及例外的规定。对被封存的犯罪记录，除法律规定的例外情形外，司法机关不得向任何单位和个人提供，不允许其他人员查阅、摘抄或者复制未成年犯罪材料。本款规定了可以对未成年人犯罪记录进行查询的两种例外情形：其一，司法机关为办理案件需要。当司法机关办理具体案件需要从未成年犯罪嫌疑人、被告人的犯罪记录中获取线索、有关定罪量刑信息时，可查询其犯罪记录。其二，有关单位根据国家规定可进行查询。在这种情况下，相关单位必须根据法律规定，限于法定事由方能查询。本款同时规定了查询单位的保密义务，依法进行查询的单位，应当对被封存的犯罪记录的情况予以保密，其经查询获取的信息只能用于特定事项、特定范围。

【引导案例】未成年人犯罪　不良记录应封存

孟某，男，17岁。2012年1月15日傍晚携带鲤鱼钳至某小区张某的租住处，趁周围无人之机，撬锁入户，盗得人民币2500元。后被抓获。经侦查、公诉，2012年3月31日法院作出判决，判处孟某有期徒刑9个月。上诉、抗诉期过后，判决生效。鉴于孟某系未成年人，其犯罪记录被封存。

【分析】

犯罪记录，会给曾经被判处过刑罚的未成年人、乃至成年以后，在升学、就业、生活等方面带来一些消极负面的影响，甚至为他们重新犯罪埋下隐患。为贯彻"教育、感化、挽救"的方针，以及"教育为主，惩罚为辅"的原则，在本次修法时，对于犯罪的时候不满18周岁的未成年人，必须判刑的，但只要被判处5年有期徒刑以下刑罚，就规定要对他的犯罪记录予以封存，意在对未成年人的教育、改造和挽救，目的是使他们能较好地回归社会。未成年人犯罪记录封存制度不仅有效巩固了刑事诉讼过程中已经实现的对未成年人的教育功能，同时还体现了刑事司法制度对未成年人的人文关怀，也是贯彻落实宽严相济刑事政策的体现。

犯罪记录封存，是本次修法时新增设的一项制度。在新刑事诉讼法实施前，未成年人因犯罪被判处任何刑罚都将在他的人生档案中留下记录，如上述案例中的孟某。但是新刑事诉讼法实施后，孟某的这9个月有期徒刑的刑罚记录会被司法机关封存。凡是被封存的，就不能将这些信息提供给任何单位和个人。

但是，封存的例外有二：一是司法机关为办案需要查询的。譬如在办理某个案件时需要从被封存的案卷中查询线索的，或者发生某刑事案件后需要对涉案犯罪嫌疑人前科进行查询，涉及是否有必要对其采取逮捕的强制措施、是否构成累犯等有关量刑信息时，则可以查询其犯罪记录。二是有关单位根据法定事由，按照国家规定可以查询，但获取的信息只限用于特定事项、特定范围，并且对于这些信息必须予以保密。

11. 第二百七十六条　办理未成年人刑事案件，除本章已有规定的以外，按照本法的其他规定进行。

【精解11】

本条是关于办理未成年人刑事案件如何适用法律的规定。

根据本条规定，司法机关办理未成年人刑事案件，除"未成年人刑事案件诉讼程序"一章已有规定的以外，适用刑事诉讼法的其他相关规定。根据这一规定，办理未成年人刑事案件，对本章有规定的事项，适用本章的规定办理，对本章没有规定的事项，应遵照刑事诉讼法关于案件办理的一般规定执行。

一百零八、增加一章，作为第五编第二章：

"第二章　当事人和解的公诉案件诉讼程序

"第二百七十七条　下列公诉案件，犯罪嫌疑人、被告人真诚悔罪，通过向被害人赔偿损失、赔礼道歉等方式获得被害人谅解，被害人自愿和解的，双方当事人可以和解：

"（一）因民间纠纷引起，涉嫌刑法分则第四章、第五章规定的犯罪案件，可能判处三年有期徒刑以下刑罚的；

"（二）除渎职犯罪以外的可能判处七年有期徒刑以下刑罚的过失犯罪案件。

"犯罪嫌疑人、被告人在五年以内曾经故意犯罪的，不适用本章规定的程序。

"第二百七十八条　双方当事人和解的，公安机关、人民检察院、人民法院应当听取当事人和其他有关人员的意见，对和解的自愿性、合法性进行审查，并主持制作和解协议书。

"第二百七十九条　对于达成和解协议的案件，公安机关可以向人民检察院提出从宽处理的建议。人民检察院可以向人民法院提出从宽处罚的建议；对于犯罪情节轻微，不需要判处刑罚的，可以作出不起诉的决定。人民法院可以依法对被告人从宽处罚。"

《决定》在刑事诉讼法中增加了第 277 条、第 278 条、第 279 条，设置了当事人和解的公诉案件诉讼程序，包括公诉案件当事人和解的适用条件、案件范围以及除外情况、和解协议的形成和法律效果等。分别精解如下：

1. 第二百七十七条　下列公诉案件，犯罪嫌疑人、被告人真诚悔罪，通过向被害人赔偿损失、赔礼道歉等方式获得被害人谅解，被害人自愿和解的，双方当事人可以和解：

（一）因民间纠纷引起，涉嫌刑法分则第四章、第五章规定的犯罪案件，可能判处三年有期徒刑以下刑罚的；

（二）除渎职犯罪以外的可能判处七年有期徒刑以下刑罚的过失犯罪案件。

犯罪嫌疑人、被告人在五年以内曾经故意犯罪的，不适用本章规定的程序。

【精解 1】

本条是关于公诉案件当事人和解的适用条件、案件范围以及除外情况的规定。

本条分为 2 款。

第 1 款是关于当事人和解的适用条件和案件范围的规定。

（1）关于当事人和解的条件：一是犯罪嫌疑人、被告人必须真诚悔罪。这里的"真诚悔罪"是指犯罪嫌疑人、被告人出于自己的意愿，发自内心地意识到自己的行为给被害人带来的伤害，对自己的犯罪行为真诚悔过，诚恳地希望得到被害人的谅解。二是获得被害人的谅解。犯罪嫌疑人、被告人通过赔偿损失、赔礼道歉等方式弥补被害人因犯罪行为遭受到的物质损失和精神伤害，从而获得被害人的谅解。这里规定的"谅解"是指被告人通过各种方式真诚悔罪，使被害人体察并同情其处境和原谅其错误。三是被害人自愿和解。将被害人自愿和解作为公诉案件当事人和解的条件之一，是为防止被害人在受到暴力、胁迫等情况下违背自己的意愿同意和解，影响和解的公正性。这里的"自愿和解"是指被害人不受外力的干扰，在谅解犯罪嫌疑人、被告人的基础上，出于自己的意愿，与犯罪嫌疑人、被告人和解。

（2）关于当事人和解的案件范围有两种：一种是因民间纠纷引起的，涉嫌刑法分则第四章、第五章规定的犯罪案件，可能判处 3 年有期徒刑以下刑罚的。"因民间纠纷引起"是指犯罪的起因，是公民之间因财产、人身等问题引发的纠纷，既包括因婚姻家庭、邻里纠纷等民间矛盾激化引发的案件，也包括因口角、泄愤等偶发性矛盾引发的案件。因民间纠纷引起的，涉嫌刑法分则第四章规定的侵犯公民人身权利、民主权利罪和第五章规定的侵犯财产罪，无论是故意犯罪还是过失犯罪，可能判处 3 年有期徒刑以下刑罚的，双方当事人可以和解。这样规定是考虑到这类犯罪比较轻微，且其侵犯的客体是公民的人身权利、民主权利、财产权利，并不涉及国家利益、公共利益，允许公民有一定的处分权以有利于修复社会关系。另一种是除渎职犯罪以外的可能判处 7 年有期徒刑以下刑罚的过失犯罪案件，当事人可以和解。这里的"过失犯罪案件"是指刑法分则中规定的除第九章渎职罪以外可能判处 7 年有期徒刑以下刑罚的过失犯罪案件。这样规定是考虑到过失犯罪的行为人主观恶性比较小，可以给予其悔过自新、从宽处理的机会。而渎职罪中的过失表现为国家机关工作人员滥用职权、玩忽职守、严重不负责任等行为，是构成犯罪的要件之一，且对国家机关工作人员履行职责应有更高要求，因而规定渎职犯罪案件不在和解案件范围之内。

第 2 款是关于当事人和解的除外规定。根据本款的规定，犯罪嫌疑人、被告人在 5 年以内曾经故意犯罪的，不适用本章规定的当事人和解的公诉案件诉讼程序。这里的"五年以内"指的是犯前罪的时间距离犯后罪的时间不超过 5 年。前罪是故意犯罪的，无论后罪是故意犯罪还是过失犯罪，都不能适用本章关于当事人和解的规定。前罪是过失犯罪的，满足本条规定的其他条件的，当事人之间仍然可以和解。

【引导案例】刑事案件中被害人自愿的　双方可以和解

卞某，男，24 岁，2011 年 6 月 28 日 1 时许，驾驶重型货车与驾驶小型客车同向行驶的李某发生追尾事故，造成两车损坏，4 名乘车人受伤，其中 1 人因抢救无效死亡。经公安分局交通支队认定：卞某承担此次事故的主要责任，李某承担此次事故的次要责任。4 位受伤乘车人不承担责任。案发后，卞某及其亲属积极赔偿伤亡人等的损失，并分别给予了 3 万元至 30 万元不等的赔偿。卞某真诚向受害人及其亲属悔过，得到了他们的谅解，被害方愿意与卞某和解。该案经侦查终结移送起诉、提起公诉，法院基于双方和解的事实，依法对被告人卞某从轻处罚，判处卞某 1 年有期徒刑并判缓刑。

【分析】

1996 年刑事诉讼法对自诉案件的和解程序作出了规定，对公诉案件没有规定当事人和解程序。长期以来，公诉案件中被害人的诉讼地位和精神、物质方面损失的补偿未得到应有的重视。近年来，在创建和谐社会的实践中，有些地方的司法机关尝试在公诉案件中加强对被害人的保护，在国家追诉犯罪的前提下，允许犯罪嫌疑人、被告人真诚悔罪，通过向被害人赔偿损失、赔礼道歉等方式获得被害人的谅解，被害人自愿与犯罪嫌疑人、被告人和解的，可以对犯罪嫌疑人、被告人从宽处理。同时被害人在精神上得到抚慰、在经济上得到一定赔偿后，有效地化解矛盾，修复被犯罪破坏的社会关系，有利于社会和谐，取得了较好的社会效果与法律效果。

本次修改刑事诉讼法，明确规定了公诉案件的和解程序。本条第 1 款规定了和解的条件和案件范围，第 2 款规定了和解的除外情形。按照本条第 1 款第 1 项规定，因民间纠纷引起的、涉嫌刑法分则第四章、第五章规定的犯罪案件，可能判处 3 年有期徒刑以下刑罚的，犯罪嫌疑人、被告人真诚悔罪，通过向被害人赔偿损失、赔礼道歉等方式获得被害人谅解，被害人自愿和解的，双方当事人可以和解。本条第 1 款第 2 项规定的案件范围是可能判处 7 年有期徒刑以下刑罚的过失犯罪案件可以和解，但是渎职犯罪例外。上述交通肇事案就属于该条第 1 款第 2 项规定的范围内。应该说该案的处理，取得了各方都较为满意的社会效果和法律效果。

但是，需要注意的是，本条第 2 款的适用。该款规定，犯罪嫌疑人、被告人在 5 年以内曾经故意犯罪的，不适用本章规定的程序。以上述案件为例。假如犯罪嫌疑人卞某在这次交通肇事之前 5 年内，曾经有过故意犯罪的记录，即使是判处管制、拘役甚至是单处的附加刑刑种，那么这次虽然是过失犯罪、应处 3 年以下有期徒刑，他也将因为曾经的故意犯罪记录而在这起案件中，不适用本章关于和解的规定。

2. 第二百七十八条　双方当事人和解的，公安机关、人民检察院、人民法院应当听取当事人和其他有关人员的意见，对和解的自愿性、合法性进行审查，并主持制作和解协议书。

【精解 2】

本条是关于有关机关对当事人和解的审查并主持制作和解协议书的规定。

本条对和解协议形成的程序进行了规定：首先，双方当事人达成和解。公安机关、人民检察院、人民法院可以向犯罪嫌疑人、被告人或者被害人告知对方的和解意向、和解的相关规定以及双方当事人各自的权利、义务，由双方当事人自行协商，公安机关、人民检察院、人民法院也可以在各自的诉讼阶段作为中立的第三方积极促成当事人之间的沟通、会面、交谈，组织和主持双方当事人协商以达成和解。在和解的过程中，主持者应保持客观、中立，不得偏袒或欺瞒任何一方；犯罪嫌疑人、被告人应承认自己的罪行并真诚悔罪，认识到自己的行为给被害人带来的伤害，通过赔偿损失、赔礼道歉等方式获得被害人的谅解，双方最终就上述问题形成一致的意见，被害人自愿和解的，即达成和解。其次，双方当事人自行和解的，可以以书面形式交公安机关、人民检察院、人民法院审查，也可以口头形式向公安机关、人民检察院、人民法院陈述。公安机关、人民检察院、人民法院应当听取双方当事人的意见，发现任何一方采取暴力、胁迫、欺骗等方式使另一方在违背真实意愿的基础上和解的，应当认定和解无效，和解过程有其他人参加的，还应当听取其他有关人员的意见，这里规定的"其他有关人员"是指与该案有利害关系人的当事人以外的其他人员，如被害人的法定代理人、被告人的辩护律师等，也应当听取他们的意见。双方当事人如果是在公安机关、人民检察院、人民法院的主持下达成和解的，公安机关、人民检察院、人民法院应当对双方当事人的自愿性进行确认，并审查和解的内容是否违反法律的强制性规定，是否损害国家、社会利益和他人的合法权益。最后，经审查，认为和解是在双方自愿的前提下达成且内容合法，符合本法第 277 条规定的条件的，应当由公安机关、人民检察院或者人民法院主持制作和解协议书，由双方签字，作为履行和解协议和依法从宽处理的依据。

【引导案例】符合法定条件和范围的　可以和解

黄某与于某系邻居，2012 年 4 月 11 日傍晚，因琐事双方发生争执，以至于互殴，结果，黄某将于某打成轻伤。案发后，黄某被刑事拘留。黄某的亲属积极为于某的治疗出钱出力，一方面代黄某向某及其亲属致歉，另一方面主动承担于某的医疗、营养等费用，先后支付于某各种费用共计 8 万元。黄某被取保候审后也诚恳地向于某表示歉意。到审查起诉阶段，双方均表示愿意和解。人民检察院遂听取当事人和有关人员的意见，对和解的自愿性、合法性进行审查，审查没问题后，在检察院主持下制作了和解协议书。

【分析】

公诉案件的突出特点是国家行使追诉犯罪的权力。在刑事诉讼的侦查、起诉、审判等阶段，相关机关履行代表国家追诉犯罪的职责。在国家追诉的过程中，双方当事人无论是自行和解还是在有关机关主持下和解，都不能自行达成协议，任意处分权利和影响对案件的处理。需要公安机关、人民检察院、人民法院在各自的诉讼阶段，在听取当事人和有关人员意见的基础上，对和解进行审查。主要是审查当事人是否自愿和解、有无被胁迫的情况以及和解的内容和形式是否合法合理，如有无过分索赔或赔偿不够、违反法律的内容等，并由审查的司法机关主持制作和解协议，督促当事人双方严格按协议执行。

在新刑事诉讼法出台前，各地公诉案件中尝试的刑事和解形式各不相同，由于法无明文规定，加之主持和解给已经紧张的司法资源带来更多压力，所以通常的和解协议是双方当事人在其亲属或者律师或者是司法机关与司法行政机关签订的"检调对接"机制中司法行政机关出面主持形成的和解协议。这些协议的最后一句往往是"被害人某某不再追究致害人某某的任何责任"。而且，从实践中发生的案例看，有的轻伤害案件或寻衅滋事案件，要赔偿十多万元甚至四五十万元，被害人才愿意和解，大有以案要挟的味道，但是致害人出于多种考虑，也就违心地拿出被害人提出的赔偿数额，以求将案件的负面影响减到最小。

本次修法后，明确规定案件发生后，在侦查、审查起诉、审判的各个阶段，相应的司法机关要主导和解，审查和解的自愿性和内容，并主持制作和解协议书。当然，因为公诉案件追诉犯罪及其处理是国家机关的职责，所以在这样的协议书中，不涉及对刑事责任的处理意见。

3. 第二百七十九条　对于达成和解协议的案件，公安机关可以向人民检察院提出从宽处理的建议。人民检察院可以向人民法院提出从宽处罚的建议；

对于犯罪情节轻微，不需要判处刑罚的，可以作出不起诉的决定。人民法院可以依法对被告人从宽处罚。

【精解3】

本条是关于当事人和解的法律后果的规定。

根据本条的规定，双方当事人在侦查阶段达成和解协议的，公安机关应当对和解协议的自愿性和合法性进行审查，将和解协议的内容及履行情况记录在案，并根据情况提出从宽处理的建议，同时仍应当查清案件事实，对于犯罪事实清楚，证据确实、充分的，应当写出起诉意见书，连同案卷材料、证据、和解协议书、从宽处理的建议一并移送人民检察院审查起诉。人民检察院收到公安机关移送审查起诉的相关材料后，认为犯罪嫌疑人的犯罪事实已经查清，证据确实、充分，依法应当追究刑事责任的，应当提起公诉，并根据案件情况提出从宽处罚的建议，连同案卷材料、证据、和解协议书一并移送人民法院；对于犯罪情节轻微，不需要判处刑罚的，可以作出不起诉的决定。人民法院收到人民检察院提起公诉的相关材料后，对于案件事实清楚，证据确实、充分，依据法律认定被告人有罪的，应当作出有罪判决，但是可以根据案件情况在量刑上对被告人从轻或者减轻处罚；对于犯罪情节轻微不需要判处刑罚的，可以依法免予刑事处罚。

双方当事人在审查起诉阶段达成和解协议的，人民检察院应当对和解协议的自愿性和合法性进行审查，将和解协议的内容及履行情况记录在案，认为犯罪嫌疑人的犯罪事实已经查清，证据确实、充分，依法应当追究刑事责任的，应当提起公诉，并根据案件情况提出从宽处罚的建议，连同案卷材料、证据、和解协议书一并移送人民法院；对于犯罪情节轻微，不需要判处刑罚的，可以依法作出不起诉的决定。

双方当事人在审判阶段达成和解协议的，人民法院应当对和解协议的自愿性和合法性进行审查，将和解协议的内容及履行情况记录在案，对于案件事实清楚，证据确实、充分，依据法律认定被告人有罪的，应当作出有罪判决，但是可以根据案件情况在量刑上对被告人从轻或者减轻处罚；对于犯罪情节轻微不需要判处刑罚的，可以免予刑事处罚。

【引导案例】达成和解的案件　可以从宽处理

王某，男，21岁；周某，男，20岁。该二人系某大学同班同学。2011年

7 月 16 日晚自习期间，王某趁周某将笔记本电脑放在教室没收就出去之际，将周某的电脑偷出去变卖，卖给了夜市流动的商贩，获赃款 2400 元。王某卖完电脑后没敢再回学校，在宾馆待了一夜后，次日上午径直去派出所自首。在派出所，王某如实供述了自己的作案经过，表示悔过。后经王某的表哥出面与周某协商，赔偿周某原品牌的新手提电脑一台。王某向周某表达了诚恳的歉意，得到了周某的谅解，双方达成和解协议。之后，公安机关在向检察机关移送审查起诉王某涉嫌犯盗窃罪时，提出了对王某从宽处理的建议。检察机关经过认真审查、听取多方面意见后，对王某作出了不起诉决定。

【分析】

对于达成和解的案件，前一个诉讼阶段可以向后一个诉讼阶段提出从宽的建议。

为了化解和减少社会矛盾，最大限度地增加和谐因素、减少不和谐因素，构建和谐社会，近年来，有不少地方在司法实践中积极探索公诉案件当事人和解制度。有的地方将当事人和解的案件限定在轻伤害等可能判处 3 年有期徒刑以下刑罚的范围内，双方当事人达成和解协议后，对犯罪嫌疑人不移送审查起诉或者不起诉。有的地方则不限定案件范围，将达成和解作为从轻处罚的考量因素。本次修改刑事诉讼法，在总结各地司法实践的经验基础上，规定了对达成和解协议案件的处理原则：公安机关可以向人民检察院提出从宽处理的建议。人民检察院可以向人民法院提出从宽处罚的建议；对于犯罪情节轻微，不需要判处刑罚的，可以作出不起诉的决定。人民法院可以依法对被告人从宽处罚。这里规定的"从宽处罚"是指对犯罪嫌疑人、被告人从轻或者减轻处罚。这样规定，使和解协议具有一定的法律后果，促使犯罪嫌疑人、被告人真诚悔罪，改过自新，又不致影响对犯罪的追诉、打击，避免依和解协议免除处罚而放纵犯罪。至于个案如何从宽处罚，可以由人民法院根据公安机关、人民检察院的建议和案件具体情况、当事人和解协议依法裁量。

上述案例中，王某盗窃周某手提电脑后变卖，王某涉嫌犯罪的事实清楚。王某的案件属于新刑事诉讼法第 277 条第 1 款第 1 项规定的可以和解的案件范围。王某作案后于次日到公安机关自首，具有法定可以从轻或者减轻处罚的情节。王某作案后向周某真诚悔罪，其亲属代为赔偿了周某损失，且王某与周某系同学，平时关系不错，王某得到了周某的谅解，双方在侦查阶段达成了和解协议。公安机关经过审查，认为该协议是双方的真实意思表示、合法，在向检察机关移送审查起诉时提出了从宽处理的建议。检察机关经过提讯王某、询问周某，审查案件的全部材料，综合考虑各方面因素后，认为王某主观恶性不大，犯罪情节轻微，有法定的从轻、减轻情节和公安机关从宽处理建议，决定对王某不起诉，符合本法条原意。

一百零九、增加一章，作为第五编第三章：

"第三章　犯罪嫌疑人、被告人逃匿、死亡案件违法所得的没收程序

"第二百八十条　对于贪污贿赂犯罪、恐怖活动犯罪等重大犯罪案件，犯罪嫌疑人、被告人逃匿，在通缉一年后不能到案，或者犯罪嫌疑人、被告人死亡，依照刑法规定应当追缴其违法所得及其他涉案财产的，人民检察院可以向人民法院提出没收违法所得的申请。

"公安机关认为有前款规定情形的，应当写出没收违法所得意见书，移送人民检察院。

"没收违法所得的申请应当提供与犯罪事实、违法所得相关的证据材料，并列明财产的种类、数量、所在地及查封、扣押、冻结的情况。

"人民法院在必要的时候，可以查封、扣押、冻结申请没收的财产。

"第二百八十一条　没收违法所得的申请，由犯罪地或者犯罪嫌疑人、被告人居住地的中级人民法院组成合议庭进行审理。

"人民法院受理没收违法所得的申请后，应当发出公告。公告期间为六个月。犯罪嫌疑人、被告人的近亲属和其他利害关系人有权申请参加诉讼，也可以委托诉讼代理人参加诉讼。

"人民法院在公告期满后对没收违法所得的申请进行审理。利害关系人参加诉讼的，人民法院应当开庭审理。

"第二百八十二条　人民法院经审理，对经查证属于违法所得及其他涉案财产，除依法返还被害人的以外，应当裁定予以没收；对不属于应当追缴的财产的，应当裁定驳回申请，解除查封、扣押、冻结措施。

"对于人民法院依照前款规定作出的裁定，犯罪嫌疑人、被告人的近亲属和其他利害关系人或者人民检察院可以提出上诉、抗诉。

"第二百八十三条　在审理过程中，在逃的犯罪嫌疑人、被告人自动投案或者被抓获的，人民法院应当终止审理。

"没收犯罪嫌疑人、被告人财产确有错误的，应当予以返还、赔偿。"

《决定》在刑事诉讼法中增加第 280 条、第 281 条、第 282 条、第 283 条，对犯罪嫌疑人、被告人逃匿、死亡案件违法所得的没收程序作了规定。分别精解如下：

1. 第二百八十条　对于贪污贿赂犯罪、恐怖活动犯罪等重大犯罪案件，犯罪嫌疑人、被告人逃匿，在通缉一年后不能到案，或者犯罪嫌疑人、被告人死亡，依照刑法规定应当追缴其违法所得及其他涉案财产的，人民检察院可以向人民法院提出没收违法所得的申请。

公安机关认为有前款规定情形的，应当写出没收违法所得意见书，移送人民检察院。

没收违法所得的申请应当提供与犯罪事实、违法所得相关的证据材料，并列明财产的种类、数量、所在地及查封、扣押、冻结的情况。

人民法院在必要的时候，可以查封、扣押、冻结申请没收的财产。

【精解1】

本条是关于犯罪嫌疑人、被告人逃匿、死亡案件违法所得的没收程序的适用范围、申请以及查封、扣押、冻结措施的规定。

本条分为 4 款。

第 1 款是关于犯罪嫌疑人、被告人逃匿、死亡案件违法所得没收程序的适用范围的规定。根据本款规定，违法所得没收程序的适用应当具备以下几个条件：

(1)这一程序必须适用于贪污贿赂犯罪、恐怖活动犯罪等重大犯罪案件。这里的"贪污贿赂犯罪"是指由人民检察院立案侦查的刑法分则第八章规定的国家工作人员贪污罪和贿赂犯罪。"恐怖活动"，根据《全国人大常委会关于加强反恐怖工作有关问题的决定》的规定，是指以制造社会恐慌、危害公共安全或者胁迫国家机关、国际组织为目的，采取暴力、破坏、恐吓等手段，造成或者意图造成人员伤亡、重大财产损失、公共设施损坏、社会秩序混乱等严重危害社会的行为，以及煽动、资助或者以其他方式协助实施上述活动的行为。"恐怖活动犯罪"，是指实施上述恐怖活动的犯罪行为，包括《刑法》第 120 条规定的组织、领导恐怖活动组织罪、第 120 条之一规定的资助恐怖活动组织罪以及其他实施恐怖活动的犯罪。

实践中应当注意，违法所得的没收程序在适用时应仅限于贪污贿赂犯罪、恐怖活动犯罪，不宜扩大适用到其他的重大犯罪案件。这是考虑到贪污贿赂犯罪、恐怖活动犯罪对社会稳定与安全、经济发展危害严重，且又是我国参加的国际公约的相关义务要求的，由于这一程序是新设置的，实践经验不足，且对这类被告人缺席的审理活动，更须注意程序正当性原则。因此，目前适用的范围不宜过大，在总结经验以后再研究是否需要扩大适用范围。

（2）犯罪嫌疑人、被告人必须是逃匿后在通缉 1 年后不能到案的，或者犯罪嫌疑人、被告人死亡的。一般情况下，犯罪嫌疑人、被告人如果逃匿，诉讼程序就无法进行下去；如果犯罪嫌疑人、被告人死亡，依照新刑事诉讼法第 15 条的规定，就应当撤销案件，或者不起诉，或者终止审理。但是违法所得的没收程序属于特别程序，在犯罪嫌疑人、被告人不能到案的情况下，可以对其违法所得及其他涉案财产进行审理并作出裁定。因此，这一程序只能适用于犯罪嫌疑人、被告人逃匿，在通缉 1 年后不能到案的，或者犯罪嫌疑人、被告人死亡的案件。如果犯罪嫌疑人、被告人能够到案接受处理的，应当依照刑事诉讼法有关侦查、起诉和审判的程序进行处理，不能单独对其财产进行审理，也不能在其不到庭的情况下对其财产进行审理。这里所说的"逃匿"是指犯罪嫌疑人、被告人在犯罪后，为逃避法律制裁而逃跑、隐匿或躲藏的。"通缉"是指公安机关或人民检察院通令缉拿应当逮捕而在逃的犯罪嫌疑人归案的一种侦查行为。实践中，一般由县级以上的公安机关发布通缉令；人民检察院在办理自侦案件过程中，需要追捕在逃的犯罪嫌疑人时，经检察长批准，有权作出通缉决定，但仍需由公安机关发布通缉令。实践中应当注意两点：一是适用这一标准的案件，应是贪污贿赂犯罪和恐怖活动犯罪中重大的案件，而不是情节较轻的这类案件；二是对于犯罪嫌疑人、被告人逃匿的，司法机关应当尽力通缉、抓捕，以使之尽快到案并依照法定程序追诉，只有对确实在通缉 1 年后仍无法抓捕到案的，才可以适用这一特别程序。

（3）依照《刑法》规定应当追缴其违法所得及其他涉案财产的。根据《刑法》第 64 条的规定，犯罪分子违法所得的一切财物，应当予以追缴。适用本章规定的没收程序，应当符合刑法规定的属于犯罪嫌疑人、被告人违法所得及其他涉案财产。其中"追缴"是指将违法所得的财产强制收归国有。"违法所得"是指因实施犯罪活动，而取得的全部财物，包括金钱或者物品，如贪污贿赂得到的金钱或者物品等。"其他涉案财产"，一般是指除违法所得以外的与犯罪有关的款物、作案工具和非法持有的违禁品等。

根据本款规定，同时符合上述三个条件，需要对犯罪嫌疑人、被告人的违法所得及其他涉案财产予以没收的，应当由人民检察院向人民法院提出没收违法所得的申请。也就是说，在侦查阶段、审查起诉阶段犯罪嫌疑人、被告人逃匿或者死亡，符合没收违法所得的条件的，应当由人民检察院向人民法院提出没收违法所得的申请。在审判阶段，如果犯罪嫌疑人、被告人逃匿的，人民法院应当根据新刑事诉讼法第200条的规定中止审理；如果犯罪嫌疑人、被告人死亡的，人民法院应当根据新刑事诉讼法第15条的规定终止审理。如果符合没收违法所得条件的，应当再由人民检察院提出没收违法所得的申请，人民法院不能直接作出没收违法所得的裁定。

第2款是关于没收程序中公安机关可以出具没收意见书并移送人民检察院的规定。根据本款规定，公安机关认为有前款规定情形的，应当出具没收违法所得意见书，移送人民检察院。公安机关在侦查恐怖活动犯罪等重大犯罪案件过程中，如果存在犯罪嫌疑人逃匿，在通缉1年后不能到案，或者犯罪嫌疑人死亡，依照《刑法》规定应当追缴其违法所得及其他涉案财产的情形，应当出具没收违法所得意见书，移送人民检察院，由人民检察院申请人民法院对违法所得的财产予以没收。"没收违法所得意见书"，是指公安机关对认为存在前款规定情形的，应当出具书面意见并移送人民检察院处理的法律文书，其中应当写明犯罪嫌疑人的犯罪事实，违法所得的有关情况，处理的意见和理由以及所依据的法律条款等。根据新刑事诉讼法第18条的规定，贪污贿赂犯罪由人民检察院立案侦查，人民检察院在侦查过程中如果发现存在第1款规定情形的，也可以申请人民法院没收犯罪嫌疑人、被告人的违法所得。

第3款是关于没收违法所得申请内容的规定。根据本款规定，没收违法所得的申请应当提供与犯罪事实、违法所得相关的证据材料，并列明财产的种类、数量、所在地及查封、扣押、冻结的情况。也就是说，人民检察院在向人民法院提出违法所得没收程序申请时，必须提供犯罪嫌疑人、被告人有关犯罪事实的证据材料，以及能够证明属于犯罪嫌疑人、被告人违法所得及其他涉案财产的相关证据材料。同时在案卷中还应当载明违法所得及其他涉案财产的种类、数量、存放地点以及查封、扣押、冻结有关财产的情况。这样规定主要考虑：一是只有人民检察院提供了犯罪嫌疑人、被告人犯罪事实、违法所得的证据材料，以及财产的详细情况，人民法院才能在犯罪嫌疑人、被告人不到案的情况下对是否没收犯罪嫌疑人、被告人财产作出正确的判断，从而保证案件的质量。二是明确这些内容，便于法院采取保全措施和裁定的执行。

第4款是关于必要时可以采取查封、扣押、冻结措施的规定。根据本款规定，人民法院在必要的时候，可以查封、扣押、冻结申请没收的财产。在侦查阶段，侦查机关根据侦查犯罪的需要，有权查封、扣押与犯罪有关的财物，有权冻结犯罪嫌疑人的存款、汇款、债券、股票、基金份额等财产。如果侦查机关没有对犯罪嫌疑人的财产采取查封、扣押、冻结措施，人民法院在审理没收违法所得申请时，也有权根据案件情况和审判的需要对犯罪嫌疑人、被告人的财产采取查封、扣押和冻结措施。

2. 第二百八十一条　没收违法所得的申请，由犯罪地或者犯罪嫌疑人、被告人居住地的中级人民法院组成合议庭进行审理。

人民法院受理没收违法所得的申请后，应当发出公告。公告期间为六个月。犯罪嫌疑人、被告人的近亲属和其他利害关系人有权申请参加诉讼，也可以委托诉讼代理人参加诉讼。

人民法院在公告期满后对没收违法所得的申请进行审理。利害关系人参加诉讼的，人民法院应当开庭审理。

【精解2】

本条是关于犯罪嫌疑人、被告人逃匿、死亡案件没收违法所得的审理程序的规定。

本条分为3款。

第1款是关于没收违法所得案件管辖的规定。本款规定了两层意思：一是没收违法所得的申请，由犯罪地或者犯罪嫌疑人、被告人居住地的中级人民法院管辖。这里所说的"犯罪地"，既包括犯罪预备地、犯罪行为实施地，也包括犯罪结果发生地和销赃地。"居住地"是指犯罪嫌疑人、被告人户籍所在地或者常住地。这里的"中级人民法院"，包括在省、自治区内按地区设立的中级人民法院，在直辖市内设立的中级人民法院，省、自治区下辖市的中级人民法院和自治州的中级人民法院。新刑事诉讼法第20条规定："中级人民法院管辖下列第一审刑事案件：（一）危害国家安全、恐怖活动案件；（二）可能判处无期徒刑、死刑的案件。"可见，中级人民法院管辖的案件一般是性质比较严重，案情重大，涉及国家安全或者处罚较重的刑事案件。将没收违法所得的案件交由中级人民法院管辖，体现了对这一特别程序的慎重态度。二是对于没收违法所得的申请，人民法院应当组成合议庭进行审理。人民法院审判案件有两种审判组织形式：一种是独任审判，对于基层人民法院适用简易程序审理可能判处 3 年有期徒刑以下刑罚的案件，可以由审判员一人独任审判。另一种是组成合议庭进行审判，除独任审判以外都应当组成合议庭进行审判。根据新刑事诉讼法第 178 条的规定，中级人民法院审判第一审案件，应当由审判员 3 人或者由审判员和人民陪审员共 3 人组成合议庭进行审理。

第 2 款是关于公告、利害关系人及委托诉讼代理人参加诉讼的规定。本款规定了两个方面的内容：一是人民法院受理没收违法所得的申请后，应当发出公告，公告期间为 6 个月。也就是说，人民法院在受理人民检察院提出的没收违法所得的申请后，应当通过公告的方式公布需要没收犯罪嫌疑人、被告人违法所得及其涉案财产的情况。这里所说的"公告"是指人民法院以张贴布告或者在报纸、刊物、网络上发布消息等方式公开向社会发布有关情况。二是犯罪嫌疑人、被告人的近亲属和其他利害关系人有权申请参加诉讼，也可以委托诉讼代理人参加诉讼。在 6 个月的公告期间内，犯罪嫌疑人、被告人的近亲属和其他利害关系人都有权申请参加没收违法所得的审理程序，也可以委托诉讼代理人参加审理。这里所说的"近亲属"是指夫、妻、父、母、子、女、同胞兄弟姊妹。"利害关系人"是指犯罪嫌疑人、被告人的近亲属以外的与所审理案件涉及财产有利害关系的人。"诉讼代理人"是指犯罪嫌疑人、被告人的近亲属和其他利害关系人委托的律师或者其他代为参加诉讼的人，这里规定的诉讼代理人是新刑事诉讼法第 106 条规定之外专门予以规定的。

第 3 款是关于开庭审理的规定。本款规定了两层意思：一是人民法院在公告期满后对没收违法所得的申请进行审理。人民法院在 6 个月的公告期满以后，应当根据人民检察院提出的没收违法所得的申请进行审理。如果没有利害关系人参加诉讼，人民法院可以进行书面审理，但也必须组成合议庭进行。二是利害关系人参加诉讼的，人民法院应当开庭审理。也就是如果有犯罪嫌疑人、被告人的近亲属和其他利害关系人以及他们委托的诉讼代理人参加诉讼的，人民法院应当组成合议庭开庭进行审理。本章对如何开庭审理未作具体规定，可以参照公诉案件第一审程序中有关开庭审理的规定执行。如人民法院决定开庭审判后，应当确定合议庭的组成人员，将人民检察院的申请书副本送达利害关系人，确定开庭日期后，应当通知人民检察院、利害关系人，对于公开审判的案件，应当先期公开案由、开庭的时间和地点；开庭时告知利害关系人有关回避等诉讼权利，人民检察院、利害关系人或诉讼代理人应当向法庭出示证据，可以要求证人出庭，可以对证据和案件情况发表意见并且可以互相辩论等。

3. 第二百八十二条　人民法院经审理，对经查证属于违法所得及其他涉案财产，除依法返还被害人的以外，应当裁定予以没收；对不属于应当追缴的财产的，应当裁定驳回申请，解除查封、扣押、冻结措施。

对于人民法院依照前款规定作出的裁定，犯罪嫌疑人、被告人的近亲属和其他利害关系人或者人民检察院可以提出上诉、抗诉。

【精解3】

本条是关于对违法所得的处理及对人民法院裁定上诉、抗诉的规定。

本条分为2款。

第1款是关于人民法院审理没收违法所得申请后应当如何作出处理的规定。根据本款规定，人民法院经审理应当作出以下裁定：一是经查证属于违法所得及其他涉案财产，除依法返还被害人的以外，应当裁定予以没收。人民法院经审理，查明犯罪嫌疑人、被告人有犯罪事实，且犯罪嫌疑人、被告人的财产属于违法所得及其他涉案财产，依照《刑法》规定追缴的，应当作出予以没收的裁定。但是，其中属于被害人的合法财产，应当予以返还。"裁定"，是指人民法院在案件审理或者判决执行过程中，就某些重大程序问题和部分实体问题所作的一种决定。裁定按其性质可以分为程序性裁定和实体性裁定。程序性裁定包括不受理案件、驳回起诉、撤销原判发回重审以及其他有关程序方面的裁定；实体性裁定包括驳回上诉、抗诉、申诉的裁定，决定减刑、假释的裁定、核准死刑的裁定以及其他涉及实体方面内容的裁定。本款所规定没收违法所得的裁定或者驳回申请的裁定，都属于实体性裁定。二是对不属于应当追缴的财产的，应当裁定驳回申请，解除查封、扣押、冻结措施。人民法院经审理，如果不能认定犯罪嫌疑人、被告人的犯罪事实，或者虽然能够认定犯罪嫌疑人、被告人的犯罪事实，但无法认定犯罪嫌疑人、被告人的财产属于应当追缴的违法所得及其他涉案财产的，应当裁定驳回人民检察院提出的没收违法所得的申请。在裁定驳回申请的同时，如果犯罪嫌疑人、被告人的财产被查封、扣押、冻结的，应当解除对犯罪嫌疑人、被告人财产的查封、扣押、冻结措施。

第 2 款是关于犯罪嫌疑人、被告人的近亲属和其他利害关系人或者人民检察院对裁定不服的上诉、抗诉的规定。根据本款规定，对于人民法院作出的裁定，犯罪嫌疑人、被告人的近亲属和其他利害关系人或者人民检察院可以提出上诉、抗诉。也就是说，人民法院作出没收犯罪嫌疑人、被告人违法所得的裁定，犯罪嫌疑人、被告人的近亲属和其他利害关系人如果不服该裁定，可以提出上诉；人民检察院如果不服人民法院作出的驳回没收违法所得申请的裁定等，也可以提出抗诉。"上诉"，是指当事人对人民法院所作的尚未发生法律效力的一审判决、裁定或决定不服的，在法定期限内，提请上一级人民法院重新审判的诉讼活动。"抗诉"，是指人民检察院对人民法院作出的判决、裁定，认为确有错误时，依法向人民法院提出重新审理要求的诉讼活动，抗诉是法律授予人民检察院代表国家行使的一项法律监督权。本章对如何提出上诉、抗诉，接受上诉、抗诉的法院如何进行处理，以及如何审理上诉、抗诉案件都未作具体规定，可以参照新刑事诉讼法对一审裁定不服的上诉、抗诉以及第二审人民法院审理上诉、抗诉案件的有关规定执行。

4. **第二百八十三条**　在审理过程中，在逃的犯罪嫌疑人、被告人自动投案或者被抓获的，人民法院应当终止审理。

没收犯罪嫌疑人、被告人财产确有错误的，应当予以返还、赔偿。

【精解 4】

本条是关于终止违法所得的没收程序以及有关返还、赔偿的规定。

本条分为 2 款。

第 1 款是关于终止没收违法所得审理程序的规定。根据本款规定，在审理过程中，在逃的犯罪嫌疑人、被告人自动投案或者被抓获的，人民法院应当终止审理。"终止审理"，是指人民法院在审判案件过程中，遇有法律规定的情形致使审判不应当或者不需要继续进行时终结案件的诉讼活动。新刑事诉讼法第 15 条规定了有关终止审理的法定情形。本款是除新刑事诉讼法第 15 条规定之外法律又规定了一种终止审理的情形，即人民法院在审理没收违法所得申请过程中，在逃的犯罪嫌疑人、被告人自动投案或者被抓获的，人民法院应当终止没收违法所得的审理程序。这里所说的"自动投案"是指在人民法院审理没收违法所得申请过程中，犯罪嫌疑人、被告人出于本人的意愿而主动向司法机关承认自己的犯罪事实，并自愿置于司法机关控制之下的行为。"被抓获"，是指在人民法院审理没收违法所得申请过程中，犯罪嫌疑人、被告人被司法机关抓捕归案。

第2款是没收财产确有错误的，应当予以返还、赔偿。根据本款规定，没收犯罪嫌疑人、被告人财产确有错误的，应当予以返还、赔偿。本款所说的"确有错误"主要是指人民法院依据本章的规定，对犯罪嫌疑人、被告人的违法所得及其他涉案财产所作出的予以没收的裁定确实存在错误的。"返还"是指对不该没收的财产及时退回有关利害关系人；"赔偿"，是指错误没收给有关利害关系人造成经济损失的，应当予以赔偿。根据本款规定，对于没收犯罪嫌疑人、被告人财产确有错误的，应当予以返还，对于财产已经损毁或者不存在的应当予以赔偿。

【引导案例】嫌疑人逃匿的　其违法所得的没收应依程序

夏某，男，49岁，某国有银行某支行行长。在得知检察机关对其涉嫌贪污、受贿犯罪立案侦查，公安机关发出通缉令后，潜逃国外。经查，检察机关查清了夏某做虚假贷款协议贪污公款2340万元；多次接受他人请托，为他人谋取不正当利益，收受贿赂人民币560万元、30万美元的犯罪事实。

夏某潜逃国外后，滞留加拿大某小镇两年之久，我国政府同加拿大政府多次就夏某案交涉，要求引渡夏某回国接受审判，未果。工作中，检察机关发现夏某有一套秘密别墅系用赃款购得，并在别墅内发现保时捷卡宴车1部、宝马730车1部、奥迪A6车1部，银行卡3张(上有存款3万余元)，现金五千余元，检察机关遂对上述物品予以扣押，对别墅予以查封。鉴于犯罪嫌疑人夏某不能到案，且依照刑法之规定，对夏某应当追缴其违法所得及其他涉案财产，为挽回国家损失，人民检察院依法向夏某犯罪地中级人民法院提出了没收夏某违法所得的申请，申请提供了与夏某犯罪事实、违法所得相关的证据材料，并列明了财产的种类、数量、所在地及查封、扣押情况。人民法院受理检察院没收夏某违法所得的申请后，依法对相关情况发出公告。在公告期6个月内夏某的妻子赵某及夏某的朋友李某向法院申请参加诉讼(李某主张检察机关扣押之奥迪车辆系其所有)，李某还委托律师参加诉讼。

公告期满后人民法院依法由3名法官组成合议庭对检察机关没收夏某违法

所得的申请进行审理。由于李某系利害关系人参加诉讼，人民法院决定开庭审理。审理中，夏某的妻子赵某向法庭主张检察机关扣押之别墅系夏某用夫妻共有财产购买，并出示了相关证据，其认为其对别墅拥有50%的所有权，检察机关没有经过其允许就对别墅进行查封没有法律依据。夏某的朋友李某主张扣押之奥迪车是当时夏某向其借用的，所有权并不归夏某，并出示了其购买车辆的相关证据，及车辆登记的相关手续。人民法院经过认真审理，认为赵某主张不成立，别墅系夏某用违法所得购买，与夏某、赵某夫妻共有财产无关；李某主张奥迪A6车系其所有的主张成立，遂作出裁定：对别墅、保时捷卡宴车1部、宝马730车1部予以没收；驳回人民检察院对奥迪A6车没收的申请，将车辆解除扣押，发还李某。赵某不服法院裁定，遂向省高级人民法院提出上诉。省高级人民法院在审理过程中，夏某被引渡回国，省高级人民法院遂终止审理。

【分析】

犯罪嫌疑人、被告人逃匿、死亡的案件，对其违法所得，新刑事诉讼法规定了明确的没收程序。

新刑事诉讼法第280条至第283条是本次修改新增加的特别程序，即犯罪嫌疑人、被告人逃匿、死亡案件违法所得的没收程序。这个程序是在腐败犯罪、恐怖犯罪等重大犯罪跨国性因素不断增多，流动性增强，打击难度加大的背景下制定的。程序的制定有利于打击犯罪，维护国家利益和被害人权益。

对于一个程序来说，用很多案例来说明程序的某一个阶段显然不如用一个案例涵盖程序的各个阶段。因为违法所得没收程序本身就是一个整体，法条和法条之间紧密联系，不可分割。具体来说，新刑事诉讼法第280条是关于违法所得没收程序的适用范围、申请以及查封、扣押、冻结措施的规定，第281条是关于没收违法所得的审理程序的规定，第282条是关于对违法所得的处理及对人民法院裁定上诉、抗诉的规定，第283条是关于终止违法所得的没收程序以及有关返还、赔偿的规定。案例所涉内容基本涵盖了第280条至第283条的规定，也遵照了法条的规定。

就新刑事诉讼法第280条来说，首先，此案是贪污贿赂案件，符合违法所得没收程序的适用范围的规定。其次，本案犯罪嫌疑人逃匿，且在通缉1年后不能到案。最后，本案依照《刑法》规定应当追缴违法所得及其他涉案财产。

正是因为本案同时符合上述三个条件，人民检察院向人民法院提出了没收违法所得的申请。为保证人民法院在犯罪嫌疑人、被告人不到案的情况下对是否没收犯罪嫌疑人、被告人财产作出正确的判断，人民检察院在向人民法院提出违法所得没收程序申请时，须提供犯罪嫌疑人、被告人有关犯罪事实的证据材料，以及能够证明被申请没收财产系犯罪嫌疑人、被告人违法所得及其他相关证据材料。同时在案卷中还应当载明违法所得及其他涉案财产的种类、数量、存放地点以及查封、扣押、冻结有关财产的情况。案例中人民检察院提出申请、提供证据、说明情况的行为就是在执行第 280 条的规定。

就新刑事诉讼法第 281 条来说，首先，本案由夏某犯罪地中级人民法院管辖，符合没收违法所得案件管辖的规定。其次，受理申请的中级人民法院发布公告，赵某、李某参加诉讼，是在履行特别程序关于公告及利害关系人和其诉讼代理人参加诉讼的规定。最后，本案由于有利害关系人李某参加诉讼，法院决定开庭审理。此审理按照本条规定须在 6 个月的公告期满以后进行。在这个过程中被告人的近亲属及利害关系人肯定要提交相关证据，这样人民检察院、被告人的近亲属、利害关系人可以对证据和案件情况发表意见并且可以互相辩论等，有利于查清案件事实，也有利于利害关系人诉讼权利的维护。

第 282 条分为 2 款，第 1 款是有关人民法院审理没收违法所得申请应如何处理的规定。案例中人民法院经审理裁定赵某主张不成立，对别墅、保时捷卡宴车一部、宝马 730 车一部予以没收；裁定李某主张成立，对奥迪 A6 车解除扣押，发还李某，就是在执行本条第 1 款的规定。第 2 款是关于犯罪嫌疑人、被告人的近亲属和其他利害关系人或者人民检察院对裁定不服的上诉、抗诉的规定。案例中李某不服法院裁定提出上诉即是在实践这一条的规定。这样的规定有利于保证公正审理，使确有错误的没收违法所得的裁定在发生法律效力前得到及时的纠正，也使对不服裁定的利害关系人获得法律救济的机会，从而保证办案质量和司法公正。

第 283 条是关于终止违法所得的没收程序以及有关返还、赔偿的规定。本条共分 2 款。第 1 款是关于终止没收违法所得审理程序的规定。根据本款规定，在审理过程中，在逃的犯罪嫌疑人、被告人自动投案或者被抓获的，人民法院应当终止审理。第 2 款是没收财产确有错误的，应当予以返还、赔偿的规定。根据本款规定，没收犯罪嫌疑人、被告人财产确有错误的，应当予以返还、赔偿。案例中夏某被引渡回国，终止没收违法所得特别程序，按照普遍程序对其进行审理，更有利于案件事实的查明，也有利于保障犯罪嫌疑人、被告人辩护权等诉讼权利和其他合法权益。

一百一十、增加一章，作为第五编第四章：

"第四章　依法不负刑事责任的精神病人的强制医疗程序

"第二百八十四条　实施暴力行为，危害公共安全或者严重危害公民人身安全，经法定程序鉴定依法不负刑事责任的精神病人，有继续危害社会可能的，可以予以强制医疗。

"第二百八十五条　根据本章规定对精神病人强制医疗的，由人民法院决定。

"公安机关发现精神病人符合强制医疗条件的，应当写出强制医疗意见书，移送人民检察院。对于公安机关移送的或者在审查起诉过程中发现的精神病人符合强制医疗条件的，人民检察院应当向人民法院提出强制医疗的申请。人民法院在审理案件过程中发现被告人符合强制医疗条件的，可以作出强制医疗的决定。

"对实施暴力行为的精神病人，在人民法院决定强制医疗前，公安机关可以采取临时的保护性约束措施。

"第二百八十六条　人民法院受理强制医疗的申请后，应当组成合议庭进行审理。

"人民法院审理强制医疗案件，应当通知被申请人或者被告人的法定代理人到场。被申请人或者被告人没有委托诉讼代理人的，人民法院应当通知法律援助机构指派律师为其提供法律帮助。

"第二百八十七条　人民法院经审理，对于被申请人或者被告人符合强制医疗条件的，应当在一个月以内作出强制医疗的决定。

"被决定强制医疗的人、被害人及其法定代理人、近亲属对强制医疗决定不服的，可以向上一级人民法院申请复议。

"第二百八十八条　强制医疗机构应当定期对被强制医疗的人进行诊断评估。对于已不具有人身危险性，不需要继续强制医疗的，应当及时提出解除意见，报决定强制医疗的人民法院批准。

"被强制医疗的人及其近亲属有权申请解除强制医疗。

"第二百八十九条　人民检察院对强制医疗的决定和执行实行监督。"

本条在刑事诉讼法中增加了第 284 条、第 285 条、第 286 条、第 287 条、第 288 条、第 289 条，对依法不负刑事责任的精神病人的强制医疗程序作了规定。各条分别精解如下：

1. 第二百八十四条　实施暴力行为，危害公共安全或者严重危害公民人身安全，经法定程序鉴定依法不负刑事责任的精神病人，有继续危害社会可能的，可以予以强制医疗。

【精解 1】

本条是关于强制医疗的适用范围的规定。根据本条规定，强制医疗的适用必须同时符合以下几个条件：

一是行为人必须实施了暴力行为，危害公共安全或者严重危害公民人身安全。这里的"暴力行为"是指以人身、财产等为侵害目标，采取暴力手段，对被害人的身心健康和生命财产安全造成极大的损害，直接危及人的生命、健康及公共安全的行为，如放火、爆炸等。"危害公共安全"是指危害广大群众生命健康和公私财产的安全，足以使多人死伤或使公私财产遭受重大损失的行为。"人身安全"有广义、狭义之说，广义的"人身安全"一般包括人的生命、健康、自由、住宅、人格、名誉等安全，狭义的"人身安全"，一般仅指人的生命、健康安全。这里所说的"严重危害公民人身安全"一般是指杀人、伤害、强奸、绑架等严重侵害公民生命、健康安全的行为。

二是行为人必须属于经法定程序鉴定依法不负刑事责任的精神病人。这里的"法定程序鉴定"，根据新刑事诉讼法和关于司法鉴定管理问题的决定规定，对精神病人的鉴定应当由符合条件的鉴定机构和鉴定人按照法律规定的程序进行鉴定。鉴定人进行鉴定后，应当写出鉴定意见，并且签名。"依法不负刑事责任的精神病人"，根据《刑法》第 18 条的规定，是指在不能辨认或者不能控制自己行为的时候造成危害结果，属于经法定程序鉴定确认不负刑事责任的精神病人。对于间歇性的精神病人在精神正常的时候犯罪，或者尚未完全丧失辨认或者控制自己行为能力的精神病人犯罪的，应当负刑事责任，即不属于依法不负刑事责任的精神病人。

三是行为人必须有继续危害社会的可能。对于实施了暴力行为，危害公共安全或者严重危害公民人身安全，经过法定程序鉴定确认属于不能辨认或者不能控制自己行为的精神病人，必须有继续危害社会可能的，才能对其进行强制医疗。行为人虽然实施了暴力行为，但不再具有继续危害社会可能的，如已经严重残疾等，丧失了继续危害社会的能力，则不需要再对其进行强制医疗。但在这种情况下，也应当责令他的家属或者监护人严加看管和医疗，而不能放任不管。

行为人必须同时符合以上三个条件，才可以予以强制医疗。

2. 第二百八十五条　根据本章规定对精神病人强制医疗的，由人民法院决定。

公安机关发现精神病人符合强制医疗条件的，应当写出强制医疗意见书，移送人民检察院。对于公安机关移送的或者在审查起诉过程中发现的精神病人符合强制医疗条件的，人民检察院应当向人民法院提出强制医疗的申请。人民法院在审理案件过程中发现被告人符合强制医疗条件的，可以作出强制医疗的决定。

对实施暴力行为的精神病人，在人民法院决定强制医疗前，公安机关可以采取临时的保护性约束措施。

【精解2】

本条是关于强制医疗的决定权、申请程序及临时的保护性约束措施的规定。

本条分为3款。

第1款是关于强制医疗决定权的规定。根据本款规定，对精神病人强制医疗的，由人民法院决定。人民法院在决定对精神病人强制医疗时，首先应当判断行为人是否符合本法第284条规定的条件，即行为人是否实施了危害公共安全或者严重危害公民人身安全的暴力行为，是否属于依法不负刑事责任的精神病人，是否有继续危害社会的可能，如果行为人具备上述三个条件，人民法院应当作出强制医疗的决定。这里的"决定"是人民法院在办理案件过程中对某些程序性问题或者依法由人民法院依职权对某些问题进行处理的一种形式。人民法院的决定在作出后，一般都是立即生效，不能上诉或抗诉，但法律对有些决定也作了特别规定，如驳回申请回避的决定、对证人不出庭的拘留处罚决定、违反法庭秩序的罚款、拘留处罚决定和强制医疗决定等，有关人员可以申请复议。

第2款是关于强制医疗的申请程序的规定。本款规定了三个方面的内容：

一是公安机关发现精神病人符合强制医疗条件的，应当出具强制医疗意见书，移送人民检察院。公安机关在侦查阶段如果发现犯罪嫌疑人可能是精神病人，应当按照有关法律规定对其进行鉴定，如果鉴定结果确认犯罪嫌疑人是精神病人，且在不能辨认或者不能控制自己行为的时候造成危害结果的，应当撤销刑事案件，出具强制医疗意见书，然后移送人民检察院。"强制医疗意见书"，是指公安机关发现精神病人符合强制医疗条件而移送人民检察院处理的法律文书，应当写明需要强制医疗的精神病人的基本情况、案件认定的犯罪事实、鉴定情况、处理的意见和理由以及所依据的法律条款等。

二是对于公安机关移送的或者在审查起诉过程中发现的精神病人符合强制医疗条件的，人民检察院应当向人民法院提出强制医疗的申请。这里包括两种情形：一种是公安机关在移送案件时提出强制医疗意见书的，人民检察院经过审查，对于符合强制医疗条件的，应当向人民法院提出强制医疗的申请。另一种是人民检察院在审查起诉过程中发现公安机关移送的刑事案件的犯罪嫌疑人可能是精神病人，经过审查，发现符合强制医疗条件的，也应当向人民法院提出强制医疗的申请。

三是人民法院在审理案件过程中发现被告人符合强制医疗条件的，可以作出强制医疗的决定。人民法院在审理刑事案件时，如果发现被告人可能是精神病人，需要进行鉴定的，可以依据新刑事诉讼法第144条、第191条的规定，对被告人进行精神病鉴定。如果经过法定程序鉴定，确认被告人是精神病人，且属于依法不应当负刑事责任的，应当根据有关规定判决被告人不负刑事责任。对该判决被告人、自诉人和他们的法定代理人可以上诉，人民检察院也可以抗诉。在审理过程中，人民法院如果认为不负刑事责任的精神病人符合强制医疗条件的，可以依照本章的规定直接作出强制医疗的决定，而不需要将该案再退回人民检察院，由人民检察院提出强制医疗的申请。

第3款是关于采取临时的保护性约束措施的规定。根据本款规定，对实施暴力行为的精神病人，在人民法院决定强制医疗前，公安机关可以采取临时的保护性约束措施。这样规定，一方面考虑到对精神病人的鉴定需要很长时间，且人民法院决定强制医疗也需要一定的时间，实施暴力行为的精神病人本身是非常危险的，如果不采取措施予以控制，可能会给社会和他人造成更大的危害，也可能危及其自身安全；另一方面考虑到对精神病人采取的措施应当以治疗和改善其精神状况为目的，不适合采用刑事诉讼法规定的拘留、逮捕等强制措施，避免给精神病人带来更大的精神伤害和痛苦。因此，本款规定了一种特殊的临时的保护性约束措施。采用这种措施应当具备以下几个条件：一是行为人必须是实施暴力行为的精神病人。行为人必须实施了暴力行为，且应当是精神病人，当然既可以是经鉴定确认的，也可以是正在进行鉴定之中的。二是必须在人民法院作出强制医疗决定前采取这种保护性约束措施。如果人民法院已经作出强制医疗决定，就不能再采取这种保护性约束措施，而应当将其送交强制医疗机构执行；如果人民法院作出不予强制医疗的决定，也不能采取这种保护性约束措施，而应当按照刑事诉讼法规定采取强制措施或立即释放。三是由公安机关执行。这里规定的"保护性约束措施"，并不是一种处罚措施，而是为了保障精神病人和社会公众安全而采取的一种带有保护性的约束措施，既要对行为人实施控制，又要对其进行保护，在必要的时候还应当进行一定的治疗。"临时的"，是指非正式的、较短时间的。

3. 第二百八十六条　人民法院受理强制医疗的申请后，应当组成合议庭进行审理。

人民法院审理强制医疗案件，应当通知被申请人或者被告人的法定代理人到场。被申请人或者被告人没有委托诉讼代理人的，人民法院应当通知法律援助机构指派律师为其提供法律帮助。

【精解3】

本条是关于强制医疗案件审理程序的规定。

本条分为2款。

第1款是关于人民法院审理强制医疗案件应当组成合议庭进行的规定。人民法院审判案件通常有两种组织形式：一种是独任制，根据刑事诉讼法的规定，对于基层人民法院适用简易程序审理可能判处3年有期徒刑以下刑罚的案件，可以由审判员1人独任审判。另一种是合议制，除由审判员1人独任审判的案件以外，其他案件都应当组成合议庭进行审判。主要有基层人民法院审理的可能判处的有期徒刑超过3年的第一审案件，中级人民法院、高级人民法院、最高人民法院审理的第一审、第二审案件，最高人民法院复核死刑案件、高级人民法院复核死刑缓刑执行的案件，按照审判监督程序重新审判的案件等。这次修改刑事诉讼法又增加了应当组成合议庭进行审理的两类案件：一类是犯罪嫌疑人、被告人逃匿、死亡没收违法所得案件；另一类是依法不负刑事责任的精神病人强制医疗案件。

第 2 款是关于人民法院审理强制医疗案件，有关诉讼代理人参与诉讼的规定。根据本款规定，人民法院审理强制医疗案件，应当通知被申请人或者被告人的法定代理人到场。被申请人或者被告人没有委托诉讼代理人的，人民法院应当通知法律援助机构指派律师为其提供法律帮助。"法定代理人"，根据新刑事诉讼法第 106 条的规定，是指被代理人的父母、养父母、监护人和负有保护责任的机关、团体的代表。"诉讼代理人"，根据新刑事诉讼法第 106 条的规定，是指公诉案件的被害人及其法定代理人或者近亲属、自诉案件的自诉人及其法定代理人委托代为参加诉讼的人和附带民事诉讼的当事人及其法定代理人委托代为参加诉讼的人。由于本章规定的被申请人或者被告人属于依法不负刑事责任的精神病人，他们是无民事行为能力人，自己无法委托诉讼代理人，其法定代理人应当有权代为委托。"法律援助"，是指由政府设立的法律援助机构组织法律援助人员，为经济困难或特殊案件的人无偿提供法律服务的一项法律保障制度。

4. 第二百八十七条　人民法院经审理，对于被申请人或者被告人符合强制医疗条件的，应当在一个月以内作出强制医疗的决定。

被决定强制医疗的人、被害人及其法定代理人、近亲属对强制医疗决定不服的，可以向上一级人民法院申请复议。

【精解 4】

本条是关于强制医疗决定期限及对决定不服申请复议的规定。

本条分为 2 款。

第 1 款是关于强制医疗决定期限的规定。根据本款规定，人民法院经审理，对于被申请人或者被告人符合强制医疗条件的，应当在 1 个月以内作出强制医疗的决定。这里包括两种情形：一种是人民法院受理人民检察院提出的强制医疗申请。人民检察院在提出强制医疗申请时，应当提供被申请人实施暴力行为的证据，以及依法不负刑事责任的鉴定意见等证据材料，人民法院应当根据人民检察院提供的证据材料进行审查，在受理人民检察院的申请后 1 个月内作出是否予以强制医疗的决定。对于被申请人符合强制医疗条件的，应当作出强制医疗的决定；对于不符合强制医疗条件的，应当作出不予强制医疗的决定。另一种是人民法院在审理刑事案件过程中发现被告人符合强制医疗条件的，也应当在 1 个月以内作出强制医疗的决定。如果人民法院在审理过程中需要对被告人进行精神病鉴定的，可以依法对被告人进行精神病鉴定，对精神病鉴定的期间不计入办案期限。

第 2 款是关于对决定不服申请复议的规定。根据本款规定，被决定强制医疗的人、被害人及其法定代理人、近亲属对强制医疗决定不服的，可以向上一级人民法院申请复议。根据本款规定，有权申请复议的人员包括：一是被决定强制医疗的人及其法定代理人、近亲属。这里所说的"被强制医疗的人"，是指根据本章的规定，人民法院决定对依法不负刑事责任的精神病人予以强制医疗的人。"法定代理人"，是指被强制医疗的人的父母、养父母、监护人和负有保护责任的机关、团体的代表。"近亲属"，是指被强制医疗的人的夫、妻、父、母、子、女、同胞兄弟姊妹。二是被害人及其法定代理人、近亲属。这里所说的"被害人"，是指人身权利、财产权利或其他合法权益受到被强制医疗的人实施的暴力行为直接侵害的人。"法定代理人"，是指被害人的父母、养父母、监护人和负有保护责任的机关、团体的代表。"近亲属"，是指被害人的夫、妻、父、母、子、女、同胞兄弟姊妹。

被决定强制医疗的人、被害人及其法定代理人、近亲属如果认为被决定强制医疗的人未患精神病或者虽患精神病但不符合强制医疗条件，对强制医疗决定不服的，可以向作出强制医疗决定的人民法院的上一级人民法院申请复议。这里所说的"复议"，是指对司法机关作出的具体决定不服向上级机关提起的重新审查的程序。上一级人民法院对于复议申请，应当及时进行审查并作出处理决定。

5. 第二百八十八条　强制医疗机构应当定期对被强制医疗的人进行诊断评估。对于已不具有人身危险性，不需要继续强制医疗的，应当及时提出解除意见，报决定强制医疗的人民法院批准。

被强制医疗的人及其近亲属有权申请解除强制医疗。

【精解 5】
本条是关于强制医疗机构应当定期诊断评估及有关解除强制医疗的规定。本条分为 2 款。

第 1 款是关于强制医疗机构应当定期诊断评估及解除强制医疗的规定。本款规定了两个方面的内容：一是强制医疗机构应当定期对被强制医疗的人进行诊断评估。强制医疗机构在对被强制医疗的人进行必要治疗的同时，还应当根据被强制医疗人的病情，定期组织专业医师对其进行检查评估，确认其精神状况。二是对于已不具有人身危险性，不需要继续强制医疗的，应当及时提出解除意见，报决定强制医疗的人民法院批准。强制医疗机构在对被强制医疗的人进行诊断评估时，如果发现被强制医疗的人不具有人身危险性，不需要继续强制医疗的，应当提出解除强制医疗的意见，报请决定强制医疗的人民法院批准，解除对其的强制医疗。这里所说的"不具有人身危险性"，是指被强制医疗的人已经具有辨认或者控制自己行为的能力，不会再危害公共安全或者他人的人身安全。人民法院收到强制医疗机构提出的解除强制医疗的意见后，应当及时予以处理，作出批准或不予批准的决定。

第 2 款是关于申请解除强制医疗的规定。根据本款规定，被强制医疗的人及其近亲属有权申请解除强制医疗。也就是说被强制医疗的人认为自己不应当被强制医疗，或者经过强制医疗的治疗已经痊愈，符合解除强制医疗的条件，有权向强制医疗机构提出申请，要求强制医疗机构作出诊断评估，提出解除意见，报请决定强制医疗的人民法院批准；也有权直接向作出强制医疗决定的人民法院提出解除强制医疗的申请。被强制医疗的人的近亲属如果认为被强制医疗的人不应当被强制医疗或者已经治愈，也有权申请解除强制医疗。

6. 第二百八十九条　人民检察院对强制医疗的决定和执行实行监督。

【精解 6】

本条是关于人民检察院对强制医疗实行监督的规定。

根据本条规定，人民检察院有权对强制医疗的决定和执行实行监督。人民检察院对强制医疗的监督主要包括两个方面：

一是对强制医疗的决定实行监督。在强制医疗的决定程序中，既包括公安机关的侦查活动，也包括人民法院的审理活动。人民检察院对公安机关在侦查阶段的监督，是其法律监督职能的重要体现。公安机关的监督主要是通过审查公安机关提出的强制医疗意见及日常侦查工作来实现的。包括审查侦查机关收集精神病人实施暴力行为的证据材料是否合法，对精神病人进行鉴定的程序是否合法，对实施暴力行为的精神病人采取临时的保护性约束措施是否合法等。人民检察院对人民法院在审理阶段的监督，主要通过审查人民法院审理强制医疗案件是否符合法律规定的程序，强制医疗的决定是否正确、合法等来实现的。

二是对强制医疗的执行实行监督。在强制医疗的执行程序中，既包括强制医疗机构的执行活动，也包括人民法院的解除批准活动。人民检察院对强制医疗机构的执行活动进行监督，主要通过审查强制医疗机构是否对被强制医疗的人实施必要的治疗，是否按照要求定期对被强制医疗的人进行诊断评估，是否按照要求提出解除强制医疗的申请，是否保障被强制医疗的人的合法权利等。人民检察院对人民法院批准解除强制医疗的监督，主要体现在人民法院解除强制医疗的批准程序和批准决定是否合法，是否存在徇私舞弊行为等。

　　人民检察院对强制医疗的决定和执行实行监督，如果发现公安机关、人民法院、强制医疗机构有违法行为，可以提出纠正意见，通知有关机关予以纠正。有关机关应当接受人民检察院的监督，及时纠正自己的违法行为。同时，人民检察院的监督活动，也必须依照本法以及有关法律的规定进行，不得违背或者超越法律的规定，滥用法律监督职能，只有这样，才能保证强制医疗的正确适用和执行。

　　一百一十一、第九十九条、第一百二十六条、第一百二十七条、第一百三十二条、第一百四十六条、第一百六十六条、第一百七十一条、第一百九十二条、第一百九十三条中引用的条文序号根据本决定作相应调整。
　　刑事诉讼法的有关章节及条文序号根据本决定作相应调整。
　　本决定自 2013 年 1 月 1 日起施行。
　　《中华人民共和国刑事诉讼法》根据本决定作相应修改，重新公布。

【精解】
　　本条共分 4 款。
　　第 1 款、第 2 款是对刑事诉讼法中有关条文中的条文序号进行调整的规定。
　　这次修改刑事诉讼法，在刑事诉讼法中增加了一些章节、条款，同时也相应删去一些条款，条文序号有一定的变化。在刑事诉讼法的一些条文中引用了刑事诉讼法其他规定的条文号，对于条文内容有修改，且其中引用的条文序号有变化的，已在《决定》各条中予以明确；对于条文内容没有修改，但其中引用的条文序号有变化的，在本决定中一并作出了规定。
　　这次修改后，刑事诉讼法的有关章节、条文序号有了变化，需要重新排列，因此，本条规定刑事诉讼法的有关章节及条文序号根据《决定》对刑事诉讼法的章节、条文序号的更改作相应的调整。

第 3 款是《决定》的施行时间的规定。

根据上述规定，《决定》虽然已经于 2012 年 3 月 14 日经十一届全国人民代表大会第五次会议审议通过，但实施日期为 2013 年 1 月 1 日，即从通过到施行，中间有 9 个多月的时间。《决定》之所以规定该决定在通过后经过一段时间后再施行，主要是考虑到这次刑事诉讼法修改，是对我国刑事诉讼制度的重要修改与完善，修改的内容比较多，有些修改涉及一些诉讼程序比较重大的改变，需要一定的准备时间。

第 4 款是关于刑事诉讼法修改后重新公布的规定。

《决定》共 111 条，其中有些是对刑事诉讼法原有规定的修改补充，有些是根据司法实践的需要新增加的规定，有些对刑事诉讼法章节条文序号等作出了调整。总体来看，修改内容较多，有必要根据决定对刑事诉讼法的文本进行相应修改，重新公布，以便于司法机关、广大人民群众学习准确适用修改后的刑事诉讼法。

第三部分

刑事诉讼法修改前后对照表

刑事诉讼法修改前后对照表

（条文中黑体字部分是对原法条文所作的修改或者补充内容）

修 改 前	修 改 后
第一编 总 则	第一编 总 则
第一章 任务和基本原则	第一章 任务和基本原则
第一条 为了保证刑法的正确实施，惩罚犯罪，保护人民，保障国家安全和社会公共安全，维护社会主义社会秩序，根据宪法，制定本法。	**第一条** 为了保证刑法的正确实施，惩罚犯罪，保护人民，保障国家安全和社会公共安全，维护社会主义社会秩序，根据宪法，制定本法。
第二条 中华人民共和国刑事诉讼法的任务，是保证准确、及时地查明犯罪事实，正确应用法律，惩罚犯罪分子，保障无罪的人不受刑事追究，教育公民自觉遵守法律，积极同犯罪行为作斗争，以维护社会主义法制，保护公民的人身权利、财产权利、民主权利和其他权利，保障社会主义建设事业的顺利进行。	**第二条** 中华人民共和国刑事诉讼法的任务，是保证准确、及时地查明犯罪事实，正确应用法律，惩罚犯罪分子，保障无罪的人不受刑事追究，教育公民自觉遵守法律，积极同犯罪行为作斗争，维护社会主义法制，**尊重和保障人权**，保护公民的人身权利、财产权利、民主权利和其他权利，保障社会主义建设事业的顺利进行。
第三条 对刑事案件的侦查、拘留、执行逮捕、预审，由公安机关负责。检察、批准逮捕、检察机关直接受理的案件的侦查、提起公诉，由人民检察院负责。审判由人民法院负责。除法律特别规定的以外，其他任何机关、团体和个人都无权行使这些权力。 人民法院、人民检察院和公安机关进行刑事诉讼，必须严格遵守本法和其他法律的有关规定。	**第三条** 对刑事案件的侦查、拘留、执行逮捕、预审，由公安机关负责。检察、批准逮捕、检察机关直接受理的案件的侦查、提起公诉，由人民检察院负责。审判由人民法院负责。除法律特别规定的以外，其他任何机关、团体和个人都无权行使这些权力。 人民法院、人民检察院和公安机关进行刑事诉讼，必须严格遵守本法和其他法律的有关规定。

第四条　国家安全机关依照法律规定，办理危害国家安全的刑事案件，行使与公安机关相同的职权。	**第四条**　国家安全机关依照法律规定，办理危害国家安全的刑事案件，行使与公安机关相同的职权。
第五条　人民法院依照法律规定独立行使审判权，人民检察院依照法律规定独立行使检察权，不受行政机关、社会团体和个人的干涉。	**第五条**　人民法院依照法律规定独立行使审判权，人民检察院依照法律规定独立行使检察权，不受行政机关、社会团体和个人的干涉。
第六条　人民法院、人民检察院和公安机关进行刑事诉讼，必须依靠群众，必须以事实为根据，以法律为准绳。对于一切公民，在适用法律上一律平等，在法律面前，不允许有任何特权。	**第六条**　人民法院、人民检察院和公安机关进行刑事诉讼，必须依靠群众，必须以事实为根据，以法律为准绳。对于一切公民，在适用法律上一律平等，在法律面前，不允许有任何特权。
第七条　人民法院、人民检察院和公安机关进行刑事诉讼，应当分工负责，互相配合，互相制约，以保证准确有效地执行法律。	**第七条**　人民法院、人民检察院和公安机关进行刑事诉讼，应当分工负责，互相配合，互相制约，以保证准确有效地执行法律。
第八条　人民检察院依法对刑事诉讼实行法律监督。	**第八条**　人民检察院依法对刑事诉讼实行法律监督。
第九条　各民族公民都有用本民族语言文字进行诉讼的权利。人民法院、人民检察院和公安机关对于不通晓当地通用的语言文字的诉讼参与人，应当为他们翻译。 　　在少数民族聚居或者多民族杂居的地区，应当用当地通用的语言进行审讯，用当地通用的文字发布判决书、布告和其他文件。	**第九条**　各民族公民都有用本民族语言文字进行诉讼的权利。人民法院、人民检察院和公安机关对于不通晓当地通用的语言文字的诉讼参与人，应当为他们翻译。 　　在少数民族聚居或者多民族杂居的地区，应当用当地通用的语言进行审讯，用当地通用的文字发布判决书、布告和其他文件。
第十条　人民法院审判案件，实行两审终审制。	**第十条**　人民法院审判案件，实行两审终审制。
第十一条　人民法院审判案件，除本法另有规定的以外，一律公开进行。被告人有权获得辩护，人民法院有义务保证被告人获得辩护。	**第十一条**　人民法院审判案件，除本法另有规定的以外，一律公开进行。被告人有权获得辩护，人民法院有义务保证被告人获得辩护。
第十二条　未经人民法院依法判决，对任何人都不得确定有罪。	**第十二条**　未经人民法院依法判决，对任何人都不得确定有罪。

第十三条　人民法院审判案件，依照本法实行人民陪审员陪审的制度。	**第十三条**　人民法院审判案件，依照本法实行人民陪审员陪审的制度。
第十四条　人民法院、人民检察院和公安机关应当保障诉讼参与人依法享有的诉讼权利。 对于不满十八岁的未成年人犯罪的案件，在讯问和审判时，可以通知犯罪嫌疑人、被告人的法定代理人到场。 诉讼参与人对于审判人员、检察人员和侦查人员侵犯公民诉讼权利和人身侮辱的行为，有权提出控告。 （第二款相关内容移至新条文第二百七十条）	**第十四条**　人民法院、人民检察院和公安机关应当保障**犯罪嫌疑人、被告人和其他**诉讼参与人依法享有的**辩护权和其他**诉讼权利。 诉讼参与人对于审判人员、检察人员和侦查人员侵犯公民诉讼权利和人身侮辱的行为，有权提出控告。
第十五条　有下列情形之一的，不追究刑事责任，已经追究的，应当撤销案件，或者不起诉，或者终止审理，或者宣告无罪： （一）情节显著轻微、危害不大，不认为是犯罪的； （二）犯罪已过追诉时效期限的； （三）经特赦令免除刑罚的； （四）依照《刑法》告诉才处理的犯罪，没有告诉或者撤回告诉的； （五）犯罪嫌疑人、被告人死亡的； （六）其他法律规定免予追究刑事责任的。	**第十五条**　有下列情形之一的，不追究刑事责任，已经追究的，应当撤销案件，或者不起诉，或者终止审理，或者宣告无罪： （一）情节显著轻微、危害不大，不认为是犯罪的； （二）犯罪已过追诉时效期限的； （三）经特赦令免除刑罚的； （四）依照《刑法》告诉才处理的犯罪，没有告诉或者撤回告诉的； （五）犯罪嫌疑人、被告人死亡的； （六）其他法律规定免予追究刑事责任的。
第十六条　对于外国人犯罪应当追究刑事责任的，适用本法的规定。 对于享有外交特权和豁免权的外国人犯罪应当追究刑事责任的，通过外交途径解决。	**第十六条**　对于外国人犯罪应当追究刑事责任的，适用本法的规定。 对于享有外交特权和豁免权的外国人犯罪应当追究刑事责任的，通过外交途径解决。
第十七条　根据中华人民共和国缔结或者参加的国际条约，或者按照互惠原则，我国司法机关和外国司法机关可以相互请求刑事司法协助。	**第十七条**　根据中华人民共和国缔结或者参加的国际条约，或者按照互惠原则，我国司法机关和外国司法机关可以相互请求刑事司法协助。

第二章 管　辖	第二章 管　辖
第十八条　刑事案件的侦查由公安机关进行，法律另有规定的除外。 贪污贿赂犯罪，国家工作人员的渎职犯罪，国家机关工作人员利用职权实施的非法拘禁、刑讯逼供、报复陷害、非法搜查的侵犯公民人身权利的犯罪以及侵犯公民民主权利的犯罪，由人民检察院立案侦查。对于国家机关工作人员利用职权实施的其他重大的犯罪案件，需要由人民检察院直接受理的时候，经省级以上人民检察院决定，可以由人民检察院立案侦查。 自诉案件，由人民法院直接受理。	**第十八条**　刑事案件的侦查由公安机关进行，法律另有规定的除外。 贪污贿赂犯罪，国家工作人员的渎职犯罪，国家机关工作人员利用职权实施的非法拘禁、刑讯逼供、报复陷害、非法搜查的侵犯公民人身权利的犯罪以及侵犯公民民主权利的犯罪，由人民检察院立案侦查。对于国家机关工作人员利用职权实施的其他重大的犯罪案件，需要由人民检察院直接受理的时候，经省级以上人民检察院决定，可以由人民检察院立案侦查。 自诉案件，由人民法院直接受理。
第十九条　基层人民法院管辖第一审普通刑事案件，但是依照本法由上级人民法院管辖的除外。	**第十九条**　基层人民法院管辖第一审普通刑事案件，但是依照本法由上级人民法院管辖的除外。
第二十条　中级人民法院管辖下列第一审刑事案件： （一）反革命案件、危害国家安全案件； （二）可能判处无期徒刑、死刑的普通刑事案件； （三）外国人犯罪的刑事案件。	**第二十条**　中级人民法院管辖下列第一审刑事案件： （一）危害国家安全、**恐怖活动**案件； （二）可能判处无期徒刑、死刑的案件。
第二十一条　高级人民法院管辖的第一审刑事案件，是全省（自治区、直辖市）性的重大刑事案件。	**第二十一条**　高级人民法院管辖的第一审刑事案件，是全省（自治区、直辖市）性的重大刑事案件。
第二十二条　最高人民法院管辖的第一审刑事案件，是全国性的重大刑事案件。	**第二十二条**　最高人民法院管辖的第一审刑事案件，是全国性的重大刑事案件。
第二十三条　上级人民法院在必要的时候，可以审判下级人民法院管辖的第一审刑事案件；下级人民法院认为案情重大、复杂需要由上级人民法院审判的第一审刑事案件，可以请求移送上一级人民法院审判。	**第二十三条**　上级人民法院在必要的时候，可以审判下级人民法院管辖的第一审刑事案件；下级人民法院认为案情重大、复杂需要由上级人民法院审判的第一审刑事案件，可以请求移送上一级人民法院审判。
第二十四条　刑事案件由犯罪地的人	**第二十四条**　刑事案件由犯罪地的人民

民法院管辖。如果由被告人居住地的人民法院审判更为适宜的，可以由被告人居住地的人民法院管辖。	法院管辖。如果由被告人居住地的人民法院审判更为适宜的，可以由被告人居住地的人民法院管辖。
第二十五条　几个同级人民法院都有权管辖的案件，由最初受理的人民法院审判。在必要的时候，可以移送主要犯罪地的人民法院审判。	**第二十五条**　几个同级人民法院都有权管辖的案件，由最初受理的人民法院审判。在必要的时候，可以移送主要犯罪地的人民法院审判。
第二十六条　上级人民法院可以指定下级人民法院审判管辖不明的案件，也可以指定下级人民法院将案件移送其他人民法院审判。	**第二十六条**　上级人民法院可以指定下级人民法院审判管辖不明的案件，也可以指定下级人民法院将案件移送其他人民法院审判。
第二十七条　专门人民法院案件的管辖另行规定。	**第二十七条**　专门人民法院案件的管辖另行规定。
第三章　回　避	**第三章　回　避**
第二十八条　审判人员、检察人员、侦查人员有下列情形之一的，应当自行回避，当事人及其法定代理人也有权要求他们回避： （一）是本案的当事人或者是当事人的近亲属的； （二）本人或者他的近亲属和本案有利害关系的； （三）担任过本案的证人、鉴定人、辩护人、诉讼代理人的； （四）与本案当事人有其他关系，可能影响公正处理案件的。	**第二十八条**　审判人员、检察人员、侦查人员有下列情形之一的，应当自行回避，当事人及其法定代理人也有权要求他们回避： （一）是本案的当事人或者是当事人的近亲属的； （二）本人或者他的近亲属和本案有利害关系的； （三）担任过本案的证人、鉴定人、辩护人、诉讼代理人的； （四）与本案当事人有其他关系，可能影响公正处理案件的。
第二十九条　审判人员、检察人员、侦查人员不得接受当事人及其委托的人的请客送礼，不得违反规定会见当事人及其委托的人。 审判人员、检察人员、侦查人员违反前款规定的，应当依法追究法律责任。当事人及其法定代理人有权要求他们回避。	**第二十九条**　审判人员、检察人员、侦查人员不得接受当事人及其委托的人的请客送礼，不得违反规定会见当事人及其委托的人。 审判人员、检察人员、侦查人员违反前款规定的，应当依法追究法律责任。当事人及其法定代理人有权要求他们回避。
第三十条　审判人员、检察人员、侦	**第三十条**　审判人员、检察人员、侦查

查人员的回避，应当分别由院长、检察长、公安机关负责人决定；院长的回避，由本院审判委员会决定；检察长和公安机关负责人的回避，由同级人民检察院检察委员会决定。

对侦查人员的回避作出决定前，侦查人员不能停止对案件的侦查。

对驳回申请回避的决定，当事人及其法定代理人可以申请复议一次。

第三十一条　本法第二十八条、第二十九条、第三十条的规定也适用于书记员、翻译人员和鉴定人。

第四章　辩护与代理

第三十二条　犯罪嫌疑人、被告人除自己行使辩护权以外，还可以委托一至二人作为辩护人。下列的人可以被委托为辩护人：

（一）律师；

（二）人民团体或者犯罪嫌疑人、被告人所在单位推荐的人；

（三）犯罪嫌疑人、被告人的监护人、亲友。

正在被执行刑罚或者依法被剥夺、限制人身自由的人，不得担任辩护人。

第三十三条　公诉案件自案件移送审查起诉之日起，犯罪嫌疑人有权委托辩护人。自诉案件的被告人有权随时委托辩护人。

人民检察院自收到移送审查起诉的案件材料之日起三日以内，应当告知犯罪嫌疑人有权委托辩护人。人民法院自受理自诉案件之日起三日以内，应当告知被告人有权委托辩护人。

人员的回避，应当分别由院长、检察长、公安机关负责人决定；院长的回避，由本院审判委员会决定；检察长和公安机关负责人的回避，由同级人民检察院检察委员会决定。

对侦查人员的回避作出决定前，侦查人员不能停止对案件的侦查。

对驳回申请回避的决定，当事人及其法定代理人可以申请复议一次。

第三十一条　本章关于回避的规定适用于书记员、翻译人员和鉴定人。

辩护人、诉讼代理人可以依照本章的规定要求回避、申请复议。

第四章　辩护与代理

第三十二条　犯罪嫌疑人、被告人除自己行使辩护权以外，还可以委托一至二人作为辩护人。下列的人可以被委托为辩护人：

（一）律师；

（二）人民团体或者犯罪嫌疑人、被告人所在单位推荐的人；

（三）犯罪嫌疑人、被告人的监护人、亲友。

正在被执行刑罚或者依法被剥夺、限制人身自由的人，不得担任辩护人。

第三十三条　犯罪嫌疑人自被侦查机关第一次讯问或者采取强制措施之日起，有权委托辩护人；在侦查期间，只能委托律师作为辩护人。被告人有权随时委托辩护人。

侦查机关在第一次讯问犯罪嫌疑人或者对犯罪嫌疑人采取强制措施的时候，应当告知犯罪嫌疑人有权委托辩护人。人民检察院自收到移送审查起诉的案件材料之日起三日以内，应当告知犯罪嫌疑人有权委托辩护人。人民法院自受理案件之日起三日以内，应当告知被告人有权委托辩护人。犯罪嫌疑人、被告人在押期间要求委托辩护人的，人

	民法院、人民检察院和公安机关应当及时转达其要求。 犯罪嫌疑人、被告人在押的，也可以由其监护人、近亲属代为委托辩护人。 辩护人接受犯罪嫌疑人、被告人委托后，应当及时告知办理案件的机关。
第三十四条 公诉人出庭公诉的案件，被告人因经济困难或者其他原因没有委托辩护人的，人民法院可以指定承担法律援助义务的律师为其提供辩护。 被告人是盲、聋、哑或者未成年人而没有委托辩护人的，人民法院应当指定承担法律援助义务的律师为其提供辩护。 被告人可能被判处死刑而没有委托辩护人的，人民法院应当指定承担法律援助义务的律师为其提供辩护。	第三十四条 犯罪嫌疑人、被告人因经济困难或者其他原因没有委托辩护人的，**本人及其近亲属可以向法律援助机构提出申请。对符合法律援助条件的，法律援助机构应当指派**律师为其提供辩护。 犯罪嫌疑人、被告人是盲、聋、哑人，或者是尚未完全丧失辨认或者控制自己行为能力的精神病人，没有委托辩护人的，人民法院、人民检察院和公安机关应当**通知**法律援助机构指派律师为其提供辩护。 犯罪嫌疑人、被告人可能被判处**无期徒刑、死刑**，没有委托辩护人的，人民法院、人民检察院和公安机关应当**通知**法律援助机构指派律师为其提供辩护。
第三十五条 辩护人的责任是根据事实和法律，提出证明犯罪嫌疑人、被告人无罪、罪轻或者减轻、免除其刑事责任的材料和意见，维护犯罪嫌疑人、被告人的合法权益。	第三十五条 辩护人的责任是根据事实和法律，提出犯罪嫌疑人、被告人无罪、罪轻或者减轻、免除其刑事责任的材料和意见，维护犯罪嫌疑人、被告人的**诉讼权利和其他**合法权益。
	第三十六条 辩护律师在侦查期间可以为犯罪嫌疑人提供法律帮助；代理申诉、控告；申请变更强制措施；向侦查机关了解犯罪嫌疑人涉嫌的罪名和案件有关情况，提出意见。
第三十六条 辩护律师自人民检察院对案件审查起诉之日起，可以查阅、摘抄、复制本案的诉讼文书、技术性鉴定材料，可以同在押的犯罪嫌疑人会见和通信。其他辩护人经人民检察院许可，也可以查阅、摘抄、复制上述材料，同在押的犯罪嫌疑人会	第三十七条 辩护律师可以同在押的犯罪嫌疑人、被告人会见和通信。其他辩护人经人民法院、人民检察院许可，也可以同在押的犯罪嫌疑人、被告人会见和通信。 辩护律师持律师执业证书、律师事务所证明和委托书或者法律援助公函要求会见在

见和通信。

辩护律师自人民法院受理案件之日起，可以查阅、摘抄、复制本案所指控的犯罪事实的材料，可以同在押的被告人会见和通信。其他辩护人经人民法院许可，也可以查阅、摘抄、复制上述材料，同在押的被告人会见和通信。

押的犯罪嫌疑人、被告人的，看守所应当及时安排会见，至迟不得超过四十八小时。

危害国家安全犯罪、恐怖活动犯罪、特别重大贿赂犯罪案件，在侦查期间辩护律师会见在押的犯罪嫌疑人，应当经侦查机关许可。上述案件，侦查机关应当事先通知看守所。

辩护律师会见在押的犯罪嫌疑人、被告人，可以了解案件有关情况，提供法律咨询等；自案件移送审查起诉之日起，可以向犯罪嫌疑人、被告人核实有关证据。辩护律师会见犯罪嫌疑人、被告人时不被监听。

辩护律师同被监视居住的犯罪嫌疑人、被告人会见、通信，适用第一款、第三款、第四款的规定。

第三十八条 辩护律师自人民检察院对案件审查起诉之日起，可以查阅、摘抄、复制本案的**案卷**材料。其他辩护人经人民法院、人民检察院许可，也可以查阅、摘抄、复制上述材料。

第三十九条 辩护人认为在侦查、审查起诉期间公安机关、人民检察院收集的证明犯罪嫌疑人、被告人无罪或者罪轻的证据材料未提交的，有权申请人民检察院、人民法院调取。

第四十条 辩护人收集的有关犯罪嫌疑人不在犯罪现场、未达到刑事责任年龄、属于依法不负刑事责任的精神病人的证据，应当及时告知公安机关、人民检察院。

第三十七条 辩护律师经证人或者其他有关单位和个人同意，可以向他们收集与本案有关的材料，也可以申请人民检察院、人民法院收集、调取证据，或者申请人民法院通知证人出庭作证。

辩护律师经人民检察院或者人民法院许可，并且经被害人或者其近亲属、被害人提

第四十一条 辩护律师经证人或者其他有关单位和个人同意，可以向他们收集与本案有关的材料，也可以申请人民检察院、人民法院收集、调取证据，或者申请人民法院通知证人出庭作证。

辩护律师经人民检察院或者人民法院许可，并且经被害人或者其近亲属、被害人提

供的证人同意，可以向他们收集与本案有关的材料。	供的证人同意，可以向他们收集与本案有关的材料。
第三十八条　辩护律师和其他辩护人，不得帮助犯罪嫌疑人、被告人隐匿、毁灭、伪造证据或者串供，不得威胁、引诱证人改变证言或者作伪证以及进行其他干扰司法机关诉讼活动的行为。 违反前款规定的，应当依法追究法律责任。	**第四十二条**　辩护人**或者其他任何人**，不得帮助犯罪嫌疑人、被告人隐匿、毁灭、伪造证据或者串供，不得威胁、引诱证人作伪证以及进行其他干扰司法机关诉讼活动的行为。 违反前款规定的，应当依法追究法律责任，**辩护人涉嫌犯罪的，应当由办理辩护人所承办案件的侦查机关以外的侦查机关办理。辩护人是律师的，应当及时通知其所在的律师事务所或者所属的律师协会。**
第三十九条　在审判过程中，被告人可以拒绝辩护人继续为他辩护，也可以另行委托辩护人辩护。	**第四十三条**　在审判过程中，被告人可以拒绝辩护人继续为他辩护，也可以另行委托辩护人辩护。
第四十条　公诉案件的被害人及其法定代理人或者近亲属，附带民事诉讼的当事人及其法定代理人，自案件移送审查起诉之日起，有权委托诉讼代理人。自诉案件的自诉人及其法定代理人，附带民事诉讼的当事人及其法定代理人，有权随时委托诉讼代理人。 人民检察院自收到移送审查起诉的案件材料之日起三日以内，应当告知被害人及其法定代理人或者其近亲属、附带民事诉讼的当事人及其法定代理人有权委托诉讼代理人。人民法院自受理自诉案件之日起三日以内，应当告知自诉人及其法定代理人、附带民事诉讼的当事人及其法定代理人有权委托诉讼代理人。	**第四十四条**　公诉案件的被害人及其法定代理人或者近亲属，附带民事诉讼的当事人及其法定代理人，自案件移送审查起诉之日起，有权委托诉讼代理人。自诉案件的自诉人及其法定代理人，附带民事诉讼的当事人及其法定代理人，有权随时委托诉讼代理人。 人民检察院自收到移送审查起诉的案件材料之日起三日以内，应当告知被害人及其法定代理人或者其近亲属、附带民事诉讼的当事人及其法定代理人有权委托诉讼代理人。人民法院自受理自诉案件之日起三日以内，应当告知自诉人及其法定代理人、附带民事诉讼的当事人及其法定代理人有权委托诉讼代理人。
第四十一条　委托诉讼代理人，参照本法第三十二条的规定执行。	**第四十五条**　委托诉讼代理人，参照本法第三十二条的规定执行。
	第四十六条　辩护律师对在执业活动中知悉的委托人的有关情况和信息，有权予以

	保密。但是，辩护律师在执业活动中知悉委托人或者其他人，准备或者正在实施危害国家安全、公共安全以及严重危害他人人身安全的犯罪的，应当及时告知司法机关。
	第四十七条　辩护人、诉讼代理人认为公安机关、人民检察院、人民法院及其工作人员阻碍其依法行使诉讼权利的，有权向同级或者上一级人民检察院申诉或者控告。人民检察院对申诉或者控告应当及时进行审查，情况属实的，通知有关机关予以纠正。
<div align="center">**第五章　证　据**</div>	<div align="center">**第五章　证　据**</div>
第四十二条　证明案件真实情况的一切事实，都是证据。 　　证据有下列七种： 　　（一）物证、书证； 　　（二）证人证言； 　　（三）被害人陈述； 　　（四）犯罪嫌疑人、被告人供述和辩解； 　　（五）鉴定结论； 　　（六）勘验、检查笔录； 　　（七）视听资料。 　　以上证据必须经过查证属实，才能作为定案的根据。	**第四十八条**　可以用于证明案件事实的**材料，都是证据。** 　　证据**包括：** 　　（一）物证； 　　（二）书证； 　　（三）证人证言； 　　（四）被害人陈述； 　　（五）犯罪嫌疑人、被告人供述和辩解； 　　（六）鉴定**意见；** 　　（七）勘验、检查、**辨认、侦查实验等**笔录； 　　（八）视听资料、**电子数据。** 　　证据必须经过查证属实，才能作为定案的根据。
	第四十九条　公诉案件中被告人有罪的举证责任由人民检察院承担，自诉案件中被告人有罪的举证责任由自诉人承担。
第四十三条　审判人员、检察人员、侦查人员必须依照法定程序，收集能够证实犯罪嫌疑人、被告人有罪或者无罪、犯罪情节轻重的各种证据。严禁刑讯逼供和以威胁、引诱、欺骗以及其他非法的方法收集证据。必须保证一切与案件有关或者了解案情的公	**第五十条**　审判人员、检察人员、侦查人员必须依照法定程序，收集能够证实犯罪嫌疑人、被告人有罪或者无罪、犯罪情节轻重的各种证据。严禁刑讯逼供和以威胁、引诱、欺骗以及其他非法方法收集证据，**不得强迫任何人证实自己有罪。**必须保证一切与

民，有客观地充分地提供证据的条件，除特殊情况外，并且可以吸收他们协助调查。	案件有关或者了解案情的公民，有客观地充分地提供证据的条件，除特殊情况外，可以吸收他们协助调查。
第四十四条　公安机关提请批准逮捕书、人民检察院起诉书、人民法院判决书，必须忠实于事实真象。故意隐瞒事实真象的，应当追究责任。	**第五十一条**　公安机关提请批准逮捕书、人民检察院起诉书、人民法院判决书，必须忠实于事实真象。故意隐瞒事实真象的，应当追究责任。
第四十五条　人民法院、人民检察院和公安机关有权向有关单位和个人收集、调取证据。有关单位和个人应当如实提供证据。 对于涉及国家秘密的证据，应当保密。 凡是伪造证据、隐匿证据或者毁灭证据的，无论属于何方，必须受法律追究。	**第五十二条**　人民法院、人民检察院和公安机关有权向有关单位和个人收集、调取证据。有关单位和个人应当如实提供证据。 **行政机关在行政执法和查办案件过程中收集的物证、书证、视听资料、电子数据等证据材料，在刑事诉讼中可以作为证据使用。** 对涉及国家秘密、**商业秘密、个人隐私**的证据，应当保密。 凡是伪造证据、隐匿证据或者毁灭证据的，无论属于何方，必须受法律追究。
第四十六条　对一切案件的判处都要重证据，重调查研究，不轻信口供。只有被告人供述，没有其他证据的，不能认定被告人有罪和处以刑罚；没有被告人供述，证据充分确实的，可以认定被告人有罪和处以刑罚。	**第五十三条**　对一切案件的判处都要重证据，重调查研究，不轻信口供。只有被告人供述，没有其他证据的，不能认定被告人有罪和处以刑罚；没有被告人供述，证据**确实、充分**的，可以认定被告人有罪和处以刑罚。 **证据确实、充分，应当符合以下条件：** **（一）定罪量刑的事实都有证据证明；** **（二）据以定案的证据均经法定程序查证属实；** **（三）综合全案证据，对所认定事实已排除合理怀疑。**
	第五十四条　**采用刑讯逼供等非法方法收集的犯罪嫌疑人、被告人供述和采用暴力、威胁等非法方法收集的证人证言、被害人陈述，应当予以排除。收集物证、书证不符合法定程序，可能严重影响司法公正的，应当予以补正或者作出合理解释；不能补正**

	或者作出合理解释的，对该证据应当予以排除。 　　在侦查、审查起诉、审判时发现有应当排除的证据的，应当依法予以排除，不得作为起诉意见、起诉决定和判决的依据。
	第五十五条　人民检察院接到报案、控告、举报或者发现侦查人员以非法方法收集证据的，应当进行调查核实。对于确有以非法方法收集证据情形的，应当提出纠正意见；构成犯罪的，依法追究刑事责任。
	第五十六条　法庭审理过程中，审判人员认为可能存在本法第五十四条规定的以非法方法收集证据情形的，应当对证据收集的合法性进行法庭调查。 　　当事人及其辩护人、诉讼代理人有权申请人民法院对以非法方法收集的证据依法予以排除。申请排除以非法方法收集的证据的，应当提供相关线索或者材料。
	第五十七条　在对证据收集的合法性进行法庭调查的过程中，人民检察院应当对证据收集的合法性加以证明。 　　现有证据材料不能证明证据收集的合法性的，人民检察院可以提请人民法院通知有关侦查人员或者其他人员出庭说明情况；人民法院可以通知有关侦查人员或者其他人员出庭说明情况。有关侦查人员或者其他人员也可以要求出庭说明情况。经人民法院通知，有关人员应当出庭。
	第五十八条　对于经过法庭审理，确认或者不能排除存在本法第五十四条规定的以非法方法收集证据情形的，对有关证据应当予以排除。
第四十七条　证人证言必须在法庭上经过公诉人、被害人和被告人、辩护人双方讯问、质证，听取各方证人的证言并且经过查	第五十九条　证人证言必须在法庭上经过公诉人、被害人和被告人、辩护人双方质证并且查实以后，才能作为定案的根据。法

实以后，才能作为定案的根据。法庭查明证人有意作伪证或者隐匿罪证的时候，应当依法处理。	庭查明证人有意作伪证或者隐匿罪证的时候，应当依法处理。
第四十八条　凡是知道案件情况的人，都有作证的义务。 　　生理上、精神上有缺陷或者年幼，不能辨别是非、不能正确表达的人，不能作证人。	**第六十条**　凡是知道案件情况的人，都有作证的义务。 　　生理上、精神上有缺陷或者年幼，不能辨别是非、不能正确表达的人，不能作证人。
第四十九条　人民法院、人民检察院和公安机关应当保障证人及其近亲属的安全。 　　对证人及其近亲属进行威胁、侮辱、殴打或者打击报复，构成犯罪的，依法追究刑事责任；尚不够刑事处罚的，依法给予治安管理处罚。	**第六十一条**　人民法院、人民检察院和公安机关应当保障证人及其近亲属的安全。 　　对证人及其近亲属进行威胁、侮辱、殴打或者打击报复，构成犯罪的，依法追究刑事责任；尚不够刑事处罚的，依法给予治安管理处罚。
	第六十二条　对于危害国家安全犯罪、恐怖活动犯罪、黑社会性质的组织犯罪、毒品犯罪等案件，证人、鉴定人、被害人因在诉讼中作证，本人或者其近亲属的人身安全面临危险的，人民法院、人民检察院和公安机关应当采取以下一项或者多项保护措施： 　　（一）不公开真实姓名、住址和工作单位等个人信息； 　　（二）采取不暴露外貌、真实声音等出庭作证措施； 　　（三）禁止特定的人员接触证人、鉴定人、被害人及其近亲属； 　　（四）对人身和住宅采取专门性保护措施； 　　（五）其他必要的保护措施。 　　证人、鉴定人、被害人认为因在诉讼中作证，本人或者其近亲属的人身安全面临危险的，可以向人民法院、人民检察院、公安机关请求予以保护。 　　人民法院、人民检察院、公安机关依法采取保护措施，有关单位和个人应当配合。

	第六十三条 证人因履行作证义务而支出的交通、住宿、就餐等费用，应当给予补助。证人作证的补助列入司法机关业务经费，由同级政府财政予以保障。 有工作单位的证人作证，所在单位不得克扣或者变相克扣其工资、奖金及其他福利待遇。
第六章 强制措施	第六章 强制措施
第五十条 人民法院、人民检察院和公安机关根据案件情况，对犯罪嫌疑人、被告人可以拘传、取保候审或者监视居住。	第六十四条 人民法院、人民检察院和公安机关根据案件情况，对犯罪嫌疑人、被告人可以拘传、取保候审或者监视居住。
第五十一条 人民法院、人民检察院和公安机关对于有下列情形之一的犯罪嫌疑人、被告人，可以取保候审或者监视居住： （一）可能判处管制、拘役或者独立适用附加刑的； （二）可能判处有期徒刑以上刑罚，采取取保候审、监视居住不致发生社会危险性的。 取保候审、监视居住由公安机关执行。	第六十五条 人民法院、人民检察院和公安机关对有下列情形之一的犯罪嫌疑人、被告人，可以取保候审： （一）可能判处管制、拘役或者独立适用附加刑的； （二）可能判处有期徒刑以上刑罚，采取取保候审不致发生社会危险性的； （三）患有严重疾病、生活不能自理，怀孕或者正在哺乳自己婴儿的妇女，采取取保候审不致发生社会危险性的； （四）羁押期限届满，案件尚未办结，需要采取取保候审的。 取保候审由公安机关执行。
第五十二条 被羁押的犯罪嫌疑人、被告人及其法定代理人、近亲属有权申请取保候审。 （修改后作为新条文第九十五条）	
第五十三条 人民法院、人民检察院和公安机关决定对犯罪嫌疑人、被告人取保候审，应当责令犯罪嫌疑人、被告人提出保证人或者交纳保证金。	第六十六条 人民法院、人民检察院和公安机关决定对犯罪嫌疑人、被告人取保候审，应当责令犯罪嫌疑人、被告人提出保证人或者交纳保证金。
第五十四条 保证人必须符合下列条件： （一）与本案无牵连；	第六十七条 保证人必须符合下列条件： （一）与本案无牵连；

（二）有能力履行保证义务；	（二）有能力履行保证义务；
（三）享有政治权利，人身自由未受到限制；	（三）享有政治权利，人身自由未受到限制；
（四）有固定的住处和收入。	（四）有固定的住处和收入。
第五十五条 保证人应当履行以下义务： （一）监督被保证人遵守本法第五十六条的规定； （二）发现被保证人可能发生或者已经发生违反本法第五十六条规定的行为的，应当及时向执行机关报告。 被保证人有违反本法第五十六条规定的行为，保证人未及时报告的，对保证人处以罚款，构成犯罪的，依法追究刑事责任。	**第六十八条** 保证人应当履行以下义务： （一）监督被保证人遵守本法第六十九条的规定； （二）发现被保证人可能发生或者已经发生违反本法第六十九条规定的行为的，应当及时向执行机关报告。 被保证人有违反本法第六十九条规定的行为，保证人未**履行保证义务**的，对保证人处以罚款，构成犯罪的，依法追究刑事责任。
第五十六条 被取保候审的犯罪嫌疑人、被告人应当遵守以下规定： （一）未经执行机关批准不得离开所居住的市、县； （二）在传讯的时候及时到案； （三）不得以任何形式干扰证人作证； （四）不得毁灭、伪造证据或者串供。 被取保候审的犯罪嫌疑人、被告人违反前款规定，已交纳保证金的，没收保证金，并且区别情形，责令犯罪嫌疑人、被告人具结悔过，重新交纳保证金、提出保证人或者监视居住、予以逮捕。犯罪嫌疑人、被告人在取保候审期间未违反前款规定的，取保候审结束的时候，应当退还保证金。	**第六十九条** 被取保候审的犯罪嫌疑人、被告人应当遵守以下规定： （一）未经执行机关批准不得离开所居住的市、县； （二）**住址、工作单位和联系方式发生变动的，在二十四小时以内向执行机关报告**； （三）在传讯的时候及时到案； （四）不得以任何形式干扰证人作证； （五）不得毁灭、伪造证据或者串供。 **人民法院、人民检察院和公安机关可以根据案件情况，责令被取保候审的犯罪嫌疑人、被告人遵守以下一项或者多项规定：** **（一）不得进入特定的场所；** **（二）不得与特定的人员会见或者通信；** **（三）不得从事特定的活动；** **（四）将护照等出入境证件、驾驶证件交执行机关保存。** 被取保候审的犯罪嫌疑人、被告人违反前**两款**规定，已交纳保证金的，没收**部分或者全部**保证金，并且区别情形，责令犯罪嫌

	疑人、被告人具结悔过，重新交纳保证金、提出保证人，或者监视居住、予以逮捕。 　　对违反取保候审规定，需要予以逮捕的，可以对犯罪嫌疑人、被告人先行拘留。
	第七十条　取保候审的决定机关应当综合考虑保证诉讼活动正常进行的需要，被取保候审人的社会危险性，案件的性质、情节，可能判处刑罚的轻重，被取保候审人的经济状况等情况，确定保证金的数额。 　　提供保证金的人应当将保证金存入执行机关指定银行的专门账户。
	第七十一条　犯罪嫌疑人、被告人在取保候审期间未违反**本法第六十九条**规定的，取保候审结束的时候，凭**解除取保候审的通知**或者有关法律文书到银行领取退还的保证金。
	第七十二条　人民法院、人民检察院和公安机关对符合逮捕条件，有下列情形之一的犯罪嫌疑人、被告人，可以监视居住： 　　（一）患有严重疾病、生活不能自理的； 　　（二）怀孕或者正在哺乳自己婴儿的妇女； 　　（三）系生活不能自理的人的唯一扶养人； 　　（四）因为案件的特殊情况或者办理案件的需要，采取监视居住措施更为适宜的； 　　（五）羁押期限届满，案件尚未办结，需要采取监视居住措施的。 　　对符合取保候审条件，但犯罪嫌疑人、被告人不能提出保证人，也不交纳保证金的，可以监视居住。 　　监视居住由公安机关执行。
	第七十三条　监视居住应当在犯罪嫌疑人、被告人的住处执行；无固定住处的，可以在指定的居所执行。对于涉嫌危害国家安全犯罪、恐怖活动犯罪、特别重大贿赂犯

	罪，在住处执行可能有碍侦查的，经上一级人民检察院或者公安机关批准，也可以在指定的居所执行。但是，不得在羁押场所、专门的办案场所执行。 　指定居所监视居住的，除无法通知的以外，应当在执行监视居住后二十四小时以内，通知被监视居住人的家属。 　被监视居住的犯罪嫌疑人、被告人委托辩护人，适用本法第三十三条的规定。 　人民检察院对指定居所监视居住的决定和执行是否合法实行监督。
	第七十四条　指定居所监视居住的期限应当折抵刑期。被判处管制的，监视居住一日折抵刑期一日；被判处拘役、有期徒刑的，监视居住二日折抵刑期一日。
第五十七条　被监视居住的犯罪嫌疑人、被告人应当遵守以下规定： 　（一）未经执行机关批准不得离开住处，无固定住处的，未经批准不得离开指定的居所； 　（二）未经执行机关批准不得会见他人； 　（三）在传讯的时候及时到案； 　（四）不得以任何形式干扰证人作证； 　（五）不得毁灭、伪造证据或者串供。 　被监视居住的犯罪嫌疑人、被告人违反前款规定，情节严重的，予以逮捕。	第七十五条　被监视居住的犯罪嫌疑人、被告人应当遵守以下规定： 　（一）未经执行机关批准不得离开执行监视居住的处所； 　（二）未经执行机关批准不得会见他人或者通信； 　（三）在传讯的时候及时到案； 　（四）不得以任何形式干扰证人作证； 　（五）不得毁灭、伪造证据或者串供； 　（六）将护照等出入境证件、身份证件、驾驶证件交执行机关保存。 　被监视居住的犯罪嫌疑人、被告人违反前款规定，情节严重的，可以予以逮捕；需要予以逮捕的，可以对犯罪嫌疑人、被告人先行拘留。
	第七十六条　执行机关对被监视居住的犯罪嫌疑人、被告人，可以采取电子监控、不定期检查等监视方法对其遵守监视居住规定的情况进行监督；在侦查期间，可以对被监视居住的犯罪嫌疑人的通信进行监控。

第五十八条 人民法院、人民检察院和公安机关对犯罪嫌疑人、被告人取保候审最长不得超过十二个月，监视居住最长不得超过六个月。 在取保候审、监视居住期间，不得中断对案件的侦查、起诉和审理。对于发现不应当追究刑事责任或者取保候审、监视居住期限届满的，应当及时解除取保候审、监视居住。解除取保候审、监视居住，应当及时通知被取保候审、监视居住人和有关单位。	**第七十七条** 人民法院、人民检察院和公安机关对犯罪嫌疑人、被告人取保候审最长不得超过十二个月，监视居住最长不得超过六个月。 在取保候审、监视居住期间，不得中断对案件的侦查、起诉和审理。对于发现不应当追究刑事责任或者取保候审、监视居住期限届满的，应当及时解除取保候审、监视居住。解除取保候审、监视居住，应当及时通知被取保候审、监视居住人和有关单位。
第五十九条 逮捕犯罪嫌疑人、被告人，必须经过人民检察院批准或者人民法院决定，由公安机关执行。	**第七十八条** 逮捕犯罪嫌疑人、被告人，必须经过人民检察院批准或者人民法院决定，由公安机关执行。
第六十条 对有证据证明有犯罪事实，可能判处徒刑以上刑罚的犯罪嫌疑人、被告人，采取取保候审、监视居住等方法，尚不足以防止发生社会危险性，而有逮捕必要的，应即依法逮捕。 对应当逮捕的犯罪嫌疑人、被告人，如果患有严重疾病，或者是正在怀孕、哺乳自己婴儿的妇女，可以采用取保候审或者监视居住的办法。	**第七十九条** 对有证据证明有犯罪事实，可能判处徒刑以上刑罚的犯罪嫌疑人、被告人，采取取保候审尚不足以防止发生下列社会危险性的，应当予以逮捕： （一）可能实施新的犯罪的； （二）有危害国家安全、公共安全或者社会秩序的现实危险的； （三）可能毁灭、伪造证据，干扰证人作证或者串供的； （四）可能对被害人、举报人、控告人实施打击报复的； （五）企图自杀或者逃跑的。 对有证据证明有犯罪事实，可能判处十年有期徒刑以上刑罚的，或者有证据证明有犯罪事实，可能判处徒刑以上刑罚，曾经故意犯罪或者身份不明的，应当予以逮捕。 被取保候审、监视居住的犯罪嫌疑人、被告人违反取保候审、监视居住规定，情节严重的，可以予以逮捕。
第六十一条 公安机关对于现行犯或者重大嫌疑分子，如果有下列情形之一的，可以先行拘留： （一）正在预备犯罪、实行犯罪或者在犯罪后即时被发觉的；	**第八十条** 公安机关对于现行犯或者重大嫌疑分子，如果有下列情形之一的，可以先行拘留： （一）正在预备犯罪、实行犯罪或者在

（二）被害人或者在场亲眼看见的人指认他犯罪的； （三）在身边或者住处发现有犯罪证据的； （四）犯罪后企图自杀、逃跑或者在逃的； （五）有毁灭、伪造证据或者串供可能的； （六）不讲真实姓名、住址，身份不明的； （七）有流窜作案、多次作案、结伙作案重大嫌疑的。	犯罪后即时被发觉的； （二）被害人或者在场亲眼看见的人指认他犯罪的； （三）在身边或者住处发现有犯罪证据的； （四）犯罪后企图自杀、逃跑或者在逃的； （五）有毁灭、伪造证据或者串供可能的； （六）不讲真实姓名、住址，身份不明的； （七）有流窜作案、多次作案、结伙作案重大嫌疑的。
第六十二条　公安机关在异地执行拘留、逮捕的时候，应当通知被拘留、逮捕人所在地的公安机关，被拘留、逮捕人所在地的公安机关应当予以配合。	**第八十一条**　公安机关在异地执行拘留、逮捕的时候，应当通知被拘留、逮捕人所在地的公安机关，被拘留、逮捕人所在地的公安机关应当予以配合。
第六十三条　对于有下列情形的人，任何公民都可以立即扭送公安机关、人民检察院或者人民法院处理： （一）正在实行犯罪或者在犯罪后即时被发觉的； （二）通缉在案的； （三）越狱逃跑的； （四）正在被追捕的。	**第八十二条**　对于有下列情形的人，任何公民都可以立即扭送公安机关、人民检察院或者人民法院处理： （一）正在实行犯罪或者在犯罪后即时被发觉的； （二）通缉在案的； （三）越狱逃跑的； （四）正在被追捕的。
第六十四条　公安机关拘留人的时候，必须出示拘留证。 拘留后，除有碍侦查或者无法通知的情形以外，应当把拘留的原因和羁押的处所，在二十四小时以内，通知被拘留人的家属或者他的所在单位。	**第八十三条**　公安机关拘留人的时候，必须出示拘留证。 拘留后，**应当立即将被拘留人送看守所羁押，至迟不得超过二十四小时。**除无法通知或者**涉嫌危害国家安全犯罪、恐怖活动犯罪**通知可能有碍侦查的情形以外，应当在**拘留后**二十四小时以内，通知被拘留人的家属。**有碍侦查的情形消失以后，应当立即通知被拘留人的家属。**
第六十五条　公安机关对于被拘留的人，应当在拘留后的二十四小时以内进行讯	**第八十四条**　公安机关对被拘留的人，应当在拘留后的二十四小时以内进行讯问。

问。在发现不应当拘留的时候，必须立即释放，发给释放证明。对需要逮捕而证据还不充足的，可以取保候审或者监视居住。	在发现不应当拘留的时候，必须立即释放，发给释放证明。
第六十六条　公安机关要求逮捕犯罪嫌疑人的时候，应当写出提请批准逮捕书，连同案卷材料、证据，一并移送同级人民检察院审查批准。必要的时候，人民检察院可以派人参加公安机关对于重大案件的讨论。	**第八十五条**　公安机关要求逮捕犯罪嫌疑人的时候，应当写出提请批准逮捕书，连同案卷材料、证据，一并移送同级人民检察院审查批准。必要的时候，人民检察院可以派人参加公安机关对于重大案件的讨论。
	第八十六条　人民检察院审查批准逮捕，可以讯问犯罪嫌疑人；有下列情形之一的，应当讯问犯罪嫌疑人： （一）对是否符合逮捕条件有疑问的； （二）犯罪嫌疑人要求向检察人员当面陈述的； （三）侦查活动可能有重大违法行为的。 人民检察院审查批准逮捕，可以询问证人等诉讼参与人，听取辩护律师的意见；辩护律师提出要求的，应当听取辩护律师的意见。
第六十七条　人民检察院审查批准逮捕犯罪嫌疑人由检察长决定。重大案件应当提交检察委员会讨论决定。	**第八十七条**　人民检察院审查批准逮捕犯罪嫌疑人由检察长决定。重大案件应当提交检察委员会讨论决定。
第六十八条　人民检察院对于公安机关提请批准逮捕的案件进行审查后，应当根据情况分别作出批准逮捕或者不批准逮捕的决定。对于批准逮捕的决定，公安机关应当立即执行，并且将执行情况及时通知人民检察院。对于不批准逮捕的，人民检察院应当说明理由，需要补充侦查的，应当同时通知公安机关。	**第八十八条**　人民检察院对于公安机关提请批准逮捕的案件进行审查后，应当根据情况分别作出批准逮捕或者不批准逮捕的决定。对于批准逮捕的决定，公安机关应当立即执行，并且将执行情况及时通知人民检察院。对于不批准逮捕的，人民检察院应当说明理由，需要补充侦查的，应当同时通知公安机关。
第六十九条　公安机关对被拘留的人，认为需要逮捕的，应当在拘留后的三日以内，提请人民检察院审查批准。在特殊情况下，提请审查批准的时间可以延长一日至四日。	**第八十九条**　公安机关对被拘留的人，认为需要逮捕的，应当在拘留后的三日以内，提请人民检察院审查批准。在特殊情况下，提请审查批准的时间可以延长一日至四日。

对于流窜作案、多次作案、结伙作案的重大嫌疑分子，提请审查批准的时间可以延长至三十日。 人民检察院应当自接到公安机关提请批准逮捕书后的七日以内，作出批准逮捕或者不批准逮捕的决定。人民检察院不批准逮捕的，公安机关应当在接到通知后立即释放，并且将执行情况及时通知人民检察院。对于需要继续侦查，并且符合取保候审、监视居住条件的，依法取保候审或者监视居住。	对于流窜作案、多次作案、结伙作案的重大嫌疑分子，提请审查批准的时间可以延长至三十日。 人民检察院应当自接到公安机关提请批准逮捕书后的七日以内，作出批准逮捕或者不批准逮捕的决定。人民检察院不批准逮捕的，公安机关应当在接到通知后立即释放，并且将执行情况及时通知人民检察院。对于需要继续侦查，并且符合取保候审、监视居住条件的，依法取保候审或者监视居住。
第七十条 公安机关对人民检察院不批准逮捕的决定，认为有错误的时候，可以要求复议，但是必须将被拘留的人立即释放。如果意见不被接受，可以向上一级人民检察院提请复核。上级人民检察院应当立即复核，作出是否变更的决定，通知下级人民检察院和公安机关执行。	**第九十条** 公安机关对人民检察院不批准逮捕的决定，认为有错误的时候，可以要求复议，但是必须将被拘留的人立即释放。如果意见不被接受，可以向上一级人民检察院提请复核。上级人民检察院应当立即复核，作出是否变更的决定，通知下级人民检察院和公安机关执行。
第七十一条 公安机关逮捕人的时候，必须出示逮捕证。 逮捕后，除有碍侦查或者无法通知的情形以外，应当把逮捕的原因和羁押的处所，在二十四小时以内通知被逮捕人的家属或者他的所在单位。	**第九十一条** 公安机关逮捕人的时候，必须出示逮捕证。 逮捕后，**应当立即将被逮捕人送看守所羁押。**除无法通知的以外，应当在**逮捕后**二十四小时以内，通知被逮捕人的家属。
第七十二条 人民法院、人民检察院对于各自决定逮捕的人，公安机关对于经人民检察院批准逮捕的人，都必须在逮捕后的二十四小时以内进行讯问。在发现不应当逮捕的时候，必须立即释放，发给释放证明。	**第九十二条** 人民法院、人民检察院对于各自决定逮捕的人，公安机关对于经人民检察院批准逮捕的人，都必须在逮捕后的二十四小时以内进行讯问。在发现不应当逮捕的时候，必须立即释放，发给释放证明。
	第九十三条 犯罪嫌疑人、被告人被逮捕后，人民检察院仍应当对羁押的必要性进行审查。对不需要继续羁押的，应当建议予以释放或者变更强制措施。有关机关应当在十日以内将处理情况通知人民检察院。
第七十三条 人民法院、人民检察院和公安机关如果发现对犯罪嫌疑人、被告人采取强制措施不当的，应当及时撤销或者变	**第九十四条** 人民法院、人民检察院和公安机关如果发现对犯罪嫌疑人、被告人采取强制措施不当的，应当及时撤销或者变

更。公安机关释放被逮捕的人或者变更逮捕措施的，应当通知原批准的人民检察院。	更。公安机关释放被逮捕的人或者变更逮捕措施的，应当通知原批准的人民检察院。
	第九十五条　犯罪嫌疑人、被告人及其法定代理人、近亲属**或者**辩护人有权申请变更强制措施。人民法院、人民检察院和公安机关收到申请后，应当在三日以内作出决定；不同意变更强制措施的，应当告知申请人，并说明不同意的理由。
第七十四条　犯罪嫌疑人、被告人被羁押的案件，不能在本法规定的侦查羁押、审查起诉、一审、二审期限内办结，需要继续查证、审理的，对犯罪嫌疑人、被告人可以取保候审或者监视居住。	**第九十六条**　犯罪嫌疑人、被告人被羁押的案件，不能在本法规定的侦查羁押、审查起诉、一审、二审期限内办结的，**对犯罪嫌疑人、被告人应当予以释放**；需要继续查证、审理的，对犯罪嫌疑人、被告人可以取保候审或者监视居住。
第七十五条　犯罪嫌疑人、被告人及其法定代理人、近亲属或者犯罪嫌疑人、被告人委托的律师及其他辩护人对于人民法院、人民检察院或者公安机关采取强制措施超过法定期限的，有权要求解除强制措施。人民法院、人民检察院或者公安机关对于被采取强制措施超过法定期限的犯罪嫌疑人、被告人应当予以释放、解除取保候审、监视居住或者依法变更强制措施。	**第九十七条**　人民法院、人民检察院或者公安机关对被采取强制措施法定期限**届满**的犯罪嫌疑人、被告人，应当予以释放、解除取保候审、监视居住或者依法变更强制措施。犯罪嫌疑人、被告人及其法定代理人、近亲属或者辩护人对于人民法院、人民检察院或者公安机关采取强制措施法定期限**届满**的，有权要求解除强制措施。
第七十六条　人民检察院在审查批准逮捕工作中，如果发现公安机关的侦查活动有违法情况，应当通知公安机关予以纠正，公安机关应当将纠正情况通知人民检察院。	**第九十八条**　人民检察院在审查批准逮捕工作中，如果发现公安机关的侦查活动有违法情况，应当通知公安机关予以纠正，公安机关应当将纠正情况通知人民检察院。
第七章　附带民事诉讼	**第七章　附带民事诉讼**
第七十七条　被害人由于被告人的犯罪行为而遭受物质损失的，在刑事诉讼过程中，有权提起附带民事诉讼。 　　如果是国家财产、集体财产遭受损失的，人民检察院在提起公诉的时候，可以提起附带民事诉讼。 　　人民法院在必要的时候，可以查封或者扣押被告人的财产。	**第九十九条**　被害人由于被告人的犯罪行为而遭受物质损失的，在刑事诉讼过程中，有权提起附带民事诉讼。**被害人死亡或者丧失行为能力的，被害人的法定代理人、近亲属有权提起附带民事诉讼。** 　　如果是国家财产、集体财产遭受损失的，人民检察院在提起公诉的时候，可以提起附带民事诉讼。

	第一百条 人民法院在必要的时候，可以采取保全措施，查封、扣押或者冻结被告人的财产。附带民事诉讼原告人或者人民检察院可以申请人民法院采取保全措施。人民法院采取保全措施，适用民事诉讼法的有关规定。
	第一百零一条 人民法院审理附带民事诉讼案件，可以进行调解，或者根据物质损失情况作出判决、裁定。
第七十八条 附带民事诉讼应当同刑事案件一并审判，只有为了防止刑事案件审判的过分迟延，才可以在刑事案件审判后，由同一审判组织继续审理附带民事诉讼。	**第一百零二条** 附带民事诉讼应当同刑事案件一并审判，只有为了防止刑事案件审判的过分迟延，才可以在刑事案件审判后，由同一审判组织继续审理附带民事诉讼。
第八章 期间、送达	**第八章 期间、送达**
第七十九条 期间以时、日、月计算。 期间开始的时和日不算在期间以内。 法定期间不包括路途上的时间。上诉状或者其他文件在期满前已经交邮的，不算过期。	**第一百零三条** 期间以时、日、月计算。 期间开始的时和日不算在期间以内。 法定期间不包括路途上的时间。上诉状或者其他文件在期满前已经交邮的，不算过期。 **期间的最后一日为节假日的，以节假日后的第一日为期满日期，但犯罪嫌疑人、被告人或者罪犯在押期间，应当至期满之日为止，不得因节假日而延长。**
第八十条 当事人由于不能抗拒的原因或者有其他正当理由而耽误期限的，在障碍消除后五日以内，可以申请继续进行应当在期满以前完成的诉讼活动。 前款申请是否准许，由人民法院裁定。	**第一百零四条** 当事人由于不能抗拒的原因或者有其他正当理由而耽误期限的，在障碍消除后五日以内，可以申请继续进行应当在期满以前完成的诉讼活动。 前款申请是否准许，由人民法院裁定。
第八十一条 送达传票、通知书和其他诉讼文件应当交给收件人本人；如果本人不在，可以交给他的成年家属或者所在单位的负责人员代收。 收件人本人或者代收人拒绝接收或者拒绝签名、盖章的时候，送达人可以邀请他的邻居或者其他见证人到场，说明情况，把文	**第一百零五条** 送达传票、通知书和其他诉讼文件应当交给收件人本人；如果本人不在，可以交给他的成年家属或者所在单位的负责人员代收。 收件人本人或者代收人拒绝接收或者拒绝签名、盖章的时候，送达人可以邀请他的邻居或者其他见证人到场，说明情况，把文

件留在他的住处，在送达证上记明拒绝的事由、送达的日期，由送达人签名，即认为已经送达。	件留在他的住处，在送达证上记明拒绝的事由、送达的日期，由送达人签名，即认为已经送达。
第九章　其他规定	**第九章　其他规定**
第八十二条　本法下列用语的含意是： （一）"侦查"是指公安机关、人民检察院在办理案件过程中，依照法律进行的专门调查工作和有关的强制性措施； （二）"当事人"是指被害人、自诉人、犯罪嫌疑人、被告人、附带民事诉讼的原告人和被告人； （三）"法定代理人"是指被代理人的父母、养父母、监护人和负有保护责任的机关、团体的代表； （四）"诉讼参与人"是指当事人、法定代理人、诉讼代理人、辩护人、证人、鉴定人和翻译人员； （五）"诉讼代理人"是指公诉案件的被害人及其法定代理人或者近亲属、自诉案件的自诉人及其法定代理人委托代为参加诉讼的人和附带民事诉讼的当事人及其法定代理人委托代为参加诉讼的人； （六）"近亲属"是指夫、妻、父、母、子、女、同胞兄弟姊妹。	**第一百零六条**　本法下列用语的含意是： （一）"侦查"是指公安机关、人民检察院在办理案件过程中，依照法律进行的专门调查工作和有关的强制性措施； （二）"当事人"是指被害人、自诉人、犯罪嫌疑人、被告人、附带民事诉讼的原告人和被告人； （三）"法定代理人"是指被代理人的父母、养父母、监护人和负有保护责任的机关、团体的代表； （四）"诉讼参与人"是指当事人、法定代理人、诉讼代理人、辩护人、证人、鉴定人和翻译人员； （五）"诉讼代理人"是指公诉案件的被害人及其法定代理人或者近亲属、自诉案件的自诉人及其法定代理人委托代为参加诉讼的人和附带民事诉讼的当事人及其法定代理人委托代为参加诉讼的人； （六）"近亲属"是指夫、妻、父、母、子、女、同胞兄弟姊妹。
第二编　立案、侦查和提起公诉	**第二编　立案、侦查和提起公诉**
第一章　立　案	**第一章　立　案**
第八十三条　公安机关或者人民检察院发现犯罪事实或者犯罪嫌疑人，应当按照管辖范围，立案侦查。	**第一百零七条**　公安机关或者人民检察院发现犯罪事实或者犯罪嫌疑人，应当按照管辖范围，立案侦查。
第八十四条　任何单位和个人发现有犯罪事实或者犯罪嫌疑人，有权利也有义务向公安机关、人民检察院或者人民法院报案或者举报。 　被害人对侵犯其人身、财产权利的犯罪	**第一百零八条**　任何单位和个人发现有犯罪事实或者犯罪嫌疑人，有权利也有义务向公安机关、人民检察院或者人民法院报案或者举报。 　被害人对侵犯其人身、财产权利的犯罪

事实或者犯罪嫌疑人，有权向公安机关、人民检察院或者人民法院报案或者控告。

公安机关、人民检察院或者人民法院对于报案、控告、举报，都应当接受。对于不属于自己管辖的，应当移送主管机关处理，并且通知报案人、控告人、举报人；对于不属于自己管辖而又必须采取紧急措施的，应当先采取紧急措施，然后移送主管机关。

犯罪人向公安机关、人民检察院或者人民法院自首的，适用第三款规定。

第八十五条　报案、控告、举报可以用书面或者口头提出。接受口头报案、控告、举报的工作人员，应当写成笔录，经宣读无误后，由报案人、控告人、举报人签名或者盖章。

接受控告、举报的工作人员，应当向控告人、举报人说明诬告应负的法律责任。但是，只要不是捏造事实，伪造证据，即使控告、举报的事实有出入，甚至是错告的，也要和诬告严格加以区别。

公安机关、人民检察院或者人民法院应当保障报案人、控告人、举报人及其近亲属的安全。报案人、控告人、举报人如果不愿公开自己的姓名和报案、控告、举报的行为，应当为他保守秘密。

第八十六条　人民法院、人民检察院或者公安机关对于报案、控告、举报和自首的材料，应当按照管辖范围，迅速进行审查，认为有犯罪事实需要追究刑事责任的时候，应当立案；认为没有犯罪事实，或者犯罪事实显著轻微，不需要追究刑事责任的时候，不予立案，并且将不立案的原因通知控告人。控告人如果不服，可以申请复议。

第八十七条　人民检察院认为公安机关对应当立案侦查的案件而不立案侦查的，或者被害人认为公安机关对应当立案侦查的案

事实或者犯罪嫌疑人，有权向公安机关、人民检察院或者人民法院报案或者控告。

公安机关、人民检察院或者人民法院对于报案、控告、举报，都应当接受。对于不属于自己管辖的，应当移送主管机关处理，并且通知报案人、控告人、举报人；对于不属于自己管辖而又必须采取紧急措施的，应当先采取紧急措施，然后移送主管机关。

犯罪人向公安机关、人民检察院或者人民法院自首的，适用第三款规定。

第一百零九条　报案、控告、举报可以用书面或者口头提出。接受口头报案、控告、举报的工作人员，应当写成笔录，经宣读无误后，由报案人、控告人、举报人签名或者盖章。

接受控告、举报的工作人员，应当向控告人、举报人说明诬告应负的法律责任。但是，只要不是捏造事实，伪造证据，即使控告、举报的事实有出入，甚至是错告的，也要和诬告严格加以区别。

公安机关、人民检察院或者人民法院应当保障报案人、控告人、举报人及其近亲属的安全。报案人、控告人、举报人如果不愿公开自己的姓名和报案、控告、举报的行为，应当为他保守秘密。

第一百一十条　人民法院、人民检察院或者公安机关对于报案、控告、举报和自首的材料，应当按照管辖范围，迅速进行审查，认为有犯罪事实需要追究刑事责任的时候，应当立案；认为没有犯罪事实，或者犯罪事实显著轻微，不需要追究刑事责任的时候，不予立案，并且将不立案的原因通知控告人。控告人如果不服，可以申请复议。

第一百一十一条　人民检察院认为公安机关对应当立案侦查的案件而不立案侦查的，或者被害人认为公安机关对应当立案侦

件而不立案侦查，向人民检察院提出的，人民检察院应当要求公安机关说明不立案的理由。人民检察院认为公安机关不立案理由不能成立的，应当通知公安机关立案，公安机关接到通知后应当立案。	查的案件而不立案侦查，向人民检察院提出的，人民检察院应当要求公安机关说明不立案的理由。人民检察院认为公安机关不立案理由不能成立的，应当通知公安机关立案，公安机关接到通知后应当立案。
第八十八条　对于自诉案件，被害人有权向人民法院直接起诉。被害人死亡或者丧失行为能力的，被害人的法定代理人、近亲属有权向人民法院起诉。人民法院应当依法受理。	**第一百一十二条**　对于自诉案件，被害人有权向人民法院直接起诉。被害人死亡或者丧失行为能力的，被害人的法定代理人、近亲属有权向人民法院起诉。人民法院应当依法受理。
第二章　侦　查	**第二章　侦　查**
第一节　一般规定	**第一节　一般规定**
第八十九条　公安机关对已经立案的刑事案件，应当进行侦查，收集、调取犯罪嫌疑人有罪或者无罪、罪轻或者罪重的证据材料。对现行犯或者重大嫌疑分子可以依法先行拘留，对符合逮捕条件的犯罪嫌疑人，应当依法逮捕。	**第一百一十三条**　公安机关对已经立案的刑事案件，应当进行侦查，收集、调取犯罪嫌疑人有罪或者无罪、罪轻或者罪重的证据材料。对现行犯或者重大嫌疑分子可以依法先行拘留，对符合逮捕条件的犯罪嫌疑人，应当依法逮捕。
第九十条　公安机关经过侦查，对有证据证明有犯罪事实的案件，应当进行预审，对收集、调取的证据材料予以核实。	**第一百一十四条**　公安机关经过侦查，对有证据证明有犯罪事实的案件，应当进行预审，对收集、调取的证据材料予以核实。
	第一百一十五条　当事人和辩护人、诉讼代理人、利害关系人对于司法机关及其工作人员有下列行为之一的，有权向该机关申诉或者控告： 　　（一）采取强制措施法定期限届满，不予以释放、解除或者变更的； 　　（二）应当退还取保候审保证金不退还的； 　　（三）对与案件无关的财物采取查封、扣押、冻结措施的； 　　（四）应当解除查封、扣押、冻结不解除的； 　　（五）贪污、挪用、私分、调换、违反规定使用查封、扣押、冻结的财物的。

	受理申诉或者控告的机关应当及时处理。对处理不服的，可以向同级人民检察院申诉；人民检察院直接受理的案件，可以向上一级人民检察院申诉。人民检察院对申诉应当及时进行审查，情况属实的，通知有关机关予以纠正。
第二节　讯问犯罪嫌疑人	**第二节　讯问犯罪嫌疑人**
第九十一条　讯问犯罪嫌疑人必须由人民检察院或者公安机关的侦查人员负责进行。讯问的时候，侦查人员不得少于二人。	**第一百一十六条**　讯问犯罪嫌疑人必须由人民检察院或者公安机关的侦查人员负责进行。讯问的时候，侦查人员不得少于二人。 **犯罪嫌疑人被送交看守所羁押以后，侦查人员对其进行讯问，应当在看守所内进行。**
第九十二条　对于不需要逮捕、拘留的犯罪嫌疑人，可以传唤到犯罪嫌疑人所在市、县内的指定地点或者到他的住处进行讯问，但是应当出示人民检察院或者公安机关的证明文件。 　　传唤、拘传持续的时间最长不得超过十二小时。不得以连续传唤、拘传的形式变相拘禁犯罪嫌疑人。	**第一百一十七条**　对不需要逮捕、拘留的犯罪嫌疑人，可以传唤到犯罪嫌疑人所在市、县内的指定地点或者到他的住处进行讯问，但是应当出示人民检察院或者公安机关的证明文件。**对在现场发现的犯罪嫌疑人，经出示工作证件，可以口头传唤，但应当在讯问笔录中注明。** 　　传唤、拘传持续的时间不得超过十二小时；**案情特别重大、复杂，需要采取拘留、逮捕措施的，传唤、拘传持续的时间不得超过二十四小时。** 　　不得以连续传唤、拘传的形式变相拘禁犯罪嫌疑人。**传唤、拘传犯罪嫌疑人，应当保证犯罪嫌疑人的饮食和必要的休息时间。**
第九十三条　侦查人员在讯问犯罪嫌疑人的时候，应当首先讯问犯罪嫌疑人是否有犯罪行为，让他陈述有罪的情节或者无罪的辩解，然后向他提出问题。犯罪嫌疑人对侦查人员的提问，应当如实回答。但是对与本案无关的问题，有拒绝回答的权利。	**第一百一十八条**　侦查人员在讯问犯罪嫌疑人的时候，应当首先讯问犯罪嫌疑人是否有犯罪行为，让他陈述有罪的情节或者无罪的辩解，然后向他提出问题。犯罪嫌疑人对侦查人员的提问，应当如实回答。但是对与本案无关的问题，有拒绝回答的权利。 　　**侦查人员在讯问犯罪嫌疑人的时候，应当告知犯罪嫌疑人如实供述自己罪行可以从**

	宽处理的法律规定。
第九十四条 讯问聋、哑的犯罪嫌疑人，应当有通晓聋、哑手势的人参加，并且将这种情况记明笔录。	**第一百一十九条** 讯问聋、哑的犯罪嫌疑人，应当有通晓聋、哑手势的人参加，并且将这种情况记明笔录。
第九十五条 讯问笔录应当交犯罪嫌疑人核对，对于没有阅读能力的，应当向他宣读。如果记载有遗漏或者差错，犯罪嫌疑人可以提出补充或者改正。犯罪嫌疑人承认笔录没有错误后，应当签名或者盖章。侦查人员也应当在笔录上签名。犯罪嫌疑人请求自行书写供述的，应当准许。必要的时候，侦查人员也可以要犯罪嫌疑人亲笔书写供词。	**第一百二十条** 讯问笔录应当交犯罪嫌疑人核对，对于没有阅读能力的，应当向他宣读。如果记载有遗漏或者差错，犯罪嫌疑人可以提出补充或者改正。犯罪嫌疑人承认笔录没有错误后，应当签名或者盖章。侦查人员也应当在笔录上签名。犯罪嫌疑人请求自行书写供述的，应当准许。必要的时候，侦查人员也可以要犯罪嫌疑人亲笔书写供词。
	第一百二十一条 侦查人员在讯问犯罪嫌疑人的时候，可以对讯问过程进行录音或者录像；对于可能判处无期徒刑、死刑的案件或者其他重大犯罪案件，应当对讯问过程进行录音或者录像。 录音或者录像应当全程进行，保持完整性。
第九十六条 犯罪嫌疑人在被侦查机关第一次讯问后或者采取强制措施之日起，可以聘请律师为其提供法律咨询、代理申诉、控告。犯罪嫌疑人被逮捕的，聘请的律师可以为其申请取保候审。涉及国家秘密的案件，犯罪嫌疑人聘请律师，应当经侦查机关批准。 受委托的律师有权向侦查机关了解犯罪嫌疑人涉嫌的罪名，可以会见在押的犯罪嫌疑人，向犯罪嫌疑人了解有关案件情况。律师会见在押的犯罪嫌疑人，侦查机关根据案件情况和需要可以派员在场。涉及国家秘密的案件，律师会见在押的犯罪嫌疑人，应当经侦查机关批准。 （相关内容移至新条文第三十三条、第三十六条、第三十七条）	

第三节　询问证人	第三节　询问证人
第九十七条　侦查人员询问证人，可以到证人的所在单位或者住处进行，但是必须出示人民检察院或者公安机关的证明文件。在必要的时候，也可以通知证人到人民检察院或者公安机关提供证言。 　　询问证人应当个别进行。	**第一百二十二条**　侦查人员询问证人，**可以在现场进行，也可以**到证人所在单位、住处**或者证人提出的地点**进行，在必要的时候，可以通知证人到人民检察院或者公安机关提供证言。**在现场询问证人，应当出示工作证件，到证人所在单位、住处或者证人提出的地点询问证人，应当出示人民检察院或者公安机关的证明文件。** 　　询问证人应当个别进行。
第九十八条　询问证人，应当告知他应当如实地提供证据、证言和有意作伪证或者隐匿罪证要负的法律责任。 　　询问不满十八岁的证人，可以通知其法定代理人到场。 　　（第二款相关内容移至新条文第二百七十条）	**第一百二十三条**　询问证人，应当告知他应当如实地提供证据、证言和有意作伪证或隐匿罪证要负的法律责任。
第九十九条　本法第九十五条的规定，也适用于询问证人。	**第一百二十四条**　本法第一百二十条的规定，也适用于询问证人。
第一百条　询问被害人，适用本节各条规定。	**第一百二十五条**　询问被害人，适用本节各条规定。
第四节　勘验、检查	第四节　勘验、检查
第一百零一条　侦查人员对于与犯罪有关的场所、物品、人身、尸体应当进行勘验或者检查。在必要的时候，可以指派或者聘请具有专门知识的人，在侦查人员的主持下进行勘验、检查。	**第一百二十六条**　侦查人员对于与犯罪有关的场所、物品、人身、尸体应当进行勘验或者检查。在必要的时候，可以指派或者聘请具有专门知识的人，在侦查人员的主持下进行勘验、检查。
第一百零二条　任何单位和个人，都有义务保护犯罪现场，并且立即通知公安机关派员勘验。	**第一百二十七条**　任何单位和个人，都有义务保护犯罪现场，并且立即通知公安机关派员勘验。
第一百零三条　侦查人员执行勘验、检查，必须持有人民检察院或者公安机关的证明文件。	**第一百二十八条**　侦查人员执行勘验、检查，必须持有人民检察院或者公安机关的证明文件。
第一百零四条　对于死因不明的尸体，公安机关有权决定解剖，并且通知死者家属	**第一百二十九条**　对于死因不明的尸体，公安机关有权决定解剖，并且通知死者

到场。	家属到场。
第一百零五条 为了确定被害人、犯罪嫌疑人的某些特征、伤害情况或者生理状态，可以对人身进行检查。 犯罪嫌疑人如果拒绝检查，侦查人员认为必要的时候，可以强制检查。 检查妇女的身体，应当由女工作人员或者医师进行。	**第一百三十条** 为了确定被害人、犯罪嫌疑人的某些特征、伤害情况或者生理状态，可以对人身进行检查，**可以提取指纹信息，采集血液、尿液等生物样本。** 犯罪嫌疑人如果拒绝检查，侦查人员认为必要的时候，可以强制检查。 检查妇女的身体，应当由女工作人员或者医师进行。
第一百零六条 勘验、检查的情况应当写成笔录，由参加勘验、检查的人和见证人签名或者盖章。	**第一百三十一条** 勘验、检查的情况应当写成笔录，由参加勘验、检查的人和见证人签名或者盖章。
第一百零七条 人民检察院审查案件的时候，对公安机关的勘验、检查，认为需要复验、复查时，可以要求公安机关复验、复查，并且可以派检察人员参加。	**第一百三十二条** 人民检察院审查案件的时候，对公安机关的勘验、检查，认为需要复验、复查时，可以要求公安机关复验、复查，并且可以派检察人员参加。
第一百零八条 为了查明案情，在必要的时候，经公安局长批准，可以进行侦查实验。 侦查实验，禁止一切足以造成危险、侮辱人格或者有伤风化的行为。	**第一百三十三条** 为了查明案情，在必要的时候，经公安机关负责人批准，可以进行侦查实验。 **侦查实验的情况应当写成笔录，由参加实验的人签名或者盖章。** 侦查实验，禁止一切足以造成危险、侮辱人格或者有伤风化的行为。
第五节　搜　查	**第五节　搜　查**
第一百零九条 为了收集犯罪证据、查获犯罪人，侦查人员可以对犯罪嫌疑人以及可能隐藏罪犯或者犯罪证据的人的身体、物品、住处和其他有关的地方进行搜查。	**第一百三十四条** 为了收集犯罪证据、查获犯罪人，侦查人员可以对犯罪嫌疑人以及可能隐藏罪犯或者犯罪证据的人的身体、物品、住处和其他有关的地方进行搜查。
第一百一十条 任何单位和个人，有义务按照人民检察院和公安机关的要求，交出可以证明犯罪嫌疑人有罪或者无罪的物证、书证、视听资料。	**第一百三十五条** 任何单位和个人，有义务按照人民检察院和公安机关的要求，交出可以证明犯罪嫌疑人有罪或者无罪的物证、书证、视听资料**等证据**。
第一百一十一条 进行搜查，必须向被搜查人出示搜查证。 在执行逮捕、拘留的时候，遇有紧急情	**第一百三十六条** 进行搜查，必须向被搜查人出示搜查证。 在执行逮捕、拘留的时候，遇有紧急情

况，不另用搜查证也可以进行搜查。	况，不另用搜查证也可以进行搜查。
第一百一十二条 在搜查的时候，应当有被搜查人或者他的家属，邻居或者其他见证人在场。 搜查妇女的身体，应当由女工作人员进行。	**第一百三十七条** 在搜查的时候，应当有被搜查人或者他的家属，邻居或者其他见证人在场。 搜查妇女的身体，应当由女工作人员进行。
第一百一十三条 搜查的情况应当写成笔录，由侦查人员和被搜查人或者他的家属，邻居或者其他见证人签名或者盖章。如果被搜查人或者他的家属在逃或者拒绝签名、盖章，应当在笔录上注明。	**第一百三十八条** 搜查的情况应当写成笔录，由侦查人员和被搜查人或者他的家属，邻居或者其他见证人签名或者盖章。如果被搜查人或者他的家属在逃或者拒绝签名、盖章，应当在笔录上注明。
第六节 扣押物证、书证	**第六节 查封、扣押物证、书证**
第一百一十四条 在勘验、搜查中发现的可用以证明犯罪嫌疑人有罪或者无罪的各种物品和文件，应当扣押；与案件无关的物品、文件，不得扣押。 对于扣押的物品、文件，要妥善保管或者封存，不得使用或者损毁。	**第一百三十九条** 在**侦查活动**中发现的可用以证明犯罪嫌疑人有罪或者无罪的各种**财物**、文件，应当**查封**、扣押；与案件无关的**财物**、文件，不得**查封**、扣押。 对**查封**、扣押的**财物**、文件，要妥善保管或者封存，不得使用、**调换**或者损毁。
第一百一十五条 对于扣押的物品和文件，应当会同在场见证人和被扣押物品持有人查点清楚，当场开列清单一式二份，由侦查人员、见证人和持有人签名或者盖章，一份交给持有人，另一份附卷备查。	**第一百四十条** 对**查封**、扣押的**财物**、文件，应当会同在场见证人和被**查封**、扣押**财物、文件**持有人查点清楚，当场开列清单一式二份，由侦查人员、见证人和持有人签名或者盖章，一份交给持有人，另一份附卷备查。
第一百一十六条 侦查人员认为需要扣押犯罪嫌疑人的邮件、电报的时候，经公安机关或者人民检察院批准，即可通知邮电机关将有关的邮件、电报检交扣押。 不需要继续扣押的时候，应即通知邮电机关。	**第一百四十一条** 侦查人员认为需要扣押犯罪嫌疑人的邮件、电报的时候，经公安机关或者人民检察院批准，即可通知邮电机关将有关的邮件、电报检交扣押。 不需要继续扣押的时候，应即通知邮电机关。
第一百一十七条 人民检察院、公安机关根据侦查犯罪的需要，可以依照规定查询、冻结犯罪嫌疑人的存款、汇款。 犯罪嫌疑人的存款、汇款已被冻结的，不得重复冻结。	**第一百四十二条** 人民检察院、公安机关根据侦查犯罪的需要，可以依照规定查询、冻结犯罪嫌疑人的存款、汇款、**债券、股票、基金份额等财产**。有关单位和个人应当配合。

	犯罪嫌疑人的存款、汇款、**债券、股票、基金份额等财产**已被冻结的，不得重复冻结。
第一百一十八条 对于扣押的物品、文件、邮件、电报或者冻结的存款、汇款，经查明确实与案件无关的，应当在三日以内解除扣押、冻结，退还原主或者原邮电机关。	**第一百四十三条** 对**查封**、扣押的**财物**、文件、邮件、电报或者冻结的存款、汇款、**债券、股票、基金份额等财产**，经查明确实与案件无关的，应当在三日以内解除**查封**、扣押、冻结，**予以**退还。
第七节 鉴 定	**第七节 鉴 定**
第一百一十九条 为了查明案情，需要解决案件中某些专门性问题的时候，应当指派、聘请有专门知识的人进行鉴定。	**第一百四十四条** 为了查明案情，需要解决案件中某些专门性问题的时候，应当指派、聘请有专门知识的人进行鉴定。
第一百二十条 鉴定人进行鉴定后，应当写出鉴定结论，并且签名。 对人身伤害的医学鉴定有争议需要重新鉴定或者对精神病的医学鉴定，由省级人民政府指定的医院进行。鉴定人进行鉴定后，应当写出鉴定结论，并且由鉴定人签名，医院加盖公章。 鉴定人故意作虚假鉴定的，应当承担法律责任。	**第一百四十五条** 鉴定人进行鉴定后，应当写出鉴定**意见**，并且签名。 鉴定人故意作虚假鉴定的，应当承担法律责任。
第一百二十一条 侦查机关应当将用作证据的鉴定结论告知犯罪嫌疑人、被害人。如果犯罪嫌疑人、被害人提出申请，可以补充鉴定或者重新鉴定。	**第一百四十六条** 侦查机关应当将用作证据的鉴定**意见**告知犯罪嫌疑人、被害人。如果犯罪嫌疑人、被害人提出申请，可以补充鉴定或者重新鉴定。
第一百二十二条 对犯罪嫌疑人作精神病鉴定的期间不计入办案期限。	**第一百四十七条** 对犯罪嫌疑人作精神病鉴定的期间不计入办案期限。
	第八节 技术侦查措施
	第一百四十八条 公安机关在立案后，对于危害国家安全犯罪、恐怖活动犯罪、黑社会性质的组织犯罪、重大毒品犯罪或者其他严重危害社会的犯罪案件，根据侦查犯罪的需要，经过严格的批准手续，可以采取技术侦查措施。

	人民检察院在立案后，对于重大的贪污、贿赂犯罪案件以及利用职权实施的严重侵犯公民人身权利的重大犯罪案件，根据侦查犯罪的需要，经过严格的批准手续，可以采取技术侦查措施，按照规定交有关机关执行。 追捕被通缉或者批准、决定逮捕的在逃的犯罪嫌疑人、被告人，经过批准，可以采取追捕所必需的技术侦查措施。
	第一百四十九条 批准决定应当根据侦查犯罪的需要，确定采取技术侦查措施的种类和适用对象。批准决定自签发之日起三个月以内有效。对于不需要继续采取技术侦查措施的，应当及时解除；对于复杂、疑难案件，期限届满仍有必要继续采取技术侦查措施的，经过批准，有效期可以延长，每次不得超过三个月。
	第一百五十条 采取技术侦查措施，必须严格按照批准的措施种类、适用对象和期限执行。 侦查人员对采取技术侦查措施过程中知悉的国家秘密、商业秘密和个人隐私，应当保密；对采取技术侦查措施获取的与案件无关的材料，必须及时销毁。 采取技术侦查措施获取的材料，只能用于对犯罪的侦查、起诉和审判，不得用于其他用途。 公安机关依法采取技术侦查措施，有关单位和个人应当配合，并对有关情况予以保密。
	第一百五十一条 为了查明案情，在必要的时候，经公安机关负责人决定，可以由有关人员隐匿其身份实施侦查。但是，不得诱使他人犯罪，不得采用可能危害公共安全或者发生重大人身危险的方法。 对涉及给付毒品等违禁品或者财物的犯罪活动，公安机关根据侦查犯罪的需要，可

	以依照规定实施控制下交付。
	第一百五十二条 依照本节规定采取侦查措施收集的材料在刑事诉讼中可以作为证据使用。如果使用该证据可能危及有关人员的人身安全，或者可能产生其他严重后果的，应当采取不暴露有关人员身份、技术方法等保护措施，必要的时候，可以由审判人员在庭外对证据进行核实。
第八节　通　缉	**第九节　通　缉**
第一百二十三条 应当逮捕的犯罪嫌疑人如果在逃，公安机关可以发布通缉令，采取有效措施，追捕归案。 　　各级公安机关在自己管辖的地区以内，可以直接发布通缉令；超出自己管辖的地区，应当报请有权决定的上级机关发布。	**第一百五十三条** 应当逮捕的犯罪嫌疑人如果在逃，公安机关可以发布通缉令，采取有效措施，追捕归案。 　　各级公安机关在自己管辖的地区以内，可以直接发布通缉令；超出自己管辖的地区，应当报请有权决定的上级机关发布。
第九节　侦查终结	**第十节　侦查终结**
第一百二十四条 对犯罪嫌疑人逮捕后的侦查羁押期限不得超过二个月。案情复杂、期限届满不能终结的案件，可以经上一级人民检察院批准延长一个月。	**第一百五十四条** 对犯罪嫌疑人逮捕后的侦查羁押期限不得超过二个月。案情复杂、期限届满不能终结的案件，可以经上一级人民检察院批准延长一个月。
第一百二十五条 因为特殊原因，在较长时间内不宜交付审判的特别重大复杂的案件，由最高人民检察院报请全国人民代表大会常务委员会批准延期审理。	**第一百五十五条** 因为特殊原因，在较长时间内不宜交付审判的特别重大复杂的案件，由最高人民检察院报请全国人民代表大会常务委员会批准延期审理。
第一百二十六条 下列案件在本法第一百二十四条规定的期限届满不能侦查终结的，经省、自治区、直辖市人民检察院批准或者决定，可以延长二个月： 　　（一）交通十分不便的边远地区的重大复杂案件； 　　（二）重大的犯罪集团案件； 　　（三）流窜作案的重大复杂案件； 　　（四）犯罪涉及面广，取证困难的重大复杂案件。	**第一百五十六条** 下列案件在本法第一百五十四条规定的期限届满不能侦查终结的，经省、自治区、直辖市人民检察院批准或者决定，可以延长二个月： 　　（一）交通十分不便的边远地区的重大复杂案件； 　　（二）重大的犯罪集团案件； 　　（三）流窜作案的重大复杂案件； 　　（四）犯罪涉及面广，取证困难的重大复杂案件。
第一百二十七条 对犯罪嫌疑人可能判	**第一百五十七条** 对犯罪嫌疑人可能判

处十年有期徒刑以上刑罚，依照本法第一百二十六条规定延长期限届满，仍不能侦查终结的，经省、自治区、直辖市人民检察院批准或者决定，可以再延长二个月。	处十年有期徒刑以上刑罚，依照本法第一百**五十六条**规定延长期限届满，仍不能侦查终结的，经省、自治区、直辖市人民检察院批准或者决定，可以再延长二个月。
第一百二十八条　在侦查期间，发现犯罪嫌疑人另有重要罪行的，自发现之日起依照本法第一百二十四条的规定重新计算侦查羁押期限。 　　犯罪嫌疑人不讲真实姓名、住址，身份不明的，侦查羁押期限自查清其身份之日起计算，但是不得停止对其犯罪行为的侦查取证。对于犯罪事实清楚，证据确实、充分的，也可以按其自报的姓名移送人民检察院审查起诉。	**第一百五十八条**　在侦查期间，发现犯罪嫌疑人另有重要罪行的，自发现之日起依照本法第一百**五十四条**的规定重新计算侦查羁押期限。 　　犯罪嫌疑人不讲真实姓名、住址，身份不明的，**应当对其身份进行调查，**侦查羁押期限自查清其身份之日起计算，但是不得停止对其犯罪行为的侦查取证。对于犯罪事实清楚，证据确实、充分，**确实无法查明其身份**的，也可以按其自报的姓名**起诉、审判**。
	第一百五十九条　在案件侦查终结前，辩护律师提出要求的，侦查机关应当听取辩护律师的意见，并记录在案。辩护律师提出书面意见的，应当附卷。
第一百二十九条　公安机关侦查终结的案件，应当做到犯罪事实清楚，证据确实、充分，并且写出起诉意见书，连同案卷材料、证据一并移送同级人民检察院审查决定。	**第一百六十条**　公安机关侦查终结的案件，应当做到犯罪事实清楚，证据确实、充分，并且写出起诉意见书，连同案卷材料、证据一并移送同级人民检察院审查决定；**同时将案件移送情况告知犯罪嫌疑人及其辩护律师。**
第一百三十条　在侦查过程中，发现不应对犯罪嫌疑人追究刑事责任的，应当撤销案件；犯罪嫌疑人已被逮捕的，应当立即释放，发给释放证明，并且通知原批准逮捕的人民检察院。	**第一百六十一条**　在侦查过程中，发现不应对犯罪嫌疑人追究刑事责任的，应当撤销案件；犯罪嫌疑人已被逮捕的，应当立即释放，发给释放证明，并且通知原批准逮捕的人民检察院。
第十节　人民检察院对直接 受理的案件的侦查	**第十一节　人民检察院对直接 受理的案件的侦查**
第一百三十一条　人民检察院对直接受理的案件的侦查适用本章规定。	**第一百六十二条**　人民检察院对直接受理的案件的侦查适用本章规定。
第一百三十二条　人民检察院直接受理的案件中符合本法第六十条、第六十一条第	**第一百六十三条**　人民检察院直接受理的案件中符合本法第**七十九条**、第**八十条**第

四项、第五项规定情形，需要逮捕、拘留犯罪嫌疑人的，由人民检察院作出决定，由公安机关执行。	四项、第五项规定情形，需要逮捕、拘留犯罪嫌疑人的，由人民检察院作出决定，由公安机关执行。
第一百三十三条　人民检察院对直接受理的案件中被拘留的人，应当在拘留后的二十四小时以内进行讯问。在发现不应当拘留的时候，必须立即释放，发给释放证明。对需要逮捕而证据还不充足的，可以取保候审或者监视居住。	**第一百六十四条**　人民检察院对直接受理的案件中被拘留的人，应当在拘留后的二十四小时以内进行讯问。在发现不应当拘留的时候，必须立即释放，发给释放证明。
第一百三十四条　人民检察院对直接受理的案件中被拘留的人，认为需要逮捕的，应当在十日以内作出决定。在特殊情况下，决定逮捕的时间可以延长一日至四日。对不需要逮捕的，应当立即释放；对于需要继续侦查，并且符合取保候审、监视居住条件的，依法取保候审或者监视居住。	**第一百六十五条**　人民检察院对直接受理的案件中被拘留的人，认为需要逮捕的，应当在十四日以内作出决定。在特殊情况下，决定逮捕的时间可以延长一日至三日。对不需要逮捕的，应当立即释放；对需要继续侦查，并且符合取保候审、监视居住条件的，依法取保候审或者监视居住。
第一百三十五条　人民检察院侦查终结的案件，应当作出提起公诉、不起诉或者撤销案件的决定。	**第一百六十六条**　人民检察院侦查终结的案件，应当作出提起公诉、不起诉或者撤销案件的决定。
第三章　提起公诉	**第三章　提起公诉**
第一百三十六条　凡需要提起公诉的案件，一律由人民检察院审查决定。	**第一百六十七条**　凡需要提起公诉的案件，一律由人民检察院审查决定。
第一百三十七条　人民检察院审查案件的时候，必须查明： （一）犯罪事实、情节是否清楚，证据是否确实、充分，犯罪性质和罪名的认定是否正确； （二）有无遗漏罪行和其他应当追究刑事责任的人； （三）是否属于不应追究刑事责任的； （四）有无附带民事诉讼； （五）侦查活动是否合法。	**第一百六十八条**　人民检察院审查案件的时候，必须查明： （一）犯罪事实、情节是否清楚，证据是否确实、充分，犯罪性质和罪名的认定是否正确； （二）有无遗漏罪行和其他应当追究刑事责任的人； （三）是否属于不应追究刑事责任的； （四）有无附带民事诉讼； （五）侦查活动是否合法。
第一百三十八条　人民检察院对于公安机关移送起诉的案件，应当在一个月以内作出决定，重大、复杂的案件，可以延长半	**第一百六十九条**　人民检察院对于公安机关移送起诉的案件，应当在一个月以内作出决定，重大、复杂的案件，可以延长半

个月。	个月。
人民检察院审查起诉的案件，改变管辖的，从改变后的人民检察院收到案件之日起计算审查起诉期限。	人民检察院审查起诉的案件，改变管辖的，从改变后的人民检察院收到案件之日起计算审查起诉期限。
第一百三十九条　人民检察院审查案件，应当讯问犯罪嫌疑人，听取被害人和犯罪嫌疑人、被害人委托的人的意见。	**第一百七十条**　人民检察院审查案件，应当讯问犯罪嫌疑人，听取**辩护人、**被害人**及其诉讼代理人**的意见，**并记录在案。辩护人、被害人及其诉讼代理人提出书面意见的，应当附卷。**
第一百四十条　人民检察院审查案件，可以要求公安机关提供法庭审判所必需的证据材料。 　　人民检察院审查案件，对于需要补充侦查的，可以退回公安机关补充侦查，也可以自行侦查。 　　对于补充侦查的案件，应当在一个月以内补充侦查完毕。补充侦查以二次为限。补充侦查完毕移送人民检察院后，人民检察院重新计算审查起诉期限。 　　对于补充侦查的案件，人民检察院仍然认为证据不足，不符合起诉条件的，可以作出不起诉的决定。	**第一百七十一条**　人民检察院审查案件，可以要求公安机关提供法庭审判所必需的证据材料；**认为可能存在本法第五十四条规定的以非法方法收集证据情形的，可以要求其对证据收集的合法性作出说明。** 　　人民检察院审查案件，对于需要补充侦查的，可以退回公安机关补充侦查，也可以自行侦查。 　　对于补充侦查的案件，应当在一个月以内补充侦查完毕。补充侦查以二次为限。补充侦查完毕移送人民检察院后，人民检察院重新计算审查起诉期限。 　　对于**二次**补充侦查的案件，人民检察院仍然认为证据不足，不符合起诉条件的，**应当作出不起诉的决定。**
第一百四十一条　人民检察院认为犯罪嫌疑人的犯罪事实已经查清，证据确实、充分，依法应当追究刑事责任的，应当作出起诉决定，按照审判管辖的规定，向人民法院提起公诉。	**第一百七十二条**　人民检察院认为犯罪嫌疑人的犯罪事实已经查清，证据确实、充分，依法应当追究刑事责任的，应当作出起诉决定，按照审判管辖的规定，向人民法院提起公诉，**并将案卷材料、证据移送人民法院。**
第一百四十二条　犯罪嫌疑人有本法第十五条规定的情形之一的，人民检察院应当作出不起诉决定。 　　对于犯罪情节轻微，依照刑法规定不需要判处刑罚或者免除刑罚的，人民检察院可	**第一百七十三条**　犯罪嫌疑人**没有犯罪事实，**或者有本法第十五条规定的情形之一的，人民检察院应当作出不起诉决定。 　　对于犯罪情节轻微，依照刑法规定不需要判处刑罚或者免除刑罚的，人民检察院可

以作出不起诉决定。

人民检察院决定不起诉的案件，应当同时对侦查中扣押、冻结的财物解除扣押、冻结。对被不起诉人需要给予行政处罚、行政处分或者需要没收其违法所得的，人民检察院应当提出检察意见，移送有关主管机关处理。有关主管机关应当将处理结果及时通知人民检察院。

第一百四十三条　不起诉的决定，应当公开宣布，并且将不起诉决定书送达被不起诉人和他的所在单位。如果被不起诉人在押，应当立即释放。

第一百四十四条　对于公安机关移送起诉的案件，人民检察院决定不起诉的，应当将不起诉决定书送达公安机关。公安机关认为不起诉的决定有错误的时候，可以要求复议，如果意见不被接受，可以向上一级人民检察院提请复核。

第一百四十五条　对于有被害人的案件，决定不起诉的，人民检察院应当将不起诉决定书送达被害人。被害人如果不服，可以自收到决定书后七日以内向上一级人民检察院申诉，请求提起公诉。人民检察院应当将复查决定告知被害人。对人民检察院维持不起诉决定的，被害人可以向人民法院起诉。被害人也可以不经申诉，直接向人民法院起诉。人民法院受理案件后，人民检察院应当将有关案件材料移送人民法院。

第一百四十六条　对于人民检察院依照本法第一百四十二条第二款规定作出的不起诉决定，被不起诉人如果不服，可以自收到决定书后七日以内向人民检察院申诉。人民检察院应当作出复查决定，通知被不起诉的人，同时抄送公安机关。

以作出不起诉决定。

人民检察院决定不起诉的案件，应当同时对侦查中**查封**、扣押、冻结的财物解除**查封**、扣押、冻结。对被不起诉人需要给予行政处罚、行政处分或者需要没收其违法所得的，人民检察院应当提出检察意见，移送有关主管机关处理。有关主管机关应当将处理结果及时通知人民检察院。

第一百七十四条　不起诉的决定，应当公开宣布，并且将不起诉决定书送达被不起诉人和他的所在单位。如果被不起诉人在押，应当立即释放。

第一百七十五条　对于公安机关移送起诉的案件，人民检察院决定不起诉的，应当将不起诉决定书送达公安机关。公安机关认为不起诉的决定有错误的时候，可以要求复议，如果意见不被接受，可以向上一级人民检察院提请复核。

第一百七十六条　对于有被害人的案件，决定不起诉的，人民检察院应当将不起诉决定书送达被害人。被害人如果不服，可以自收到决定书后七日以内向上一级人民检察院申诉，请求提起公诉。人民检察院应当将复查决定告知被害人。对人民检察院维持不起诉决定的，被害人可以向人民法院起诉。被害人也可以不经申诉，直接向人民法院起诉。人民法院受理案件后，人民检察院应当将有关案件材料移送人民法院。

第一百七十七条　对于人民检察院依照本法第一百七十三条第二款规定作出的不起诉决定，被不起诉人如果不服，可以自收到决定书后七日以内向人民检察院申诉。人民检察院应当作出复查决定，通知被不起诉的人，同时抄送公安机关。

第三编　审　判	第三编　审　判
第一章　审判组织	**第一章　审判组织**
第一百四十七条　基层人民法院、中级人民法院审判第一审案件，应当由审判员三人或者由审判员和人民陪审员共三人组成合议庭进行，但是基层人民法院适用简易程序的案件可以由审判员一人独任审判。 高级人民法院、最高人民法院审判第一审案件，应当由审判员三人至七人或者由审判员和人民陪审员共三人至七人组成合议庭进行。 人民陪审员在人民法院执行职务，同审判员有同等的权利。 人民法院审判上诉和抗诉案件，由审判员三人至五人组成合议庭进行。 合议庭的成员人数应当是单数。 合议庭由院长或者庭长指定审判员一人担任审判长。院长或者庭长参加审判案件的时候，自己担任审判长。	**第一百七十八条**　基层人民法院、中级人民法院审判第一审案件，应当由审判员三人或者由审判员和人民陪审员共三人组成合议庭进行，但是基层人民法院适用简易程序的案件可以由审判员一人独任审判。 高级人民法院、最高人民法院审判第一审案件，应当由审判员三人至七人或者由审判员和人民陪审员共三人至七人组成合议庭进行。 人民陪审员在人民法院执行职务，同审判员有同等的权利。 人民法院审判上诉和抗诉案件，由审判员三人至五人组成合议庭进行。 合议庭的成员人数应当是单数。 合议庭由院长或者庭长指定审判员一人担任审判长。院长或者庭长参加审判案件的时候，自己担任审判长。
第一百四十八条　合议庭进行评议的时候，如果意见分歧，应当按多数人的意见作出决定，但是少数人的意见应当写入笔录。评议笔录由合议庭的组成人员签名。	**第一百七十九条**　合议庭进行评议的时候，如果意见分歧，应当按多数人的意见作出决定，但是少数人的意见应当写入笔录。评议笔录由合议庭的组成人员签名。
第一百四十九条　合议庭开庭审理并且评议后，应当作出判决。对于疑难、复杂、重大的案件，合议庭认为难以作出决定的，由合议庭提请院长决定提交审判委员会讨论决定。审判委员会的决定，合议庭应当执行。	**第一百八十条**　合议庭开庭审理并且评议后，应当作出判决。对于疑难、复杂、重大的案件，合议庭认为难以作出决定的，由合议庭提请院长决定提交审判委员会讨论决定。审判委员会的决定，合议庭应当执行。
第二章　第一审程序	**第二章　第一审程序**
第一节　公诉案件	**第一节　公诉案件**
第一百五十条　人民法院对提起公诉的案件进行审查后，对于起诉书中有明确的指控犯罪事实并且附有证据目录、证人名单和主要证据复印件或者照片的，应当决定开庭审判。	**第一百八十一条**　人民法院对提起公诉的案件进行审查后，对于起诉书中有明确的指控犯罪事实的，应当决定开庭审判。

第一百五十一条 人民法院决定开庭审判后，应当进行下列工作： （一）确定合议庭的组成人员； （二）将人民检察院的起诉书副本至迟在开庭十日以前送达被告人。对于被告人未委托辩护人的，告知被告人可以委托辩护人，或者在必要的时候指定承担法律援助义务的律师为其提供辩护； （三）将开庭的时间、地点在开庭三日以前通知人民检察院； （四）传唤当事人，通知辩护人、诉讼代理人、证人、鉴定人和翻译人员，传票和通知书至迟在开庭三日以前送达； （五）公开审判的案件，在开庭三日以前先期公布案由、被告人姓名、开庭时间和地点。 上述活动情形应当写入笔录，由审判人员和书记员签名。	**第一百八十二条** 人民法院决定开庭审判后，应当确定合议庭的组成人员，将人民检察院的起诉书副本至迟在开庭十日以前送达被告人及其辩护人。 **在开庭以前，审判人员可以召集公诉人、当事人和辩护人、诉讼代理人，对回避、出庭证人名单、非法证据排除等与审判相关的问题，了解情况，听取意见。** 人民法院确定开庭日期后，应当将开庭的时间、地点通知人民检察院，传唤当事人，通知辩护人、诉讼代理人、证人、鉴定人和翻译人员，传票和通知书至迟在开庭三日以前送达。公开审判的案件，应当在开庭三日以前先期公布案由、被告人姓名、开庭时间和地点。 上述活动情形应当写入笔录，由审判人员和书记员签名。
第一百五十二条 人民法院审判第一审案件应当公开进行。但是有关国家秘密或者个人隐私的案件，不公开审理。 十四岁以上不满十六岁未成年人犯罪的案件，一律不公开审理。十六岁以上不满十八岁未成年人犯罪的案件，一般也不公开审理。 对于不公开审理的案件，应当当庭宣布不公开审理的理由。 （第二款相关内容移至新条文第二百七十四条）	**第一百八十三条** 人民法院审判第一审案件应当公开进行。但是有关国家秘密或者个人隐私的案件，不公开审理；**涉及商业秘密的案件，当事人申请不公开审理的，可以不公开审理。** 不公开审理的案件，应当当庭宣布不公开审理的理由。
第一百五十三条 人民法院审判公诉案件，人民检察院应当派员出席法庭支持公诉，但是依照本法第一百七十五条的规定适用简易程序的，人民检察院可以不派员出席法庭。	**第一百八十四条** 人民法院审判公诉案件，人民检察院应当派员出席法庭支持公诉。
第一百五十四条 开庭的时候，审判长查明当事人是否到庭，宣布案由；宣布合议庭的组成人员、书记员、公诉人、辩护人、诉讼代理人、鉴定人和翻译人员的名单；告	**第一百八十五条** 开庭的时候，审判长查明当事人是否到庭，宣布案由；宣布合议庭的组成人员、书记员、公诉人、辩护人、诉讼代理人、鉴定人和翻译人员的名单；告

知当事人有权对合议庭组成人员、书记员、公诉人、鉴定人和翻译人员申请回避；告知被告人享有辩护权利。	知当事人有权对合议庭组成人员、书记员、公诉人、鉴定人和翻译人员申请回避；告知被告人享有辩护权利。
第一百五十五条　公诉人在法庭上宣读起诉书后，被告人、被害人可以就起诉书指控的犯罪进行陈述，公诉人可以讯问被告人。 　被害人、附带民事诉讼的原告人和辩护人、诉讼代理人，经审判长许可，可以向被告人发问。 　审判人员可以讯问被告人。	**第一百八十六条**　公诉人在法庭上宣读起诉书后，被告人、被害人可以就起诉书指控的犯罪进行陈述，公诉人可以讯问被告人。 　被害人、附带民事诉讼的原告人和辩护人、诉讼代理人，经审判长许可，可以向被告人发问。 　审判人员可以讯问被告人。
	第一百八十七条　公诉人、当事人或者辩护人、诉讼代理人对证人证言有异议，且该证人证言对案件定罪量刑有重大影响，人民法院认为证人有必要出庭作证的，证人应当出庭作证。 　人民警察就其执行职务时目击的犯罪情况作为证人出庭作证，适用前款规定。 　公诉人、当事人或者辩护人、诉讼代理人对鉴定意见有异议，人民法院认为鉴定人有必要出庭的，鉴定人应当出庭作证。经人民法院通知，鉴定人拒不出庭作证的，鉴定意见不得作为定案的根据。
	第一百八十八条　经人民法院通知，证人没有正当理由不出庭作证的，人民法院可以强制其到庭，但是被告人的配偶、父母、子女除外。 　证人没有正当理由拒绝出庭或者出庭后拒绝作证的，予以训诫，情节严重的，经院长批准，处以十日以下的拘留。被处罚人对拘留决定不服的，可以向上一级人民法院申请复议。复议期间不停止执行。
第一百五十六条　证人作证，审判人员应当告知他要如实地提供证言和有意作伪证或者隐匿罪证要负的法律责任。公诉人、当事人和辩护人、诉讼代理人经审判长许可，	**第一百八十九条**　证人作证，审判人员应当告知他要如实地提供证言和有意作伪证或者隐匿罪证要负的法律责任。公诉人、当事人和辩护人、诉讼代理人经审判长许可，

可以对证人、鉴定人发问。审判长认为发问的内容与案件无关的时候，应当制止。 　　审判人员可以询问证人、鉴定人。	可以对证人、鉴定人发问。审判长认为发问的内容与案件无关的时候，应当制止。 　　审判人员可以询问证人、鉴定人。
第一百五十七条　公诉人、辩护人应当向法庭出示物证，让当事人辨认，对未到庭的证人的证言笔录、鉴定人的鉴定结论、勘验笔录和其他作为证据的文书，应当当庭宣读。审判人员应当听取公诉人、当事人和辩护人、诉讼代理人的意见。	**第一百九十条**　公诉人、辩护人应当向法庭出示物证，让当事人辨认，对未到庭的证人的证言笔录、鉴定人的鉴定**意见**、勘验笔录和其他作为证据的文书，应当当庭宣读。审判人员应当听取公诉人、当事人和辩护人、诉讼代理人的意见。
第一百五十八条　法庭审理过程中，合议庭对证据有疑问的，可以宣布休庭，对证据进行调查核实。 　　人民法院调查核实证据，可以进行勘验、检查、扣押、鉴定和查询、冻结。	**第一百九十一条**　法庭审理过程中，合议庭对证据有疑问的，可以宣布休庭，对证据进行调查核实。 　　人民法院调查核实证据，可以进行勘验、检查、**查封**、扣押、鉴定和查询、冻结。
第一百五十九条　法庭审理过程中，当事人和辩护人、诉讼代理人有权申请通知新的证人到庭，调取新的物证，申请重新鉴定或者勘验。 　　法庭对于上述申请，应当作出是否同意的决定。	**第一百九十二条**　法庭审理过程中，当事人和辩护人、诉讼代理人有权申请通知新的证人到庭，调取新的物证，申请重新鉴定或者勘验。 　　**公诉人、当事人和辩护人、诉讼代理人可以申请法庭通知有专门知识的人出庭，就鉴定人作出的鉴定意见提出意见。** 　　法庭对于上述申请，应当作出是否同意的决定。 　　**第二款规定的有专门知识的人出庭，适用鉴定人的有关规定。**
第一百六十条　经审判长许可，公诉人、当事人和辩护人、诉讼代理人可以对证据和案件情况发表意见并且可以互相辩论。审判长在宣布辩论终结后，被告人有最后陈述的权利。	**第一百九十三条**　法庭审理过程中，对与定罪、量刑有关的事实、证据都应当进行调查、辩论。 　　经审判长许可，公诉人、当事人和辩护人、诉讼代理人可以对证据和案件情况发表意见并且可以互相辩论。 　　审判长在宣布辩论终结后，被告人有最后陈述的权利。
第一百六十一条　在法庭审判过程中，如果诉讼参与人或者旁听人员违反法庭秩	**第一百九十四条**　在法庭审判过程中，如果诉讼参与人或者旁听人员违反法庭秩

序，审判长应当警告制止。对不听制止的，可以强行带出法庭；情节严重的，处以一千元以下的罚款或者十五日以下的拘留。罚款、拘留必须经院长批准。被处罚人对罚款、拘留的决定不服的，可以向上一级人民法院申请复议。复议期间不停止执行。

对聚众哄闹、冲击法庭或者侮辱、诽谤、威胁、殴打司法工作人员或者诉讼参与人，严重扰乱法庭秩序，构成犯罪的，依法追究刑事责任。

第一百六十二条 在被告人最后陈述后，审判长宣布休庭，合议庭进行评议，根据已经查明的事实、证据和有关的法律规定，分别作出以下判决：

（一）案件事实清楚，证据确实、充分，依据法律认定被告人有罪的，应当作出有罪判决；

（二）依据法律认定被告人无罪的，应当作出无罪判决；

（三）证据不足，不能认定被告人有罪的，应当作出证据不足、指控的犯罪不能成立的无罪判决。

第一百六十三条 宣告判决，一律公开进行。

当庭宣告判决的，应当在五日以内将判决书送达当事人和提起公诉的人民检察院；定期宣告判决的，应当在宣告后即将判决书送达当事人和提起公诉的人民检察院。

第一百六十四条 判决书应当由合议庭的组成人员和书记员署名，并且写明上诉的期限和上诉的法院。

第一百六十五条 在法庭审判过程中，遇有下列情形之一，影响审判进行的，可以延期审理：

（一）需要通知新的证人到庭，调取新

序，审判长应当警告制止。对不听制止的，可以强行带出法庭；情节严重的，处以一千元以下的罚款或者十五日以下的拘留。罚款、拘留必须经院长批准。被处罚人对罚款、拘留的决定不服的，可以向上一级人民法院申请复议。复议期间不停止执行。

对聚众哄闹、冲击法庭或者侮辱、诽谤、威胁、殴打司法工作人员或者诉讼参与人，严重扰乱法庭秩序，构成犯罪的，依法追究刑事责任。

第一百九十五条 在被告人最后陈述后，审判长宣布休庭，合议庭进行评议，根据已经查明的事实、证据和有关的法律规定，分别作出以下判决：

（一）案件事实清楚，证据确实、充分，依据法律认定被告人有罪的，应当作出有罪判决；

（二）依据法律认定被告人无罪的，应当作出无罪判决；

（三）证据不足，不能认定被告人有罪的，应当作出证据不足、指控的犯罪不能成立的无罪判决。

第一百九十六条 宣告判决，一律公开进行。

当庭宣告判决的，应当在五日以内将判决书送达当事人和提起公诉的人民检察院；定期宣告判决的，应当在宣告后立即将判决书送达当事人和提起公诉的人民检察院。**判决书应当同时送达辩护人、诉讼代理人。**

第一百九十七条 判决书应当由**审判人员**和书记员署名，并且写明上诉的期限和上诉的法院。

第一百九十八条 在法庭审判过程中，遇有下列情形之一，影响审判进行的，可以延期审理：

（一）需要通知新的证人到庭，调取新

的物证，重新鉴定或者勘验的； 　　（二）检察人员发现提起公诉的案件需要补充侦查，提出建议的； 　　（三）由于当事人申请回避而不能进行审判的。	的物证，重新鉴定或者勘验的； 　　（二）检察人员发现提起公诉的案件需要补充侦查，提出建议的； 　　（三）由于申请回避而不能进行审判的。
第一百六十六条　依照本法第一百六十五条第二项的规定延期审理的案件，人民检察院应当在一个月以内补充侦查完毕。	**第一百九十九条**　依照本法第一百九十八条第二项的规定延期审理的案件，人民检察院应当在一个月以内补充侦查完毕。
	第二百条　在审判过程中，有下列情形之一，致使案件在较长时间内无法继续审理的，可以中止审理： 　　**（一）被告人患有严重疾病，无法出庭的；** 　　**（二）被告人脱逃的；** 　　**（三）自诉人患有严重疾病，无法出庭，未委托诉讼代理人出庭的；** 　　**（四）由于不能抗拒的原因。** 　　**中止审理的原因消失后，应当恢复审理。中止审理的期间不计入审理期限。**
第一百六十七条　法庭审判的全部活动，应当由书记员写成笔录，经审判长审阅后，由审判长和书记员签名。 　　法庭笔录中的证人证言部分，应当当庭宣读或者交给证人阅读。证人在承认没有错误后，应当签名或者盖章。 　　法庭笔录应当交给当事人阅读或者向他宣读。当事人认为记载有遗漏或者差错的，可以请求补充或者改正。当事人承认没有错误后，应当签名或者盖章。	**第二百零一条**　法庭审判的全部活动，应当由书记员写成笔录，经审判长审阅后，由审判长和书记员签名。 　　法庭笔录中的证人证言部分，应当当庭宣读或者交给证人阅读。证人在承认没有错误后，应当签名或者盖章。 　　法庭笔录应当交给当事人阅读或者向他宣读。当事人认为记载有遗漏或者差错的，可以请求补充或者改正。当事人承认没有错误后，应当签名或者盖章。
第一百六十八条　人民法院审理公诉案件，应当在受理后一个月以内宣判，至迟不得超过一个半月。有本法第一百二十六条规定情形之一的，经省、自治区、直辖市高级人民法院批准或者决定，可以再延长一个月。 　　人民法院改变管辖的案件，从改变后的	**第二百零二条**　人民法院审理公诉案件，应当在受理后二个月以内宣判，至迟不得超过三个月。**对于可能判处死刑的案件或者附带民事诉讼的案件，以及有本法第一百五十六条规定情形之一的，经上一级人民法院批准，可以延长三个月；因特殊情况还需要延长的，报请最高人民法院批准。**

人民法院收到案件之日起计算审理期限。 　　人民检察院补充侦查的案件，补充侦查完毕移送人民法院后，人民法院重新计算审理期限。	人民法院改变管辖的案件，从改变后的人民法院收到案件之日起计算审理期限。 　　人民检察院补充侦查的案件，补充侦查完毕移送人民法院后，人民法院重新计算审理期限。
第一百六十九条　人民检察院发现人民法院审理案件违反法律规定的诉讼程序，有权向人民法院提出纠正意见。	**第二百零三条**　人民检察院发现人民法院审理案件违反法律规定的诉讼程序，有权向人民法院提出纠正意见。
第二节　自诉案件	**第二节　自诉案件**
第一百七十条　自诉案件包括下列案件： 　　（一）告诉才处理的案件； 　　（二）被害人有证据证明的轻微刑事案件； 　　（三）被害人有证据证明对被告人侵犯自己人身、财产权利的行为应当依法追究刑事责任，而公安机关或者人民检察院不予追究被告人刑事责任的案件。	**第二百零四条**　自诉案件包括下列案件： 　　（一）告诉才处理的案件； 　　（二）被害人有证据证明的轻微刑事案件； 　　（三）被害人有证据证明对被告人侵犯自己人身、财产权利的行为应当依法追究刑事责任，而公安机关或者人民检察院不予追究被告人刑事责任的案件。
第一百七十一条　人民法院对于自诉案件进行审查后，按照下列情形分别处理： 　　（一）犯罪事实清楚，有足够证据的案件，应当开庭审判； 　　（二）缺乏罪证的自诉案件，如果自诉人提不出补充证据，应当说服自诉人撤回自诉，或者裁定驳回。 　　自诉人经两次依法传唤，无正当理由拒不到庭的，或者未经法庭许可中途退庭的，按撤诉处理。 　　法庭审理过程中，审判人员对证据有疑问，需要调查核实的，适用本法第一百五十八条的规定。	**第二百零五条**　人民法院对于自诉案件进行审查后，按照下列情形分别处理： 　　（一）犯罪事实清楚，有足够证据的案件，应当开庭审判； 　　（二）缺乏罪证的自诉案件，如果自诉人提不出补充证据，应当说服自诉人撤回自诉，或者裁定驳回。 　　自诉人经两次依法传唤，无正当理由拒不到庭的，或者未经法庭许可中途退庭的，按撤诉处理。 　　法庭审理过程中，审判人员对证据有疑问，需要调查核实的，适用本法第一百九十一条的规定。
第一百七十二条　人民法院对自诉案件，可以进行调解；自诉人在宣告判决前，可以同被告人自行和解或者撤回自诉。本法第一百七十条第三项规定的案件不适用	**第二百零六条**　人民法院对自诉案件，可以进行调解；自诉人在宣告判决前，可以同被告人自行和解或者撤回自诉。本法第二百零四条第三项规定的案件不适用调解。

调解。	人民法院审理自诉案件的期限，被告人被羁押的，适用本法第二百零二条第一款、第二款的规定；未被羁押的，应当在受理后六个月以内宣判。
第一百七十三条　自诉案件的被告人在诉讼过程中，可以对自诉人提起反诉。反诉适用自诉的规定。	**第二百零七条**　自诉案件的被告人在诉讼过程中，可以对自诉人提起反诉。反诉适用自诉的规定。
第三节　简易程序	**第三节　简易程序**
第一百七十四条　人民法院对于下列案件，可以适用简易程序，由审判员一人独任审判： 　　（一）对依法可能判处三年以下有期徒刑、拘役、管制、单处罚金的公诉案件，事实清楚、证据充分，人民检察院建议或者同意适用简易程序的； 　　（二）告诉才处理的案件； 　　（三）被害人起诉的有证据证明的轻微刑事案件。	**第二百零八条**　基层人民法院管辖的案件，符合下列条件的，可以适用简易程序审判： 　　（一）案件事实清楚、证据充分的； 　　（二）被告人承认自己所犯罪行，对指控的犯罪事实没有异议的； 　　（三）被告人对适用简易程序没有异议的。 　　人民检察院在提起公诉的时候，可以建议人民法院适用简易程序。
	第二百零九条　有下列情形之一的，不适用简易程序： 　　（一）被告人是盲、聋、哑人，或者是尚未完全丧失辨认或者控制自己行为能力的精神病人的； 　　（二）有重大社会影响的； 　　（三）共同犯罪案件中部分被告人不认罪或者对适用简易程序有异议的； 　　（四）其他不宜适用简易程序审理的。
第一百七十五条　适用简易程序审理公诉案件，人民检察院可以不派员出席法庭。被告人可以就起诉书指控的犯罪进行陈述和辩护。人民检察院派员出席法庭的，经审判人员许可，被告人及其辩护人可以同公诉人互相辩论。	**第二百一十条**　适用简易程序审理案件，对可能判处三年有期徒刑以下刑罚的，可以组成合议庭进行审判，也可以由审判员一人独任审判；对可能判处的有期徒刑超过三年的，应当组成合议庭进行审判。 　　适用简易程序审理公诉案件，人民检察院应当派员出席法庭。
	第二百一十一条　适用简易程序审理案

	件，审判人员应当询问被告人对指控的犯罪事实的意见，告知被告人适用简易程序审理的法律规定，确认被告人是否同意适用简易程序审理。
第一百七十六条　适用简易程序审理自诉案件，宣读起诉书后，经审判人员许可，被告人及其辩护人可以同自诉人及其诉讼代理人互相辩论。	**第二百一十二条**　适用简易程序审理案件，经审判人员许可，被告人及其辩护人可以同公诉人、自诉人及其诉讼代理人互相辩论。
第一百七十七条　适用简易程序审理案件，不受本章第一节关于讯问被告人、询问证人、鉴定人、出示证据、法庭辩论程序规定的限制。但在判决宣告前应当听取被告人的最后陈述意见。	**第二百一十三条**　适用简易程序审理案件，不受本章第一节关于送达期限、讯问被告人、询问证人、鉴定人、出示证据、法庭辩论程序规定的限制。但在判决宣告前应当听取被告人的最后陈述意见。
第一百七十八条　适用简易程序审理案件，人民法院应当在受理后二十日以内审结。	**第二百一十四条**　适用简易程序审理案件，人民法院应当在受理后二十日以内审结；对可能判处的有期徒刑超过三年的，可以延长至一个半月。
第一百七十九条　人民法院在审理过程中，发现不宜适用简易程序的，应当按照本章第一节或者第二节的规定重新审理。	**第二百一十五条**　人民法院在审理过程中，发现不宜适用简易程序的，应当按照本章第一节或者第二节的规定重新审理。
第三章　第二审程序	**第三章　第二审程序**
第一百八十条　被告人、自诉人和他们的法定代理人，不服地方各级人民法院第一审的判决、裁定，有权用书状或者口头向上一级人民法院上诉。被告人的辩护人和近亲属，经被告人同意，可以提出上诉。 　附带民事诉讼的当事人和他们的法定代理人，可以对地方各级人民法院第一审的判决、裁定中的附带民事诉讼部分，提出上诉。 　对被告人的上诉权，不得以任何借口加以剥夺。	**第二百一十六条**　被告人、自诉人和他们的法定代理人，不服地方各级人民法院第一审的判决、裁定，有权用书状或者口头向上一级人民法院上诉。被告人的辩护人和近亲属，经被告人同意，可以提出上诉。 　附带民事诉讼的当事人和他们的法定代理人，可以对地方各级人民法院第一审的判决、裁定中的附带民事诉讼部分，提出上诉。 　对被告人的上诉权，不得以任何借口加以剥夺。
第一百八十一条　地方各级人民检察院认为本级人民法院第一审的判决、裁定确有错误的时候，应当向上一级人民法院提出	**第二百一十七条**　地方各级人民检察院认为本级人民法院第一审的判决、裁定确有错误的时候，应当向上一级人民法院提出

抗诉。	抗诉。
第一百八十二条 被害人及其法定代理人不服地方各级人民法院第一审的判决的,自收到判决书后五日以内,有权请求人民检察院提出抗诉。人民检察院自收到被害人及其法定代理人的请求后五日以内,应当作出是否抗诉的决定并且答复请求人。	**第二百一十八条** 被害人及其法定代理人不服地方各级人民法院第一审的判决的,自收到判决书后五日以内,有权请求人民检察院提出抗诉。人民检察院自收到被害人及其法定代理人的请求后五日以内,应当作出是否抗诉的决定并且答复请求人。
第一百八十三条 不服判决的上诉和抗诉的期限为十日,不服裁定的上诉和抗诉的期限为五日,从接到判决书、裁定书的第二日起算。	**第二百一十九条** 不服判决的上诉和抗诉的期限为十日,不服裁定的上诉和抗诉的期限为五日,从接到判决书、裁定书的第二日起算。
第一百八十四条 被告人、自诉人、附带民事诉讼的原告人和被告人通过原审人民法院提出上诉的,原审人民法院应当在三日以内将上诉状连同案卷、证据移送上一级人民法院,同时将上诉状副本送交同级人民检察院和对方当事人。 　　被告人、自诉人、附带民事诉讼的原告人和被告人直接向第二审人民法院提出上诉的,第二审人民法院应当在三日以内将上诉状交原审人民法院送交同级人民检察院和对方当事人。	**第二百二十条** 被告人、自诉人、附带民事诉讼的原告人和被告人通过原审人民法院提出上诉的,原审人民法院应当在三日以内将上诉状连同案卷、证据移送上一级人民法院,同时将上诉状副本送交同级人民检察院和对方当事人。 　　被告人、自诉人、附带民事诉讼的原告人和被告人直接向第二审人民法院提出上诉的,第二审人民法院应当在三日以内将上诉状交原审人民法院送交同级人民检察院和对方当事人。
第一百八十五条 地方各级人民检察院对同级人民法院第一审判决、裁定的抗诉,应当通过原审人民法院提出抗诉书,并且将抗诉书抄送上一级人民检察院。原审人民法院应当将抗诉书连同案卷、证据移送上一级人民法院,并且将抗诉书副本送交当事人。 　　上级人民检察院如果认为抗诉不当,可以向同级人民法院撤回抗诉,并且通知下级人民检察院。	**第二百二十一条** 地方各级人民检察院对同级人民法院第一审判决、裁定的抗诉,应当通过原审人民法院提出抗诉书,并且将抗诉书抄送上一级人民检察院。原审人民法院应当将抗诉书连同案卷、证据移送上一级人民法院,并且将抗诉书副本送交当事人。 　　上级人民检察院如果认为抗诉不当,可以向同级人民法院撤回抗诉,并且通知下级人民检察院。
第一百八十六条 第二审人民法院应当就第一审判决认定的事实和适用法律进行全面审查,不受上诉或者抗诉范围的限制。 　　共同犯罪的案件只有部分被告人上诉	**第二百二十二条** 第二审人民法院应当就第一审判决认定的事实和适用法律进行全面审查,不受上诉或者抗诉范围的限制。 　　共同犯罪的案件只有部分被告人上诉

的，应当对全案进行审查，一并处理。	的，应当对全案进行审查，一并处理。
第一百八十七条　第二审人民法院对上诉案件，应当组成合议庭，开庭审理。合议庭经过阅卷，讯问被告人、听取其他当事人、辩护人、诉讼代理人的意见，对事实清楚的，可以不开庭审理。对人民检察院抗诉的案件，第二审人民法院应当开庭审理。 　第二审人民法院开庭审理上诉、抗诉案件，可以到案件发生地或者原审人民法院所在地进行。	**第二百二十三条**　第二审人民法院对于下列案件，应当组成合议庭，开庭审理： 　**（一）被告人、自诉人及其法定代理人对第一审认定的事实、证据提出异议，可能影响定罪量刑的上诉案件；** 　**（二）被告人被判处死刑的上诉案件；** 　**（三）人民检察院抗诉的案件；** 　**（四）其他应当开庭审理的案件。** 　**第二审人民法院决定不开庭审理的，应当讯问被告人，听取其他当事人、辩护人、诉讼代理人的意见。** 　第二审人民法院开庭审理上诉、抗诉案件，可以到案件发生地或者原审人民法院所在地进行。
第一百八十八条　人民检察院提出抗诉的案件或者第二审人民法院开庭审理的公诉案件，同级人民检察院都应当派员出庭。第二审人民法院必须在开庭十日以前通知人民检察院查阅案卷。	**第二百二十四条**　人民检察院提出抗诉的案件或者第二审人民法院开庭审理的公诉案件，同级人民检察院都应当派员出**席法庭**。第二审人民法院应当**在决定开庭审理后及时通知**人民检察院查阅案卷。**人民检察院应当在一个月以内查阅完毕。人民检察院查阅案卷的时间不计入审理期限。**
第一百八十九条　第二审人民法院对不服第一审判决的上诉、抗诉案件，经过审理后，应当按照下列情形分别处理： 　（一）原判决认定事实和适用法律正确、量刑适当的，应当裁定驳回上诉或者抗诉，维持原判； 　（二）原判决认定事实没有错误，但适用法律有错误，或者量刑不当的，应当改判； 　（三）原判决事实不清楚或者证据不足的，可以在查清事实后改判；也可以裁定撤销原判，发回原审人民法院重新审判。	**第二百二十五条**　第二审人民法院对不服第一审判决的上诉、抗诉案件，经过审理后，应当按照下列情形分别处理： 　（一）原判决认定事实和适用法律正确、量刑适当的，应当裁定驳回上诉或者抗诉，维持原判； 　（二）原判决认定事实没有错误，但适用法律有错误，或者量刑不当的，应当改判； 　（三）原判决事实不清楚或者证据不足的，可以在查清事实后改判；也可以裁定撤销原判，发回原审人民法院重新审判。 　**原审人民法院对于依照前款第三项规定发回重新审判的案件作出判决后，被告人提**

	出上诉或者人民检察院提出抗诉的，第二审人民法院应当依法作出判决或者裁定，不得再发回原审人民法院重新审判。
第一百九十条　第二审人民法院审判被告人或者他的法定代理人、辩护人、近亲属上诉的案件，不得加重被告人的刑罚。 　　人民检察院提出抗诉或者自诉人提出上诉的，不受前款规定的限制。	**第二百二十六条**　第二审人民法院审理被告人或者他的法定代理人、辩护人、近亲属上诉的案件，不得加重被告人的刑罚。**第二审人民法院发回原审人民法院重新审判的案件，除有新的犯罪事实，人民检察院补充起诉的以外，原审人民法院也不得加重被告人的刑罚。** 　　人民检察院提出抗诉或者自诉人提出上诉的，不受前款规定的限制。
第一百九十一条　第二审人民法院发现第一审人民法院的审理有下列违反法律规定的诉讼程序的情形之一的，应当裁定撤销原判，发回原审人民法院重新审判： 　　（一）违反本法有关公开审判的规定的； 　　（二）违反回避制度的； 　　（三）剥夺或者限制了当事人的法定诉讼权利，可能影响公正审判的； 　　（四）审判组织的组成不合法的； 　　（五）其他违反法律规定的诉讼程序，可能影响公正审判的。	**第二百二十七条**　第二审人民法院发现第一审人民法院的审理有下列违反法律规定的诉讼程序的情形之一的，应当裁定撤销原判，发回原审人民法院重新审判： 　　（一）违反本法有关公开审判的规定的； 　　（二）违反回避制度的； 　　（三）剥夺或者限制了当事人的法定诉讼权利，可能影响公正审判的； 　　（四）审判组织的组成不合法的； 　　（五）其他违反法律规定的诉讼程序，可能影响公正审判的。
第一百九十二条　原审人民法院对于发回重新审判的案件，应当另行组成合议庭，依照第一审程序进行审判。对于重新审判后的判决，依照本法第一百八十条、第一百八十一条、第一百八十二条的规定可以上诉、抗诉。	**第二百二十八条**　原审人民法院对于发回重新审判的案件，应当另行组成合议庭，依照第一审程序进行审判。对于重新审判后的判决，依照本法第二百一十六条、第二百一十七条、第二百一十八条的规定可以上诉、抗诉。
第一百九十三条　第二审人民法院对不服第一审裁定的上诉或者抗诉，经过审查后，应当参照本法第一百八十九条、第一百九十一条和第一百九十二条的规定，分别情形用裁定驳回上诉、抗诉，或者撤销、变更原裁定。	**第二百二十九条**　第二审人民法院对不服第一审裁定的上诉或者抗诉，经过审查后，应当参照本法第二百二十五条、第二百二十七条和第二百二十八条的规定，分别情形用裁定驳回上诉、抗诉，或者撤销、变更原裁定。

第一百九十四条 第二审人民法院发回原审人民法院重新审判的案件,原审人民法院从收到发回的案件之日起,重新计算审理期限。	**第二百三十条** 第二审人民法院发回原审人民法院重新审判的案件,原审人民法院从收到发回的案件之日起,重新计算审理期限。
第一百九十五条 第二审人民法院审判上诉或者抗诉案件的程序,除本章已有规定的以外,参照第一审程序的规定进行。	**第二百三十一条** 第二审人民法院审判上诉或者抗诉案件的程序,除本章已有规定的以外,参照第一审程序的规定进行。
第一百九十六条 第二审人民法院受理上诉、抗诉案件,应当在一个月以内审结,至迟不得超过一个半月。有本法第一百二十六条规定情形之一的,经省、自治区、直辖市高级人民法院批准或者决定,可以再延长一个月,但是最高人民法院受理的上诉、抗诉案件,由最高人民法院决定。	**第二百三十二条** 第二审人民法院受理上诉、抗诉案件,应当在**二个月以内审结。对于可能判处死刑的案件或者附带民事诉讼的案件,**以及有本法第一百**五十六条**规定情形之一的,经省、自治区、直辖市高级人民法院批准或者决定,可以延长**二个月;因特殊情况还需要延长的,报请最高人民法院批准。** 最高人民法院受理上诉、抗诉案件**的审理期限,**由最高人民法院决定。
第一百九十七条 第二审的判决、裁定和最高人民法院的判决、裁定,都是终审的判决、裁定。	**第二百三十三条** 第二审的判决、裁定和最高人民法院的判决、裁定,都是终审的判决、裁定。
第一百九十八条 公安机关、人民检察院和人民法院对于扣押、冻结犯罪嫌疑人、被告人的财物及其孳息,应当妥善保管,以供核查。任何单位和个人不得挪用或者自行处理。对被害人的合法财产,应当及时返还。对违禁品或者不宜长期保存的物品,应当依照国家有关规定处理。 对作为证据使用的实物应当随案移送,对不宜移送的,应当将其清单、照片或者其他证明文件随案移送。 人民法院作出的判决生效以后,对被扣押、冻结的赃款赃物及其孳息,除依法返还被害人的以外,一律没收,上缴国库。 司法工作人员贪污、挪用或者私自处理被扣押、冻结的赃款赃物及其孳息的,依法追究刑事责任;不构成犯罪的,给予处分。	**第二百三十四条** 公安机关、人民检察院和人民法院对**查封、**扣押、冻结的犯罪嫌疑人、被告人的财物及其孳息,应当妥善保管,以供核查,**并制作清单、随案移送。**任何单位和个人不得挪用或者自行处理。对被害人的合法财产,应当及时返还。对违禁品或者不宜长期保存的物品,应当依照国家有关规定处理。 对作为证据使用的实物应当随案移送,对不宜移送的,应当将其清单、照片或者其他证明文件随案移送。 **人民法院作出的判决,应当对查封、扣押、冻结的财物及其孳息作出处理。** 人民法院作出的判决生效以后,**有关机关应当根据判决对查封、扣押、冻结的财物及其孳息进行处理。对查封、扣押、冻结的**

	赃款赃物及其孳息，除依法返还被害人的以外，一律上缴国库。 　　司法工作人员贪污、挪用或者私自处理**查封**、扣押、冻结的财物及其孳息的，依法追究刑事责任；不构成犯罪的，给予处分。
<div align="center">**第四章　死刑复核程序**</div>	<div align="center">**第四章　死刑复核程序**</div>
第一百九十九条　死刑由最高人民法院核准。	**第二百三十五条**　死刑由最高人民法院核准。
第二百条　中级人民法院判处死刑的第一审案件，被告人不上诉的，应当由高级人民法院复核后，报请最高人民法院核准。高级人民法院不同意判处死刑的，可以提审或者发回重新审判。 　　高级人民法院判处死刑的第一审案件被告人不上诉的，和判处死刑的第二审案件，都应当报请最高人民法院核准。	**第二百三十六条**　中级人民法院判处死刑的第一审案件，被告人不上诉的，应当由高级人民法院复核后，报请最高人民法院核准。高级人民法院不同意判处死刑的，可以提审或者发回重新审判。 　　高级人民法院判处死刑的第一审案件被告人不上诉的，和判处死刑的第二审案件，都应当报请最高人民法院核准。
第二百零一条　中级人民法院判处死刑缓期二年执行的案件，由高级人民法院核准。	**第二百三十七条**　中级人民法院判处死刑缓期二年执行的案件，由高级人民法院核准。
第二百零二条　最高人民法院复核死刑案件，高级人民法院复核死刑缓期执行的案件，应当由审判员三人组成合议庭进行。	**第二百三十八条**　最高人民法院复核死刑案件，高级人民法院复核死刑缓期执行的案件，应当由审判员三人组成合议庭进行。
	第二百三十九条　最高人民法院复核死刑案件，应当作出核准或者不核准死刑的裁定。对于不核准死刑的，最高人民法院可以发回重新审判或者予以改判。
	第二百四十条　最高人民法院复核死刑案件，应当讯问被告人，辩护律师提出要求的，应当听取辩护律师的意见。 　　在复核死刑案件过程中，最高人民检察院可以向最高人民法院提出意见。最高人民法院应当将死刑复核结果通报最高人民检察院。
<div align="center">**第五章　审判监督程序**</div>	<div align="center">**第五章　审判监督程序**</div>
第二百零三条　当事人及其法定代理人、近亲属，对已经发生法律效力的判决、	**第二百四十一条**　当事人及其法定代理人、近亲属，对已经发生法律效力的判决、

裁定，可以向人民法院或者人民检察院提出申诉，但是不能停止判决、裁定的执行。	裁定，可以向人民法院或者人民检察院提出申诉，但是不能停止判决、裁定的执行。
第二百零四条　当事人及其法定代理人、近亲属的申诉符合下列情形之一的，人民法院应当重新审判： （一）有新的证据证明原判决、裁定认定的事实确有错误的； （二）据以定罪量刑的证据不确实、不充分或者证明案件事实的主要证据之间存在矛盾的； （三）原判决、裁定适用法律确有错误的； （四）审判人员在审理该案件的时候，有贪污受贿，徇私舞弊，枉法裁判行为的。	**第二百四十二条**　当事人及其法定代理人、近亲属的申诉符合下列情形之一的，人民法院应当重新审判： （一）有新的证据证明原判决、裁定认定的事实确有错误，**可能影响定罪量刑的**； （二）据以定罪量刑的证据不确实、不充分、**依法应当予以排除**，或者证明案件事实的主要证据之间存在矛盾的； （三）原判决、裁定适用法律确有错误的； （四）**违反法律规定的诉讼程序，可能影响公正审判的**； （五）审判人员在审理该案件的时候，有贪污受贿，徇私舞弊，枉法裁判行为的。
第二百零五条　各级人民法院院长对本院已经发生法律效力的判决和裁定，如果发现在认定事实上或者在适用法律上确有错误，必须提交审判委员会处理。 最高人民法院对各级人民法院已经发生法律效力的判决和裁定，上级人民法院对下级人民法院已经发生法律效力的判决和裁定，如果发现确有错误，有权提审或者指令下级人民法院再审。 最高人民检察院对各级人民法院已经发生法律效力的判决和裁定，上级人民检察院对下级人民法院已经发生法律效力的判决和裁定，如果发现确有错误，有权按照审判监督程序向同级人民法院提出抗诉。 人民检察院抗诉的案件，接受抗诉的人民法院应当组成合议庭重新审理，对于原判决事实不清楚或者证据不足的，可以指令下级人民法院再审。	**第二百四十三条**　各级人民法院院长对本院已经发生法律效力的判决和裁定，如果发现在认定事实上或者在适用法律上确有错误，必须提交审判委员会处理。 最高人民法院对各级人民法院已经发生法律效力的判决和裁定，上级人民法院对下级人民法院已经发生法律效力的判决和裁定，如果发现确有错误，有权提审或者指令下级人民法院再审。 最高人民检察院对各级人民法院已经发生法律效力的判决和裁定，上级人民检察院对下级人民法院已经发生法律效力的判决和裁定，如果发现确有错误，有权按照审判监督程序向同级人民法院提出抗诉。 人民检察院抗诉的案件，接受抗诉的人民法院应当组成合议庭重新审理，对于原判决事实不清楚或者证据不足的，可以指令下级人民法院再审。
	第二百四十四条　上级人民法院指令下级人民法院再审的，应当指令原审人民法院

	以外的下级人民法院审理；由原审人民法院审理更为适宜的，也可以指令原审人民法院审理。
第二百零六条　人民法院按照审判监督程序重新审判的案件，应当另行组成合议庭进行。如果原来是第一审案件，应当依照第一审程序进行审判，所作的判决、裁定，可以上诉、抗诉；如果原来是第二审案件，或者是上级人民法院提审的案件，应当依照第二审程序进行审判，所作的判决、裁定，是终审的判决、裁定。	**第二百四十五条**　人民法院按照审判监督程序重新审判的案件，由原审人民法院审理的，应当另行组成合议庭进行。如果原来是第一审案件，应当依照第一审程序进行审判，所作的判决、裁定，可以上诉、抗诉；如果原来是第二审案件，或者是上级人民法院提审的案件，应当依照第二审程序进行审判，所作的判决、裁定，是终审的判决、裁定。 人民法院开庭审理的再审案件，同级人民检察院应当派员出席法庭。
	第二百四十六条　人民法院决定再审的案件，需要对被告人采取强制措施的，由人民法院依法决定；人民检察院提出抗诉的再审案件，需要对被告人采取强制措施的，由人民检察院依法决定。 人民法院按照审判监督程序审判的案件，可以决定中止原判决、裁定的执行。
第二百零七条　人民法院按照审判监督程序重新审判的案件，应当在作出提审、再审决定之日起三个月以内审结，需要延长期限的，不得超过六个月。 接受抗诉的人民法院按照审判监督程序审判抗诉的案件，审判期限适用前款规定；对需要指令下级人民法院再审的，应当自接受抗诉之日起一个月以内作出决定，下级人民法院审理案件的期限适用前款规定。	**第二百四十七条**　人民法院按照审判监督程序重新审判的案件，应当在作出提审、再审决定之日起三个月以内审结，需要延长期限的，不得超过六个月。 接受抗诉的人民法院按照审判监督程序审判抗诉的案件，审理期限适用前款规定；对需要指令下级人民法院再审的，应当自接受抗诉之日起一个月以内作出决定，下级人民法院审理案件的期限适用前款规定。
第四编　执　行	**第四编　执　行**
第二百零八条　判决和裁定在发生法律效力后执行。 下列判决和裁定是发生法律效力的判决和裁定： （一）已过法定期限没有上诉、抗诉的	**第二百四十八条**　判决和裁定在发生法律效力后执行。 下列判决和裁定是发生法律效力的判决和裁定： （一）已过法定期限没有上诉、抗诉的

判决和裁定； （二）终审的判决和裁定； （三）最高人民法院核准的死刑的判决和高级人民法院核准的死刑缓期二年执行的判决。	判决和裁定； （二）终审的判决和裁定； （三）最高人民法院核准的死刑的判决和高级人民法院核准的死刑缓期二年执行的判决。
第二百零九条 第一审人民法院判决被告人无罪、免除刑事处罚的，如果被告人在押，在宣判后应当立即释放。	**第二百四十九条** 第一审人民法院判决被告人无罪、免除刑事处罚的，如果被告人在押，在宣判后应当立即释放。
第二百一十条 最高人民法院判处和核准的死刑立即执行的判决，应当由最高人民法院院长签发执行死刑的命令。 被判处死刑缓期二年执行的罪犯，在死刑缓期执行期间，如果没有故意犯罪，死刑缓期执行期满，应当予以减刑，由执行机关提出书面意见，报请高级人民法院裁定；如果故意犯罪，查证属实，应当执行死刑，由高级人民法院报请最高人民法院核准。	**第二百五十条** 最高人民法院判处和核准的死刑立即执行的判决，应当由最高人民法院院长签发执行死刑的命令。 被判处死刑缓期二年执行的罪犯，在死刑缓期执行期间，如果没有故意犯罪，死刑缓期执行期满，应当予以减刑，由执行机关提出书面意见，报请高级人民法院裁定；如果故意犯罪，查证属实，应当执行死刑，由高级人民法院报请最高人民法院核准。
第二百一十一条 下级人民法院接到最高人民法院执行死刑的命令后，应当在七日以内交付执行。但是发现有下列情形之一的，应当停止执行，并且立即报告最高人民法院，由最高人民法院作出裁定： （一）在执行前发现判决可能有错误的； （二）在执行前罪犯揭发重大犯罪事实或者有其他重大立功表现，可能需要改判的； （三）罪犯正在怀孕。 前款第一项、第二项停止执行的原因消失后，必须报请最高人民法院院长再签发行死刑的命令才能执行；由于前款第三项原因停止执行的，应当报请最高人民法院依法改判。	**第二百五十一条** 下级人民法院接到最高人民法院执行死刑的命令后，应当在七日以内交付执行。但是发现有下列情形之一的，应当停止执行，并且立即报告最高人民法院，由最高人民法院作出裁定： （一）在执行前发现判决可能有错误的； （二）在执行前罪犯揭发重大犯罪事实或者有其他重大立功表现，可能需要改判的； （三）罪犯正在怀孕。 前款第一项、第二项停止执行的原因消失后，必须报请最高人民法院院长再签发行死刑的命令才能执行；由于前款第三项原因停止执行的，应当报请最高人民法院依法改判。
第二百一十二条 人民法院在交付执行死刑前，应当通知同级人民检察院派员临场监督。	**第二百五十二条** 人民法院在交付执行死刑前，应当通知同级人民检察院派员临场监督。

死刑采用枪决或者注射等方法执行。 死刑可以在刑场或者指定的羁押场所内执行。 指挥执行的审判人员，对罪犯应当验明正身，讯问有无遗言、信札，然后交付执行人员执行死刑。在执行前，如果发现可能有错误，应当暂停执行，报请最高人民法院裁定。 执行死刑应当公布，不应示众。 执行死刑后，在场书记员应当写成笔录。交付执行的人民法院应当将执行死刑情况报告最高人民法院。 执行死刑后，交付执行的人民法院应当通知罪犯家属。	死刑采用枪决或者注射等方法执行。 死刑可以在刑场或者指定的羁押场所内执行。 指挥执行的审判人员，对罪犯应当验明正身，讯问有无遗言、信札，然后交付执行人员执行死刑。在执行前，如果发现可能有错误，应当暂停执行，报请最高人民法院裁定。 执行死刑应当公布，不应示众。 执行死刑后，在场书记员应当写成笔录。交付执行的人民法院应当将执行死刑情况报告最高人民法院。 执行死刑后，交付执行的人民法院应当通知罪犯家属。
第二百一十三条 罪犯被交付执行刑罚的时候，应当由交付执行的人民法院将有关的法律文书送达监狱或者其他执行机关。 对于被判处死刑缓期二年执行、无期徒刑、有期徒刑的罪犯，由公安机关依法将该罪犯送交监狱执行刑罚。对于被判处有期徒刑的罪犯，在被交付执行刑罚前，剩余刑期在一年以下的，由看守所代为执行。对于被判处拘役的罪犯，由公安机关执行。 对未成年犯应当在未成年犯管教所执行刑罚。 执行机关应当将罪犯及时收押，并且通知罪犯家属。 判处有期徒刑、拘役的罪犯，执行期满，应当由执行机关发给释放证明书。	**第二百五十三条** 罪犯被交付执行刑罚的时候，应当由交付执行的人民法院**在判决生效后十日以内**将有关的法律文书送达**公安机关**、监狱或者其他执行机关。 对被判处死刑缓期二年执行、无期徒刑、有期徒刑的罪犯，由公安机关依法将该罪犯送交监狱执行刑罚。对被判处有期徒刑的罪犯，在被交付执行刑罚前，剩余刑期在**三个月以下**的，由看守所代为执行。对被判处拘役的罪犯，由公安机关执行。 对未成年犯应当在未成年犯管教所执行刑罚。 执行机关应当将罪犯及时收押，并且通知罪犯家属。 判处有期徒刑、拘役的罪犯，执行期满，应当由执行机关发给释放证明书。
第二百一十四条 对于被判处有期徒刑或者拘役的罪犯，有下列情形之一的，可以暂予监外执行： （一）有严重疾病需要保外就医的； （二）怀孕或者正在哺乳自己婴儿的妇女。 对于适用保外就医可能有社会危险性的	**第二百五十四条** 对被判处有期徒刑或者拘役的罪犯，有下列情形之一的，可以暂予监外执行： （一）有严重疾病需要保外就医的； （二）怀孕或者正在哺乳自己婴儿的妇女； （三）生活不能自理，适用暂予监外执

罪犯，或者自伤自残的罪犯，不得保外就医。 　　对于罪犯确有严重疾病，必须保外就医的，由省级人民政府指定的医院开具证明文件，依照法律规定的程序审批。 　　发现被保外就医的罪犯不符合保外就医条件的，或者严重违反有关保外就医的规定的，应当及时收监。 　　对于被判处有期徒刑、拘役，生活不能自理，适用暂予监外执行不致危害社会的罪犯，可以暂予监外执行。 　　对于暂予监外执行的罪犯，由居住地公安机关执行，执行机关应当对其严格管理监督，基层组织或者罪犯的原所在单位协助进行监督。	行不致危害社会的。 　　**对被判处无期徒刑的罪犯，有前款第二项规定情形的，可以暂予监外执行。** 　　对适用保外就医可能有社会危险性的罪犯，或者自伤自残的罪犯，不得保外就医。 　　对罪犯确有严重疾病，必须保外就医的，由省级人民政府指定的医院**诊断并**开具证明文件。 　　**在交付执行前，暂予监外执行由交付执行的人民法院决定；在交付执行后，暂予监外执行由监狱或者看守所提出书面意见，报省级以上监狱管理机关或者设区的市一级以上公安机关批准。**
	第二百五十五条　监狱、看守所提出暂予监外执行的书面意见的，应当将书面意见的副本抄送人民检察院。人民检察院可以向决定或者批准机关提出书面意见。
第二百一十五条　批准暂予监外执行的机关应当将批准的决定抄送人民检察院。人民检察院认为暂予监外执行不当的，应当自接到通知之日起一个月以内将书面意见送交批准暂予监外执行的机关，批准暂予监外执行的机关接到人民检察院的书面意见后，应当立即对该决定进行重新核查。	**第二百五十六条**　**决定或者**批准暂予监外执行的机关应当将**暂予监外执行**决定抄送人民检察院。人民检察院认为暂予监外执行不当的，应当自接到通知之日起一个月以内将书面意见送交**决定或者**批准暂予监外执行的机关，**决定或者**批准暂予监外执行的机关接到人民检察院的书面意见后，应当立即对该决定进行重新核查。
第二百一十六条　暂予监外执行的情形消失后，罪犯刑期未满的，应当及时收监。 　　罪犯在暂予监外执行期间死亡的，应当及时通知监狱。	**第二百五十七条**　**对暂予监外执行的罪犯，有下列情形之一的**，应当及时收监： 　　**（一）发现不符合暂予监外执行条件的；** 　　**（二）严重违反有关暂予监外执行监督管理规定的；** 　　**（三）暂予监外执行的情形消失后，罪犯刑期未满的。** 　　**对于人民法院决定暂予监外执行的罪犯**

	应当予以收监的，由人民法院作出决定，将有关的法律文书送达公安机关、监狱或者其他执行机关。
	不符合暂予监外执行条件的罪犯通过贿赂等非法手段被暂予监外执行的，在监外执行的期间不计入执行刑期。罪犯在暂予监外执行期间脱逃的，脱逃的期间不计入执行刑期。
	罪犯在暂予监外执行期间死亡的，执行机关应当及时通知监狱或者看守所。
第二百一十七条　对于被判处徒刑缓刑的罪犯，由公安机关交所在单位或者基层组织予以考察。 对于被假释的罪犯，在假释考验期限内，由公安机关予以监督。	第二百五十八条　对被判处管制、宣告缓刑、假释或者暂予监外执行的罪犯，依法实行社区矫正，由社区矫正机构负责执行。
第二百一十八条　对于被判处管制、剥夺政治权利的罪犯，由公安机关执行。执行期满，应当由执行机关通知本人，并向有关群众公开宣布解除管制或者恢复政治权利。	第二百五十九条　对被判处剥夺政治权利的罪犯，由公安机关执行。执行期满，应当由执行机关书面通知本人及其所在单位、居住地基层组织。
第二百一十九条　被判处罚金的罪犯，期满不缴纳的，人民法院应当强制缴纳；如果由于遭遇不能抗拒的灾祸缴纳确实有困难的，可以裁定减少或者免除。	第二百六十条　被判处罚金的罪犯，期满不缴纳的，人民法院应当强制缴纳；如果由于遭遇不能抗拒的灾祸缴纳确实有困难的，可以裁定减少或者免除。
第二百二十条　没收财产的判决，无论附加适用或者独立适用，都由人民法院执行；在必要的时候，可以会同公安机关执行。	第二百六十一条　没收财产的判决，无论附加适用或者独立适用，都由人民法院执行；在必要的时候，可以会同公安机关执行。
第二百二十一条　罪犯在服刑期间又犯罪的，或者发现了判决的时候所没有发现的罪行，由执行机关移送人民检察院处理。 被判处管制、拘役、有期徒刑或者无期徒刑的罪犯，在执行期间确有悔改或者立功表现，应当依法予以减刑、假释的时候，由执行机关提出建议书，报请人民法院审核裁定。	第二百六十二条　罪犯在服刑期间又犯罪的，或者发现了判决的时候所没有发现的罪行，由执行机关移送人民检察院处理。 被判处管制、拘役、有期徒刑或者无期徒刑的罪犯，在执行期间确有悔改或者立功表现，应当依法予以减刑、假释的时候，由执行机关提出建议书，报请人民法院审核裁定，并将建议书副本抄送人民检察院。人民检察院可以向人民法院提出书面意见。

第二百二十二条　人民检察院认为人民法院减刑、假释的裁定不当，应当在收到裁定书副本后二十日以内，向人民法院提出书面纠正意见。人民法院应当在收到纠正意见后一个月以内重新组成合议庭进行审理，作出最终裁定。	**第二百六十三条**　人民检察院认为人民法院减刑、假释的裁定不当，应当在收到裁定书副本后二十日以内，向人民法院提出书面纠正意见。人民法院应当在收到纠正意见后一个月以内重新组成合议庭进行审理，作出最终裁定。
第二百二十三条　监狱和其他执行机关在刑罚执行中，如果认为判决有错误或者罪犯提出申诉，应当转请人民检察院或者原判人民法院处理。	**第二百六十四条**　监狱和其他执行机关在刑罚执行中，如果认为判决有错误或者罪犯提出申诉，应当转请人民检察院或者原判人民法院处理。
第二百二十四条　人民检察院对执行机关执行刑罚的活动是否合法实行监督。如果发现有违法的情况，应当通知执行机关纠正。	**第二百六十五条**　人民检察院对执行机关执行刑罚的活动是否合法实行监督。如果发现有违法的情况，应当通知执行机关纠正。
	第五编　特别程序
	第一章　未成年人刑事案件诉讼程序
	第二百六十六条　对犯罪的未成年人实行教育、感化、挽救的方针，坚持教育为主、惩罚为辅的原则。 人民法院、人民检察院和公安机关办理未成年人刑事案件，应当保障未成年人行使其诉讼权利，保障未成年人得到法律帮助，并由熟悉未成年人身心特点的审判人员、检察人员、侦查人员承办。
	第二百六十七条　未成年犯罪嫌疑人、被告人没有委托辩护人的，人民法院、人民检察院、公安机关应当通知法律援助机构指派律师为其提供辩护。
	第二百六十八条　公安机关、人民检察院、人民法院办理未成年人刑事案件，根据情况可以对未成年犯罪嫌疑人、被告人的成长经历、犯罪原因、监护教育等情况进行调查。
	第二百六十九条　对未成年犯罪嫌疑

人、被告人应当严格限制适用逮捕措施。人民检察院审查批准逮捕和人民法院决定逮捕，应当讯问未成年犯罪嫌疑人、被告人，听取辩护律师的意见。

对被拘留、逮捕和执行刑罚的未成年人与成年人应当分别关押、分别管理、分别教育。

第二百七十条　对于未成年人刑事案件，在讯问和审判的时候，应当通知未成年犯罪嫌疑人、被告人的法定代理人到场。无法通知、法定代理人不能到场或者法定代理人是共犯的，也可以通知未成年犯罪嫌疑人、被告人的其他成年亲属，所在学校、单位、居住地基层组织或者未成年人保护组织的代表到场，并将有关情况记录在案。到场的法定代理人可以代为行使未成年犯罪嫌疑人、被告人的诉讼权利。

到场的法定代理人或者其他人员认为办案人员在讯问、审判中侵犯未成年人合法权益的，可以提出意见。讯问笔录、法庭笔录应当交给到场的法定代理人或者其他人员阅读或者向他宣读。

讯问女性未成年犯罪嫌疑人，应当有女工作人员在场。

审判未成年人刑事案件，未成年被告人最后陈述后，其法定代理人可以进行补充陈述。

询问未成年被害人、证人，适用第一款、第二款、第三款的规定。

第二百七十一条　对于未成年人涉嫌刑法分则第四章、第五章、第六章规定的犯罪，可能判处一年有期徒刑以下刑罚，符合起诉条件，但有悔罪表现的，人民检察院可以作出附条件不起诉的决定。人民检察院在作出附条件不起诉的决定以前，应当听取公安机关、被害人的意见。

	对附条件不起诉的决定，公安机关要求复议、提请复核或者被害人申诉的，适用本法第一百七十五条、第一百七十六条的规定。 未成年犯罪嫌疑人及其法定代理人对人民检察院决定附条件不起诉有异议的，人民检察院应当作出起诉的决定。
	第二百七十二条　在附条件不起诉的考验期内，由人民检察院对被附条件不起诉的未成年犯罪嫌疑人进行监督考察。未成年犯罪嫌疑人的监护人，应当对未成年犯罪嫌疑人加强管教，配合人民检察院做好监督考察工作。 附条件不起诉的考验期为六个月以上一年以下，从人民检察院作出附条件不起诉的决定之日起计算。 被附条件不起诉的未成年犯罪嫌疑人，应当遵守下列规定： （一）遵守法律法规，服从监督； （二）按照考察机关的规定报告自己的活动情况； （三）离开所居住的市、县或者迁居，应当报经考察机关批准； （四）按照考察机关的要求接受矫治和教育。
	第二百七十三条　被附条件不起诉的未成年犯罪嫌疑人，在考验期内有下列情形之一的，人民检察院应当撤销附条件不起诉的决定，提起公诉： （一）实施新的犯罪或者发现决定附条件不起诉以前还有其他犯罪需要追诉的； （二）违反治安管理规定或者考察机关有关附条件不起诉的监督管理规定，情节严重的。 被附条件不起诉的未成年犯罪嫌疑人，在考验期内没有上述情形，考验期满的，人

	民检察院应当作出不起诉的决定。
	第二百七十四条　审判的时候被告人不满十八周岁的案件，不公开审理。但是，经未成年被告人及其法定代理人同意，未成年被告人所在学校和未成年人保护组织可以派代表到场。
	第二百七十五条　犯罪的时候不满十八周岁，被判处五年有期徒刑以下刑罚的，应当对相关犯罪记录予以封存。 　　犯罪记录被封存的，不得向任何单位和个人提供，但司法机关为办案需要或者有关单位根据国家规定进行查询的除外。依法进行查询的单位，应当对被封存的犯罪记录的情况予以保密。
	第二百七十六条　办理未成年人刑事案件，除本章已有规定的以外，按照本法的其他规定进行。
	第二章　当事人和解的公诉 案件诉讼程序
	第二百七十七条　下列公诉案件，犯罪嫌疑人、被告人真诚悔罪，通过向被害人赔偿损失、赔礼道歉等方式获得被害人谅解，被害人自愿和解的，双方当事人可以和解： 　　（一）因民间纠纷引起，涉嫌刑法分则第四章、第五章规定的犯罪案件，可能判处三年有期徒刑以下刑罚的； 　　（二）除渎职犯罪以外的可能判处七年有期徒刑以下刑罚的过失犯罪案件。 　　犯罪嫌疑人、被告人在五年以内曾经故意犯罪的，不适用本章规定的程序。
	第二百七十八条　双方当事人和解的，公安机关、人民检察院、人民法院应当听取当事人和其他有关人员的意见，对和解的自愿性、合法性进行审查，并主持制作和解协议书。
	第二百七十九条　对于达成和解协议的

案件，公安机关可以向人民检察院提出从宽处理的建议。人民检察院可以向人民法院提出从宽处罚的建议；对于犯罪情节轻微，不需要判处刑罚的，可以作出不起诉的决定。人民法院可以依法对被告人从宽处罚。

第三章　犯罪嫌疑人、被告人逃匿、死亡案件违法所得的没收程序

　　第二百八十条　对于贪污贿赂犯罪、恐怖活动犯罪等重大犯罪案件，犯罪嫌疑人、被告人逃匿，在通缉一年后不能到案，或者犯罪嫌疑人、被告人死亡，依照刑法规定应当追缴其违法所得及其他涉案财产的，人民检察院可以向人民法院提出没收违法所得的申请。

　　公安机关认为有前款规定情形的，应当写出没收违法所得意见书，移送人民检察院。

　　没收违法所得的申请应当提供与犯罪事实、违法所得相关的证据材料，并列明财产的种类、数量、所在地及查封、扣押、冻结的情况。

　　人民法院在必要的时候，可以查封、扣押、冻结申请没收的财产。

　　第二百八十一条　没收违法所得的申请，由犯罪地或者犯罪嫌疑人、被告人居住地的中级人民法院组成合议庭进行审理。

　　人民法院受理没收违法所得的申请后，应当发出公告。公告期间为六个月。犯罪嫌疑人、被告人的近亲属和其他利害关系人有权申请参加诉讼，也可以委托诉讼代理人参加诉讼。

　　人民法院在公告期满后对没收违法所得的申请进行审理。利害关系人参加诉讼的，人民法院应当开庭审理。

　　第二百八十二条　人民法院经审理，对经查证属于违法所得及其他涉案财产，除依

法返还被害人的以外，应当裁定予以没收；对不属于应当追缴的财产的，应当裁定驳回申请，解除查封、扣押、冻结措施。

对于人民法院依照前款规定作出的裁定，犯罪嫌疑人、被告人的近亲属和其他利害关系人或者人民检察院可以提出上诉、抗诉。

第二百八十三条　在审理过程中，在逃的犯罪嫌疑人、被告人自动投案或者被抓获的，人民法院应当终止审理。

没收犯罪嫌疑人、被告人财产确有错误的，应当予以返还、赔偿。

第四章　依法不负刑事责任的精神病人的强制医疗程序

第二百八十四条　实施暴力行为，危害公共安全或者严重危害公民人身安全，经法定程序鉴定依法不负刑事责任的精神病人，有继续危害社会可能的，可以予以强制医疗。

第二百八十五条　根据本章规定对精神病人强制医疗的，由人民法院决定。

公安机关发现精神病人符合强制医疗条件的，应当写出强制医疗意见书，移送人民检察院。对于公安机关移送的或者在审查起诉过程中发现的精神病人符合强制医疗条件的，人民检察院应当向人民法院提出强制医疗的申请。人民法院在审理案件过程中发现被告人符合强制医疗条件的，可以作出强制医疗的决定。

对实施暴力行为的精神病人，在人民法院决定强制医疗前，公安机关可以采取临时的保护性约束措施。

第二百八十六条　人民法院受理强制医疗的申请后，应当组成合议庭进行审理。

人民法院审理强制医疗案件，应当通知

	被申请人或者被告人的法定代理人到场。被申请人或者被告人没有委托诉讼代理人的，人民法院应当通知法律援助机构指派律师为其提供法律帮助。
	第二百八十七条　人民法院经审理，对于被申请人或者被告人符合强制医疗条件的，应当在一个月以内作出强制医疗的决定。 被决定强制医疗的人、被害人及其法定代理人、近亲属对强制医疗决定不服的，可以向上一级人民法院申请复议。
	第二百八十八条　强制医疗机构应当定期对被强制医疗的人进行诊断评估。对于已不具有人身危险性，不需要继续强制医疗的，应当及时提出解除意见，报决定强制医疗的人民法院批准。 被强制医疗的人及其近亲属有权申请解除强制医疗。
	第二百八十九条　人民检察院对强制医疗的决定和执行实行监督。
附　　则	附　　则
第二百二十五条　军队保卫部门对军队内部发生的刑事案件行使侦查权。 对罪犯在监狱内犯罪的案件由监狱进行侦查。 军队保卫部门、监狱办理刑事案件，适用本法的有关规定。	**第二百九十条**　军队保卫部门对军队内部发生的刑事案件行使侦查权。 对罪犯在监狱内犯罪的案件由监狱进行侦查。 军队保卫部门、监狱办理刑事案件，适用本法的有关规定。

第四部分

法律及相关规定

全国人民代表大会关于修改
《中华人民共和国刑事诉讼法》的决定

（2012 年 3 月 14 日第十一届全国人民代表大会第五次会议通过）

第十一届全国人民代表大会第五次会议决定对《中华人民共和国刑事诉讼法》作如下修改：

一、将第二条修改为："中华人民共和国刑事诉讼法的任务，是保证准确、及时地查明犯罪事实，正确应用法律，惩罚犯罪分子，保障无罪的人不受刑事追究，教育公民自觉遵守法律，积极同犯罪行为作斗争，维护社会主义法制，尊重和保障人权，保护公民的人身权利、财产权利、民主权利和其他权利，保障社会主义建设事业的顺利进行。"

二、将第十四条第一款修改为："人民法院、人民检察院和公安机关应当保障犯罪嫌疑人、被告人和其他诉讼参与人依法享有的辩护权和其他诉讼权利。"

删去第二款。

三、将第二十条修改为："中级人民法院管辖下列第一审刑事案件：

"（一）危害国家安全、恐怖活动案件；

"（二）可能判处无期徒刑、死刑的案件。"

四、将第三十一条修改为："本章关于回避的规定适用于书记员、翻译人员和鉴定人。

"辩护人、诉讼代理人可以依照本章的规定要求回避、申请复议。"

五、将第三十三条修改为："犯罪嫌疑人自被侦查机关第一次讯问或者采取强制措施之日起，有权委托辩护人；在侦查期间，只能委托律师作为辩护人。被告人有权随时委托辩护人。

"侦查机关在第一次讯问犯罪嫌疑人或者对犯罪嫌疑人采取强制措施的时候，应当告知犯罪嫌疑人有权委托辩护人。人民检察院自收到移送审查起诉的案件材料之日起三日以内，应当告知犯罪嫌疑人有权委托辩护人。人民法院自受理案件之日起三日以内，应当告知被告人有权委托辩护人。犯罪嫌疑人、被告人在押期间要求委托辩护人的，人民法院、人民检察院和公安机关应当及时转达其要求。

"犯罪嫌疑人、被告人在押的，也可以由其监护人、近亲属代为委托辩护人。

"辩护人接受犯罪嫌疑人、被告人委托后，应当及时告知办理案件的机关。"

六、将第三十四条修改为："犯罪嫌疑人、被告人因经济困难或者其他原因没有委托辩护人的，本人及其近亲属可以向法律援助机构提出申请。对符合法律援助条件的，法律援助机构应当指派律师为其提供辩护。

"犯罪嫌疑人、被告人是盲、聋、哑人，或者是尚未完全丧失辨认或者控制自己行为能力的精神病人，没有委托辩护人的，人民法院、人民检察院和公安机关应当通知法律援助机构指派律师为其提供辩护。

"犯罪嫌疑人、被告人可能被判处无期徒刑、死刑，没有委托辩护人的，人民法院、人民检察院和公安机关应当通知法律援助机构指派律师为其提供辩护。"

七、将第三十五条修改为："辩护人的责任是根据事实和法律，提出犯罪嫌疑人、被告人无罪、罪轻或者减轻、免除其刑事责任的材料和意见，维护犯罪嫌疑人、被告人的诉讼权利和其他合法权益。"

八、增加一条，作为第三十六条："辩护律师在侦查期间可以为犯罪嫌疑人提供法律帮助；代理申诉、控告；申请变更强制措施；向侦查机关了解犯罪嫌疑人涉嫌的罪名和案件有关情况，提出意见。"

九、将第三十六条改为二条，作为第三十七条、第三十八条，修改为：

"第三十七条　辩护律师可以同在押的犯罪嫌疑人、被告人会见和通信。其他辩护人经人民法院、人民检察院许可，也可以同在押的犯罪嫌疑人、被告人会见和通信。

"辩护律师持律师执业证书、律师事务所证明和委托书或者法律援助公函要求会见在押的犯罪嫌疑人、被告人的，看守所应当及时安排会见，至迟不得超过四十八小时。

"危害国家安全犯罪、恐怖活动犯罪、特别重大贿赂犯罪案件，在侦查期间辩护律师会见在押的犯罪嫌疑人，应当经侦查机关许可。上述案件，侦查机关应当事先通知看守所。

"辩护律师会见在押的犯罪嫌疑人、被告人，可以了解案件有关情况，提供法律咨询等；自案件移送审查起诉之日起，可以向犯罪嫌疑人、被告人核实有关证据。辩护律师会见犯罪嫌疑人、被告人时不被监听。

"辩护律师同被监视居住的犯罪嫌疑人、被告人会见、通信，适用第一款、第三款、第四款的规定。

"第三十八条 辩护律师自人民检察院对案件审查起诉之日起，可以查阅、摘抄、复制本案的案卷材料。其他辩护人经人民法院、人民检察院许可，也可以查阅、摘抄、复制上述材料。"

十、增加二条，作为第三十九条、第四十条：

"第三十九条 辩护人认为在侦查、审查起诉期间公安机关、人民检察院收集的证明犯罪嫌疑人、被告人无罪或者罪轻的证据材料未提交的，有权申请人民检察院、人民法院调取。

"第四十条 辩护人收集的有关犯罪嫌疑人不在犯罪现场、未达到刑事责任年龄、属于依法不负刑事责任的精神病人的证据，应当及时告知公安机关、人民检察院。"

十一、将第三十八条改为第四十二条，修改为："辩护人或者其他任何人，不得帮助犯罪嫌疑人、被告人隐匿、毁灭、伪造证据或者串供，不得威胁、引诱证人作伪证以及进行其他干扰司法机关诉讼活动的行为。

"违反前款规定的，应当依法追究法律责任，辩护人涉嫌犯罪的，应当由办理辩护人所承办案件的侦查机关以外的侦查机关办理。辩护人是律师的，应当及时通知其所在的律师事务所或者所属的律师协会。"

十二、增加二条，作为第四十六条、第四十七条：

"第四十六条 辩护律师对在执业活动中知悉的委托人的有关情况和信息，有权予以保密。但是，辩护律师在执业活动中知悉委托人或者其他人，准备或者正在实施危害国家安全、公共安全以及严重危害他人人身安全的犯罪的，应当及时告知司法机关。

"第四十七条 辩护人、诉讼代理人认为公安机关、人民检察院、人民法院及其工作人员阻碍其依法行使诉讼权利的，有权向同级或者上一级人民检察院申诉或者控告。人民检察院对申诉或者控告应当及时进行审查，情况属实的，通知有关机关予以纠正。"

十三、将第四十二条改为第四十八条，修改为："可以用于证明案件事实的材料，都是证据。

"证据包括：

"（一）物证；

"（二）书证；

"（三）证人证言；

"（四）被害人陈述；

"（五）犯罪嫌疑人、被告人供述和辩解；

"（六）鉴定意见；

"（七）勘验、检查、辨认、侦查实验等笔录；

"（八）视听资料、电子数据。

"证据必须经过查证属实，才能作为定案的根据。"

十四、增加一条，作为第四十九条："公诉案件中被告人有罪的举证责任由人民检察院承担，自诉案件中被告人有罪的举证责任由自诉人承担。"

十五、将第四十三条改为第五十条，修改为："审判人员、检察人员、侦查人员必须依照法定程序，收集能够证实犯罪嫌疑人、被告人有罪或者无罪、犯罪情节轻重的各种证据。严禁刑讯逼供和以威胁、引诱、欺骗以及其他非法方法收集证据，不得强迫任何人证实自己有罪。必须保证一切与案件有关或者了解案情的公民，有客观地充分地提供证据的条件，除特殊情况外，可以吸收他们协助调查。"

十六、将第四十五条改为第五十二条，增加一款，作为第二款："行政机关在行政执法和查办案件过程中收集的物证、书证、视听资料、电子数据等证据材料，在刑事诉讼中可以作为证据使用。"

将第二款改为第三款，修改为："对涉及国家秘密、商业秘密、个人隐私的证据，应当保密。"

十七、将第四十六条改为第五十三条，修改为："对一切案件的判处都要重证据，重调查研究，不轻信口供。只有被告人供述，没有其他证据的，不能认定被告人有罪和处以刑罚；没有被告人供述，证据确实、充分的，可以认定被告人有罪和处以刑罚。

"证据确实、充分，应当符合以下条件：

"（一）定罪量刑的事实都有证据证明；

"（二）据以定案的证据均经法定程序查证属实；

"（三）综合全案证据，对所认定事实已排除合理怀疑。"

十八、增加五条，作为第五十四条、第五十五条、第五十六条、第五十七条、第五十八条：

"第五十四条　采用刑讯逼供等非法方法收集的犯罪嫌疑人、被告人供述和采用暴力、威胁等非法方法收集的证人证言、被害人陈述，应当予以排除。收集物证、书证不符合法定程序，可能严重影响司法公正的，应当予以补正或者作出合理解释；不能补正或者作出合理解释的，对该证据应当予以排除。

"在侦查、审查起诉、审判时发现有应当排除的证据的，应当依法予以排除，不得作为起诉意见、起诉决定和判决的依据。

"第五十五条　人民检察院接到报案、控告、举报或者发现侦查人员以非法方法收集证据的，应当进行调查核实。对于确有以非法方法收集证据情形的，应当提出纠正意见；构成犯罪的，依法追究刑事责任。

"第五十六条　法庭审理过程中，审判人员认为可能存在本法第五十四条规定的以非法方法收集证据情形的，应当对证据收集的合法性进行法庭调查。

"当事人及其辩护人、诉讼代理人有权申请人民法院对以非法方法收集的证据依法予以排除。申请排除以非法方法收集的证据的，应当提供相关线索或者材料。

"第五十七条　在对证据收集的合法性进行法庭调查的过程中，人民检察院应当对证据收集的合法性加以证明。

"现有证据材料不能证明证据收集的合法性的，人民检察院可以提请人民法院通知有关侦查人员或者其他人员出庭说明情况；人民法院可以通知有关侦查人员或者其他人员出庭说明情况。有关侦查人员或者其他人员也可以要求出庭说明情况。经人民法院通知，有关人员应当出庭。

"第五十八条　对于经过法庭审理，确认或者不能排除存在本法第五十四条规定的以非法方法收集证据情形的，对有关证据应当予以排除。"

十九、将第四十七条改为第五十九条，修改为："证人证言必须在法庭上经过公诉人、被害人和被告人、辩护人双方质证并且查实以后，才能作为定案的根据。法庭查明证人有意作伪证或者隐匿罪证的时候，应当依法处理。"

二十、增加二条，作为第六十二条、第六十三条：

"第六十二条　对于危害国家安全犯罪、恐怖活动犯罪、黑社会性质的组织犯罪、毒品犯罪等案件，证人、鉴定人、被害人因在诉讼中作证，本人或者其近亲属的人身安全面临危险的，人民法院、人民检察院和公安机关应当采取以下一项或者多项保护措施：

"（一）不公开真实姓名、住址和工作单位等个人信息；

"（二）采取不暴露外貌、真实声音等出庭作证措施；

"（三）禁止特定的人员接触证人、鉴定人、被害人及其近亲属；

"（四）对人身和住宅采取专门性保护措施；

"（五）其他必要的保护措施。

"证人、鉴定人、被害人认为因在诉讼中作证，本人或者其近亲属的人身安全面临危险的，可以向人民法院、人民检察院、公安机关请求予以保护。

"人民法院、人民检察院、公安机关依法采取保护措施，有关单位和个人应当配合。

"第六十三条 证人因履行作证义务而支出的交通、住宿、就餐等费用，应当给予补助。证人作证的补助列入司法机关业务经费，由同级政府财政予以保障。

"有工作单位的证人作证，所在单位不得克扣或者变相克扣其工资、奖金及其他福利待遇。"

二十一、将第五十一条改为第六十五条，修改为："人民法院、人民检察院和公安机关对有下列情形之一的犯罪嫌疑人、被告人，可以取保候审：

"（一）可能判处管制、拘役或者独立适用附加刑的；

"（二）可能判处有期徒刑以上刑罚，采取取保候审不致发生社会危险性的；

"（三）患有严重疾病、生活不能自理，怀孕或者正在哺乳自己婴儿的妇女，采取取保候审不致发生社会危险性的；

"（四）羁押期限届满，案件尚未办结，需要采取取保候审的。

"取保候审由公安机关执行。"

二十二、将第五十五条改为第六十八条，修改为："保证人应当履行以下义务：

"（一）监督被保证人遵守本法第六十九条的规定；

"（二）发现被保证人可能发生或者已经发生违反本法第六十九条规定的行为的，应当及时向执行机关报告。

"被保证人有违反本法第六十九条规定的行为，保证人未履行保证义务的，对保证人处以罚款，构成犯罪的，依法追究刑事责任。"

二十三、将第五十六条改为三条，作为第六十九条、第七十条、第七十一条，修改为：

"第六十九条 被取保候审的犯罪嫌疑人、被告人应当遵守以下规定：

"（一）未经执行机关批准不得离开所居住的市、县；

"（二）住址、工作单位和联系方式发生变动的，在二十四小时以内向执行机关报告；

"（三）在传讯的时候及时到案；

"（四）不得以任何形式干扰证人作证；

"（五）不得毁灭、伪造证据或者串供。

"人民法院、人民检察院和公安机关可以根据案件情况，责令被取保候审的犯罪嫌疑人、被告人遵守以下一项或者多项规定：

"（一）不得进入特定的场所；

"（二）不得与特定的人员会见或者通信；

"（三）不得从事特定的活动；

"（四）将护照等出入境证件、驾驶证件交执行机关保存。

"被取保候审的犯罪嫌疑人、被告人违反前两款规定，已交纳保证金的，没收部分或者全部保证金，并且区别情形，责令犯罪嫌疑人、被告人具结悔过，重新交纳保证金、提出保证人，或者监视居住、予以逮捕。

"对违反取保候审规定，需要予以逮捕的，可以对犯罪嫌疑人、被告人先行拘留。

"第七十条 取保候审的决定机关应当综合考虑保证诉讼活动正常进行的需要，被取保候审人的社会危险性，案件的性质、情节，可能判处刑罚的轻重，被取保候审人的经济状况等情况，确定保证金的数额。

"提供保证金的人应当将保证金存入执行机关指定银行的专门账户。

"第七十一条 犯罪嫌疑人、被告人在取保候审期间未违反本法第六十九条规定的，取保候审结束的时候，凭解除取保候审的通知或者有关法律文书到银行领取退还的保证金。"

二十四、增加三条，作为第七十二条、第七十三条、第七十四条：

"第七十二条 人民法院、人民检察院和公安机关对符合逮捕条件，有下列情形之一的犯罪嫌疑人、被告人，可以监视居住：

"（一）患有严重疾病、生活不能自理的；

"（二）怀孕或者正在哺乳自己婴儿的妇女；

"（三）系生活不能自理的人的唯一扶养人；

"（四）因为案件的特殊情况或者办理案件的需要，采取监视居住措施更为适宜的；

"（五）羁押期限届满，案件尚未办结，需要采取监视居住措施的。

"对符合取保候审条件，但犯罪嫌疑人、被告人不能提出保证人，也不交纳保证金的，可以监视居住。

"监视居住由公安机关执行。

"第七十三条 监视居住应当在犯罪嫌疑人、被告人的住处执行；无固定住处的，可以在指定的居所执行。对于涉嫌危害国家安全犯罪、恐怖活动犯罪、特别重大贿赂犯罪，在住处执行可能有碍侦查的，经上一级人民检察院或者公安机关批准，也可以在指定的居所执行。但是，不得在羁押场所、专门的办案场所执行。

"指定居所监视居住的，除无法通知的以外，应当在执行监视居住后二十四小时以内，通知被监视居住人的家属。

"被监视居住的犯罪嫌疑人、被告人委托辩护人，适用本法第三十三条的规定。

"人民检察院对指定居所监视居住的决定和执行是否合法实行监督。

"第七十四条 指定居所监视居住的期限应当折抵刑期。被判处管制的，监视居住一日折抵刑期一日；被判处拘役、有期徒刑的，监视居住二日折抵刑期一日。"

二十五、将第五十七条改为第七十五条，修改为："被监视居住的犯罪嫌疑人、被告人应当遵守以下规定：

"（一）未经执行机关批准不得离开执行监视居住的处所；

"（二）未经执行机关批准不得会见他人或者通信；

"（三）在传讯的时候及时到案；

"（四）不得以任何形式干扰证人作证；

"（五）不得毁灭、伪造证据或者串供；

"（六）将护照等出入境证件、身份证件、驾驶证件交执行机关保存。

"被监视居住的犯罪嫌疑人、被告人违反前款规定，情节严重的，可以予以逮捕；需要予以逮捕的，可以对犯罪嫌疑人、被告人先行拘留。"

二十六、增加一条，作为第七十六条："执行机关对被监视居住的犯罪嫌疑人、被告人，可以采取电子监控、不定期检查等监视方法对其遵守监视居住规定的情况进行监督；在侦查期间，可以对被监视居住的犯罪嫌疑人的通信进行监控。"

二十七、将第六十条改为第七十九条，修改为："对有证据证明有犯罪事实，可能判处徒刑以上刑罚的犯罪嫌疑人、被告人，采取取保候审尚不足以防止发生下列社会危险性的，应当予以逮捕：

"（一）可能实施新的犯罪的；

"（二）有危害国家安全、公共安全或者社会秩序的现实危险的；

"（三）可能毁灭、伪造证据，干扰证人作证或者串供的；

"（四）可能对被害人、举报人、控告人实施打击报复的；

"（五）企图自杀或者逃跑的。

"对有证据证明有犯罪事实，可能判处十年有期徒刑以上刑罚的，或者有证据证明有犯罪事实，可能判处徒刑以上刑罚，曾经故意犯罪或者身份不明的，应当予以逮捕。

"被取保候审、监视居住的犯罪嫌疑人、被告人违反取保候审、监视居住规定，情节严重的，可以予以逮捕。"

二十八、将第六十四条改为第八十三条，第二款修改为："拘留后，应当立即将被拘留人送看守所羁押，至迟不得超过二十四小时。除无法通知或者涉嫌危害国家安全犯罪、恐怖活动犯罪通知可能有碍侦查的情形以外，应当在拘留后二十四小时以内，通知被拘留人的家属。有碍侦查的情形消失以后，应当立即通知被拘留人的家属。"

二十九、将第六十五条改为第八十四条，修改为："公安机关对被拘留的人，应当在拘留后的二十四小时以内进行讯问。在发现不应当拘留的时候，必须立即释放，发给释放证明。"

三十、增加一条，作为第八十六条："人民检察院审查批准逮捕，可以讯问犯罪嫌疑人；有下列情形之一的，应当讯问犯罪嫌疑人：

"（一）对是否符合逮捕条件有疑问的；

"（二）犯罪嫌疑人要求向检察人员当面陈述的；

"（三）侦查活动可能有重大违法行为的。

"人民检察院审查批准逮捕，可以询问证人等诉讼参与人，听取辩护律师的意见；辩护律师提出要求的，应当听取辩护律师的意见。"

三十一、将第七十一条改为第九十一条，第二款修改为："逮捕后，应当立即将被逮捕人送看守所羁押。除无法通知的以外，应当在逮捕后二十四小时以内，通知被逮捕人的家属。"

三十二、增加一条，作为第九十三条："犯罪嫌疑人、被告人被逮捕后，人民检察院仍应当对羁押的必要性进行审查。对不需要继续羁押的，应当建议予以释放或者变更强制措施。有关机关应当在十日以内将处理情况通知人民检察院。"

三十三、将第五十二条改为第九十五条，修改为："犯罪嫌疑人、被告人及其法定代理人、近亲属或者辩护人有权申请变更强制措施。人民法院、人民检察院和公安机关收到申请后，应当在三日以内作出决定；不同意变更强制措施的，应当告知申请人，并说明不同意的理由。"

三十四、将第七十四条改为第九十六条，修改为："犯罪嫌疑人、被告人被羁押的案件，不能在本法规定的侦查羁押、审查起诉、一审、二审期限内办结的，对犯罪嫌疑人、被告人应当予以释放；需要继续查证、审理的，对犯罪嫌疑人、被告人可以取保候审或者监视居住。"

三十五、将第七十五条改为第九十七条，修改为："人民法院、人民检察院或者公安机关对被采取强制措施法定期限届满的犯罪嫌疑人、被告人，应当予以释放、解除取保候审、监视居住或者依法变更强制措施。犯罪嫌疑人、被告人及其法定代理人、近亲属或者辩护人对于人民法院、人民检察院或者公安机关采取强制措施法定期限届满的，有权要求解除强制措施。"

三十六、将第七十七条改为二条，作为第九十九条、第一百条，修改为：

"第九十九条　被害人由于被告人的犯罪行为而遭受物质损失的，在刑事诉讼过程中，有权提起附带民事诉讼。被害人死亡或者丧失行为能力的，被害人的法定代理人、近亲属有权提起附带民事诉讼。

"如果是国家财产、集体财产遭受损失的，人民检察院在提起公诉的时候，可以提起附带民事诉讼。

"第一百条　人民法院在必要的时候，可以采取保全措施，查封、扣押或者冻结被告人的财产。附带民事诉讼原告人或者人民检察院可以申请人民法院采取保全措施。人民法院采取保全措施，适用民事诉讼法的有关规定。"

三十七、增加一条，作为第一百零一条："人民法院审理附带民事诉讼案件，可以进行调解，或者根据物质损失情况作出判决、裁定。"

三十八、将第七十九条改为第一百零三条，增加一款，作为第四款："期间的最后一日为节假日的，以节假日后的第一日为期满日期，但犯罪嫌疑人、被告人或者罪犯在押期间，应当至期满之日为止，不得因节假日而延长。"

三十九、增加一条，作为第一百一十五条："当事人和辩护人、诉讼代理人、利害关系人对于司法机关及其工作人员有下列行为之一的，有权向该机关申诉或者控告：

"（一）采取强制措施法定期限届满，不予以释放、解除或者变更的；

"（二）应当退还取保候审保证金不退还的；

"（三）对与案件无关的财物采取查封、扣押、冻结措施的；

"（四）应当解除查封、扣押、冻结不解除的；

"（五）贪污、挪用、私分、调换、违反规定使用查封、扣押、冻结的财物的。

"受理申诉或者控告的机关应当及时处理。对处理不服的，可以向同级人民检察院申诉；人民检察院直接受理的案件，可以向上一级人民检察院申诉。人民检察院对申诉应当及时进行审查，情况属实的，通知有关机关予以纠正。"

四十、将第九十一条改为第一百一十六条，增加一款，作为第二款："犯罪嫌疑人被送交看守所羁押以后，侦查人员对其进行讯问，应当在看守所内进行。"

四十一、将第九十二条改为第一百一十七条，修改为："对不需要逮捕、拘留的犯罪嫌疑人，可以传唤到犯罪嫌疑人所在市、县内的指定地点或者到他的住处进行讯问，但是应当出示人民检察院或者公安机关的证明文件。对在现场发现的犯罪嫌疑人，经出示工作证件，可以口头传唤，但应当在讯问笔录中注明。

"传唤、拘传持续的时间不得超过十二小时；案情特别重大、复杂，需要采取拘留、逮捕措施的，传唤、拘传持续的时间不得超过二十四小时。

"不得以连续传唤、拘传的形式变相拘禁犯罪嫌疑人。传唤、拘传犯罪嫌疑人，应当保证犯罪嫌疑人的饮食和必要的休息时间。"

四十二、将第九十三条改为第一百一十八条，增加一款，作为第二款："侦查人员在讯问犯罪嫌疑人的时候，应当告知犯罪嫌疑人如实供述自己罪行可以从宽处理的法律规定。"

四十三、增加一条，作为第一百二十一条："侦查人员在讯问犯罪嫌疑人的时候，可以对讯问过程进行录音或者录像；对于可能判处无期徒刑、死刑的案件或者其他重大犯罪案件，应当对讯问过程进行录音或者录像。

"录音或者录像应当全程进行，保持完整性。"

四十四、删去第九十六条。

四十五、将第九十七条改为第一百二十二条，第一款修改为："侦查人员询问证人，可以在现场进行，也可以到证人所在单位、住处或者证人提出的地点进行，在必要的时候，可以通知证人到人民检察院或者公安机关提供证言。在现场询问证人，应当出示工作证件，到证人所在单位、住处或者证人提出的地点询问证人，应当出示人民检察院或者公安机关的证明文件。"

四十六、删去第九十八条第二款。

四十七、将第一百零五条改为第一百三十条，第一款修改为："为了确定被害人、犯罪嫌疑人的某些特征、伤害情况或者生理状态，可以对人身进行检查，可以提取指纹信息，采集血液、尿液等生物样本。"

四十八、将第一百零八条改为第一百三十三条，第一款修改为："为了查明案情，在必要的时候，经公安机关负责人批准，可以进行侦查实验。"

增加一款，作为第二款："侦查实验的情况应当写成笔录，由参加实验的人签名或者盖章。"

四十九、将第一百一十条改为第一百三十五条，修改为："任何单位和个人，有义务按照人民检察院和公安机关的要求，交出可以证明犯罪嫌疑人有罪或者无罪的物证、书证、视听资料等证据。"

五十、将第二编第二章第六节的节名、第一百五十八条中的"扣押"修改为"查封、扣押"。

五十一、将第一百一十四条改为第一百三十九条，修改为："在侦查活动中发现的可用以证明犯罪嫌疑人有罪或者无罪的各种财物、文件，应当查封、扣押；与案件无关的财物、文件，不得查封、扣押。

"对查封、扣押的财物、文件，要妥善保管或者封存，不得使用、调换或者损毁。"

五十二、将第一百一十五条改为第一百四十条，修改为："对查封、扣押的财物、文件，应当会同在场见证人和被查封、扣押财物、文件持有人查点清楚，当场开列清单一式二份，由侦查人员、见证人和持有人签名或者盖章，一份交给持有人，另一份附卷备查。"

五十三、将第一百一十七条改为第一百四十二条，修改为："人民检察院、公安机关根据侦查犯罪的需要，可以依照规定查询、冻结犯罪嫌疑人的存款、汇款、债券、股票、基金份额等财产。有关单位和个人应当配合。

"犯罪嫌疑人的存款、汇款、债券、股票、基金份额等财产已被冻结的，不得重复冻结。"

五十四、将第一百一十八条改为第一百四十三条，修改为："对查封、扣押的财物、文件、邮件、电报或者冻结的存款、汇款、债券、股票、基金份额等财产，经查明确实与案件无关的，应当在三日以内解除查封、扣押、冻结，予以退还。"

五十五、将第一百二十条改为第一百四十五条，修改为："鉴定人进行鉴定后，应当写出鉴定意见，并且签名。

"鉴定人故意作虚假鉴定的，应当承担法律责任。"

五十六、将第一百二十一条、第一百五十七条中的"鉴定结论"修改为"鉴定意见"。

五十七、在第二编第二章第七节后增加一节，作为第八节：

"第八节 技术侦查措施

"第一百四十八条 公安机关在立案后，对于危害国家安全犯罪、恐怖活动犯罪、黑社会性质的组织犯罪、重大毒品犯罪或者其他严重危害社会的犯罪案件，根据侦查犯罪的需要，经过严格的批准手续，可以采取技术侦查措施。

"人民检察院在立案后，对于重大的贪污、贿赂犯罪案件以及利用职权实施的严重侵犯公民人身权利的重大犯罪案件，根据侦查犯罪的需要，经过严格的批准手续，可以采取技术侦查措施，按照规定交有关机关执行。

"追捕被通缉或者批准、决定逮捕的在逃的犯罪嫌疑人、被告人，经过批准，可以采取追捕所必需的技术侦查措施。

"第一百四十九条 批准决定应当根据侦查犯罪的需要，确定采取技术侦查措施的种类和适用对象。批准决定自签发之日起三个月以内有效。对于不需要继续采取技术侦查措施的，应当及时解除；对于复杂、疑难案件，期限届满仍有必要继续采取技术侦查措施的，经过批准，有效期可以延长，每次不得超过三个月。

"第一百五十条　采取技术侦查措施，必须严格按照批准的措施种类、适用对象和期限执行。

"侦查人员对采取技术侦查措施过程中知悉的国家秘密、商业秘密和个人隐私，应当保密；对采取技术侦查措施获取的与案件无关的材料，必须及时销毁。

"采取技术侦查措施获取的材料，只能用于对犯罪的侦查、起诉和审判，不得用于其他用途。

"公安机关依法采取技术侦查措施，有关单位和个人应当配合，并对有关情况予以保密。

"第一百五十一条　为了查明案情，在必要的时候，经公安机关负责人决定，可以由有关人员隐匿其身份实施侦查。但是，不得诱使他人犯罪，不得采用可能危害公共安全或者发生重大人身危险的方法。

"对涉及给付毒品等违禁品或者财物的犯罪活动，公安机关根据侦查犯罪的需要，可以依照规定实施控制下交付。

"第一百五十二条　依照本节规定采取侦查措施收集的材料在刑事诉讼中可以作为证据使用。如果使用该证据可能危及有关人员的人身安全，或者可能产生其他严重后果的，应当采取不暴露有关人员身份、技术方法等保护措施，必要的时候，可以由审判人员在庭外对证据进行核实。"

五十八、将第一百二十八条改为第一百五十八条，修改为："在侦查期间，发现犯罪嫌疑人另有重要罪行的，自发现之日起依照本法第一百五十四条的规定重新计算侦查羁押期限。

"犯罪嫌疑人不讲真实姓名、住址，身份不明的，应当对其身份进行调查，侦查羁押期限自查清其身份之日起计算，但是不得停止对其犯罪行为的侦查取证。对于犯罪事实清楚，证据确实、充分，确实无法查明其身份的，也可以按其自报的姓名起诉、审判。"

五十九、增加一条，作为第一百五十九条："在案件侦查终结前，辩护律师提出要求的，侦查机关应当听取辩护律师的意见，并记录在案。辩护律师提出书面意见的，应当附卷。"

六十、将第一百二十九条改为第一百六十条，修改为："公安机关侦查终结的案件，应当做到犯罪事实清楚，证据确实、充分，并且写出起诉意见书，连同案卷材料、证据一并移送同级人民检察院审查决定；同时将案件移送情况告知犯罪嫌疑人及其辩护律师。"

六十一、将第一百三十三条改为第一百六十四条，修改为："人民检察院对直接受理的案件中被拘留的人，应当在拘留后的二十四小时以内进行讯问。在发现不应当拘留的时候，必须立即释放，发给释放证明。"

六十二、将第一百三十四条改为第一百六十五条，修改为："人民检察院对直接受理的案件中被拘留的人，认为需要逮捕的，应当在十四日以内作出决定。在特殊情况下，决定逮捕的时间可以延长一日至三日。对不需要逮捕的，应当立即释放；对需要继续侦查，并且符合取保候审、监视居住条件的，依法取保候审或者监视居住。"

六十三、将第一百三十九条改为第一百七十条，修改为："人民检察院审查案件，应当讯问犯罪嫌疑人，听取辩护人、被害人及其诉讼代理人的意见，并记录在案。辩护人、被害人及其诉讼代理人提出书面意见的，应当附卷。"

六十四、将第一百四十条改为第一百七十一条，第一款修改为："人民检察院审查案件，可以要求公安机关提供法庭审判所必需的证据材料；认为可能存在本法第五十四条规定的以非法方法收集证据情形的，可以要求其对证据收集的合法性作出说明。"

第四款修改为："对于二次补充侦查的案件，人民检察院仍然认为证据不足，不符合起诉条件的，应当作出不起诉的决定。"

六十五、将第一百四十一条改为第一百七十二条，修改为："人民检察院认为犯罪嫌疑人的犯罪事实已经查清，证据确实、充分，依法应当追究刑事责任的，应当作出起诉决定，按照审判管辖的规定，向人民法院提起公诉，并将案卷材料、证据移送人民法院。"

六十六、将第一百四十二条改为第一百七十三条，第一款修改为："犯罪嫌疑人没有犯罪事实，或者有本法第十五条规定的情形之一的，人民检察院应当作出不起诉决定。"

第三款修改为："人民检察院决定不起诉的案件，应当同时对侦查中查封、扣押、冻结的财物解除查封、扣押、冻结。对被不起诉人需要给予行政处罚、行政处分或者需要没收其违法所得的，人民检察院应当提出检察意见，移送有关主管机关处理。有关主管机关应当将处理结果及时通知人民检察院。"

六十七、将第一百五十条改为第一百八十一条，修改为："人民法院对提起公诉的案件进行审查后，对于起诉书中有明确的指控犯罪事实的，应当决定开庭审判。"

　　六十八、将第一百五十一条改为第一百八十二条，修改为："人民法院决定开庭审判后，应当确定合议庭的组成人员，将人民检察院的起诉书副本至迟在开庭十日以前送达被告人及其辩护人。

　　"在开庭以前，审判人员可以召集公诉人、当事人和辩护人、诉讼代理人，对回避、出庭证人名单、非法证据排除等与审判相关的问题，了解情况，听取意见。

　　"人民法院确定开庭日期后，应当将开庭的时间、地点通知人民检察院，传唤当事人，通知辩护人、诉讼代理人、证人、鉴定人和翻译人员，传票和通知书至迟在开庭三日以前送达。公开审判的案件，应当在开庭三日以前先期公布案由、被告人姓名、开庭时间和地点。

　　"上述活动情形应当写入笔录，由审判人员和书记员签名。"

　　六十九、将第一百五十二条改为第一百八十三条，修改为："人民法院审判第一审案件应当公开进行。但是有关国家秘密或者个人隐私的案件，不公开审理；涉及商业秘密的案件，当事人申请不公开审理的，可以不公开审理。

　　"不公开审理的案件，应当当庭宣布不公开审理的理由。"

　　七十、将第一百五十三条改为第一百八十四条，修改为："人民法院审判公诉案件，人民检察院应当派员出席法庭支持公诉。"

　　七十一、增加二条，作为第一百八十七条、第一百八十八条：

　　"**第一百八十七条**　公诉人、当事人或者辩护人、诉讼代理人对证人证言有异议，且该证人证言对案件定罪量刑有重大影响，人民法院认为证人有必要出庭作证的，证人应当出庭作证。

　　"人民警察就其执行职务时目击的犯罪情况作为证人出庭作证，适用前款规定。

　　"公诉人、当事人或者辩护人、诉讼代理人对鉴定意见有异议，人民法院认为鉴定人有必要出庭的，鉴定人应当出庭作证。经人民法院通知，鉴定人拒不出庭作证的，鉴定意见不得作为定案的根据。

　　"**第一百八十八条**　经人民法院通知，证人没有正当理由不出庭作证的，人民法院可以强制其到庭，但是被告人的配偶、父母、子女除外。

　　"证人没有正当理由拒绝出庭或者出庭后拒绝作证的，予以训诫，情节严重的，经院长批准，处以十日以下的拘留。被处罚人对拘留决定不服的，可以向上一级人民法院申请复议。复议期间不停止执行。"

七十二、将第一百五十九条改为第一百九十二条，增加一款，作为第二款："公诉人、当事人和辩护人、诉讼代理人可以申请法庭通知有专门知识的人出庭，就鉴定人作出的鉴定意见提出意见。"

增加一款，作为第四款："第二款规定的有专门知识的人出庭，适用鉴定人的有关规定。"

七十三、将第一百六十条改为第一百九十三条，修改为："法庭审理过程中，对与定罪、量刑有关的事实、证据都应当进行调查、辩论。

"经审判长许可，公诉人、当事人和辩护人、诉讼代理人可以对证据和案件情况发表意见并且可以互相辩论。

"审判长在宣布辩论终结后，被告人有最后陈述的权利。"

七十四、将第一百六十三条改为第一百九十六条，第二款修改为："当庭宣告判决的，应当在五日以内将判决书送达当事人和提起公诉的人民检察院；定期宣告判决的，应当在宣告后立即将判决书送达当事人和提起公诉的人民检察院。判决书应当同时送达辩护人、诉讼代理人。"

七十五、将第一百六十四条改为第一百九十七条，修改为："判决书应当由审判人员和书记员署名，并且写明上诉的期限和上诉的法院。"

七十六、将第一百六十五条改为第一百九十八条，第三项修改为："由于申请回避而不能进行审判的。"

七十七、增加一条，作为第二百条："在审判过程中，有下列情形之一，致使案件在较长时间内无法继续审理的，可以中止审理：

"（一）被告人患有严重疾病，无法出庭的；

"（二）被告人脱逃的；

"（三）自诉人患有严重疾病，无法出庭，未委托诉讼代理人出庭的；

"（四）由于不能抗拒的原因。

"中止审理的原因消失后，应当恢复审理。中止审理的期间不计入审理期限。"

七十八、将第一百六十八条改为第二百零二条，第一款修改为："人民法院审理公诉案件，应当在受理后二个月以内宣判，至迟不得超过三个月。对于可能判处死刑的案件或者附带民事诉讼的案件，以及有本法第一百五十六条规定情形之一的，经上一级人民法院批准，可以延长三个月；因特殊情况还需要延长的，报请最高人民法院批准。"

七十九、将第一百七十二条改为第二百零六条，修改为："人民法院对自诉案件，可以进行调解；自诉人在宣告判决前，可以同被告人自行和解或者撤回自诉。本法第二百零四条第三项规定的案件不适用调解。

"人民法院审理自诉案件的期限，被告人被羁押的，适用本法第二百零二条第一款、第二款的规定；未被羁押的，应当在受理后六个月以内宣判。"

八十、将第一百七十四条改为第二百零八条，修改为："基层人民法院管辖的案件，符合下列条件的，可以适用简易程序审判：

"（一）案件事实清楚、证据充分的；

"（二）被告人承认自己所犯罪行，对指控的犯罪事实没有异议的；

"（三）被告人对适用简易程序没有异议的。

"人民检察院在提起公诉的时候，可以建议人民法院适用简易程序。"

八十一、增加一条，作为第二百零九条："有下列情形之一的，不适用简易程序：

"（一）被告人是盲、聋、哑人，或者是尚未完全丧失辨认或者控制自己行为能力的精神病人的；

"（二）有重大社会影响的；

"（三）共同犯罪案件中部分被告人不认罪或者对适用简易程序有异议的；

"（四）其他不宜适用简易程序审理的。"

八十二、将第一百七十五条改为第二百一十条，修改为："适用简易程序审理案件，对可能判处三年有期徒刑以下刑罚的，可以组成合议庭进行审判，也可以由审判员一人独任审判；对可能判处的有期徒刑超过三年的，应当组成合议庭进行审判。

"适用简易程序审理公诉案件，人民检察院应当派员出席法庭。"

八十三、增加一条，作为第二百一十一条："适用简易程序审理案件，审判人员应当询问被告人对指控的犯罪事实的意见，告知被告人适用简易程序审理的法律规定，确认被告人是否同意适用简易程序审理。"

八十四、将第一百七十六条改为第二百一十二条，修改为："适用简易程序审理案件，经审判人员许可，被告人及其辩护人可以同公诉人、自诉人及其诉讼代理人互相辩论。"

八十五、将第一百七十七条改为第二百一十三条，修改为："适用简易程序审理案件，不受本章第一节关于送达期限、讯问被告人、询问证人、鉴定人、出示证据、法庭辩论程序规定的限制。但在判决宣告前应当听取被告人的最后陈述意见。"

八十六、将第一百七十八条改为第二百一十四条，修改为："适用简易程序审理案件，人民法院应当在受理后二十日以内审结；对可能判处的有期徒刑超过三年的，可以延长至一个半月。"

八十七、将第一百八十七条改为第二百二十三条，第一款修改为："第二审人民法院对于下列案件，应当组成合议庭，开庭审理：

"（一）被告人、自诉人及其法定代理人对第一审认定的事实、证据提出异议，可能影响定罪量刑的上诉案件；

"（二）被告人被判处死刑的上诉案件；

"（三）人民检察院抗诉的案件；

"（四）其他应当开庭审理的案件。

"第二审人民法院决定不开庭审理的，应当讯问被告人，听取其他当事人、辩护人、诉讼代理人的意见。"

八十八、将第一百八十八条改为第二百二十四条，修改为："人民检察院提出抗诉的案件或者第二审人民法院开庭审理的公诉案件，同级人民检察院都应当派员出席法庭。第二审人民法院应当在决定开庭审理后及时通知人民检察院查阅案卷。人民检察院应当在一个月以内查阅完毕。人民检察院查阅案卷的时间不计入审理期限。"

八十九、将第一百八十九条改为第二百二十五条，增加一款，作为第二款："原审人民法院对于依照前款第三项规定发回重新审判的案件作出判决后，被告人提出上诉或者人民检察院提出抗诉的，第二审人民法院应当依法作出判决或者裁定，不得再发回原审人民法院重新审判。"

九十、将第一百九十条改为第二百二十六条，第一款修改为："第二审人民法院审理被告人或者他的法定代理人、辩护人、近亲属上诉的案件，不得加重被告人的刑罚。第二审人民法院发回原审人民法院重新审判的案件，除有新的犯罪事实，人民检察院补充起诉的以外，原审人民法院也不得加重被告人的刑罚。"

九十一、将第一百九十六条改为第二百三十二条，修改为："第二审人民法院受理上诉、抗诉案件，应当在二个月以内审结。对于可能判处死刑的案件或者附带民事诉讼的案件，以及有本法第一百五十六条规定情形之一的，经省、自治区、直辖市高级人民法院批准或者决定，可以延长二个月；因特殊情况还需要延长的，报请最高人民法院批准。

"最高人民法院受理上诉、抗诉案件的审理期限，由最高人民法院决定。"

九十二、将第一百九十八条改为第二百三十四条，修改为："公安机关、人民检察院和人民法院对查封、扣押、冻结的犯罪嫌疑人、被告人的财物及其孳息，应当妥善保管，以供核查，并制作清单，随案移送。任何单位和个人不得挪用或者自行处理。对被害人的合法财产，应当及时返还。对违禁品或者不宜长期保存的物品，应当依照国家有关规定处理。

"对作为证据使用的实物应当随案移送，对不宜移送的，应当将其清单、照片或者其他证明文件随案移送。

"人民法院作出的判决，应当对查封、扣押、冻结的财物及其孳息作出处理。

"人民法院作出的判决生效以后，有关机关应当根据判决对查封、扣押、冻结的财物及其孳息进行处理。对查封、扣押、冻结的赃款赃物及其孳息，除依法返还被害人的以外，一律上缴国库。

"司法工作人员贪污、挪用或者私自处理查封、扣押、冻结的财物及其孳息的，依法追究刑事责任；不构成犯罪的，给予处分。"

九十三、增加二条，作为第二百三十九条、第二百四十条：

"第二百三十九条　最高人民法院复核死刑案件，应当作出核准或者不核准死刑的裁定。对于不核准死刑的，最高人民法院可以发回重新审判或者予以改判。

"第二百四十条　最高人民法院复核死刑案件，应当讯问被告人，辩护律师提出要求的，应当听取辩护律师的意见。

"在复核死刑案件过程中，最高人民检察院可以向最高人民法院提出意见。最高人民法院应当将死刑复核结果通报最高人民检察院。"

九十四、将第二百零四条改为第二百四十二条，修改为："当事人及其法定代理人、近亲属的申诉符合下列情形之一的，人民法院应当重新审判：

"（一）有新的证据证明原判决、裁定认定的事实确有错误，可能影响定罪量刑的；

"（二）据以定罪量刑的证据不确实、不充分、依法应当予以排除，或者证明案件事实的主要证据之间存在矛盾的；

"（三）原判决、裁定适用法律确有错误的；

"（四）违反法律规定的诉讼程序，可能影响公正审判的；

"（五）审判人员在审理该案件的时候，有贪污受贿，徇私舞弊，枉法裁判行为的。"

九十五、增加一条，作为第二百四十四条："上级人民法院指令下级人民法院再审的，应当指令原审人民法院以外的下级人民法院审理；由原审人民法院审理更为适宜的，也可以指令原审人民法院审理。"

九十六、将第二百零六条改为第二百四十五条，修改为："人民法院按照审判监督程序重新审判的案件，由原审人民法院审理的，应当另行组成合议庭进行。如果原来是第一审案件，应当依照第一审程序进行审判，所作的判决、裁定，可以上诉、抗诉；如果原来是第二审案件，或者是上级人民法院提审的案件，应当依照第二审程序进行审判，所作的判决、裁定，是终审的判决、裁定。

"人民法院开庭审理的再审案件，同级人民检察院应当派员出席法庭。"

九十七、增加一条，作为第二百四十六条："人民法院决定再审的案件，需要对被告人采取强制措施的，由人民法院依法决定；人民检察院提出抗诉的再审案件，需要对被告人采取强制措施的，由人民检察院依法决定。

"人民法院按照审判监督程序审判的案件，可以决定中止原判决、裁定的执行。"

九十八、将第二百一十三条改为第二百五十三条，第一款修改为："罪犯被交付执行刑罚的时候，应当由交付执行的人民法院在判决生效后十日以内将有关的法律文书送达公安机关、监狱或者其他执行机关。"

第二款修改为："对被判处死刑缓期二年执行、无期徒刑、有期徒刑的罪犯，由公安机关依法将该罪犯送交监狱执行刑罚。对被判处有期徒刑的罪犯，在被交付执行刑罚前，剩余刑期在三个月以下的，由看守所代为执行。对被判处拘役的罪犯，由公安机关执行。"

九十九、将第二百一十四条改为第二百五十四条，修改为："对被判处有期徒刑或者拘役的罪犯，有下列情形之一的，可以暂予监外执行：

"（一）有严重疾病需要保外就医的；

"（二）怀孕或者正在哺乳自己婴儿的妇女；

"（三）生活不能自理，适用暂予监外执行不致危害社会的。

"对被判处无期徒刑的罪犯，有前款第二项规定情形的，可以暂予监外执行。

"对适用保外就医可能有社会危险性的罪犯，或者自伤自残的罪犯，不得保外就医。

"对罪犯确有严重疾病，必须保外就医的，由省级人民政府指定的医院诊断并开具证明文件。

"在交付执行前，暂予监外执行由交付执行的人民法院决定；在交付执行后，暂予监外执行由监狱或者看守所提出书面意见，报省级以上监狱管理机关或者设区的市一级以上公安机关批准。"

一百、增加一条，作为第二百五十五条："监狱、看守所提出暂予监外执行的书面意见的，应当将书面意见的副本抄送人民检察院。人民检察院可以向决定或者批准机关提出书面意见。"

一百零一、将第二百一十五条改为第二百五十六条，修改为："决定或者批准暂予监外执行的机关应当将暂予监外执行决定抄送人民检察院。人民检察院认为暂予监外执行不当的，应当自接到通知之日起一个月以内将书面意见送交决定或者批准暂予监外执行的机关，决定或者批准暂予监外执行的机关接到人民检察院的书面意见后，应当立即对该决定进行重新核查。"

一百零二、将第二百一十六条改为第二百五十七条，修改为："对暂予监外执行的罪犯，有下列情形之一的，应当及时收监：

"（一）发现不符合暂予监外执行条件的；

"（二）严重违反有关暂予监外执行监督管理规定的；

"（三）暂予监外执行的情形消失后，罪犯刑期未满的。

"对于人民法院决定暂予监外执行的罪犯应当予以收监的，由人民法院作出决定，将有关的法律文书送达公安机关、监狱或者其他执行机关。

"不符合暂予监外执行条件的罪犯通过贿赂等非法手段被暂予监外执行的，在监外执行的期间不计入执行刑期。罪犯在暂予监外执行期间脱逃的，脱逃的期间不计入执行刑期。

"罪犯在暂予监外执行期间死亡的，执行机关应当及时通知监狱或者看守所。"

一百零三、将第二百一十七条改为第二百五十八条，修改为："对被判处管制、宣告缓刑、假释或者暂予监外执行的罪犯，依法实行社区矫正，由社区矫正机构负责执行。"

一百零四、将第二百一十八条改为第二百五十九条，修改为："对被判处剥夺政治权利的罪犯，由公安机关执行。执行期满，应当由执行机关书面通知本人及其所在单位、居住地基层组织。"

一百零五、将第二百二十一条改为第二百六十二条，第二款修改为："被判处管制、拘役、有期徒刑或者无期徒刑的罪犯，在执行期间确有悔改或者立功表现，应当依法予以减刑、假释的时候，由执行机关提出建议书，报请人民法院审核裁定，并将建议书副本抄送人民检察院。人民检察院可以向人民法院提出书面意见。"

一百零六、增加一编，作为第五编："特别程序"。

一百零七、增加一章，作为第五编第一章：

"第一章　未成年人刑事案件诉讼程序

"第二百六十六条　对犯罪的未成年人实行教育、感化、挽救的方针，坚持教育为主、惩罚为辅的原则。

"人民法院、人民检察院和公安机关办理未成年人刑事案件，应当保障未成年人行使其诉讼权利，保障未成年人得到法律帮助，并由熟悉未成年人身心特点的审判人员、检察人员、侦查人员承办。

"第二百六十七条　未成年犯罪嫌疑人、被告人没有委托辩护人的，人民法院、人民检察院、公安机关应当通知法律援助机构指派律师为其提供辩护。

"第二百六十八条　公安机关、人民检察院、人民法院办理未成年人刑事案件，根据情况可以对未成年犯罪嫌疑人、被告人的成长经历、犯罪原因、监护教育等情况进行调查。

"第二百六十九条　对未成年犯罪嫌疑人、被告人应当严格限制适用逮捕措施。人民检察院审查批准逮捕和人民法院决定逮捕，应当讯问未成年犯罪嫌疑人、被告人，听取辩护律师的意见。

"对被拘留、逮捕和执行刑罚的未成年人与成年人应当分别关押、分别管理、分别教育。

"第二百七十条　对于未成年人刑事案件，在讯问和审判的时候，应当通知未成年犯罪嫌疑人、被告人的法定代理人到场。无法通知、法定代理人不能到场或者法定代理人是共犯的，也可以通知未成年犯罪嫌疑人、被告人的其他成年亲属，所在学校、单位、居住地基层组织或者未成年人保护组织的代表到场，并将有关情况记录在案。到场的法定代理人可以代为行使未成年犯罪嫌疑人、被告人的诉讼权利。

"到场的法定代理人或者其他人员认为办案人员在讯问、审判中侵犯未成年人合法权益的，可以提出意见。讯问笔录、法庭笔录应当交给到场的法定代理人或者其他人员阅读或者向他宣读。

"讯问女性未成年犯罪嫌疑人，应当有女工作人员在场。

"审判未成年人刑事案件，未成年被告人最后陈述后，其法定代理人可以进行补充陈述。

"询问未成年被害人、证人，适用第一款、第二款、第三款的规定。

"第二百七十一条　对于未成年人涉嫌刑法分则第四章、第五章、第六章规定的犯罪，可能判处一年有期徒刑以下刑罚，符合起诉条件，但有悔罪表现的，人民检察院可以作出附条件不起诉的决定。人民检察院在作出附条件不起诉的决定以前，应当听取公安机关、被害人的意见。

"对附条件不起诉的决定，公安机关要求复议、提请复核或者被害人申诉的，适用本法第一百七十五条、第一百七十六条的规定。

"未成年犯罪嫌疑人及其法定代理人对人民检察院决定附条件不起诉有异议的，人民检察院应当作出起诉的决定。

"第二百七十二条　在附条件不起诉的考验期内，由人民检察院对被附条件不起诉的未成年犯罪嫌疑人进行监督考察。未成年犯罪嫌疑人的监护人，应当对未成年犯罪嫌疑人加强管教，配合人民检察院做好监督考察工作。

"附条件不起诉的考验期为六个月以上一年以下，从人民检察院作出附条件不起诉的决定之日起计算。

"被附条件不起诉的未成年犯罪嫌疑人，应当遵守下列规定：

"（一）遵守法律法规，服从监督；

"（二）按照考察机关的规定报告自己的活动情况；

"（三）离开所居住的市、县或者迁居，应当报经考察机关批准；

"（四）按照考察机关的要求接受矫治和教育。

"第二百七十三条　被附条件不起诉的未成年犯罪嫌疑人，在考验期内有下列情形之一的，人民检察院应当撤销附条件不起诉的决定，提起公诉：

"（一）实施新的犯罪或者发现决定附条件不起诉以前还有其他犯罪需要

追诉的；

"（二）违反治安管理规定或者考察机关有关附条件不起诉的监督管理规定，情节严重的。

"被附条件不起诉的未成年犯罪嫌疑人，在考验期内没有上述情形，考验期满的，人民检察院应当作出不起诉的决定。

"第二百七十四条　审判的时候被告人不满十八周岁的案件，不公开审理。但是，经未成年被告人及其法定代理人同意，未成年被告人所在学校和未成年人保护组织可以派代表到场。

"第二百七十五条　犯罪的时候不满十八周岁，被判处五年有期徒刑以下刑罚的，应当对相关犯罪记录予以封存。

"犯罪记录被封存的，不得向任何单位和个人提供，但司法机关为办案需要或者有关单位根据国家规定进行查询的除外。依法进行查询的单位，应当对被封存的犯罪记录的情况予以保密。

"第二百七十六条　办理未成年人刑事案件，除本章已有规定的以外，按照本法的其他规定进行。"

一百零八、增加一章，作为第五编第二章：

"第二章　当事人和解的公诉案件诉讼程序

"第二百七十七条　下列公诉案件，犯罪嫌疑人、被告人真诚悔罪，通过向被害人赔偿损失、赔礼道歉等方式获得被害人谅解，被害人自愿和解的，双方当事人可以和解：

"（一）因民间纠纷引起，涉嫌刑法分则第四章、第五章规定的犯罪案件，可能判处三年有期徒刑以下刑罚的；

"（二）除渎职犯罪以外的可能判处七年有期徒刑以下刑罚的过失犯罪案件。

"犯罪嫌疑人、被告人在五年以内曾经故意犯罪的，不适用本章规定的程序。

"第二百七十八条　双方当事人和解的，公安机关、人民检察院、人民法院应当听取当事人和其他有关人员的意见，对和解的自愿性、合法性进行审查，并主持制作和解协议书。

"第二百七十九条　对于达成和解协议的案件，公安机关可以向人民检察院提出从宽处理的建议。人民检察院可以向人民法院提出从宽处罚的建议；对于犯罪情节轻微，不需要判处刑罚的，可以作出不起诉的决定。人民法院可以依法对被告人从宽处罚。"

一百零九、增加一章，作为第五编第三章：

"第三章　犯罪嫌疑人、被告人逃匿、死亡案件违法所得的没收程序

"第二百八十条　对于贪污贿赂犯罪、恐怖活动犯罪等重大犯罪案件，犯罪嫌疑人、被告人逃匿，在通缉一年后不能到案，或者犯罪嫌疑人、被告人死亡，依照刑法规定应当追缴其违法所得及其他涉案财产的，人民检察院可以向人民法院提出没收违法所得的申请。

"公安机关认为有前款规定情形的，应当写出没收违法所得意见书，移送人民检察院。

"没收违法所得的申请应当提供与犯罪事实、违法所得相关的证据材料，并列明财产的种类、数量、所在地及查封、扣押、冻结的情况。

"人民法院在必要的时候，可以查封、扣押、冻结申请没收的财产。

"第二百八十一条　没收违法所得的申请，由犯罪地或者犯罪嫌疑人、被告人居住地的中级人民法院组成合议庭进行审理。

"人民法院受理没收违法所得的申请后，应当发出公告。公告期间为六个月。犯罪嫌疑人、被告人的近亲属和其他利害关系人有权申请参加诉讼，也可以委托诉讼代理人参加诉讼。

"人民法院在公告期满后对没收违法所得的申请进行审理。利害关系人参加诉讼的，人民法院应当开庭审理。

"第二百八十二条　人民法院经审理，对经查证属于违法所得及其他涉案财产，除依法返还被害人的以外，应当裁定予以没收；对不属于应当追缴的财产的，应当裁定驳回申请，解除查封、扣押、冻结措施。

"对于人民法院依照前款规定作出的裁定，犯罪嫌疑人、被告人的近亲属和其他利害关系人或者人民检察院可以提出上诉、抗诉。

"第二百八十三条　在审理过程中，在逃的犯罪嫌疑人、被告人自动投案或者被抓获的，人民法院应当终止审理。

"没收犯罪嫌疑人、被告人财产确有错误的，应当予以返还、赔偿。"

一百一十、增加一章，作为第五编第四章：

"第四章　依法不负刑事责任的精神病人的强制医疗程序

"第二百八十四条　实施暴力行为，危害公共安全或者严重危害公民人身

安全，经法定程序鉴定依法不负刑事责任的精神病人，有继续危害社会可能的，可以予以强制医疗。

"第二百八十五条　根据本章规定对精神病人强制医疗的，由人民法院决定。

"公安机关发现精神病人符合强制医疗条件的，应当写出强制医疗意见书，移送人民检察院。对于公安机关移送的或者在审查起诉过程中发现的精神病人符合强制医疗条件的，人民检察院应当向人民法院提出强制医疗的申请。人民法院在审理案件过程中发现被告人符合强制医疗条件的，可以作出强制医疗的决定。

"对实施暴力行为的精神病人，在人民法院决定强制医疗前，公安机关可以采取临时的保护性约束措施。

"第二百八十六条　人民法院受理强制医疗的申请后，应当组成合议庭进行审理。

"人民法院审理强制医疗案件，应当通知被申请人或者被告人的法定代理人到场。被申请人或者被告人没有委托诉讼代理人的，人民法院应当通知法律援助机构指派律师为其提供法律帮助。

"第二百八十七条　人民法院经审理，对于被申请人或者被告人符合强制医疗条件的，应当在一个月以内作出强制医疗的决定。

"被决定强制医疗的人、被害人及其法定代理人、近亲属对强制医疗决定不服的，可以向上一级人民法院申请复议。

"第二百八十八条　强制医疗机构应当定期对被强制医疗的人进行诊断评估。对于已不具有人身危险性，不需要继续强制医疗的，应当及时提出解除意见，报决定强制医疗的人民法院批准。

"被强制医疗的人及其近亲属有权申请解除强制医疗。

"第二百八十九条　人民检察院对强制医疗的决定和执行实行监督。"

一百一十一、第九十九条、第一百二十六条、第一百二十七条、第一百三十二条、第一百四十六条、第一百六十六条、第一百七十一条、第一百九十二条、第一百九十三条中引用的条文序号根据本决定作相应调整。

刑事诉讼法的有关章节及条文序号根据本决定作相应调整。

本决定自2013年1月1日起施行。

《中华人民共和国刑事诉讼法》根据本决定作相应修改，重新公布。

中华人民共和国刑事诉讼法

（1979 年 7 月 1 日第五届全国人民代表大会第二次会议通过　根据 1996 年 3 月 17 日第八届全国人民代表大会第四次会议《关于修改〈中华人民共和国刑事诉讼法〉的决定》第一次修正　根据 2012 年 3 月 14 日第十一届全国人民代表大会第五次会议《关于修改〈中华人民共和国刑事诉讼法〉的决定》第二次修正）

第一编　总　则

第一章　任务和基本原则

第一条　为了保证刑法的正确实施，惩罚犯罪，保护人民，保障国家安全和社会公共安全，维护社会主义社会秩序，根据宪法，制定本法。

第二条　中华人民共和国刑事诉讼法的任务，是保证准确、及时地查明犯罪事实，正确应用法律，惩罚犯罪分子，保障无罪的人不受刑事追究，教育公民自觉遵守法律，积极同犯罪行为作斗争，维护社会主义法制，尊重和保障人权，保护公民的人身权利、财产权利、民主权利和其他权利，保障社会主义建设事业的顺利进行。

第三条 对刑事案件的侦查、拘留、执行逮捕、预审，由公安机关负责。检察、批准逮捕、检察机关直接受理的案件的侦查、提起公诉，由人民检察院负责。审判由人民法院负责。除法律特别规定的以外，其他任何机关、团体和个人都无权行使这些权力。

人民法院、人民检察院和公安机关进行刑事诉讼，必须严格遵守本法和其他法律的有关规定。

第四条 国家安全机关依照法律规定，办理危害国家安全的刑事案件，行使与公安机关相同的职权。

第五条 人民法院依照法律规定独立行使审判权，人民检察院依照法律规定独立行使检察权，不受行政机关、社会团体和个人的干涉。

第六条 人民法院、人民检察院和公安机关进行刑事诉讼，必须依靠群众，必须以事实为根据，以法律为准绳。对于一切公民，在适用法律上一律平等，在法律面前，不允许有任何特权。

第七条 人民法院、人民检察院和公安机关进行刑事诉讼，应当分工负责，互相配合，互相制约，以保证准确有效地执行法律。

第八条 人民检察院依法对刑事诉讼实行法律监督。

第九条 各民族公民都有用本民族语言文字进行诉讼的权利。人民法院、人民检察院和公安机关对于不通晓当地通用的语言文字的诉讼参与人，应当为他们翻译。

在少数民族聚居或者多民族杂居的地区，应当用当地通用的语言进行审讯，用当地通用的文字发布判决书、布告和其他文件。

第十条 人民法院审判案件，实行两审终审制。

第十一条 人民法院审判案件，除本法另有规定的以外，一律公开进行。被告人有权获得辩护，人民法院有义务保证被告人获得辩护。

第十二条 未经人民法院依法判决，对任何人都不得确定有罪。

第十三条 人民法院审判案件，依照本法实行人民陪审员陪审的制度。

第十四条 人民法院、人民检察院和公安机关应当保障犯罪嫌疑人、被告人和其他诉讼参与人依法享有的辩护权和其他诉讼权利。

诉讼参与人对于审判人员、检察人员和侦查人员侵犯公民诉讼权利和人身侮辱的行为，有权提出控告。

第十五条　有下列情形之一的，不追究刑事责任，已经追究的，应当撤销案件，或者不起诉，或者终止审理，或者宣告无罪：

（一）情节显著轻微、危害不大，不认为是犯罪的；

（二）犯罪已过追诉时效期限的；

（三）经特赦令免除刑罚的；

（四）依照刑法告诉才处理的犯罪，没有告诉或者撤回告诉的；

（五）犯罪嫌疑人、被告人死亡的；

（六）其他法律规定免予追究刑事责任的。

第十六条　对于外国人犯罪应当追究刑事责任的，适用本法的规定。

对于享有外交特权和豁免权的外国人犯罪应当追究刑事责任的，通过外交途径解决。

第十七条　根据中华人民共和国缔结或者参加的国际条约，或者按照互惠原则，我国司法机关和外国司法机关可以相互请求刑事司法协助。

第二章　管　辖

第十八条　刑事案件的侦查由公安机关进行，法律另有规定的除外。

贪污贿赂犯罪，国家工作人员的渎职犯罪，国家机关工作人员利用职权实施的非法拘禁、刑讯逼供、报复陷害、非法搜查的侵犯公民人身权利的犯罪以及侵犯公民民主权利的犯罪，由人民检察院立案侦查。对于国家机关工作人员利用职权实施的其他重大的犯罪案件，需要由人民检察院直接受理的时候，经省级以上人民检察院决定，可以由人民检察院立案侦查。

自诉案件，由人民法院直接受理。

第十九条　基层人民法院管辖第一审普通刑事案件，但是依照本法由上级人民法院管辖的除外。

第二十条　中级人民法院管辖下列第一审刑事案件：

（一）危害国家安全、恐怖活动案件；

（二）可能判处无期徒刑、死刑的案件。

第二十一条　高级人民法院管辖的第一审刑事案件，是全省（自治区、直辖市）性的重大刑事案件。

第二十二条　最高人民法院管辖的第一审刑事案件，是全国性的重大刑事案件。

第二十三条　上级人民法院在必要的时候，可以审判下级人民法院管辖的第一审刑事案件；下级人民法院认为案情重大、复杂需要由上级人民法院审判的第一审刑事案件，可以请求移送上一级人民法院审判。

第二十四条　刑事案件由犯罪地的人民法院管辖。如果由被告人居住地的人民法院审判更为适宜的，可以由被告人居住地的人民法院管辖。

第二十五条　几个同级人民法院都有权管辖的案件，由最初受理的人民法院审判。在必要的时候，可以移送主要犯罪地的人民法院审判。

第二十六条　上级人民法院可以指定下级人民法院审判管辖不明的案件，也可以指定下级人民法院将案件移送其他人民法院审判。

第二十七条　专门人民法院案件的管辖另行规定。

第三章　回　避

第二十八条　审判人员、检察人员、侦查人员有下列情形之一的，应当自行回避，当事人及其法定代理人也有权要求他们回避：

（一）是本案的当事人或者是当事人的近亲属的；

（二）本人或者他的近亲属和本案有利害关系的；

（三）担任过本案的证人、鉴定人、辩护人、诉讼代理人的；

（四）与本案当事人有其他关系，可能影响公正处理案件的。

第二十九条　审判人员、检察人员、侦查人员不得接受当事人及其委托的人的请客送礼，不得违反规定会见当事人及其委托的人。

审判人员、检察人员、侦查人员违反前款规定的，应当依法追究法律责任。当事人及其法定代理人有权要求他们回避。

第三十条　审判人员、检察人员、侦查人员的回避，应当分别由院长、检察长、公安机关负责人决定；院长的回避，由本院审判委员会决定；检察长和公安机关负责人的回避，由同级人民检察院检察委员会决定。

对侦查人员的回避作出决定前，侦查人员不能停止对案件的侦查。

对驳回申请回避的决定，当事人及其法定代理人可以申请复议一次。

第三十一条　本章关于回避的规定适用于书记员、翻译人员和鉴定人。

辩护人、诉讼代理人可以依照本章的规定要求回避、申请复议。

第四章　辩护与代理

第三十二条　犯罪嫌疑人、被告人除自己行使辩护权以外，还可以委托一至二人作为辩护人。下列的人可以被委托为辩护人：

（一）律师；

（二）人民团体或者犯罪嫌疑人、被告人所在单位推荐的人；

（三）犯罪嫌疑人、被告人的监护人、亲友。

正在被执行刑罚或者依法被剥夺、限制人身自由的人，不得担任辩护人。

第三十三条　犯罪嫌疑人自被侦查机关第一次讯问或者采取强制措施之日起，有权委托辩护人；在侦查期间，只能委托律师作为辩护人。被告人有权随时委托辩护人。

侦查机关在第一次讯问犯罪嫌疑人或者对犯罪嫌疑人采取强制措施的时候，应当告知犯罪嫌疑人有权委托辩护人。人民检察院自收到移送审查起诉的案件材料之日起三日以内，应当告知犯罪嫌疑人有权委托辩护人。人民法院自受理案件之日起三日以内，应当告知被告人有权委托辩护人。犯罪嫌疑人、被告人在押期间要求委托辩护人的，人民法院、人民检察院和公安机关应当及时转达其要求。

犯罪嫌疑人、被告人在押的，也可以由其监护人、近亲属代为委托辩护人。

辩护人接受犯罪嫌疑人、被告人委托后，应当及时告知办理案件的机关。

第三十四条　犯罪嫌疑人、被告人因经济困难或者其他原因没有委托辩护人的，本人及其近亲属可以向法律援助机构提出申请。对符合法律援助条件的，法律援助机构应当指派律师为其提供辩护。

犯罪嫌疑人、被告人是盲、聋、哑人，或者是尚未完全丧失辨认或者控制自己行为能力的精神病人，没有委托辩护人的，人民法院、人民检察院和公安机关应当通知法律援助机构指派律师为其提供辩护。

犯罪嫌疑人、被告人可能被判处无期徒刑、死刑，没有委托辩护人的，人民法院、人民检察院和公安机关应当通知法律援助机构指派律师为其提供辩护。

第三十五条　辩护人的责任是根据事实和法律，提出犯罪嫌疑人、被告人无罪、罪轻或者减轻、免除其刑事责任的材料和意见，维护犯罪嫌疑人、被告人的诉讼权利和其他合法权益。

第三十六条 辩护律师在侦查期间可以为犯罪嫌疑人提供法律帮助；代理申诉、控告；申请变更强制措施；向侦查机关了解犯罪嫌疑人涉嫌的罪名和案件有关情况，提出意见。

第三十七条 辩护律师可以同在押的犯罪嫌疑人、被告人会见和通信。其他辩护人经人民法院、人民检察院许可，也可以同在押的犯罪嫌疑人、被告人会见和通信。

辩护律师持律师执业证书、律师事务所证明和委托书或者法律援助公函要求会见在押的犯罪嫌疑人、被告人的，看守所应当及时安排会见，至迟不得超过四十八小时。

危害国家安全犯罪、恐怖活动犯罪、特别重大贿赂犯罪案件，在侦查期间辩护律师会见在押的犯罪嫌疑人，应当经侦查机关许可。上述案件，侦查机关应当事先通知看守所。

辩护律师会见在押的犯罪嫌疑人、被告人，可以了解案件有关情况，提供法律咨询等；自案件移送审查起诉之日起，可以向犯罪嫌疑人、被告人核实有关证据。辩护律师会见犯罪嫌疑人、被告人时不被监听。

辩护律师同被监视居住的犯罪嫌疑人、被告人会见、通信，适用第一款、第三款、第四款的规定。

第三十八条 辩护律师自人民检察院对案件审查起诉之日起，可以查阅、摘抄、复制本案的案卷材料。其他辩护人经人民法院、人民检察院许可，也可以查阅、摘抄、复制上述材料。

第三十九条 辩护人认为在侦查、审查起诉期间公安机关、人民检察院收集的证明犯罪嫌疑人、被告人无罪或者罪轻的证据材料未提交的，有权申请人民检察院、人民法院调取。

第四十条 辩护人收集的有关犯罪嫌疑人不在犯罪现场、未达到刑事责任年龄、属于依法不负刑事责任的精神病人的证据，应当及时告知公安机关、人民检察院。

第四十一条 辩护律师经证人或者其他有关单位和个人同意，可以向他们收集与本案有关的材料，也可以申请人民检察院、人民法院收集、调取证据，或者申请人民法院通知证人出庭作证。

辩护律师经人民检察院或者人民法院许可，并且经被害人或者其近亲属、被害人提供的证人同意,可以向他们收集与本案有关的材料。

第四十二条 辩护人或者其他任何人,不得帮助犯罪嫌疑人、被告人隐匿、毁灭、伪造证据或者串供,不得威胁、引诱证人作伪证以及进行其他干扰司法机关诉讼活动的行为。

违反前款规定的,应当依法追究法律责任,辩护人涉嫌犯罪的,应当由办理辩护人所承办案件的侦查机关以外的侦查机关办理。辩护人是律师的,应当及时通知其所在的律师事务所或者所属的律师协会。

第四十三条 在审判过程中,被告人可以拒绝辩护人继续为他辩护,也可以另行委托辩护人辩护。

第四十四条 公诉案件的被害人及其法定代理人或者近亲属,附带民事诉讼的当事人及其法定代理人,自案件移送审查起诉之日起,有权委托诉讼代理人。自诉案件的自诉人及其法定代理人,附带民事诉讼的当事人及其法定代理人,有权随时委托诉讼代理人。

人民检察院自收到移送审查起诉的案件材料之日起三日以内,应当告知被害人及其法定代理人或者其近亲属、附带民事诉讼的当事人及其法定代理人有权委托诉讼代理人。人民法院自受理自诉案件之日起三日以内,应当告知自诉人及其法定代理人、附带民事诉讼的当事人及其法定代理人有权委托诉讼代理人。

第四十五条 委托诉讼代理人,参照本法第三十二条的规定执行。

第四十六条 辩护律师对在执业活动中知悉的委托人的有关情况和信息,有权予以保密。但是,辩护律师在执业活动中知悉委托人或者其他人,准备或者正在实施危害国家安全、公共安全以及严重危害他人人身安全的犯罪的,应当及时告知司法机关。

第四十七条 辩护人、诉讼代理人认为公安机关、人民检察院、人民法院及其工作人员阻碍其依法行使诉讼权利的,有权向同级或者上一级人民检察院申诉或者控告。人民检察院对申诉或者控告应当及时进行审查,情况属实的,通知有关机关予以纠正。

第五章　证　据

第四十八条 可以用于证明案件事实的材料,都是证据。

证据包括:

（一）物证；

（二）书证；

（三）证人证言；

（四）被害人陈述；

（五）犯罪嫌疑人、被告人供述和辩解；

（六）鉴定意见；

（七）勘验、检查、辨认、侦查实验等笔录；

（八）视听资料、电子数据。

证据必须经过查证属实，才能作为定案的根据。

第四十九条　公诉案件中被告人有罪的举证责任由人民检察院承担，自诉案件中被告人有罪的举证责任由自诉人承担。

第五十条　审判人员、检察人员、侦查人员必须依照法定程序，收集能够证实犯罪嫌疑人、被告人有罪或者无罪、犯罪情节轻重的各种证据。严禁刑讯逼供和以威胁、引诱、欺骗以及其他非法方法收集证据，不得强迫任何人证实自己有罪。必须保证一切与案件有关或者了解案情的公民，有客观地充分地提供证据的条件，除特殊情况外，可以吸收他们协助调查。

第五十一条　公安机关提请批准逮捕书、人民检察院起诉书、人民法院判决书，必须忠实于事实真相。故意隐瞒事实真相的，应当追究责任。

第五十二条　人民法院、人民检察院和公安机关有权向有关单位和个人收集、调取证据。有关单位和个人应当如实提供证据。

行政机关在行政执法和查办案件过程中收集的物证、书证、视听资料、电子数据等证据材料，在刑事诉讼中可以作为证据使用。

对涉及国家秘密、商业秘密、个人隐私的证据，应当保密。

凡是伪造证据、隐匿证据或者毁灭证据的，无论属于何方，必须受法律追究。

第五十三条　对一切案件的判处都要重证据，重调查研究，不轻信口供。只有被告人供述，没有其他证据的，不能认定被告人有罪和处以刑罚；没有被告人供述，证据确实、充分的，可以认定被告人有罪和处以刑罚。

证据确实、充分，应当符合以下条件：

（一）定罪量刑的事实都有证据证明；

（二）据以定案的证据均经法定程序查证属实；

（三）综合全案证据，对所认定事实已排除合理怀疑。

第五十四条　采用刑讯逼供等非法方法收集的犯罪嫌疑人、被告人供述和采用暴力、威胁等非法方法收集的证人证言、被害人陈述，应当予以排除。收集物证、书证不符合法定程序，可能严重影响司法公正的，应当予以补正或者作出合理解释；不能补正或者作出合理解释的，对该证据应当予以排除。

在侦查、审查起诉、审判时发现有应当排除的证据的，应当依法予以排除，不得作为起诉意见、起诉决定和判决的依据。

第五十五条　人民检察院接到报案、控告、举报或者发现侦查人员以非法方法收集证据的，应当进行调查核实。对于确有以非法方法收集证据情形的，应当提出纠正意见；构成犯罪的，依法追究刑事责任。

第五十六条　法庭审理过程中，审判人员认为可能存在本法第五十四条规定的以非法方法收集证据情形的，应当对证据收集的合法性进行法庭调查。

当事人及其辩护人、诉讼代理人有权申请人民法院对以非法方法收集的证据依法予以排除。申请排除以非法方法收集的证据的，应当提供相关线索或者材料。

第五十七条　在对证据收集的合法性进行法庭调查的过程中，人民检察院应当对证据收集的合法性加以证明。

现有证据材料不能证明证据收集的合法性的，人民检察院可以提请人民法院通知有关侦查人员或者其他人员出庭说明情况；人民法院可以通知有关侦查人员或者其他人员出庭说明情况。有关侦查人员或者其他人员也可以要求出庭说明情况。经人民法院通知，有关人员应当出庭。

第五十八条　对于经过法庭审理，确认或者不能排除存在本法第五十四条规定的以非法方法收集证据情形的，对有关证据应当予以排除。

第五十九条　证人证言必须在法庭上经过公诉人、被害人和被告人、辩护人双方质证并且查实以后，才能作为定案的根据。法庭查明证人有意作伪证或者隐匿罪证的时候，应当依法处理。

第六十条　凡是知道案件情况的人，都有作证的义务。

生理上、精神上有缺陷或者年幼，不能辨别是非、不能正确表达的人，不能作证人。

第六十一条　人民法院、人民检察院和公安机关应当保障证人及其近亲属的安全。

对证人及其近亲属进行威胁、侮辱、殴打或者打击报复，构成犯罪的，依法追究刑事责任；尚不够刑事处罚的，依法给予治安管理处罚。

第六十二条 对于危害国家安全犯罪、恐怖活动犯罪、黑社会性质的组织犯罪、毒品犯罪等案件，证人、鉴定人、被害人因在诉讼中作证，本人或者其近亲属的人身安全面临危险的，人民法院、人民检察院和公安机关应当采取以下一项或者多项保护措施：

（一）不公开真实姓名、住址和工作单位等个人信息；

（二）采取不暴露外貌、真实声音等出庭作证措施；

（三）禁止特定的人员接触证人、鉴定人、被害人及其近亲属；

（四）对人身和住宅采取专门性保护措施；

（五）其他必要的保护措施。

证人、鉴定人、被害人认为因在诉讼中作证，本人或者其近亲属的人身安全面临危险的，可以向人民法院、人民检察院、公安机关请求予以保护。

人民法院、人民检察院、公安机关依法采取保护措施，有关单位和个人应当配合。

第六十三条 证人因履行作证义务而支出的交通、住宿、就餐等费用，应当给予补助。证人作证的补助列入司法机关业务经费，由同级政府财政予以保障。

有工作单位的证人作证，所在单位不得克扣或者变相克扣其工资、奖金及其他福利待遇。

第六章　强制措施

第六十四条 人民法院、人民检察院和公安机关根据案件情况，对犯罪嫌疑人、被告人可以拘传、取保候审或者监视居住。

第六十五条 人民法院、人民检察院和公安机关对有下列情形之一的犯罪嫌疑人、被告人，可以取保候审：

（一）可能判处管制、拘役或者独立适用附加刑的；

（二）可能判处有期徒刑以上刑罚，采取取保候审不致发生社会危险性的；

（三）患有严重疾病、生活不能自理，怀孕或者正在哺乳自己婴儿的妇女，采取取保候审不致发生社会危险性的；

（四）羁押期限届满，案件尚未办结，需要采取取保候审的。

取保候审由公安机关执行。

第六十六条 人民法院、人民检察院和公安机关决定对犯罪嫌疑人、被告人取保候审，应当责令犯罪嫌疑人、被告人提出保证人或者交纳保证金。

第六十七条 保证人必须符合下列条件：

（一）与本案无牵连；

（二）有能力履行保证义务；

（三）享有政治权利，人身自由未受到限制；

（四）有固定的住处和收入。

第六十八条 保证人应当履行以下义务：

（一）监督被保证人遵守本法第六十九条的规定；

（二）发现被保证人可能发生或者已经发生违反本法第六十九条规定的行为的，应当及时向执行机关报告。

被保证人有违反本法第六十九条规定的行为，保证人未履行保证义务的，对保证人处以罚款，构成犯罪的，依法追究刑事责任。

第六十九条 被取保候审的犯罪嫌疑人、被告人应当遵守以下规定：

（一）未经执行机关批准不得离开所居住的市、县；

（二）住址、工作单位和联系方式发生变动的，在二十四小时以内向执行机关报告；

（三）在传讯的时候及时到案；

（四）不得以任何形式干扰证人作证；

（五）不得毁灭、伪造证据或者串供。

人民法院、人民检察院和公安机关可以根据案件情况，责令被取保候审的犯罪嫌疑人、被告人遵守以下一项或者多项规定：

（一）不得进入特定的场所；

（二）不得与特定的人员会见或者通信；

（三）不得从事特定的活动；

（四）将护照等出入境证件、驾驶证件交执行机关保存。

被取保候审的犯罪嫌疑人、被告人违反前两款规定，已交纳保证金的，没收部分或者全部保证金，并且区别情形，责令犯罪嫌疑人、被告人具结悔过、重新交纳保证金、提出保证人，或者监视居住、予以逮捕。

对违反取保候审规定，需要予以逮捕的，可以对犯罪嫌疑人、被告人先行拘留。

第七十条 取保候审的决定机关应当综合考虑保证诉讼活动正常进行的需要，被取保候审人的社会危险性，案件的性质、情节，可能判处刑罚的轻重，被取保候审人的经济状况等情况，确定保证金的数额。

提供保证金的人应当将保证金存入执行机关指定银行的专门账户。

第七十一条 犯罪嫌疑人、被告人在取保候审期间未违反本法第六十九条规定的，取保候审结束的时候，凭解除取保候审的通知或者有关法律文书到银行领取退还的保证金。

第七十二条 人民法院、人民检察院和公安机关对符合逮捕条件，有下列情形之一的犯罪嫌疑人、被告人，可以监视居住：

（一）患有严重疾病、生活不能自理的；

（二）怀孕或者正在哺乳自己婴儿的妇女；

（三）系生活不能自理的人的唯一扶养人；

（四）因为案件的特殊情况或者办理案件的需要，采取监视居住措施更为适宜的；

（五）羁押期限届满，案件尚未办结，需要采取监视居住措施的。

对符合取保候审条件，但犯罪嫌疑人、被告人不能提出保证人，也不交纳保证金的，可以监视居住。

监视居住由公安机关执行。

第七十三条 监视居住应当在犯罪嫌疑人、被告人的住处执行；无固定住处的，可以在指定的居所执行。对于涉嫌危害国家安全犯罪、恐怖活动犯罪、特别重大贿赂犯罪，在住处执行可能有碍侦查的，经上一级人民检察院或者公安机关批准，也可以在指定的居所执行。但是，不得在羁押场所、专门的办案场所执行。

指定居所监视居住的，除无法通知的以外，应当在执行监视居住后二十四小时以内，通知被监视居住人的家属。

被监视居住的犯罪嫌疑人、被告人委托辩护人，适用本法第三十三条的规定。

人民检察院对指定居所监视居住的决定和执行是否合法实行监督。

第七十四条 指定居所监视居住的期限应当折抵刑期。被判处管制的，监视居住一日折抵刑期一日；被判处拘役、有期徒刑的，监视居住二日折抵刑期一日。

第七十五条　被监视居住的犯罪嫌疑人、被告人应当遵守以下规定：

（一）未经执行机关批准不得离开执行监视居住的处所；

（二）未经执行机关批准不得会见他人或者通信；

（三）在传讯的时候及时到案；

（四）不得以任何形式干扰证人作证；

（五）不得毁灭、伪造证据或者串供；

（六）将护照等出入境证件、身份证件、驾驶证件交执行机关保存。

被监视居住的犯罪嫌疑人、被告人违反前款规定，情节严重的，可以予以逮捕；需要予以逮捕的，可以对犯罪嫌疑人、被告人先行拘留。

第七十六条　执行机关对被监视居住的犯罪嫌疑人、被告人，可以采取电子监控、不定期检查等监视方法对其遵守监视居住规定的情况进行监督；在侦查期间，可以对被监视居住的犯罪嫌疑人的通信进行监控。

第七十七条　人民法院、人民检察院和公安机关对犯罪嫌疑人、被告人取保候审最长不得超过十二个月，监视居住最长不得超过六个月。

在取保候审、监视居住期间，不得中断对案件的侦查、起诉和审理。对于发现不应当追究刑事责任或者取保候审、监视居住期限届满的，应当及时解除取保候审、监视居住。解除取保候审、监视居住，应当及时通知被取保候审、监视居住人和有关单位。

第七十八条　逮捕犯罪嫌疑人、被告人，必须经过人民检察院批准或者人民法院决定，由公安机关执行。

第七十九条　对有证据证明有犯罪事实，可能判处徒刑以上刑罚的犯罪嫌疑人、被告人，采取取保候审尚不足以防止发生下列社会危险性的，应当予以逮捕：

（一）可能实施新的犯罪的；

（二）有危害国家安全、公共安全或者社会秩序的现实危险的；

（三）可能毁灭、伪造证据，干扰证人作证或者串供的；

（四）可能对被害人、举报人、控告人实施打击报复的；

（五）企图自杀或者逃跑的。

对有证据证明有犯罪事实，可能判处十年有期徒刑以上刑罚的，或者有证据证明有犯罪事实，可能判处徒刑以上刑罚，曾经故意犯罪或者身份不明的，应当予以逮捕。

被取保候审、监视居住的犯罪嫌疑人、被告人违反取保候审、监视居住规定，情节严重的，可以予以逮捕。

第八十条 公安机关对于现行犯或者重大嫌疑分子，如果有下列情形之一的，可以先行拘留：

（一）正在预备犯罪、实行犯罪或者在犯罪后即时被发觉的；

（二）被害人或者在场亲眼看见的人指认他犯罪的；

（三）在身边或者住处发现有犯罪证据的；

（四）犯罪后企图自杀、逃跑或者在逃的；

（五）有毁灭、伪造证据或者串供可能的；

（六）不讲真实姓名、住址，身份不明的；

（七）有流窜作案、多次作案、结伙作案重大嫌疑的。

第八十一条 公安机关在异地执行拘留、逮捕的时候，应当通知被拘留、逮捕人所在地的公安机关，被拘留、逮捕人所在地的公安机关应当予以配合。

第八十二条 对于有下列情形的人，任何公民都可以立即扭送公安机关、人民检察院或者人民法院处理：

（一）正在实行犯罪或者在犯罪后即时被发觉的；

（二）通缉在案的；

（三）越狱逃跑的；

（四）正在被追捕的。

第八十三条 公安机关拘留人的时候，必须出示拘留证。

拘留后，应当立即将被拘留人送看守所羁押，至迟不得超过二十四小时。除无法通知或者涉嫌危害国家安全犯罪、恐怖活动犯罪通知可能有碍侦查的情形以外，应当在拘留后二十四小时以内，通知被拘留人的家属。有碍侦查的情形消失以后，应当立即通知被拘留人的家属。

第八十四条 公安机关对被拘留的人，应当在拘留后的二十四小时以内进行讯问。在发现不应当拘留的时候，必须立即释放，发给释放证明。

第八十五条 公安机关要求逮捕犯罪嫌疑人的时候，应当写出提请批准逮捕书，连同案卷材料、证据，一并移送同级人民检察院审查批准。必要的时候，人民检察院可以派人参加公安机关对于重大案件的讨论。

第八十六条　人民检察院审查批准逮捕，可以讯问犯罪嫌疑人；有下列情形之一的，应当讯问犯罪嫌疑人：

（一）对是否符合逮捕条件有疑问的；

（二）犯罪嫌疑人要求向检察人员当面陈述的；

（三）侦查活动可能有重大违法行为的。

人民检察院审查批准逮捕，可以询问证人等诉讼参与人，听取辩护律师的意见；辩护律师提出要求的，应当听取辩护律师的意见。

第八十七条　人民检察院审查批准逮捕犯罪嫌疑人由检察长决定。重大案件应当提交检察委员会讨论决定。

第八十八条　人民检察院对于公安机关提请批准逮捕的案件进行审查后，应当根据情况分别作出批准逮捕或者不批准逮捕的决定。对于批准逮捕的决定，公安机关应当立即执行，并且将执行情况及时通知人民检察院。对于不批准逮捕的，人民检察院应当说明理由，需要补充侦查的，应当同时通知公安机关。

第八十九条　公安机关对被拘留的人，认为需要逮捕的，应当在拘留后的三日以内，提请人民检察院审查批准。在特殊情况下，提请审查批准的时间可以延长一日至四日。

对于流窜作案、多次作案、结伙作案的重大嫌疑分子，提请审查批准的时间可以延长至三十日。

人民检察院应当自接到公安机关提请批准逮捕书后的七日以内，作出批准逮捕或者不批准逮捕的决定。人民检察院不批准逮捕的，公安机关应当在接到通知后立即释放，并且将执行情况及时通知人民检察院。对于需要继续侦查，并且符合取保候审、监视居住条件的，依法取保候审或者监视居住。

第九十条　公安机关对人民检察院不批准逮捕的决定，认为有错误的时候，可以要求复议，但是必须将被拘留的人立即释放。如果意见不被接受，可以向上一级人民检察院提请复核。上级人民检察院应当立即复核，作出是否变更的决定，通知下级人民检察院和公安机关执行。

第九十一条　公安机关逮捕人的时候，必须出示逮捕证。

逮捕后，应当立即将被逮捕人送看守所羁押。除无法通知的以外，应当在逮捕后二十四小时以内，通知被逮捕人的家属。

第九十二条　人民法院、人民检察院对于各自决定逮捕的人，公安机关对于经人民检察院批准逮捕的人，都必须在逮捕后的二十四小时以内进行讯问。在发现不应当逮捕的时候，必须立即释放，发给释放证明。

第九十三条 犯罪嫌疑人、被告人被逮捕后，人民检察院仍应当对羁押的必要性进行审查。对不需要继续羁押的，应当建议予以释放或者变更强制措施。有关机关应当在十日以内将处理情况通知人民检察院。

第九十四条 人民法院、人民检察院和公安机关如果发现对犯罪嫌疑人、被告人采取强制措施不当的，应当及时撤销或者变更。公安机关释放被逮捕的人或者变更逮捕措施的，应当通知原批准的人民检察院。

第九十五条 犯罪嫌疑人、被告人及其法定代理人、近亲属或者辩护人有权申请变更强制措施。人民法院、人民检察院和公安机关收到申请后，应当在三日以内作出决定；不同意变更强制措施的，应当告知申请人，并说明不同意的理由。

第九十六条 犯罪嫌疑人、被告人被羁押的案件，不能在本法规定的侦查羁押、审查起诉、一审、二审期限内办结的，对犯罪嫌疑人、被告人应当予以释放；需要继续查证、审理的，对犯罪嫌疑人、被告人可以取保候审或者监视居住。

第九十七条 人民法院、人民检察院或者公安机关对被采取强制措施法定期限届满的犯罪嫌疑人、被告人，应当予以释放、解除取保候审、监视居住或者依法变更强制措施。犯罪嫌疑人、被告人及其法定代理人、近亲属或者辩护人对于人民法院、人民检察院或者公安机关采取强制措施法定期限届满的，有权要求解除强制措施。

第九十八条 人民检察院在审查批准逮捕工作中，如果发现公安机关的侦查活动有违法情况，应当通知公安机关予以纠正，公安机关应当将纠正情况通知人民检察院。

第七章　附带民事诉讼

第九十九条 被害人由于被告人的犯罪行为而遭受物质损失的，在刑事诉讼过程中，有权提起附带民事诉讼。被害人死亡或者丧失行为能力的，被害人的法定代理人、近亲属有权提起附带民事诉讼。

如果是国家财产、集体财产遭受损失的，人民检察院在提起公诉的时候，可以提起附带民事诉讼。

第一百条　人民法院在必要的时候，可以采取保全措施，查封、扣押或者冻结被告人的财产。附带民事诉讼原告人或者人民检察院可以申请人民法院采取保全措施。人民法院采取保全措施，适用民事诉讼法的有关规定。

第一百零一条　人民法院审理附带民事诉讼案件，可以进行调解，或者根据物质损失情况作出判决、裁定。

第一百零二条　附带民事诉讼应当同刑事案件一并审判，只有为了防止刑事案件审判的过分迟延，才可以在刑事案件审判后，由同一审判组织继续审理附带民事诉讼。

第八章　期间、送达

第一百零三条　期间以时、日、月计算。

期间开始的时和日不算在期间以内。

法定期间不包括路途上的时间。上诉状或者其他文件在期满前已经交邮的，不算过期。

期间的最后一日为节假日的，以节假日后的第一日为期满日期，但犯罪嫌疑人、被告人或者罪犯在押期间，应当至期满之日为止，不得因节假日而延长。

第一百零四条　当事人由于不能抗拒的原因或者有其他正当理由而耽误期限的，在障碍消除后五日以内，可以申请继续进行应当在期满以前完成的诉讼活动。

前款申请是否准许，由人民法院裁定。

第一百零五条　送达传票、通知书和其他诉讼文件应当交给收件人本人；如果本人不在，可以交给他的成年家属或者所在单位的负责人员代收。

收件人本人或者代收人拒绝接收或者拒绝签名、盖章的时候，送达人可以邀请他的邻居或者其他见证人到场，说明情况，把文件留在他的住处，在送达证上记明拒绝的事由、送达的日期，由送达人签名，即认为已经送达。

第九章　其他规定

第一百零六条　本法下列用语的含意是：

（一）"侦查"是指公安机关、人民检察院在办理案件过程中，依照法律进行的专门调查工作和有关的强制性措施；

（二）"当事人"是指被害人、自诉人、犯罪嫌疑人、被告人、附带民事诉讼的原告人和被告人；

（三）"法定代理人"是指被代理人的父母、养父母、监护人和负有保护责任的机关、团体的代表；

（四）"诉讼参与人"是指当事人、法定代理人、诉讼代理人、辩护人、证人、鉴定人和翻译人员；

（五）"诉讼代理人"是指公诉案件的被害人及其法定代理人或者近亲属、自诉案件的自诉人及其法定代理人委托代为参加诉讼的人和附带民事诉讼的当事人及其法定代理人委托代为参加诉讼的人；

（六）"近亲属"是指夫、妻、父、母、子、女、同胞兄弟姊妹。

第二编　立案、侦查和提起公诉

第一章　立　案

第一百零七条　公安机关或者人民检察院发现犯罪事实或者犯罪嫌疑人，应当按照管辖范围，立案侦查。

第一百零八条　任何单位和个人发现有犯罪事实或者犯罪嫌疑人，有权利也有义务向公安机关、人民检察院或者人民法院报案或者举报。

被害人对侵犯其人身、财产权利的犯罪事实或者犯罪嫌疑人，有权向公安机关、人民检察院或者人民法院报案或者控告。

公安机关、人民检察院或者人民法院对于报案、控告、举报，都应当接受。对于不属于自己管辖的，应当移送主管机关处理，并且通知报案人、控告人、举报人；对于不属于自己管辖而又必须采取紧急措施的，应当先采取紧急措施，然后移送主管机关。

犯罪人向公安机关、人民检察院或者人民法院自首的，适用第三款规定。

第一百零九条　报案、控告、举报可以用书面或者口头提出。接受口头报案、控告、举报的工作人员，应当写成笔录，经宣读无误后，由报案人、控告人、举报人签名或者盖章。

接受控告、举报的工作人员，应当向控告人、举报人说明诬告应负的法律责任。但是，只要不是捏造事实，伪造证据，即使控告、举报的事实有出入，甚至是错告的，也要和诬告严格加以区别。

公安机关、人民检察院或者人民法院应当保障报案人、控告人、举报人及其近亲属的安全。报案人、控告人、举报人如果不愿公开自己的姓名和报案、控告、举报的行为，应当为他保守秘密。

第一百一十条 人民法院、人民检察院或者公安机关对于报案、控告、举报和自首的材料，应当按照管辖范围，迅速进行审查，认为有犯罪事实需要追究刑事责任的时候，应当立案；认为没有犯罪事实，或者犯罪事实显著轻微，不需要追究刑事责任的时候，不予立案，并且将不立案的原因通知控告人。控告人如果不服，可以申请复议。

第一百一十一条 人民检察院认为公安机关对应当立案侦查的案件而不立案侦查的，或者被害人认为公安机关对应当立案侦查的案件而不立案侦查，向人民检察院提出的，人民检察院应当要求公安机关说明不立案的理由。人民检察院认为公安机关不立案理由不能成立的，应当通知公安机关立案，公安机关接到通知后应当立案。

第一百一十二条 对于自诉案件，被害人有权向人民法院直接起诉。被害人死亡或者丧失行为能力的，被害人的法定代理人、近亲属有权向人民法院起诉。人民法院应当依法受理。

第二章 侦 查

第一节 一般规定

第一百一十三条 公安机关对已经立案的刑事案件，应当进行侦查，收集、调取犯罪嫌疑人有罪或者无罪、罪轻或者罪重的证据材料。对现行犯或者重大嫌疑分子可以依法先行拘留，对符合逮捕条件的犯罪嫌疑人，应当依法逮捕。

第一百一十四条 公安机关经过侦查，对有证据证明有犯罪事实的案件，应当进行预审，对收集、调取的证据材料予以核实。

第一百一十五条 当事人和辩护人、诉讼代理人、利害关系人对于司法机关及其工作人员有下列行为之一的，有权向该机关申诉或者控告：

（一）采取强制措施法定期限届满，不予以释放、解除或者变更的；

（二）应当退还取保候审保证金不退还的；

（三）对与案件无关的财物采取查封、扣押、冻结措施的；

（四）应当解除查封、扣押、冻结不解除的；

（五）贪污、挪用、私分、调换、违反规定使用查封、扣押、冻结的财物的。

受理申诉或者控告的机关应当及时处理。对处理不服的，可以向同级人民检察院申诉；人民检察院直接受理的案件，可以向上一级人民检察院申诉。人民检察院对申诉应当及时进行审查，情况属实的，通知有关机关予以纠正。

第二节　讯问犯罪嫌疑人

第一百一十六条　讯问犯罪嫌疑人必须由人民检察院或者公安机关的侦查人员负责进行。讯问的时候，侦查人员不得少于二人。

犯罪嫌疑人被送交看守所羁押以后，侦查人员对其进行讯问，应当在看守所内进行。

第一百一十七条　对不需要逮捕、拘留的犯罪嫌疑人，可以传唤到犯罪嫌疑人所在市、县内的指定地点或者到他的住处进行讯问，但是应当出示人民检察院或者公安机关的证明文件。对在现场发现的犯罪嫌疑人，经出示工作证件，可以口头传唤，但应当在讯问笔录中注明。

传唤、拘传持续的时间不得超过十二小时；案情特别重大、复杂，需要采取拘留、逮捕措施的，传唤、拘传持续的时间不得超过二十四小时。

不得以连续传唤、拘传的形式变相拘禁犯罪嫌疑人。传唤、拘传犯罪嫌疑人，应当保证犯罪嫌疑人的饮食和必要的休息时间。

第一百一十八条　侦查人员在讯问犯罪嫌疑人的时候，应当首先讯问犯罪嫌疑人是否有犯罪行为，让他陈述有罪的情节或者无罪的辩解，然后向他提出问题。犯罪嫌疑人对侦查人员的提问，应当如实回答。但是对与本案无关的问题，有拒绝回答的权利。

侦查人员在讯问犯罪嫌疑人的时候，应当告知犯罪嫌疑人如实供述自己罪行可以从宽处理的法律规定。

第一百一十九条　讯问聋、哑的犯罪嫌疑人，应当有通晓聋、哑手势的人参加，并且将这种情况记明笔录。

第一百二十条　讯问笔录应当交犯罪嫌疑人核对，对于没有阅读能力的，应当向他宣读。如果记载有遗漏或者差错，犯罪嫌疑人可以提出补充或者改正。犯罪嫌疑人承认笔录没有错误后，应当签名或者盖章。侦查人员也应当在笔录上签名。犯罪嫌疑人请求自行书写供述的，应当准许。必要的时候，侦查人员也可以要犯罪嫌疑人亲笔书写供词。

第一百二十一条　侦查人员在讯问犯罪嫌疑人的时候，可以对讯问过程进行录音或者录像；对于可能判处无期徒刑、死刑的案件或者其他重大犯罪案件，应当对讯问过程进行录音或者录像。

录音或者录像应当全程进行，保持完整性。

第三节　询问证人

第一百二十二条　侦查人员询问证人，可以在现场进行，也可以到证人所在单位、住处或者证人提出的地点进行，在必要的时候，可以通知证人到人民检察院或者公安机关提供证言。在现场询问证人，应当出示工作证件，到证人所在单位、住处或者证人提出的地点询问证人，应当出示人民检察院或者公安机关的证明文件。

询问证人应当个别进行。

第一百二十三条　询问证人，应当告知他应当如实地提供证据、证言和有意作伪证或者隐匿罪证要负的法律责任。

第一百二十四条　本法第一百二十条的规定，也适用于询问证人。

第一百二十五条　询问被害人，适用本节各条规定。

第四节　勘验、检查

第一百二十六条　侦查人员对于与犯罪有关的场所、物品、人身、尸体应当进行勘验或者检查。在必要的时候，可以指派或者聘请具有专门知识的人，在侦查人员的主持下进行勘验、检查。

第一百二十七条　任何单位和个人，都有义务保护犯罪现场，并且立即通知公安机关派员勘验。

第一百二十八条　侦查人员执行勘验、检查，必须持有人民检察院或者公安机关的证明文件。

第一百二十九条　对于死因不明的尸体，公安机关有权决定解剖，并且通知死者家属到场。

第一百三十条　为了确定被害人、犯罪嫌疑人的某些特征、伤害情况或者生理状态，可以对人身进行检查，可以提取指纹信息，采集血液、尿液等生物样本。

犯罪嫌疑人如果拒绝检查，侦查人员认为必要的时候，可以强制检查。

检查妇女的身体，应当由女工作人员或者医师进行。

第一百三十一条 勘验、检查的情况应当写成笔录，由参加勘验、检查的人和见证人签名或者盖章。

第一百三十二条 人民检察院审查案件的时候，对公安机关的勘验、检查，认为需要复验、复查时，可以要求公安机关复验、复查，并且可以派检察人员参加。

第一百三十三条 为了查明案情，在必要的时候，经公安机关负责人批准，可以进行侦查实验。

侦查实验的情况应当写成笔录，由参加实验的人签名或者盖章。

侦查实验，禁止一切足以造成危险、侮辱人格或者有伤风化的行为。

第五节 搜 查

第一百三十四条 为了收集犯罪证据、查获犯罪人，侦查人员可以对犯罪嫌疑人以及可能隐藏罪犯或者犯罪证据的人的身体、物品、住处和其他有关的地方进行搜查。

第一百三十五条 任何单位和个人，有义务按照人民检察院和公安机关的要求，交出可以证明犯罪嫌疑人有罪或者无罪的物证、书证、视听资料等证据。

第一百三十六条 进行搜查，必须向被搜查人出示搜查证。

在执行逮捕、拘留的时候，遇有紧急情况，不另用搜查证也可以进行搜查。

第一百三十七条 在搜查的时候，应当有被搜查人或者他的家属，邻居或者其他见证人在场。

搜查妇女的身体，应当由女工作人员进行。

第一百三十八条 搜查的情况应当写成笔录，由侦查人员和被搜查人或者他的家属，邻居或者其他见证人签名或者盖章。如果被搜查人或者他的家属在逃或者拒绝签名、盖章，应当在笔录上注明。

第六节　查封、扣押物证、书证

第一百三十九条　在侦查活动中发现的可用以证明犯罪嫌疑人有罪或者无罪的各种财物、文件，应当查封、扣押；与案件无关的财物、文件，不得查封、扣押。

对查封、扣押的财物、文件，要妥善保管或者封存，不得使用、调换或者损毁。

第一百四十条　对查封、扣押的财物、文件，应当会同在场见证人和被查封、扣押财物、文件持有人查点清楚，当场开列清单一式二份，由侦查人员、见证人和持有人签名或者盖章，一份交给持有人，另一份附卷备查。

第一百四十一条　侦查人员认为需要扣押犯罪嫌疑人的邮件、电报的时候，经公安机关或者人民检察院批准，即可通知邮电机关将有关的邮件、电报检交扣押。

不需要继续扣押的时候，应即通知邮电机关。

第一百四十二条　人民检察院、公安机关根据侦查犯罪的需要，可以依照规定查询、冻结犯罪嫌疑人的存款、汇款、债券、股票、基金份额等财产。有关单位和个人应当配合。

犯罪嫌疑人的存款、汇款、债券、股票、基金份额等财产已被冻结的，不得重复冻结。

第一百四十三条　对查封、扣押的财物、文件、邮件、电报或者冻结的存款、汇款、债券、股票、基金份额等财产，经查明确实与案件无关的，应当在三日以内解除查封、扣押、冻结，予以退还。

第七节　鉴　定

第一百四十四条　为了查明案情，需要解决案件中某些专门性问题的时候，应当指派、聘请有专门知识的人进行鉴定。

第一百四十五条　鉴定人进行鉴定后，应当写出鉴定意见，并且签名。

鉴定人故意作虚假鉴定的，应当承担法律责任。

第一百四十六条　侦查机关应当将用作证据的鉴定意见告知犯罪嫌疑人、被害人。如果犯罪嫌疑人、被害人提出申请，可以补充鉴定或者重新鉴定。

第一百四十七条　对犯罪嫌疑人作精神病鉴定的期间不计入办案期限。

第八节 技术侦查措施

第一百四十八条 公安机关在立案后，对于危害国家安全犯罪、恐怖活动犯罪、黑社会性质的组织犯罪、重大毒品犯罪或者其他严重危害社会的犯罪案件，根据侦查犯罪的需要，经过严格的批准手续，可以采取技术侦查措施。

人民检察院在立案后，对于重大的贪污、贿赂犯罪案件以及利用职权实施的严重侵犯公民人身权利的重大犯罪案件，根据侦查犯罪的需要，经过严格的批准手续，可以采取技术侦查措施，按照规定交有关机关执行。

追捕被通缉或者批准、决定逮捕的在逃的犯罪嫌疑人、被告人，经过批准，可以采取追捕所必需的技术侦查措施。

第一百四十九条 批准决定应当根据侦查犯罪的需要，确定采取技术侦查措施的种类和适用对象。批准决定自签发之日起三个月以内有效。对于不需要继续采取技术侦查措施的，应当及时解除；对于复杂、疑难案件，期限届满仍有必要继续采取技术侦查措施的，经过批准，有效期可以延长，每次不得超过三个月。

第一百五十条 采取技术侦查措施，必须严格按照批准的措施种类、适用对象和期限执行。

侦查人员对采取技术侦查措施过程中知悉的国家秘密、商业秘密和个人隐私，应当保密；对采取技术侦查措施获取的与案件无关的材料，必须及时销毁。

采取技术侦查措施获取的材料，只能用于对犯罪的侦查、起诉和审判，不得用于其他用途。

公安机关依法采取技术侦查措施，有关单位和个人应当配合，并对有关情况予以保密。

第一百五十一条 为了查明案情，在必要的时候，经公安机关负责人决定，可以由有关人员隐匿其身份实施侦查。但是，不得诱使他人犯罪，不得采用可能危害公共安全或者发生重大人身危险的方法。

对涉及给付毒品等违禁品或者财物的犯罪活动，公安机关根据侦查犯罪的需要，可以依照规定实施控制下交付。

第一百五十二条 依照本节规定采取侦查措施收集的材料在刑事诉讼中可以作为证据使用。如果使用该证据可能危及有关人员的人身安全，或者可能产生其他严重后果的，应当采取不暴露有关人员身份、技术方法等保护措施，必要的时候，可以由审判人员在庭外对证据进行核实。

第九节　通　缉

第一百五十三条　应当逮捕的犯罪嫌疑人如果在逃，公安机关可以发布通缉令，采取有效措施，追捕归案。

各级公安机关在自己管辖的地区以内，可以直接发布通缉令；超出自己管辖的地区，应当报请有权决定的上级机关发布。

第十节　侦查终结

第一百五十四条　对犯罪嫌疑人逮捕后的侦查羁押期限不得超过二个月。案情复杂、期限届满不能终结的案件，可以经上一级人民检察院批准延长一个月。

第一百五十五条　因为特殊原因，在较长时间内不宜交付审判的特别重大复杂的案件，由最高人民检察院报请全国人民代表大会常务委员会批准延期审理。

第一百五十六条　下列案件在本法第一百五十四条规定的期限届满不能侦查终结的，经省、自治区、直辖市人民检察院批准或者决定，可以延长二个月：

（一）交通十分不便的边远地区的重大复杂案件；

（二）重大的犯罪集团案件；

（三）流窜作案的重大复杂案件；

（四）犯罪涉及面广，取证困难的重大复杂案件。

第一百五十七条　对犯罪嫌疑人可能判处十年有期徒刑以上刑罚，依照本法第一百五十六条规定延长期限届满，仍不能侦查终结的，经省、自治区、直辖市人民检察院批准或者决定，可以再延长二个月。

第一百五十八条　在侦查期间，发现犯罪嫌疑人另有重要罪行的，自发现之日起依照本法第一百五十四条的规定重新计算侦查羁押期限。

犯罪嫌疑人不讲真实姓名、住址，身份不明的，应当对其身份进行调查，侦查羁押期限自查清其身份之日起计算，但是不得停止对其犯罪行为的侦查取证。对于犯罪事实清楚，证据确实、充分，确实无法查明其身份的，也可以按其自报的姓名起诉、审判。

第一百五十九条　在案件侦查终结前，辩护律师提出要求的，侦查机关应当听取辩护律师的意见，并记录在案。辩护律师提出书面意见的，应当附卷。

第一百六十条　公安机关侦查终结的案件，应当做到犯罪事实清楚，证据确实、充分，并且写出起诉意见书，连同案卷材料、证据一并移送同级人民检察院审查决定；同时将案件移送情况告知犯罪嫌疑人及其辩护律师。

第一百六十一条　在侦查过程中，发现不应对犯罪嫌疑人追究刑事责任的，应当撤销案件；犯罪嫌疑人已被逮捕的，应当立即释放，发给释放证明，并且通知原批准逮捕的人民检察院。

第十一节　人民检察院对直接受理的案件的侦查

第一百六十二条　人民检察院对直接受理的案件的侦查适用本章规定。

第一百六十三条　人民检察院直接受理的案件中符合本法第七十九条、第八十条第四项、第五项规定情形，需要逮捕、拘留犯罪嫌疑人的，由人民检察院作出决定，由公安机关执行。

第一百六十四条　人民检察院对直接受理的案件中被拘留的人，应当在拘留后的二十四小时以内进行讯问。在发现不应当拘留的时候，必须立即释放，发给释放证明。

第一百六十五条　人民检察院对直接受理的案件中被拘留的人，认为需要逮捕的，应当在十四日以内作出决定。在特殊情况下，决定逮捕的时间可以延长一日至三日。对不需要逮捕的，应当立即释放；对需要继续侦查，并且符合取保候审、监视居住条件的，依法取保候审或者监视居住。

第一百六十六条　人民检察院侦查终结的案件，应当作出提起公诉、不起诉或者撤销案件的决定。

第三章　提起公诉

第一百六十七条　凡需要提起公诉的案件，一律由人民检察院审查决定。

第一百六十八条　人民检察院审查案件的时候，必须查明：

（一）犯罪事实、情节是否清楚，证据是否确实、充分，犯罪性质和罪名的认定是否正确；

（二）有无遗漏罪行和其他应当追究刑事责任的人；

（三）是否属于不应追究刑事责任的；

（四）有无附带民事诉讼；

（五）侦查活动是否合法。

第一百六十九条　人民检察院对于公安机关移送起诉的案件，应当在一个月以内作出决定，重大、复杂的案件，可以延长半个月。

人民检察院审查起诉的案件，改变管辖的，从改变后的人民检察院收到案件之日起计算审查起诉期限。

第一百七十条　人民检察院审查案件，应当讯问犯罪嫌疑人，听取辩护人、被害人及其诉讼代理人的意见，并记录在案。辩护人、被害人及其诉讼代理人提出书面意见的，应当附卷。

第一百七十一条　人民检察院审查案件，可以要求公安机关提供法庭审判所必需的证据材料；认为可能存在本法第五十四条规定的以非法方法收集证据情形的，可以要求其对证据收集的合法性作出说明。

人民检察院审查案件，对于需要补充侦查的，可以退回公安机关补充侦查，也可以自行侦查。

对于补充侦查的案件，应当在一个月以内补充侦查完毕。补充侦查以二次为限。补充侦查完毕移送人民检察院后，人民检察院重新计算审查起诉期限。

对于二次补充侦查的案件，人民检察院仍然认为证据不足，不符合起诉条件的，应当作出不起诉的决定。

第一百七十二条　人民检察院认为犯罪嫌疑人的犯罪事实已经查清，证据确实、充分，依法应当追究刑事责任的，应当作出起诉决定，按照审判管辖的规定，向人民法院提起公诉，并将案卷材料、证据移送人民法院。

第一百七十三条　犯罪嫌疑人没有犯罪事实，或者有本法第十五条规定的情形之一的，人民检察院应当作出不起诉决定。

对于犯罪情节轻微，依照刑法规定不需要判处刑罚或者免除刑罚的，人民检察院可以作出不起诉决定。

人民检察院决定不起诉的案件，应当同时对侦查中查封、扣押、冻结的财物解除查封、扣押、冻结。对被不起诉人需要给予行政处罚、行政处分或者需要没收其违法所得的，人民检察院应当提出检察意见，移送有关主管机关处理。有关主管机关应当将处理结果及时通知人民检察院。

第一百七十四条　不起诉的决定，应当公开宣布，并且将不起诉决定书送达被不起诉人和他的所在单位。如果被不起诉人在押，应当立即释放。

第一百七十五条　对于公安机关移送起诉的案件，人民检察院决定不起诉的，应当将不起诉决定书送达公安机关。公安机关认为不起诉的决定有错误的时候，可以要求复议，如果意见不被接受，可以向上一级人民检察院提请复核。

第一百七十六条　对于有被害人的案件，决定不起诉的，人民检察院应当将不起诉决定书送达被害人。被害人如果不服，可以自收到决定书后七日以内向上一级人民检察院申诉，请求提起公诉。人民检察院应当将复查决定告知被害人。对人民检察院维持不起诉决定的，被害人可以向人民法院起诉。被害人也可以不经申诉，直接向人民法院起诉。人民法院受理案件后，人民检察院应当将有关案件材料移送人民法院。

第一百七十七条　对于人民检察院依照本法第一百七十三条第二款规定作出的不起诉决定，被不起诉人如果不服，可以自收到决定书后七日以内向人民检察院申诉。人民检察院应当作出复查决定，通知被不起诉的人，同时抄送公安机关。

第三编　审　判

第一章　审判组织

第一百七十八条　基层人民法院、中级人民法院审判第一审案件，应当由审判员三人或者由审判员和人民陪审员共三人组成合议庭进行，但是基层人民法院适用简易程序的案件可以由审判员一人独任审判。

高级人民法院、最高人民法院审判第一审案件，应当由审判员三人至七人或者由审判员和人民陪审员共三人至七人组成合议庭进行。

人民陪审员在人民法院执行职务，同审判员有同等的权利。

人民法院审判上诉和抗诉案件，由审判员三人至五人组成合议庭进行。

合议庭的成员人数应当是单数。

合议庭由院长或者庭长指定审判员一人担任审判长。院长或者庭长参加审判案件的时候，自己担任审判长。

第一百七十九条　合议庭进行评议的时候，如果意见分歧，应当按多数人的意见作出决定，但是少数人的意见应当写入笔录。评议笔录由合议庭的组成人员签名。

第一百八十条　合议庭开庭审理并且评议后，应当作出判决。对于疑难、复杂、重大的案件，合议庭认为难以作出决定的，由合议庭提请院长决定提交审判委员会讨论决定。审判委员会的决定，合议庭应当执行。

第二章　第一审程序

第一节　公诉案件

第一百八十一条　人民法院对提起公诉的案件进行审查后，对于起诉书中有明确的指控犯罪事实的，应当决定开庭审判。

第一百八十二条　人民法院决定开庭审判后，应当确定合议庭的组成人员，将人民检察院的起诉书副本至迟在开庭十日以前送达被告人及其辩护人。

在开庭以前，审判人员可以召集公诉人、当事人和辩护人、诉讼代理人，对回避、出庭证人名单、非法证据排除等与审判相关的问题，了解情况，听取意见。

人民法院确定开庭日期后，应当将开庭的时间、地点通知人民检察院，传唤当事人，通知辩护人、诉讼代理人、证人、鉴定人和翻译人员，传票和通知书至迟在开庭三日以前送达。公开审判的案件，应当在开庭三日以前先期公布案由、被告人姓名、开庭时间和地点。

上述活动情形应当写入笔录，由审判人员和书记员签名。

第一百八十三条　人民法院审判第一审案件应当公开进行。但是有关国家秘密或者个人隐私的案件，不公开审理；涉及商业秘密的案件，当事人申请不公开审理的，可以不公开审理。

不公开审理的案件，应当当庭宣布不公开审理的理由。

第一百八十四条　人民法院审判公诉案件，人民检察院应当派员出席法庭支持公诉。

第一百八十五条　开庭的时候，审判长查明当事人是否到庭，宣布案由；宣布合议庭的组成人员、书记员、公诉人、辩护人、诉讼代理人、鉴定人和翻译人员的名单；告知当事人有权对合议庭组成人员、书记员、公诉人、鉴定人和翻译人员申请回避；告知被告人享有辩护权利。

第一百八十六条 公诉人在法庭上宣读起诉书后，被告人、被害人可以就起诉书指控的犯罪进行陈述，公诉人可以讯问被告人。

被害人、附带民事诉讼的原告人和辩护人、诉讼代理人，经审判长许可，可以向被告人发问。

审判人员可以讯问被告人。

第一百八十七条 公诉人、当事人或者辩护人、诉讼代理人对证人证言有异议，且该证人证言对案件定罪量刑有重大影响，人民法院认为证人有必要出庭作证的，证人应当出庭作证。

人民警察就其执行职务时目击的犯罪情况作为证人出庭作证，适用前款规定。

公诉人、当事人或者辩护人、诉讼代理人对鉴定意见有异议，人民法院认为鉴定人有必要出庭的，鉴定人应当出庭作证。经人民法院通知，鉴定人拒不出庭作证的，鉴定意见不得作为定案的根据。

第一百八十八条 经人民法院通知，证人没有正当理由不出庭作证的，人民法院可以强制其到庭，但是被告人的配偶、父母、子女除外。

证人没有正当理由拒绝出庭或者出庭后拒绝作证的，予以训诫，情节严重的，经院长批准，处以十日以下的拘留。被处罚人对拘留决定不服的，可以向上一级人民法院申请复议。复议期间不停止执行。

第一百八十九条 证人作证，审判人员应当告知他要如实地提供证言和有意作伪证或者隐匿罪证要负的法律责任。公诉人、当事人和辩护人、诉讼代理人经审判长许可，可以对证人、鉴定人发问。审判长认为发问的内容与案件无关的时候，应当制止。

审判人员可以询问证人、鉴定人。

第一百九十条 公诉人、辩护人应当向法庭出示物证，让当事人辨认，对未到庭的证人的证言笔录、鉴定人的鉴定意见、勘验笔录和其他作为证据的文书，应当当庭宣读。审判人员应当听取公诉人、当事人和辩护人、诉讼代理人的意见。

第一百九十一条 法庭审理过程中，合议庭对证据有疑问的，可以宣布休庭，对证据进行调查核实。

人民法院调查核实证据，可以进行勘验、检查、查封、扣押、鉴定和查询、冻结。

第一百九十二条　法庭审理过程中，当事人和辩护人、诉讼代理人有权申请通知新的证人到庭，调取新的物证，申请重新鉴定或者勘验。

公诉人、当事人和辩护人、诉讼代理人可以申请法庭通知有专门知识的人出庭，就鉴定人作出的鉴定意见提出意见。

法庭对于上述申请，应当作出是否同意的决定。

第二款规定的有专门知识的人出庭，适用鉴定人的有关规定。

第一百九十三条　法庭审理过程中，对与定罪、量刑有关的事实、证据都应当进行调查、辩论。

经审判长许可，公诉人、当事人和辩护人、诉讼代理人可以对证据和案件情况发表意见并且可以互相辩论。

审判长在宣布辩论终结后，被告人有最后陈述的权利。

第一百九十四条　在法庭审判过程中，如果诉讼参与人或者旁听人员违反法庭秩序，审判长应当警告制止。对不听制止的，可以强行带出法庭；情节严重的，处以一千元以下的罚款或者十五日以下的拘留。罚款、拘留必须经院长批准。被处罚人对罚款、拘留的决定不服的，可以向上一级人民法院申请复议。复议期间不停止执行。

对聚众哄闹、冲击法庭或者侮辱、诽谤、威胁、殴打司法工作人员或者诉讼参与人，严重扰乱法庭秩序，构成犯罪的，依法追究刑事责任。

第一百九十五条　在被告人最后陈述后，审判长宣布休庭，合议庭进行评议，根据已经查明的事实、证据和有关的法律规定，分别作出以下判决：

（一）案件事实清楚，证据确实、充分，依据法律认定被告人有罪的，应当作出有罪判决；

（二）依据法律认定被告人无罪的，应当作出无罪判决；

（三）证据不足，不能认定被告人有罪的，应当作出证据不足、指控的犯罪不能成立的无罪判决。

第一百九十六条　宣告判决，一律公开进行。

当庭宣告判决的，应当在五日以内将判决书送达当事人和提起公诉的人民检察院；定期宣告判决的，应当在宣告后立即将判决书送达当事人和提起公诉的人民检察院。判决书应当同时送达辩护人、诉讼代理人。

第一百九十七条　判决书应当由审判人员和书记员署名，并且写明上诉的期限和上诉的法院。

第一百九十八条　在法庭审判过程中，遇有下列情形之一，影响审判进行的，可以延期审理：

（一）需要通知新的证人到庭，调取新的物证，重新鉴定或者勘验的；

（二）检察人员发现提起公诉的案件需要补充侦查，提出建议的；

（三）由于申请回避而不能进行审判的。

第一百九十九条　依照本法第一百九十八条第二项的规定延期审理的案件，人民检察院应当在一个月以内补充侦查完毕。

第二百条　在审判过程中，有下列情形之一，致使案件在较长时间内无法继续审理的，可以中止审理：

（一）被告人患有严重疾病，无法出庭的；

（二）被告人脱逃的；

（三）自诉人患有严重疾病，无法出庭，未委托诉讼代理人出庭的；

（四）由于不能抗拒的原因。

中止审理的原因消失后，应当恢复审理。中止审理的期间不计入审理期限。

第二百零一条　法庭审判的全部活动，应当由书记员写成笔录，经审判长审阅后，由审判长和书记员签名。

法庭笔录中的证人证言部分，应当当庭宣读或者交给证人阅读。证人在承认没有错误后，应当签名或者盖章。

法庭笔录应当交给当事人阅读或者向他宣读。当事人认为记载有遗漏或者差错的，可以请求补充或者改正。当事人承认没有错误后，应当签名或者盖章。

第二百零二条　人民法院审理公诉案件，应当在受理后二个月以内宣判，至迟不得超过三个月。对于可能判处死刑的案件或者附带民事诉讼的案件，以及有本法第一百五十六条规定情形之一的，经上一级人民法院批准，可以延长三个月；因特殊情况还需要延长的，报请最高人民法院批准。

人民法院改变管辖的案件，从改变后的人民法院收到案件之日起计算审理期限。

人民检察院补充侦查的案件，补充侦查完毕移送人民法院后，人民法院重新计算审理期限。

第二百零三条　人民检察院发现人民法院审理案件违反法律规定的诉讼程

序，有权向人民法院提出纠正意见。

第二节 自诉案件

第二百零四条 自诉案件包括下列案件：

（一）告诉才处理的案件；

（二）被害人有证据证明的轻微刑事案件；

（三）被害人有证据证明对被告人侵犯自己人身、财产权利的行为应当依法追究刑事责任，而公安机关或者人民检察院不予追究被告人刑事责任的案件。

第二百零五条 人民法院对于自诉案件进行审查后，按照下列情形分别处理：

（一）犯罪事实清楚，有足够证据的案件，应当开庭审判；

（二）缺乏罪证的自诉案件，如果自诉人提不出补充证据，应当说服自诉人撤回自诉，或者裁定驳回。

自诉人经两次依法传唤，无正当理由拒不到庭的，或者未经法庭许可中途退庭的，按撤诉处理。

法庭审理过程中，审判人员对证据有疑问，需要调查核实的，适用本法第一百九十一条的规定。

第二百零六条 人民法院对自诉案件，可以进行调解；自诉人在宣告判决前，可以同被告人自行和解或者撤回自诉。本法第二百零四条第三项规定的案件不适用调解。

人民法院审理自诉案件的期限，被告人被羁押的，适用本法第二百零二条第一款、第二款的规定；未被羁押的，应当在受理后六个月以内宣判。

第二百零七条 自诉案件的被告人在诉讼过程中，可以对自诉人提起反诉。反诉适用自诉的规定。

第三节 简易程序

第二百零八条 基层人民法院管辖的案件，符合下列条件的，可以适用简易程序审判：

（一）案件事实清楚、证据充分的；

（二）被告人承认自己所犯罪行，对指控的犯罪事实没有异议的；

（三）被告人对适用简易程序没有异议的。

人民检察院在提起公诉的时候，可以建议人民法院适用简易程序。

第二百零九条　有下列情形之一的，不适用简易程序：

（一）被告人是盲、聋、哑人，或者是尚未完全丧失辨认或者控制自己行为能力的精神病人的；

（二）有重大社会影响的；

（三）共同犯罪案件中部分被告人不认罪或者对适用简易程序有异议的；

（四）其他不宜适用简易程序审理的。

第二百一十条　适用简易程序审理案件，对可能判处三年有期徒刑以下刑罚的，可以组成合议庭进行审判，也可以由审判员一人独任审判；对可能判处的有期徒刑超过三年的，应当组成合议庭进行审判。

适用简易程序审理公诉案件，人民检察院应当派员出席法庭。

第二百一十一条　适用简易程序审理案件，审判人员应当询问被告人对指控的犯罪事实的意见，告知被告人适用简易程序审理的法律规定，确认被告人是否同意适用简易程序审理。

第二百一十二条　适用简易程序审理案件，经审判人员许可，被告人及其辩护人可以同公诉人、自诉人及其诉讼代理人互相辩论。

第二百一十三条　适用简易程序审理案件，不受本章第一节关于送达期限、讯问被告人、询问证人、鉴定人、出示证据、法庭辩论程序规定的限制。但在判决宣告前应当听取被告人的最后陈述意见。

第二百一十四条　适用简易程序审理案件，人民法院应当在受理后二十日以内审结；对可能判处的有期徒刑超过三年的，可以延长至一个半月。

第二百一十五条　人民法院在审理过程中，发现不宜适用简易程序的，应当按照本章第一节或者第二节的规定重新审理。

第三章　第二审程序

第二百一十六条　被告人、自诉人和他们的法定代理人，不服地方各级人民法院第一审的判决、裁定，有权用书状或者口头向上一级人民法院上诉。被告人的辩护人和近亲属，经被告人同意，可以提出上诉。

附带民事诉讼的当事人和他们的法定代理人，可以对地方各级人民法院第一审的判决、裁定中的附带民事诉讼部分，提出上诉。

对被告人的上诉权，不得以任何借口加以剥夺。

第二百一十七条　地方各级人民检察院认为本级人民法院第一审的判决、裁定确有错误的时候，应当向上一级人民法院提出抗诉。

第二百一十八条　被害人及其法定代理人不服地方各级人民法院第一审的判决的，自收到判决书后五日以内，有权请求人民检察院提出抗诉。人民检察院自收到被害人及其法定代理人的请求后五日以内，应当作出是否抗诉的决定并且答复请求人。

第二百一十九条　不服判决的上诉和抗诉的期限为十日，不服裁定的上诉和抗诉的期限为五日，从接到判决书、裁定书的第二日起算。

第二百二十条　被告人、自诉人、附带民事诉讼的原告人和被告人通过原审人民法院提出上诉的，原审人民法院应当在三日以内将上诉状连同案卷、证据移送上一级人民法院，同时将上诉状副本送交同级人民检察院和对方当事人。

被告人、自诉人、附带民事诉讼的原告人和被告人直接向第二审人民法院提出上诉的，第二审人民法院应当在三日以内将上诉状交原审人民法院送交同级人民检察院和对方当事人。

第二百二十一条　地方各级人民检察院对同级人民法院第一审判决、裁定的抗诉，应当通过原审人民法院提出抗诉书，并且将抗诉书抄送上一级人民检察院。原审人民法院应当将抗诉书连同案卷、证据移送上一级人民法院，并且将抗诉书副本送交当事人。

上级人民检察院如果认为抗诉不当，可以向同级人民法院撤回抗诉，并且通知下级人民检察院。

第二百二十二条　第二审人民法院应当就第一审判决认定的事实和适用法律进行全面审查，不受上诉或者抗诉范围的限制。

共同犯罪的案件只有部分被告人上诉的，应当对全案进行审查，一并处理。

第二百二十三条　第二审人民法院对于下列案件，应当组成合议庭，开庭审理：

（一）被告人、自诉人及其法定代理人对第一审认定的事实、证据提出异议，可能影响定罪量刑的上诉案件；

（二）被告人被判处死刑的上诉案件；

（三）人民检察院抗诉的案件；

（四）其他应当开庭审理的案件。

第二审人民法院决定不开庭审理的，应当讯问被告人，听取其他当事人、辩护人、诉讼代理人的意见。

第二审人民法院开庭审理上诉、抗诉案件，可以到案件发生地或者原审人民法院所在地进行。

第二百二十四条　人民检察院提出抗诉的案件或者第二审人民法院开庭审理的公诉案件，同级人民检察院都应当派员出席法庭。第二审人民法院应当在决定开庭审理后及时通知人民检察院查阅案卷。人民检察院应当在一个月以内查阅完毕。人民检察院查阅案卷的时间不计入审理期限。

第二百二十五条　第二审人民法院对不服第一审判决的上诉、抗诉案件，经过审理后，应当按照下列情形分别处理：

（一）原判决认定事实和适用法律正确、量刑适当的，应当裁定驳回上诉或者抗诉，维持原判；

（二）原判决认定事实没有错误，但适用法律有错误，或者量刑不当的，应当改判；

（三）原判决事实不清楚或者证据不足的，可以在查清事实后改判；也可以裁定撤销原判，发回原审人民法院重新审判。

原审人民法院对于依照前款第三项规定发回重新审判的案件作出判决后，被告人提出上诉或者人民检察院提出抗诉的，第二审人民法院应当依法作出判决或者裁定，不得再发回原审人民法院重新审判。

第二百二十六条　第二审人民法院审理被告人或者他的法定代理人、辩护人、近亲属上诉的案件，不得加重被告人的刑罚。第二审人民法院发回原审人民法院重新审判的案件，除有新的犯罪事实，人民检察院补充起诉的以外，原审人民法院也不得加重被告人的刑罚。

人民检察院提出抗诉或者自诉人提出上诉的，不受前款规定的限制。

第二百二十七条　第二审人民法院发现第一审人民法院的审理有下列违反法律规定的诉讼程序的情形之一的，应当裁定撤销原判，发回原审人民法院重新审判：

（一）违反本法有关公开审判的规定的；

（二）违反回避制度的；

（三）剥夺或者限制了当事人的法定诉讼权利，可能影响公正审判的；

（四）审判组织的组成不合法的；

（五）其他违反法律规定的诉讼程序，可能影响公正审判的。

第二百二十八条　原审人民法院对于发回重新审判的案件，应当另行组成合议庭，依照第一审程序进行审判。对于重新审判后的判决，依照本法第二百一十六条、第二百一十七条、第二百一十八条的规定可以上诉、抗诉。

第二百二十九条　第二审人民法院对不服第一审裁定的上诉或者抗诉，经过审查后，应当参照本法第二百二十五条、第二百二十七条和第二百二十八条的规定，分别情形用裁定驳回上诉、抗诉，或者撤销、变更原裁定。

第二百三十条　第二审人民法院发回原审人民法院重新审判的案件，原审人民法院从收到发回的案件之日起，重新计算审理期限。

第二百三十一条　第二审人民法院审判上诉或者抗诉案件的程序，除本章已有规定的以外，参照第一审程序的规定进行。

第二百三十二条　第二审人民法院受理上诉、抗诉案件，应当在二个月以内审结。对于可能判处死刑的案件或者附带民事诉讼的案件，以及有本法第一百五十六条规定情形之一的，经省、自治区、直辖市高级人民法院批准或者决定，可以延长二个月；因特殊情况还需要延长的，报请最高人民法院批准。

最高人民法院受理上诉、抗诉案件的审理期限，由最高人民法院决定。

第二百三十三条　第二审的判决、裁定和最高人民法院的判决、裁定，都是终审的判决、裁定。

第二百三十四条　公安机关、人民检察院和人民法院对查封、扣押、冻结的犯罪嫌疑人、被告人的财物及其孳息，应当妥善保管，以供核查，并制作清单，随案移送。任何单位和个人不得挪用或者自行处理。对被害人的合法财产，应当及时返还。对违禁品或者不宜长期保存的物品，应当依照国家有关规定处理。

对作为证据使用的实物应当随案移送，对不宜移送的，应当将其清单、照片或者其他证明文件随案移送。

人民法院作出的判决，应当对查封、扣押、冻结的财物及其孳息作出处理。

人民法院作出的判决生效以后，有关机关应当根据判决对查封、扣押、冻结的财物及其孳息进行处理。对查封、扣押、冻结的赃款赃物及其孳息，除依法返还被害人的以外，一律上缴国库。

司法工作人员贪污、挪用或者私自处理查封、扣押、冻结的财物及其孳息的，依法追究刑事责任；不构成犯罪的，给予处分。

第四章　死刑复核程序

第二百三十五条　死刑由最高人民法院核准。

第二百三十六条　中级人民法院判处死刑的第一审案件，被告人不上诉的，应当由高级人民法院复核后，报请最高人民法院核准。高级人民法院不同意判处死刑的，可以提审或者发回重新审判。

高级人民法院判处死刑的第一审案件被告人不上诉的，和判处死刑的第二审案件，都应当报请最高人民法院核准。

第二百三十七条　中级人民法院判处死刑缓期二年执行的案件，由高级人民法院核准。

第二百三十八条　最高人民法院复核死刑案件，高级人民法院复核死刑缓期执行的案件，应当由审判员三人组成合议庭进行。

第二百三十九条　最高人民法院复核死刑案件，应当作出核准或者不核准死刑的裁定。对于不核准死刑的，最高人民法院可以发回重新审判或者予以改判。

第二百四十条　最高人民法院复核死刑案件，应当讯问被告人，辩护律师提出要求的，应当听取辩护律师的意见。

在复核死刑案件过程中，最高人民检察院可以向最高人民法院提出意见。最高人民法院应当将死刑复核结果通报最高人民检察院。

第五章　审判监督程序

第二百四十一条　当事人及其法定代理人、近亲属，对已经发生法律效力的判决、裁定，可以向人民法院或者人民检察院提出申诉，但是不能停止判决、裁定的执行。

第二百四十二条　当事人及其法定代理人、近亲属的申诉符合下列情形之一的，人民法院应当重新审判：

（一）有新的证据证明原判决、裁定认定的事实确有错误，可能影响定罪量刑的；

（二）据以定罪量刑的证据不确实、不充分、依法应当予以排除，或者证明案件事实的主要证据之间存在矛盾的；

（三）原判决、裁定适用法律确有错误的；

（四）违反法律规定的诉讼程序，可能影响公正审判的；

（五）审判人员在审理该案件的时候，有贪污受贿，徇私舞弊，枉法裁判行为的。

第二百四十三条 各级人民法院院长对本院已经发生法律效力的判决和裁定，如果发现在认定事实上或者在适用法律上确有错误，必须提交审判委员会处理。

最高人民法院对各级人民法院已经发生法律效力的判决和裁定，上级人民法院对下级人民法院已经发生法律效力的判决和裁定，如果发现确有错误，有权提审或者指令下级人民法院再审。

最高人民检察院对各级人民法院已经发生法律效力的判决和裁定，上级人民检察院对下级人民法院已经发生法律效力的判决和裁定，如果发现确有错误，有权按照审判监督程序向同级人民法院提出抗诉。

人民检察院抗诉的案件，接受抗诉的人民法院应当组成合议庭重新审理，对于原判决事实不清楚或者证据不足的，可以指令下级人民法院再审。

第二百四十四条 上级人民法院指令下级人民法院再审的，应当指令原审人民法院以外的下级人民法院审理；由原审人民法院审理更为适宜的，也可以指令原审人民法院审理。

第二百四十五条 人民法院按照审判监督程序重新审判的案件，由原审人民法院审理的，应当另行组成合议庭进行。如果原来是第一审案件，应当依照第一审程序进行审判，所作的判决、裁定，可以上诉、抗诉；如果原来是第二审案件，或者是上级人民法院提审的案件，应当依照第二审程序进行审判，所作的判决、裁定，是终审的判决、裁定。

人民法院开庭审理的再审案件，同级人民检察院应当派员出席法庭。

第二百四十六条 人民法院决定再审的案件，需要对被告人采取强制措施的，由人民法院依法决定；人民检察院提出抗诉的再审案件，需要对被告人采取强制措施的，由人民检察院依法决定。

人民法院按照审判监督程序审判的案件，可以决定中止原判决、裁定的执行。

第二百四十七条 人民法院按照审判监督程序重新审判的案件，应当在作出提审、再审决定之日起三个月以内审结，需要延长期限的，不得超过六个月。

接受抗诉的人民法院按照审判监督程序审判抗诉的案件，审理期限适用前款规定；对需要指令下级人民法院再审的，应当自接受抗诉之日起一个月以内作出决定，下级人民法院审理案件的期限适用前款规定。

第四编 执 行

第二百四十八条 判决和裁定在发生法律效力后执行。

下列判决和裁定是发生法律效力的判决和裁定：

（一）已过法定期限没有上诉、抗诉的判决和裁定；

（二）终审的判决和裁定；

（三）最高人民法院核准的死刑的判决和高级人民法院核准的死刑缓期二年执行的判决。

第二百四十九条 第一审人民法院判决被告人无罪、免除刑事处罚的，如果被告人在押，在宣判后应当立即释放。

第二百五十条 最高人民法院判处和核准的死刑立即执行的判决，应当由最高人民法院院长签发执行死刑的命令。

被判处死刑缓期二年执行的罪犯，在死刑缓期执行期间，如果没有故意犯罪，死刑缓期执行期满，应当予以减刑，由执行机关提出书面意见，报请高级人民法院裁定；如果故意犯罪，查证属实，应当执行死刑，由高级人民法院报请最高人民法院核准。

第二百五十一条 下级人民法院接到最高人民法院执行死刑的命令后，应当在七日以内交付执行。但是发现有下列情形之一的，应当停止执行，并且立即报告最高人民法院，由最高人民法院作出裁定：

（一）在执行前发现判决可能有错误的；

（二）在执行前罪犯揭发重大犯罪事实或者有其他重大立功表现，可能需要改判的；

（三）罪犯正在怀孕。

前款第一项、第二项停止执行的原因消失后，必须报请最高人民法院院长再签发执行死刑的命令才能执行；由于前款第三项原因停止执行的，应当报请最高人民法院依法改判。

第二百五十二条　人民法院在交付执行死刑前，应当通知同级人民检察院派员临场监督。

死刑采用枪决或者注射等方法执行。

死刑可以在刑场或者指定的羁押场所内执行。

指挥执行的审判人员，对罪犯应当验明正身，讯问有无遗言、信札，然后交付执行人员执行死刑。在执行前，如果发现可能有错误，应当暂停执行，报请最高人民法院裁定。

执行死刑应当公布，不应示众。

执行死刑后，在场书记员应当写成笔录。交付执行的人民法院应当将执行死刑情况报告最高人民法院。

执行死刑后，交付执行的人民法院应当通知罪犯家属。

第二百五十三条　罪犯被交付执行刑罚的时候，应当由交付执行的人民法院在判决生效后十日以内将有关的法律文书送达公安机关、监狱或者其他执行机关。

对被判处死刑缓期二年执行、无期徒刑、有期徒刑的罪犯，由公安机关依法将该罪犯送交监狱执行刑罚。对被判处有期徒刑的罪犯，在被交付执行刑罚前，剩余刑期在三个月以下的，由看守所代为执行。对被判处拘役的罪犯，由公安机关执行。

对未成年犯应当在未成年犯管教所执行刑罚。

执行机关应当将罪犯及时收押，并且通知罪犯家属。

判处有期徒刑、拘役的罪犯，执行期满，应当由执行机关发给释放证明书。

第二百五十四条　对被判处有期徒刑或者拘役的罪犯，有下列情形之一的，可以暂予监外执行：

（一）有严重疾病需要保外就医的；

（二）怀孕或者正在哺乳自己婴儿的妇女；

（三）生活不能自理，适用暂予监外执行不致危害社会的。

对被判处无期徒刑的罪犯，有前款第二项规定情形的，可以暂予监外执行。

对适用保外就医可能有社会危险性的罪犯，或者自伤自残的罪犯，不得保外就医。

对罪犯确有严重疾病，必须保外就医的，由省级人民政府指定的医院诊断并开具证明文件。

在交付执行前，暂予监外执行由交付执行的人民法院决定；在交付执行后，暂予监外执行由监狱或者看守所提出书面意见，报省级以上监狱管理机关或者设区的市一级以上公安机关批准。

第二百五十五条 监狱、看守所提出暂予监外执行的书面意见的，应当将书面意见的副本抄送人民检察院。人民检察院可以向决定或者批准机关提出书面意见。

第二百五十六条 决定或者批准暂予监外执行的机关应当将暂予监外执行决定抄送人民检察院。人民检察院认为暂予监外执行不当的，应当自接到通知之日起一个月以内将书面意见送交决定或者批准暂予监外执行的机关，决定或者批准暂予监外执行的机关接到人民检察院的书面意见后，应当立即对该决定进行重新核查。

第二百五十七条 对暂予监外执行的罪犯，有下列情形之一的，应当及时收监：

（一）发现不符合暂予监外执行条件的；

（二）严重违反有关暂予监外执行监督管理规定的；

（三）暂予监外执行的情形消失后，罪犯刑期未满的。

对于人民法院决定暂予监外执行的罪犯应当予以收监的，由人民法院作出决定，将有关的法律文书送达公安机关、监狱或者其他执行机关。

不符合暂予监外执行条件的罪犯通过贿赂等非法手段被暂予监外执行的，在监外执行的期间不计入执行刑期。罪犯在暂予监外执行期间脱逃的，脱逃的期间不计入执行刑期。

罪犯在暂予监外执行期间死亡的，执行机关应当及时通知监狱或者看守所。

第二百五十八条 对被判处管制、宣告缓刑、假释或者暂予监外执行的罪犯，依法实行社区矫正，由社区矫正机构负责执行。

第二百五十九条 对被判处剥夺政治权利的罪犯，由公安机关执行。执行期满，应当由执行机关书面通知本人及其所在单位、居住地基层组织。

第二百六十条 被判处罚金的罪犯，期满不缴纳的，人民法院应当强制缴纳；如果由于遭遇不能抗拒的灾祸缴纳确实有困难的，可以裁定减少或者免除。

第二百六十一条 没收财产的判决，无论附加适用或者独立适用，都由人民法院执行；在必要的时候，可以会同公安机关执行。

第二百六十二条 罪犯在服刑期间又犯罪的，或者发现了判决的时候所没有发现的罪行，由执行机关移送人民检察院处理。

被判处管制、拘役、有期徒刑或者无期徒刑的罪犯，在执行期间确有悔改或者立功表现，应当依法予以减刑、假释的时候，由执行机关提出建议书，报请人民法院审核裁定，并将建议书副本抄送人民检察院。人民检察院可以向人民法院提出书面意见。

第二百六十三条 人民检察院认为人民法院减刑、假释的裁定不当，应当在收到裁定书副本后二十日以内，向人民法院提出书面纠正意见。人民法院应当在收到纠正意见后一个月以内重新组成合议庭进行审理，作出最终裁定。

第二百六十四条 监狱和其他执行机关在刑罚执行中，如果认为判决有错误或者罪犯提出申诉，应当转请人民检察院或者原判人民法院处理。

第二百六十五条 人民检察院对执行机关执行刑罚的活动是否合法实行监督。如果发现有违法的情况，应当通知执行机关纠正。

第五编 特别程序

第一章 未成年人刑事案件诉讼程序

第二百六十六条 对犯罪的未成年人实行教育、感化、挽救的方针，坚持教育为主、惩罚为辅的原则。

人民法院、人民检察院和公安机关办理未成年人刑事案件，应当保障未成年人行使其诉讼权利，保障未成年人得到法律帮助，并由熟悉未成年人身心特点的审判人员、检察人员、侦查人员承办。

第二百六十七条 未成年犯罪嫌疑人、被告人没有委托辩护人的，人民法院、人民检察院、公安机关应当通知法律援助机构指派律师为其提供辩护。

第二百六十八条 公安机关、人民检察院、人民法院办理未成年人刑事案件，根据情况可以对未成年犯罪嫌疑人、被告人的成长经历、犯罪原因、监护教育等情况进行调查。

第二百六十九条 对未成年犯罪嫌疑人、被告人应当严格限制适用逮捕措施。人民检察院审查批准逮捕和人民法院决定逮捕，应当讯问未成年犯罪嫌疑人、被告人，听取辩护律师的意见。

对被拘留、逮捕和执行刑罚的未成年人与成年人应当分别关押、分别管理、分别教育。

第二百七十条 对于未成年人刑事案件，在讯问和审判的时候，应当通知未成年犯罪嫌疑人、被告人的法定代理人到场。无法通知、法定代理人不能到场或者法定代理人是共犯的，也可以通知未成年犯罪嫌疑人、被告人的其他成年亲属，所在学校、单位、居住地基层组织或者未成年人保护组织的代表到场，并将有关情况记录在案。到场的法定代理人可以代为行使未成年犯罪嫌疑人、被告人的诉讼权利。

到场的法定代理人或者其他人员认为办案人员在讯问、审判中侵犯未成年人合法权益的，可以提出意见。讯问笔录、法庭笔录应当交给到场的法定代理人或者其他人员阅读或者向他宣读。

讯问女性未成年犯罪嫌疑人，应当有女工作人员在场。

审判未成年人刑事案件，未成年被告人最后陈述后，其法定代理人可以进行补充陈述。

询问未成年被害人、证人，适用第一款、第二款、第三款的规定。

第二百七十一条 对于未成年人涉嫌刑法分则第四章、第五章、第六章规定的犯罪，可能判处一年有期徒刑以下刑罚，符合起诉条件，但有悔罪表现的，人民检察院可以作出附条件不起诉的决定。人民检察院在作出附条件不起诉的决定以前，应当听取公安机关、被害人的意见。

对附条件不起诉的决定，公安机关要求复议、提请复核或者被害人申诉的，适用本法第一百七十五条、第一百七十六条的规定。

未成年犯罪嫌疑人及其法定代理人对人民检察院决定附条件不起诉有异议的，人民检察院应当作出起诉的决定。

第二百七十二条 在附条件不起诉的考验期内，由人民检察院对被附条件不起诉的未成年犯罪嫌疑人进行监督考察。未成年犯罪嫌疑人的监护人，应当对未成年犯罪嫌疑人加强管教，配合人民检察院做好监督考察工作。

附条件不起诉的考验期为六个月以上一年以下，从人民检察院作出附条件不起诉的决定之日起计算。

被附条件不起诉的未成年犯罪嫌疑人，应当遵守下列规定：

（一）遵守法律法规，服从监督；

（二）按照考察机关的规定报告自己的活动情况；

（三）离开所居住的市、县或者迁居，应当报经考察机关批准；

（四）按照考察机关的要求接受矫治和教育。

第二百七十三条　被附条件不起诉的未成年犯罪嫌疑人，在考验期内有下列情形之一的，人民检察院应当撤销附条件不起诉的决定，提起公诉：

（一）实施新的犯罪或者发现决定附条件不起诉以前还有其他犯罪需要追诉的；

（二）违反治安管理规定或者考察机关有关附条件不起诉的监督管理规定，情节严重的。

被附条件不起诉的未成年犯罪嫌疑人，在考验期内没有上述情形，考验期满的，人民检察院应当作出不起诉的决定。

第二百七十四条　审判的时候被告人不满十八周岁的案件，不公开审理。但是，经未成年被告人及其法定代理人同意，未成年被告人所在学校和未成年人保护组织可以派代表到场。

第二百七十五条　犯罪的时候不满十八周岁，被判处五年有期徒刑以下刑罚的，应当对相关犯罪记录予以封存。

犯罪记录被封存的，不得向任何单位和个人提供，但司法机关为办案需要或者有关单位根据国家规定进行查询的除外。依法进行查询的单位，应当对被封存的犯罪记录的情况予以保密。

第二百七十六条　办理未成年人刑事案件，除本章已有规定的以外，按照本法的其他规定进行。

第二章　当事人和解的公诉案件诉讼程序

第二百七十七条　下列公诉案件，犯罪嫌疑人、被告人真诚悔罪，通过向被害人赔偿损失、赔礼道歉等方式获得被害人谅解，被害人自愿和解的，双方当事人可以和解：

（一）因民间纠纷引起，涉嫌刑法分则第四章、第五章规定的犯罪案件，可能判处三年有期徒刑以下刑罚的；

（二）除渎职犯罪以外的可能判处七年有期徒刑以下刑罚的过失犯罪案件。

犯罪嫌疑人、被告人在五年以内曾经故意犯罪的，不适用本章规定的程序。

第二百七十八条 双方当事人和解的，公安机关、人民检察院、人民法院应当听取当事人和其他有关人员的意见，对和解的自愿性、合法性进行审查，并主持制作和解协议书。

第二百七十九条 对于达成和解协议的案件，公安机关可以向人民检察院提出从宽处理的建议。人民检察院可以向人民法院提出从宽处罚的建议；对于犯罪情节轻微，不需要判处刑罚的，可以作出不起诉的决定。人民法院可以依法对被告人从宽处罚。

第三章 犯罪嫌疑人、被告人逃匿、死亡案件违法所得的没收程序

第二百八十条 对于贪污贿赂犯罪、恐怖活动犯罪等重大犯罪案件，犯罪嫌疑人、被告人逃匿，在通缉一年后不能到案，或者犯罪嫌疑人、被告人死亡，依照刑法规定应当追缴其违法所得及其他涉案财产的，人民检察院可以向人民法院提出没收违法所得的申请。

公安机关认为有前款规定情形的，应当写出没收违法所得意见书，移送人民检察院。

没收违法所得的申请应当提供与犯罪事实、违法所得相关的证据材料，并列明财产的种类、数量、所在地及查封、扣押、冻结的情况。

人民法院在必要的时候，可以查封、扣押、冻结申请没收的财产。

第二百八十一条 没收违法所得的申请，由犯罪地或者犯罪嫌疑人、被告人居住地的中级人民法院组成合议庭进行审理。

人民法院受理没收违法所得的申请后，应当发出公告。公告期间为六个月。犯罪嫌疑人、被告人的近亲属和其他利害关系人有权申请参加诉讼，也可以委托诉讼代理人参加诉讼。

人民法院在公告期满后对没收违法所得的申请进行审理。利害关系人参加诉讼的，人民法院应当开庭审理。

第二百八十二条 人民法院经审理，对经查证属于违法所得及其他涉案财产，除依法返还被害人的以外，应当裁定予以没收；对不属于应当追缴的财产的，应当裁定驳回申请，解除查封、扣押、冻结措施。

对于人民法院依照前款规定作出的裁定，犯罪嫌疑人、被告人的近亲属和其他利害关系人或者人民检察院可以提出上诉、抗诉。

第二百八十三条 在审理过程中，在逃的犯罪嫌疑人、被告人自动投案或者被抓获的，人民法院应当终止审理。

没收犯罪嫌疑人、被告人财产确有错误的，应当予以返还、赔偿。

第四章 依法不负刑事责任的精神病人的强制医疗程序

第二百八十四条 实施暴力行为，危害公共安全或者严重危害公民人身安全，经法定程序鉴定依法不负刑事责任的精神病人，有继续危害社会可能的，可以予以强制医疗。

第二百八十五条 根据本章规定对精神病人强制医疗的，由人民法院决定。

公安机关发现精神病人符合强制医疗条件的，应当写出强制医疗意见书，移送人民检察院。对于公安机关移送的或者在审查起诉过程中发现的精神病人符合强制医疗条件的，人民检察院应当向人民法院提出强制医疗的申请。人民法院在审理案件过程中发现被告人符合强制医疗条件的，可以作出强制医疗的决定。

对实施暴力行为的精神病人，在人民法院决定强制医疗前，公安机关可以采取临时的保护性约束措施。

第二百八十六条 人民法院受理强制医疗的申请后，应当组成合议庭进行审理。

人民法院审理强制医疗案件，应当通知被申请人或者被告人的法定代理人到场。被申请人或者被告人没有委托诉讼代理人的，人民法院应当通知法律援助机构指派律师为其提供法律帮助。

第二百八十七条 人民法院经审理，对于被申请人或者被告人符合强制医疗条件的，应当在一个月以内作出强制医疗的决定。

被决定强制医疗的人、被害人及其法定代理人、近亲属对强制医疗决定不服的，可以向上一级人民法院申请复议。

第二百八十八条 强制医疗机构应当定期对被强制医疗的人进行诊断评估。对于已不具有人身危险性，不需要继续强制医疗的，应当及时提出解除意见，报决定强制医疗的人民法院批准。

被强制医疗的人及其近亲属有权申请解除强制医疗。

第二百八十九条 人民检察院对强制医疗的决定和执行实行监督。

附　则

第二百九十条 军队保卫部门对军队内部发生的刑事案件行使侦查权。

对罪犯在监狱内犯罪的案件由监狱进行侦查。

军队保卫部门、监狱办理刑事案件，适用本法的有关规定。

中华人民共和国律师法

(1996 年 5 月 15 日第八届全国人民代表大会常务委员会第十九次会议通过　根据 2001 年 12 月 29 日第九届全国人民代表大会常务委员会第二十五次会议《关于修改〈中华人民共和国律师法〉的决定》修正　2007 年 10 月 28 日第十届全国人民代表大会常务委员会第三十次会议修订)

第一章　总　则

第一条　为了完善律师制度，规范律师执业行为，保障律师依法执业，发挥律师在社会主义法制建设中的作用，制定本法。

第二条　本法所称律师，是指依法取得律师执业证书，接受委托或者指定，为当事人提供法律服务的执业人员。

律师应当维护当事人合法权益，维护法律正确实施，维护社会公平和正义。

第三条　律师执业必须遵守宪法和法律，恪守律师职业道德和执业纪律。

律师执业必须以事实为根据，以法律为准绳。

律师执业应当接受国家、社会和当事人的监督。

律师依法执业受法律保护，任何组织和个人不得侵害律师的合法权益。

第四条　司法行政部门依照本法对律师、律师事务所和律师协会进行监督、指导。

第二章　律师执业许可

第五条　申请律师执业，应当具备下列条件：

(一) 拥护中华人民共和国宪法；

(二) 通过国家统一司法考试；

(三) 在律师事务所实习满一年；

(四) 品行良好。

实行国家统一司法考试前取得的律师资格凭证，在申请律师执业时，与国家统一司法考试合格证书具有同等效力。

第六条 申请律师执业，应当向设区的市级或者直辖市的区人民政府司法行政部门提出申请，并提交下列材料：

（一）国家统一司法考试合格证书；

（二）律师协会出具的申请人实习考核合格的材料；

（三）申请人的身份证明；

（四）律师事务所出具的同意接收申请人的证明。

申请兼职律师执业的，还应当提交所在单位同意申请人兼职从事律师职业的证明。

受理申请的部门应当自受理之日起二十日内予以审查，并将审查意见和全部申请材料报送省、自治区、直辖市人民政府司法行政部门。省、自治区、直辖市人民政府司法行政部门应当自收到报送材料之日起十日内予以审核，作出是否准予执业的决定。准予执业的，向申请人颁发律师执业证书；不准予执业的，向申请人书面说明理由。

第七条 申请人有下列情形之一的，不予颁发律师执业证书：

（一）无民事行为能力或者限制民事行为能力的；

（二）受过刑事处罚的，但过失犯罪的除外；

（三）被开除公职或者被吊销律师执业证书的。

第八条 具有高等院校本科以上学历，在法律服务人员紧缺领域从事专业工作满十五年，具有高级职称或者同等专业水平并具有相应的专业法律知识的人员，申请专职律师执业的，经国务院司法行政部门考核合格，准予执业。具体办法由国务院规定。

第九条 有下列情形之一的，由省、自治区、直辖市人民政府司法行政部门撤销准予执业的决定，并注销被准予执业人员的律师执业证书：

（一）申请人以欺诈、贿赂等不正当手段取得律师执业证书的；

（二）对不符合本法规定条件的申请人准予执业的。

第十条 律师只能在一个律师事务所执业。律师变更执业机构的，应当申请换发律师执业证书。

律师执业不受地域限制。

第十一条 公务员不得兼任执业律师。

律师担任各级人民代表大会常务委员会组成人员的，任职期间不得从事诉讼代理或者辩护业务。

第十二条 高等院校、科研机构中从事法学教育、研究工作的人员，符合本法第五条规定条件的，经所在单位同意，依照本法第六条规定的程序，可以申请兼职律师执业。

第十三条 没有取得律师执业证书的人员，不得以律师名义从事法律服务业务；除法律另有规定外，不得从事诉讼代理或者辩护业务。

第三章 律师事务所

第十四条 律师事务所是律师的执业机构。设立律师事务所应当具备下列条件：

（一）有自己的名称、住所和章程；

（二）有符合本法规定的律师；

（三）设立人应当是具有一定的执业经历，且三年内未受过停止执业处罚的律师；

（四）有符合国务院司法行政部门规定数额的资产。

第十五条 设立合伙律师事务所，除应当符合本法第十四条规定的条件外，还应当有三名以上合伙人，设立人应当是具有三年以上执业经历的律师。

合伙律师事务所可以采用普通合伙或者特殊的普通合伙形式设立。合伙律师事务所的合伙人按照合伙形式对该律师事务所的债务依法承担责任。

第十六条 设立个人律师事务所，除应当符合本法第十四条规定的条件外，设立人还应当是具有五年以上执业经历的律师。设立人对律师事务所的债务承担无限责任。

第十七条 申请设立律师事务所，应当提交下列材料：

（一）申请书；

（二）律师事务所的名称、章程；

（三）律师的名单、简历、身份证明、律师执业证书；

（四）住所证明；

（五）资产证明。

设立合伙律师事务所，还应当提交合伙协议。

第十八条 设立律师事务所，应当向设区的市级或者直辖市的区人民政府司法行政部门提出申请，受理申请的部门应当自受理之日起二十日内予以审查，并将审查意见和全部申请材料报送省、自治区、直辖市人民政府司法行政部门。省、自治区、直辖市人民政府司法行政部门应当自收到报送材料之日起十日内予以审核，作出是否准予设立的决定。准予设立的，向申请人颁发律师事务所执业证书；不准予设立的，向申请人书面说明理由。

第十九条　成立三年以上并具有二十名以上执业律师的合伙律师事务所，可以设立分所。设立分所，须经拟设立分所所在地的省、自治区、直辖市人民政府司法行政部门审核。申请设立分所的，依照本法第十八条规定的程序办理。

合伙律师事务所对其分所的债务承担责任。

第二十条　国家出资设立的律师事务所，依法自主开展律师业务，以该律师事务所的全部资产对其债务承担责任。

第二十一条　律师事务所变更名称、负责人、章程、合伙协议的，应当报原审核部门批准。

律师事务所变更住所、合伙人的，应当自变更之日起十五日内报原审核部门备案。

第二十二条　律师事务所有下列情形之一的，应当终止：

（一）不能保持法定设立条件，经限期整改仍不符合条件的；

（二）律师事务所执业证书被依法吊销的；

（三）自行决定解散的；

（四）法律、行政法规规定应当终止的其他情形。

律师事务所终止的，由颁发执业证书的部门注销该律师事务所的执业证书。

第二十三条　律师事务所应当建立健全执业管理、利益冲突审查、收费与财务管理、投诉查处、年度考核、档案管理等制度，对律师在执业活动中遵守职业道德、执业纪律的情况进行监督。

第二十四条　律师事务所应当于每年的年度考核后，向设区的市级或者直辖市的区人民政府司法行政部门提交本所的年度执业情况报告和律师执业考核结果。

第二十五条　律师承办业务，由律师事务所统一接受委托，与委托人签订书面委托合同，按照国家规定统一收取费用并如实入账。

律师事务所和律师应当依法纳税。

第二十六条　律师事务所和律师不得以诋毁其他律师事务所、律师或者支付介绍费等不正当手段承揽业务。

第二十七条 律师事务所不得从事法律服务以外的经营活动。

第四章 律师的业务和权利、义务

第二十八条 律师可以从事下列业务：

（一）接受自然人、法人或者其他组织的委托，担任法律顾问；

（二）接受民事案件、行政案件当事人的委托，担任代理人，参加诉讼；

（三）接受刑事案件犯罪嫌疑人的委托，为其提供法律咨询，代理申诉、控告，为被逮捕的犯罪嫌疑人申请取保候审，接受犯罪嫌疑人、被告人的委托或者人民法院的指定，担任辩护人，接受自诉案件自诉人、公诉案件被害人或者其近亲属的委托，担任代理人，参加诉讼；

（四）接受委托，代理各类诉讼案件的申诉；

（五）接受委托，参加调解、仲裁活动；

（六）接受委托，提供非诉讼法律服务；

（七）解答有关法律的询问、代写诉讼文书和有关法律事务的其他文书。

第二十九条 律师担任法律顾问的，应当按照约定为委托人就有关法律问题提供意见，草拟、审查法律文书，代理参加诉讼、调解或者仲裁活动，办理委托的其他法律事务，维护委托人的合法权益。

第三十条 律师担任诉讼法律事务代理人或者非诉讼法律事务代理人的，应当在受委托的权限内，维护委托人的合法权益。

第三十一条 律师担任辩护人的，应当根据事实和法律，提出犯罪嫌疑人、被告人无罪、罪轻或者减轻、免除其刑事责任的材料和意见，维护犯罪嫌疑人、被告人的合法权益。

第三十二条 委托人可以拒绝已委托的律师为其继续辩护或者代理，同时可以另行委托律师担任辩护人或者代理人。

律师接受委托后，无正当理由的，不得拒绝辩护或者代理。但是，委托事项违法、委托人利用律师提供的服务从事违法活动或者委托人故意隐瞒与案件有关的重要事实的，律师有权拒绝辩护或者代理。

第三十三条 犯罪嫌疑人被侦查机关第一次讯问或者采取强制措施之日起，受委托的律师凭律师执业证书、律师事务所证明和委托书或者法律援助公函，有权会见犯罪嫌疑人、被告人并了解有关案件情况。律师会见犯罪嫌疑人、被告人，不被监听。

第三十四条 受委托的律师自案件审查起诉之日起，有权查阅、摘抄和复制与案件有关的诉讼文书及案卷材料。受委托的律师自案件被人民法院受理之日起，有权查阅、摘抄和复制与案件有关的所有材料。

第三十五条 受委托的律师根据案情的需要，可以申请人民检察院、人民法院收集、调取证据或者申请人民法院通知证人出庭作证。

律师自行调查取证的，凭律师执业证书和律师事务所证明，可以向有关单位或者个人调查与承办法律事务有关的情况。

第三十六条 律师担任诉讼代理人或者辩护人的，其辩论或者辩护的权利依法受到保障。

第三十七条 律师在执业活动中的人身权利不受侵犯。

律师在法庭上发表的代理、辩护意见不受法律追究。但是，发表危害国家安全、恶意诽谤他人、严重扰乱法庭秩序的言论除外。

律师在参与诉讼活动中因涉嫌犯罪被依法拘留、逮捕的，拘留、逮捕机关应当在拘留、逮捕实施后的二十四小时内通知该律师的家属、所在的律师事务所以及所属的律师协会。

第三十八条 律师应当保守在执业活动中知悉的国家秘密、商业秘密，不得泄露当事人的隐私。

律师对在执业活动中知悉的委托人和其他人不愿泄露的情况和信息，应当予以保密。但是，委托人或者其他人准备或者正在实施的危害国家安全、公共安全以及其他严重危害他人人身、财产安全的犯罪事实和信息除外。

第三十九条 律师不得在同一案件中为双方当事人担任代理人，不得代理与本人或者其近亲属有利益冲突的法律事务。

第四十条 律师在执业活动中不得有下列行为：

（一）私自接受委托、收取费用，接受委托人的财物或者其他利益；

（二）利用提供法律服务的便利牟取当事人争议的权益；

（三）接受对方当事人的财物或者其他利益，与对方当事人或者第三人恶意串通，侵害委托人的权益；

（四）违反规定会见法官、检察官、仲裁员以及其他有关工作人员；

（五）向法官、检察官、仲裁员以及其他有关工作人员行贿，介绍贿赂或者指使、诱导当事人行贿，或者以其他不正当方式影响法官、检察官、仲裁员以及其他有关工作人员依法办理案件；

（六）故意提供虚假证据或者威胁、利诱他人提供虚假证据，妨碍对方当事人合法取得证据；

（七）煽动、教唆当事人采取扰乱公共秩序、危害公共安全等非法手段解决争议；

（八）扰乱法庭、仲裁庭秩序，干扰诉讼、仲裁活动的正常进行。

第四十一条　曾经担任法官、检察官的律师，从人民法院、人民检察院离任后二年内，不得担任诉讼代理人或者辩护人。

第四十二条　律师、律师事务所应当按照国家规定履行法律援助义务，为受援人提供符合标准的法律服务，维护受援人的合法权益。

第五章　律师协会

第四十三条　律师协会是社会团体法人，是律师的自律性组织。

全国设立中华全国律师协会，省、自治区、直辖市设立地方律师协会，设区的市根据需要可以设立地方律师协会。

第四十四条　全国律师协会章程由全国会员代表大会制定，报国务院司法行政部门备案。

地方律师协会章程由地方会员代表大会制定，报同级司法行政部门备案。地方律师协会章程不得与全国律师协会章程相抵触。

第四十五条　律师、律师事务所应当加入所在地的地方律师协会。加入地方律师协会的律师、律师事务所，同时是全国律师协会的会员。

律师协会会员享有律师协会章程规定的权利，履行律师协会章程规定的义务。

第四十六条　律师协会应当履行下列职责：

（一）保障律师依法执业，维护律师的合法权益；

（二）总结、交流律师工作经验；

（三）制定行业规范和惩戒规则；

（四）组织律师业务培训和职业道德、执业纪律教育，对律师的执业活动进行考核；

（五）组织管理申请律师执业人员的实习活动，对实习人员进行考核；

（六）对律师、律师事务所实施奖励和惩戒；

（七）受理对律师的投诉或者举报，调解律师执业活动中发生的纠纷，受理律师的申诉；

（八）法律、行政法规、规章以及律师协会章程规定的其他职责。

律师协会制定的行业规范和惩戒规则，不得与有关法律、行政法规、规章相抵触。

第六章　法律责任

第四十七条　律师有下列行为之一的，由设区的市级或者直辖市的区人民政府司法行政部门给予警告，可以处五千元以下的罚款；有违法所得的，没收违法所得；情节严重的，给予停止执业三个月以下的处罚：

（一）同时在两个以上律师事务所执业的；

（二）以不正当手段承揽业务的；

（三）在同一案件中为双方当事人担任代理人，或者代理与本人及其近亲属有利益冲突的法律事务的；

（四）从人民法院、人民检察院离任后二年内担任诉讼代理人或者辩护人的；

（五）拒绝履行法律援助义务的。

第四十八条　律师有下列行为之一的，由设区的市级或者直辖市的区人民政府司法行政部门给予警告，可以处一万元以下的罚款；有违法所得的，没收违法所得；情节严重的，给予停止执业三个月以上六个月以下的处罚：

（一）私自接受委托、收取费用，接受委托人财物或者其他利益的；

（二）接受委托后，无正当理由，拒绝辩护或者代理，不按时出庭参加诉讼或者仲裁的；

（三）利用提供法律服务的便利牟取当事人争议的权益的；

（四）泄露商业秘密或者个人隐私的。

第四十九条　律师有下列行为之一的，由设区的市级或者直辖市的区人民政府司法行政部门给予停止执业六个月以上一年以下的处罚，可以处五万元以下的罚款；有违法所得的，没收违法所得；情节严重的，由省、自治区、直辖市人民政府司法行政部门吊销其律师执业证书；构成犯罪的，依法追究刑事责任：

（一）违反规定会见法官、检察官、仲裁员以及其他有关工作人员，或者以其他不正当方式影响依法办理案件的；

（二）向法官、检察官、仲裁员以及其他有关工作人员行贿，介绍贿赂或者指使、诱导当事人行贿的；

（三）向司法行政部门提供虚假材料或者有其他弄虚作假行为的；

（四）故意提供虚假证据或者威胁、利诱他人提供虚假证据，妨碍对方当事人合法取得证据的；

（五）接受对方当事人财物或者其他利益，与对方当事人或者第三人恶意串通，侵害委托人权益的；

（六）扰乱法庭、仲裁庭秩序，干扰诉讼、仲裁活动的正常进行的；

（七）煽动、教唆当事人采取扰乱公共秩序、危害公共安全等非法手段解决争议的；

（八）发表危害国家安全、恶意诽谤他人、严重扰乱法庭秩序的言论的；

（九）泄露国家秘密的。

律师因故意犯罪受到刑事处罚的，由省、自治区、直辖市人民政府司法行政部门吊销其律师执业证书。

第五十条　律师事务所有下列行为之一的，由设区的市级或者直辖市的区人民政府司法行政部门视其情节给予警告、停业整顿一个月以上六个月以下的处罚，可以处十万元以下的罚款；有违法所得的，没收违法所得；情节特别严重的，由省、自治区、直辖市人民政府司法行政部门吊销律师事务所执业证书：

（一）违反规定接受委托、收取费用的；

（二）违反法定程序办理变更名称、负责人、章程、合伙协议、住所、合伙人等重大事项的；

（三）从事法律服务以外的经营活动的；

（四）以诋毁其他律师事务所、律师或者支付介绍费等不正当手段承揽业务的；

（五）违反规定接受有利益冲突的案件的；

（六）拒绝履行法律援助义务的；

（七）向司法行政部门提供虚假材料或者有其他弄虚作假行为的；

（八）对本所律师疏于管理，造成严重后果的。

律师事务所因前款违法行为受到处罚的，对其负责人视情节轻重，给予警告或者处二万元以下的罚款。

第五十一条　律师因违反本法规定，在受到警告处罚后一年内又发生应当给予警告处罚情形的，由设区的市级或者直辖市的区人民政府司法行政部门给予停止执业三个月以上一年以下的处罚；在受到停止执业处罚期满后二年内又发生应当给予停止执业处罚情形的，由省、自治区、直辖市人民政府司法行政部门吊销其律师执业证书。

律师事务所因违反本法规定，在受到停业整顿处罚期满后二年内又发生应当给予停业整顿处罚情形的，由省、自治区、直辖市人民政府司法行政部门吊销律师事务所执业证书。

第五十二条　县级人民政府司法行政部门对律师和律师事务所的执业活动实施日常监督管理，对检查发现的问题，责令改正；对当事人的投诉，应当及时进行调查。县级人民政府司法行政部门认为律师和律师事务所的违法行为应当给予行政处罚的，应当向上级司法行政部门提出处罚建议。

第五十三条　受到六个月以上停止执业处罚的律师，处罚期满未逾三年的，不得担任合伙人。

第五十四条　律师违法执业或者因过错给当事人造成损失的，由其所在的律师事务所承担赔偿责任。律师事务所赔偿后，可以向有故意或者重大过失行为的律师追偿。

第五十五条　没有取得律师执业证书的人员以律师名义从事法律服务业务的，由所在地的县级以上地方人民政府司法行政部门责令停止非法执业，没收违法所得，处违法所得一倍以上五倍以下的罚款。

第五十六条　司法行政部门工作人员违反本法规定，滥用职权、玩忽职守，构成犯罪的，依法追究刑事责任；尚不构成犯罪的，依法给予处分。

第七章　附　则

第五十七条　为军队提供法律服务的军队律师，其律师资格的取得和权利、义务及行为准则，适用本法规定。军队律师的具体管理办法，由国务院和中央军事委员会制定。

第五十八条　外国律师事务所在中华人民共和国境内设立机构从事法律服务活动的管理办法，由国务院制定。

第五十九条　律师收费办法，由国务院价格主管部门会同国务院司法行政部门制定。

第六十条　本法自 2008 年 6 月 1 日起施行。

最高人民法院、最高人民检察院、公安部、国家安全部、司法部
关于办理刑事案件排除非法证据
若干问题的规定

为规范司法行为，促进司法公正，根据刑事诉讼法和相关司法解释，结合人民法院、人民检察院、公安机关、国家安全机关和司法行政机关办理刑事案件工作实际，制定本规定。

第一条　采用刑讯逼供等非法手段取得的犯罪嫌疑人、被告人供述和采用暴力、威胁等非法手段取得的证人证言、被害人陈述，属于非法言词证据。

第二条　经依法确认的非法言词证据，应当予以排除，不能作为定案的根据。

第三条　人民检察院在审查批准逮捕、审查起诉中，对于非法言词证据应当依法予以排除，不能作为批准逮捕、提起公诉的根据。

第四条　起诉书副本送达后开庭审判前，被告人提出其审判前供述是非法取得的，应当向人民法院提交书面意见。被告人书写确有困难的，可以口头告诉，由人民法院工作人员或者其辩护人作出笔录，并由被告人签名或者捺指印。

人民法院应当将被告人的书面意见或者告诉笔录复印件在开庭前交人民检察院。

第五条　被告人及其辩护人在开庭审理前或者庭审中，提出被告人审判前供述是非法取得的，法庭在公诉人宣读起诉书之后，应当先行当庭调查。

法庭辩论结束前，被告人及其辩护人提出被告人审判前供述是非法取得的，法庭也应当进行调查。

第六条　被告人及其辩护人提出被告人审判前供述是非法取得的，法庭应当要求其提供涉嫌非法取证的人员、时间、地点、方式、内容等相关线索或者证据。

第七条　经审查，法庭对被告人审判前供述取得的合法性有疑问的，公诉人应当向法庭提供讯问笔录、原始的讯问过程录音录像或者其他证据，提请法庭通知讯问时其他在场人员或者其他证人出庭作证，仍不能排除刑讯逼供嫌疑

的，提请法庭通知讯问人员出庭作证，对该供述取得的合法性予以证明。公诉人当庭不能举证的，可以根据刑事诉讼法第一百六十五条的规定，建议法庭延期审理。

经依法通知，讯问人员或者其他人员应当出庭作证。

公诉人提交加盖公章的说明材料，未经有关讯问人员签名或者盖章的，不能作为证明取证合法性的证据。

控辩双方可以就被告人审判前供述取得的合法性问题进行质证、辩论。

第八条 法庭对于控辩双方提供的证据有疑问的，可以宣布休庭，对证据进行调查核实。必要时，可以通知检察人员、辩护人到场。

第九条 庭审中，公诉人为提供新的证据需要补充侦查，建议延期审理的，法庭应当同意。

被告人及其辩护人申请通知讯问人员、讯问时其他在场人员或者其他证人到庭，法庭认为有必要的，可以宣布延期审理。

第十条 经法庭审查，具有下列情形之一的，被告人审判前供述可以当庭宣读、质证：

（一）被告人及其辩护人未提供非法取证的相关线索或者证据的；

（二）被告人及其辩护人已提供非法取证的相关线索或者证据，法庭对被告人审判前供述取得的合法性没有疑问的；

（三）公诉人提供的证据确实、充分，能够排除被告人审判前供述属非法取得的。

对于当庭宣读的被告人审判前供述，应当结合被告人当庭供述以及其他证据确定能否作为定案的根据。

第十一条 对被告人审判前供述的合法性，公诉人不提供证据加以证明，或者已提供的证据不够确实、充分的，该供述不能作为定案的根据。

第十二条 对于被告人及其辩护人提出的被告人审判前供述是非法取得的意见，第一审人民法院没有审查，并以被告人审判前供述作为定案根据的，第二审人民法院应当对被告人审判前供述取得的合法性进行审查。检察人员不提供证据加以证明，或者已提供的证据不够确实、充分的，被告人该供述不能作为定案的根据。

第十三条 庭审中，检察人员、被告人及其辩护人提出未到庭证人的书面证言、未到庭被害人的书面陈述是非法取得的，举证方应当对其取证的合法性予以证明。

对前款所述证据，法庭应当参照本规定有关规定进行调查。

第十四条　物证、书证的取得明显违反法律规定，可能影响公正审判的，应当予以补正或者作出合理解释，否则，该物证、书证不能作为定案的根据。

第十五条　本规定自二〇一〇年七月一日起施行。

最高人民法院、最高人民检察院、公安部、国家安全部、司法部 关于办理死刑案件审查判断证据若干问题的规定

（法发〔2010〕20号）

为依法、公正、准确、慎重地办理死刑案件，惩罚犯罪，保障人权，根据《中华人民共和国刑事诉讼法》等有关法律规定，结合司法实际，制定本规定。

一、一般规定

第一条　办理死刑案件，必须严格执行刑法和刑事诉讼法，切实做到事实清楚，证据确实、充分，程序合法，适用法律正确，确保案件质量。

第二条　认定案件事实，必须以证据为根据。

第三条　侦查人员、检察人员、审判人员应当严格遵守法定程序，全面、客观地收集、审查、核实和认定证据。

第四条　经过当庭出示、辨认、质证等法庭调查程序查证属实的证据，才能作为定罪量刑的根据。

第五条　办理死刑案件，对被告人犯罪事实的认定，必须达到证据确实、充分。

证据确实、充分是指：

（一）定罪量刑的事实都有证据证明；

（二）每一个定案的证据均已经法定程序查证属实；

（三）证据与证据之间、证据与案件事实之间不存在矛盾或者矛盾得以合理排除；

（四）共同犯罪案件中，被告人的地位、作用均已查清；

（五）根据证据认定案件事实的过程符合逻辑和经验规则，由证据得出的结论为唯一结论。

办理死刑案件，对于以下事实的证明必须达到证据确实、充分：

（一）被指控的犯罪事实的发生；

（二）被告人实施了犯罪行为与被告人实施犯罪行为的时间、地点、手

段、后果以及其他情节；

（三）影响被告人定罪的身份情况；

（四）被告人有刑事责任能力；

（五）被告人的罪过；

（六）是否共同犯罪及被告人在共同犯罪中的地位、作用；

（七）对被告人从重处罚的事实。

二、证据的分类审查与认定

1. 物证、书证

第六条　对物证、书证应当着重审查以下内容：

（一）物证、书证是否为原物、原件，物证的照片、录像或者复制品及书证的副本、复制件与原物、原件是否相符；物证、书证是否经过辨认、鉴定；物证的照片、录像或者复制品和书证的副本、复制件是否由二人以上制作，有无制作人关于制作过程及原件、原物存放于何处的文字说明及签名。

（二）物证、书证的收集程序、方式是否符合法律及有关规定；经勘验、检查、搜查提取、扣押的物证、书证，是否附有相关笔录或者清单；笔录或者清单是否有侦查人员、物品持有人、见证人签名，没有物品持有人签名的，是否注明原因；对物品的特征、数量、质量、名称等注明是否清楚。

（三）物证、书证在收集、保管及鉴定过程中是否受到破坏或者改变。

（四）物证、书证与案件事实有无关联。对现场遗留与犯罪有关的具备检验鉴定条件的血迹、指纹、毛发、体液等生物物证、痕迹、物品，是否通过DNA鉴定、指纹鉴定等鉴定方式与被告人或者被害人的相应生物检材、生物特征、物品等作同一认定。

（五）与案件事实有关联的物证、书证是否全面收集。

第七条　对在勘验、检查、搜查中发现与案件事实可能有关联的血迹、指纹、足迹、字迹、毛发、体液、人体组织等痕迹和物品应当提取而没有提取，应当检验而没有检验，导致案件事实存疑的，人民法院应当向人民检察院说明情况，人民检察院依法可以补充收集、调取证据，作出合理的说明或者退回侦查机关补充侦查，调取有关证据。

第八条　据以定案的物证应当是原物。只有在原物不便搬运、不易保存或者依法应当由有关部门保管、处理或者依法应当返还时，才可以拍摄或者制作足以反映原物外形或者内容的照片、录像或者复制品。物证的照片、录像或者复制品，经与原物核实无误或者经鉴定证明为真实的，或者以其他方式确能证明其真实的，可以作为定案的根据。原物的照片、录像或者复制品，不能反映原物的外形和特征的，不能作为定案的根据。

据以定案的书证应当是原件。只有在取得原件确有困难时，才可以使用副本或者复制件。书证的副本、复制件，经与原件核实无误或者经鉴定证明为真实的，或者以其他方式确能证明其真实的，可以作为定案的根据。书证有更改或者更改迹象不能作出合理解释的，书证的副本、复制件不能反映书证原件及其内容的，不能作为定案的根据。

第九条 经勘验、检查、搜查提取、扣押的物证、书证，未附有勘验、检查笔录，搜查笔录，提取笔录，扣押清单，不能证明物证、书证来源的，不能作为定案的根据。

物证、书证的收集程序、方式存在下列瑕疵，通过有关办案人员的补正或者作出合理解释的，可以采用：

（一）收集调取的物证、书证，在勘验、检查笔录，搜查笔录，提取笔录，扣押清单上没有侦查人员、物品持有人、见证人签名或者物品特征、数量、质量、名称等注明不详的；

（二）收集调取物证照片、录像或者复制品，书证的副本、复制件未注明与原件核对无异，无复制时间、无被收集、调取人（单位）签名（盖章）的；

（三）物证照片、录像或者复制品，书证的副本、复制件没有制作人关于制作过程及原物、原件存放于何处的说明或者说明中无签名的；

（四）物证、书证的收集程序、方式存在其他瑕疵的。

对物证、书证的来源及收集过程有疑问，不能作出合理解释的，该物证、书证不能作为定案的根据。

第十条 具备辨认条件的物证、书证应当交由当事人或者证人进行辨认，必要时应当进行鉴定。

2. 证人证言

第十一条 对证人证言应当着重审查以下内容：

（一）证言的内容是否为证人直接感知。

（二）证人作证时的年龄、认知水平、记忆能力和表达能力，生理上和精神上的状态是否影响作证。

（三）证人与案件当事人、案件处理结果有无利害关系。

（四）证言的取得程序、方式是否符合法律及有关规定：有无使用暴力、威胁、引诱、欺骗以及其他非法手段取证的情形；有无违反询问证人应当个别进行的规定；笔录是否经证人核对确认并签名（盖章）、捺指印；询问未成年证人，是否通知了其法定代理人到场，其法定代理人是否在场等。

（五）证人证言之间以及与其他证据之间能否相互印证，有无矛盾。

第十二条　以暴力、威胁等非法手段取得的证人证言，不能作为定案的根据。

处于明显醉酒、麻醉品中毒或者精神药物麻醉状态，以致不能正确表达的证人所提供的证言，不能作为定案的根据。

证人的猜测性、评论性、推断性的证言，不能作为证据使用，但根据一般生活经验判断符合事实的除外。

第十三条　具有下列情形之一的证人证言，不能作为定案的根据：

（一）询问证人没有个别进行而取得的证言；

（二）没有经证人核对确认并签名（盖章）、捺指印的书面证言；

（三）询问聋哑人或者不通晓当地通用语言、文字的少数民族人员、外国人，应当提供翻译而未提供的。

第十四条　证人证言的收集程序和方式有下列瑕疵，通过有关办案人员的补正或者作出合理解释的，可以采用：

（一）没有填写询问人、记录人、法定代理人姓名或者询问的起止时间、地点的；

（二）询问证人的地点不符合规定的；

（三）询问笔录没有记录告知证人应当如实提供证言和有意作伪证或者隐匿罪证要负法律责任内容的；

（四）询问笔录反映出在同一时间段内，同一询问人员询问不同证人的。

第十五条　具有下列情形的证人，人民法院应当通知出庭作证；经依法通知不出庭作证证人的书面证言经质证无法确认的，不能作为定案的根据：

（一）人民检察院、被告人及其辩护人对证人证言有异议，该证人证言对定罪量刑有重大影响的；

（二）人民法院认为其他应当出庭作证的。

证人在法庭上的证言与其庭前证言相互矛盾，如果证人当庭能够对其翻证作出合理解释，并有相关证据印证的，应当采信庭审证言。

对未出庭作证证人的书面证言，应当听取出庭检察人员、被告人及其辩护人的意见，并结合其他证据综合判断。未出庭作证证人的书面证言出现矛盾，不能排除矛盾且无证据印证的，不能作为定案的根据。

第十六条 证人作证，涉及国家秘密或者个人隐私的，应当保守秘密。

证人出庭作证，必要时，人民法院可以采取限制公开证人信息、限制询问、遮蔽容貌、改变声音等保护性措施。

3. 被害人陈述

第十七条 对被害人陈述的审查与认定适用前述关于证人证言的有关规定。

4. 被告人供述和辩解

第十八条 对被告人供述和辩解应当着重审查以下内容：

（一）讯问的时间、地点、讯问人的身份等是否符合法律及有关规定，讯问被告人的侦查人员是否不少于二人，讯问被告人是否个别进行等。

（二）讯问笔录的制作、修改是否符合法律及有关规定，讯问笔录是否注明讯问的起止时间和讯问地点，首次讯问时是否告知被告人申请回避、聘请律师等诉讼权利，被告人是否核对确认并签名（盖章）、捺指印，是否有不少于二人的讯问人签名等。

（三）讯问聋哑人、少数民族人员、外国人时是否提供了通晓聋、哑手势的人员或者翻译人员，讯问未成年同案犯时，是否通知了其法定代理人到场，其法定代理人是否在场。

（四）被告人的供述有无以刑讯逼供等非法手段获取的情形，必要时可以调取被告人进出看守所的健康检查记录、笔录。

（五）被告人的供述是否前后一致，有无反复以及出现反复的原因；被告人的所有供述和辩解是否均已收集入卷；应当入卷的供述和辩解没有入卷的，是否出具了相关说明。

（六）被告人的辩解内容是否符合案情和常理，有无矛盾。

（七）被告人的供述和辩解与同案犯的供述和辩解以及其他证据能否相互

印证，有无矛盾。

对于上述内容，侦查机关随案移送有录音录像资料的，应当结合相关录音录像资料进行审查。

第十九条　采用刑讯逼供等非法手段取得的被告人供述，不能作为定案的根据。

第二十条　具有下列情形之一的被告人供述，不能作为定案的根据：

（一）讯问笔录没有经被告人核对确认并签名（盖章）、捺指印的；

（二）讯问聋哑人、不通晓当地通用语言、文字的人员时，应当提供通晓聋、哑手势的人员或者翻译人员而未提供的。

第二十一条　讯问笔录有下列瑕疵，通过有关办案人员的补正或者作出合理解释的，可以采用：

（一）笔录填写的讯问时间、讯问人、记录人、法定代理人等有误或者存在矛盾的；

（二）讯问人没有签名的；

（三）首次讯问笔录没有记录告知被讯问人诉讼权利内容的。

第二十二条　对被告人供述和辩解的审查，应当结合控辩双方提供的所有证据以及被告人本人的全部供述和辩解进行。

被告人庭前供述一致，庭审中翻供，但被告人不能合理说明翻供理由或者其辩解与全案证据相矛盾，而庭前供述与其他证据能够相互印证的，可以采信被告人庭前供述。

被告人庭前供述和辩解出现反复，但庭审中供认的，且庭审中的供述与其他证据能够印证的，可以采信庭审中的供述；被告人庭前供述和辩解出现反复，庭审中不供认，且无其他证据与庭前供述印证的，不能采信庭前供述。

5. 鉴定意见

第二十三条　对鉴定意见应当着重审查以下内容：

（一）鉴定人是否存在应当回避而未回避的情形。

（二）鉴定机构和鉴定人是否具有合法的资质。

（三）鉴定程序是否符合法律及有关规定。

（四）检材的来源、取得、保管、送检是否符合法律及有关规定，与相关提取笔录、扣押物品清单等记载的内容是否相符，检材是否充足、可靠。

（五）鉴定的程序、方法、分析过程是否符合本专业的检验鉴定规程和技术方法要求。

（六）鉴定意见的形式要件是否完备，是否注明提起鉴定的事由、鉴定委托人、鉴定机构、鉴定要求、鉴定过程、检验方法、鉴定文书的日期等相关内容，是否由鉴定机构加盖鉴定专用章并由鉴定人签名盖章。

（七）鉴定意见是否明确。

（八）鉴定意见与案件待证事实有无关联。

（九）鉴定意见与其他证据之间是否有矛盾，鉴定意见与检验笔录及相关照片是否有矛盾。

（十）鉴定意见是否依法及时告知相关人员，当事人对鉴定意见是否有异议。

第二十四条 鉴定意见具有下列情形之一的，不能作为定案的根据：

（一）鉴定机构不具备法定的资格和条件，或者鉴定事项超出本鉴定机构项目范围或者鉴定能力的；

（二）鉴定人不具备法定的资格和条件、鉴定人不具有相关专业技术或者职称、鉴定人违反回避规定的；

（三）鉴定程序、方法有错误的；

（四）鉴定意见与证明对象没有关联的；

（五）鉴定对象与送检材料、样本不一致的；

（六）送检材料、样本来源不明或者确实被污染且不具备鉴定条件的；

（七）违反有关鉴定特定标准的；

（八）鉴定文书缺少签名、盖章的；

（九）其他违反有关规定的情形。

对鉴定意见有疑问的，人民法院应当依法通知鉴定人出庭作证或者由其出具相关说明，也可以依法补充鉴定或者重新鉴定。

6. 勘验、检查笔录

第二十五条 对勘验、检查笔录应当着重审查以下内容：

（一）勘验、检查是否依法进行，笔录的制作是否符合法律及有关规定的要求，勘验、检查人员和见证人是否签名或者盖章等。

（二）勘验、检查笔录的内容是否全面、详细、准确、规范：是否准确记录了提起勘验、检查的事由，勘验、检查的时间、地点，在场人员、现场方位、周围环境等情况；是否准确记载了现场、物品、人身、尸体等的位置、特征等详细情况以及勘验、检查、搜查的过程；文字记载与实物或者绘图、录像、照片是否相符；固定证据的形式、方法是否科学、规范；现场、物品、痕迹等是否被破坏或者伪造，是否是原始现场；人身特征、伤害情况、生理状况有无伪装或者变化等。

（三）补充进行勘验、检查的，前后勘验、检查的情况是否有矛盾，是否说明了再次勘验、检查的原由。

（四）勘验、检查笔录中记载的情况与被告人供述、被害人陈述、鉴定意见等其他证据能否印证，有无矛盾。

第二十六条 勘验、检查笔录存在明显不符合法律及有关规定的情形，并且不能作出合理解释或者说明的，不能作为证据使用。

勘验、检查笔录存在勘验、检查没有见证人的，勘验、检查人员和见证人没有签名、盖章的，勘验、检查人员违反回避规定的等情形，应当结合案件其他证据，审查其真实性和关联性。

7. 视听资料

第二十七条 对视听资料应当着重审查以下内容：

（一）视听资料的来源是否合法，制作过程中当事人有无受到威胁、引诱等违反法律及有关规定的情形；

（二）是否载明制作人或者持有人的身份，制作的时间、地点和条件以及制作方法；

（三）是否为原件，有无复制及复制份数；调取的视听资料是复制件的，是否附有无法调取原件的原因、制作过程和原件存放地点的说明，是否有制作人和原视听资料持有人签名或者盖章；

（四）内容和制作过程是否真实，有无经过剪辑、增加、删改、编辑等伪造、变造情形；

（五）内容与案件事实有无关联性。

对视听资料有疑问的，应当进行鉴定。

对视听资料，应当结合案件其他证据，审查其真实性和关联性。

第二十八条 具有下列情形之一的视听资料，不能作为定案的根据：

（一）视听资料经审查或者鉴定无法确定真伪的；

（二）对视听资料的制作和取得的时间、地点、方式等有异议，不能作出合理解释或者提供必要证明的。

8. 其他规定

第二十九条 对于电子邮件、电子数据交换、网上聊天记录、网络博客、手机短信、电子签名、域名等电子证据，应当主要审查以下内容：

（一）该电子证据存储磁盘、存储光盘等可移动存储介质是否与打印件一并提交；

（二）是否载明该电子证据形成的时间、地点、对象、制作人、制作过程及设备情况等；

（三）制作、储存、传递、获得、收集、出示等程序和环节是否合法，取证人、制作人、持有人、见证人等是否签名或者盖章；

（四）内容是否真实，有无剪裁、拼凑、篡改、添加等伪造、变造情形；

（五）该电子证据与案件事实有无关联性。

对电子证据有疑问的，应当进行鉴定。

对电子证据，应当结合案件其他证据，审查其真实性和关联性。

第三十条 侦查机关组织的辨认，存在下列情形之一的，应当严格审查，不能确定其真实性的，辨认结果不能作为定案的根据：

（一）辨认不是在侦查人员主持下进行的；

（二）辨认前使辨认人见到辨认对象的；

（三）辨认人的辨认活动没有个别进行的；

（四）辨认对象没有混杂在具有类似特征的其他对象中，或者供辨认的对象数量不符合规定的；尸体、场所等特定辨认对象除外。

（五）辨认中给辨认人明显暗示或者明显有指认嫌疑的。

有下列情形之一的，通过有关办案人员的补正或者作出合理解释的，辨认结果可以作为证据使用：

（一）主持辨认的侦查人员少于二人的；

（二）没有向辨认人详细询问辨认对象的具体特征的；

（三）对辨认经过和结果没有制作专门的规范的辨认笔录，或者辨认笔录没有侦查人员、辨认人、见证人的签名或者盖章的；

（四）辨认记录过于简单，只有结果没有过程的；

（五）案卷中只有辨认笔录，没有被辨认对象的照片、录像等资料，无法获悉辨认的真实情况的。

第三十一条 对侦查机关出具的破案经过等材料，应当审查是否有出具该说明材料的办案人、办案机关的签字或者盖章。

对破案经过有疑问，或者对确定被告人有重大嫌疑的根据有疑问的，应当要求侦查机关补充说明。

三、证据的综合审查和运用

第三十二条 对证据的证明力，应当结合案件的具体情况，从各证据与待证事实的关联程度、各证据之间的联系等方面进行审查判断。

证据之间具有内在的联系，共同指向同一待证事实，且能合理排除矛盾的，才能作为定案的根据。

第三十三条 没有直接证据证明犯罪行为系被告人实施，但同时符合下列条件的可以认定被告人有罪：

（一）据以定案的间接证据已经查证属实；

（二）据以定案的间接证据之间相互印证，不存在无法排除的矛盾和无法解释的疑问；

（三）据以定案的间接证据已经形成完整的证明体系；

（四）依据间接证据认定的案件事实，结论是唯一的，足以排除一切合理怀疑；

（五）运用间接证据进行的推理符合逻辑和经验判断。

根据间接证据定案的，判处死刑应当特别慎重。

第三十四条 根据被告人的供述、指认提取到了隐蔽性很强的物证、书证，且与其他证明犯罪事实发生的证据互相印证，并排除串供、逼供、诱供等可能性的，可以认定有罪。

第三十五条 侦查机关依照有关规定采用特殊侦查措施所收集的物证、书证及其他证据材料，经法庭查证属实，可以作为定案的根据。

法庭依法不公开特殊侦查措施的过程及方法。

第三十六条 在对被告人作出有罪认定后，人民法院认定被告人的量刑事实，除审查法定情节外，还应审查以下影响量刑的情节：

（一）案件起因；

（二）被害人有无过错及过错程度，是否对矛盾激化负有责任及责任大小；

（三）被告人的近亲属是否协助抓获被告人；

（四）被告人平时表现及有无悔罪态度；

（五）被害人附带民事诉讼赔偿情况，被告人是否取得被害人或者被害人近亲属谅解；

（六）其他影响量刑的情节。

既有从轻、减轻处罚等情节，又有从重处罚等情节的，应当依法综合相关情节予以考虑。

不能排除被告人具有从轻、减轻处罚等量刑情节的，判处死刑应当特别慎重。

第三十七条 对于有下列情形的证据应当慎重使用，有其他证据印证的，可以采信：

（一）生理上、精神上有缺陷的被害人、证人和被告人，在对案件事实的认知和表达上存在一定困难，但尚未丧失正确认知、正确表达能力而作的陈述、证言和供述；

（二）与被告人有亲属关系或者其他密切关系的证人所作的对该被告人有利的证言，或者与被告人有利害冲突的证人所作的对该被告人不利的证言。

第三十八条 法庭对证据有疑问的，可以告知出庭检察人员、被告人及其辩护人补充证据或者作出说明；确有核实必要的，可以宣布休庭，对证据进行调查核实。法庭进行庭外调查时，必要时，可以通知出庭检察人员、辩护人到场。出庭检察人员、辩护人一方或者双方不到场的，法庭记录在案。

人民检察院、辩护人补充的和法庭庭外调查核实取得的证据，法庭可以庭外征求出庭检察人员、辩护人的意见。双方意见不一致，有一方要求人民法院开庭进行调查的，人民法院应当开庭。

第三十九条　被告人及其辩护人提出有自首的事实及理由，有关机关未予认定的，应当要求有关机关提供证明材料或者要求相关人员作证，并结合其他证据判断自首是否成立。

被告人是否协助或者如何协助抓获同案犯的证明材料不全，导致无法认定被告人构成立功的，应当要求有关机关提供证明材料或者要求相关人员作证，并结合其他证据判断立功是否成立。

被告人有检举揭发他人犯罪情形的，应当审查是否已经查证属实；尚未查证的，应当及时查证。

被告人累犯的证明材料不全，应当要求有关机关提供证明材料。

第四十条　审查被告人实施犯罪时是否已满十八周岁，一般应当以户籍证明为依据；对户籍证明有异议，并有经查证属实的出生证明文件、无利害关系人的证言等证据证明被告人不满十八周岁的，应认定被告人不满十八周岁；没有户籍证明以及出生证明文件的，应当根据人口普查登记、无利害关系人的证言等证据综合进行判断，必要时，可以进行骨龄鉴定，并将结果作为判断被告人年龄的参考。

未排除证据之间的矛盾，无充分证据证明被告人实施被指控的犯罪时已满十八周岁且确实无法查明的，不能认定其已满十八周岁。

第四十一条　本规定自二〇一〇年七月一日起施行。

最高人民法院、最高人民检察院、公安部、国家安全部、司法部、全国人大常委会法制工作委员会
关于刑事诉讼法实施中若干问题的规定

（1998 年 1 月 19 日）

一、管 辖

1. 按照刑事诉讼法对刑事案件管辖的分工的规定，人民检察院管辖"贪污贿赂犯罪，国家工作人员的渎职犯罪，国家机关工作人员利用职权

实施的非法拘禁、刑讯逼供、报复陷害、非法搜查的侵犯公民人身权利的犯罪以及侵犯公民民主权利的犯罪"。对于涉税等案件由公安机关管辖，公安机关应当立案侦查，人民检察院不再受理。任何不符合刑事诉讼法关于案件管辖分工规定的文件一律无效。

对于人民检察院已经立案侦查的依法应由公安机关管辖的涉税等案件，可由人民检察院继续办理完毕，或由人民检察院移交公安机关办理。

2. 刑事诉讼法规定人民检察院管辖"国家工作人员的渎职犯罪"案件，修订后的刑法已将渎职罪的主体修改为国家机关工作人员。根据这一修改，人民检察院管辖的"渎职犯罪"，是指刑法分则第九章规定的渎职罪。另外，刑法分则第四章第二百四十八条规定的监管人员殴打、体罚、虐待被监管人罪，由人民检察院管辖。刑法分则第三章破坏社会主义市场经济秩序罪中规定的犯罪由公安机关管辖。

3. 修订后的刑法已将贪污贿赂罪明确在分则第八章中作了规定，根据这一修改，人民检察院管辖"贪污贿赂犯罪"案件，是指修订后刑法分则第八章规定的贪污贿赂罪和其他章节中明确规定按照刑法分则第八章贪污贿赂罪的规定定罪处罚的犯罪。第一百六十三条第一款、第二款、第一百八十四条第一款和第一百六十四条规定的犯罪由公安机关管辖。

4. 刑事诉讼法第一百七十条第二项规定由人民法院直接受理的"被害人

有证据证明的轻微刑事案件"是指下列被害人有证据证明的刑事案件：

（一）故意伤害案（轻伤）；

（二）重婚案；

（三）遗弃案；

（四）妨害通信自由案；

（五）非法侵入他人住宅案；

（六）生产、销售伪劣商品案件（严重危害社会秩序和国家利益的除外）；

（七）侵犯知识产权案件（严重危害社会秩序和国家利益的除外）；

（八）属于刑法分则第四章、第五章规定的，对被告人可以判处三年有期徒刑以下刑罚的其他轻微刑事案件。

上述所列八项案件中，被害人直接向人民法院起诉的，人民法院应当依法受理，对于其中证据不足、可由公安机关受理的，应当移送公安机关立案侦查。被害人向公安机关控告的，公安机关应当受理。

伪证罪、拒不执行判决裁定罪由公安机关立案侦查。

5. 修改后的刑事诉讼法删除了原来关于"上级人民法院在必要的时候，可以把自己管辖的第一审刑事案件交由下级人民法院审判"的内容。

根据这一修改，对于第一审刑事案件，依法应当由上级人民法院管辖的，不能再指定下级人民法院管辖。

6. 公安机关侦查刑事案件涉及人民检察院管辖的贪污贿赂案件时，应当将贪污贿赂案件移送人民检察院；人民检察院侦查贪污贿赂案件涉及公安机关管辖的刑事案件，应当将属于公安机关管辖的刑事案件移送公安机关。在上述情况中，如果涉嫌主罪属于公安机关管辖，由公安机关为主侦查，人民检察院予以配合；如果涉嫌主罪属于人民检察院管辖，由人民检察院为主侦查，公安机关予以配合。

二、立　案

7. 刑事诉讼法第八十七条规定："人民检察院认为公安机关对应当立案侦查的案件而不立案侦查的，或者被害人认为公安机关对应当立案侦查的案件而不立案侦查，向人民检察院提出的，人民检察院应当要求公安机关说明不立案的理由。人民检察院认为公安机关不立案理由不能成立的，应当通知公安机关立案，公安机关接到通知后应当立案。"根据上述规定，公安机关在收到人民检察院《要求说明不立案理由通知书》后七日内应当将说明情况书面答复人民检察院。人民检察院认为公安机关不立案理由不能成立，发出《通知立案书》时，应当将有关证明应该立案的材料同时移送公安机关。公安机关在收到《通知立案书》后，应当在十五日内决定立案，并将立案决定书送达人民检察院。

三、回 避

8. 刑事诉讼法第三十条和第三十一条规定，书记员、翻译人员和鉴定人员的回避，由人民法院院长决定。根据这一规定，上述人员的回避不能由审判长决定。

四、律师参加刑事诉讼

9. 刑事诉讼法第九十六条规定的"涉及国家秘密的案件"，是指案情或者案件性质涉及国家秘密的案件，不能因刑事案件侦查过程中的有关材料和处理意见需保守秘密而作为涉及国家秘密的案件。

10. 依照刑事诉讼法第九十六条规定，在侦查阶段犯罪嫌疑人聘请律师的，可以自己聘请，也可以由其亲属代为聘请。在押的犯罪嫌疑人提出聘请律师的，看守机关应当及时将其请求转达办理案件的有关侦查机关，侦查机关应当及时向其所委托的人员或者所在的律师事务所转达该项请求。犯罪嫌疑人仅有聘请律师的要求，但提不出具体对象的，侦查机关应当及时通知当地律师协会或者司法行政机关为其推荐律师。

11. 刑事诉讼法第九十六条规定，涉及国家秘密的案件，律师会见在押的犯罪嫌疑人，应当经侦查机关批准。对于不涉及国家秘密的案件，律师会见犯罪嫌疑人不需要经过批准。不能以侦查过程需要保密作为涉及国家秘密的案件不予批准。律师提出会见犯罪嫌疑人的，应当在四十八小时内安排会见，对于组织、领导、参加黑社会性质组织罪、组织、领导、参加恐怖活动组织罪或者走私犯罪、毒品犯罪、贪污贿赂犯罪等重大复杂的两人以上的共同犯罪案件，律师提出会见犯罪嫌疑人的，应当在五日内安排会见。

12. 刑事诉讼法第九十六条规定，在侦查阶段，律师会见在押的犯罪嫌疑人，侦查机关根据案件情况和需要可以派员在场。审查起诉阶段和审判阶段，案件已经侦查终结，辩护律师和其他辩护人会见在押的犯罪嫌疑人、被告人时，人民检察院、人民法院不派员在场。

13. 在审判阶段，辩护律师和其他辩护人依照刑事诉讼法第三十六条规定的程序可以到人民法院查阅、摘抄、复制本案所指控的犯罪事实的材料，同被告人会见、通信。辩护律师还可以依照刑事诉讼法第三十七条的规定向证人或者其他有关单位和个人收集与本案有关的材料，申请人民检察院、人民法院收集、调取证据，申请人民法院通知证人出庭作证。辩护律师经人民检察院、人民法院许可，并且经被害人或者其近亲属、被害人提供的证人同意，可以向他们收集与本案有关的材料。

在法庭审理过程中，辩护律师在提供被告人无罪或者罪轻的证据时，认为在侦查、审查起诉过程中侦查机关、人民检察院收集的证明被告人无罪或者罪轻的证据材料需要在法庭上出示的，可以申请人民法院向人民检察院调取该证据材料，并可以到人民法院查阅、摘抄、复制该证据材料。

14. 对于律师查阅、摘抄、复制案件的诉讼文书、技术性鉴定材料和本案所指控的犯罪事实的材料，只能收取复制材料所必要的工本费用，不得收取各种其他名目的费用。工本费收取的标准应当全国统一，由最高人民法院、最高人民检察院报国家价格主管部门核定。

15. 刑事诉讼法第三十七条规定："辩护律师经证人或者其他有关单位和个人同意，可以向他们收集与本案有关的材料，也可以申请人民检察院、人民法院收集、调取证据，或者申请人民法院通知证人出庭作证。"对于辩护律师申请人民检察院、人民法院收集、调取证据，人民检察院、人民法院认为需要调查取证的，应当由人民检察院、人民法院收集、调取证据，不应当向律师签发准许调查决定书，让律师收集、调取证据。

16. 刑事诉讼法第四十条规定："自诉案件的自诉人及其法定代理人，附带民事诉讼的当事人及其法定代理人，有权随时委托诉讼代理人。"根据这一规定，对自诉人及其法定代理人、附带民事诉讼的当事人及其法定代理人委托诉讼代理人不应当限定为在"开庭审判前"。

五、证 据

17. 刑事诉讼法第九十七条规定:"侦查人员询问证人,可以到证人的所在单位或者住处进行","在必要的时候,也可以通知证人到人民检察院或者公安机关提供证言"。侦查人员询问证人,应当依照刑事诉讼法第九十七条的规定进行,不得另行指定其他地点。

18. 刑事诉讼法第一百二十条第二款规定:"对人身伤害的医学鉴定有争议需要重新鉴定或者对精神病的医学鉴定,由省级人民政府指定的医院进行。"人民法院在开庭审理时,对省级人民政府指定的医院作出的鉴定结论,经质证后,认为有疑问,不能作为定案根据的,可以另行聘请省级人民政府指定的其他医院进行补充鉴定或者重新鉴定。不能另行聘请其他鉴定机构进行补充鉴定或者重新鉴定。

19. 刑事诉讼法第一百一十七条规定:"人民检察院、公安机关根据侦查犯罪的需要,可以依照规定查询、冻结犯罪嫌疑人的存款、汇款。"根据这一规定,人民检察院、公安机关不能扣划存款、汇款,对于在侦查、审查起诉中犯罪嫌疑人死亡,对犯罪嫌疑人的存款、汇款应当依法予以没收或者返还被害人的,可以申请人民法院裁定通知冻结犯罪嫌疑人存款、汇款的金融机构上缴国库或者返还被害人。

六、取保候审、监视居住

20. 刑事诉讼法第五十二条规定:"被羁押的犯罪嫌疑人、被告人及其法定代理人、近亲属有权申请取保候审。"第九十六条规定:"犯罪嫌疑人被逮捕的,聘请的律师可以为其申请取保候审。"被羁押的犯罪嫌疑人、被告人及其法定代理人、近亲属和律师申请取保候审,有权决定的机关应当在七日内作出是否同意的答复。同意取保候审的,依法办理取保候审手续;不同意取保候审的,应当告知申请人,并说明不同意的理由。

21. 刑事诉讼法第五十三条规定:"对犯罪嫌疑人、被告人取保候审,应当责令犯罪嫌疑人、被告人提出保证人或者交纳保证金。"根据这一规定,不能要求同时提供保证人并交纳保证金。

22. 对犯罪嫌疑人采取保证金保证的，由决定机关根据案件具体情况确定保证金的数额。取保候审保证金由公安机关统一收取和保管。对取保候审保证人是否履行了保证义务，由公安机关认定，对保证人的罚款决定，也由公安机关作出。具体办法由公安部会同最高人民法院、最高人民检察院、国家安全部制定。

23. 被采取取保候审、监视居住的犯罪嫌疑人、被告人无正当理由不得离开所居住的市、县或者住处，有正当理由需离开所居住的市、县或者住处，应当经执行机关批准。如取保候审、监视居住是由人民检察院、人民法院决定的，执行机关在批准犯罪嫌疑人、被告人离开所居住的市、县或者住处前，应当征得决定机关同意。

24. 被监视居住的犯罪嫌疑人、被告人会见其聘请的律师不需要经过批准。

七、拘留、逮捕

25. 刑事诉讼法规定，拘留由公安机关执行。对于人民检察院直接受理的案件，人民检察院作出的拘留决定，应当送达公安机关执行，公安机关应当立即执行，人民检察院可以协助公安机关执行。

26. 修改后的刑事诉讼法将原刑事诉讼法关于逮捕条件中"主要犯罪事实已经查清"的规定修改为"有证据证明有犯罪事实"。其中"有证据证明有犯罪事实"，是指同时具备下列情形：

（一）有证据证明发生了犯罪事实；

（二）有证据证明犯罪事实是犯罪嫌疑人实施的；

（三）证明犯罪嫌疑人实施犯罪行为的证据已有查证属实的。

犯罪事实可以是犯罪嫌疑人实施的数个犯罪行为中的一个。

27. 人民检察院审查公安机关提请批准逮捕的案件，应当作出批准或者不批准逮捕的决定，对报请批准逮捕的案件不另行侦查。

28. 对于人民检察院批准逮捕的决定，公安机关应当立即执行，并将执行回执及时送达作出批准逮捕的人民检察院。如果未能执行，也应当将回执送达人民检察院，并写明未能执行的原因；对于人民检察院决定不批准逮捕的，公安机关在收到不批准逮捕决定书后，应当立即释放在押的犯罪嫌疑人或者变更强制措施，并将执行回执在收到不批准逮捕决定书后的三日内送达作出不批准逮捕决定的人民检察院。

八、期间和办案期限

29. 关于刑事诉讼中期间的计算，期间的最后一日为节假日的，以节假日后的第一日为期间届满日期。但对于犯罪嫌疑人、被告人或者罪犯在押期间，应当至期间届满之日为止，不得因节假日而延长在押期限至节假日后的第一日。

30. 公安机关对案件提请延长羁押期限时，应当在羁押期限届满七日前提出，并书面呈报延长羁押期限案件的主要案情和延长羁押期限的具体理由，人民检察院应当在羁押期限届满前作出决定。

31. 最高人民检察院直接立案侦查的案件，符合刑事诉讼法第一百二十四条、第一百二十六条和第一百二十七条规定的条件，需要延长犯罪嫌疑人侦查羁押期限的，由最高人民检察院依法决定。

32. 根据刑事诉讼法第一百二十八条的规定，公安机关在侦查期间，发现犯罪嫌疑人另有重要罪行，重新计算侦查羁押期限的，由公安机关决定，不再经人民检察院批准。但须报人民检察院备案，人民检察院可以进行监督。

33. 刑事诉讼法第一百二十二条规定："对犯罪嫌疑人作精神病鉴定的期间不计入办案期限。"根据上述规定，犯罪嫌疑人、被告人在押的案件，除对犯罪嫌疑人、被告人的精神病鉴定时间不计入办案期限外，其他鉴定时间都应当计入办案期限。对于因鉴定时间较长，办案期限届满仍不能终结的案件，自期限届满之日起，应当对被羁押的犯罪嫌疑人、被告人变更强制措施，改为取保候审或者监视居住。

九、侦查终结

34. 人民检察院受理同级公安机关移送审查起诉的案件，按照刑事诉讼法的管辖规定，认为应当由上级人民检察院或者同级其他人民检察院起诉的，应当由人民检察院将案件移送有管辖权的人民检察院审查起诉。

十、移送起诉

35. 根据刑事诉讼法第一百五十条的规定，人民检察院提起公诉的案件，应当向人民法院移送起诉书、证据目录、证人名单和所有犯罪事实的主要证据的复印件或者照片。对于移送材料中的一些具体问题，按以下办法办理：

（一）人民检察院移送证人名单应当包括在起诉前提供了证言的证人名单，证人名单应当列明证人的姓名、年龄、性别、职业、住址、通讯处。人民检察院对于拟不出庭的证人，可以不说明不出庭的理由。

（二）人民检察院移送证据目录应当是起诉前收集的证据材料的目录。

（三）关于被害人姓名、住址、通讯处，有无扣押、冻结在案的被告人的财物及存放地点，被告人被采取强制措施的种类、是否在案及羁押地点等问题，人民检察院应当在起诉书中列明，不再单独移送材料，其中对于涉及被害人隐私或者为保护被害人人身安全，而不宜在起诉书中列明被害人姓名、住址、通讯处的，单独移送人民法院。

（四）鉴定结论、勘验检查笔录已经作为主要证据移送复印件的，鉴定人、勘验检查笔录制作人姓名已载明，不再另行移送。

36. 根据刑事诉讼法第一百五十条的规定，人民检察院提起公诉的案件，应当向人民法院移送所有犯罪事实的主要证据的复印件或者照片。"主要证据"包括：

（一）起诉书中涉及的各证据种类中的主要证据；

（二）多个同种类证据中被确定为"主要证据"的；

（三）作为法定量刑情节的自首、立功、累犯、中止、未遂、正当防卫的证据。

人民检察院针对具体案件移送起诉时，"主要证据"由人民检察院根据以上规定确定。

37. 刑事诉讼法第一百五十条规定："人民法院对提起公诉的案件进行审查后，对于起诉书中有明确的指控犯罪事实并且附有证据目录、证人名单和主要证据复印件或者照片的，应当决定开庭审判。"对于人民检察院提起公诉的案件，人民法院都应当受理。人民法院对提起公诉的案件进行审查后，对于起诉书中有明确的指控犯罪事实并且附有证据目录、证人名单和主要证据复印件或者照片的，应当决定开庭审判，不得以上述材料不充足为由而不开庭审判。如人民检察院移送的材料中缺少上述材料的，人民法院可以通知人民检察院补充材料，人民检察院应当自收到通知之日起三日内补送。

人民法院对提起公诉的案件进行审查的期限计入人民法院的审理期限。

38. 对于适用简易程序审理的公诉案件，无论人民检察院是否派员出庭，都应当向人民法院移送全部案卷和证据材料。

十一、开庭审判

39. 刑事诉讼法第一百五十四条规定，开庭的时候，审判长查明当事人是否到庭。根据上述规定，应当由审判长查明当事人是否到庭，不能规定由书记员查明。

40. 关于在法庭审判中询问证人的顺序，法庭审判在审判长的主持下进行，公诉人、辩护人向证人发问的顺序由审判长决定。

41. 刑事诉讼法第一百五十八条第一款规定："法庭审理过程中，合议庭对证据有疑问的，可以宣布休庭，对证据进行调查核实。"第一百五十九条第一款规定："法庭审理过程中，当事人和辩护人、诉讼代理人有权申请通知新的证人到庭，调取新的物证，申请重新鉴定或者勘验。"

根据上述规定，人民法院可以向人民检察院调取需要调查核实的证据材料；人民法院也可以根据辩护人、被告人的申请，向人民检察院调取在侦查、审查起诉中收集的有关被告人无罪或者罪轻的证据材料。人民检察院应当自收到人民法院要求调取证据材料决定书后三日内移交。

42. 人民检察院对于在法庭上出示、宣读、播放的证据材料应当当庭移交人民法院，确实无法当庭移交的，应当在休庭后三日内移交。对于在法庭上出示、宣读、播放未到庭证人的证言的，如果该证人提供过不同的证言，人民检察院应当将该证人的全部证言在休庭后三日内移交。

43. 修改后的刑事诉讼法第一百六十九条规定："人民检察院发现人民法院审理案件违反法律规定的诉讼程序，有权向人民法院提出纠正意见。"人民检察院对违反法定程序的庭审活动提出纠正意见，应当由人民检察院在庭审后提出。

十二、二　审

44. 刑事诉讼法第一百八十八条规定："人民检察院提出抗诉的案件或者第二审人民法院开庭审理的公诉案件，同级人民检察院都应当派员出庭。"根据这一规定，出席第二审审判的应当是同级人民检察院的检察人员。

45. 人民检察院提出抗诉的案件或者第二审人民法院开庭审理的公诉案件，在二审中出庭的检察人员和辩护人需要出示、宣读、播放一审中已移交人民法院的证据的，出庭的检察人员和辩护人可以申请法庭出示、宣读、播放。

46. 对于人民检察院抗诉的案件，经第二审人民法院审查后，认为应当判处被告人死刑的，按照刑事诉讼法第一百八十九条的规定处理，即第二审人民法院认为原判决认定事实没有错误，但适用法律有错误，或者量刑不当的，应当改判；认为原判决事实不清或者证据不足的，可以在查清事实后改判或者发回重审。其中，对于第二审人民法院直接改判死刑的案件，无论该案件的死刑核准权是否下放，都应当报请最高人民法院核准。

十三、死刑复核

47. 高级人民法院核准死刑缓期二年执行的案件，应当作出核准或者不核准的决定，不能加重被告人的刑罚。

十四、赃款赃物

48. 对于赃款赃物，除依法返还被害人的财物以及依法销毁的违禁品外，必须一律上缴国库。任何单位和个人都不得挪用或者私自处理。关于赃款赃物的处理，应当按照刑事诉讼法第一百九十八条的规定执行，并应当根据不同情况作以下处理：

（一）对作为证据使用的实物，应当依法随案移送。对不宜移送的，应当将其清单、照片或者其他证明文件随案移送，不得以未移送赃款赃物为由，拒绝受理案件。

（二）侦查机关冻结在金融机构的赃款，应当向人民法院随案移送该金融机构出具的证明文件，待人民法院作出生效判决后，由人民法院通知该金融机构上缴国库，该金融机构应当向人民法院送交执行回单。

（三）查封、扣押的赃款赃物，对依法不移送的，应当随案移送证据清单、照片或者其他证明文件，待人民法院作出生效判决后，由人民法院通知查封、扣押机关上缴国库，查封、扣押机关应当向人民法院送交执行回单。

国家安全机关依照法律规定，办理危害国家安全的刑事案件，适用本规定中有关公安机关的规定。

本规定自公布之日起施行。最高人民法院、最高人民检察院、公安部、国家安全部制订的关于刑事诉讼法执行问题的解释或者规定中与本规定不一致的，以本规定为准。

后　　记

　　2012 年 3 月 14 日，十一届全国人大第五次会议审议通过了《全国人民代表大会关于修改〈中华人民共和国刑事诉讼法〉的决定》。这是继 1996 年之后对我国刑事诉讼法的又一次重大修改。这次修改，是对近十几年司法体制改革成果的总结和升华，是中国特色刑事诉讼制度的又一次重大发展。这对于更好地实现控制犯罪与保障人权，保证准确、及时地查明犯罪事实，惩罚犯罪，保障无罪的人不受刑事追究，保护公民的人身权利、财产权利、民主权利，建立更加符合中国国情，符合司法规律的中国特色刑事司法制度，具有极为重要的法律意义和现实意义。为了便于司法、公安机关等各相关部门和人员学习、理解和掌握修改后的刑事诉讼法，我们组织编写了这本《新刑事诉讼法条文精解与案例适用》，希望能对各相关部门和人员学习贯彻实施刑事诉讼法有所裨益。

　　本书由最高人民检察院副检察长孙谦同志担任主编，全国人大常委会法工委刑法室副主任李寿伟、最高人民检察院副厅级检察员高景峰、公安部法制局副局长李文胜担任副主编。新刑事诉讼法导读部分由高景峰撰写，刑事诉讼法新修条文精解部分由全国人大法工委刑法室参加本次刑事诉讼法修改的同志撰写，案例适用部分由北京市人民检察院的郭兴莲博士、赵永红博士及马一喜同志共同撰写。本书不足之处，欢迎批评指正。

作　者

2012 年 9 月 16 日